AVAILABLE NOW

World Population Projections 1994-95
POP☆STARS☆ 1994-95

"With your diskettes, I accomplished, in three and a half hours, more than I had accomplished in three months of manual data collection." — Emeka Akaezwa, Rutgers University

Data on Diskette

Now for the first time, you can benefit from the time-saving software edition of *World Population Projections 1994-95* that provides the same demographic statistics on the world's population, with estimates for 206 countries and territories projected as far as the year 2150.

The data are accessible through ☆STARS☆—the World Bank's Socioeconomic Time-series Access and Retrieval System. This convenient and user-friendly system allows you to view and manipulate the data and to export your data selection to other computer programs, such as Lotus 1-2-3, Javelin Plus, and Aremos, and to word-processing programs that read ASCII characters.

The *World Population Projections* diskette set includes the complete ☆STARS☆ software and data on double-density 3 1/2" diskettes—for use on personal computers with a hard disk and at least 512K memory, and MS-DOS version 2.1 or higher. A user's manual provides a complete guide to getting started, viewing and extracting data, and using extract files.

For details on how to order this—and other statistical data collections available in ☆STARS☆—please turn the page.

Order Form

☐ **Yes,** Please send me POP☆STARS☆1994-95 and other products as indicated below.

Quantity	Title	Stock Number	Price	Total
	World Population Projections 1994-95			
___	Print Edition	44947	$34.95	___
___	POP☆STARS☆	13033	$70.00	___
	World Debt Tables 1993-94			
___	Print edition, vol. 1	12567	$16.95	___
___	Print edition, 2 vol. set	12569	$125.00	___
___	Diskettes	12431	$95.00	___
	African Development Indicators			
___	English print edition	12044	$21.95	___
___	Diskettes	12135	$70.00	___
	Historically Planned Economies 1993			
___	Print edition	12647	$24.95	___
	Social Indicators of Development 1994			
___	Print edition	44788	$24.95	___
___	Diskettes	12573	$70.00	___
	World Development Report 1994—Infrastructure for Development			
___	English paperback print edition	60992	$19.95	___
	World Development Indicators 1994			
___	Diskettes	12577	$70.00	___
	World Tables 1994			
___	Print edition	44789	$39.95	___
___	Diskettes	12575	$95.00	___

Subtotal US$ ___
Shipping and handling US$ ___
Total US$ ___

☐ Enclosed is my check payable to World Bank Publications in U.S. dollars drawn on a U.S. bank (unless you are ordering from a local distributor).
☐ Charge my ☐ VISA ☐ MasterCard ☐ American Express
(Check your local distributor about acceptance of credit cards in your country.)

_____
Credit card account number   Expiration date
_____
Signature

☐ Enclosed is my purchase order; send invoice. (Institutional customers only.)

Please print clearly

Name_____

Address_____

_____

City_____State_____Postal Code_____

Country_____Telephone_____

CUSTOMERS IN THE U.S.
Complete this form and mail to:
World Bank Publications
Box 7247-8619
Philadelphia, PA 19170-8619
U.S.A.

Telephone orders:
(202) 473-1155
Facsimile orders:
(202) 676-0581
Telex orders:
WUI 64145
Customer service:
(202) 473-1155

CUSTOMERS OUTSIDE THE U.S.
Prices and payment terms vary by country. Contact your local distributor (listed at the back of this book) before placing an order. If no distributor is listed for your country, complete this order form and return it to the U.S. address. Orders received in the U.S. from countries with authorized distributors will be returned to the customer.

SHIPPING AND HANDLING.
In the U.S. add $5.00. For airmail delivery outside the U.S., add $8.00 for the first item and $6.00 for each additional item.

1074

World Population Projections
1994-95 Edition

Estimates and Projections with Related Demographic Statistics

Eduard Bos
My T. Vu
Ernest Massiah
Rodolfo A. Bulatao

Published for The World Bank
The Johns Hopkins University Press
Baltimore and London

Copyright © 1994 by The International Bank
for Reconstruction and Development/The World Bank
1818 H Street, N.W., Washington, D.C. 20433, U.S.A.

All rights reserved
Manufactured in the United States of America
First printing August 1994

The Johns Hopkins University Press
Baltimore, Maryland 21211-2190, U.S.A.

The World Bank does not accept responsibility for the accuracy or completeness of this publication. Any judgments expressed are those of World Bank staff or consultants and do not necessarily reflect the views of the Board of Executive Directors or the governments they represent.

The material in this publication is copyrighted. Requests for permission to reproduce portions of it should be sent to the Office of the Publisher at the address in the copyright notice above. The World Bank encourages dissemination of its work and will normally give permission promptly and, when reproduction is for noncommercial purposes, without asking a fee. Permission to photocopy portions for classroom use is granted through the Copyright Clearance Center, Inc., Suite 910, 222 Rosewood Drive, Danvers, Massachusetts 01923, U.S.A.

The complete backlist of publications from the World Bank is shown in the annual *Index of Publications*, which contains an alphabetical title list and indexes of subjects, authors, and countries and regions. The latest edition is available free of charge from the Distribution Unit, Office of the Publisher, The World Bank, 1818 H Street, N.W., Washington, D.C. 20433, U.S.A., or from Publications, The World Bank, 66 avenue d'Iéna, 75116 Paris, France.

ISBN 0-8018-4947-0
ISSN 0257-4403

Contents

Foreword vi

Acknowledgments vii

Introduction and Summary Tables 1

Introduction 3
   Overview of Trends and Projections 3
   Comparison with Previous Projections 6
   Components of Population Change 7
      Fertility Trends 7
      Mortality Trends 7
      Migration Trends 9
      Age Structure 9
   Selected Country Results 9
   Alternative Fertility Scenarios 11
   Data Sources 12
      Population and Age-Sex Structure Data 12
      Fertility Data 12
      Mortality Data 14
      Migration Data 14
   Projection Methodology 14
      Projecting Fertility 14
      Projecting Mortality 15
      Future Trends in Life Expectancy at Birth . . . 15
      Future Trends in Infant Mortality 16
      Selection of Life Tables 16
      Incorporating AIDS Mortality 17
      Projecting Migration 17
   Summary Tables 17

Appendix A. Countries and Economies
   Classified by Income Group 43

Appendix B. Countries and Economies
   Classified by Fertility Transitional Status 45

Appendix C. Sources of Population Data 47

References 55

Detailed Population Projections 57

World, Geographic Regions, and Income Groups . . . 59

   World 60
      Developing Regions 62
      More Developed Regions 64

   Geographic Regions
      Africa 66
         East Africa 68
         West Africa 70
         North Africa 72
      Americas 74
         Latin America and the Caribbean 76
         Northern America 78
      Asia 80
         East and Southeast Asia 82
         South Asia 84
         Central Asia 86
         Southwest Asia 88
      Europe 90
      Oceania 92

   Fertility Transition Status Groups
      Pre-Transitional Countries 94
      Transitional Countries 96
      Late-Transitional Countries 98

   Income Groups
      Low-Income Economies 100
      Lower-Middle-Income Economies 102

CONTENTS

    Upper-Middle-Income Economies 104
    High-Income Economies 106

Countries, Economies, and Territories 109

    Afghanistan 110
    Albania 112
    Algeria 114
    Angola 116
    Antigua and Barbuda 118
    Argentina 120
    Armenia 122
    Australia 124
    Austria 126
    Azerbaijan 128
    Bahamas, The 130
    Bahrain 132
    Bangladesh 134
    Barbados 136
    Belarus 138
    Belgium 140
    Belize 142
    Benin 144
    Bhutan 146
    Bolivia 148
    Bosnia and Herzegovina 150
    Botswana 152
    Brazil 154
    Brunei 156
    Bulgaria 158
    Burkina Faso 160
    Burundi 162
    Cambodia 164
    Cameroon 166
    Canada 168
    Cape Verde 170
    Central African Republic 172
    Chad 174
    Channel Islands 176
    Chile 178
    China (excluding Taiwan) 180
    Colombia 182
    Comoros 184
    Congo, People's Republic of the ... 186
    Costa Rica 188
    Côte d'Ivoire 190
    Croatia 192
    Cuba 194
    Cyprus 196
    Czech Republic 198
    Denmark 200
    Djibouti 202
    Dominica 204
    Dominican Republic 206

Ecuador 208
Egypt, Arab Republic of 210
El Salvador 212
Equatorial Guinea 214
Eritrea 216
Estonia 218
Ethiopia 220
Fiji 222
Finland 224
France 226
French Polynesia 228
Gabon 230
Gambia, The 232
Gaza Strip 234
Georgia 236
Germany 238
Ghana 240
Greece 242
Grenada 244
Guadeloupe 246
Guam 248
Guatemala 250
Guinea 252
Guinea-Bissau 254
Guyana 256
Haiti 258
Honduras 260
Hong Kong 262
Hungary 264
Iceland 266
India 268
Indonesia 270
Iran, Islamic Republic of 272
Iraq 274
Ireland 276
Israel 278
Italy 280
Jamaica 282
Japan 284
Jordan 286
Kazakhstan 288
Kenya 290
Kiribati 292
Korea, Democratic People's Republic of ... 294
Korea, Republic of 296
Kuwait 298
Kyrgyz Republic 300
Lao People's Democratic Republic 302
Latvia 304
Lebanon 306
Lesotho 308
Liberia 310
Libya 312
Lithuania 314

Luxembourg	316
Macao	318
Macedonia, FYR	320
Madagascar	322
Malawi	324
Malaysia	326
Maldives	328
Mali	330
Malta	332
Martinique	334
Mauritania	336
Mauritius	338
Mayotte	340
Mexico	342
Micronesia, Federated States of	344
Moldova	346
Mongolia	348
Montserrat	350
Morocco	352
Mozambique	354
Myanmar	356
Namibia	358
Nepal	360
Netherlands	362
Netherlands Antilles	364
New Caledonia	366
New Zealand	368
Nicaragua	370
Niger	372
Nigeria	374
Norway	376
Oman	378
Other Europe	380
Other Latin America and Caribbean	382
Other Micronesia	384
Other North Africa	386
Other Northern America	388
Other Polynesia	390
Other West Africa	392
Pakistan	394
Panama	396
Papua New Guinea	398
Paraguay	400
Peru	402
Philippines	404
Poland	406
Portugal	408
Puerto Rico	410
Qatar	412
Réunion	414
Romania	416
Russian Federation	418
Rwanda	420
São Tomé and Principe	422
Saudi Arabia	424
Senegal	426
Seychelles	428
Sierra Leone	430
Singapore	432
Slovak Republic	434
Slovenia	436
Solomon Islands	438
Somalia	440
South Africa	442
Spain	444
Sri Lanka	446
St. Kitts and Nevis	448
St. Lucia	450
St. Vincent and the Grenadines	452
Sudan	454
Suriname	456
Swaziland	458
Sweden	460
Switzerland	462
Syrian Arab Republic	464
Taiwan, China	466
Tajikistan	468
Tanzania	470
Thailand	472
Togo	474
Tonga	476
Trinidad and Tobago	478
Tunisia	480
Turkey	482
Turkmenistan	484
Uganda	486
Ukraine	488
United Arab Emirates	490
United Kingdom	492
United States of America	494
Uruguay	496
Uzbekistan	498
Vanuatu	500
Venezuela	502
Viet Nam	504
Virgin Islands (U.S.)	506
West Bank	508
Western Samoa	510
Yemen, Republic of	512
Yugoslavia, Federal Republic of	514
Zaire	516
Zambia	518
Zimbabwe	520

Foreword

Population projections for all countries are prepared annually by the Population, Health, and Nutrition Department of the World Bank. They are published first in summary form in the Bank's *World Development Report* and, in alternate years, as a book. This volume of projections is the sixth to be published in this form.

This edition contains no major changes in methodology. However, the results of many censuses and surveys not available when the previous edition was issued are incorporated here, resulting in some cases in important revisions in projected populations and other demographic indicators.

This book is intended to be a convenient and up-to-date reference on the likely demographic future of each country. We hope it will facilitate efforts to take population into account in development work.

Thomas W. Merrick
Senior Population Adviser
Population, Health, and Nutrition Department
The World Bank

Acknowledgments

A number of persons provided us with important information for this work or assisted us in preparing it in other ways. The Estimates and Projections Section of the UN Population Division has been continually supportive in providing us with data, even before their publication as UN assessments. Partly as a result, nonessential differences between these projections and the biennial UN assessments have been minimized. We are grateful to the section chief, Larry Heligman, and to his accommodating staff, and we hope that the collaboration will continue.

World Bank country economists, population specialists, and the few demographers in the operating divisions have also provided us with recent population estimates, bringing to our attention government reports we might not otherwise see.

This exercise was carried out using a personal computer program, Proj3L, written by Kenneth Hill of Johns Hopkins University.

We also wish to acknowledge the interest of the Bank's International Economics Department, Socioeconomic Data Division (IECSE). IECSE not only utilizes our figures—for such important Bank purposes as estimating per capita GNP—and incorporates them into the databases it maintains and the publications it distributes; it also helps coordinate communications with country economists. Sulekha Patel and Taranjit Kaur of that division have been particularly helpful in the past year.

This book is a product of the demographic estimates and projections work carried out in the Population, Health, and Nutrition Department of the World Bank. The work was under the general direction of Janet de Merode and Thomas W. Merrick.

Introduction and Summary Tables

Introduction

This volume contains population estimates and projections for the world and its subdivisions—countries, regions, and income groups. This introductory section summarizes, explains, and interprets the detailed tables that comprise the main section of this book. It also describes the projection methodology and lists the sources of current population estimates and vital rates.

This edition of *World Population Projections* is the sixth in this series, updating the 1992–93 Edition published in 1992. Since the previous volume was completed, a large number of countries have published the results of censuses and fertility–mortality surveys, and these results have been incorporated here. In the Introduction, more emphasis is placed on a classification of countries by income groups than was done previously, while the traditional—and no longer very useful—dichotomy of more developed and developing countries is de-emphasized. In addition, a new categorization based on fertility trends is introduced. Countries are grouped depending on the stage of the fertility transition they are presently in: the pre-transition stage, during which fertility is high and there is no evidence of a sustained decline; the transition stage, when fertility is high to medium and a decline is evident; and the late-transition stage, when fertility is close to or below replacement levels. The projections of these categories of countries illustrate the implications of current fertility patterns for long-term population growth.

The dissolution of the Soviet Union has led to a redefinition of the area covered by Europe and Asia. In this edition, a new subregion, Central Asia, has been created to include the southernmost former Soviet republics: Armenia, Azerbaijan, Georgia, Kazakhstan, the Kyrgyz Republic, Tajikistan, Turkmenistan, and Uzbekistan. (In the 1992–93 edition, these countries were included under Europe.) Where appropriate, comparisons of trends in Europe and Asia have been made, using the definitions that prevailed in 1992.

The projection methodology for the individual country projections has remained unchanged from that employed in the previous volume. This edition also shows projections using alternative patterns for future fertility levels for regions and other aggregates. The sources of data and the methodologies used are described at the end of this chapter (see Data Sources and Methodology).

Caution is appropriate with projections of this nature. They essentially involve working out the implications of assumptions about trends in fertility, mortality, and migration. None of the results should be interpreted as indicating certitude about the future. Instead, they should be read with the universal qualifier that population will follow the indicated path if the assumptions prove to be correct. Short-term projections (which, depending on the application, may range from a few years to a few decades) play an important role in development planning. Disaggregated by sex and age group, the projections are used in a variety of sectors to project, among other things, labor force size, the demand for education, the nature and extent of health services, infrastructure requirements, and general consumer demand. More uncertainty is associated with longer-term projections. These are mainly useful to illustrate the concept of population momentum, that is, the long-run consequences of the current composition and growth rate of the population.

Overview of Trends and Projections

Population growth in the 1990s is slower than previously projected, with the projected average annual increase dropping from about 90 million to 85 million.

Nevertheless, the world's population is still projected to reach 6 billion before the turn of the century. The 12 years from 1987 to 1999 will be the shortest time span ever needed to add another billion people. It took 35 years, from 1925 to 1960, for the world's population to grow from 2 to 3 billion, 14 years to reach 4 billion, and 13 years to reach 5 billion. Paradoxically, at the same time that the world is growing by a record number of people, profound changes in fertility are occurring that have already reduced the growth rate from more than 2 to 1.5 percent per year. Even though the number of births worldwide is growing only moderately—well below the overall growth rate—*population momentum* built up in the age structure will ensure high absolute increases for decades to come: a billion people will be added every 12 years from 1999 to 2023, by which time the world's population will be 8 billion. Gradually, the effects of declining fertility will become apparent. It will take an additional 16 years after 2023 for the population to increase to 9 billion, and in 2060, 21 years later, the world's population will reach 10 billion (Table 1).

The rapid decline in the birth rate (Figure 1) is projected to continue in the next few decades, while the crude death rate will move in a narrow range. The *number* of births and deaths, shown in Figure 2, is projected to evolve differently. The number of births increases slightly at first, as the projected sharp decline in fertility rates is more than offset by the increasing number of women of reproductive age. The number of deaths is also projected to increase gradually as declining mortality rates are offset by a greater number of people in the higher-risk older age groups. The difference between the number of births and deaths—currently about 85 million—is the net increase in population. These figures show that the gradual decline in

Figure 1. *Crude Birth and Death Rates, 1990–2035*

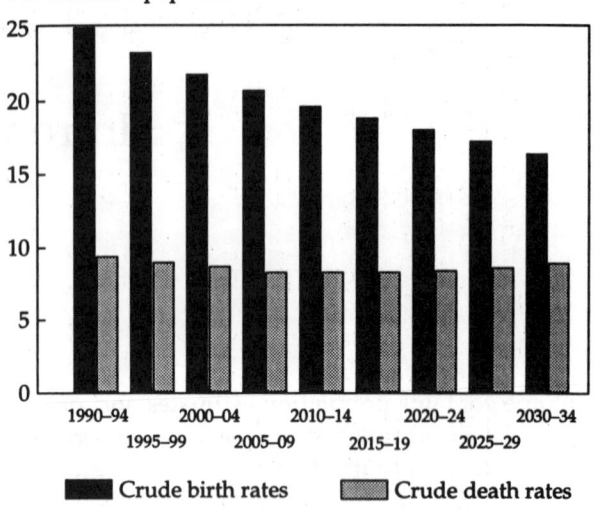

the number of people added each year to the world's population in the first three decades of the twenty-first century is due to the increasing number of deaths, rather than a decreasing number of births.

Global and regional projected populations up to 2100 are summarized in Table 2. World population is shown to double between 1990 and 2100, but most of the increase will be added between now and the end of the first 25 years of the next century. Among income groups, the population of the countries currently classified as low-income is projected to show the greatest increase (234 percent), whereas the high-income group shows barely any increase (9 percent) over the current total. Among fertility transition groups, the countries now in the pre-transitional phase will together have a fivefold increase in population. Those in the late-transitional phase will still increase by about 25 percent, although some countries in this group that have had below-replacement fertility for some time will have fewer people than their current population. Among the continents, Africa will be growing the fastest, more than quadrupling in size. Europe is the only continent projected to have fewer people in 2100 than in 1990.

Such differences in growth are reflected in the changing proportions of the total population in each group. The middle-income group remains almost the same proportion of the total population in 2100 as in 1990. High-income countries will decline from 16 to 8 percent, while the low-income countries increase by the same difference. Asia will remain by far the most populous continent. Africa is projected to double its share of the world's population from 12 to 24 percent.

Table 1. *World Population Growth: Years to Next Billion*

Year	Population (billions)	Years to next billion
1800	1	125
1925	2	35
1960	3	14
1974	4	13
1987	5	12
1999	6	12
2011	7	12
2023	8	16
2039	9	21
2060	10	43
2103	11	—

— Population projected to stay below 12 billion.

Table 2. Population, Annual Increase, and Percentage Distribution by Geographic Region, Income Group, and Fertility Transition Group, 1990–2100

Region	Population (millions)						Percentage of world population						Annual increase (millions)				
	1990	2000	2025	2050	2075	2100	1990	2000	2025	2050	2075	2100	1990–1995	2000–2005	2025–2050	2050–2075	2075–2100
World	5,266	6,114	8,121	9,578	10,481	10,958	100.0	100.0	100.0	100.0	100.0	100.0	85.2	82.8	58.3	36.1	19.1
Income group[a]																	
Low	3,072	3,653	5,060	6,134	6,818	7,190	58.3	59.7	62.3	64.0	65.1	65.6	58.4	57.2	43.0	27.4	14.9
Lower-middle	914	1,055	1,420	1,696	1,863	1,936	17.4	17.3	17.5	17.7	17.8	17.7	13.8	15.0	11.0	6.7	2.9
Upper-middle	463	540	718	843	909	938	8.8	8.8	8.8	8.8	8.7	8.6	7.8	7.4	5.0	2.6	1.2
High	817	866	923	905	891	894	15.5	14.2	11.4	9.4	8.5	8.2	5.2	3.2	−0.7	−0.6	0.1
Fertility transition group[b]																	
Pre-transitional	541	726	1,343	1,934	2,384	2,624	10.3	11.9	16.5	20.2	22.7	23.9	17.2	22.0	23.6	18.0	9.6
Transitional	2,257	2,729	3,800	4,580	5,001	5,186	42.9	44.6	46.8	47.8	47.7	47.3	47.6	46.0	31.2	16.8	7.4
Late-transitional	2,468	2,660	2,978	3,063	3,096	3,148	46.9	43.5	36.7	32.0	29.5	28.7	20.6	14.6	3.4	1.3	2.1
Africa	627	821	1,431	1,999	2,419	2,643	11.9	13.4	17.6	20.9	23.1	24.1	18.4	22.8	22.7	16.8	9.0
East Africa	273	361	650	936	1,160	1,282	5.2	5.9	8.0	9.8	11.1	11.7	8.4	10.6	11.4	9.0	4.9
West Africa	214	286	520	735	891	975	4.1	4.7	6.4	7.7	8.5	8.9	6.6	8.6	8.6	6.2	3.4
North Africa	140	174	261	328	368	386	2.7	2.8	3.2	3.4	3.5	3.5	3.4	3.6	2.7	1.6	0.7
Americas	715	822	1,048	1,178	1,240	1,267	13.6	13.4	12.9	12.3	11.8	11.6	11.0	9.6	5.2	2.5	1.1
Latin America and Carib.	435	512	686	804	859	883	8.3	8.4	8.4	8.4	8.2	8.1	8.0	7.4	4.7	2.2	1.0
Northern America	280	310	362	374	381	384	5.3	5.1	4.5	3.9	3.6	3.5	3.0	2.4	0.5	0.3	0.1
Asia	3,174	3,703	4,860	5,638	6,070	6,289	60.3	60.6	59.8	58.9	57.9	57.4	53.8	49.6	31.1	17.3	8.8
East and Southeast Asia	1,788	2,009	2,430	2,644	2,751	2,824	34.0	32.9	29.9	27.6	26.2	25.8	23.2	18.8	8.6	4.3	2.9
South Asia	1,186	1,444	2,038	2,484	2,734	2,847	22.5	23.6	25.1	25.9	26.1	26.0	25.8	25.4	17.8	10.0	4.5
Central Asia	67	77	107	129	140	144	1.3	1.3	1.3	1.3	1.3	1.3	1.0	1.2	0.9	0.4	0.2
Southwest Asia	133	173	285	380	445	473	2.5	2.8	3.5	4.0	4.2	4.3	4.0	4.2	3.8	2.6	1.1
Europe	723	737	744	721	708	714	13.7	12.1	9.2	7.5	6.8	6.5	1.6	0.4	−0.9	−0.5	0.2
Oceania	27	31	38	42	44	45	0.5	0.5	0.5	0.4	0.4	0.4	0.4	0.2	0.2	0.1	0.0

a. Income groups are defined in Appendix A.
b. Fertility transition groups are defined in Appendix B.

6 INTRODUCTION

Figure 2. *Average Annual Number of Births and Deaths, 1990–2035*

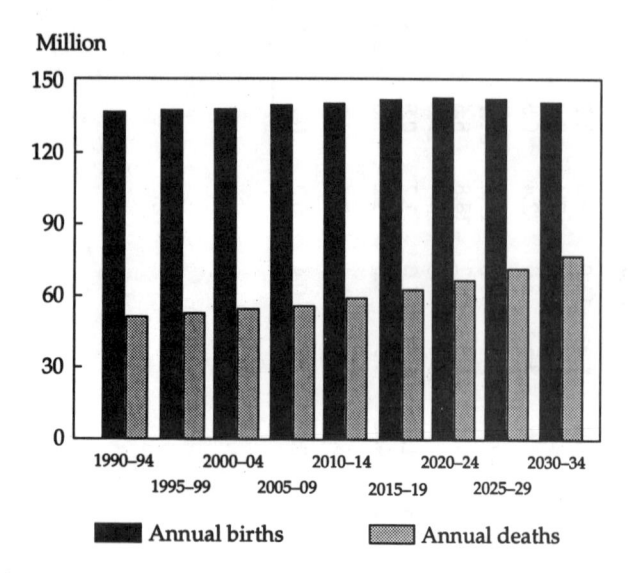

Figure 3. *Distribution of World Population by Continent, 1990, 2025, and 2100*

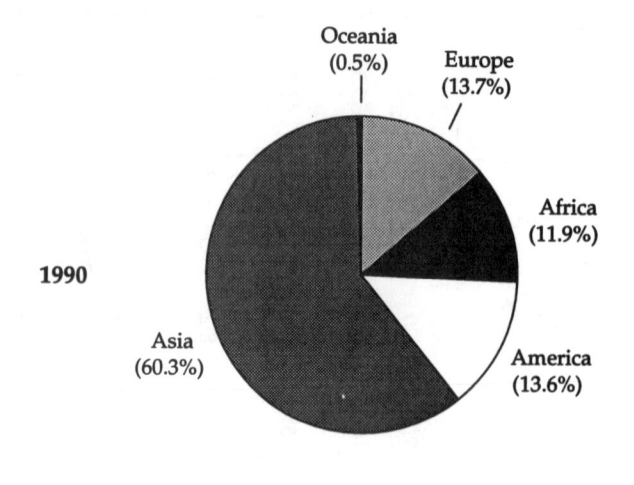

1990
- Oceania (0.5%)
- Europe (13.7%)
- Africa (11.9%)
- America (13.6%)
- Asia (60.3%)

All other continents will contain a smaller share of the world's population than today, with Europe declining from 14 to 7 percent of the world's total.

The continents are made up of countries that differ in their demographic prospects. In the African continent, the North Africa countries are projected to grow much slower than either the East or West Africa regions. In Asia, South Asia will overtake East and Southeast Asia as the continent's most populous region. Figure 3 portrays the changes in the percentage distribution of the global population by continent for three years, 1990, 2025, and 2100.

2025
- Oceania (0.5%)
- Europe (9.2%)
- Africa (17.6%)
- America (12.9%)
- Asia (59.8%)

Comparison with Previous Projections

How do the projections for the world and the continents compare with those previously issued? Figure 4 compares the projection of the world's population shown in this volume with that presented in three previous editions (1992–93, 1989–90, and 1987–88). In the short run—up to 2025—the differences are small, but the projections become increasingly divergent. There are several reasons for the differences. The 1987–88 and 1989–90 projections were based on lower assumed maximum life expectancies than later editions, which accounts for the flatter curve towards the end of the projection span in the earlier editions relative to the later two. Other changes are related to different assessments of, especially, the level of fertility in some of the larger countries. Fertility in China increased in the late 1980s, as reflected in the 1992–93

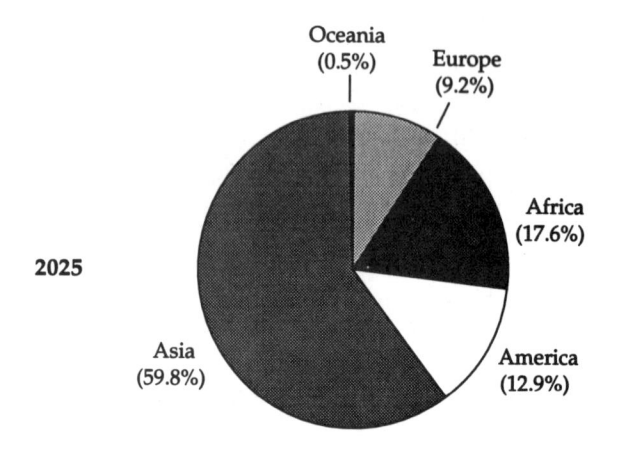

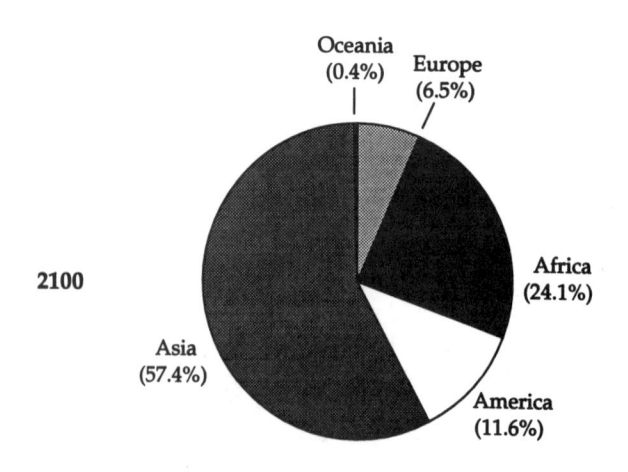

2100
- Oceania (0.4%)
- Europe (6.5%)
- Africa (24.1%)
- America (11.6%)
- Asia (57.4%)

Figure 4. *Comparison of Global Projections*

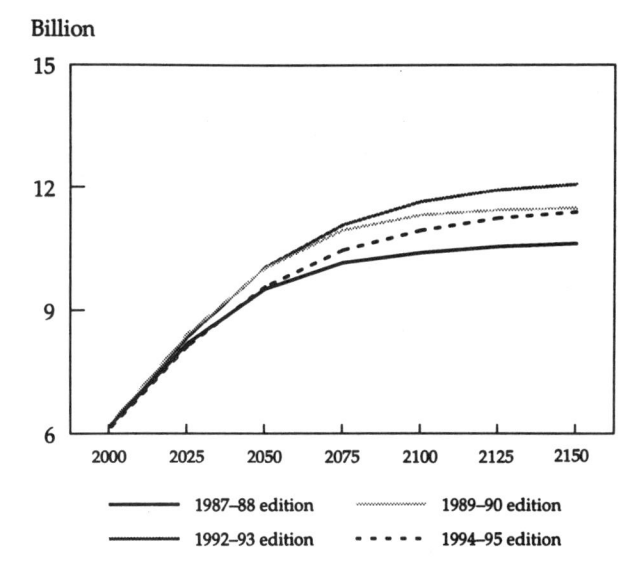

[Graph showing global population projections in billions from 2000 to 2150, comparing 1987-88 edition, 1989-90 edition, 1992-93 edition, and 1994-95 edition.]

edition. Because China is so large, accounting for more than one-fifth of the world's population, even a small increase in the total fertility rate—from 2.2 to 2.4 children per woman—had a sizable effect. In the early 1990s fertility in China dropped again (as it did in a number of other countries), resulting in lower global projections.

Projections for the continents have changed in different ways. In absolute terms, the change between the 1992–93 Edition and the current 1994–95 Edition is largest for Asia. In relative terms, the projections for Europe have changed the most. Figure 5 illustrates the changes for the continents; the lower line for each continent indicates the current projection. Changes for the Americas and for Oceania are indiscernible and are not shown.

Components of Population Change

Fertility Trends

Fertility has declined more rapidly and in more countries than was previously projected. While in some countries fertility remains high, many countries have experienced a trend toward smaller families as a result of changes in socioeconomic conditions that have reduced the demand for children and increased the use of contraceptives to avoid unwanted births. In 1994 the total fertility rate (TFR) for the world is just above 3 children per woman.

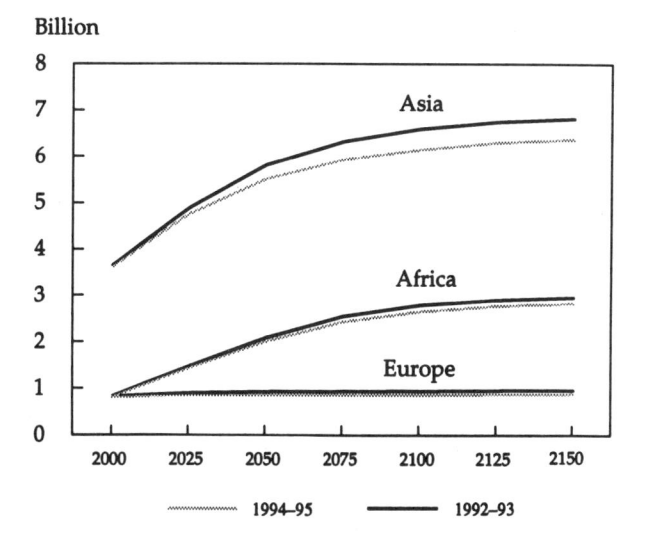

Table 3 summarizes the TFR estimates and projections by region, income group, and fertility transition group. The spread in fertility levels is much greater among regions than among income groups, in part because of the inclusion of China in the low-income category.

The fertility transition groups, defined by the level and trend in fertility, show the TFR in pre-transitional countries at 6.3, whereas in late-transitional countries the TFR has dropped to below replacement. The fertility projections assume that in the future the TFR will decline toward replacement level (about 2.1 in low mortality countries) when the current level is higher or increase toward replacement when the current level is below that level (see Projection Methodology section).

Among the regions, East and West Africa stand out as having the highest fertility—over 6.0 during 1990–95. This is 1.6 children per woman above the next highest region, Southwest Asia, at 4.4. Currently, only the Europe region has below-replacement fertility.

Another measure sometimes used to assess fertility levels and trends is the crude birth rate (CBR), a rate that gives the number of births per 1,000 population, unadjusted for the age structure of the population. The 1990–95 CBR is 24.8 for the world as a whole. It is lowest in Europe, at 12.0, and highest in West Africa, at 44.4.

Mortality Trends

Mortality levels in all continents have decreased in the past decade—albeit at different rates—continuing a long-term trend towards longer life. Current life expectancy at birth, a measure constructed from current age-specific mortality rates applied to a cohort born this year, is estimated to be 66 years for the world in 1994. But the discrepancies among regions are large: in East and West Africa life expectancy at birth is only

Figure 5. *Comparison of Regional Projections*

[Graph showing regional population projections in billions from 2000 to 2150 for Asia, Africa, and Europe, comparing 1994-95 and 1992-93 editions.]

Table 3. *Fertility and Mortality Rates by Geographic Region, Income Group, and Fertility Transition Group, 1990–95, 2000–05, and 2025–30*

Region	1990–95 CBR	TFR	CDR	e(0)	IMR	2000–05 CBR	TFR	CDR	e(0)	IMR	2025–30 CBR	TFR	CDR	e(0)	IMR
World	24.8	3.08	9.3	65.9	60	21.7	2.78	8.6	68.0	49	17.1	2.35	8.5	72.3	29
Income group[a]															
Low	28.2	3.43	9.8	62.1	73	24.1	3.03	9.0	64.4	60	18.4	2.44	8.5	69.6	36
Lower-middle	23.9	3.06	8.7	67.6	44	21.9	2.79	7.9	69.8	34	16.5	2.22	7.7	74.2	19
Upper-middle	24.0	2.94	7.2	68.7	40	20.3	2.47	6.6	71.2	30	15.7	2.18	7.4	75.7	16
High	13.2	1.74	9.0	77.1	7	11.7	1.75	8.7	79.2	6	11.5	2.05	11.1	81.7	4
Fertility transition group[b]															
Pre-transitional	44.3	6.28	14.8	52.0	101	41.4	5.69	13.1	54.1	85	26.9	3.17	8.4	62.1	54
Transitional	29.3	3.71	8.8	62.8	67	23.8	2.93	7.5	66.2	49	16.9	2.18	7.3	72.1	26
Late-transitional	16.1	1.91	8.4	72.0	23	13.7	1.84	8.4	73.8	17	12.7	2.10	10.2	77.5	10
Africa	41.0	5.68	13.6	53.9	94	38.0	5.00	12.2	55.8	79	25.2	2.99	8.4	63.1	50
East Africa	43.2	6.04	14.8	52.2	101	40.5	5.47	13.9	52.6	89	27.4	3.24	9.1	60.6	56
West Africa	44.4	6.15	15.0	51.2	97	40.9	5.44	12.8	54.1	79	25.8	3.02	8.3	62.3	50
North Africa	31.6	4.30	9.0	61.5	67	27.6	3.42	7.6	65.2	48	18.5	2.31	6.8	71.2	27
Americas	21.8	2.67	7.5	71.5	34	18.0	2.31	6.7	73.8	26	14.4	2.10	7.9	77.5	14
Latin America and Carib.	25.6	3.05	6.9	68.1	44	20.6	2.43	6.2	70.5	34	15.4	2.12	7.1	75.2	18
Northern America	15.9	2.07	8.5	76.8	9	13.8	2.06	7.6	79.3	6	12.5	2.07	9.3	81.9	4
Asia	25.0	3.00	8.4	65.3	60	20.8	2.60	7.8	67.9	45	16.0	2.21	8.2	72.9	25
East and Southeast Asia	20.4	2.28	7.5	68.5	37	16.1	2.09	7.7	71.3	23	14.2	2.13	9.1	74.5	16
South Asia	31.0	4.04	10.0	60.3	84	25.2	3.21	8.2	64.4	62	17.6	2.24	7.6	70.6	35
Central Asia	26.7	3.43	7.1	69.3	38	21.5	2.75	6.6	72.1	27	15.8	2.09	6.7	76.6	15
Southwest Asia	32.2	4.41	7.0	66.4	52	29.1	3.79	6.1	68.9	40	20.1	2.54	5.7	73.6	23
Europe	12.0	1.64	10.9	73.7	13	11.3	1.66	10.6	76.0	10	11.5	2.05	12.0	79.3	6
Oceania	19.4	2.45	8.0	72.7	22	17.3	2.35	7.7	74.4	17	14.2	2.11	9.0	77.4	10

Note: CBR, crude birth rate, per 1,000 population; CDR, crude death rate, per 1,000 population; TFR, total fertility rate, per woman; e(0), life expectancy at birth, in years; IMR, infant mortality rate, per 1,000 live births.

a. Income groups are defined in Appendix A.
b. Fertility transition groups are defined in Appendix B.

52, whereas it is 77 in Northern America and 74 in Europe. Projected mortality trends are based on current levels and recent trends, with faster increases in life expectancy projected in countries with lower life expectancies and those with rapid recent increases (see Projection Methodology). Life expectancy is projected to reach 72 by 2025 for the world as a whole (see Table 3), but differences among the regions are expected to remain important. Particularly slow increases in life expectancy, and, for some countries, significant decreases, are projected for East and West Africa during the next two decades, as a result of the AIDS epidemic.

Female life expectancy at birth is higher than male life expectancy at birth in all regions of the world. But the difference is only 0.1 year in South Asia, while it is highest in Europe, at 8 years. The size of the "female advantage" in life expectancy is related to biological as well as societal causes. In South Asia unequal treatment of male and female infants, as well as high mortality during pregnancy and childbirth, reduces the gap, whereas in Eastern Europe and the former Soviet Union male mortality is elevated because of smoking and alcohol related mortality.

Mortality during the first year of life is greatly affected by socioeconomic conditions. The infant mortality rates (IMR) shown in Table 3 are more than ten times as high in low-income countries than in high-income countries. There is also a close association with fertility transition status, with the lowest IMRs in the countries with the lowest fertility.

Migration Trends

Migrants are defined as individuals who have resided for at least one year in a country other than their own. Refugees living in camps maintained by the UN High Commissioner for Refugees (UNHCR) are not included in migration estimates, regardless of the length of their stay. Net migration estimates were calculated for five-year periods as the difference between immigration and emigration. Significant migratory movements into or out of a country or region will not be apparent in the data when there are comparable movements in the opposite direction.

Generally, migration has a limited effect on population growth for continents and other groupings. Relative to the number of births and deaths, the number of migrants is small. Overall, migration reduces population growth from 1.90 to 1.87 percent per year in developing countries. The largest relative effects of migration on population growth are found in Europe, where it almost doubles the population growth rate, from 0.11 to 0.21 percent per year, and in the Northern America region, where net migration accounts for 25 percent of population growth. Almost equally significant is the negative net migration in Central Asia, where emigration reduces the population growth rate from 1.96 to 1.51 percent per year.

Age Structure

The composition of a population by age has important consequences for the allocation of resources to, among others, education, health, and social security. The age structure is also a major determinant of population growth, as fertility and mortality rates vary greatly with age. Figure 6 shows population pyramids—graphical representations of a population by age and sex—for the low-income and high-income aggregates of countries. The low-income countries have more youthful populations; fertility is projected to continue to decline and the pyramid becomes increasingly rectangular, in 2025 the under-five age group will still be the largest. The high-income countries' pyramid shows the challenges presented by aging population: by 2025 the largest cohorts by far will be those 75 years and older.

Selected Country Results

Aggregate regional or global indicators mask important differences among countries. This section provides selected results for some of the larger countries, as well as examples of the range within which demographic indicators are currently observed.

China continues to be the most populous country, with a population of 1,186 million in 1994. Although China's fertility rate is below replacement, its growth rate is still above 1 percent per year, and it is projected to retain its first-place ranking until about 2040 because of the population growth momentum resulting from its youthful age structure.

The rankings by size for the top four countries (China, India, the United States, and Indonesia), will remain constant up to 2025. Japan, the only other high-income country included in the top ten in 1994, will fall to thirteenth place by 2025, behind Mexico and Iran. During this time Nigeria, Bangladesh, and Pakistan will advance in the ranking. Ethiopia, which was the twenty-third most populous country in 1994 will assume tenth position in 2025.

India, with a population of 917 million in 1994, is the second most populous country. With a growth rate of 1.9 percent per year, India's population is increasing faster than that of China, and in 2040 India will surpass China as the country with the largest population.

Figure 6. *Composition of Population by Age and Sex, 1990 and 2025, Low- and High-Income Countries*

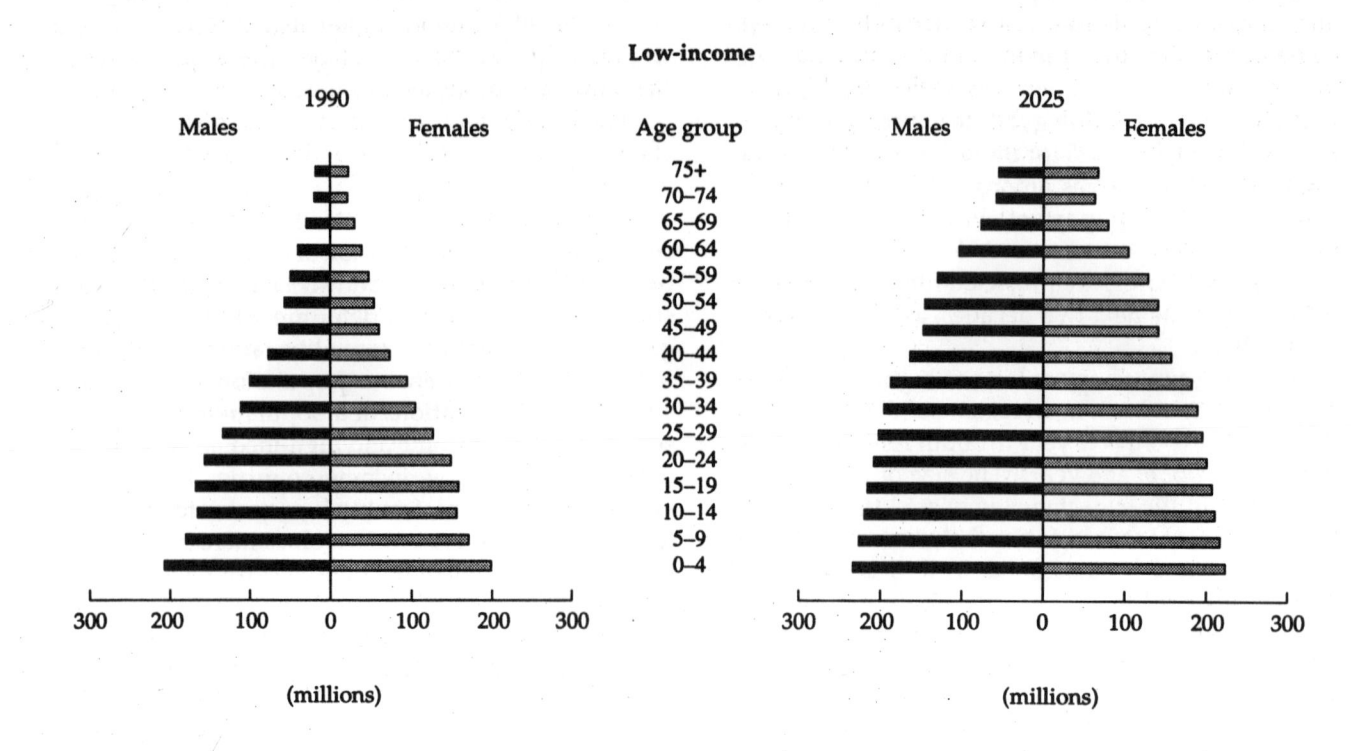

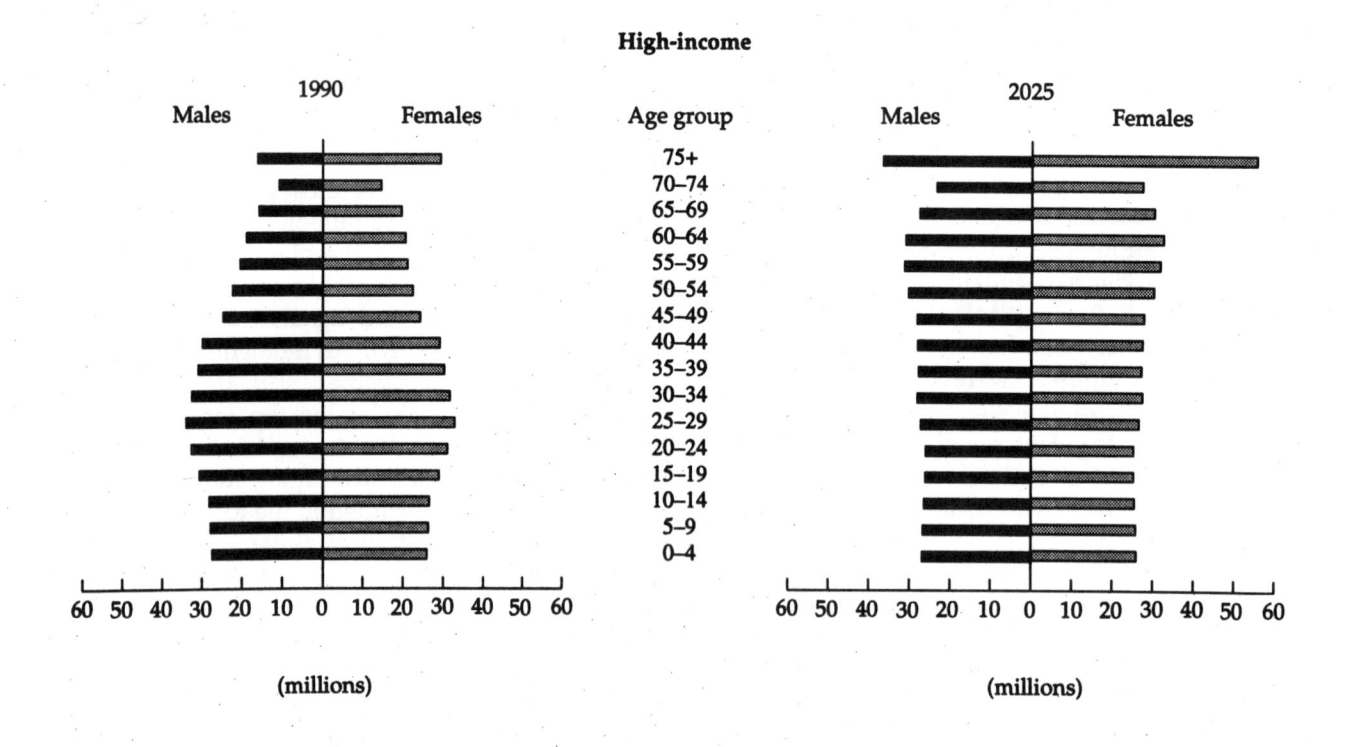

The U.S. population exhibits characteristics typical of high-income economies, such as low mortality rates and an aging population. Unlike many other high-income economies, the United States' population will increase over the next century, fueled by high immigration and by fertility that is among the highest among the high-income economies. In many other high-income economies, such as Germany, Italy, Spain, and Japan, population size will decrease over the next 50 years.

Population is growing fastest in some of the countries in Western Asia. For the period 1990–95 Jordan is the country with the highest estimated growth rate, at 5.9 percent annually. The Gaza Strip, the West Bank, and Israel are among the top 10 fastest-growing countries. Israel, like the United States, Australia, and Canada, has been the recipient of a large number of immigrants in the past few years; during the period 1990–95, 600,000 immigrants are expected to enter the country. There is one country in the Western Asia region with a recent decline in population: Kuwait. The disruptions caused by the Gulf war led to an exodus of people from Kuwait to Jordan, the Republic of Yemen, and other countries in the area.

Negative population growth has been observed in some Caribbean countries and in Europe. The negative growth rates in the Caribbean are related to continued emigration, primarily to North America. The negative growth seen in some countries in Europe is caused by the low levels of fertility and by population aging, which produces few births relative to the number of deaths.

The highest fertility level, as indicated by the TFR, is currently estimated at 7.60 for the Republic of Yemen. Several Sub-Saharan African countries are very close to this level. The country with the lowest TFR is currently Spain, at 1.23, with most other European countries also below 2.

The lowest life expectancy at birth is estimated to be in Guinea-Bissau, 39 years. It is also low in Sierra Leone, Afghanistan, Guinea, and Mozambique: 43, 43, 44, and 44 years, respectively. In contrast, in Japan the life expectancy of 79 years is about double that of some West African countries. The countries with the lowest life expectancies are also those with the highest infant mortality rates.

Alternative Fertility Scenarios

Population projections are the outcomes of assumptions about future vital rates. As discussed above, when life expectancy trends were reassessed a few years ago and assumed to reach higher levels in long-term projections, the global population was projected to be almost 1 billion higher than before. Different trends in fertility, however, have an even larger potential impact on projected populations. When fertility in China, Russia, and several other countries dropped more rapidly than was previously projected, the projected increase in population during the 1990s dropped from just over 900 million to 850 million. This section presents some of the results of projections made with different assumptions regarding the future course of fertility, as an illustration of the sensitivity of the projections to future deviations from the assumed course. While the other components of population change could also follow alternative paths, fertility is most often the subject of government population policies and interventions.

The alternative scenarios are defined as follows: in a *rapid fertility decline* scenario, replacement level fertility (the level of the TFR when the net reproduction rate is equal to 1 and women would have the exact number of surviving children needed to replace themselves) is reached in half the time required in the standard scenario. In a *slow fertility decline* scenario, the time needed to reach replacement level fertility is twice as long as in the standard scenario. The procedures for calculating the timing of replacement fertility in the standard scenario are described in the section on Projection Methodology. These alternative fertility trends are applied only to countries that currently have above-replacement fertility. Figure 7 shows the three alternative paths to replacement fertility for countries that are currently pre-transitional.

The next two figures show the results of the projections with alternative fertility trends for the world as a whole (Figure 8) and for the low- and high-income groups (Figure 9). Initially the differences in projected populations of the world and of low-income countries are small, but the scenarios become increasingly divergent. As most high-income countries are already at or below replacement, the differences among the alternative projections cannot be discerned for this group. At the end of the projection span, the slow fertility decline scenario results in a 31 percent (or 3 billion) larger global population than the rapid fertility decline scenario. These alternative patterns illustrate the uncertainty associated with long-term projections. They also illustrate that in the short term, population projections are much less affected by deviations from the assumed paths, even though the alternative fertility trends differ most in the near future. The projections for all income, regional, and other groups are summarized in Table 4.

Figure 7. *Fertility Decline Scenarios, Pre-Transitional Countries*

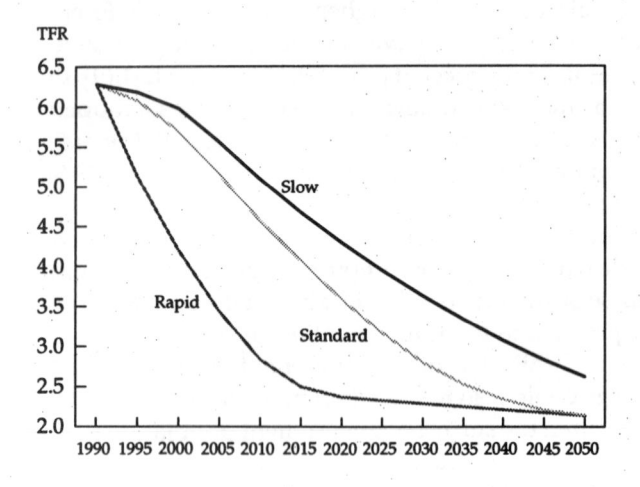

Data Sources

The input data used in the projections include a base-year (mid-1990) population estimate by age and sex, and base period (1990–94) estimates of mortality, fertility, and migration. The following sections describe the data, their sources, and the approaches used to achieve consistency and comparability for all countries. Appendix C provides a listing of data sources by country.

Population and Age-Sex Structure Data

Base-year population estimates are obtained from recent censuses projected to mid-1990, corrected for over- and undercounting. Provisional census estimates that have not been evaluated are not used. The UN Population Division is a major source of adjusted census figures. Eurostat provides most of the population data for Europe. For the former Soviet republics, the U.S.S.R census publications are used, supplemented with data from the Council of Europe. Population data are also obtained from the U.S. Bureau of the Census. In the absence of a recent and reliable census estimate, official estimates, as reported in the UN Statistical Office publication *Population and Vital Statistics Report* or in country statistical publications, are used. In some cases base-year estimates are based on projections of older censuses and estimates of mortality, fertility, and migration.

Age-sex structures are frequently obtained from the UN Population Division. Most are census age structures adjusted for age-misreporting or estimates using stable population analysis. Projections from previous censuses and World Bank and official estimates are also utilized.

Fertility Data

The Demographic and Health Surveys (DHS) program has provided useful estimates for approximately 50 countries in Africa, Asia, and Latin America. Other surveys and censuses are also used, as are the data from vital registration systems, when these are estimated to be complete. Data are compiled from the UN's *World Population Prospects*, country publications, and reports by the U.S Bureau of Census, Eurostat, and the World Bank. When recent fertility data are not available, fertility rates are calculated using measures such as the crude birth rate.

Figure 8. *Fertility Decline Scenarios, All Countries*

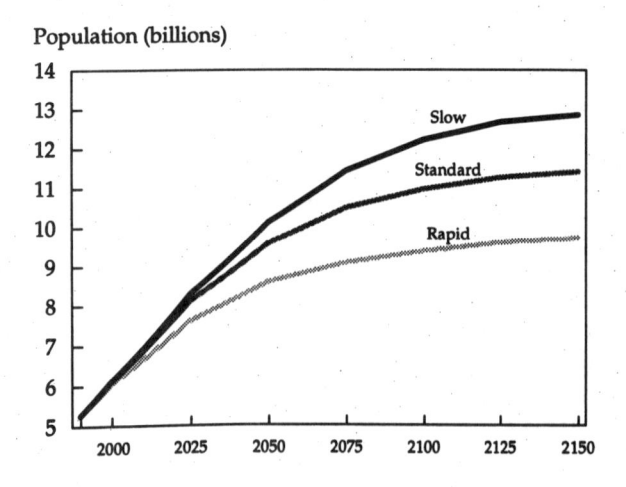

Figure 9. *Fertility Decline Scenarios, Low- and High-Income Groups*

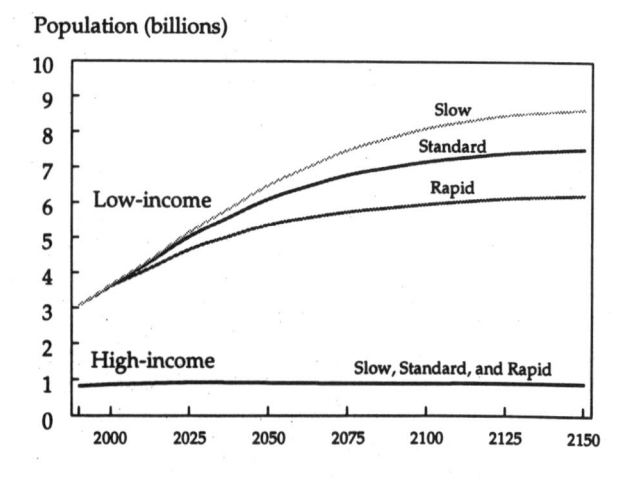

Table 4. Population Projections Using Standard, Slow, and Rapid Fertility Decline Assumptions (millions)

Region	Standard fertility decline				Slow fertility decline				Rapid fertility decline			
	2000	2050	2100	2150	2000	2050	2100	2150	2000	2050	2100	2150
World	6,114	9,578	10,958	11,401	6,151	10,120	12,219	12,850	6,063	8,604	9,380	9,716
Income group[a]												
Low	3,653	6,134	7,190	7,539	3,675	6,527	8,139	8,646	3,617	5,393	5,979	6,236
Lower-middle	1,055	1,696	1,936	1,997	1,064	1,805	2,166	2,247	1,045	1,520	1,659	1,707
Upper-middle	540	843	938	962	543	881	1,019	1,053	536	788	851	873
High	866	905	894	903	866	906	896	904	865	903	891	900
Fertility transition group[b]												
Pre-transitional	726	1,934	2,624	2,815	730	2,116	3,272	3,618	706	1,317	1,564	1,671
Transitional	2,729	4,580	5,186	5,373	2,747	4,940	5,800	6,018	2,698	4,226	4,672	4,835
Late-transitional	2,660	3,063	3,148	3,213	2,660	3,064	3,148	3,214	2,659	3,061	3,144	3,210
Africa	821	1,999	2,643	2,827	826	2,181	3,231	3,549	803	1,446	1,701	1,808
East Africa	361	936	1,282	1,379	364	997	1,549	1,724	352	637	763	816
West Africa	286	735	975	1,046	288	821	1,229	1,351	279	522	615	658
North Africa	174	328	386	402	175	363	453	474	172	287	323	335
Americas	822	1,178	1,267	1,294	825	1,207	1,314	1,343	817	1,145	1,219	1,245
Latin America and Caribbean	512	804	883	906	515	833	930	955	508	772	836	858
Northern America	310	374	384	388	310	374	384	388	309	373	383	386
Asia	3,703	5,638	6,289	6,509	3,727	5,967	6,911	7,182	3,676	5,252	5,704	5,894
East and Southeast Asia	2,009	2,644	2,824	2,907	2,022	2,689	2,899	2,985	2,004	2,593	2,751	2,831
South Asia	1,444	2,484	2,847	2,964	1,452	2,716	3,264	3,409	1,426	2,240	2,485	2,582
Central Asia	77	129	144	148	78	139	161	166	77	119	130	134
Southwest Asia	173	380	473	490	176	423	588	623	170	300	337	348
Europe	737	721	714	726	737	721	715	726	737	721	714	726
Oceania	31	42	45	46	31	43	48	49	30	40	42	43

a. Income groups are defined in Appendix A.
b. Fertility transition groups are defined in Appendix B.

Mortality Data

Mortality estimates are indicated in the projections by infant mortality rates and life expectancies for both sexes. Estimates for life expectancy are gathered from a wide range of sources: the UN Population Division, country publications, World Bank sector reports, Eurostat, the Council of Europe, and the U.S. Bureau of the Census. For infant mortality rates, the DHS findings are a main source for many countries without vital registration data.

Estimates of HIV prevalence and AIDS mortality were made using data collected by Chin (1991) at WHO and the U.S. Bureau of Census AIDS Data Base.

Migration Data

The estimates used rely on a review of migration data compiled by Arnold (1989). This comprehensive review culled data from a variety of sources, including international and national agencies, statistical organizations, and research institutions. This database is updated as new estimates become available. Migration data are less reliable than fertility and mortality data, and frequently change within a short time.

Projection Methodology

Population projections were made on microcomputers with the software package Proj3L, which uses the cohort-component method. A similar program for 75-year projections, Proj3S, is described by Hill (1990). The assumptions about future trends in vital rates, and how these have been derived, will be discussed in this section.

Projecting Fertility

Future fertility trends are specified by age-specific fertility schedules, which together constitute the total fertility rate, and by a year when the net reproduction rate (NRR) reaches unity (the "replacement year"). When the NRR is equal to 1, women have, on average, exactly enough surviving daughters to replace themselves. Separate procedures are applied, depending on whether a population has started the so-called "fertility transition." A fertility transition is assumed to have begun if a country has experienced a drop in the total fertility rate of at least 0.5 points over any five-year period, or if the total fertility rate is already below 4.5 after a more gradual decline (Bulatao and Elwan 1985). The pre-transition stage is the stage before any such decline is evident; fertility tends to fluctuate in a narrow range at high levels. The late-transition stage is defined by a total fertility rate 1 point above replacement level (about 3.15) or lower. The fertility projection assumptions are based on the results of empirical analysis of 42 countries (Bos and Bulatao 1990).

For countries in the pre-transition stage, future total fertility is assumed to be constant. These countries are assumed to start a transition to lower fertility in the quinquennium after combined male and female life expectancy reaches 50 years, but in no case later than 2005. Where sterility is a significant factor, fertility is projected to increase, as sterility is assumed to decline linearly to 6 percent over three quinquennia, with each percentage point drop in sterility raising total fertility by 0.11 points (Frank 1983).

In the transition stage, the rate of fertility decline is based on the rate in the preceding quinquennium, assuming that transition had already started in that period. With previous annual change represented by D_{TFR}, annual change during the transition is set at $(-0.05 + 0.5\ D_{TFR})$. However, limits are set on this change: it must be at least -0.073 points and, at most, -0.210 points. If the formula does not apply because transition has just started, an average annual decline in total fertility of 0.06 points for the first five-year period of the transition and 0.12 annually for subsequent quinquennia is imposed. In the early part of the transition stage, the sterility adjustment is applied, if appropriate, to raise total fertility slightly.

In the late-transition stage, fertility approaches replacement level, either from slightly above or slightly below it. Four alternative patterns may apply:

- Generally, a geometric function is imposed on total fertility decline from 1 point above replacement level to replacement level, with this decline assumed to take 15 years.
- Where total fertility has shown unusually slow decline, it is assumed to take 20 rather than 15 years for total fertility to fall 1 point to replacement.
- Where, as it approaches replacement level, total fertility is still recording rapid declines, it is assumed to fall further for one period, generally going below replacement, to stay constant in the next period, and then to return to replacement.
- Where the transition has been completed and total fertility is below replacement, it is assumed to stay at the current level for two quinquennia and then to return gradually to replacement, along a linear path, by 2030.

In applying late-transition procedures, the level of total fertility that provides replacement is approximated by a quadratic formula based on female life expectancy ($e_{(f)}$) in the replacement year:

$$TFR_{NRR=1} = 6.702 - 0.1107\, e_{(f)} + 0.0006592\, e_{(f)}^2$$

The replacement year is first approximated in order to determine life expectancy and is then calculated given this formula and whichever pattern of fertility change above is appropriate.

For all stages of fertility transition, the age pattern of fertility is determined in the same fashion, depending on the level of total fertility (Figure 10). Two basic schedules of age-specific fertility are defined: for total fertility levels greater than 6 and for total fertility levels of 3 and lower. In between, age patterns are obtained by interpolation between the two schedules. At a total fertility level of 6 and higher, a greater proportion of births are at younger and older ages of the reproductive span, and the mean age of childbearing is 28.9 years. At a total fertility level of 3 and lower, births are concentrated in a narrower band of ages, and the mean age of childbearing is 28.0.

Projecting Mortality

The procedures used to project mortality were developed from analysis of trends in life expectancy and infant mortality in available national data (see Bulatao and others 1990). These projections utilize extended life tables (see Coale and Guo 1989) with maximum male and female life expectancy assumed to be 83.3 and 90 years, respectively. These maxima were revised upward in 1991 because previously used maxima are now barely above the currently estimated levels for the lowest mortality countries. Life expectancy in Japan, for instance, is estimated at 75.6 for males and 81.4 for females—only slightly below the previously used long-term limits. Research into the consequences of controlling major risk factors has found that theoretically much higher life expectancies are attainable. Bourgeois-Pichat (1952), in an attempt to estimate the effect on the life span of eliminating "exogenous" causes of death, obtained a maximum life expectancy of 76.3 for males and 78.2 for females. In 1978 he revised the limit, putting life expectancy for males slightly lower at 73.8 years and that for females higher, at 80.3 years (barely above the current estimates for Norway). Manton (1986) showed that an increase in life expectancy of 12.3 to 12.8 years in the expectation of life at age 30 years was possible with effective control of major risk factors. Even if no changes in mortality under 30 occurred this would result in an increase in male life span to above 81 years. On the basis of this evidence and given the long range nature

Figure 10. *Percentage of Total Fertility Assigned to Different Ages, by Level of Total Fertility*

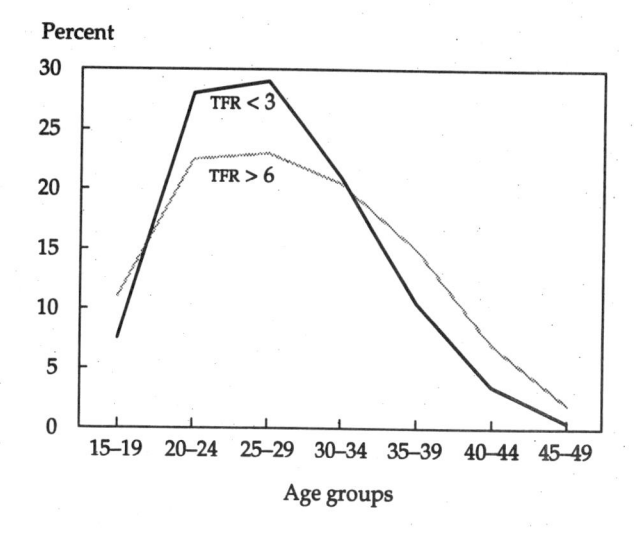

of these projections, a higher maximum life span was considered appropriate.

Future Trends in Life Expectancy at Birth

Life expectancy is projected from year 0 to year t using a logistic function over time of the form

$$e_t = k_0 + k / \{1 + \exp[\text{logit}(e_0) + rt]\} \text{ with}$$

$$\text{logit}(e_0) = \log_e [(k_0 + k - e_0) / (e_0 - k_0)]$$

Logistic functions are used because these fit past trends best, country by country. The schedules of medium change in life expectancy and infant mortality reflect median trends across countries, and the schedules for minimum and maximum change reflect the 10th and 90th percentiles when country trends are ranked from slowest to fastest. The equations to predict short-term trends in life expectancy and infant mortality were estimated using these data; other socioeconomic factors, such as per capita income, did not improve prediction.

The logistic function is set to rise most rapidly from a level of 50 years or so and increasingly slowly at higher levels. The minimum (k_0) for the logistic functions for both sexes is assumed to be 20 years, and the maxima ($k_0 + k$) are assumed to be 90 years for females and 83.3 years for males. The rate of change (r) for the logistic function is allowed to vary across countries and, for a given country, to vary over time.

For the first quinquennium (1985–90), the rate of change (r_1) is estimated from the rate of change in the previous quinquennium (r_0) and from the female secondary enrolment ratio (s_0), using the equations

$r_1 = 0.00379 + 0.723\, r_0 - 0.000254\, s_0$ for females
$r_1 = 0.01159 + 0.885\, r_0 - 0.000318\, s_0$ for males

Percentage urban is used in a few cases, with a different equation (see Bulatao and others 1990), where secondary enrolment is not available. In fewer cases still, the rate of change in the previous decade is used instead of the rate of change in the previous quinquennium when the latter appears to have been affected by exceptional circumstances. Limits are imposed on the rate of change for the first quinquennium (and for all other quinquennia), such that it cannot be greater than –0.017 (which would give slow mortality decline) or less than –0.053 (which would give rapid mortality decline).

For the second quinquennium, the rate of change is estimated as a function of the rate of change for the first quinquennium:

$r_2 = -0.007 + 0.7\, r_1$

The rate of change for the third quinquennium is estimated from the rate of change for the second quinquennium in the same manner. This equation allows rates of change to converge toward the uniform pattern imposed for subsequent quinquennia.

For these subsequent quinquennia for all countries, the rate of change in life expectancy is constant at –0.035 for both sexes. At this rate, the annual increments to life expectancy vary by initial levels, as indicated by the medium pattern in Table 5. Minimum and maximum increments corresponding to the slow and rapid limits imposed on rates of change in the first three quinquennia are also shown.

Table 5. *Assumed Annual Increments to Life Expectancy*

Initial life expectancy	Males Minimum	Males Medium	Males Maximum	Females Minimum	Females Medium	Females Maximum
40	0.14	0.34	0.55	0.14	0.36	0.58
45	0.15	0.38	0.61	0.16	0.40	0.65
50	0.16	0.39	0.63	0.17	0.43	0.69
55	0.16	0.39	0.62	0.17	0.44	0.70
60	0.15	0.37	0.59	0.17	0.43	0.68
65	0.13	0.32	0.52	0.16	0.40	0.69
70	0.10	0.26	0.42	0.14	0.36	0.57
75	0.07	0.18	0.28	0.12	0.27	0.47
80	0.03	0.08	0.12	0.09	0.21	0.34
85	—	—	—	0.05	0.11	0.18

— Not available.

Table 6. *Assumed Annual Decrements to Infant Mortality Rate*

Initial infant mortality rate	Minimum	Medium	Maximum
150	0.83	2.08	4.02
140	0.92	2.32	4.47
130	1.00	2.50	4.81
120	1.13	2.63	5.03
110	1.16	2.69	5.15
100	1.16	2.71	5.16
90	1.14	2.66	5.07
80	1.10	2.56	4.86
70	1.03	2.41	4.56
60	0.93	2.20	4.16
50	0.81	1.94	3.65
40	0.67	1.62	3.05
30	0.50	1.26	2.35
20	0.31	0.84	1.56
10	0.09	0.36	0.68

Future Trends in Infant Mortality

Infant mortality is projected using a similar logistic function. The rate of change for each of the first three quinquennia is obtained from the equation

$r_t = 0.0275 + 0.5\, r_{t-1}$

with the restriction that this rate must be in the range 0.024–0.130. These limits provide schedules of minimum and maximum annual decrements to infant mortality, varying by the initial rate, shown in Table 6. A set of medium decrements is also provided, representing the typical schedule of improvements toward which rates of change converge when the preceding equation is applied successively. A minimum attainable level of infant mortality of 3 per thousand was used instead of the previously assumed 6 per thousand. This level is roughly equivalent to the level attainable under the extended life expectancy assumptions employed.

Selection of Life Tables

Life tables are selected from the Coale-Demeny models (Coale and Demeny 1983) that provide the projected life expectancy and infant mortality rates for the first three quinquennia. First, a level of the life tables is chosen to give the desired infant mortality rate (interpolation is used if necessary). Mortality rates up to age 14 are taken from this life table. Second, another level of the life tables is chosen to give rates for ages 15 and older such that the desired level of life expectancy is obtained. Among the four Coale-Demeny families (North, South, East, and West), that family is chosen which minimizes the divergence between the two chosen levels.

For subsequent quinquennia, only life expectancy is used in determining levels, and the West family is used consistently.

Survivorship ratios from these model life tables were specified for the first three quinquennia and for 2025–30, 2050–55, and 2100–05. The projection program used, Proj3L, was allowed to interpolate linearly for intervening periods to facilitate a smooth transition across life table families where this was necessary.

Incorporating AIDS Mortality

The effect of AIDS on mortality indicators is modeled separately because the HIV/AIDS epidemic is not reflected in past trends. Because of the long latency period following infection with HIV—a median of 10 years before AIDS symptoms appear—information on the prevalence of HIV is essential to project future mortality impact. In addition, an approximate starting year for the epidemic is required.

Using an epidemiological model developed by Bulatao (United Nations/WHO 1991), equations linking current HIV infection, future HIV infection, and future mortality impact were estimated. These equations are applied to countries with a measurable level of HIV infection, and yield projections of the years of life expectancy lost due to AIDS mortality. The number of years lost, expressed as Coale-Demeny model life table levels, is subtracted from the projected no-AIDS trends until 2020–25, after which mortality gradually recovers to the projected level in 2050 under a no-AIDS situation. More detail may be found in Bos and Bulatao (1992).

A number of assumptions are made in this approach, and they have important consequences for the estimated mortality effects of AIDS. Most critically, it is assumed that transmission of the virus will be cut in half in each year after 2005. It is also assumed that there is no interaction between HIV prevalence and fertility and between AIDS morbidity or mortality and mortality from other causes.

Projecting Migration

Estimates of future net migration by quinquennium up to the year 2000 are those prepared by Arnold (1989), updated where new data are available. These estimates are strongly affected by official policies and plans in the major receiving countries. The figures were designed to total zero in each quinquennium for the whole world. After the year 2000 the number of net migrants is assumed to approach zero linearly in each country, at the estimated rate of change in their number from the period 1990–95 to the period 1995–2000 or at a rate that would make their number zero by 2025-30, whichever rate is faster. For these later periods, a zero total for worldwide net international migration was obtained by adjusting initial estimates of net migrants in three major receiving countries—the United States, Australia, and Canada—upward or downward as necessary by a proportion constant across these countries, but varying by quinquennium. These adjustments were 1 or 2 percent for the earlier periods, which is negligible compared to the volume of migration assumed for these countries, but were up to 10 percent for later periods.

The age-sex distributions of migrants are determined from alternative models based on their sex ratios. If migration is heavily male, migrants are assumed to be concentrated in the age group 15–30, with few children and elderly. If migration is more balanced between males and females, proportionally more migrants are assumed to be children and elderly (Hill 1990).

Summary Tables

Of the tables that follow, Tables 7–12 show population estimates and projections and principal demographic indicators for countries and economies. Table 13 shows 1990 population data for countries and economies subsumed under the "Other" entries in Tables 7–12.

Table 7. *Total Population, Estimates and Projections for All Countries and Economies, 1990–2030*
(thousands)

Country, economy, or region	1990	1995	2000	2005	2010	2015	2020	2025	2030
World	5,266,007	5,692,210	6,113,680	6,527,767	6,944,433	7,348,279	7,742,124	8,121,236	8,474,017
Africa	627,492	719,202	821,488	934,337	1,055,755	1,178,826	1,304,167	1,431,110	1,556,723
East Africa	273,216	314,835	361,416	412,908	469,402	527,988	588,232	650,016	712,349
Botswana	1,277	1,483	1,701	1,925	2,150	2,360	2,548	2,731	2,917
Burundi	5,492	6,301	7,232	8,288	9,498	10,831	12,233	13,672	15,081
Comoros	475	566	673	793	926	1,068	1,215	1,359	1,501
Djibouti	497	633	758	871	983	1,091	1,199	1,307	1,411
Eritrea	3,139	3,574	4,099	4,735	5,449	6,169	6,880	7,577	8,265
Ethiopia	48,041	56,548	66,657	78,368	91,592	106,312	122,556	140,008	158,054
Kenya	24,160	27,751	31,409	35,009	38,484	41,497	44,404	47,393	50,356
Lesotho	1,768	1,985	2,229	2,480	2,729	2,974	3,202	3,410	3,613
Madagascar	11,672	13,485	15,500	17,605	19,797	22,008	24,129	26,238	28,237
Malawi	8,507	9,727	11,092	12,726	14,696	16,791	18,995	21,307	23,684
Mauritius	1,075	1,133	1,192	1,251	1,309	1,362	1,410	1,452	1,488
Mayotte	73	88	106	124	143	164	186	207	228
Mozambique	15,707	17,732	20,289	23,547	27,360	31,396	35,647	40,171	44,912
Namibia	1,439	1,647	1,881	2,124	2,378	2,624	2,865	3,093	3,302
Réunion	593	640	681	723	765	804	840	872	901
Rwanda	6,950	7,794	8,652	9,524	10,431	11,320	12,121	12,816	13,511
Seychelles	68	71	74	78	82	87	92	97	101
Somalia	7,805	8,994	10,459	12,207	14,132	16,203	18,392	20,636	22,828
South Africa	37,959	42,505	47,270	52,107	56,867	61,270	65,214	69,030	72,858
Swaziland	797	946	1,121	1,317	1,533	1,759	1,985	2,203	2,420
Tanzania	24,470	28,463	32,855	37,597	42,816	48,165	53,438	58,595	63,470
Uganda	16,330	19,156	22,261	25,760	29,895	34,359	39,273	44,624	50,242
Zaire	37,391	43,436	50,613	58,856	67,930	77,371	87,007	96,568	106,071
Zambia	7,784	9,072	10,327	11,569	12,984	14,427	15,834	17,145	18,469
Zimbabwe	9,747	11,105	12,286	13,324	14,473	15,576	16,567	17,506	18,432
West Africa	213,833	247,334	285,930	329,067	375,649	422,831	471,319	520,113	567,697
Angola	9,194	10,636	12,410	14,593	17,099	19,780	22,713	25,896	29,240
Benin	4,740	5,470	6,295	7,159	8,086	9,009	9,882	10,743	11,570
Burkina Faso	9,016	10,439	12,152	14,128	16,338	18,749	21,336	24,035	26,723
Cameroon	11,524	13,368	15,549	17,953	20,462	22,986	25,476	27,963	30,344
Cape Verde	371	417	470	521	574	626	676	726	777
Central African Republic	3,008	3,403	3,867	4,438	5,104	5,801	6,542	7,330	8,136
Chad	5,680	6,448	7,353	8,447	9,671	10,938	12,261	13,622	14,945
Congo, People's Republic of the	2,276	2,673	3,138	3,674	4,271	4,919	5,623	6,365	7,104
Côte d'Ivoire	11,980	14,342	17,050	20,081	23,469	27,037	30,683	34,286	37,818
Equatorial Guinea	417	467	524	586	650	713	774	835	894
Gabon	1,136	1,306	1,515	1,763	2,032	2,324	2,643	2,980	3,316
Gambia, The	925	1,071	1,232	1,417	1,629	1,854	2,094	2,344	2,596
Ghana	14,870	17,236	20,008	23,033	26,284	29,599	32,769	35,886	38,855
Guinea	5,755	6,618	7,628	8,829	10,185	11,589	13,054	14,566	16,073
Guinea-Bissau	980	1,084	1,197	1,327	1,479	1,633	1,790	1,945	2,098
Liberia	2,365	2,379	2,713	3,097	3,526	3,962	4,372	4,768	5,146
Mali	8,460	9,833	11,542	13,593	15,940	18,501	21,265	24,154	27,039
Mauritania	1,969	2,255	2,609	3,023	3,479	3,974	4,500	5,044	5,577
Niger	7,666	9,037	10,662	12,633	14,955	17,530	20,396	23,556	26,950
Nigeria	96,203	111,273	127,806	145,646	164,073	181,649	199,509	216,900	233,256
Saõ Tomé and Principe	115	132	151	170	189	207	224	240	256
Senegal	7,404	8,468	9,686	10,983	12,373	13,764	15,089	16,317	17,414
Sierra Leone	4,136	4,707	5,369	6,153	7,055	8,003	9,007	10,053	11,103
Togo	3,638	4,266	5,001	5,815	6,721	7,680	8,636	9,548	10,458
Other West Africa	5	6	6	6	7	7	7	8	8

Country, economy, or region	1990	1995	2000	2005	2010	2015	2020	2025	2030
North Africa	140,443	157,033	174,143	192,362	210,703	228,006	244,616	260,981	276,677
Algeria	25,010	28,144	31,399	34,969	38,397	41,413	44,255	47,099	49,903
Egypt, Arab Republic of	52,426	57,741	62,694	67,713	72,726	77,340	81,718	85,940	89,912
Libya	4,545	5,410	6,401	7,530	8,796	10,160	11,575	13,003	14,393
Morocco	25,091	27,724	30,355	33,199	35,948	38,419	40,752	43,036	45,237
Sudan	25,118	28,776	33,048	37,708	42,669	47,676	52,502	57,264	61,794
Tunisia	8,074	9,031	10,006	10,971	11,860	12,655	13,434	14,224	14,987
Other North Africa	179	207	238	271	306	342	379	416	450
Americas	715,122	770,176	821,647	870,760	918,289	964,196	1,008,058	1,047,913	1,082,702
Latin America and Caribbean	434,575	474,843	512,252	548,672	584,730	620,160	654,332	686,028	715,058
Antigua and Barbuda	65	68	72	77	82	87	92	95	99
Argentina	32,322	34,254	35,770	37,266	38,896	40,523	42,048	43,409	44,621
Bahamas, The	255	275	297	318	338	356	371	386	400
Barbados	257	261	266	272	279	286	294	301	307
Belize	189	215	242	270	298	324	349	373	398
Bolivia	7,171	8,075	9,100	10,135	11,126	12,116	13,066	13,947	14,798
Brazil	149,042	161,374	172,228	182,969	194,096	204,969	214,951	223,734	231,453
Chile	13,173	14,241	15,088	15,859	16,659	17,475	18,260	18,954	19,538
Colombia	32,300	35,101	37,473	39,768	42,166	44,554	46,819	48,862	50,671
Costa Rica	3,035	3,405	3,722	3,996	4,266	4,549	4,828	5,085	5,308
Cuba	10,625	10,992	11,320	11,611	11,925	12,205	12,454	12,653	12,798
Dominica	72	73	77	83	89	95	100	106	111
Dominican Republic	7,074	7,701	8,269	8,793	9,335	9,900	10,455	10,973	11,446
Ecuador	10,547	11,721	12,884	13,998	15,016	16,008	17,005	17,962	18,839
El Salvador	5,172	5,669	6,179	6,719	7,277	7,816	8,372	8,928	9,469
Grenada	91	91	91	92	94	96	99	103	107
Guadeloupe	390	415	440	464	486	507	526	544	560
Guatemala	9,197	10,602	12,224	13,939	15,676	17,363	18,952	20,406	21,843
Guyana	798	824	846	873	910	958	1,006	1,050	1,086
Haiti	6,472	7,090	7,682	8,255	8,854	9,434	9,984	10,492	11,023
Honduras	5,105	5,924	6,795	7,693	8,582	9,461	10,305	11,080	11,833
Jamaica	2,356	2,454	2,512	2,570	2,644	2,733	2,836	2,947	3,063
Martinique	360	376	393	408	422	435	447	458	469
Mexico	81,724	90,464	98,787	106,719	114,020	121,174	128,455	135,610	142,334
Montserrat	12	12	12	13	13	14	15	15	16
Netherlands Antilles	189	200	211	222	231	240	248	255	262
Nicaragua	3,676	4,212	4,816	5,426	6,036	6,614	7,139	7,652	8,171
Panama	2,418	2,660	2,880	3,076	3,267	3,461	3,651	3,828	3,986
Paraguay	4,277	4,940	5,639	6,372	7,147	7,963	8,791	9,581	10,309
Peru	21,512	23,681	25,916	28,057	30,033	31,920	33,791	35,591	37,257
St. Kitts and Nevis	42	41	41	41	42	44	46	48	50
St. Lucia	150	163	176	191	205	220	234	249	263
St. Vincent and the Grenadines	107	111	116	124	134	144	153	162	170
Suriname	405	410	418	430	457	485	514	540	562
Trinidad and Tobago	1,236	1,305	1,359	1,419	1,497	1,587	1,671	1,746	1,809
Uruguay	3,094	3,179	3,264	3,372	3,484	3,588	3,683	3,773	3,856
Venezuela	19,325	21,883	24,238	26,353	28,197	29,985	31,830	33,621	35,244
Virgin Islands (U.S.)	102	99	95	92	91	90	90	90	92
Other Latin America	237	281	316	339	361	381	401	420	437
Northern America	280,547	295,333	309,395	322,088	333,559	344,036	353,725	361,885	367,644
Canada	26,522	28,424	29,841	31,054	32,166	33,158	34,019	34,658	35,001
Puerto Rico	3,530	3,659	3,783	3,913	4,044	4,169	4,287	4,397	4,498
United States of America	250,372	263,119	275,636	286,981	297,205	306,560	315,268	322,675	327,987
Other Northern America	123	131	136	141	144	148	152	155	157

(Table continues on the following page.)

Table 7 (continued)

Country, economy, or region	1990	1995	2000	2005	2010	2015	2020	2025	2030
Asia	3,173,552	3,443,274	3,703,172	3,950,875	4,194,182	4,425,726	4,648,772	4,860,377	5,053,974
East and Southeast Asia	1,787,889	1,904,032	2,009,513	2,102,630	2,192,687	2,278,106	2,357,679	2,429,743	2,491,742
Brunei	257	295	332	369	402	430	455	479	501
Cambodia	8,610	9,756	10,879	11,890	12,881	13,837	14,718	15,567	16,379
China (excl. Taiwan)	1,133,683	1,199,332	1,255,054	1,301,518	1,347,514	1,392,234	1,434,383	1,471,282	1,500,611
Taiwan, China	20,242	21,137	21,960	22,766	23,571	24,301	24,919	25,440	25,860
Hong Kong	5,705	5,962	6,120	6,190	6,248	6,287	6,307	6,306	6,276
Indonesia	178,232	192,543	206,213	218,877	231,253	243,299	254,627	265,111	274,712
Japan	123,537	125,213	126,840	127,751	127,946	127,292	126,026	124,294	122,154
Korea, Dem. Peop. Rep.	21,771	23,927	25,811	27,546	29,137	30,650	32,133	33,522	34,742
Korea, Republic of	42,869	44,825	46,721	48,397	49,872	51,073	52,072	52,946	53,679
Lao People's Dem. Rep.	4,140	4,774	5,500	6,290	7,172	8,128	9,088	10,009	10,912
Macao	344	415	466	492	513	534	556	579	596
Malaysia	17,763	19,876	21,868	23,704	25,413	27,115	28,843	30,480	31,955
Mongolia	2,190	2,497	2,840	3,182	3,507	3,829	4,137	4,421	4,693
Myanmar	41,825	46,759	51,919	56,502	60,945	65,155	69,073	72,934	76,729
Philippines	61,480	69,209	77,268	85,599	93,774	101,404	108,236	114,842	121,448
Singapore	2,705	2,943	3,164	3,352	3,524	3,679	3,812	3,914	3,971
Thailand	56,303	60,460	64,543	68,422	71,957	75,183	78,091	80,787	83,314
Viet Nam	66,233	74,109	82,014	89,784	97,059	103,678	110,202	116,830	123,210
South Asia	1,185,466	1,314,669	1,443,526	1,571,022	1,695,549	1,812,186	1,926,690	2,038,382	2,143,630
Afghanistan	20,445	23,481	26,938	30,977	35,607	40,644	46,114	51,913	57,831
Bangladesh	109,820	121,110	132,417	143,379	153,437	163,158	172,900	182,313	191,097
Bhutan	1,433	1,605	1,811	2,042	2,284	2,530	2,771	3,007	3,230
India	849,514	934,228	1,016,242	1,094,985	1,170,014	1,237,985	1,304,263	1,370,028	1,432,181
Iran, Islamic Republic of	55,779	64,805	74,629	85,126	95,966	106,672	116,676	125,661	134,415
Maldives	215	251	292	338	388	438	487	532	573
Nepal	18,916	21,406	24,151	27,046	30,055	32,929	35,731	38,368	40,770
Pakistan	112,351	129,704	148,012	167,121	186,773	205,820	224,826	242,811	259,039
Sri Lanka	16,993	18,079	19,035	20,008	21,026	22,009	22,923	23,749	24,493
Central Asia	66,786	72,008	77,443	83,450	89,717	95,927	101,754	107,188	112,205
Armenia	3,545	3,800	4,009	4,183	4,359	4,543	4,730	4,902	5,043
Azerbaijan	7,153	7,640	8,104	8,583	9,054	9,548	10,044	10,516	10,927
Georgia	5,464	5,441	5,472	5,588	5,713	5,832	5,947	6,055	6,142
Kazakhstan	16,742	17,339	17,950	18,733	19,627	20,532	21,377	22,113	22,716
Kyrgyz Republic	4,394	4,636	4,938	5,329	5,733	6,116	6,490	6,857	7,198
Tajikistan	5,303	6,002	6,774	7,666	8,618	9,573	10,470	11,270	12,034
Turkmenistan	3,670	4,124	4,578	5,034	5,511	5,977	6,403	6,806	7,191
Uzbekistan	20,515	23,028	25,617	28,333	31,101	33,805	36,293	38,669	40,955
Southwest Asia	133,410	152,565	172,690	193,773	216,229	239,507	262,648	285,063	306,398
Bahrain	503	572	639	704	771	840	903	956	1,004
Cyprus	702	742	771	800	831	862	890	913	931
Gaza Strip	610	795	953	1,148	1,368	1,616	1,887	2,172	2,451
Iraq	18,080	21,038	24,548	28,422	32,540	36,632	40,534	44,187	47,509
Israel	4,645	5,628	6,104	6,465	6,829	7,189	7,535	7,852	8,132
Jordan	3,278	4,407	5,173	5,946	6,686	7,399	8,085	8,725	9,348
Kuwait	2,143	1,590	1,882	2,081	2,278	2,455	2,617	2,769	2,910
Lebanon	3,635	4,005	4,345	4,630	4,903	5,190	5,485	5,770	6,027
Oman	1,524	1,881	2,296	2,759	3,287	3,875	4,506	5,159	5,803
Qatar	486	544	598	646	693	736	769	795	815
Saudi Arabia	15,803	18,613	21,979	25,812	30,011	34,427	38,780	42,927	47,074
Syrian Arab Republic	12,116	14,284	16,934	19,948	23,331	26,864	30,375	33,850	37,154
Turkey	56,098	61,284	66,130	70,562	74,897	79,251	83,442	87,312	90,761
United Arab Emirates	1,589	1,788	1,978	2,159	2,341	2,503	2,636	2,739	2,829
West Bank	916	1,149	1,371	1,603	1,836	2,068	2,299	2,522	2,723
Yemen, Republic of	11,282	14,244	16,988	20,088	23,626	27,599	31,904	36,416	40,926

Country, economy, or region	1990	1995	2000	2005	2010	2015	2020	2025	2030
Europe	723,230	730,908	736,767	739,412	742,193	744,037	744,344	743,912	741,707
Albania	3,250	3,535	3,792	4,018	4,236	4,458	4,674	4,875	5,053
Austria	7,712	7,981	8,138	8,168	8,180	8,176	8,169	8,144	8,093
Belarus	10,260	10,372	10,495	10,615	10,755	10,887	11,010	11,117	11,189
Belgium	9,967	10,071	10,126	10,100	10,055	9,997	9,944	9,887	9,800
Bosnia-Herzegovina	4,450	4,383	4,505	4,635	4,762	4,865	4,938	4,989	5,031
Bulgaria	8,636	8,411	8,231	8,099	7,999	7,899	7,793	7,687	7,589
Channel Islands	144	147	149	150	151	151	152	152	152
Croatia	4,770	4,785	4,796	4,805	4,813	4,806	4,788	4,761	4,734
Czech Republic	10,297	10,374	10,507	10,658	10,786	10,876	10,944	11,001	11,039
Denmark	5,140	5,214	5,267	5,281	5,277	5,269	5,261	5,244	5,213
Estonia	1,571	1,541	1,523	1,515	1,522	1,529	1,533	1,535	1,534
Finland	4,986	5,105	5,183	5,231	5,272	5,301	5,322	5,329	5,318
France	56,735	58,125	59,425	60,282	60,993	61,585	62,121	62,555	62,661
Germany	79,452	81,109	81,097	79,941	78,867	77,745	76,393	74,964	73,495
Greece	10,089	10,455	10,692	10,753	10,748	10,696	10,616	10,536	10,442
Hungary	10,553	10,206	9,952	9,789	9,697	9,614	9,532	9,461	9,403
Iceland	255	270	283	296	308	319	330	339	347
Ireland	3,503	3,597	3,723	3,870	4,019	4,149	4,262	4,364	4,460
Italy	57,661	57,867	57,930	57,424	56,824	56,043	55,139	54,209	53,172
Latvia	2,671	2,602	2,564	2,559	2,563	2,565	2,563	2,559	2,554
Lithuania	3,738	3,743	3,771	3,824	3,880	3,931	3,973	4,010	4,038
Luxembourg	382	406	420	421	422	422	422	420	418
Macedonia, FYR	2,132	2,228	2,322	2,415	2,503	2,580	2,645	2,699	2,747
Malta	354	367	380	392	403	413	422	428	433
Moldova	4,368	4,357	4,428	4,558	4,700	4,837	4,956	5,063	5,158
Netherlands	14,952	15,446	15,794	15,939	15,999	16,039	16,064	16,039	15,912
Norway	4,242	4,353	4,443	4,497	4,547	4,596	4,650	4,698	4,726
Poland	38,119	38,492	38,945	39,554	40,208	40,801	41,272	41,657	42,024
Portugal	9,868	9,869	9,875	9,861	9,861	9,855	9,839	9,819	9,792
Romania	23,200	22,805	22,714	22,727	22,804	22,854	22,843	22,791	22,754
Russian Federation	148,263	148,940	149,844	150,690	151,671	152,659	153,060	153,498	153,498
Slovak Republic	5,298	5,414	5,551	5,705	5,851	5,985	6,103	6,210	6,306
Slovenia	2,000	2,007	2,020	2,027	2,034	2,033	2,025	2,012	1,995
Spain	38,959	39,144	39,237	39,149	39,058	38,838	38,543	38,178	37,753
Sweden	8,559	8,785	8,947	9,039	9,117	9,198	9,287	9,362	9,397
Switzerland	6,712	7,071	7,268	7,324	7,353	7,361	7,357	7,336	7,282
Ukraine	51,857	51,932	52,043	52,056	52,249	52,374	52,482	52,606	52,632
United Kingdom	57,411	58,288	58,882	59,199	59,568	59,949	60,315	60,562	60,570
Yugoslavia, Fed. Rep.	10,431	10,821	11,212	11,546	11,834	12,073	12,286	12,495	12,667
Other Europe	284	290	295	301	305	310	316	321	326
Oceania	26,611	28,650	30,605	32,384	34,015	35,494	36,783	37,923	38,910
Australia	17,065	18,240	19,292	20,190	20,971	21,618	22,113	22,523	22,824
Fiji	732	775	813	849	887	928	969	1,008	1,046
French Polynesia	198	225	252	277	299	318	337	357	375
Guam	133	150	163	174	184	194	205	214	222
Kiribati	72	79	85	91	98	104	110	116	121
Micronesia, Fed. States of	103	115	130	147	165	184	201	218	233
New Caledonia	168	182	194	206	219	231	242	253	262
New Zealand	3,363	3,531	3,679	3,804	3,920	4,031	4,135	4,228	4,300
Papua New Guinea	3,875	4,345	4,862	5,371	5,855	6,329	6,777	7,185	7,582
Solomon Islands	316	371	436	506	579	651	720	787	848
Tonga	91	95	99	102	105	108	113	119	125
Vanuatu	148	169	192	217	242	267	291	312	332
Western Samoa	160	164	172	184	200	217	232	247	261
Other Micronesia	100	113	125	138	150	160	171	181	191
Other Polynesia	87	98	111	126	140	153	166	178	190

Table 8. *Population Growth Rate, Estimates and Projections, 1990–95 to 2025–30*
(percent per year)

Country, economy, or region	1990–95	1995–00	2000–05	2005–10	2010–15	2015–20	2020–25	2025–30
World	1.56	1.43	1.31	1.24	1.13	1.04	0.96	0.85
Africa	2.73	2.66	2.57	2.44	2.21	2.02	1.86	1.68
East Africa	2.84	2.76	2.66	2.57	2.35	2.16	2.00	1.83
Botswana	2.99	2.74	2.48	2.21	1.87	1.53	1.38	1.32
Burundi	2.75	2.76	2.73	2.72	2.63	2.44	2.22	1.96
Comoros	3.50	3.47	3.28	3.10	2.85	2.57	2.25	1.99
Djibouti	4.84	3.61	2.77	2.41	2.10	1.88	1.73	1.53
Eritrea	2.59	2.74	2.88	2.81	2.48	2.18	1.93	1.74
Ethiopia	3.26	3.29	3.24	3.12	2.98	2.84	2.66	2.42
Kenya	2.77	2.48	2.17	1.89	1.51	1.35	1.30	1.21
Lesotho	2.32	2.32	2.13	1.91	1.72	1.48	1.25	1.16
Madagascar	2.89	2.79	2.55	2.35	2.12	1.84	1.68	1.47
Malawi	2.68	2.63	2.75	2.88	2.67	2.47	2.30	2.11
Mauritius	1.04	1.02	0.97	0.91	0.79	0.68	0.59	0.50
Mayotte	3.79	3.58	3.20	2.93	2.69	2.48	2.19	1.94
Mozambique	2.43	2.69	2.98	3.00	2.75	2.54	2.39	2.23
Namibia	2.70	2.65	2.43	2.26	1.97	1.76	1.53	1.31
Réunion	1.53	1.25	1.19	1.11	1.01	0.88	0.75	0.64
Rwanda	2.29	2.09	1.92	1.82	1.64	1.37	1.11	1.06
Seychelles	0.82	0.99	0.98	1.04	1.11	1.08	0.99	0.89
Somalia	2.84	3.02	3.09	2.93	2.74	2.53	2.30	2.02
South Africa	2.26	2.12	1.95	1.75	1.49	1.25	1.14	1.08
Swaziland	3.42	3.40	3.23	3.04	2.75	2.42	2.08	1.88
Tanzania	3.02	2.87	2.70	2.60	2.35	2.08	1.84	1.60
Uganda	3.19	3.01	2.92	2.98	2.78	2.67	2.55	2.37
Zaire	3.00	3.06	3.02	2.87	2.60	2.35	2.09	1.88
Zambia	3.06	2.59	2.27	2.31	2.11	1.86	1.59	1.49
Zimbabwe	2.61	2.02	1.62	1.65	1.47	1.23	1.10	1.03
West Africa	2.91	2.90	2.81	2.65	2.37	2.17	1.97	1.75
Angola	2.91	3.08	3.24	3.17	2.91	2.76	2.62	2.43
Benin	2.87	2.81	2.57	2.43	2.16	1.85	1.67	1.48
Burkina Faso	2.93	3.04	3.01	2.91	2.75	2.58	2.38	2.12
Cameroon	2.97	3.02	2.88	2.62	2.33	2.06	1.86	1.63
Cape Verde	2.35	2.37	2.07	1.93	1.73	1.55	1.44	1.36
Central African Republic	2.47	2.55	2.76	2.80	2.56	2.40	2.27	2.09
Chad	2.53	2.63	2.77	2.71	2.46	2.28	2.11	1.85
Congo, People's Republic of the	3.21	3.21	3.15	3.01	2.82	2.68	2.48	2.20
Côte d'Ivoire	3.60	3.46	3.27	3.12	2.83	2.53	2.22	1.96
Equatorial Guinea	2.26	2.31	2.23	2.06	1.86	1.64	1.53	1.36
Gabon	2.79	2.96	3.03	2.84	2.69	2.57	2.40	2.14
Gambia, The	2.93	2.80	2.79	2.79	2.59	2.43	2.26	2.04
Ghana	2.95	2.98	2.82	2.64	2.38	2.03	1.82	1.59
Guinea	2.79	2.84	2.93	2.86	2.58	2.38	2.19	1.97
Guinea-Bissau	2.01	1.99	2.06	2.17	1.99	1.83	1.66	1.52
Liberia	0.12	2.63	2.65	2.59	2.33	1.97	1.73	1.52
Mali	3.01	3.20	3.27	3.19	2.98	2.78	2.55	2.26
Mauritania	2.71	2.91	2.95	2.81	2.66	2.49	2.28	2.01
Niger	3.29	3.31	3.39	3.37	3.18	3.03	2.88	2.69
Nigeria	2.91	2.77	2.61	2.38	2.04	1.88	1.67	1.45
Saõ Tomé and Principe	2.77	2.68	2.39	2.07	1.82	1.62	1.37	1.26
Senegal	2.69	2.69	2.51	2.38	2.13	1.84	1.56	1.30
Sierra Leone	2.59	2.63	2.73	2.74	2.52	2.36	2.20	1.99
Togo	3.18	3.18	3.02	2.90	2.67	2.35	2.01	1.82
Other West Africa	0.96	1.13	1.17	1.10	0.95	0.82	0.73	0.69

Country, economy, or region	1990–95	1995–00	2000–05	2005–10	2010–15	2015–20	2020–25	2025–30
North Africa	2.23	2.07	1.99	1.82	1.58	1.41	1.30	1.17
Algeria	2.36	2.19	2.15	1.87	1.51	1.33	1.25	1.16
Egypt, Arab Republic of	1.93	1.65	1.54	1.43	1.23	1.10	1.01	0.90
Libya	3.49	3.36	3.25	3.11	2.88	2.61	2.33	2.03
Morocco	2.00	1.81	1.79	1.59	1.33	1.18	1.09	1.00
Sudan	2.72	2.77	2.64	2.47	2.22	1.93	1.74	1.52
Tunisia	2.24	2.05	1.84	1.56	1.30	1.19	1.14	1.05
Other North Africa	2.94	2.80	2.56	2.41	2.25	2.06	1.83	1.56
Americas	1.48	1.29	1.16	1.06	0.98	0.89	0.78	0.65
Latin America and Caribbean	1.77	1.52	1.37	1.27	1.18	1.07	0.95	0.83
Antigua and Barbuda	0.88	1.11	1.29	1.39	1.23	0.95	0.77	0.72
Argentina	1.16	0.87	0.82	0.86	0.82	0.74	0.64	0.55
Bahamas, The	1.52	1.50	1.40	1.22	1.01	0.87	0.78	0.70
Barbados	0.30	0.38	0.43	0.50	0.51	0.53	0.47	0.39
Belize	2.55	2.38	2.18	1.96	1.70	1.45	1.35	1.30
Bolivia	2.37	2.39	2.15	1.87	1.71	1.51	1.30	1.19
Brazil	1.59	1.30	1.21	1.18	1.09	0.95	0.80	0.68
Chile	1.56	1.16	1.00	0.99	0.96	0.88	0.75	0.61
Colombia	1.66	1.31	1.19	1.17	1.10	0.99	0.85	0.73
Costa Rica	2.30	1.78	1.42	1.31	1.28	1.19	1.04	0.86
Cuba	0.68	0.59	0.51	0.53	0.46	0.40	0.32	0.23
Dominica	0.32	0.97	1.51	1.42	1.26	1.13	1.05	0.99
Dominican Republic	1.70	1.42	1.23	1.20	1.18	1.09	0.97	0.84
Ecuador	2.11	1.89	1.66	1.40	1.28	1.21	1.09	0.95
El Salvador	1.83	1.72	1.68	1.60	1.43	1.37	1.29	1.18
Grenada	0.05	0.03	0.18	0.35	0.49	0.57	0.73	0.91
Guadeloupe	1.24	1.16	1.07	0.94	0.82	0.75	0.67	0.58
Guatemala	2.84	2.85	2.62	2.35	2.04	1.75	1.48	1.36
Guyana	0.65	0.52	0.62	0.83	1.05	0.98	0.84	0.69
Haiti	1.82	1.60	1.44	1.40	1.27	1.13	0.99	0.99
Honduras	2.97	2.74	2.48	2.19	1.95	1.71	1.45	1.31
Jamaica	0.81	0.47	0.46	0.57	0.66	0.74	0.77	0.77
Martinique	0.88	0.85	0.76	0.67	0.60	0.56	0.50	0.45
Mexico	2.03	1.76	1.54	1.32	1.22	1.17	1.08	0.97
Montserrat	0.15	0.38	0.65	0.92	0.90	0.88	0.81	0.69
Netherlands Antilles	1.12	1.09	0.99	0.84	0.72	0.66	0.60	0.53
Nicaragua	2.72	2.68	2.39	2.13	1.83	1.53	1.39	1.31
Panama	1.91	1.59	1.32	1.20	1.15	1.07	0.95	0.81
Paraguay	2.88	2.65	2.44	2.30	2.16	1.98	1.72	1.46
Peru	1.92	1.80	1.59	1.36	1.22	1.14	1.04	0.91
St. Kitts and Nevis	−0.35	−0.21	0.14	0.53	0.80	0.98	0.86	0.75
St. Lucia	1.63	1.55	1.61	1.49	1.37	1.28	1.18	1.10
St. Vincent and the Grenadines	0.66	0.98	1.31	1.52	1.50	1.24	1.07	0.99
Suriname	0.24	0.37	0.61	1.20	1.20	1.13	0.99	0.83
Trinidad and Tobago	1.09	0.81	0.87	1.06	1.16	1.04	0.87	0.72
Uruguay	0.54	0.53	0.65	0.65	0.59	0.53	0.48	0.44
Venezuela	2.49	2.04	1.67	1.35	1.23	1.19	1.10	0.94
Virgin Islands (U.S.)	−0.64	−0.81	−0.63	−0.32	−0.15	−0.03	0.16	0.38
Other Latin America	3.38	2.39	1.42	1.21	1.10	1.03	0.93	0.81
Northern America	1.03	0.93	0.80	0.70	0.62	0.55	0.46	0.32
Canada	1.39	0.97	0.80	0.70	0.61	0.51	0.37	0.20
Puerto Rico	0.72	0.67	0.67	0.66	0.61	0.56	0.50	0.46
United States of America	0.99	0.93	0.81	0.70	0.62	0.56	0.46	0.33
Other Northern America	1.20	0.85	0.62	0.53	0.49	0.50	0.44	0.30

(Table continues on the following page.)

Table 8 (continued)

Country, economy, or region	1990–95	1995–00	2000–05	2005–10	2010–15	2015–20	2020–25	2025–30
Asia	1.63	1.46	1.29	1.20	1.07	0.98	0.89	0.78
East and Southeast Asia	1.26	1.08	0.91	0.84	0.76	0.69	0.60	0.50
Brunei	2.73	2.40	2.10	1.70	1.35	1.16	1.03	0.89
Cambodia	2.50	2.18	1.78	1.60	1.43	1.24	1.12	1.02
China (excl. Taiwan)	1.13	0.91	0.73	0.69	0.65	0.60	0.51	0.39
Taiwan, China	0.87	0.76	0.72	0.70	0.61	0.50	0.41	0.33
Hong Kong	0.88	0.52	0.23	0.19	0.12	0.07	0.00	−0.10
Indonesia	1.54	1.37	1.19	1.10	1.02	0.91	0.81	0.71
Japan	0.27	0.26	0.14	0.03	−0.10	−0.20	−0.28	−0.35
Korea, Dem. Peop. Rep.	1.89	1.52	1.30	1.12	1.01	0.95	0.85	0.71
Korea, Republic of	0.89	0.83	0.70	0.60	0.48	0.39	0.33	0.27
Lao People's Dem. Rep.	2.85	2.83	2.68	2.63	2.50	2.23	1.93	1.73
Macao	3.76	2.31	1.07	0.85	0.79	0.84	0.79	0.58
Malaysia	2.25	1.91	1.61	1.39	1.30	1.24	1.10	0.95
Mongolia	2.62	2.57	2.27	1.95	1.76	1.55	1.33	1.20
Myanmar	2.23	2.09	1.69	1.51	1.34	1.17	1.09	1.01
Philippines	2.37	2.20	2.05	1.82	1.56	1.30	1.18	1.12
Singapore	1.69	1.44	1.16	1.00	0.86	0.71	0.53	0.29
Thailand	1.42	1.31	1.17	1.01	0.88	0.76	0.68	0.62
Viet Nam	2.25	2.03	1.81	1.56	1.32	1.22	1.17	1.06
Central Asia	1.51	1.46	1.49	1.45	1.34	1.18	1.04	0.91
Armenia	1.39	1.07	0.85	0.82	0.83	0.81	0.71	0.57
Azerbaijan	1.32	1.18	1.15	1.07	1.06	1.01	0.92	0.77
Georgia	−0.09	0.11	0.42	0.44	0.41	0.39	0.36	0.28
Kazakhstan	0.70	0.69	0.85	0.93	0.90	0.81	0.68	0.54
Kyrgyz Republic	1.07	1.26	1.52	1.46	1.29	1.19	1.10	0.97
Tajikistan	2.48	2.42	2.48	2.34	2.10	1.79	1.47	1.31
Turkmenistan	2.33	2.09	1.90	1.81	1.62	1.38	1.22	1.10
Uzbekistan	2.31	2.13	2.02	1.86	1.67	1.42	1.27	1.15
South Asia	2.07	1.87	1.69	1.53	1.33	1.23	1.13	1.01
Afghanistan	2.77	2.75	2.79	2.79	2.65	2.53	2.37	2.16
Bangladesh	1.96	1.79	1.59	1.36	1.23	1.16	1.06	0.94
Bhutan	2.27	2.41	2.40	2.23	2.05	1.82	1.63	1.43
India	1.90	1.68	1.49	1.33	1.13	1.04	0.98	0.89
Iran, Islamic Republic of	3.00	2.82	2.63	2.40	2.12	1.79	1.48	1.35
Maldives	3.03	3.02	2.94	2.76	2.45	2.10	1.78	1.50
Nepal	2.47	2.41	2.26	2.11	1.83	1.63	1.42	1.21
Pakistan	2.87	2.64	2.43	2.22	1.94	1.77	1.54	1.29
Sri Lanka	1.24	1.03	1.00	0.99	0.91	0.81	0.71	0.62
Southwest Asia	2.68	2.48	2.30	2.19	2.04	1.84	1.64	1.44
Bahrain	2.59	2.19	1.94	1.84	1.69	1.45	1.15	0.98
Cyprus	1.10	0.78	0.75	0.76	0.72	0.64	0.50	0.39
Gaza Strip	5.31	3.62	3.73	3.51	3.33	3.10	2.81	2.42
Iraq	3.03	3.09	2.93	2.71	2.37	2.02	1.73	1.45
Israel	3.84	1.62	1.15	1.10	1.03	0.94	0.83	0.70
Jordan	5.92	3.21	2.78	2.35	2.03	1.77	1.52	1.38
Kuwait	−5.97	3.38	2.00	1.81	1.50	1.28	1.13	1.00
Lebanon	1.94	1.63	1.27	1.14	1.14	1.11	1.01	0.87
Oman	4.21	3.99	3.67	3.50	3.29	3.02	2.71	2.35
Qatar	2.25	1.89	1.55	1.40	1.20	0.89	0.66	0.50
Saudi Arabia	3.27	3.32	3.22	3.01	2.75	2.38	2.03	1.84
Syrian Arab Republic	3.29	3.40	3.28	3.13	2.82	2.46	2.17	1.86
Turkey	1.77	1.52	1.30	1.19	1.13	1.03	0.91	0.77
United Arab Emirates	2.36	2.02	1.75	1.62	1.34	1.04	0.77	0.65
West Bank	4.53	3.54	3.12	2.71	2.38	2.12	1.85	1.54
Yemen, Republic of	4.66	3.52	3.35	3.25	3.11	2.90	2.65	2.34

Country, economy, or region	1990–95	1995–00	2000–05	2005–10	2010–15	2015–20	2020–25	2025–30
Europe	0.32	0.28	0.21	0.22	0.19	0.15	0.12	0.07
Albania	1.68	1.41	1.16	1.06	1.02	0.95	0.84	0.72
Austria	0.69	0.39	0.07	0.03	–0.01	–0.02	–0.06	–0.13
Belarus	0.22	0.24	0.23	0.26	0.24	0.23	0.19	0.13
Belgium	0.21	0.11	–0.05	–0.09	–0.12	–0.11	–0.11	–0.18
Bosnia-Herzegovina	–0.30	0.55	0.57	0.54	0.43	0.30	0.21	0.17
Bulgaria	–0.53	–0.43	–0.32	–0.25	–0.25	–0.27	–0.27	–0.26
Channel Islands	0.44	0.28	0.12	0.06	0.08	0.09	0.04	–0.10
Croatia	0.06	0.05	0.04	0.03	–0.03	–0.08	–0.11	–0.11
Czech Republic	0.15	0.25	0.29	0.24	0.17	0.12	0.10	0.07
Denmark	0.29	0.20	0.05	–0.01	–0.03	–0.03	–0.07	–0.12
Estonia	–0.38	–0.24	–0.10	0.09	0.09	0.05	0.02	–0.01
Finland	0.47	0.31	0.18	0.15	0.11	0.08	0.03	–0.04
France	0.48	0.44	0.29	0.23	0.19	0.17	0.14	0.03
Germany	0.41	0.00	–0.29	–0.27	–0.29	–0.35	–0.38	–0.40
Greece	0.71	0.45	0.11	–0.01	–0.10	–0.15	–0.15	–0.18
Hungary	–0.67	–0.50	–0.33	–0.19	–0.17	–0.17	–0.15	–0.12
Iceland	1.15	0.97	0.87	0.78	0.72	0.66	0.57	0.45
Ireland	0.53	0.69	0.78	0.75	0.64	0.54	0.48	0.43
Italy	0.07	0.02	–0.18	–0.21	–0.28	–0.33	–0.34	–0.39
Latvia	–0.52	–0.29	–0.04	0.03	0.02	–0.02	–0.03	–0.04
Lithuania	0.03	0.15	0.28	0.29	0.26	0.22	0.18	0.14
Luxembourg	1.24	0.67	0.07	0.03	0.00	–0.02	–0.06	–0.13
Macedonia, FYR	0.88	0.83	0.79	0.72	0.60	0.50	0.41	0.35
Malta	0.75	0.65	0.62	0.58	0.50	0.40	0.31	0.23
Moldova	–0.05	0.32	0.58	0.61	0.57	0.49	0.42	0.37
Netherlands	0.65	0.44	0.18	0.08	0.05	0.03	–0.03	–0.16
Norway	0.52	0.41	0.24	0.22	0.22	0.23	0.21	0.12
Poland	0.19	0.23	0.31	0.33	0.29	0.23	0.19	0.18
Portugal	0.00	0.01	–0.03	0.00	–0.01	–0.03	–0.04	–0.06
Romania	–0.34	–0.08	0.01	0.07	0.04	–0.01	–0.05	–0.03
Russian Federation	0.09	0.12	0.11	0.13	0.13	0.05	0.06	0.00
Slovak Republic	0.43	0.50	0.55	0.51	0.45	0.39	0.35	0.31
Slovenia	0.07	0.13	0.07	0.07	–0.01	–0.08	–0.13	–0.16
Spain	0.09	0.05	–0.05	–0.05	–0.11	–0.15	–0.19	–0.22
Sweden	0.52	0.37	0.21	0.17	0.18	0.19	0.16	0.07
Switzerland	1.04	0.55	0.15	0.08	0.02	–0.01	–0.06	–0.15
Ukraine	0.03	0.04	0.00	0.07	0.05	0.04	0.05	0.01
United Kingdom	0.30	0.20	0.11	0.12	0.13	0.12	0.08	0.00
Yugoslavia, Fed. Rep.	0.73	0.71	0.59	0.49	0.40	0.35	0.34	0.27
Other Europe	0.44	0.35	0.34	0.33	0.32	0.35	0.33	0.27
Oceania	1.48	1.32	1.13	0.98	0.85	0.71	0.61	0.51
Australia	1.33	1.12	0.91	0.76	0.61	0.45	0.37	0.27
Fiji	1.14	0.95	0.86	0.89	0.91	0.86	0.78	0.74
French Polynesia	2.52	2.32	1.91	1.49	1.24	1.18	1.11	1.00
Guam	2.34	1.74	1.27	1.14	1.10	1.04	0.89	0.72
Kiribati	1.82	1.55	1.43	1.32	1.18	1.13	1.05	0.91
Micronesia, Fed. States of	2.18	2.42	2.49	2.32	2.14	1.85	1.59	1.32
New Caledonia	1.57	1.31	1.24	1.20	1.08	0.94	0.82	0.71
New Zealand	0.98	0.82	0.67	0.60	0.56	0.51	0.44	0.34
Papua New Guinea	2.29	2.25	1.99	1.72	1.56	1.37	1.17	1.08
Solomon Islands	3.19	3.23	3.00	2.68	2.33	2.04	1.77	1.49
Tonga	0.83	0.82	0.64	0.57	0.65	0.88	0.97	0.99
Vanuatu	2.63	2.57	2.44	2.21	1.96	1.69	1.39	1.25
Western Samoa	0.53	0.93	1.36	1.67	1.55	1.36	1.23	1.15
Other Micronesia	2.37	2.14	1.93	1.65	1.37	1.23	1.17	1.08
Other Polynesia	2.40	2.52	2.45	2.14	1.82	1.59	1.39	1.27

Table 9. Total Fertility Rate (TFR), Estimates and Projections, 1990–95 to 2025–30

Country, economy, or region	1990–95	1995–00	2000–05	2005–10	2010–15	2015–20	2020–25	2025–30
World	3.08	2.92	2.78	2.67	2.55	2.47	2.41	2.35
Africa	5.68	5.38	5.00	4.52	4.03	3.64	3.31	2.99
East Africa	6.04	5.83	5.47	4.96	4.44	3.98	3.59	3.24
Botswana	4.70	4.15	3.60	3.07	2.62	2.23	2.09	2.09
Burundi	6.80	6.80	6.50	5.90	5.30	4.70	4.10	3.50
Comoros	6.70	6.40	5.80	5.20	4.60	4.00	3.40	2.96
Djibouti	5.80	5.80	5.50	4.90	4.30	3.70	3.20	2.76
Eritrea	5.80	5.80	5.80	5.50	4.90	4.30	3.70	3.20
Ethiopia	7.50	7.50	7.20	6.60	6.00	5.40	4.80	4.20
Kenya	5.35	4.45	3.64	2.97	2.42	2.23	2.21	2.19
Lesotho	4.80	4.50	3.90	3.30	2.91	2.56	2.25	2.14
Madagascar	6.10	5.80	5.20	4.60	4.00	3.40	3.02	2.67
Malawi	6.73	6.73	6.73	6.43	5.83	5.23	4.63	4.03
Mauritius	2.00	2.00	2.00	2.01	2.02	2.03	2.04	2.05
Mayotte	6.70	6.40	5.80	5.20	4.60	4.00	3.40	2.97
Mozambique	6.52	6.74	6.96	6.66	6.06	5.46	4.86	4.26
Namibia	5.40	5.10	4.50	3.90	3.30	2.91	2.57	2.27
Réunion	2.32	2.06	2.05	2.05	2.05	2.05	2.05	2.05
Rwanda	6.20	5.40	4.60	3.80	3.34	2.93	2.57	2.44
Seychelles	2.70	2.42	2.18	2.09	2.08	2.08	2.08	2.08
Somalia	6.77	6.77	6.47	5.87	5.27	4.67	4.07	3.47
South Africa	4.09	3.70	3.30	2.89	2.53	2.22	2.11	2.10
Swaziland	6.57	6.27	5.67	5.07	4.47	3.87	3.27	2.89
Tanzania	6.25	6.06	5.57	4.97	4.37	3.77	3.23	2.78
Uganda	7.10	7.10	7.10	6.80	6.20	5.60	5.00	4.40
Zaire	6.22	6.21	5.91	5.31	4.71	4.11	3.51	3.05
Zambia	6.50	6.20	5.60	5.00	4.40	3.80	3.20	2.89
Zimbabwe	4.55	3.88	3.20	2.88	2.59	2.33	2.23	2.20
West Africa	6.15	5.85	5.44	4.89	4.30	3.85	3.42	3.02
Angola	6.56	6.72	6.89	6.59	5.99	5.39	4.79	4.19
Benin	6.20	5.90	5.30	4.70	4.10	3.50	3.08	2.71
Burkina Faso	6.90	6.90	6.60	6.00	5.40	4.80	4.20	3.60
Cameroon	5.75	5.70	5.35	4.75	4.15	3.55	3.07	2.66
Cape Verde	4.26	3.96	3.36	2.93	2.55	2.22	2.10	2.09
Central African Republic	5.75	6.06	6.36	6.06	5.46	4.86	4.26	3.66
Chad	5.89	6.03	6.17	5.87	5.27	4.67	4.07	3.42
Congo, People's Republic of the	6.61	6.73	6.54	5.94	5.34	4.74	4.14	3.54
Côte d'Ivoire	6.61	6.42	5.93	5.33	4.73	4.13	3.53	3.05
Equatorial Guinea	5.50	5.50	5.20	4.60	4.00	3.40	3.02	2.68
Gabon	5.91	6.33	6.44	5.84	5.24	4.64	4.04	3.44
Gambia, The	6.50	6.50	6.50	6.20	5.60	5.00	4.40	3.80
Ghana	6.10	5.80	5.20	4.60	4.00	3.40	2.98	2.61
Guinea	6.50	6.50	6.50	6.20	5.60	5.00	4.40	3.80
Guinea-Bissau	6.00	6.00	6.00	5.70	5.10	4.50	3.90	3.41
Liberia	6.20	5.90	5.30	4.70	4.10	3.50	3.07	2.69
Mali	7.06	7.06	6.76	6.16	5.56	4.96	4.36	3.76
Mauritania	6.80	6.80	6.50	5.90	5.30	4.70	4.10	3.50
Niger	7.40	7.40	7.40	7.10	6.50	5.90	5.30	4.70
Nigeria	5.86	5.31	4.77	4.17	3.57	3.24	2.90	2.60
Saõ Tomé and Principe	4.95	4.65	4.05	3.45	2.98	2.58	2.23	2.10
Senegal	5.90	5.60	5.00	4.40	3.80	3.25	2.78	2.38
Sierra Leone	6.50	6.50	6.50	6.20	5.60	5.00	4.40	3.80
Togo	6.50	6.20	5.60	5.00	4.40	3.80	3.20	2.84
Other West Africa	2.00	2.00	2.00	2.01	2.02	2.04	2.05	2.06

Country, economy, or region	1990–95	1995–00	2000–05	2005–10	2010–15	2015–20	2020–25	2025–30
North Africa	4.30	3.81	3.42	3.05	2.71	2.51	2.42	2.31
Algeria	4.30	3.55	3.05	2.63	2.26	2.13	2.12	2.11
Egypt, Arab Republic of	3.75	3.23	2.88	2.57	2.29	2.19	2.17	2.16
Libya	6.39	5.90	5.41	4.92	4.43	3.94	3.45	2.98
Morocco	3.83	3.25	2.88	2.55	2.26	2.15	2.14	2.13
Sudan	6.05	5.83	5.32	4.72	4.12	3.52	3.07	2.69
Tunisia	3.80	3.30	2.90	2.55	2.24	2.12	2.12	2.11
Other North Africa	6.50	6.20	5.60	5.00	4.40	3.80	3.26	2.80
Americas	2.67	2.46	2.31	2.21	2.17	2.14	2.12	2.10
Latin America and Caribbean	3.05	2.67	2.43	2.28	2.21	2.17	2.14	2.12
Antigua and Barbuda	1.70	1.70	1.70	1.78	1.85	1.92	1.99	2.05
Argentina	2.79	2.29	2.12	2.11	2.10	2.10	2.09	2.09
Bahamas, The	2.13	2.12	2.11	2.10	2.09	2.09	2.09	2.08
Barbados	1.80	1.80	1.80	1.85	1.90	1.95	2.00	2.05
Belize	4.50	4.00	3.50	3.01	2.59	2.23	2.10	2.09
Bolivia	4.70	4.40	3.80	3.20	2.86	2.55	2.28	2.18
Brazil	2.75	2.34	2.20	2.17	2.16	2.15	2.14	2.13
Chile	2.66	2.24	2.10	2.09	2.09	2.08	2.08	2.08
Colombia	2.67	2.25	2.10	2.10	2.09	2.09	2.09	2.08
Costa Rica	3.14	2.65	2.23	2.08	2.08	2.08	2.08	2.07
Cuba	1.70	1.70	1.70	1.78	1.85	1.92	1.99	2.05
Dominica	2.50	2.21	2.10	2.09	2.09	2.09	2.08	2.08
Dominican Republic	3.03	2.62	2.26	2.13	2.12	2.11	2.11	2.10
Ecuador	3.50	3.03	2.62	2.26	2.13	2.13	2.12	2.11
El Salvador	3.80	3.19	2.83	2.50	2.22	2.11	2.11	2.10
Grenada	2.88	2.53	2.21	2.10	2.10	2.09	2.09	2.09
Guadeloupe	2.16	2.09	2.08	2.08	2.08	2.08	2.07	2.07
Guatemala	5.10	4.80	4.20	3.60	3.09	2.64	2.27	2.13
Guyana	2.64	2.28	2.15	2.12	2.12	2.11	2.10	2.10
Haiti	4.68	4.30	3.92	3.54	3.13	2.76	2.44	2.32
Honduras	4.94	4.39	3.83	3.28	2.88	2.53	2.23	2.12
Jamaica	2.70	2.24	2.07	2.07	2.07	2.06	2.06	2.06
Martinique	1.99	1.99	1.99	2.01	2.02	2.03	2.05	2.06
Mexico	3.16	2.80	2.49	2.21	2.11	2.10	2.10	2.09
Montserrat	2.40	2.19	2.11	2.10	2.10	2.09	2.09	2.08
Netherlands Antilles	2.09	2.09	2.08	2.08	2.08	2.07	2.07	2.07
Nicaragua	4.40	4.10	3.50	3.02	2.61	2.26	2.13	2.12
Panama	2.87	2.52	2.21	2.10	2.09	2.09	2.09	2.08
Paraguay	4.60	4.30	4.00	3.70	3.40	3.10	2.76	2.46
Peru	3.30	2.90	2.56	2.25	2.14	2.13	2.12	2.11
St. Kitts and Nevis	2.60	2.25	2.12	2.11	2.10	2.10	2.09	2.09
St. Lucia	3.15	2.79	2.47	2.19	2.09	2.09	2.08	2.08
St. Vincent and the Grenadines	2.46	2.19	2.10	2.09	2.09	2.08	2.08	2.08
Suriname	2.80	2.49	2.21	2.11	2.11	2.10	2.10	2.09
Trinidad and Tobago	2.75	2.25	2.08	2.07	2.07	2.07	2.06	2.06
Uruguay	2.33	2.10	2.09	2.09	2.09	2.08	2.08	2.08
Venezuela	3.60	3.08	2.63	2.25	2.11	2.11	2.10	2.10
Virgin Islands (U.S.)	2.60	2.23	2.10	2.09	2.09	2.09	2.08	2.08
Other Latin America	2.80	2.48	2.20	2.09	2.09	2.09	2.09	2.08
Northern America	2.07	2.06	2.06	2.06	2.06	2.07	2.07	2.07
Canada	1.85	1.85	1.85	1.89	1.94	1.98	2.02	2.06
Puerto Rico	2.10	2.09	2.09	2.08	2.08	2.08	2.08	2.07
United States of America	2.10	2.08	2.08	2.08	2.08	2.07	2.07	2.07
Other Northern America	2.50	2.21	2.11	2.10	2.09	2.09	2.09	2.08

(Table continues on the following page.)

Table 9 (continued)

Country, economy, or region	1990–95	1995–00	2000–05	2005–10	2010–15	2015–20	2020–25	2025–30
Asia	3.00	2.78	2.60	2.48	2.34	2.27	2.24	2.21
East and Southeast Asia	2.28	2.15	2.09	2.09	2.09	2.09	2.10	2.13
Brunei	3.70	3.25	2.85	2.49	2.18	2.07	2.07	2.07
Cambodia	4.50	4.20	3.60	3.16	2.78	2.44	2.32	2.29
China (excl. Taiwan)	2.00	1.90	1.90	1.95	1.99	2.04	2.08	2.13
Taiwan, China	1.75	1.75	1.75	1.81	1.87	1.93	1.99	2.05
Hong Kong	1.35	1.35	1.35	1.51	1.65	1.78	1.91	2.02
Indonesia	2.93	2.61	2.32	2.22	2.20	2.19	2.18	2.16
Japan	1.50	1.50	1.50	1.62	1.73	1.83	1.93	2.03
Korea, Dem. Peop. Rep.	2.37	2.12	2.10	2.10	2.09	2.09	2.09	2.08
Korea, Republic of	1.75	1.75	1.75	1.81	1.88	1.94	1.99	2.05
Lao People's Dem. Rep.	6.69	6.39	5.79	5.19	4.59	3.99	3.39	2.99
Macao	2.09	2.08	2.08	2.07	2.07	2.07	2.07	2.07
Malaysia	3.50	3.01	2.58	2.22	2.08	2.08	2.08	2.08
Mongolia	4.64	4.34	3.74	3.14	2.80	2.50	2.23	2.13
Myanmar	4.16	3.86	3.26	2.91	2.59	2.31	2.21	2.19
Philippines	4.05	3.73	3.40	2.96	2.57	2.24	2.12	2.11
Singapore	1.80	1.80	1.80	1.85	1.90	1.95	2.00	2.05
Thailand	2.21	2.15	2.16	2.15	2.14	2.13	2.12	2.11
Viet Nam	3.67	3.28	2.88	2.53	2.22	2.11	2.11	2.10
South Asia	4.04	3.60	3.21	2.84	2.53	2.39	2.31	2.24
Afghanistan	6.90	6.90	6.90	6.60	6.00	5.40	4.80	4.20
Bangladesh	4.00	3.39	2.87	2.44	2.28	2.26	2.24	2.21
Bhutan	5.89	5.89	5.59	4.99	4.39	3.79	3.27	2.83
India	3.70	3.29	2.92	2.59	2.30	2.19	2.18	2.16
Iran, Islamic Republic of	5.50	4.88	4.25	3.63	3.10	2.65	2.27	2.13
Maldives	6.00	5.40	4.80	4.20	3.60	3.08	2.63	2.25
Nepal	5.47	5.17	4.57	3.97	3.37	2.99	2.66	2.36
Pakistan	5.60	5.00	4.40	3.80	3.20	2.87	2.57	2.30
Sri Lanka	2.48	2.20	2.10	2.09	2.09	2.08	2.08	2.08
Central Asia	3.43	3.06	2.75	2.54	2.36	2.19	2.11	2.09
Armenia	2.80	2.48	2.20	2.09	2.09	2.09	2.09	2.08
Azerbaijan	2.80	2.48	2.20	2.10	2.10	2.09	2.09	2.09
Georgia	2.21	2.10	2.09	2.08	2.08	2.08	2.08	2.07
Kazakhstan	2.72	2.28	2.12	2.11	2.10	2.10	2.09	2.09
Kyrgyz Republic	3.69	3.26	2.87	2.52	2.22	2.10	2.10	2.09
Tajikistan	5.05	4.53	4.00	3.48	3.00	2.59	2.24	2.11
Turkmenistan	4.17	3.66	3.14	2.80	2.49	2.22	2.12	2.11
Uzbekistan	4.07	3.61	3.14	2.79	2.48	2.20	2.10	2.09
Southwest Asia	4.41	4.14	3.79	3.54	3.30	3.04	2.77	2.54
Bahrain	4.55	4.13	3.70	3.28	2.87	2.51	2.20	2.09
Cyprus	2.40	2.10	2.09	2.09	2.09	2.08	2.08	2.08
Gaza Strip	7.20	6.90	6.30	5.70	5.10	4.50	3.90	3.30
Iraq	5.70	5.40	4.80	4.20	3.60	3.09	2.65	2.27
Israel	2.70	2.24	2.08	2.08	2.07	2.07	2.07	2.07
Jordan	5.17	4.61	4.04	3.48	2.99	2.57	2.21	2.09
Kuwait	3.68	3.30	2.87	2.50	2.18	2.06	2.06	2.05
Lebanon	3.09	2.65	2.27	2.14	2.13	2.12	2.12	2.11
Oman	7.20	6.90	6.30	5.70	5.10	4.50	3.90	3.30
Qatar	4.00	3.70	3.10	2.76	2.46	2.19	2.09	2.09
Saudi Arabia	6.40	6.10	5.50	4.90	4.30	3.70	3.10	2.76
Syrian Arab Republic	6.15	5.85	5.25	4.65	4.05	3.45	2.98	2.57
Turkey	2.90	2.56	2.27	2.16	2.15	2.14	2.13	2.12
United Arab Emirates	4.50	4.09	3.68	3.27	2.86	2.51	2.19	2.08
West Bank	5.75	5.45	4.85	4.25	3.65	3.10	2.64	2.24
Yemen, Republic of	7.60	7.30	6.70	6.10	5.50	4.90	4.30	3.70

Country, economy, or region	1990–95	1995–00	2000–05	2005–10	2010–15	2015–20	2020–25	2025–30
Europe	1.64	1.66	1.66	1.75	1.83	1.91	1.99	2.05
Albania	2.85	2.52	2.23	2.13	2.12	2.12	2.11	2.10
Austria	1.57	1.57	1.57	1.67	1.77	1.87	1.96	2.04
Belarus	1.90	1.90	1.90	1.93	1.97	2.00	2.03	2.06
Belgium	1.60	1.60	1.60	1.70	1.79	1.88	1.96	2.04
Bosnia-Herzegovina	1.60	1.80	1.80	1.86	1.92	1.97	2.03	2.08
Bulgaria	1.47	1.47	1.47	1.60	1.73	1.84	1.95	2.05
Channel Islands	1.65	1.65	1.65	1.74	1.82	1.90	1.97	2.04
Croatia	1.70	1.70	1.70	1.78	1.85	1.93	2.00	2.06
Czech Republic	1.85	1.85	1.85	1.89	1.94	1.98	2.02	2.06
Denmark	1.78	1.78	1.78	1.84	1.89	1.95	2.00	2.05
Estonia	1.80	1.80	1.80	1.85	1.91	1.96	2.00	2.05
Finland	1.86	1.86	1.86	1.90	1.94	1.98	2.01	2.05
France	1.78	1.78	1.78	1.84	1.89	1.95	2.00	2.05
Germany	1.30	1.30	1.30	1.47	1.63	1.78	1.91	2.03
Greece	1.41	1.41	1.41	1.56	1.69	1.82	1.94	2.05
Hungary	1.80	1.80	1.80	1.86	1.91	1.97	2.02	2.07
Iceland	2.20	2.09	2.08	2.08	2.08	2.08	2.08	2.08
Ireland	2.00	2.00	2.00	2.01	2.03	2.04	2.06	2.07
Italy	1.26	1.26	1.26	1.44	1.61	1.76	1.90	2.03
Latvia	1.80	1.80	1.80	1.85	1.91	1.96	2.01	2.06
Lithuania	1.95	1.95	1.95	1.97	2.00	2.02	2.04	2.06
Luxembourg	1.65	1.65	1.65	1.74	1.82	1.90	1.97	2.05
Macedonia, FYR	2.17	2.14	2.12	2.12	2.11	2.11	2.11	2.10
Malta	2.07	2.07	2.07	2.07	2.08	2.08	2.08	2.09
Moldova	2.25	2.12	2.10	2.10	2.09	2.09	2.09	2.08
Netherlands	1.60	1.60	1.60	1.70	1.79	1.87	1.96	2.04
Norway	1.88	1.88	1.88	1.92	1.95	1.99	2.02	2.06
Poland	1.92	1.92	1.92	1.95	1.99	2.02	2.05	2.08
Portugal	1.48	1.48	1.48	1.61	1.73	1.84	1.95	2.05
Romania	1.50	1.50	1.50	1.63	1.74	1.85	1.96	2.05
Russian Federation	1.73	1.73	1.73	1.80	1.87	1.93	1.99	2.05
Slovak Republic	2.00	2.00	2.00	2.02	2.03	2.05	2.06	2.07
Slovenia	1.50	1.50	1.50	1.62	1.74	1.85	1.95	2.05
Spain	1.23	1.23	1.23	1.42	1.60	1.76	1.91	2.04
Sweden	2.09	2.08	2.08	2.08	2.08	2.08	2.08	2.08
Switzerland	1.65	1.65	1.65	1.74	1.82	1.90	1.97	2.05
Ukraine	1.80	1.80	1.80	1.85	1.91	1.96	2.01	2.06
United Kingdom	1.80	1.80	1.80	1.85	1.90	1.95	2.00	2.05
Yugoslavia, Fed. Rep.	2.10	2.10	2.10	2.10	2.10	2.10	2.10	2.10
Other Europe	2.10	2.09	2.09	2.08	2.08	2.08	2.08	2.08
Oceania	2.45	2.42	2.35	2.30	2.25	2.19	2.13	2.11
Australia	1.90	1.90	1.90	1.93	1.97	2.00	2.03	2.06
Fiji	2.98	2.57	2.22	2.10	2.09	2.09	2.09	2.08
French Polynesia	3.18	2.81	2.48	2.20	2.09	2.09	2.08	2.08
Guam	3.00	2.58	2.21	2.08	2.08	2.08	2.07	2.07
Kiribati	3.80	3.25	2.88	2.56	2.27	2.16	2.15	2.14
Micronesia, Fed. States of	4.80	4.45	4.10	3.75	3.40	2.95	2.55	2.21
New Caledonia	2.65	2.24	2.09	2.09	2.08	2.08	2.08	2.08
New Zealand	2.12	2.08	2.08	2.08	2.08	2.08	2.07	2.07
Papua New Guinea	4.86	4.56	3.96	3.36	2.97	2.62	2.31	2.20
Solomon Islands	5.80	5.50	4.90	4.30	3.70	3.15	2.68	2.28
Tonga	3.60	3.07	2.61	2.23	2.09	2.09	2.08	2.08
Vanuatu	5.30	4.75	4.20	3.65	3.11	2.65	2.26	2.12
Western Samoa	4.50	4.00	3.50	3.01	2.59	2.23	2.10	2.10
Other Micronesia	4.00	3.50	3.01	2.59	2.23	2.10	2.10	2.09
Other Polynesia	4.30	3.95	3.60	3.25	2.85	2.50	2.19	2.08

Table 10. *Life Expectancy at Birth, Estimates and Projections, 1990–95 to 2025–30*

Country, economy, or region	1990–95	1995–00	2000–05	2005–10	2010–15	2015–20	2020–25	2025–30
World	65.9	66.8	68.0	69.3	70.0	70.7	71.5	72.3
Africa	53.9	54.5	55.8	58.0	59.2	60.4	61.7	63.1
East Africa	52.2	51.9	52.6	54.9	56.2	57.6	59.1	60.6
Botswana	67.8	68.2	68.8	69.8	70.7	71.6	72.6	73.6
Burundi	48.0	47.1	47.7	50.8	52.4	54.1	55.8	57.7
Comoros	56.0	58.1	60.2	62.5	63.7	64.9	66.1	67.4
Djibouti	49.0	50.3	51.8	54.2	55.7	57.2	58.8	60.5
Eritrea	47.5	48.4	49.8	51.5	52.9	54.4	56.0	57.7
Ethiopia	48.6	49.3	50.4	52.0	53.5	55.1	56.7	58.4
Kenya	58.9	58.9	59.4	61.4	62.7	64.1	65.6	67.1
Lesotho	60.5	62.0	63.5	65.1	66.2	67.3	68.4	69.6
Madagascar	51.4	52.3	53.5	55.1	56.5	57.9	59.5	61.0
Malawi	44.2	42.5	42.7	45.9	47.6	49.4	51.3	53.3
Mauritius	70.0	71.1	72.1	73.0	73.7	74.5	75.3	76.1
Mayotte	56.2	57.5	59.1	60.9	62.1	63.4	64.8	66.1
Mozambique	44.0	44.3	45.6	48.4	50.0	51.7	53.5	55.4
Namibia	58.7	59.2	59.8	62.0	63.2	64.6	65.9	67.4
Réunion	73.7	75.2	76.7	78.0	78.4	79.0	79.5	80.0
Rwanda	46.2	44.6	45.0	48.1	49.8	51.5	53.4	55.3
Seychelles	71.4	73.0	74.5	75.9	76.5	77.1	77.7	78.4
Somalia	48.8	49.8	51.2	52.8	54.2	55.7	57.3	59.0
South Africa	62.9	65.0	66.9	68.8	69.7	70.7	71.7	72.8
Swaziland	57.2	58.3	59.6	61.4	62.6	63.9	65.3	66.7
Tanzania	50.8	49.0	49.4	52.6	54.2	55.9	57.6	59.5
Uganda	43.3	40.7	40.0	43.1	44.9	46.7	48.6	50.7
Zaire	51.6	51.4	52.5	55.4	56.9	58.5	60.1	61.8
Zambia	47.8	42.5	41.9	46.1	47.9	49.8	51.8	53.9
Zimbabwe	59.8	55.2	54.7	57.9	59.4	60.9	62.6	64.4
West Africa	51.2	52.3	54.1	56.6	58.0	59.4	60.8	62.3
Angola	46.5	47.9	49.5	51.9	53.4	55.0	56.6	58.3
Benin	50.6	50.0	49.9	52.4	54.0	55.7	57.5	59.4
Burkina Faso	48.2	49.0	50.0	52.4	54.0	55.6	57.3	59.1
Cameroon	56.1	56.6	57.6	59.8	61.2	62.6	64.1	65.6
Cape Verde	67.6	68.0	68.5	70.3	71.2	72.1	73.1	74.1
Central African Republic	47.0	45.7	46.1	49.2	50.8	52.5	54.3	56.2
Chad	47.5	48.6	50.0	51.7	53.2	54.8	56.4	58.1
Congo, People's Republic of the	51.5	50.7	51.6	54.5	56.0	57.6	59.3	61.0
Côte d'Ivoire	56.3	54.7	55.2	58.1	59.5	61.0	62.6	64.3
Equatorial Guinea	47.7	49.0	50.5	52.9	54.4	56.0	57.6	59.3
Gabon	54.0	55.5	57.4	59.7	61.0	62.3	63.7	65.2
Gambia, The	44.8	46.1	47.6	50.0	51.5	53.1	54.8	56.6
Ghana	56.0	57.1	58.4	60.1	61.4	62.8	64.2	65.6
Guinea	43.9	44.6	45.7	47.2	48.7	50.3	52.0	53.7
Guinea-Bissau	38.7	38.2	38.8	41.5	43.1	44.7	46.5	48.3
Liberia	53.0	54.0	55.3	57.5	59.0	60.5	62.1	63.7
Mali	48.4	50.4	52.8	55.3	56.6	57.9	59.3	60.6
Mauritania	48.1	49.3	50.8	52.7	54.1	55.7	57.2	58.9
Niger	46.1	46.9	48.0	49.7	51.2	52.8	54.4	56.1
Nigeria	51.8	53.5	55.9	58.9	60.2	61.6	63.0	64.4
São Tomé and Principe	67.7	69.7	71.5	73.2	73.9	74.7	75.5	76.3
Senegal	49.3	50.7	52.3	54.6	56.0	57.4	58.9	60.5
Sierra Leone	43.0	44.3	45.8	48.2	49.8	51.4	53.1	54.9
Togo	55.0	56.2	57.5	59.7	61.1	62.4	63.9	65.4
Other West Africa	71.5	72.3	73.3	74.5	75.1	75.8	76.5	77.3

Country, economy, or region	1990–95	1995–00	2000–05	2005–10	2010–15	2015–20	2020–25	2025–30
North Africa	61.5	63.4	65.2	67.2	68.1	69.1	70.1	71.2
Algeria	67.3	69.4	71.5	73.3	74.0	74.8	75.6	76.4
Egypt, Arab Republic of	61.6	63.6	65.7	67.8	68.8	69.8	70.8	71.9
Libya	63.3	65.9	68.3	70.5	71.4	72.3	73.2	74.1
Morocco	63.2	65.0	66.8	68.6	69.5	70.5	71.4	72.5
Sudan	51.8	53.3	54.9	57.1	58.6	60.0	61.5	63.1
Tunisia	67.7	69.3	70.8	72.4	73.2	74.0	74.8	75.6
Other North Africa	49.5	50.7	52.3	54.2	55.6	57.1	58.6	60.2
Americas	71.5	72.6	73.8	75.0	75.6	76.2	76.9	77.5
Latin America and Caribbean	68.1	69.3	70.5	72.0	72.7	73.5	74.4	75.2
Antigua and Barbuda	74.3	75.5	76.6	77.8	78.3	78.8	79.4	79.9
Argentina	71.4	72.3	73.4	74.6	75.3	75.9	76.6	77.4
Bahamas, The	72.4	74.0	75.5	76.8	77.4	78.0	78.6	79.2
Barbados	75.4	76.4	77.5	78.5	78.9	79.4	79.9	80.4
Belize	68.7	70.5	72.3	73.9	74.6	75.3	76.1	76.8
Bolivia	59.6	61.5	63.6	65.7	66.7	67.8	69.0	70.1
Brazil	66.2	67.3	68.6	70.1	70.9	71.8	72.8	73.7
Chile	71.9	72.7	73.6	74.7	75.3	76.0	76.7	77.4
Colombia	69.3	70.2	71.4	72.7	73.4	74.1	74.9	75.8
Costa Rica	76.3	77.0	77.8	78.6	79.1	79.6	80.1	80.6
Cuba	75.7	76.5	77.3	78.2	78.7	79.2	79.7	80.2
Dominica	72.5	74.0	75.3	76.6	77.1	77.7	78.3	78.9
Dominican Republic	67.5	69.6	71.5	73.2	74.0	74.7	75.5	76.3
Ecuador	66.6	67.7	69.0	70.4	71.3	72.1	73.0	74.0
El Salvador	66.3	68.3	70.2	72.1	72.8	73.6	74.4	75.3
Grenada	70.6	72.4	74.1	75.6	76.2	76.8	77.5	78.1
Guadeloupe	74.5	75.8	77.0	78.2	78.7	79.2	79.7	80.2
Guatemala	64.8	66.5	68.3	70.1	71.0	71.9	72.8	73.7
Guyana	65.1	66.8	68.5	70.2	71.0	71.9	72.8	73.8
Haiti	54.6	53.2	52.8	55.1	56.7	58.4	60.1	62.0
Honduras	65.8	67.1	68.6	70.2	71.1	72.0	72.9	73.8
Jamaica	73.6	74.6	75.6	76.7	77.2	77.8	78.4	79.0
Martinique	76.1	77.3	78.5	79.6	80.0	80.4	80.9	81.3
Mexico	70.3	71.5	72.7	74.1	74.8	75.5	76.2	77.0
Montserrat	71.8	73.4	74.9	76.3	76.9	77.5	78.1	78.7
Netherlands Antilles	76.7	77.9	79.0	80.1	80.4	80.8	81.3	81.7
Nicaragua	66.6	68.8	70.9	72.8	73.5	74.3	75.1	76.0
Panama	72.8	73.6	74.6	75.6	76.2	76.8	77.5	78.2
Paraguay	67.2	67.9	68.9	70.1	70.9	71.8	72.7	73.7
Peru	64.6	66.8	69.0	71.1	71.9	72.7	73.6	74.5
St. Kitts and Nevis	67.9	70.1	72.0	73.9	74.5	75.3	76.0	76.8
St. Lucia	69.9	71.3	72.8	74.2	74.8	75.5	76.2	77.0
St. Vincent and the Grenadines	71.3	72.9	74.5	75.8	76.4	77.1	77.7	78.3
Suriname	68.6	70.4	72.1	73.8	74.5	75.2	76.0	76.7
Trinidad and Tobago	71.4	72.6	73.9	75.1	75.8	76.4	77.1	77.8
Uruguay	72.4	73.9	75.2	76.6	77.1	77.7	78.3	78.9
Venezuela	70.3	71.1	72.1	73.2	74.0	74.7	75.5	76.3
Virgin Islands (U.S.)	74.9	76.3	77.7	78.9	79.3	79.8	80.3	80.8
Other Latin America	68.2	69.8	71.4	73.1	73.8	74.5	75.3	76.1
Northern America	76.8	78.2	79.3	80.4	80.8	81.1	81.5	81.9
Canada	77.8	78.9	79.9	80.8	81.1	81.5	81.9	82.2
Puerto Rico	74.2	75.4	76.6	77.7	78.2	78.7	79.3	79.8
United States of America	76.6	78.0	79.2	80.3	80.6	81.0	81.4	81.8
Other Northern America	68.9	70.5	72.1	73.7	74.4	75.1	75.8	76.6

(Table continues on the following page.)

Table 10 (*continued*)

Country, economy, or region	1990–95	1995–00	2000–05	2005–10	2010–15	2015–20	2020–25	2025–30
Asia	65.3	66.5	67.9	69.4	70.2	71.0	71.9	72.9
East and Southeast Asia	68.5	69.2	70.2	71.3	72.1	72.9	73.7	74.5
Brunei	74.4	75.9	77.3	78.5	79.0	79.5	80.0	80.5
Cambodia	50.9	53.0	55.2	57.5	58.8	60.2	61.6	63.0
China (excl. Taiwan)	69.0	69.6	70.6	71.7	72.5	73.3	74.1	75.0
Taiwan, China	75.0	76.0	77.0	78.1	78.6	79.1	79.6	80.1
Hong Kong	77.8	78.6	79.3	80.2	80.5	80.9	81.3	81.7
Indonesia	60.2	61.7	63.5	65.3	66.3	67.4	68.6	69.7
Japan	79.1	80.0	80.8	81.5	81.8	82.1	82.4	82.8
Korea, Dem. Peop. Rep.	70.7	72.5	74.2	75.8	76.4	77.0	77.7	78.3
Korea, Republic of	70.9	72.3	73.7	75.1	75.7	76.3	77.0	77.7
Lao People's Dem. Rep.	51.0	52.7	54.7	56.8	58.1	59.5	60.9	62.4
Macao	73.1	75.2	76.8	78.3	78.8	79.3	79.8	80.3
Malaysia	70.8	71.9	73.2	74.4	75.1	75.8	76.4	77.2
Mongolia	63.6	65.7	67.8	69.8	70.7	71.6	72.6	73.5
Myanmar	59.5	60.5	61.8	63.3	64.5	65.6	66.9	68.1
Philippines	65.0	66.5	68.1	69.8	70.6	71.5	72.4	73.4
Singapore	74.6	75.5	76.5	77.5	78.0	78.6	79.1	79.7
Thailand	69.3	68.5	67.6	67.8	68.9	70.0	71.2	72.5
Viet Nam	67.1	68.1	69.4	70.8	71.6	72.5	73.3	74.2
South Asia	60.3	62.3	64.4	66.4	67.4	68.4	69.5	70.6
Afghanistan	43.5	44.8	46.4	48.3	49.8	51.4	53.0	54.7
Bangladesh	55.5	57.6	59.9	62.2	63.4	64.6	65.8	67.1
Bhutan	48.5	50.0	51.8	53.8	55.2	56.7	58.2	59.8
India	61.1	63.3	65.4	67.6	68.5	69.6	70.6	71.7
Iran, Islamic Republic of	65.5	67.2	69.0	70.8	71.6	72.5	73.4	74.3
Maldives	62.4	64.7	66.9	69.0	69.9	70.8	71.8	72.8
Nepal	53.5	55.2	57.2	59.3	60.5	61.9	63.2	64.6
Pakistan	59.0	60.6	62.4	64.3	65.4	66.6	67.8	69.0
Sri Lanka	71.6	72.8	74.0	75.3	75.9	76.6	77.2	77.9
Central Asia	69.3	70.7	72.1	73.6	74.3	75.0	75.8	76.6
Armenia	70.3	71.1	72.1	73.3	74.0	74.7	75.4	76.2
Azerbaijan	70.9	72.6	74.2	75.7	76.3	76.9	77.6	78.2
Georgia	72.3	73.7	75.1	76.4	76.9	77.5	78.1	78.8
Kazakhstan	68.3	69.7	71.0	72.5	73.2	74.0	74.8	75.6
Kyrgyz Republic	65.9	67.3	68.8	70.4	71.2	72.1	73.0	73.9
Tajikistan	69.3	70.4	71.6	72.9	73.7	74.4	75.2	76.1
Turkmenistan	66.2	67.9	69.6	71.3	72.1	73.0	73.8	74.7
Uzbekistan	69.2	70.7	72.2	73.7	74.4	75.2	75.9	76.7
Southwest Asia	66.4	67.5	68.9	70.3	71.1	71.8	72.7	73.6
Bahrain	69.6	71.0	72.4	73.9	74.6	75.3	76.0	76.8
Cyprus	76.9	78.1	79.2	80.2	80.6	81.0	81.3	81.8
Gaza Strip	66.0	67.9	69.7	71.6	72.4	73.2	74.0	74.9
Iraq	64.4	65.3	66.4	67.8	68.7	69.7	70.7	71.8
Israel	76.5	77.4	78.3	79.2	79.6	80.1	80.5	81.0
Jordan	69.7	71.8	73.7	75.5	76.1	76.7	77.4	78.1
Kuwait	75.1	75.9	76.8	77.8	78.3	78.8	79.4	79.9
Lebanon	65.7	66.6	67.7	69.0	69.9	70.8	71.8	72.8
Oman	69.7	70.9	72.3	73.7	74.4	75.1	75.8	76.6
Qatar	70.8	72.2	73.7	75.0	75.6	76.3	77.0	77.7
Saudi Arabia	69.2	70.3	71.7	73.0	73.7	74.5	75.2	76.0
Syrian Arab Republic	67.1	68.7	70.3	71.9	72.7	73.5	74.3	75.2
Turkey	67.3	68.5	69.9	71.4	72.2	73.1	73.9	74.8
United Arab Emirates	71.9	73.0	74.3	75.5	76.1	76.7	77.4	78.1
West Bank	68.0	69.3	70.8	72.3	73.0	73.8	74.6	75.4
Yemen, Republic of	52.6	54.3	56.2	58.2	59.5	60.9	62.3	63.8

Country, economy, or region	1990–95	1995–00	2000–05	2005–10	2010–15	2015–20	2020–25	2025–30
Europe	73.7	74.8	76.0	77.1	77.6	78.2	78.7	79.3
Albania	72.8	73.9	75.0	76.2	76.8	77.4	78.0	78.7
Austria	76.6	77.8	78.9	79.9	80.3	80.7	81.1	81.5
Belarus	71.2	72.5	73.9	75.3	75.9	76.5	77.2	77.9
Belgium	75.6	76.0	76.7	77.4	78.0	78.5	79.0	79.6
Bosnia-Herzegovina	71.4	72.7	74.0	75.3	75.9	76.5	77.2	77.9
Bulgaria	71.4	72.0	72.9	73.9	74.6	75.3	76.0	76.8
Channel Islands	77.4	78.4	79.3	80.2	80.6	80.9	81.3	81.8
Croatia	73.0	74.3	75.6	76.8	77.4	77.9	78.5	79.1
Czech Republic	72.4	73.5	74.7	75.9	76.5	77.1	77.8	78.4
Denmark	74.7	75.3	76.0	76.8	77.3	77.9	78.5	79.1
Estonia	69.9	71.4	72.8	74.2	74.9	75.6	76.3	77.0
Finland	75.4	76.4	77.4	78.3	78.8	79.3	79.8	80.3
France	77.2	78.2	79.3	80.2	80.6	80.9	81.3	81.8
Germany	75.8	76.7	77.7	78.7	79.2	79.6	80.1	80.6
Greece	77.4	78.3	79.2	80.1	80.5	80.9	81.3	81.7
Hungary	69.3	69.9	70.8	71.9	72.7	73.4	74.3	75.1
Iceland	78.2	78.9	79.6	80.4	80.7	81.1	81.5	81.9
Ireland	75.2	76.5	77.7	78.8	79.2	79.7	80.2	80.6
Italy	77.4	78.5	79.6	80.5	80.9	81.3	81.6	82.0
Latvia	69.4	70.9	72.3	73.8	74.5	75.2	75.9	76.7
Lithuania	71.1	72.5	73.8	75.2	75.8	76.5	77.1	77.8
Luxembourg	75.7	76.7	77.7	78.8	79.2	79.7	80.2	80.6
Macedonia, FYR	72.4	74.2	75.8	77.2	77.7	78.3	78.9	79.5
Malta	75.8	76.7	77.6	78.6	79.0	79.5	80.0	80.5
Moldova	68.4	70.0	71.6	73.2	73.9	74.6	75.4	76.2
Netherlands	77.3	78.1	79.0	79.8	80.2	80.6	81.0	81.5
Norway	77.2	78.2	79.2	80.1	80.5	80.9	81.3	81.7
Poland	70.4	71.1	72.0	73.0	73.7	74.4	75.2	76.0
Portugal	73.7	74.2	74.9	75.8	76.4	77.0	77.7	78.3
Romania	69.9	70.9	72.1	73.4	74.1	74.9	75.6	76.4
Russian Federation	69.1	70.6	72.1	73.6	74.3	75.0	75.8	76.5
Slovak Republic	70.9	71.6	72.4	73.5	74.2	74.9	75.6	76.4
Slovenia	73.2	74.5	75.8	77.0	77.5	78.1	78.7	79.2
Spain	76.8	77.7	78.6	79.4	79.9	80.3	80.7	81.2
Sweden	77.9	78.8	79.6	80.4	80.8	81.2	81.5	81.9
Switzerland	78.4	79.5	80.4	81.2	81.6	81.9	82.2	82.6
Ukraine	70.1	71.6	73.0	74.4	75.1	75.8	76.5	77.2
United Kingdom	76.2	77.2	78.3	79.3	79.7	80.1	80.6	81.0
Yugoslavia, Fed. Rep.	72.2	73.4	74.6	75.8	76.4	77.0	77.7	78.3
Other Europe	75.4	76.4	77.6	78.6	79.1	79.6	80.1	80.5
Oceania	72.7	73.5	74.4	75.4	75.8	76.3	76.8	77.4
Australia	76.7	77.5	78.4	79.2	79.6	80.1	80.5	81.0
Fiji	71.5	72.6	73.7	74.9	75.5	76.2	76.9	77.6
French Polynesia	68.4	70.6	72.6	74.4	75.1	75.8	76.5	77.2
Guam	72.4	73.4	74.5	75.6	76.2	76.8	77.4	78.1
Kiribati	58.2	61.2	64.0	66.6	67.6	68.7	69.7	70.8
Micronesia, Fed. States of	63.5	64.8	66.3	67.9	68.9	69.8	70.8	71.9
New Caledonia	70.4	72.4	74.2	75.8	76.4	77.0	77.6	78.3
New Zealand	75.7	76.6	77.6	78.5	79.0	79.5	80.0	80.5
Papua New Guinea	55.9	57.2	58.8	60.6	61.8	63.0	64.3	65.6
Solomon Islands	61.9	62.9	64.2	65.7	66.7	67.7	68.8	70.0
Tonga	67.9	70.0	72.0	73.8	74.5	75.2	75.9	76.7
Vanuatu	62.7	64.6	66.5	68.5	69.4	70.3	71.3	72.3
Western Samoa	65.4	66.7	68.2	69.8	70.6	71.5	72.4	73.3
Other Micronesia	68.4	69.4	70.6	71.9	72.7	73.5	74.3	75.2
Other Polynesia	70.9	71.7	72.7	73.9	74.5	75.2	76.0	76.7

Table 11. *Infant Mortality Rate (IMR), Estimates and Projections, 1990–95 to 2025–30*
(per 1,000 live births)

Country, economy, or region	1990–95	1995–00	2000–05	2005–10	2010–15	2015–20	2020–25	2025–30
World	60	55	49	41	38	35	32	29
Africa	94	88	79	67	63	59	55	50
East Africa	101	98	89	75	71	66	61	56
Botswana	35	32	27	22	20	18	16	14
Burundi	106	100	87	70	65	61	56	52
Comoros	89	78	66	55	51	46	41	36
Djibouti	115	103	91	76	71	65	60	55
Eritrea	135	129	120	108	101	93	86	78
Ethiopia	122	116	106	94	87	81	75	68
Kenya	66	58	50	39	36	32	29	26
Lesotho	46	40	34	27	25	23	21	19
Madagascar	93	86	77	66	61	57	53	48
Malawi	134	133	120	99	93	86	80	74
Mauritius	18	15	12	10	9	9	8	7
Mayotte	87	80	70	59	55	50	45	40
Mozambique	162	157	147	132	123	113	104	94
Namibia	57	49	43	32	30	27	24	22
Réunion	7	6	5	5	5	4	4	4
Rwanda	117	113	101	81	76	70	65	60
Seychelles	16	14	12	10	9	8	8	7
Somalia	132	126	116	104	97	89	82	74
South Africa	53	47	39	32	29	26	24	21
Swaziland	108	102	92	80	73	66	58	51
Tanzania	92	88	76	58	55	51	47	43
Uganda	122	123	112	88	83	78	73	68
Zaire	91	83	71	56	52	48	44	41
Zambia	107	116	103	75	70	65	60	55
Zimbabwe	46	54	47	30	28	25	23	20
West Africa	97	89	79	67	63	59	54	50
Angola	124	112	99	85	79	74	68	62
Benin	110	103	92	74	69	63	58	53
Burkina Faso	132	123	111	94	87	80	73	66
Cameroon	61	52	44	34	32	29	27	24
Cape Verde	40	34	29	22	20	18	16	15
Central African Republic	105	100	88	69	65	61	57	53
Chad	122	113	102	90	84	78	72	66
Congo, People's Republic of the	114	108	95	77	71	65	60	54
Côte d'Ivoire	91	87	75	58	53	48	43	38
Equatorial Guinea	117	105	92	78	73	68	62	57
Gabon	94	82	70	57	53	48	43	39
Gambia, The	132	121	108	93	87	81	75	70
Ghana	81	73	63	52	48	44	39	35
Guinea	133	126	116	103	97	92	86	80
Guinea-Bissau	140	136	124	104	100	95	91	86
Liberia	142	133	121	105	96	87	77	68
Mali	130	118	105	91	85	79	73	67
Mauritania	117	108	96	84	78	73	67	62
Niger	123	116	105	92	86	81	75	70
Nigeria	84	77	68	57	53	49	45	41
Saõ Tomé and Principe	65	56	46	38	35	31	28	24
Senegal	68	58	49	39	37	35	34	32
Sierra Leone	143	133	121	106	99	93	86	80
Togo	85	74	63	51	47	43	38	34
Other West Africa	29	26	22	18	17	15	14	12

Country, economy, or region	1990–95	1995–00	2000–05	2005–10	2010–15	2015–20	2020–25	2025–30
North Africa	67	57	48	39	36	33	30	27
Algeria	55	45	37	30	27	25	22	19
Egypt, Arab Republic of	57	46	36	29	27	24	22	19
Libya	68	56	46	37	34	31	27	24
Morocco	57	48	40	32	29	27	24	21
Sudan	99	87	74	61	57	52	48	43
Tunisia	48	40	33	27	25	22	20	18
Other North Africa	110	101	90	78	73	68	63	57
Americas	34	30	26	22	20	18	16	14
Latin America and Caribbean	44	39	34	28	25	23	20	18
Antigua and Barbuda	20	17	15	12	11	10	9	8
Argentina	29	25	21	17	16	14	13	12
Bahamas, The	25	21	18	15	13	12	11	10
Barbados	10	8	7	6	6	6	5	5
Belize	41	33	27	22	20	18	16	14
Bolivia	82	72	62	52	47	43	38	33
Brazil	57	52	45	37	34	31	27	24
Chile	17	15	13	11	10	9	8	8
Colombia	21	18	15	12	11	10	10	9
Costa Rica	14	12	10	9	8	7	7	6
Cuba	10	9	8	7	6	6	5	5
Dominica	18	16	13	11	10	10	9	8
Dominican Republic	41	36	30	25	22	20	18	16
Ecuador	45	40	33	28	25	23	20	18
El Salvador	40	32	26	21	19	17	16	14
Grenada	29	24	19	16	14	13	12	11
Guadeloupe	12	10	9	7	7	6	6	5
Guatemala	62	54	46	38	34	31	28	24
Guyana	48	40	33	27	24	22	20	18
Haiti	93	87	78	60	55	50	45	40
Honduras	49	43	37	30	28	25	23	20
Jamaica	14	12	10	8	8	7	7	6
Martinique	10	9	8	7	6	6	5	5
Mexico	35	30	24	20	18	17	15	13
Montserrat	28	23	19	15	14	13	12	10
Netherlands Antilles	12	10	9	7	7	6	6	5
Nicaragua	56	49	41	34	31	28	25	22
Panama	21	18	15	13	12	11	10	9
Paraguay	36	32	28	23	21	19	17	15
Peru	52	43	36	29	26	24	21	19
St. Kitts and Nevis	34	28	23	19	17	16	14	13
St. Lucia	19	16	13	11	10	9	9	8
St. Vincent and the Grenadines	20	16	13	11	10	9	8	8
Suriname	37	31	25	20	19	17	15	14
Trinidad and Tobago	15	12	10	8	8	7	7	6
Uruguay	20	17	14	11	10	10	9	8
Venezuela	33	30	25	21	19	17	16	14
Virgin Islands (U.S.)	20	18	16	13	12	11	10	9
Other Latin America	20	16	13	11	10	9	9	8
Northern America	9	7	6	6	5	5	5	4
Canada	7	6	6	5	5	4	4	4
Puerto Rico	13	11	10	8	8	7	7	6
United States of America	9	7	6	6	5	5	5	4
Other Northern America	22	18	14	12	11	10	9	8

(Table continues on the following page.)

Table 11 (continued)

Country, economy, or region	1990–95	1995–00	2000–05	2005–10	2010–15	2015–20	2020–25	2025–30
Asia	60	52	45	38	34	31	28	25
East and Southeast Asia	37	33	28	23	22	20	18	16
Brunei	7	6	5	5	4	4	4	4
Cambodia	116	103	89	76	71	65	59	54
China (excl. Taiwan)	31	28	24	20	18	17	15	14
Taiwan, China	6	5	5	4	4	4	4	4
Hong Kong	6	5	5	4	4	4	4	4
Indonesia	66	57	48	40	36	33	30	26
Japan	5	4	4	4	4	3	3	3
Korea, Dem. Peop. Rep.	24	20	16	13	12	11	10	9
Korea, Republic of	13	10	8	7	7	6	6	5
Lao People's Dem. Rep.	97	85	73	61	57	53	49	45
Macao	8	6	5	5	5	4	4	4
Malaysia	14	12	10	8	8	7	7	6
Mongolia	60	51	42	35	32	29	26	23
Myanmar	72	67	59	50	46	41	37	33
Philippines	40	34	28	23	21	19	17	15
Singapore	5	5	4	4	4	4	4	3
Thailand	26	24	22	16	15	13	12	11
Viet Nam	36	31	26	21	20	18	16	14
South Asia	84	72	62	52	48	44	39	35
Afghanistan	162	155	145	134	125	116	107	98
Bangladesh	91	78	65	54	49	45	40	36
Bhutan	129	119	108	95	88	82	75	68
India	79	67	55	45	41	37	33	29
Iran, Islamic Republic of	65	56	46	38	35	31	28	24
Maldives	55	45	37	30	27	25	22	20
Nepal	99	88	76	65	59	54	49	44
Pakistan	95	87	76	65	59	53	48	42
Sri Lanka	18	14	12	10	9	8	8	7
Central Asia	38	33	27	22	20	18	16	15
Armenia	21	18	15	13	12	11	10	9
Azerbaijan	32	27	22	18	16	15	13	12
Georgia	19	15	12	10	9	8	8	7
Kazakhstan	31	27	23	19	18	16	14	13
Kyrgyz Republic	37	31	26	21	19	18	16	14
Tajikistan	49	44	38	31	29	26	23	20
Turkmenistan	54	45	37	30	28	25	22	20
Uzbekistan	42	34	28	23	21	19	17	15
Southwest Asia	52	46	40	34	31	29	26	23
Bahrain	30	25	20	17	15	14	13	11
Cyprus	11	10	9	7	7	6	6	5
Gaza Strip	45	35	28	23	21	19	17	15
Iraq	58	54	47	40	36	33	29	26
Israel	9	8	7	6	6	5	5	5
Jordan	28	23	19	15	14	13	12	10
Kuwait	14	12	10	8	8	7	7	6
Lebanon	34	30	25	21	19	17	16	14
Oman	20	16	13	11	10	9	9	8
Qatar	26	22	18	15	14	12	11	10
Saudi Arabia	28	23	19	16	14	13	12	11
Syrian Arab Republic	36	30	24	20	18	16	15	13
Turkey	54	48	40	33	31	28	25	22
United Arab Emirates	20	16	14	11	10	10	9	8
West Bank	40	33	27	22	20	18	17	15
Yemen, Republic of	106	96	84	72	66	61	55	49

Country, economy, or region	1990–95	1995–00	2000–05	2005–10	2010–15	2015–20	2020–25	2025–30
Europe	13	11	10	8	8	7	7	6
Albania	32	29	25	21	19	17	16	14
Austria	8	6	5	5	5	4	4	4
Belarus	15	14	12	10	9	9	8	7
Belgium	9	8	7	6	6	6	5	5
Bosnia-Herzegovina	19	17	15	12	11	10	10	9
Bulgaria	16	15	13	11	10	9	8	8
Channel Islands	7	6	6	5	5	5	4	4
Croatia	12	10	8	7	7	6	6	5
Czech Republic	10	8	7	6	6	6	5	5
Denmark	7	6	5	5	5	4	4	4
Estonia	13	11	9	7	7	7	6	6
Finland	6	5	5	4	4	4	4	4
France	7	7	6	5	5	5	4	4
Germany	6	5	5	4	4	4	4	4
Greece	8	7	6	5	5	5	4	4
Hungary	15	13	11	9	9	8	8	7
Iceland	6	5	5	4	4	4	4	3
Ireland	5	4	4	4	4	4	3	3
Italy	8	7	6	5	5	5	5	4
Latvia	17	16	14	12	11	10	9	8
Lithuania	16	15	13	11	10	10	9	8
Luxembourg	9	7	7	6	5	5	5	4
Macedonia, FYR	29	22	17	14	13	12	11	10
Malta	9	8	7	6	6	5	5	5
Moldova	23	20	17	14	13	12	11	10
Netherlands	6	6	5	4	4	4	4	4
Norway	6	5	5	4	4	4	4	4
Poland	14	13	11	9	8	8	7	7
Portugal	9	8	7	6	6	6	5	5
Romania	23	20	17	14	13	12	11	10
Russian Federation	20	17	14	12	11	10	9	8
Slovak Republic	13	11	9	8	8	7	7	6
Slovenia	8	7	6	5	5	5	4	4
Spain	8	7	6	5	5	5	5	4
Sweden	5	5	5	4	4	4	4	3
Switzerland	6	5	5	4	4	4	4	4
Ukraine	18	15	13	11	10	9	8	8
United Kingdom	7	6	5	5	4	4	4	4
Yugoslavia, Fed. Rep.	28	24	20	17	15	14	13	11
Other Europe	9	8	7	6	5	5	5	4
Oceania	22	20	17	14	13	12	11	10
Australia	7	6	5	5	5	4	4	4
Fiji	23	19	16	13	12	11	10	9
French Polynesia	22	18	15	12	11	10	9	8
Guam	10	9	7	6	6	6	5	5
Kiribati	60	52	44	36	33	30	27	24
Micronesia, Fed. States of	36	30	24	20	18	17	15	14
New Caledonia	17	14	11	9	9	8	8	7
New Zealand	7	6	5	5	5	4	4	4
Papua New Guinea	54	47	39	32	30	28	26	23
Solomon Islands	44	38	32	27	24	22	20	18
Tonga	21	17	13	11	10	9	9	8
Vanuatu	45	37	30	24	22	20	18	16
Western Samoa	25	21	17	14	13	12	11	10
Other Micronesia	30	26	21	18	16	15	13	12
Other Polynesia	20	17	15	12	11	10	9	9

SUMMARY TABLES

Table 12. *Stationary Population, Momentum, and Year that Net Reproduction Rate Reaches Replacement*

Country, economy, or region	Stationary population (millions)	Ratio to 1990	Population momentum[a]	Year when NRR = 1
World	11,473	2.2	1.4	2055
Africa	2,858	4.6	1.5	2055
East Africa	1,396	5.1	1.5	2050
Botswana	4	3.4	1.8	2020
Burundi	31	5.7	1.4	2045
Comoros	3	6.0	1.6	2040
Djibouti	2	5.0	1.5	2035
Eritrea	16	5.0	1.5	2040
Ethiopia	367	7.6	1.5	2050
Kenya	75	3.1	1.7	2015
Lesotho	6	3.1	1.5	2025
Madagascar	49	4.2	1.5	2035
Malawi	51	6.0	1.5	2045
Mauritius	2	1.6	1.3	2030
Mayotte	0	5.9	1.7	2040
Mozambique	100	6.4	1.5	2050
Namibia	5	3.8	1.6	2030
Réunion	1	1.8	1.4	1995
Rwanda	22	3.2	1.5	2025
Seychelles	0	1.8	1.5	2005
Somalia	47	6.0	1.5	2045
South Africa	103	2.7	1.5	2020
Swaziland	4	5.6	1.7	2040
Tanzania	117	4.8	1.5	2035
Uganda	121	7.4	1.5	2050
Zaire	206	5.5	1.5	2040
Zambia	35	4.5	1.5	2040
Zimbabwe	28	2.9	1.6	2020
West Africa	1,059	5.0	1.6	2055
Angola	68	7.4	1.5	2050
Benin	20	4.3	1.6	2035
Burkina Faso	56	6.2	1.5	2045
Cameroon	54	4.7	1.6	2035
Cape Verde	1	3.1	1.8	2020
Central African Republic	18	5.8	1.4	2045
Chad	29	5.2	1.4	2040
Congo, People's Republic of the	15	6.6	1.5	2045
Côte d'Ivoire	74	6.2	1.6	2040
Equatorial Guinea	2	3.7	1.4	2035
Gabon	7	6.1	1.5	2045
Gambia, The	5	5.9	1.4	2045
Ghana	68	4.6	1.6	2035
Guinea	33	5.8	1.5	2045
Guinea-Bissau	4	4.1	1.3	2040
Liberia	9	3.7	1.6	2035
Mali	57	6.8	1.6	2050
Mauritania	11	5.8	1.5	2045
Niger	71	9.3	1.5	2055
Nigeria	382	4.0	1.6	2035
Saõ Tomé and Principe	0	3.3	1.6	2025
Senegal	30	4.1	1.4	2030
Sierra Leone	23	5.6	1.4	2045
Togo	20	5.4	1.6	2040
Other West Africa	0	1.8	1.3	2005
North Africa	404	2.9	1.5	2040
Algeria	67	2.7	1.7	2015
Egypt, Arab Republic of	121	2.3	1.5	2015

Country, economy, or region	Stationary population (millions)	Ratio to 1990	Population momentum	Year when NRR = 1
North Africa (continued)				
Libya	27	5.9	1.7	2040
Morocco	61	2.4	1.5	2015
Sudan	108	4.3	1.5	2035
Tunisia	20	2.4	1.6	2015
Other North Africa	1	4.5	1.5	2035
Americas	1,298	1.8	1.4	2035
Latin America and Caribbean	910	2.1	1.5	2035
Antigua and Barbuda	0	1.8	1.7	2030
Argentina	53	1.6	1.3	2000
Bahamas, The	0	1.8	1.5	1995
Barbados	0	1.2	1.3	2030
Belize	1	3.0	1.7	2020
Bolivia	22	3.1	1.6	2025
Brazil	285	1.9	1.5	2000
Chile	23	1.8	1.4	2000
Colombia	62	1.9	1.5	2000
Costa Rica	6	2.1	1.6	2005
Cuba	13	1.2	1.2	2030
Dominica	0	1.9	1.7	2000
Dominican Republic	14	2.0	1.6	2005
Ecuador	25	2.3	1.6	2010
El Salvador	13	2.5	1.7	2015
Grenada	0	1.5	1.7	2005
Guadeloupe	1	1.6	1.3	1995
Guatemala	33	3.6	1.7	2025
Guyana	1	1.7	1.4	2000
Haiti	17	2.6	1.5	2025
Honduras	18	3.5	1.7	2025
Jamaica	4	1.6	1.6	2000
Martinique	1	1.4	1.3	2030
Mexico	182	2.2	1.6	2010
Montserrat	0	1.5	1.4	2000
Netherlands Antilles	0	1.5	1.4	1995
Nicaragua	12	3.2	1.8	2020
Panama	5	2.0	1.5	2005
Paraguay	17	3.9	1.6	2035
Peru	48	2.2	1.5	2010
St. Kitts and Nevis	0	1.5	1.5	2000
St. Lucia	0	2.3	1.7	2010
St. Vincent and the Grenadines	0	2.0	1.7	2000
Suriname	1	1.7	1.5	2005
Trinidad and Tobago	2	1.8	1.5	2000
Uruguay	4	1.4	1.2	1995
Venezuela	45	2.3	1.6	2005
Virgin Islands (U.S.)	0	1.0	1.6	2000
Other Latin America	1	2.3	1.5	2005
Northern America	389	1.4	1.1	2030
Canada	35	1.3	1.1	2030
Puerto Rico	5	1.4	1.3	1995
United States of America	348	1.4	1.1	1995
Other Northern America	0	1.4	1.1	2000
Asia	6,543	2.1	1.4	2050
East and Southeast Asia	2,920	1.6	1.3	2040
Brunei	1	2.4	1.5	2015
Cambodia	24	2.8	1.5	2020
China (excl. Taiwan)	1,680	1.5	1.3	2030

(Table continues on the following page.)

Table 12 (continued)

Country, economy, or region	Stationary population (millions)	Ratio to 1990	Population momentum	Year when NRR = 1
East and Southeast Asia (continued)				
Taiwan, China	27	1.3	1.3	2030
Hong Kong	5	0.9	1.1	2030
Indonesia	355	2.0	1.4	2005
Japan	108	0.9	1.0	2030
Korea, Democratic People's Republic of	41	1.9	1.4	1995
Korea, Republic of	56	1.3	1.2	2030
Lao People's Democratic Republic	20	4.9	1.5	2040
Macao	1	1.9	1.3	1990
Malaysia	41	2.3	1.6	2010
Mongolia	7	3.1	1.6	2025
Myanmar	109	2.6	1.5	2020
Philippines	172	2.8	1.5	2020
Singapore	4	1.5	1.2	2030
Thailand	104	1.8	1.4	1995
Viet Nam	165	2.5	1.6	2015
South Asia	2,982	2.5	1.5	2050
Afghanistan	126	6.2	1.4	2050
Bangladesh	263	2.4	1.5	2010
Bhutan	6	3.9	1.4	2035
India	1,888	2.2	1.4	2010
Iran, Islamic Republic of	204	3.7	1.7	2025
Maldives	1	4.4	1.7	2035
Nepal	65	3.5	1.5	2030
Pakistan	400	3.6	1.6	2030
Sri Lanka	29	1.7	1.4	2000
Central Asia	149	2.2	1.5	2025
Armenia	6	1.7	1.3	2000
Azerbaijan	13	1.8	1.5	2005
Georgia	7	1.3	1.1	1995
Kazakhstan	28	1.7	1.3	2000
Kyrgyz Republic	10	2.2	1.5	2015
Tajikistan	18	3.4	1.8	2025
Turkmenistan	10	2.7	1.6	2020
Uzbekistan	57	2.8	1.7	2020
Southwest Asia	492	3.7	1.6	2045
Bahrain	1	2.8	1.4	2025
Cyprus	1	1.5	1.2	1995
Gaza Strip	5	8.5	1.8	2045
Iraq	78	4.3	1.7	2030
Israel	9	2.0	1.4	2000
Jordan	14	4.3	1.7	2025
Kuwait	4	1.8	1.7	2015
Lebanon	8	2.2	1.5	2005
Oman	12	8.0	1.7	2045
Qatar	1	2.1	1.3	2020
Saudi Arabia	85	5.4	1.6	2040
Syrian Arab Republic	66	5.4	1.8	2035
Turkey	112	2.0	1.5	2005
United Arab Emirates	4	2.4	1.2	2025
West Bank	4	4.9	1.7	2030
Yemen, Republic of	88	7.8	1.6	2045
Europe	728	1.0	1.0	2030
Albania	6	1.8	1.5	2005
Austria	7	1.0	1.0	2030
Belarus	12	1.2	1.0	2030

Country, economy, or region	Stationary population (millions)	Ratio to 1990	Population momentum	Year when NRR = 1
Europe (continued)				
Belgium	9	0.9	1.0	2030
Bosnia-Herzegovina	5	1.2	1.2	2030
Bulgaria	7	0.8	1.0	2030
Channel Islands	0	1.0	1.0	2030
Croatia	5	1.0	1.0	2030
Czech Republic	12	1.1	1.0	2030
Denmark	5	1.0	1.0	2030
Estonia	2	1.0	1.0	2030
Finland	5	1.1	1.0	2030
France	62	1.1	1.1	2030
Germany	62	0.8	0.9	2030
Greece	9	0.9	1.0	2030
Hungary	10	0.9	0.9	2030
Iceland	0	1.5	1.3	1995
Ireland	5	1.4	1.3	2030
Italy	43	0.7	1.0	2030
Latvia	3	1.0	1.0	2030
Lithuania	4	1.2	1.0	2030
Luxembourg	0	1.0	1.0	2030
Macedonia, FYR	3	1.4	1.2	1995
Malta	0	1.3	1.1	2030
Moldova	6	1.4	1.1	1995
Netherlands	15	1.0	1.0	2030
Norway	5	1.1	1.0	2030
Poland	46	1.2	1.1	2030
Portugal	9	0.9	1.1	2030
Romania	23	1.0	1.1	2030
Russian Federation	160	1.1	1.0	2030
Slovak Republic	7	1.3	1.1	2030
Slovenia	2	0.9	1.0	2030
Spain	32	0.8	1.1	2030
Sweden	10	1.1	1.0	1995
Switzerland	7	1.0	1.0	2030
Ukraine	56	1.1	1.0	2030
United Kingdom	60	1.0	1.0	2030
Yugoslavia, Fed. Rep.	14	1.3	1.1	2030
Other Europe	0	1.2	1.0	1990
Oceania	46	1.7	1.2	2030
Australia	24	1.4	1.2	2030
Fiji	1	1.8	1.6	2005
French Polynesia	0	2.4	1.5	2010
Guam	0	2.0	1.4	2005
Kiribati	0	2.3	1.4	2015
Micronesia, Fed. States of	0	3.6	1.5	2020
New Caledonia	0	1.9	1.4	2000
New Zealand	5	1.4	1.2	1995
Papua New Guinea	12	3.0	1.4	2025
Solomon Islands	1	4.5	1.6	2030
Tonga	0	1.8	1.5	2010
Vanuatu	1	3.4	1.5	2030
Western Samoa	0	2.3	1.5	2020
Other Micronesia	0	2.6	1.6	2015
Other Polynesia	0	3.2	1.7	2025

a. *Population momentum* is the tendency of a population to keep growing after fertility has declined to replacement level as a result of age structure dynamics. The measure presented here shows the ratio of the current population and the population that would result if fertility would reach replacement level immediately, mortality would remain constant, and net migration would be zero.

Table 13. *Population of Countries and Economies in the "Other" Categories, 1990*
(thousands)

Country or economy	Population, 1990	Country or economy	Population, 1990
Other West Africa		*Other Europe*	
St. Helena	4.0	Andorra	58.0
Ascencion	0.7	Faeroe Islands	47.0
Tristan da Cunha	0.3	Gibraltar	31.0
		Holy See	1.0
Other North Africa		Isle of Man	68.0
Western Sahara	179.0	Liechtenstein	28.0
		Monaco	28.0
Other Latin America and the Caribbean		San Marino	23.0
Anguilla	7.0	*Other Micronesia*	
Aruba	61.0	Johnston Island	1.0
British Virgin Islands	13.0	Marshall Islands	46.0
Cayman Islands	27.0	Midway Islands	2.0
Falkland Islands	2.0	Northern Mariana Islands	26.0
French Guiana	117.0	Nauru	9.0
Turks and Caicos Islands	8.0	Palau	14.0
		Wake Island	2.0
Other Northern America			
Bermuda	61.0	*Other Polynesia*	
Greenland	56.0	America Samoa	39.0
St. Pierre and Miquelon	6.0	Cook Islands	18.0
		Niue	3.0
Antarctica	1.1	Pitcairn	0.1
(included in World total)		Tokelau Islands	2.0
		Tuvalu	9.0
		Wallis and Futuna Islands	16.0

Appendix A. *Countries and Economies Classified by Income Group*
(based on GNP per capita in 1992 U.S. dollars)

Low income ($675 or less)

East Africa
Burundi
Comoros
Eritrea
Ethiopia
Kenya
Lesotho
Madagascar
Malawi
Mozambique
Rwanda
Somalia
Tanzania
Uganda
Zaire
Zambia
Zimbabwe

North Africa
Egypt
Sudan

West Africa
Benin
Burkina Faso
Central African Republic
Chad
Equatorial Guinea
Gambia, The
Ghana
Guinea
Guinea-Bissau
Liberia
Mali
Mauritania
Niger
Nigeria
Saõ Tomé and Principe
Sierra Leone
Togo

Latin America and the Caribbean
Guyana
Haiti
Honduras
Nicaragua

South Asia
Afghanistan
Bangladesh
Bhutan
India
Maldives
Nepal
Pakistan
Sri Lanka

East and Southeast Asia
Cambodia
China
Indonesia
Lao People's Democratic Republic
Myanmar
Viet Nam

Southwest Asia
Yemen, Rep. of

Central Asia
Tajikistan

Lower-middle income ($676–$2,695)

East Africa
Djibouti
Namibia
Swaziland

West Africa
Angola
Cameroon
Cape Verde
Congo, People's Republic of the
Côte d'Ivoire
Senegal

North Africa
Algeria
Morocco
Tunisia
Other North Africa

Europe
Albania
Bosnia and Herzegovina
Bulgaria
Croatia
Czech Republic
Latvia
Lithuania
Macedonia, FYR
Moldova
Poland
Romania

Europe (continued)
Russia Federation
Slovak Republic
Ukraine
Yugoslavia, Federal Republic

Latin America and the Caribbean
Belize
Bolivia
Chile
Colombia
Costa Rica
Cuba
Dominica
Dominican Republic
Ecuador
El Salvador
Grenada
Guatemala
Jamaica
Panama
Paraguay
Peru
St. Vincent and the Grenadines

East and Southeast Asia
Korea, Democratic Republic of
Mongolia
Philippines
Thailand

South Asia
Iran

Southwest Asia
Gaza Strip
Iraq
Jordan
Lebanon
Syrian Arab Republic
Turkey
West Bank

Central Asia
Armenia
Azerbaijan
Georgia
Kazakhstan
Kyrgyzstan
Turkmenistan
Uzbekistan

Oceania
Fiji
Kiribati
Micronesia, Fed.
Other Micronesia
Papua New Guinea
Solomon Islands
Tonga
Vanuatu
Western Samoa

(Appendix A continues on the following page.)

Appendix A (continued)

Upper-middle income ($2,696-$8,355)

East Africa
  Botswana
  Mauritius
  Mayotte
  Réunion
  Seychelles
  South Africa

West Africa
  Gabon
  Other West Africa

North Africa
  Libya

Europe
  Belarus
  Estonia
  Greece
  Hungary
  Malta
  Portugal
  Slovenia

Latin America and the Caribbean
  Antigua and Barbuda
  Argentina
  Barbados
  Brazil
  Guadeloupe
  Martinique
  Mexico
  Montserrat
  Netherlands Antilles
  Other Latin America
  Puerto Rico
  St. Kitts and Nevis
  St. Lucia
  Suriname
  Trinidad and Tobago
  Uruguay
  Venezuela

East and Southeast Asia
  Korea, Republic of
  Macao
  Malaysia

Southwest Asia
  Bahrain
  Oman
  Saudi Arabia

Oceania
  Guam
  New Caledonia
  Other Polynesia

High income ($8,356 or more)

Europe
  Austria
  Belgium
  Channel Islands
  Denmark
  Finland
  France
  Germany
  Iceland
  Ireland
  Italy
  Luxembourg
  Netherlands
  Norway
  Other Europe
  Spain
  Sweden
  Switzerland
  United Kingdom

Northern America
  Canada
  Other Northern America
  United States of America

Latin America and the Caribbean
  Bahamas, The
  Virgin Islands (U.S.)

East and Southeast Asia
  Brunei
  Hong Kong
  Japan
  Singapore
  Taiwan, China

Southwest Asia
  Cyprus
  Israel
  Kuwait
  Qatar
  United Arab Emirates

Oceania
  Australia
  French Polynesia
  New Zealand

Source: World Bank, 1994.

Appendix B. Countries and Economies Classified by Fertility Transitional Status

Pre-transitional (TFR is higher than 4.5 or declined less than 0.5 in previous five-year period)

East Africa
Burundi
Comoros
Djibouti
Eritrea
Ethiopia
Madagascar
Mayotte
Mozambique
Somalia
Swaziland
Tanzania
Uganda
Zaire
Zambia

West Africa
Angola
Benin
Burkina Faso
Cameroon
Central African Republic
Chad
Congo, People's Republic
Côte d'Ivoire
Equatorial Guinea
Gambia, The
Gabon
Ghana
Guinea
Guinea-Bissau
Liberia
Mali
Mauritania
Niger
Nigeria
São Tomé and Principe
Sierra Leone
Togo

North Africa
Libya
Other North Africa
Sudan

Latin America and Caribbean
Bolivia
Guatemala
Haiti
Paraguay

East and Southeast Asia
Lao, People's Dem. Rep.
Mongolia

South Asia
Afghanistan
Bhutan
Nepal

Southwest Asia
Gaza Strip
Iraq
Saudi Arabia
West Bank
Yemen, Republic of

Oceania
Micronesia, FS
Papua New Guinea

Transitional (TFR is between 4.5 and 2.5, or declined more than 0.5 in previous five-year period if higher than 4.5)

East Africa
Botswana
Kenya
Lesotho
Malawi
Namibia
Rwanda
Seychelles
South Africa
Zimbabwe

West Africa
Cape Verde
Senegal

North Africa
Algeria
Egypt
Morocco
Tunisia

Latin America and Caribbean
Argentina
Belize
Brazil
Chile
Colombia
Costa Rica
Dominica
Dominican Republic
Ecuador
El Salvador
Guyana
Grenada
Honduras
Jamaica
Mexico
Nicaragua
Other Latin America
Panama
Peru
St. Kitts and Nevis
St. Lucia
Suriname
Trinidad and Tobago
Venezuela
Virgin Islands (U.S.)

East and Southeast Asia
Brunei
Cambodia
Indonesia
Malaysia
Myanmar
Philippines
Viet Nam

Central Asia
Armenia
Azerbaijan
Kazakhstan
Kyrgyzstan
Tajikistan
Turkmenistan
Uzbekistan

Southwest Asia
Bahrain
Israel
Jordan
Kuwait
Lebanon
Oman
Qatar
Syrian Arab Republic
Turkey
United Arab Emirates

South Asia
Bangladesh
India
Iran
Maldives
Pakistan

Oceania
Fiji
French Polynesia
Guam
Kiribati
New Caledonia
Other Micronesia
Other Polynesia
Tonga
Vanuatu
Western Samoa

Europe
Albania

(Appendix B continues on the following page.)

Appendix B (continued)

Late-transitional (TFR is less than 2.5)

East Africa
  Mauritius
  Réunion

West Africa
  Other West Africa

Latin America and Caribbean
  Antigua and Barbuda
  Bahamas, The
  Barbados
  Cuba
  Guadeloupe
  Martinique
  Montserrat
  Netherlands Antilles
  Puerto Rico
  St. Vincent and Grenadines
  Uruguay

Northern America
  Canada
  Other Northern America
  United States of America

East and Southeast Asia
  China
  Hong Kong
  Japan
  Korea, Dem. Republic of
  Korea, Republic of
  Macao
  Singapore
  Taiwan, China

South Asia
  Sri Lanka

Southwest Asia
  Cyprus

Central Asia
  Georgia

Europe
  Austria
  Belgium
  Belarus
  Bosnia and Herzegovina
  Bulgaria
  Channel Islands
  Croatia
  Czech Republic
  Denmark
  Estonia
  Finland
  France
  Germany
  Greece
  Hungary
  Iceland
  Ireland
  Italy
  Luxembourg
  Latvia
  Lithuania
  Macedonia, FYR

Europe (continued)
  Malta
  Moldova
  Netherlands
  Norway
  Other Europe
  Portugal
  Poland
  Romania
  Russian Federation
  Slovak Republic
  Slovenia
  Spain
  Sweden
  Switzerland
  United Kingdom
  Ukraine
  Yugoslavia, FR

Oceania
  Australia
  French Polynesia
  New Zealand

Appendix C. *Sources of Population Data*

Country, economy, or territory	Total population, mid-1990	Fertility, 1990–95	Mortality, 1990–95	Age-sex structure, 1990
Afghanistan	Bank estimate	UN 1992 revision	UN 1992 revision	Bank estimate
Albania	Official estimate (UNPVSR 7/91)	Bank estimate from CBR (UNPVSR 10/93)	Official estimate of IMR, CDR	Bank estimate
Algeria	Official estimate (Nat. Stat. Office 1993)	1992 PAPCHILD Survey	Nat. Stat. Office 1993	UN 1992 revision
Angola	Bank estimate from official estimate (UNPVSR 10/93)	Bank estimate	Bank estimate from UN 1992 revision	Bank estimate
Antigua and Barbuda	Bank estimate from 1991 census and UN 1992 revision	Bank estimate from CBR (UNPVSR 10/90–10/92)	Bank estimate of IMR, CDR (UNPVSR 10/90–10/92)	1970 census
Argentina	Bank estimate from 1991 census and UN 1992 revision	UN 1992 revision	UN 1992 revision	UN 1992 revision
Armenia	Official estimate (Council of Europe 1993)	Council of Europe 1993	Official estimate of IMR (UNPVSR 10/93) and e(0), Council of Europe 1993	1989 census
Australia	Official estimate (Bureau of Stat. 10/93)	Bank estimate from CBR (UNPVSR 10/91–10/93)	Official estimate (UNPVSR 10/93)	Bank estimate
Austria	Official estimate (UNPVSR 7/91)	Bank estimate from Eurostat 1993	Official estimate (UNPVSR 10/93)	UN 1990 revision
Azerbaijan	Bank estimate from 1989 census	Council of Europe 1993	Council of Europe 1993	1989 census
Bahamas, The	Bank estimate from 1990 census	Bank estimate from CBR (UNPVSR 7/92)	UN 1992 revision	UN 1992 revision
Bahrain	Official estimate (UNPVSR 10/91)	1989 Child Health Survey	Central Stat. Org.	UN 1992 revision
Bangladesh	Bank estimate from 1991 census	1991 Contraceptive Prevalence Survey	Bank estimate from Sample Registration System	Bank estimate
Barbados	Bank estimate from 1990 census	Bank estimate from CBR (UNPVSR 7/93)	UN 1992 revision	UN 1992 revision
Belarus	Official estimate (Council of Europe 1993)	Monnier 1993	Bank estimate from 1989 census and Monnier 1993	1989 census
Belgium	Official estimate (Eurostat 1992)	Bank estimate from CBR (UNPVSR 10/93) and Eurostat 1992, 1993	Eurostat 1992, 1993	Eurostat 1989
Belize	Bank estimate from 1991 census	Bank estimate from census	Bank estimate	1991 census
Benin	Bank estimate	Bank estimate	Bank estimate	Bank estimate from 1979 census
Bhutan	Bank estimate	UN 1992 revision	UN 1992 revision	UN 1992 revision
Bolivia	UN 1992 revision	Bank estimate from 1989 DHS	Bank estimate from 1989 DHS	UN 1992 revision
Bosnia and Herzegovina	Bank estimate from 1991 census	Monnier 1993	Bank estimate from Monnier 1992	Official estimate, 1988
Botswana	Bank estimate from 1991 census	Bank estimate from 1988 DHS	Bank estimate from 1988 DHS	UN 1992 revision
Brazil	UN 1992 revision	UN 1992 revision	UN 1992 revision	UN 1992 revision
Brunei	UN 1992 revision	UN 1992 revision	Bank estimate	UN 1992 revision
Bulgaria	Bank estimate from 1992 census	Monnier 1993	Official estimate of IMR, CDR (UNPVSR 7/91–10/93)	Council of Europe 1993
Burkina Faso	Bank estimate from 1985 census	1992 DHS	UN 1992 revision	Bank estimate

(Appendix C continues on the following page.)

Appendix C (continued)

Country, economy, or territory	Total population, mid-1990	Fertility, 1990-95	Mortality, 1990-95	Age-sex structure, 1990
Burundi	Bank estimate from 1990 census and UN 1992 revision	UN 1992 revision	UN 1992 revision	UN 1992 revision
Cambodia	Bank estimate from official estimate (UNPVSR 10/93)	UN 1992 revision	UN 1992 revision	UN 1992 revision
Cameroon	Bank estimate from 1987 census	1991 DHS	Bank estimate from 1991 DHS	UN 1992 revision
Canada	Official estimate (UNPVSR 7/91)	Monnier 1992, 1993	Bank estimate from Monnier 1992, 1993	Official estimate
Cape Verde	Bank estimate from 1990 census	UN 1992 revision	UN 1992 revision	UN 1992 revision
Central African Rep.	UN 1992 revision	Bank estimate	UN 1992 revision	Bank estimate from 1975 census
Chad	Bank estimate from 1993 census	UN 1992 revision	UN 1992 revision	Bank estimate
Channel Islands	Bank estimate	Bank estimate from CBR (UNPVSR 7/91 and 10/93)	Official estimate of IMR, CDR (UNPVSR 7/91–10/93)	1986 census
Chile	Official estimate (UNPVSR 10/91)	UN 1992 revision	UN 1992 revision	UN 1992 revision
China	Official estimate (State Stat. Bureau 10/90)	Bank estimate from CBR (China Pop. Today 1993)	Bank estimate from 1990 census and 1991 survey	Bank estimate from 1990 census
Colombia	UN 1992 revision	1990 DHS and UN 1992 revision	Bank estimate from 1990 DHS	UN 1992 revision
Comoros	Bank estimate	Bank sector report	UN 1992 revision	UN 1992 revision
Congo	Bank estimate from 1984 census	Bank sector report	UN 1992 revision	Bank estimate
Costa Rica	UN 1992 revision	UN 1992 revision	UN 1992 revision	UN 1992 revision
Côte d'Ivoire	Bank estimate from 1988 census and UN 1992 revision	Bank estimate from census	Bank estimate from 1988 census	UN 1992 revision
Croatia	Official estimate (Central Bureau of Stat. 9/93)	Monnier 1993	Bank estimate from Monnier 1992	Official estimate, 1988
Cuba	Official estimate (UNPVSR 4/92)	Bank estimate from CBR (UNPVSR 10/88–7/93)	UN 1992 revision	UN 1992 revision
Cyprus	Official estimate (UNPVSR 10/90)	Bank estimate from CBR (UNPVSR 7/93)	UN 1992 revision	UN 1992 revision
Czech Republic	Bank estimate from 1991 census	Bank estimate from CBR (UNPVSR 7/93)	Bank estimate from official 1990 life table	Official estimate, 1991
Denmark	Official estimate (Eurostat 1993)	Eurostat 1993	Eurostat 1993	Eurostat 1989
Djibouti	Bank estimate from 1991 intercensal survey	Bank estimate from intercensal survey	UN 1992 revision	UN 1992 revision
Dominica	Bank estimate from 1991 census	Bank estimate from CBR (UNPVSR 10/91–7/93)	Official estimate of IMR, CDR (UNPVSR 10/91–7/93)	Bank estimate from 1981 census
Dominican Republic	Bank estimate from UN 1992 revision	Bank estimate from 1991 DHS	IMR estimate from 1991 DHS, and UN 1992 revision	UN 1990 revision
Ecuador	UN 1992 revision	Bank estimate from 1989 Demographic Survey	IMR estimate from 1989 survey, and UN 1992 revision	UN 1992 revision
Egypt	UN 1992 revision	1992 DHS	UN 1992 revision	UN 1992 revision
El Salvador	UN 1992 revision	1993 Family Health Survey	IMR estimate from 1988 survey, and UN 1992 revision	UN 1992 revision

Equatorial Guinea	Bank estimate	Bank sector report	Bank estimate
Eritrea	Bank estimate from official estimate (Central Stat. Authority of Ethiopia)	Bank sector report	Bank estimate
Estonia	Bank estimate from official estimate (Council of Europe 1993)	Council of Europe 1993	1989 census
Ethiopia	Bank estimate	1990 Family and Fertility Survey	Bank estimate from UN 1990 revision
Fiji	Bank estimate from official estimate (UNPVSR 10/91)	UN 1992 revision	UN 1992 revision
Finland	Official estimate (UNPVSR 7/91)	Monnier 1993	UN 1992 revision
France	Official estimate (Eurostat 1992)	Eurostat 1992, 1993	Eurostat 1992
French Polynesia	Bank estimate from official estimate (UNPVSR 10/92)	Bank estimate from CBR (UNPVSR 10/93)	Bank estimate
Gabon	Bank estimate	Bank sector report	Bank estimate
Gambia, The	Bank estimate from 1993 census	Bank sector report and UN 1992 revision	Bank estimate
Gaza Strip	Official estimate (Israel Central Bureau of Stat. 1992)	Bank sector report and UN 1992 revision	Bank estimate
Georgia	Bank estimate from 1989 census	Bank estimate	Bank estimate
Germany	Official estimate (Eurostat 1992)	Council of Europe 1993	1989 census
Ghana	Bank estimate from official estimate (UNPVSR 10/93)	Eurostat 1992, 1993	Eurostat 1992
Greece	Official estimate (Eurostat 1993)	Bank estimate from 1988 DHS	Bank estimate from census
Grenada	Bank estimate from 1991 census	Eurostat 1993	Eurostat 1992
Guadeloupe	Bank estimate from 1990 census	Bank estimate	Bank estimate from 1981 census
Guam	Bank estimate from 1990 census	UN 1992 revision	UN 1992 revision
Guatemala	Official estimate (UNPVSR 10/92)	Bank estimate from CBR (UNPVSR 10/93)	Bank estimate
Guinea	Bank estimate from UN 1992 revision	Bank estimate from 1987 DHS	Bank estimate of IMR from 1987 DHS, and UN 1992 revision
Guinea-Bissau	Bank estimate from official estimate (UNPVSR 10/93)	Bank estimate	UN 1992 revision
Guyana	Bank estimate from official estimate (UNPVSR 10/92)	Bank estimate	Bank estimate and UN 1992 revision
Haiti	Bank estimate from UN 1992 revision	Bank estimate from CBR	UN 1992 revision
Honduras	Official estimate (UNPVSR 10/92)	1991–92 Nat. Health Survey	Bank estimate from UN 1992 revision
Hong Kong	Official estimate (Stat. Dept. 6/92)	Bank estimate from 1991 census	1991–92 survey for IMR; UN 1992 revision for e(0) Stat. Dept 6/92

(Appendix C continues on the following page.)

Appendix C *(continued)*

Country, economy, or territory	Total population, mid-1990	Fertility, 1990-95	Mortality, 1990-95	Age-sex structure, 1990
Hungary	Official estimate (UNFPVSR 10/91)	Monnier 1992, 1993	Bank estimate from Monnier 1992, 1993	UN 1992 revision
Iceland	Official estimate (UNFPVSR 7/91)	Monnier 1993	UN 1992 revision for e(0); UNFPVSR 10/93 for IMR	UN 1992 revision
India	Bank estimate from adjusted 1991 census	Bank estimate from 1992 Sample Reg. System	Bank estimate from 1992 Sample Registration System	UN 1992 revision
Indonesia	Bank estimate from 1990 census	Bank estimate from 1991 DHS	Bank estimate from census and 1991 DHS	Bank estimate from official estimate
Iran	Bank estimate from official estimate (UNFPVSR 10/91)	US Bureau of the Census 1991	Bank estimate from 1986 census and 1992 survey	UN 1992 revision
Iraq	UN 1992 revision	UN 1992 revision	UN 1992 revision	UN 1992 revision
Ireland	Official estimate (Eurostat 1993)	Eurostat 1991, 1992	Eurostat 1993	Eurostat 1989
Israel	Official estimate (Central Bureau of Stat. 1992)	Bank estimate from CBR (CBS)	UN 1992 revision and Central Bureau of Stat. 1992	UN 1992 revision
Italy	Official estimate (Eurostat 1992)	Eurostat 1990-93	Eurostat 1990-93	Eurostat 1989
Jamaica	Bank estimate from 1991 census	Bank estimate from CBR (UNFPVSR 7/93)	UN 1992 revision	UN 1992 revision
Japan	Official estimate (UNFPVSR 10/91)	Ministry of Health and Welfare 1990-93	Ministry of Health and Welfare 1993	Official estimate
Jordan	Official estimate (Nat. Pop. Commission 3/91)	Bank estimate from 1990 DHS	Bank estimate from 1990 DHS	Bank estimate
Kazakhstan	Bank estimate from 1989 census	Council of Europe 1993	Council of Europe 1993	1989 census
Kenya	Bank estimate from official estimate (UNFPVSR 10/93)	1993 DHS	UN 1992 revision	UN 1992 revision
Kiribati	Bank estimate from 1990 census	Stat. Office 1993	Bank estimate from IMR (Stat. Office 1993)	Bank estimate
Korea, Democratic People's Republic of	UN 1992 revision	UN 1992 revision	UN 1992 revision	UN 1992 revision
Korea, Republic of	Official estimate (Econ. Planning Board 8/92)	Bank estimate from CBR (UNFPVSR 10/91)	Bank estimate from life table (Ministry of Health)	Bank estimate from official estimate
Kuwait	Bank estimate from official estimate (UNFPVSR 1/92)	UN 1992 revision	UN 1992 revision	UN 1992 revision
Kyrgyz Republic	Bank estimate from 1989 census	Council of Europe 1993	Bank estimate based on CDR; Monnier 1993	1989 census
Laos	Bank estimate from official estimate (UNFPVSR 10/91)	UN 1992 revision	UN 1992 revision	Bank estimate
Latvia	Bank estimate from official estimate (Council of Europe 1993)	Monnier 1993	Official estimate of IMR (UNFPVSR 10/93); Monnier 1993	1989 census
Lebanon	Bank estimate	UN 1992 revision	UN 1992 revision	UN 1992 revision
Lesotho	Bank estimate from 1986 census	1991 Demographic and Health Survey	UN 1992 revision	UN 1992 revision

Liberia	Bank estimate from 1984 census	Bank estimate from 1986 DHS	Bank estimate from UN 1992 revision	UN 1992 revision
Libya	UN 1992 revision	UN 1992 revision	UN 1992 revision	UN 1992 revision
Lithuania	Bank estimate from official estimate (UNPVSR 10/92)	Bank estimate from CBR (UNPVSR 10/93)	Bank estimate from official estimate	1989 census
Luxembourg	Official estimate (Eurostat 1993)	Eurostat 1990–93	Eurostat 1990–93	Eurostat 1989
Macao	Bank estimate from official estimate (Central Stat. Office 8/92)	Bank estimate from CBR (Stat. Office 1992)	Bank estimate from CDR, IMR (Stat. Office)	Official estimate
Macedonia, FYR	Official estimate (Stat. Office 8/93)	Monnier 1992	Bank estimate from Monnier 1992 and official estimate	Official estimate, 1988
Madagascar	Bank estimate	1992 DHS	Bank estimate from 1992 DHS	UN 1992 revision
Malawi	Bank estimate from 1987 census	1992 DHS	Bank estimate from 1992 DHS	Bank estimate
Malaysia	Official estimate (UNPVSR 10/91)	Bank estimate from CBR (UNPVSR 10/93)	Bank estimate from official life table	UN 1992 revision
Maldives	Bank estimate from 1990 census	Bank estimate from CBR (UNPVSR 10/93)	Bank estimate from census	Bank estimate
Mali	Bank estimate from 1987 census	Bank estimate from 1987 DHS	Bank estimate from 1987 DHS	Bank estimate
Malta	Official estimate (UNPVSR 7/91)	Bank estimate from CBR (UNPVSR 10/93)	UN 1992 revision	UN 1992 revision
Martinique	Bank estimate from 1990 census	UN 1992 revision	UN 1992 revision	UN 1992 revision
Mauritania	Bank estimate from 1988 census	Bank estimate from census	UN 1992 revision	Bank estimate from 1977 census
Mauritius	Bank estimate from 1990 census	UN 1992 revision	UN 1992 revision	UN 1992 revision
Mayotte	Bank estimate from 1990 census	Bank estimate	Bank estimate	1990 census
Mexico	Bank estimate from 1990 census	UN 1992 revision	UN 1992 revision	UN 1992 revision
Micronesia, FS	Bank estimate from official estimate	Bank estimate	Bank estimate from country study	Bank estimate
Moldova	Official estimate (UNPVSR 4/92)	Council of Europe 1993	Council of Europe 1993	1989 census
Mongolia	Bank estimate from 1989 census	UN 1992 revision	UN 1992 revision	UN 1992 revision
Montserrat	Bank estimate from official estimate (UNPVSR 10/89)	Bank estimate from CBR (UNPVSR 1/87)	Bank estimate from CDR (UNPVSR 1/87)	UN Demographic Yearbook 1988
Morocco	Bank estimate	1992 DHS	UN 1992 revision	UN 1992 revision
Mozambique	Bank estimate from official estimate (UNPVSR 10/93)	Bank estimate	Bank estimate from official estimate	UN 1992 revision
Myanmar	UN 1992 revision	UN 1992 revision	UN 1992 revision	UN 1992 revision
Namibia	Bank estimate from 1991 census	1992 DHS	Bank estimate	UN 1992 revision
Nepal	Official estimate (UNPVSR 10/91)	Bank estimate from 1987 survey	UN 1992 revision	UN 1992 revision
Netherlands	Official estimate (Eurostat 1992)	Eurostat 1991–93	Eurostat 1992, 1993	Bank estimate
Netherlands Antilles	Official estimate (UNPVSR 10/92)	Bank estimate from CBR (UNPVSR 10/90–10/93)	Bank estimate from CDR, IMR (UNPVSR 10/90)	Eurostat 1989
New Caledonia	Bank estimate from 1989 census	Bank estimate from CBR (Stat. Instit. 9/93)	Bank estimate from Stat. Instit. 9/93	UN Demographic Yearbook 1988
				Bank estimate
New Zealand	Official estimate (Dept. of Stat. 10/92)	Dept of Stat. 10/93	Bank estimate from UN 1992 revision	Official estimate

(Appendix C continues on the following page.)

Appendix C (*continued*)

Country, economy, or territory	Total population, mid-1990	Fertility, 1990-95	Mortality, 1990-95	Age-sex structure, 1990
Nicaragua	UN 1992 revision	1992-93 Demographic and Health Survey	Bank estimate from 1992-93 survey and UN 1992 revision	UN 1992 revision
Niger	Bank estimate from 1988 census	Bank estimate from 1992 DHS	UN 1992 revision	Bank estimate
Nigeria	Bank estimate	Bank estimate from 1990 DHS	Bank estimate from 1990 DHS	Bank estimate
Norway	Official estimate (UNPVSR 7/91)	Monnier 1993	Bank estimate from Monnier 1993	UN 1992 revision
Oman	UN 1992 revision	Bank estimate from 1989 Child Health Survey	Bank estimate from 1989 survey and UN 1992 revision	UN 1992 revision
Pakistan	Bank estimate	Bank estimate from 1991 Household Survey	Bank estimate from 1991 survey and UN 1992 revision	Bank estimate
Panama	Official estimate (UNPVSR 10/91)	UN 1992 revision	UN 1992 revision	UN 1992 revision
Papua New Guinea	UN 1992 revision	UN 1992 revision	UN 1992 revision	UN 1992 revision
Paraguay	Official estimate (UNPVSR 10/91)	Bank estimate from 1990 DHS	Bank estimate from 1990 DHS and UN 1992 revision	UN 1992 revision
Peru	Bank estimate from 1981 census	Bank estimate from 1991-92 DHS	Bank estimate from 1991-92 DHS	UN 1992 revision
Philippines	Official estimate (UNPVSR 10/91)	Bank estimate from 1993 DHS	UN 1992 revision	UN 1992 revision
Poland	Official estimate (Stat. Office 12/1992)	Monnier 1993	Monnier 1993	UN 1992 revision
Portugal	Official estimate (Eurostat 1992)	Eurostat 1991-93	Eurostat 1989-93	Eurostat 1989
Puerto Rico	Bank estimate from 1990 census	Bank estimate from CBR (UNPVSR 10/93)	Bank estimate from CDR and IMR (UNPVSR 10/92–10/93)	UN 1992 revision
Qatar	Official estimate (UNPVSR 10/93)	Bank estimate from 1987 Child Health Survey	Bank estimate from 1987 survey and UN 1992 revision	UN 1992 revision
Réunion	Bank estimate from 1990 census	UN 1992 revision	UN 1992 revision	UN 1992 revision
Romania	Official estimate (UNPVSR 7/91)	Monnier 1991-93	Bank estimate from IMR (UNPVSR 10/93) and e(0)	UN 1992 Rev.
Russian Federation	Official estimate (UNPVSR 4/92)	Monnier 1993	Bank estimate from 1989 census and Monnier 1993	1989 census
Rwanda	Bank estimate from 1991 census	1992 DHS	UN 1992 Rev.	Bank estimate
São Tomé and Principe	Bank estimate from 1991 census	Bank estimate	Bank estimate from CDR and IMR (UNPVSR 10/92)	Bank estimate
Saudi Arabia	Bank estimate from 1992 census	Bank estimate from 1990 Child Health Survey	Bank estimate from 1990 survey	UN 1992 revision
Senegal	Bank estimate from 1988 census	1992-93 DHS	Bank estimate from 1992-93 DHS and UN 1992 revision	Official estimate
Seychelles	Bank estimate from 1987 census	Bank estimate from CBR (UNPVSR 10/93)	Bank estimate from vital registration data	UN Demographic Yearbook 1984
Sierra Leone	Bank estimate from 1985 census	UN 1992 revision	UN 1992 revision	Bank estimate
Singapore	Official estimate (UNPVSR 10/91)	Dept. of Statistics 8/92	Bank estimate from IMR and CDR (Dept. of Stat. 1992)	UN 1992 revision
Slovak Republic	Official estimate (Fed. Stat. Office 1991)	Bank estimate from Fed. Stat. Office 1991	Bank estimate from Fed. Stat. Office 1991	Official estimate, 1991

52

Slovenia	Bank estimate from 1991 census	Council of Europe 1993	Official estimate, 1988
Solomon Islands	Bank estimate from 1986 census	Bank estimate from country study	Bank estimate
Somalia	Bank estimate from 1987 census	Bank estimate	Bank estimate
South Africa	Bank estimate from 1991 census	UN 1992 revision	Bank estimate from UN 1992 revision
Spain	Official estimate (Eurostat 1992)	Eurostat 1992–93	Eurostat 1993
Sri Lanka	Official estimate (UNPVSR 10/91)	Bank estimate from DHS and CBR (UNPVSR 7/93)	Bank estimate
St. Kitts and Nevis	Bank estimate from 1991 census	Bank estimate from CBR (UNPVSR 10/93)	Bank estimate from 1987 DHS and UN 1992 revision	UN Demographic Yearbook 1989
St. Lucia	Bank estimate from official estimate (UNPVSR 10/93)	Bank estimate from CBR (UNPVSR 10/93)	Bank estimate from CDR and IMR (UNPVSR 10/93)	UN Demographic Yearbook 1989
St. Vincent and the Grenadines	Bank estimate from 1991 census	Bank estimate from CBR (UNPVSR 10/89–10/93)	Bank estimate from CDR and IMR (UNPVSR 10/92–10/93)	UN Demographic Yearbook 1989
Sudan	Bank estimate from 1983 census	UN 1992 revision	UN 1992 revision	UN 1992 revision
Suriname	Bank estimate from official estimate (UNPVSR 10/93)	Bank estimate from CBR (UNPVSR 10/93)	Bank estimate from CDR (UNPVSR 10/93)	UN 1992 revision
Swaziland	Bank estimate from 1986 census and official estimate (UNPVSR 10/93)	Bank estimate	Bank estimate	Bank estimate
Sweden	Official estimate (UNPVSR 7/91)	Bank estimate from Monnier 1992, 1993	Bank estimate from Monnier 1992, 1993	UN 1992 revision
Switzerland	Official estimate (UNPVSR 7/91)	Bank estimate from Monnier 1993	Eurostat 1993	UN 1992 revision
Syria	Official estimate (UNPVSR 10/92)	UN 1992 revision	Bank estimate from 1990 survey and UN 1992 revision	UN 1992 revision
Taiwan, China	Official estimate (Dir. Gen. Stat. 9/92)	Bank estimate from CBR (Dir. Gen. Stat. 9/92)	Bank estimate from life table (Dir. Gen. of Stat.)	Official estimate, 1990
Tajikistan	Bank estimate from official estimate (UNPVSR 4/92 and Council of Europe 1993)	Council of Europe 1993	Council of Europe 1993	1989 census
Tanzania	Bank estimate from 1988 census	1991–92 DHS	Bank estimate from 1991–92 DHS	Bank estimate
Thailand	Official estimate (Nat. Stat. Office 12/90)	UN 1992 revision	Bank estimate from 1987 DHS and UN 1992 revision	Bank estimate from UN 1992 revision
Togo	Bank estimate from 1981 census and official estimate (UNPVSR 10/93)	Bank estimate from 1988 DHS	UN 1992 revision	Bank estimate
Tonga	Bank estimate from 1986 census and official estimate (Stat. Dept. 1991)	Bank estimate from country study	Bank estimate from 1991 official estimate	Bank estimate
Trinidad and Tobago	Bank estimate from 1990 census	Bank estimate from 1987 DHS	Bank estimate from 1987 DHS and UN 1992 revision	UN 1992 revision
Tunisia	Official estimate (Ministry of Planning 1991)	Bank estimate from 1988 DHS	Bank estimate from 1988 DHS and UN 1992 revision	UN 1992 revision
Turkey	Bank estimate from 1990 census	Bank estimate from 1993 DHS	Bank estimate from 1985 census and Stat. Instit.	UN 1992 revision

(Appendix C continues on the following page.)

Appendix C (continued)

Country, economy, or territory	Total population, mid-1990	Fertility, 1990-95	Mortality, 1990-95	Age-sex structure, 1990
Turkmenistan	Official estimate (UNPVSR 4/92)	Council of Europe 1993	Council of Europe 1993	1989 census
Uganda	Bank estimate from 1991 census	Bank estimate from census and 1988/89 DHS	Bank estimate from census and 1988-89 DHS	Bank estimate from 1991 census
Ukraine	Official estimate (UNPVSR 4/92)	Monnier 1992, 1993	Bank estimate from Monnier 1993	UN Demographic Yearbook 1989
United Arab Emirates	UN 1992 revision	UN 1992 revision	Bank estimate from 1987 survey and UN 1992 revision	UN 1992 revision
United Kingdom	Official estimate (Eurostat 1992)	Eurostat 1993	Eurostat 1993	Eurostat 1989
United States of America	Official estimate (Bureau of the Census 1992)	Bank estimate from CBR (Bureau of the Census 1992)	Bureau of the Census 1992	UN 1992 revision
Uruguay	Official estimate (UNPVSR 10/91)	UN 1992 revision	Bank estimate from 1985 census and UN 1992 revision	UN 1992 revision
Uzbekistan	Bank estimate from official estimate (Council of Europe 1993)	Council of Europe 1993	Council of Europe 1993	1989 census
Vanuatu	Official estimate (Stat. Office, 10/92)	Bank estimate from 1989 census	Bank estimate from 1989 census	Bank estimate
Venezuela	Bank estimate from 1990 census and official estimate	Bank estimate from official estimate	Bank estimate from UN 1992 revision	UN 1992 revision
Viet Nam	Official estimate (Gen. Stat. Office 1992)	Bank estimate from 1989 census and 1990 survey	Bank estimate	1989 census
Virgin Islands (U.S.)	Bank estimate from 1990 census	Bank estimate from CBR (UNPVSR 10/93)	Bank estimate from CDR and IMR (UNPVSR 10/93)	UN Demographic Yearbook 1989
West Bank	Official estimate (Israel Central Bureau of Statistics 1992)	Bank estimate	Bank estimate	Bank estimate
Western Samoa	Bank estimate from 1991 census	Bank estimate from census	Bank estimate	Bank estimate from 1986 census
Yemen, Rep. of	Official estimate (UNPVSR 10/91)	1992 DHS	UN 1992 revision	UN 1992 revision
Yugoslavia, Fed. Rep.	Bank estimate from 1991 census and official estimate (Stat. Office 1988)	Bank estimate from Monnier 1992	Bank estimate from Monnier 1993	Official estimate, 1988
Zaire	Bank estimate from 1984 census	Bank estimate	Bank estimate from UN 1992 revision	UN 1990 revision
Zambia	Bank estimate from 1990 census	1992 DHS	1992 DHS and Bank sector report	UN 1992 revision
Zimbabwe	Bank estimate from 1992 census	Bank estimate from 1988 DHS	Bank estimate from 1988 DHS	Bank estimate

Note: Abbreviations used in this appendix are as follows: UN 1992 revision: United Nations, Department for Economic and Social Information and Policy Analysis, *World Population Prospects. The 1992 Revision* (New York: United Nations, 1993). UNPVSR: United Nations, Department of Economic and Social Development, "Population and Vital Statistics Report" (New York: United Nations, various years). DHS: Demographic and Health Survey, conducted by Macro International, Inc. Country survey reports (various years). Eurostat: Statistical Office of the European Communities, *Demographic Statistics* (Luxembourg: various years).

References

Arnold, Fred. 1989. "Revised Estimates and Projections of International Migration." Policy, Planning, and Research Working Paper 275. World Bank, Washington, D.C.

Bos, Eduard, and Rodolfo A. Bulatao. 1989. "Projecting Fertility for All Countries." Policy, Planning, and Research Working Paper 500. World Bank, Washington, D.C.

Bos, Eduard, My T. Vu, and Patience W. Stephens. 1992. "Sources of World Bank Estimates of Current Mortality Rates." Policy Research Working Paper 851. World Bank, Washington, D.C.

Bourgeois-Pichat, Jean. 1952. "Essai sur la mortalité biologique de l'homme." *Population* 3: 381-94.

Bulatao, Rodolfo A. 1991. "The Bulatao Approach: Projecting the Demographic Impact of the HIV Epidemic Using Standard Parameters." In United Nations/WHO (1991), pp. 90-104.

Bulatao, Rodolfo A., and Ann Elwan. 1985. *Fertility and Mortality Transition: Patterns, Projections, and Interdependence.* World Bank Staff Working Paper 681, Washington, D.C.

Bulatao, Rodolfo A., Eduard Bos, Patience W. Stephens, and My T. Vu. 1990. *World Population Projections. 1989-90 Edition.* Baltimore, Maryland: Johns Hopkins University Press.

Coale, Ansley J., and Paul Demeny, with Barbara Vaughn. 1983. *Regional Model Life Tables and Stable Populations.* 2d ed. New York and London: Academic Press.

Coale, Ansley J., and Guang Guo. 1989. "Revised Regional Model Life Tables at Very Low Levels of Mortality." Unpublished paper. Office of Population Research, Princeton University, Princeton, N.J.

Council of Europe. 1993. *Recent Demographic Developments in Europe and North America, 1992.* Strasbourg: Council of Europe Press.

Eurostat. 1993. *Demographic Statistics.* Luxembourg: Statistical Office of the European Communities.

Frank, Odile. 1983. "Infertility in Sub-Saharan Africa: Estimates and Implications." *Population and Development Review* 9(1): 137-44.

Hill, Kenneth. 1990. *Proj3S—A Computer Program for Population Projections.* World Bank, Washington, D.C.

Manton, Kenneth G. 1986. "Past and Future Life Expectancy Increases at Later Ages: Their Implications for the Linkage of Chronic Morbidity, Disability and Mortality." *Journal of Gerontology* 41: 672–81.

Monnier, Alain, and Catherine de Guibert-Lantoine. 1993. "La conjoncture démographique: L'Europe et les pays développés d'Outre-Mer." *Population* 48(4): 1043–67.

United Nations, Department of International Economic and Social Affairs. 1993. *World Population Prospects: The 1992 Revision.* New York.

_____. Various years. *Population and Vital Statistics Report.* New York.

United Nations, Department of International Economic and Social Affairs, and World Health Organization, Global Programme on AIDS. 1991. *The AIDS Epidemic and its Demographic Consequences.* Proceedings of the United Nations/World Health Organization Workshop on Modelling the Demographic Impact of the AIDS Epidemic in Pattern II Countries. New York and Geneva: United Nations/WHO.

United States Bureau of the Census. 1994. *World Population Profile: 1991.* Report WP/94. Washington, DC: U.S. Government Printing Office.

United States Bureau of the Census, Center for International Research. 1991. HIV/AIDS surveillance data base (on diskettes). U.S. Bureau of the Census, Washington, D.C.

World Bank. 1993. *World Development Report 1993.* New York: Oxford University Press.

Detailed Population Projections

World, Geographic Regions, and Income Groups

WORLD

Population Projection (thousands)

AGE GROUP	1990	1995	2000	2005	2010	2015	2020	2025	2030	2035
TOTAL M+F	5266007	5692210	6113680	6527767	6944433	7348279	7742124	8121236	8474017	8792739
MALES										
0-4	317570	322381	326403	329754	337222	340301	345356	348819	349241	346926
5-9	285754	310502	315892	320590	324787	332439	335856	341238	345084	345966
10-14	265501	283751	308500	314026	318901	323126	330842	334372	339869	343851
15-19	264880	263525	281698	306431	312122	317011	321276	329061	332710	338333
20-24	249923	262029	260653	278742	303556	309285	314195	318520	326403	330225
25-29	223357	246762	258695	257370	275549	300233	306006	310950	315356	323363
30-34	195107	220326	243491	255383	254310	272358	296941	302790	307802	312326
35-39	175522	192010	216967	239992	252022	250987	268923	293426	299390	304517
40-44	142792	172029	188261	213008	236002	247945	246990	264809	289217	295332
45-49	114815	138868	167454	183464	208023	230716	242573	241773	259464	283750
50-54	105599	110202	133505	161268	177047	201076	223326	235070	234515	252018
55-59	92593	99280	103872	126202	152855	168143	191428	213066	224689	224526
60-64	78059	84422	90745	95377	116434	141441	156101	178380	199212	210718
65-69	58717	67804	73665	79572	84311	103571	126365	140174	161074	180799
70-74	38381	47235	54876	60091	65550	70216	87079	106942	119556	138540
75+	44426	48120	56776	67405	77476	87736	97887	117653	145188	171734
TOTAL	2652994	2869245	3081455	3288677	3496165	3696584	3891144	4077043	4248772	4402924
FEMALES										
0-4	304947	308701	312620	315810	322659	325451	330161	333371	333652	331256
5-9	272231	298743	303011	307566	311567	318588	321684	326689	330246	330939
10-14	252271	270503	297027	301434	306172	310190	317266	320460	325567	329245
15-19	251843	250618	268800	295339	299911	304661	308717	315865	319177	324407
20-24	238815	249630	248426	266573	293213	297820	302610	306742	314011	317503
25-29	214359	236280	247038	245927	264153	290725	295393	300251	304498	311935
30-34	187627	211822	233573	244364	243475	261608	288118	292867	297823	302218
35-39	169216	185087	209077	230726	241674	240840	258891	285342	290204	295290
40-44	138608	166505	182220	206050	227688	238615	237871	255846	282237	287247
45-49	112671	135795	163283	178890	202609	224030	234949	234346	252250	278564
50-54	105331	109496	132226	159243	174809	198178	219323	230244	229852	247679
55-59	94118	101164	105348	127619	154108	169423	192336	213132	224082	224007
60-64	83000	88636	95534	99808	121574	147106	162109	184426	204786	215825
65-69	68459	75580	81046	87812	92325	113109	137294	151897	173417	193227
70-74	48132	58871	65433	70686	77378	81848	101196	123451	137493	157898
75+	71386	75534	87563	101243	114952	129502	143062	169263	205950	242574
TOTAL	2613013	2822965	3032225	3239090	3448269	3651694	3850980	4044192	4225245	4389815

BIRTH RATE		24.8	23.2	21.7	20.6	19.5	18.7	17.9	17.1	16.2
DEATH RATE		9.3	8.9	8.6	8.2	8.2	8.2	8.3	8.5	8.8
RATE OF NAT. INC.		1.56	1.43	1.31	1.24	1.13	1.04	.96	.85	.74
NET MIGRATION RATE		.0	.0	.0	.0	.0	.0	.0	.0	.0
GROWTH RATE		1.56	1.43	1.31	1.24	1.13	1.04	.96	.85	.74
TOTAL FERTILITY		3.079	2.916	2.778	2.668	2.545	2.466	2.405	2.345	2.277
NRR		1.314	1.256	1.223	1.197	1.141	1.110	1.092	1.074	1.050
e(0) - BOTH SEXES	65.89	66.83	67.96	69.32	69.98	70.69	71.47	72.30	73.21	
e(15) - BOTH SEXES	56.05	56.47	57.03	57.82	58.30	58.83	59.40	60.01	60.67	
IMR - BOTH SEXES	60.3	55.1	48.8	41.2	38.3	35.4	32.4	29.2	25.9	
q(5) - BOTH SEXES	.0870	.0794	.0702	.0587	.0546	.0505	.0462	.0415	.0365	
DEP. RATIO	62.6	61.5	59.6	56.5	53.9	52.7	52.8	53.0	53.9	54.8

Summary Projection for 25-Year Periods

WORLD

AGE GROUP	1990	2000	2025	2050	2075	2100	2125	2150
TOTAL M+F	5266007	6113680	8121236	9578306	10481197	10957837	11255228	11401217
MALES								
0-4	317570	326403	348819	343770	343867	344018	344107	344023
5-9	285754	315892	341238	342335	343324	343692	343857	343766
10-14	265501	308500	334372	341982	343269	343565	343772	343707
15-19	264880	281698	329061	342238	342555	343092	343441	343489
20-24	249923	260653	318520	341808	341399	341986	342704	342890
25-29	223357	258695	310950	338005	338756	340464	341582	341952
30-34	195107	243491	302790	331054	336722	339100	340470	340960
35-39	175522	216967	293426	322154	334784	337730	339245	339883
40-44	142792	188261	264809	314147	332929	335377	337411	338350
45-49	114815	167454	241773	300778	329773	332168	334639	336102
50-54	105599	133505	235070	288486	321323	325818	330094	332254
55-59	92593	103872	213066	272522	306808	317421	323607	326539
60-64	78059	90745	178380	251491	286883	305859	314558	318372
65-69	58717	73665	140174	209864	262855	289570	300702	306009
70-74	38381	54876	106942	169805	228225	265069	280052	287135
75+	44426	56776	117653	267995	407872	518556	601344	643742
TOTAL	2652994	3081455	4077043	4778436	5201342	5423485	5561584	5629173
FEMALES								
0-4	304947	312620	333371	327607	327169	326945	326886	326813
5-9	272231	303011	326689	326755	326924	326816	326720	326641
10-14	252271	297027	320460	326816	327063	326830	326663	326609
15-19	251843	268800	315865	327629	326738	326669	326507	326554
20-24	238815	248426	306742	328182	326481	326281	326377	326450
25-29	214359	247038	300251	325621	325096	325791	326172	326286
30-34	187627	233573	292867	319800	324238	325383	325932	326050
35-39	169216	209077	285342	312059	323454	324951	325563	325695
40-44	138608	182220	255846	305465	323019	323837	324880	325134
45-49	112671	163283	234346	294309	321802	322455	323768	324442
50-54	105331	132226	230244	285082	316558	319230	322068	323300
55-59	94118	105348	213132	273661	306857	315519	319826	321642
60-64	83000	95534	184426	259939	293591	310531	316768	319246
65-69	68459	81046	151897	223361	278677	303734	311805	315575
70-74	48132	65433	123451	190735	255218	292245	304140	309561
75+	71386	87563	169263	372850	576969	737136	859568	922047
TOTAL	2613013	3032225	4044192	4799870	5279855	5534352	5693643	5772044
BIRTH RATE		24.0	19.6	15.6	13.5	12.6	12.1	11.9
DEATH RATE		9.1	8.3	9.0	9.9	10.8	11.0	11.4
NET MIGRATION RATE		.0	.0	.0	.0	.0	.0	.0
GROWTH RATE		1.49	1.14	.66	.36	.18	.11	.05
TOTAL FERTILITY		2.995	2.563	2.224	2.088	2.074	2.065	2.063
e(0) - BOTH SEXES		66.38	69.98	74.33	79.11	81.68	84.07	84.99
IMR - BOTH SEXES		57.7	39.2	22.5	9.0	5.2	2.7	2.3

DEVELOPING REGIONS (UN definition)

Population Projection (thousands)

AGE GROUP	1990	1995	2000	2005	2010	2015	2020	2025	2030	2035
TOTAL M+F	4051479	4447966	4842284	5233995	5629405	6014823	6394005	6761893	7108602	7425476
MALES										
0-4	273108	280424	285255	289534	296052	298590	303793	307512	307887	305536
5-9	241072	265885	273834	279388	284550	291285	294185	299730	303848	304677
10-14	221298	238930	263802	271917	277676	282886	289701	292726	298398	302647
15-19	219245	219252	236864	261751	270039	275830	281092	287989	291144	296933
20-24	203241	216259	216342	233940	258949	267290	273130	278473	285495	288813
25-29	175003	199883	212859	213080	230835	255764	264169	270069	275521	282662
30-34	146739	171895	196619	209621	210136	227810	252671	261151	267140	272694
35-39	129808	143789	168718	193312	206468	207046	224637	249426	258002	264086
40-44	100642	126719	140494	165178	189703	202778	203436	220917	245604	254274
45-49	81643	97428	122918	136465	160875	185048	198017	198806	216149	240676
50-54	72364	77973	93225	117930	131221	155025	178670	191475	192456	209580
55-59	62346	67676	73023	87568	111203	124027	146972	169873	182472	183757
60-64	50396	56437	61348	66393	80008	102124	114344	136120	158026	170379
65-69	37139	43298	48631	53054	57780	70165	90235	101638	121827	142369
70-74	24817	29326	34308	38772	42676	46977	57715	75075	85349	103381
75+	23880	27733	32736	38852	45387	52183	59546	72275	93295	113769
TOTAL	2062741	2262908	2460977	2656754	2853558	3044829	3232314	3413255	3582613	3736232
FEMALES										
0-4	262661	268736	273453	277543	283506	285788	290648	294110	294352	291926
5-9	229662	256249	262901	268307	273252	279420	282032	287204	291031	291681
10-14	210137	227752	254412	261244	266865	271847	278088	280812	286099	290045
15-19	208311	208282	225919	252646	259675	265330	270368	276697	279554	284962
20-24	194126	205704	205830	223532	250429	257533	263262	268403	274884	277919
25-29	167164	191135	202812	203146	221011	247892	255091	260922	266213	272860
30-34	139873	164335	188243	200035	200649	218462	245310	252609	258560	263994
35-39	123737	137239	161552	185397	197375	198066	215814	242617	250033	256108
40-44	96340	121138	134511	158665	182491	194454	195234	212911	239654	247199
45-49	78814	93836	118234	131490	155500	179088	191029	191938	209537	236187
50-54	70235	76081	90774	114695	127884	151513	174782	186699	187794	205298
55-59	61178	66846	72559	86864	110238	123177	146299	169156	181059	182428
60-64	50329	56832	62253	67849	81731	104183	116805	139251	161579	173505
65-69	38641	44744	50775	55921	61470	74576	95727	107933	129462	151097
70-74	27363	31853	37129	42542	47416	52682	64663	83946	95557	115781
75+	30167	34297	39950	47364	56356	65982	76538	93431	120619	148255
TOTAL	1988738	2185058	2381307	2577240	2775847	2969994	3161690	3348638	3525989	3689244
BIRTH RATE		28.1	26.0	24.1	22.6	21.1	20.1	19.1	18.1	17.0
DEATH RATE		9.1	8.8	8.4	7.9	7.8	7.8	7.9	8.1	8.3
RATE OF NAT. INC.		1.90	1.72	1.57	1.47	1.33	1.23	1.12	1.00	.87
NET MIGRATION RATE		-.3	-.2	-.1	-.1	-.1	-.0	-.0	.0	.0
GROWTH RATE		1.87	1.70	1.56	1.46	1.32	1.22	1.12	1.00	.87
TOTAL FERTILITY		3.433	3.190	2.995	2.830	2.658	2.550	2.467	2.388	2.306
NRR		1.431	1.346	1.302	1.257	1.180	1.137	1.111	1.086	1.057
e(0) - BOTH SEXES	63.32	64.36	65.63	67.19	68.00	68.86	69.78	70.76	71.80	
e(15) - BOTH SEXES	54.60	54.94	55.49	56.32	56.90	57.52	58.17	58.87	59.61	
IMR - BOTH SEXES	66.8	61.0	53.9	45.6	42.3	39.1	35.8	32.3	28.6	
q(5) - BOTH SEXES	.0968	.0882	.0777	.0651	.0605	.0559	.0510	.0458	.0403	
DEP. RATIO	66.6	64.8	62.2	58.1	54.8	52.6	51.8	51.4	51.9	52.7

Summary Projection for 25-Year Periods

DEVELOPING REGIONS

AGE GROUP	1990	2000	2025	2050	2075	2100	2125	2150
TOTAL M+F	4051479	4842284	6761893	8218918	9125457	9589014	9873095	10012514
MALES								
0-4	273108	285255	307512	302337	302449	302613	302704	302622
5-9	241072	273834	299730	300942	301951	302326	302486	302395
10-14	221298	263802	292726	300661	301926	302209	302406	302339
15-19	219245	236864	287989	300981	301258	301760	302097	302145
20-24	203241	216342	278473	300724	300173	300724	301430	301613
25-29	175003	212859	270069	297165	297644	299321	300422	300782
30-34	146739	196619	261151	290152	295755	298096	299432	299902
35-39	129808	168718	249426	281316	294034	296882	298329	298936
40-44	100642	140494	220917	274111	292424	294730	296655	297553
45-49	81643	122918	198806	262019	289658	291784	294124	295537
50-54	72364	93225	191475	249426	281848	285894	290009	292098
55-59	62346	73023	169873	233627	267963	278231	284181	286999
60-64	50396	61348	136120	211945	249142	267768	276073	279704
65-69	37139	48631	101638	172605	227389	253056	263616	268650
70-74	24817	34308	75075	136416	196128	230966	245078	251793
75+	23880	32736	72275	200526	336549	443540	521616	561647
TOTAL	2062741	2460977	3413255	4114952	4536291	4749901	4880660	4944714
FEMALES								
0-4	262661	273453	294110	288250	287841	287635	287580	287510
5-9	229662	262901	287204	287416	287625	287531	287435	287357
10-14	210137	254412	280812	287529	287787	287550	287380	287326
15-19	208311	225919	276697	288362	287481	287390	287226	287274
20-24	194126	205830	268403	288982	287219	287007	287106	287180
25-29	167164	202812	260922	286513	285830	286533	286920	287034
30-34	139873	188243	252609	280486	285005	286163	286707	286819
35-39	123737	161552	242617	272645	284319	285789	286371	286489
40-44	96340	134511	212911	266612	283967	284743	285726	285964
45-49	78814	118234	191938	256399	282903	283422	284670	285326
50-54	70235	90774	186699	246402	277896	280305	283074	284281
55-59	61178	72559	169156	234398	268216	276794	281000	282766
60-64	50329	62253	139251	218818	255172	272144	278184	280566
65-69	38641	50775	107933	182828	241268	265781	273560	277176
70-74	27363	37129	83946	151959	219440	255016	266408	271619
75+	30167	39950	93431	266366	467196	625309	743086	803115
TOTAL	1988738	2381307	3348638	4103965	4589166	4839113	4992435	5067800
BIRTH RATE		27.0	21.2	16.3	13.7	12.7	12.1	11.9
DEATH RATE		8.9	8.0	8.5	9.5	10.7	11.0	11.3
NET MIGRATION RATE		-.2	-.1	.0	.0	.0	.0	.0
GROWTH RATE		1.78	1.34	.78	.42	.20	.12	.06
TOTAL FERTILITY		3.306	2.684	2.247	2.091	2.075	2.065	2.063
e(0) - BOTH SEXES		63.86	68.03	73.07	78.40	81.23	83.85	84.84
IMR - BOTH SEXES		63.9	43.3	24.8	9.8	5.6	2.7	2.3

MORE DEVELOPED REGIONS (UN definition)

Population Projection (thousands)

AGE GROUP	1990	1995	2000	2005	2010	2015	2020	2025	2030	2035
TOTAL M+F	1214528	1245234	1273416	1296695	1318306	1336942	1352099	1364031	1370835	1373282
MALES										
0-4	44462	42462	41679	40687	41357	41822	41821	41677	41738	41708
5-9	44682	44617	42559	41729	40700	41339	41782	41764	41604	41671
10-14	44202	44821	44698	42608	41750	40702	41326	41756	41727	41572
15-19	45635	44273	44835	44680	42579	41705	40645	41257	41676	41655
20-24	46681	45770	44311	44803	44607	42489	41587	40507	41092	41521
25-29	48354	46879	45836	44291	44714	44470	42329	41400	40292	40884
30-34	48369	48431	46871	45761	44174	44548	44270	42128	41179	40086
35-39	45714	48220	48249	46681	45553	43941	44287	44000	41873	40944
40-44	42150	45309	47767	47830	46300	45167	43553	43892	43613	41538
45-49	33172	41440	44536	46999	47148	45667	44556	42967	43315	43074
50-54	33234	32230	40280	43339	45826	46051	44656	43596	42059	42438
55-59	30247	31604	30849	38634	41652	44117	44456	43194	42217	40769
60-64	27663	27985	29398	28984	36426	39316	41757	42260	41187	40339
65-69	21577	24506	25034	26518	26531	33406	36130	38536	39247	38430
70-74	13564	17910	20568	21319	22873	23239	29363	31866	34207	35159
75+	20546	20386	24041	28553	32090	35553	38341	45378	51893	57965
TOTAL	590253	606843	621510	633414	644280	653533	660858	666178	668920	669756
FEMALES										
0-4	42285	40449	39676	38714	39332	39769	39759	39615	39666	39634
5-9	42569	42494	40589	39763	38759	39346	39758	39731	39568	39623
10-14	42134	42751	42615	40669	39811	38786	39356	39754	39713	39552
15-19	43533	42336	42880	42693	40714	39834	38792	39346	39728	39690
20-24	44689	43926	42596	43041	42785	40764	39851	38780	39304	39689
25-29	47194	45145	44226	42781	43143	42833	40777	39830	38726	39252
30-34	47754	47487	45330	44329	42826	43147	42809	40733	39762	38663
35-39	45478	47849	47524	45329	44299	42774	43077	42726	40642	39680
40-44	42268	45368	47710	47384	45197	44162	42636	42935	42583	40518
45-49	33857	41960	45049	47399	47109	44942	43920	42408	42713	42377
50-54	35096	33414	41452	44548	46925	46666	44540	43545	42059	42381
55-59	32940	34318	32790	40756	43870	46246	46038	43976	43023	41579
60-64	32672	31804	33281	31959	39844	42923	45304	45174	43207	42320
65-69	29818	30835	30271	31891	30855	38532	41566	43964	43955	42131
70-74	20769	27018	28305	28144	29961	29166	36533	39506	41936	42117
75+	41219	41237	47613	53879	58596	63520	66525	75832	85331	94319
TOTAL	624275	638391	651906	663280	674026	683408	691240	697853	701915	703526
BIRTH RATE		13.6	13.1	12.5	12.5	12.4	12.2	12.1	12.0	11.9
DEATH RATE		9.7	9.3	9.4	9.5	9.8	10.1	10.4	11.0	11.6
RATE OF NAT. INC.		.39	.37	.31	.30	.26	.21	.17	.10	.04
NET MIGRATION RATE		1.1	.7	.5	.3	.2	.1	.1	.0	.0
GROWTH RATE		.50	.45	.36	.33	.28	.23	.18	.10	.04
TOTAL FERTILITY		1.840	1.837	1.826	1.879	1.933	1.976	2.017	2.059	2.075
NRR		.875	.867	.867	.902	.929	.950	.971	.991	1.000
e(0) - BOTH SEXES		74.78	75.95	77.08	78.16	78.64	79.13	79.63	80.15	80.68
e(15) - BOTH SEXES		61.07	62.08	63.08	64.04	64.47	64.91	65.37	65.83	66.31
IMR - BOTH SEXES		13.8	11.7	10.1	8.6	8.1	7.4	6.8	6.2	5.6
q(5) - BOTH SEXES		.0171	.0146	.0126	.0109	.0102	.0094	.0087	.0080	.0074
DEP. RATIO	50.6	50.8	50.6	50.4	50.5	53.4	57.3	61.5	65.1	67.6

Summary Projection for 25-Year Periods

MORE DEVELOPED REGIONS

AGE GROUP	1990	2000	2025	2050	2075	2100	2125	2150
TOTAL M+F	1214528	1273416	1364031	1366845	1365294	1378526	1391979	1398639
MALES								
0-4	44462	41679	41677	41724	41704	41698	41700	41699
5-9	44682	42559	41764	41646	41657	41664	41670	41669
10-14	44202	44698	41756	41577	41642	41659	41665	41665
15-19	45635	44835	41257	41573	41617	41636	41641	41641
20-24	46681	44311	40507	41465	41545	41558	41568	41572
25-29	48354	45836	41400	41203	41400	41427	41451	41465
30-34	48369	46871	42128	41154	41217	41285	41332	41354
35-39	45714	48249	44000	40946	41001	41143	41215	41243
40-44	42150	47767	43892	40216	40814	40962	41056	41090
45-49	33172	44536	42967	39201	40484	40696	40805	40853
50-54	33234	40280	43596	39551	39824	40201	40361	40439
55-59	30247	30849	43194	39344	39082	39427	39696	39823
60-64	27663	29398	42260	39546	37839	38323	38761	38951
65-69	21577	25034	38536	37259	35621	36788	37370	37632
70-74	13564	20568	31866	33389	32447	34409	35240	35594
75+	20546	24041	45378	67469	71882	75498	80245	82658
TOTAL	590253	621510	666178	667263	669775	678374	685777	689350
FEMALES								
0-4	42285	39676	39615	39634	39600	39589	39588	39587
5-9	42569	40589	39731	39581	39569	39568	39570	39569
10-14	42134	42615	39754	39531	39561	39569	39569	39567
15-19	43533	42880	39346	39569	39562	39569	39564	39563
20-24	44689	42596	38780	39564	39568	39558	39552	39552
25-29	47194	44226	39830	39458	39542	39529	39531	39535
30-34	47754	45330	40733	39557	39474	39489	39507	39515
35-39	45478	47524	42726	39519	39378	39446	39480	39490
40-44	42268	47710	42935	39028	39351	39397	39443	39453
45-49	33857	45049	42408	38343	39258	39336	39379	39395
50-54	35096	41452	43545	39167	39006	39197	39264	39296
55-59	32940	32790	43976	39717	38879	38960	39092	39155
60-64	32672	33281	45174	41121	38519	38623	38863	38964
65-69	29818	30271	43964	40533	37574	38240	38540	38682
70-74	20769	28305	39506	38775	36171	37565	38021	38213
75+	41219	47613	75832	106484	110508	112515	117239	119752
TOTAL	624275	651906	697853	699582	695519	700152	706202	709288
BIRTH RATE		13.3	12.3	11.9	12.0	11.9	11.8	11.7
DEATH RATE		9.5	9.8	11.9	12.0	11.5	11.4	11.5
NET MIGRATION RATE		.9	.3	.0	.0	.0	.0	.0
GROWTH RATE		.47	.27	.01	-.00	.04	.04	.02
TOTAL FERTILITY		1.839	1.924	2.070	2.065	2.063	2.062	2.062
e(0) - BOTH SEXES		75.37	78.54	81.24	83.69	84.78	85.67	86.01
IMR - BOTH SEXES		12.7	8.2	5.1	2.8	2.3	2.1	2.0

AFRICA

Population Projection (thousands)

AGE GROUP	1990	1995	2000	2005	2010	2015	2020	2025	2030	2035
TOTAL M+F	627492	719202	821488	934337	1055755	1178826	1304167	1431110	1556723	1676312
MALES										
0-4	56297	61209	68387	75524	80727	83057	85728	88184	89237	87986
5-9	46849	52958	57855	65114	72595	77834	80331	83176	85851	87183
10-14	39043	45920	51980	56889	64199	71647	76895	79445	82349	85098
15-19	32792	38367	45150	51137	56051	63310	70725	75981	78583	81548
20-24	27665	31987	37437	44067	49981	54860	62052	69427	74707	77394
25-29	22879	26826	31030	36316	42831	48662	53509	60638	67985	73310
30-34	19207	22146	25977	30052	35248	41663	47421	52245	59326	66663
35-39	15539	18538	21377	25076	29082	34193	40511	46201	51009	58051
40-44	12474	14908	17787	20509	24124	28058	33075	39289	44906	49698
45-49	10102	11847	14169	16909	19555	23074	26918	31825	37912	43439
50-54	8508	9455	11080	13273	15902	18451	21845	25571	30330	36246
55-59	6715	7792	8644	10137	12221	14705	17124	20353	23914	28469
60-64	5312	5941	6879	7634	9011	10944	13237	15482	18488	21819
65-69	3765	4440	4956	5742	6421	7638	9367	11408	13420	16123
70-74	2490	2875	3380	3782	4429	5001	6011	7470	9185	10889
75+	2264	2625	3028	3557	4140	4914	5746	6923	8666	10934
TOTAL	311901	357832	409117	465719	526517	588009	650496	713618	775867	834849
FEMALES										
0-4	55263	60274	67296	74218	79183	81458	84064	86449	87455	86200
5-9	46022	52180	57187	64316	71606	76624	79066	81845	84445	85717
10-14	38509	45146	51258	56284	63482	70747	75783	78280	81120	83797
15-19	32592	37880	44428	50470	55521	62681	69926	74982	77538	80449
20-24	27702	31921	37108	43525	49532	54562	61681	68911	74003	76646
25-29	22965	27011	31128	36183	42530	48479	53494	60575	67801	72950
30-34	19440	22319	26239	30241	35246	41515	47410	52415	59470	66706
35-39	15993	18828	21600	25380	29348	34295	40486	46330	51331	58370
40-44	13119	15424	18142	20806	24518	28440	33325	39438	45232	50234
45-49	10760	12582	14787	17390	20007	23641	27509	32325	38352	44092
50-54	9256	10225	11940	14046	16579	19134	22676	26475	31205	37128
55-59	7435	8650	9536	11135	13178	15619	18095	21522	25231	29850
60-64	6005	6749	7828	8631	10145	12096	14416	16787	20064	23649
65-69	4412	5174	5806	6728	7491	8881	10699	12852	15077	18148
70-74	3053	3494	4081	4599	5394	6084	7299	8924	10843	12856
75+	3066	3514	4008	4664	5475	6561	7742	9383	11690	14670
TOTAL	315592	361369	412371	468618	529238	590817	653671	717492	780856	841463
BIRTH RATE	41.0	39.7	38.0	35.1	32.0	29.6	27.4	25.2	22.8	
DEATH RATE	13.6	13.1	12.2	10.7	10.0	9.3	8.8	8.4	8.0	
RATE OF NAT. INC.	2.75	2.66	2.58	2.44	2.21	2.02	1.86	1.68	1.48	
NET MIGRATION RATE	-.2	-.0	-.0	.0	.0	.0	.0	.0	.0	
GROWTH RATE	2.73	2.66	2.57	2.44	2.21	2.02	1.86	1.68	1.48	
TOTAL FERTILITY	5.680	5.379	4.998	4.519	4.030	3.642	3.305	2.994	2.696	
NRR	2.140	2.049	1.943	1.816	1.647	1.519	1.404	1.293	1.182	
e(0) - BOTH SEXES	53.92	54.52	55.76	58.00	59.18	60.42	61.74	63.14	64.62	
e(15) - BOTH SEXES	50.11	49.77	49.79	50.60	51.36	52.16	53.00	53.89	54.84	
IMR - BOTH SEXES	93.6	88.1	78.9	66.7	62.9	58.8	54.5	49.9	45.2	
q(5) - BOTH SEXES	.1578	.1478	.1314	.1094	.1024	.0950	.0870	.0786	.0700	
DEP. RATIO	92.2	89.6	85.7	82.2	78.8	73.8	68.2	63.2	59.3	55.7

AFRICA

Summary Projection for 25-Year Periods

AGE GROUP	1990	2000	2025	2050	2075	2100	2125	2150
TOTAL M+F	627492	821488	1431110	1999053	2419204	2643058	2763597	2826561
MALES								
0-4	56297	68387	88184	84939	85258	85617	85742	85691
5-9	46849	57855	83176	84578	85084	85483	85671	85616
10-14	39043	51980	79445	84837	85069	85338	85614	85589
15-19	32792	45150	75981	85196	84527	85004	85475	85528
20-24	27665	37437	69427	85056	83919	84487	85215	85375
25-29	22879	31030	60638	82411	82743	83967	84866	85130
30-34	19207	25977	52245	78330	82441	83626	84514	84851
35-39	15539	21377	46201	73921	82203	83219	84044	84512
40-44	12474	17787	39289	69576	81835	82176	83304	84027
45-49	10102	14169	31825	62469	80721	80921	82299	83341
50-54	8508	11080	25571	53182	76576	78568	80885	82224
55-59	6715	8644	20353	43930	70170	76202	79008	80564
60-64	5312	6879	15482	36337	62460	72823	76315	78137
65-69	3765	4956	11408	27872	53671	67811	71930	74470
70-74	2490	3380	7470	19118	41783	60125	65697	69036
75+	2264	3028	6923	20304	52177	98403	129826	147175
TOTAL	311901	409117	713618	992058	1190635	1293770	1350406	1381264
FEMALES								
0-4	55263	67296	86449	83114	83143	83090	83051	83005
5-9	46022	57187	81845	83022	83193	83092	83002	82952
10-14	38509	51258	78280	83422	83348	83073	82954	82932
15-19	32592	44428	74982	83959	83040	82923	82866	82914
20-24	27702	37108	68911	84136	82715	82704	82838	82894
25-29	22965	31128	60575	81875	81891	82559	82814	82856
30-34	19440	26239	52415	78113	81896	82559	82770	82775
35-39	15993	21600	46330	73984	81958	82498	82617	82628
40-44	13119	18142	39438	69967	81977	81890	82283	82405
45-49	10760	14787	32325	63416	81437	81138	81807	82189
50-54	9256	11940	26475	54757	78178	79630	81234	81853
55-59	7435	9536	21522	46174	73036	78546	80579	81335
60-64	6005	7828	16787	39188	66981	76975	79572	80500
65-69	4412	5806	12852	31194	60168	74500	77588	79162
70-74	3053	4081	8924	22720	49995	70011	74615	77050
75+	3066	4008	9383	27952	75612	144101	192603	217846
TOTAL	315592	412371	717492	1006994	1228569	1349288	1413192	1445296
BIRTH RATE		40.3	31.8	21.0	15.5	13.4	12.5	12.1
DEATH RATE		13.3	10.0	7.8	8.0	9.9	10.7	11.2
NET MIGRATION RATE		-.1	.0	.0	.0	.0	.0	.0
GROWTH RATE		2.69	2.22	1.34	.76	.35	.18	.09
TOTAL FERTILITY		5.518	3.986	2.510	2.099	2.068	2.048	2.044
e(0) - BOTH SEXES		54.24	59.34	66.51	74.02	78.29	82.33	83.88
IMR - BOTH SEXES		90.7	64.0	40.4	19.7	10.3	3.5	2.6

EAST AFRICA

Population Projection (thousands)

AGE GROUP	1990	1995	2000	2005	2010	2015	2020	2025	2030	2035
TOTAL M+F	273216	314835	361416	412908	469402	527988	588232	650016	712349	772734
MALES										
0-4	25327	27858	31562	35111	38059	39789	41322	42811	43811	43530
5-9	20483	23811	26280	30005	33745	36680	38458	40060	41640	42761
10-14	16923	20062	23332	25799	29548	33265	36199	37995	39624	41239
15-19	14164	16603	19671	22880	25343	29062	32759	35694	37515	39176
20-24	11834	13783	16125	19090	22239	24683	28363	32038	34984	36849
25-29	9775	11435	13287	15520	18407	21503	23931	27575	31235	34204
30-34	8143	9428	10997	12763	14935	17768	20818	23234	26850	30504
35-39	6564	7826	9035	10516	12237	14364	17145	20152	22560	26154
40-44	5426	6267	7445	8578	10004	11690	13771	16497	19458	21859
45-49	4378	5126	5901	6990	8077	9455	11099	13125	15787	18694
50-54	3653	4071	4745	5453	6477	7520	8839	10428	12385	14964
55-59	2834	3317	3676	4273	4935	5891	6875	8119	9633	11498
60-64	2257	2481	2879	3180	3718	4328	5196	6103	7249	8660
65-69	1588	1858	2025	2334	2600	3069	3608	4366	5171	6188
70-74	1067	1187	1368	1486	1725	1948	2331	2779	3398	4072
75+	1007	1095	1183	1322	1482	1735	2025	2451	3006	3753
TOTAL	135422	156207	179511	205299	233532	262750	292738	323427	354308	384107
FEMALES										
0-4	24984	27547	31189	34645	37466	39162	40665	42122	43096	42810
5-9	20278	23579	26085	29763	33422	36243	37991	39567	41117	42210
10-14	16738	19878	23120	25626	29338	32979	35803	37573	39179	40768
15-19	14136	16438	19501	22681	25192	28879	32507	35341	37142	38787
20-24	12004	13821	16034	18997	22140	24637	28298	31915	34768	36618
25-29	9905	11678	13404	15521	18426	21532	24019	27656	31270	34154
30-34	8318	9602	11270	12913	14992	17849	20920	23400	27020	30639
35-39	6775	8030	9228	10792	12412	14462	17272	20310	22787	26396
40-44	5735	6512	7680	8799	10315	11917	13938	16702	19708	22186
45-49	4649	5483	6199	7288	8377	9850	11432	13420	16137	19109
50-54	3960	4402	5165	5828	6875	7933	9360	10915	12864	15527
55-59	3102	3680	4069	4758	5400	6399	7422	8792	10311	12212
60-64	2528	2797	3286	3622	4264	4880	5819	6794	8093	9563
65-69	1891	2155	2365	2755	3074	3655	4233	5093	6002	7207
70-74	1341	1476	1655	1815	2136	2427	2927	3446	4198	5014
75+	1450	1549	1654	1806	2043	2432	2889	3543	4346	5430
TOTAL	137794	158628	181905	207609	235870	265238	295494	326590	358041	388627
BIRTH RATE		43.2	42.3	40.5	37.7	34.7	32.0	29.7	27.4	24.8
DEATH RATE		14.8	14.7	13.9	12.1	11.2	10.4	9.7	9.1	8.5
RATE OF NAT. INC.		2.84	2.77	2.67	2.57	2.35	2.16	2.00	1.83	1.63
NET MIGRATION RATE		-.1	-.1	-.0	-.0	.0	.0	.0	.0	.0
GROWTH RATE		2.84	2.76	2.66	2.56	2.35	2.16	2.00	1.83	1.63
TOTAL FERTILITY		6.041	5.827	5.465	4.957	4.442	3.983	3.586	3.236	2.893
NRR		2.236	2.156	2.055	1.939	1.773	1.624	1.493	1.374	1.251
e(0) - BOTH SEXES	52.20	51.90	52.63	54.92	56.23	57.61	59.08	60.64	62.30	
e(15) - BOTH SEXES	48.66	47.60	47.03	47.72	48.64	49.61	50.63	51.72	52.86	
IMR - BOTH SEXES	101.2	97.7	88.8	74.9	70.6	66.2	61.4	56.3	51.1	
q(5) - BOTH SEXES	.1642	.1581	.1418	.1167	.1096	.1022	.0940	.0854	.0764	
DEP. RATIO	95.0	93.4	90.6	87.3	84.2	79.2	73.1	67.4	62.7	58.4

EAST AFRICA

Summary Projection for 25-Year Periods

AGE GROUP	1990	2000	2025	2050	2075	2100	2125	2150
TOTAL M+F	273216	361416	650016	936152	1159537	1281625	1344993	1378707
MALES								
0-4	25327	31562	42811	41088	41587	41852	41918	41880
5-9	20483	26280	40060	41324	41615	41804	41878	41837
10-14	16923	23332	37995	41763	41671	41697	41828	41817
15-19	14164	19671	35694	42045	41272	41445	41737	41787
20-24	11834	16125	32038	41584	40689	41123	41611	41721
25-29	9775	13287	27575	39742	39927	40901	41467	41609
30-34	8143	10997	23234	37384	40183	40849	41310	41466
35-39	6564	9035	20152	34922	40344	40701	41040	41274
40-44	5426	7445	16497	32170	40233	40047	40584	41010
45-49	4378	5901	13125	28273	39269	39138	40017	40670
50-54	3653	4745	10428	23640	36684	37784	39341	40140
55-59	2834	3676	8119	18986	33184	36957	38505	39326
60-64	2257	2879	6103	15267	29124	35475	37189	38074
65-69	1588	2025	4366	11114	24334	32959	34847	36157
70-74	1067	1368	2779	7343	18356	28732	31473	33386
75+	1007	1183	2451	7190	21361	44701	61212	70534
TOTAL	135422	179511	323427	463835	569831	626166	655956	672691
FEMALES								
0-4	24984	31189	42122	40372	40711	40735	40706	40671
5-9	20278	26085	39567	40744	40865	40765	40677	40639
10-14	16738	23120	37573	41247	41018	40731	40632	40623
15-19	14136	19501	35341	41610	40751	40582	40568	40615
20-24	12004	16034	31915	41305	40313	40421	40565	40615
25-29	9905	13404	27656	39643	39721	40394	40590	40606
30-34	8318	11270	23400	37423	40126	40522	40596	40560
35-39	6775	9228	20310	35077	40434	40559	40493	40464
40-44	5735	7680	16702	32468	40511	40134	40250	40331
45-49	4649	6199	13420	28838	39830	39475	39955	40231
50-54	3960	5165	10915	24492	37667	38533	39707	40096
55-59	3102	4069	8792	20131	34759	38353	39491	39856
60-64	2528	3286	6794	16702	31465	37785	39031	39402
65-69	1891	2365	5093	12736	27540	36534	37890	38642
70-74	1341	1655	3446	8984	22261	33819	36091	37505
75+	1450	1654	3543	10544	31735	66119	91793	105160
TOTAL	137794	181905	326590	472317	589705	655460	689037	706017
BIRTH RATE		42.7	34.3	22.4	16.1	13.6	12.6	12.2
DEATH RATE		14.7	11.2	8.1	7.6	9.6	10.7	11.2
NET MIGRATION RATE		-.1	.0	.0	.0	.0	.0	.0
GROWTH RATE		2.80	2.35	1.46	.86	.40	.19	.10
TOTAL FERTILITY		5.926	4.352	2.631	2.106	2.069	2.047	2.042
e(0) - BOTH SEXES		52.04	56.46	64.45	72.92	77.56	81.94	83.64
IMR - BOTH SEXES		99.3	71.9	45.8	22.8	11.7	3.7	2.7

WEST AFRICA

Population Projection (thousands)

AGE GROUP	1990	1995	2000	2005	2010	2015	2020	2025	2030	2035
TOTAL M+F	213833	247334	285930	329067	375649	422831	471319	520113	567697	612435
MALES										
0-4	19883	22357	25411	28265	30314	31170	32358	33101	33103	32299
5-9	16262	18406	20853	23919	26882	28968	29927	31202	32058	32201
10-14	13406	15870	18011	20455	23535	26485	28578	29564	30864	31752
15-19	11163	13147	15590	17713	20155	23214	26149	28244	29249	30569
20-24	9235	10861	12822	15220	17325	19742	22772	25688	27788	28824
25-29	7520	8924	10531	12447	14810	16886	19280	22279	25180	27294
30-34	6102	7251	8636	10202	12091	14417	16467	18841	21816	24709
35-39	4976	5864	6990	8336	9876	11735	14025	16050	18405	21361
40-44	4130	4751	5615	6702	8022	9530	11355	13604	15603	17940
45-49	3456	3906	4505	5333	6390	7674	9143	10926	13127	15093
50-54	2815	3221	3647	4215	5013	6026	7263	8680	10407	12542
55-59	2220	2567	2941	3338	3879	4632	5587	6759	8106	9752
60-64	1674	1954	2263	2601	2974	3471	4162	5038	6121	7367
65-69	1178	1389	1625	1890	2193	2523	2960	3568	4338	5297
70-74	740	891	1053	1239	1461	1709	1980	2339	2837	3469
75+	599	734	893	1077	1306	1577	1888	2238	2671	3248
TOTAL	105359	122092	141385	162952	186227	209758	233893	258122	281674	303717
FEMALES										
0-4	19754	22127	25116	27888	29850	30683	31843	32566	32559	31761
5-9	16193	18369	20732	23746	26642	28648	29582	30828	31660	31788
10-14	13508	15818	17993	20360	23397	26284	28300	29262	30534	31399
15-19	11394	13263	15560	17722	20097	23119	25998	28020	29003	30299
20-24	9461	11134	12995	15262	17418	19779	22784	25654	27687	28700
25-29	7711	9199	10862	12692	14943	17077	19428	22415	25280	27331
30-34	6354	7469	8941	10570	12388	14613	16729	19069	22043	24908
35-39	5274	6132	7229	8666	10280	12075	14276	16373	18705	21668
40-44	4404	5068	5905	6972	8389	9977	11750	13925	16003	18326
45-49	3720	4211	4854	5665	6713	8100	9660	11407	13551	15608
50-54	3081	3526	3995	4612	5405	6424	7776	9301	11013	13119
55-59	2497	2870	3287	3731	4329	5094	6077	7383	8862	10530
60-64	1945	2257	2597	2982	3406	3973	4700	5634	6878	8294
65-69	1418	1667	1938	2238	2594	2985	3507	4179	5044	6199
70-74	933	1116	1315	1537	1799	2107	2448	2905	3497	4260
75+	829	1014	1226	1472	1774	2136	2568	3068	3703	4526
TOTAL	108475	125241	144545	166115	189423	213074	237426	261990	286023	308717
BIRTH RATE		44.4	43.1	40.9	37.6	33.8	31.2	28.5	25.8	23.1
DEATH RATE		15.0	14.1	12.8	11.1	10.2	9.5	8.8	8.3	7.9
RATE OF NAT. INC.		2.94	2.90	2.81	2.64	2.36	2.17	1.97	1.75	1.52
NET MIGRATION RATE		-.3	.0	.0	.0	.0	.0	.0	.0	.0
GROWTH RATE		2.91	2.90	2.81	2.65	2.37	2.17	1.97	1.75	1.52
TOTAL FERTILITY		6.145	5.851	5.442	4.894	4.303	3.847	3.415	3.018	2.666
NRR		2.250	2.186	2.089	1.950	1.750	1.597	1.443	1.297	1.166
e(0) - BOTH SEXES		51.20	52.34	54.05	56.60	57.96	59.36	60.80	62.30	63.86
e(15) - BOTH SEXES		49.44	49.58	50.01	51.01	51.73	52.48	53.26	54.07	54.91
IMR - BOTH SEXES		96.5	89.0	79.2	66.9	62.8	58.5	54.2	49.8	45.3
q(5) - BOTH SEXES		.1767	.1623	.1441	.1215	.1122	.1032	.0941	.0848	.0753
DEP. RATIO	95.9	93.9	90.9	88.1	84.2	78.0	71.2	65.0	60.0	55.3

Summary Projection for 25-Year Periods

WEST AFRICA

AGE GROUP	1990	2000	2025	2050	2075	2100	2125	2150
TOTAL M+F	213833	285930	520113	734624	891413	975356	1021865	1046267
MALES								
0-4	19883	25411	33101	31738	31579	31675	31731	31720
5-9	16262	20853	31202	31237	31402	31599	31708	31696
10-14	13406	18011	29564	31109	31331	31559	31702	31691
15-19	11163	15590	28244	31147	31196	31486	31663	31667
20-24	9235	12822	25688	31401	31190	31325	31556	31602
25-29	7520	10531	22279	30776	30865	31085	31392	31502
30-34	6102	8636	18841	29409	30425	30850	31234	31401
35-39	4976	6990	16050	27576	30126	30635	31072	31289
40-44	4130	5615	13604	25938	29901	30311	30843	31119
45-49	3456	4505	10926	23171	29780	30054	30498	30852
50-54	2815	3647	8680	19566	28557	29273	29922	30401
55-59	2220	2941	6759	15812	26267	28068	29112	29753
60-64	1674	2263	5038	12513	23145	26598	28045	28857
65-69	1178	1625	3568	9463	19722	24629	26464	27528
70-74	740	1053	2339	6323	15057	21962	24303	25520
75+	599	893	2238	6112	17062	35253	47160	53805
TOTAL	105359	141385	258122	363290	437604	476361	498407	510400
FEMALES								
0-4	19754	25116	32566	31180	30914	30844	30835	30825
5-9	16193	20732	30828	30790	30828	30823	30819	30809
10-14	13508	17993	29262	30720	30826	30833	30816	30806
15-19	11394	15560	28020	30833	30782	30831	30796	30799
20-24	9461	12995	25654	31210	30880	30786	30778	30783
25-29	7711	10862	22415	30732	30689	30692	30740	30761
30-34	6354	8941	19069	29493	30364	30588	30700	30733
35-39	5274	7229	16373	27783	30178	30505	30659	30692
40-44	4404	5905	13925	26287	30102	30347	30587	30621
45-49	3720	4854	11407	23733	30202	30279	30443	30531
50-54	3081	3995	9301	20353	29326	29820	30185	30375
55-59	2497	3287	7383	16833	27538	29091	29834	30156
60-64	1945	2597	5634	13817	25071	28293	29394	29856
65-69	1418	1938	4179	10915	22435	27274	28712	29401
70-74	933	1315	2905	7843	18404	25836	27783	28635
75+	829	1226	3068	8812	25272	52153	70377	80082
TOTAL	108475	144545	261990	371334	453810	498995	523458	535867
BIRTH RATE		43.7	33.7	21.3	15.6	13.5	12.5	12.1
DEATH RATE		14.5	10.3	7.7	8.0	9.9	10.7	11.2
NET MIGRATION RATE		-.1	.0	.0	.0	.0	.0	.0
GROWTH RATE		2.91	2.39	1.38	.77	.36	.19	.09
TOTAL FERTILITY		5.986	4.232	2.495	2.098	2.065	2.045	2.041
e(0) - BOTH SEXES		51.81	58.14	65.78	73.33	77.88	82.14	83.77
IMR - BOTH SEXES		92.5	64.0	40.5	20.2	10.5	3.5	2.7

NORTH AFRICA

Population Projection (thousands)

AGE GROUP	1990	1995	2000	2005	2010	2015	2020	2025	2030	2035
TOTAL M+F	140443	157033	174143	192362	210703	228006	244616	260981	276677	291144
MALES										
0-4	11087	10994	11414	12148	12354	12098	12048	12272	12323	12156
5-9	10104	10740	10722	11190	11969	12186	11946	11914	12153	12220
10-14	8714	9988	10638	10636	11116	11897	12118	11886	11861	12106
15-19	7464	8617	9890	10544	10554	11035	11817	12044	11819	11802
20-24	6596	7344	8490	9757	10417	10434	10917	11701	11935	11721
25-29	5584	6466	7212	8349	9614	10273	10299	10784	11571	11812
30-34	4962	5467	6344	7088	8222	9478	10137	10171	10659	11450
35-39	3999	4848	5352	6224	6969	8094	9342	9999	10043	10535
40-44	2918	3890	4727	5229	6098	6838	7950	9187	9844	9898
45-49	2268	2815	3763	4586	5088	5945	6677	7774	8998	9652
50-54	2040	2162	2687	3606	4412	4905	5744	6462	7537	8741
55-59	1661	1908	2027	2526	3407	4182	4662	5475	6175	7219
60-64	1382	1507	1738	1853	2319	3145	3879	4341	5118	5792
65-69	999	1193	1306	1518	1628	2046	2798	3475	3911	4638
70-74	683	798	958	1057	1243	1344	1700	2352	2950	3349
75+	658	797	953	1158	1351	1602	1833	2234	2990	3934
TOTAL	71120	79533	88221	97468	106758	115501	123866	132070	139885	147025
FEMALES										
0-4	10525	10600	10991	11685	11867	11613	11556	11761	11800	11629
5-9	9551	10231	10371	10807	11543	11733	11493	11450	11667	11719
10-14	8263	9450	10145	10298	10747	11484	11679	11444	11407	11630
15-19	7062	8178	9367	10067	10232	10683	11422	11621	11393	11363
20-24	6237	6967	8079	9267	9974	10146	10599	11341	11547	11329
25-29	5349	6133	6862	7970	9161	9870	10047	10504	11250	11465
30-34	4768	5247	6028	6758	7866	9052	9761	9945	10407	11159
35-39	3945	4665	5143	5923	6657	7758	8938	9647	9839	10306
40-44	2979	3845	4556	5035	5815	6546	7637	8811	9521	9722
45-49	2390	2888	3735	4437	4918	5691	6417	7498	8664	9375
50-54	2216	2297	2780	3606	4300	4776	5540	6259	7327	8482
55-59	1836	2099	2180	2646	3449	4126	4596	5347	6057	7109
60-64	1532	1695	1944	2027	2475	3243	3896	4358	5092	5792
65-69	1103	1352	1502	1735	1824	2241	2959	3580	4032	4743
70-74	779	902	1112	1248	1460	1550	1925	2573	3148	3582
75+	787	951	1127	1386	1658	1993	2286	2772	3641	4713
TOTAL	69323	77500	85922	94894	103945	112505	120750	128912	136792	144118
BIRTH RATE		31.6	29.0	27.6	25.2	22.6	20.8	19.7	18.5	17.2
DEATH RATE		9.0	8.2	7.6	6.9	6.8	6.7	6.7	6.8	7.0
RATE OF NAT. INC.		2.26	2.08	2.00	1.83	1.58	1.41	1.30	1.17	1.02
NET MIGRATION RATE		-.2	-.1	-.1	-.0	-.0	.0	.0	.0	.0
GROWTH RATE		2.23	2.07	1.99	1.82	1.58	1.41	1.30	1.17	1.02
TOTAL FERTILITY		4.301	3.812	3.419	3.045	2.708	2.513	2.416	2.313	2.208
NRR		1.797	1.630	1.496	1.355	1.211	1.136	1.103	1.063	1.022
e(0) - BOTH SEXES		61.52	63.37	65.23	67.18	68.10	69.07	70.09	71.16	72.28
e(15) - BOTH SEXES		54.00	54.49	55.24	56.22	56.88	57.57	58.30	59.06	59.86
IMR - BOTH SEXES		66.8	57.1	47.6	39.2	36.4	33.2	29.9	26.5	23.1
q(5) - BOTH SEXES		.0991	.0828	.0672	.0539	.0502	.0456	.0410	.0363	.0315
DEP. RATIO	81.9	76.4	69.2	63.7	59.7	55.9	52.6	50.6	49.7	49.5

Summary Projection for 25-Year Periods

NORTH AFRICA

AGE GROUP	1990	2000	2025	2050	2075	2100	2125	2150
TOTAL M+F	140443	174143	260981	328276	368254	386077	396740	401586
MALES								
0-4	11087	11414	12272	12113	12092	12090	12093	12091
5-9	10104	10722	11914	12017	12067	12080	12085	12083
10-14	8714	10638	11886	11965	12067	12082	12085	12081
15-19	7464	9890	12044	12004	12058	12074	12074	12073
20-24	6596	8490	11701	12071	12040	12039	12048	12052
25-29	5584	7212	10784	11894	11952	11981	12007	12018
30-34	4962	6344	10171	11537	11834	11927	11969	11985
35-39	3999	5352	9999	11423	11732	11882	11933	11949
40-44	2918	4727	9187	11469	11701	11818	11877	11897
45-49	2268	3763	7774	11024	11673	11729	11784	11819
50-54	2040	2687	6462	9977	11335	11512	11622	11683
55-59	1661	2027	5475	9132	10718	11177	11390	11485
60-64	1382	1738	4341	8557	10191	10750	11082	11207
65-69	999	1306	3475	7295	9615	10222	10619	10784
70-74	683	958	2352	5452	8370	9432	9921	10130
75+	658	953	2234	7003	13754	18449	21453	22836
TOTAL	71120	88221	132070	164933	183200	191243	196043	198174
FEMALES								
0-4	10525	10991	11761	11561	11519	11510	11510	11509
5-9	9551	10371	11450	11489	11501	11505	11505	11503
10-14	8263	10145	11444	11455	11504	11509	11505	11503
15-19	7062	9367	11621	11516	11507	11510	11501	11500
20-24	6237	8079	11341	11621	11522	11498	11494	11496
25-29	5349	6862	10504	11500	11481	11474	11484	11489
30-34	4768	6028	9945	11196	11407	11449	11474	11482
35-39	3945	5143	9647	11124	11346	11434	11465	11471
40-44	2979	4556	8811	11213	11365	11409	11447	11453
45-49	2390	3735	7498	10844	11405	11384	11409	11426
50-54	2216	2780	6259	9912	11185	11277	11342	11382
55-59	1836	2180	5347	9210	10740	11102	11254	11323
60-64	1532	1944	4358	8670	10446	10897	11147	11242
65-69	1103	1502	3580	7544	10192	10692	10987	11119
70-74	779	1112	2573	5893	9329	10356	10741	10910
75+	787	1127	2772	8596	18605	25828	30432	32604
TOTAL	69323	85922	128912	163343	185054	194834	200697	203412
BIRTH RATE		30.2	22.8	16.4	13.6	12.6	12.1	11.9
DEATH RATE		8.6	6.9	7.3	9.0	10.7	11.0	11.4
NET MIGRATION RATE		-.2	-.0	.0	.0	.0	.0	.0
GROWTH RATE		2.15	1.62	.92	.46	.19	.11	.05
TOTAL FERTILITY		4.039	2.775	2.182	2.082	2.070	2.062	2.061
e(0) - BOTH SEXES		62.49	68.12	73.61	78.95	81.68	84.12	85.03
IMR - BOTH SEXES		61.9	37.3	20.1	7.4	4.5	2.6	2.2

AMERICAS

Population Projection (thousands)

AGE GROUP	1990	1995	2000	2005	2010	2015	2020	2025	2030	2035
TOTAL M+F	715122	770176	821647	870760	918289	964196	1008058	1047913	1082702	1112416
MALES										
0-4	38243	39882	38446	37925	38071	38673	39135	38938	38618	38455
5-9	37000	37995	39668	38277	37778	37926	38533	39001	38811	38506
10-14	34458	36945	37943	39618	38225	37723	37872	38478	38945	38764
15-19	33160	34366	36850	37852	39523	38132	37633	37782	38388	38863
20-24	31766	33025	34231	36711	37705	39360	37973	37473	37618	38231
25-29	30911	31626	32882	34086	36541	37515	39154	37767	37262	37415
30-34	27905	30745	31459	32717	33909	36336	37300	38928	37547	37055
35-39	24357	27697	30518	31240	32492	33667	36077	37038	38663	37306
40-44	20624	24073	27388	30193	30919	32158	33323	35718	36682	38315
45-49	16336	20231	23640	26927	29708	30429	31661	32821	35202	36184
50-54	13429	15827	19644	22994	26232	28955	29675	30901	32058	34422
55-59	11776	12768	15104	18811	22072	25215	27860	28584	29805	30966
60-64	10546	10890	11871	14122	17678	20789	23807	26350	27084	28306
65-69	8833	9350	9732	10686	12824	16134	19042	21887	24293	25044
70-74	6435	7307	7841	8245	9163	11090	14062	16690	19296	21515
75+	8237	8793	9991	11281	12477	13934	16446	20518	25273	30345
TOTAL	354015	381520	407207	431686	455316	478037	499553	518874	535545	549693
FEMALES										
0-4	36838	38190	36790	36265	36376	36937	37365	37163	36844	36676
5-9	35795	36652	38037	36673	36162	36272	36836	37266	37067	36761
10-14	33412	35778	36637	38022	36651	36136	36245	36805	37232	37038
15-19	32261	33403	35765	36620	37992	36618	36102	36206	36762	37193
20-24	31154	32288	33422	35767	36593	37949	36572	36046	36141	36701
25-29	30748	31188	32311	33426	35732	36539	37887	36499	35962	36062
30-34	28139	30727	31163	32274	33362	35649	36452	37790	36398	35869
35-39	24699	28058	30634	31067	32165	33243	35523	36321	37656	36277
40-44	20995	24548	27894	30461	30895	31986	33062	35335	36137	37480
45-49	16757	20776	24307	27639	30197	30631	31722	32799	35068	35883
50-54	14013	16476	20455	23957	27272	29805	30244	31336	32417	34686
55-59	12610	13651	16087	20015	23482	26754	29258	29707	30804	31896
60-64	11721	12112	13150	15553	19421	22814	26031	28496	28964	30076
65-69	10423	10994	11407	12447	14815	18558	21849	24991	27408	27912
70-74	8167	9366	9953	10399	11449	13708	17264	20403	23439	25790
75+	13374	14448	16427	18489	20407	22558	26094	31875	38859	46421
TOTAL	361107	388656	414440	439074	462973	486159	508505	529039	547158	562723
BIRTH RATE		21.8	19.6	18.0	17.1	16.4	15.8	15.1	14.4	13.9
DEATH RATE		7.5	7.0	6.7	6.6	6.8	7.0	7.4	7.9	8.5
RATE OF NAT. INC.		1.44	1.25	1.13	1.04	.96	.88	.77	.65	.54
NET MIGRATION RATE		.5	.4	.3	.2	.1	.1	.0	.0	.0
GROWTH RATE		1.48	1.29	1.16	1.06	.98	.89	.78	.65	.54
TOTAL FERTILITY		2.665	2.455	2.310	2.214	2.166	2.140	2.116	2.103	2.096
NRR		1.236	1.144	1.084	1.044	1.023	1.013	1.005	1.002	1.001
e(0) - BOTH SEXES	71.51	72.64	73.82	75.04	75.62	76.22	76.86	77.52	78.22	
e(15) - BOTH SEXES	59.53	60.33	61.14	62.01	62.45	62.92	63.42	63.94	64.48	
IMR - BOTH SEXES	34.0	30.1	25.8	21.5	19.6	17.6	15.7	13.9	12.2	
q(5) - BOTH SEXES	.0435	.0382	.0325	.0268	.0245	.0221	.0197	.0176	.0155	
DEP. RATIO	61.1	59.0	55.4	52.1	49.6	49.6	51.1	53.2	55.4	56.9

AMERICAS

Summary Projection for 25-Year Periods

AGE GROUP	1990	2000	2025	2050	2075	2100	2125	2150
TOTAL M+F	715122	821647	1047913	1178475	1240149	1267060	1285593	1294076
MALES								
0-4	38243	38446	38938	38772	38670	38629	38626	38626
5-9	37000	39668	39001	38630	38585	38586	38598	38600
10-14	34458	37943	38478	38416	38536	38586	38599	38598
15-19	33160	36850	37782	38268	38528	38586	38581	38576
20-24	31766	34231	37473	38277	38529	38530	38512	38508
25-29	30911	32882	37767	38380	38428	38393	38392	38403
30-34	27905	31459	38928	38354	38187	38215	38268	38298
35-39	24357	30518	37038	37655	37829	38041	38159	38198
40-44	20624	27388	35718	36738	37498	37877	38025	38057
45-49	16336	23640	32821	36138	37279	37684	37803	37833
50-54	13429	19644	30901	35884	36962	37236	37365	37430
55-59	11776	15104	28584	36048	36220	36409	36683	36833
60-64	10546	11871	26350	32915	34497	35178	35749	36007
65-69	8833	9732	21887	29776	32095	33534	34425	34774
70-74	6435	7841	16690	24730	29257	31293	32444	32858
75+	8237	9991	20518	42368	60001	67580	73102	75760
TOTAL	354015	407207	518874	581350	611101	624358	633329	637359
FEMALES								
0-4	36838	36790	37163	36941	36820	36780	36777	36777
5-9	35795	38037	37266	36834	36748	36748	36759	36761
10-14	33412	36637	36805	36655	36707	36752	36763	36762
15-19	32261	35765	36206	36561	36720	36771	36763	36757
20-24	31154	33422	36046	36666	36799	36776	36751	36744
25-29	30748	32311	36499	36899	36817	36735	36718	36723
30-34	28139	31163	37790	37002	36693	36651	36680	36702
35-39	24699	30634	36321	36460	36457	36567	36653	36681
40-44	20995	27894	35335	35749	36285	36523	36631	36646
45-49	16757	24307	32799	35426	36278	36521	36579	36585
50-54	14013	20455	31336	35602	36321	36405	36442	36472
55-59	12610	16087	29707	36435	36134	36079	36213	36312
60-64	11721	13150	28496	34387	35190	35554	35925	36112
65-69	10423	11407	24991	32526	33899	34956	35579	35834
70-74	8167	9953	20403	28788	32623	34244	35074	35357
75+	13374	16427	31875	64194	88556	98639	105956	109494
TOTAL	361107	414440	529039	597125	629048	642702	652264	656717
BIRTH RATE		20.7	16.4	13.6	12.5	12.1	11.8	11.7
DEATH RATE		7.2	6.9	9.0	10.4	11.2	11.3	11.5
NET MIGRATION RATE		.4	.1	.0	.0	.0	.0	.0
GROWTH RATE		1.39	.97	.47	.20	.09	.06	.03
TOTAL FERTILITY		2.558	2.187	2.090	2.067	2.062	2.060	2.059
e(0) - BOTH SEXES		72.09	75.58	79.01	82.37	83.95	85.26	85.76
IMR - BOTH SEXES		32.1	20.0	10.4	3.6	2.6	2.2	2.0

LATIN AMERICA AND THE CARIBBEAN

Population Projection (thousands)

AGE GROUP	1990	1995	2000	2005	2010	2015	2020	2025	2030	2035
TOTAL M+F	434575	474843	512252	548672	584730	620160	654332	686028	715058	741238
MALES										
0-4	27630	28142	27017	26794	26955	27324	27509	27226	27002	26961
5-9	26526	27210	27774	26722	26563	26755	27153	27367	27114	26905
10-14	24519	26343	27042	27630	26607	26466	26674	27089	27318	27072
15-19	22872	24306	26138	26863	27479	26479	26357	26582	27012	27249
20-24	20807	22508	23959	25828	26604	27250	26288	26195	26448	26886
25-29	18720	20362	22082	23582	25508	26321	27005	26085	26029	26288
30-34	15621	18304	19961	21725	23277	25227	26074	26789	25910	25864
35-39	13176	15254	17930	19620	21424	22994	24960	25833	26574	25716
40-44	10760	12832	14896	17573	19291	21102	22679	24650	25544	26297
45-49	8602	10417	12455	14506	17168	18882	20690	22266	24236	25144
50-54	7160	8236	9999	11991	14009	16615	18311	20102	21669	23622
55-59	6040	6724	7753	9444	11363	13312	15836	17502	19267	20817
60-64	4951	5498	6140	7107	8693	10504	12358	14769	16395	18127
65-69	3743	4290	4784	5369	6256	7703	9367	11092	13347	14917
70-74	2619	2985	3444	3868	4384	5164	6424	7890	9438	11480
75+	3075	3199	3544	4089	4725	5510	6592	8232	10392	12945
TOTAL	216819	236608	254919	272711	290305	307608	324278	339669	353696	366290
FEMALES										
0-4	26757	27021	25923	25686	25815	26157	26323	26041	25815	25763
5-9	25842	26390	26704	25673	25493	25651	26020	26211	25956	25741
10-14	23984	25692	26254	26592	25585	25422	25594	25976	26181	25930
15-19	22514	23826	25546	26132	26493	25505	25357	25542	25938	26148
20-24	20610	22263	23595	25350	25972	26362	25401	25276	25486	25886
25-29	18705	20320	21994	23367	25162	25816	26234	25302	25205	25420
30-34	15767	18447	20079	21786	23192	25007	25683	26123	25216	25126
35-39	13372	15547	18229	19884	21614	23034	24860	25553	26011	25116
40-44	10921	13175	15346	18030	19699	21434	22860	24692	25398	25865
45-49	8793	10729	12965	15129	17807	19475	21208	22637	24470	25187
50-54	7432	8585	10495	12707	14858	17509	19169	20897	22326	24157
55-59	6409	7182	8315	10190	12371	14488	17100	18750	20471	21900
60-64	5368	6080	6835	7944	9776	11897	13968	16528	18168	19884
65-69	4198	4924	5607	6340	7422	9173	11209	13216	15707	17340
70-74	3076	3617	4280	4925	5635	6649	8279	10189	12104	14496
75+	4007	4437	5165	6227	7530	8973	10789	13426	16910	20990
TOTAL	217756	238235	257333	275961	294425	312552	330054	346360	361362	374948
BIRTH RATE		25.6	22.5	20.6	19.3	18.3	17.4	16.3	15.4	14.7
DEATH RATE		6.9	6.5	6.2	6.1	6.2	6.4	6.7	7.1	7.6
RATE OF NAT. INC.		1.87	1.60	1.44	1.32	1.21	1.09	.96	.83	.72
NET MIGRATION RATE		-1.0	-.8	-.6	-.4	-.3	-.2	-.1	.0	.0
GROWTH RATE		1.77	1.52	1.37	1.27	1.18	1.07	.95	.83	.72
TOTAL FERTILITY		3.051	2.665	2.432	2.284	2.210	2.172	2.136	2.117	2.106
NRR		1.379	1.222	1.127	1.066	1.035	1.021	1.008	1.003	1.001
e(0) - BOTH SEXES	68.14	69.26	70.54	71.96	72.73	73.53	74.36	75.23	76.13	
e(15) - BOTH SEXES	57.46	58.07	58.80	59.67	60.24	60.83	61.45	62.10	62.78	
IMR - BOTH SEXES	44.0	39.3	33.6	27.8	25.4	22.8	20.3	18.0	15.7	
q(5) - BOTH SEXES	.0564	.0499	.0422	.0346	.0316	.0285	.0255	.0226	.0198	
DEP. RATIO	68.0	63.4	57.8	52.9	49.3	47.9	47.9	48.5	49.7	51.1

LATIN AMERICA AND THE CARIBBEAN

Summary Projection for 25-Year Periods

AGE GROUP	1990	2000	2025	2050	2075	2100	2125	2150
TOTAL M+F	434575	512252	686028	804099	859220	882684	898700	905968
MALES								
0-4	27630	27017	27226	27189	27129	27091	27084	27083
5-9	26526	27774	27367	27122	27071	27057	27062	27064
10-14	24519	27042	27089	26969	27022	27050	27061	27062
15-19	22872	26138	26582	26801	26989	27046	27049	27048
20-24	20807	23959	26195	26718	26978	27010	27004	27000
25-29	18720	22082	26085	26769	26923	26921	26918	26924
30-34	15621	19961	26789	26849	26781	26795	26826	26847
35-39	13176	17930	25833	26431	26518	26652	26739	26773
40-44	10760	14896	24650	25749	26212	26502	26637	26673
45-49	8602	12455	22266	25135	25957	26347	26480	26515
50-54	7160	9999	20102	24604	25687	26033	26172	26227
55-59	6040	7753	17502	24536	25215	25451	25678	25794
60-64	4951	6140	14769	22582	24004	24537	24983	25193
65-69	3743	4784	11092	20009	22185	23258	23997	24304
70-74	2619	3444	7890	16057	19898	21519	22552	22934
75+	3075	3544	8232	22930	38485	45393	50231	52486
TOTAL	216819	254919	339669	396451	423053	434663	442476	445927
FEMALES								
0-4	26757	25923	26041	25945	25864	25827	25821	25820
5-9	25842	26704	26211	25905	25816	25802	25806	25808
10-14	23984	26254	25976	25782	25773	25798	25808	25808
15-19	22514	25546	25542	25662	25758	25808	25809	25806
20-24	20610	23595	25276	25660	25809	25817	25803	25797
25-29	18705	21994	25302	25812	25844	25797	25781	25781
30-34	15767	20079	26123	25987	25790	25739	25750	25763
35-39	13372	18229	25553	25685	25620	25662	25722	25746
40-44	10921	15346	24692	25158	25437	25602	25701	25721
45-49	8793	12965	22637	24758	25345	25588	25665	25679
50-54	7432	10495	20897	24562	25344	25517	25572	25596
55-59	6409	8315	18750	25015	25282	25302	25403	25474
60-64	5368	6835	16528	23955	24649	24903	25170	25317
65-69	4198	5607	13216	22376	23647	24382	24879	25104
70-74	3076	4280	10189	19351	22478	23733	24482	24752
75+	4007	5165	13426	36034	57712	66746	73053	76068
TOTAL	217756	257333	346360	407648	436167	448022	456224	460041
BIRTH RATE		24.0	18.2	14.3	12.7	12.2	11.9	11.8
DEATH RATE		6.7	6.4	8.0	10.1	11.1	11.2	11.4
NET MIGRATION RATE		-.9	-.3	.0	.0	.0	.0	.0
GROWTH RATE		1.64	1.17	.64	.27	.11	.07	.03
TOTAL FERTILITY		2.849	2.242	2.098	2.067	2.062	2.059	2.058
e(0) - BOTH SEXES		68.72	72.73	77.16	81.39	83.34	84.96	85.57
IMR - BOTH SEXES		41.7	26.0	13.3	4.1	2.9	2.3	2.1

NORTHERN AMERICA

Population Projection (thousands)

AGE GROUP	1990	1995	2000	2005	2010	2015	2020	2025	2030	2035
TOTAL M+F	280547	295333	309395	322088	333559	344036	353725	361885	367644	371178
MALES										
0-4	10614	11740	11429	11131	11117	11349	11626	11712	11615	11494
5-9	10474	10785	11894	11555	11215	11171	11380	11634	11697	11601
10-14	9939	10602	10901	11987	11618	11257	11198	11390	11627	11691
15-19	10288	10060	10711	10989	12043	11653	11276	11201	11376	11614
20-24	10959	10517	10272	10883	11101	12110	11685	11277	11169	11345
25-29	12191	11265	10799	10504	11033	11194	12149	11682	11233	11127
30-34	12285	12441	11498	10992	10631	11109	11226	12140	11637	11191
35-39	11181	12443	12588	11621	11068	10673	11117	11206	12089	11590
40-44	9863	11241	12492	12620	11629	11056	10644	11067	11138	12018
45-49	7734	9815	11184	12422	12540	11547	10972	10555	10966	11040
50-54	6269	7591	9645	11003	12224	12340	11364	10799	10389	10800
55-59	5736	6044	7350	9367	10708	11903	12025	11082	10538	10148
60-64	5595	5392	5731	7015	8985	10285	11448	11581	10689	10180
65-69	5090	5060	4948	5317	6568	8431	9675	10795	10946	10127
70-74	3816	4322	4397	4377	4779	5926	7638	8800	9858	10036
75+	5162	5594	6447	7192	7753	8424	9854	12285	14881	17400
TOTAL	137196	144912	152289	158975	165011	170429	175275	179205	181849	183404
FEMALES										
0-4	10081	11169	10867	10579	10561	10780	11042	11122	11029	10913
5-9	9952	10262	11333	11000	10669	10621	10816	11054	11112	11019
10-14	9429	10086	10383	11430	11066	10714	10651	10829	11051	11109
15-19	9747	9577	10219	10489	11499	11113	10745	10664	10824	11046
20-24	10544	10025	9827	10417	10621	11587	11171	10770	10655	10815
25-29	12043	10868	10317	10059	10570	10723	11653	11198	10757	10643
30-34	12372	12280	11083	10488	10171	10642	10768	11666	11181	10742
35-39	11327	12511	12405	11184	10551	10209	10663	10768	11645	11162
40-44	10074	11373	12548	12431	11196	10552	10202	10644	10739	11615
45-49	7964	10047	11342	12510	12390	11156	10513	10162	10598	10696
50-54	6581	7891	9961	11250	12413	12296	11075	10439	10092	10530
55-59	6201	6469	7772	9825	11111	12266	12158	10957	10333	9996
60-64	6353	6031	6315	7609	9644	10917	12063	11968	10796	10192
65-69	6225	6070	5800	6107	7394	9385	10640	11775	11701	10572
70-74	5091	5750	5673	5475	5815	7059	8984	10214	11335	11294
75+	9366	10011	11262	12262	12877	13585	15305	18449	21950	25431
TOTAL	143351	150421	157107	163113	168548	173607	178450	182679	185796	187774

BIRTH RATE		15.9	14.7	13.8	13.2	13.1	13.0	12.8	12.5	12.2
DEATH RATE		8.5	7.9	7.6	7.5	7.8	8.0	8.5	9.3	10.3
RATE OF NAT. INC.		.75	.69	.61	.57	.53	.50	.43	.32	.19
NET MIGRATION RATE		2.8	2.4	1.9	1.3	.9	.6	.3	.0	.0
GROWTH RATE		1.03	.93	.80	.70	.62	.56	.46	.32	.19
TOTAL FERTILITY		2.073	2.061	2.057	2.059	2.062	2.065	2.068	2.071	2.071
NRR		.993	.989	.989	.991	.993	.995	.997	.999	1.000
e(0) - BOTH SEXES		76.82	78.16	79.31	80.38	80.76	81.14	81.53	81.93	82.34
e(15) - BOTH SEXES		62.80	64.02	65.07	66.06	66.39	66.74	67.10	67.46	67.83
IMR - BOTH SEXES		8.5	7.2	6.2	5.5	5.2	4.9	4.5	4.2	3.9
q(5) - BOTH SEXES		.0107	.0092	.0081	.0072	.0069	.0065	.0061	.0057	.0054
DEP. RATIO	51.4	52.3	51.6	50.7	50.2	52.7	57.3	63.1	68.0	69.9

NORTHERN AMERICA

Summary Projection for 25-Year Periods

AGE GROUP	1990	2000	2025	2050	2075	2100	2125	2150
TOTAL M+F	280547	309395	361885	374376	380929	384376	386892	388108
MALES								
0-4	10614	11429	11712	11582	11541	11538	11542	11543
5-9	10474	11894	11634	11508	11513	11529	11536	11536
10-14	9939	10901	11390	11447	11515	11536	11537	11535
15-19	10288	10711	11201	11467	11539	11540	11531	11528
20-24	10959	10272	11277	11559	11551	11520	11509	11508
25-29	12191	10799	11682	11611	11505	11472	11473	11479
30-34	12285	11498	12140	11505	11406	11420	11442	11451
35-39	11181	12588	11206	11224	11310	11389	11420	11425
40-44	9863	12492	11067	10989	11287	11374	11388	11385
45-49	7734	11184	10555	11003	11323	11337	11322	11318
50-54	6269	9645	10799	11279	11275	11203	11193	11203
55-59	5736	7350	11082	11512	11005	10958	11005	11039
60-64	5595	5731	11581	10333	10493	10642	10765	10814
65-69	5090	4948	10795	9767	9910	10276	10428	10471
70-74	3816	4397	8800	8673	9359	9774	9891	9924
75+	5162	6447	12285	19438	21517	22187	22870	23274
TOTAL	137196	152289	179205	184899	188049	189695	190853	191432
FEMALES								
0-4	10081	10867	11122	10996	10956	10953	10956	10957
5-9	9952	11333	11054	10929	10932	10947	10953	10953
10-14	9429	10383	10829	10873	10934	10954	10955	10953
15-19	9747	10219	10664	10899	10962	10963	10954	10951
20-24	10544	9827	10770	11006	10990	10959	10948	10947
25-29	12043	10317	11198	11086	10974	10938	10937	10942
30-34	12372	11083	11666	11014	10904	10912	10931	10938
35-39	11327	12405	10768	10776	10837	10905	10931	10935
40-44	10074	12548	10644	10591	10847	10921	10930	10925
45-49	7964	11342	10162	10668	10933	10933	10913	10906
50-54	6581	9961	10439	11040	10977	10888	10869	10875
55-59	6201	7772	10957	11420	10852	10777	10810	10838
60-64	6353	6315	11968	10432	10541	10651	10755	10795
65-69	6225	5800	11775	10150	10252	10574	10700	10729
70-74	5091	5673	10214	9437	10145	10511	10592	10605
75+	9366	11262	18449	28160	30845	31893	32903	33426
TOTAL	143351	157107	182679	189477	192881	194681	196039	196676
BIRTH RATE		15.3	13.2	12.2	12.0	11.8	11.7	11.6
DEATH RATE		8.2	7.9	10.8	11.3	11.4	11.4	11.5
NET MIGRATION RATE		2.6	1.0	.0	.0	.0	.0	.0
GROWTH RATE		.98	.63	.14	.07	.04	.03	.01
TOTAL FERTILITY		2.068	2.062	2.069	2.064	2.063	2.062	2.061
e(0) - BOTH SEXES		77.51	80.66	82.76	84.55	85.33	85.95	86.19
IMR - BOTH SEXES		7.9	5.2	3.6	2.4	2.1	2.0	1.9

ASIA

Population Projection (thousands)

AGE GROUP	1990	1995	2000	2005	2010	2015	2020	2025	2030	2035
TOTAL M+F	3173552	3443274	3703172	3950875	4194182	4425726	4648772	4860377	5053974	5226501
MALES										
0-4	196830	197773	196404	193756	195354	195283	197344	198730	198345	197399
5-9	175233	193249	194843	194085	191914	193661	193756	195959	197498	197273
10-14	165212	174130	192270	194026	193394	191288	193088	193240	195497	197086
15-19	171473	163977	172989	191221	193121	192551	190512	192368	192584	194891
20-24	161855	169520	162262	171425	189802	191766	191276	189328	191257	191544
25-29	139799	159610	167398	160456	169834	188177	190206	189800	187954	189948
30-34	118262	137688	157502	165452	158847	168218	186532	188634	188328	186585
35-39	107625	116215	135571	155393	163525	157051	166418	184704	186900	186710
40-44	84264	105385	113934	133197	153006	161118	154812	164168	182404	184710
45-49	68306	81882	102584	111079	130172	149725	157818	151758	161103	179256
50-54	61666	65508	78701	98807	107200	125851	145011	153066	147363	156675
55-59	54492	57938	61669	74321	93552	101697	119716	138319	146345	141178
60-64	44200	49609	52851	56454	68339	86321	94156	111315	129172	137199
65-69	32487	38272	43111	46121	49578	60444	76747	84160	100147	116983
70-74	21514	25917	30712	34832	37587	40831	50327	64415	71223	85607
75+	21062	24664	29586	35674	42025	47914	54046	65245	82828	98599
TOTAL	1624280	1761337	1892388	2016298	2137249	2251896	2361764	2465208	2558946	2641643
FEMALES										
0-4	187999	187866	186512	183902	185192	184943	186755	187960	187485	186471
5-9	165054	184932	185383	184585	182406	183817	183704	185632	186961	186617
10-14	154850	164104	184119	184736	184061	181928	183380	183312	185279	186646
15-19	160825	153708	163098	183258	184026	183406	181333	182839	182829	184844
20-24	152646	159010	152197	161806	182135	182974	182440	180462	182058	182135
25-29	131908	150486	157107	150662	160465	180804	181726	181303	179451	181149
30-34	111034	129861	148547	155419	149271	159079	179416	180429	180128	178401
35-39	100893	109139	127966	146744	153813	147786	157596	177922	179042	178870
40-44	79167	98987	107253	126051	144867	151959	146079	155891	176194	177437
45-49	64751	77321	96877	105163	123875	142534	149659	143976	153794	174049
50-54	58761	62691	75062	94277	102584	121009	139451	146622	141215	151044
55-59	52497	56134	60045	72170	90942	99129	117171	135327	142578	137560
60-64	43453	49020	52591	56509	68324	86332	94373	111907	129696	137092
65-69	33874	38947	44189	47697	51657	62869	79800	87663	104508	121823
70-74	24010	28294	32796	37581	41014	44840	55171	70567	78172	94046
75+	27549	31438	37042	44016	52302	60419	68951	83358	105637	126673
TOTAL	1549272	1681937	1810784	1934577	2056933	2173830	2287008	2395169	2495028	2584858
BIRTH RATE		25.0	22.8	20.8	19.5	18.4	17.6	16.8	16.0	15.3
DEATH RATE		8.4	8.1	7.8	7.5	7.6	7.7	7.9	8.2	8.6
RATE OF NAT. INC.		1.66	1.47	1.30	1.20	1.08	.99	.89	.78	.67
NET MIGRATION RATE		-.3	-.2	-.1	-.0	-.0	-.0	.0	.0	.0
GROWTH RATE		1.63	1.46	1.29	1.20	1.07	.98	.89	.78	.67
TOTAL FERTILITY		3.004	2.779	2.601	2.477	2.344	2.273	2.235	2.205	2.179
NRR		1.290	1.209	1.167	1.131	1.069	1.039	1.028	1.020	1.014
e(0) - BOTH SEXES		65.30	66.49	67.86	69.37	70.18	71.03	71.92	72.85	73.84
e(15) - BOTH SEXES		55.58	56.09	56.80	57.69	58.28	58.90	59.55	60.24	60.96
IMR - BOTH SEXES		59.6	52.4	45.0	37.6	34.3	31.3	28.2	25.0	21.8
q(5) - BOTH SEXES		.0798	.0688	.0582	.0480	.0440	.0402	.0363	.0323	.0281
DEP. RATIO	61.3	59.9	57.8	53.7	50.5	48.6	48.7	49.1	50.4	52.3

ASIA

Summary Projection for 25-Year Periods

AGE GROUP	1990	2000	2025	2050	2075	2100	2125	2150
TOTAL M+F	3173552	3703172	4860377	5637914	6069932	6288576	6438342	6508625
MALES								
0-4	196830	196404	198730	196995	196873	196710	196679	196647
5-9	175233	194843	195959	196077	196610	196582	196546	196507
10-14	165212	192270	193240	195705	196633	196608	196520	196480
15-19	171473	172989	192368	195770	196502	196486	196360	196359
20-24	161855	162262	189328	195601	196005	195996	195990	196018
25-29	139799	167398	189800	194539	194711	195197	195402	195490
30-34	118262	157502	188634	191650	193297	194428	194835	194945
35-39	107625	135571	184704	187883	192069	193728	194259	194372
40-44	84264	113934	164168	185564	191040	192704	193394	193550
45-49	68306	102584	151758	180699	189475	191107	191991	192345
50-54	61666	78701	153066	177822	185919	187831	189543	190247
55-59	54492	61669	138319	171253	178918	183047	185987	187137
60-64	44200	52851	111315	159602	169068	176722	181101	182718
65-69	32487	43111	84160	130850	157535	167993	173759	176000
70-74	21514	30712	64415	106788	139659	154842	162535	165619
75+	21062	29586	65245	167890	257199	311925	354625	375460
TOTAL	1624280	1892388	2465208	2834688	3031511	3131906	3199525	3229893
FEMALES								
0-4	187999	186512	187960	185671	185332	185210	185196	185170
5-9	165054	185383	185632	185020	185121	185124	185109	185079
10-14	154850	184119	183312	184876	185157	185157	185098	185067
15-19	160825	163098	182839	185239	185142	185130	185032	185035
20-24	152646	152197	180462	185574	185137	184960	184948	184970
25-29	131908	157107	181303	185145	184562	184664	184809	184875
30-34	111034	148547	180429	182851	183834	184359	184665	184754
35-39	100893	127966	177922	179707	183269	184103	184496	184582
40-44	79167	107253	155891	178120	183018	183684	184194	184300
45-49	64751	96877	143976	174428	182464	183102	183644	183916
50-54	58761	75062	146622	173268	180627	181572	182713	183278
55-59	52497	60045	135327	169439	176261	179382	181448	182378
60-64	43453	52591	111907	162620	170113	176677	179824	181131
65-69	33874	44189	87663	136008	163858	173196	177393	179240
70-74	24010	32796	70567	116358	152862	167364	173513	176079
75+	27549	37042	83358	218903	351662	432987	496736	528878
TOTAL	1549272	1810784	2395169	2803227	3038420	3156670	3238816	3278732
BIRTH RATE		23.9	18.5	14.8	13.1	12.4	12.0	11.8
DEATH RATE		8.2	7.7	8.9	10.2	11.0	11.1	11.4
NET MIGRATION RATE		-.2	-.0	.0	.0	.0	.0	.0
GROWTH RATE		1.54	1.09	.59	.30	.14	.09	.04
TOTAL FERTILITY		2.889	2.378	2.157	2.090	2.080	2.073	2.072
e(0) - BOTH SEXES		65.92	70.18	74.99	79.83	82.28	84.40	85.20
IMR - BOTH SEXES		56.0	35.3	18.6	6.0	3.7	2.5	2.2

EAST AND SOUTHEAST ASIA

Population Projection (thousands)

AGE GROUP	1990	1995	2000	2005	2010	2015	2020	2025	2030	2035
TOTAL M+F	1787889	1904032	2009513	2102630	2192687	2278106	2357679	2429743	2491742	2542117
MALES										
0-4	96533	93049	89993	86236	87114	88060	88631	88796	88669	88182
5-9	84049	95472	92188	89314	85712	86634	87621	88237	88448	88363
10-14	84038	83602	95066	91853	89039	85474	86418	87428	88068	88301
15-19	97019	83481	83110	94596	91455	88680	85156	86125	87162	87827
20-24	95805	96056	82704	82411	93919	90833	88112	84647	85651	86719
25-29	82307	94667	95025	81866	81668	93150	90120	87456	84056	85091
30-34	68052	81254	93617	94063	81103	80939	92397	89427	86824	83488
35-39	66065	67042	80193	92529	93074	80262	80137	91569	88672	86138
40-44	50952	64860	65886	78940	91233	91820	79201	79126	90514	87707
45-49	40985	49667	63293	64367	77274	89420	90074	77741	77742	89063
50-54	37592	39429	47877	61089	62238	74847	86761	87515	75609	75716
55-59	33328	35427	37231	45335	57973	59175	71355	82940	83858	72589
60-64	27299	30447	32416	34181	41834	53632	54932	66528	77679	78860
65-69	19911	23735	26567	28383	30155	37174	47850	49283	60090	70653
70-74	13406	16001	19187	21617	23313	25045	31212	40428	42004	51741
75+	13294	15749	18873	22886	27041	30837	34579	41781	53203	61238
TOTAL	910635	969936	1023226	1069666	1114144	1155982	1194555	1229026	1258250	1281675
FEMALES										
0-4	92583	87089	84249	80704	81421	82215	82669	82779	82625	82124
5-9	79269	91747	86437	83755	80344	81092	81915	82401	82542	82415
10-14	79285	78914	91443	86203	83578	80191	80954	81791	82294	82448
15-19	91951	78845	78548	91120	85958	83361	80001	80783	81640	82159
20-24	91612	91196	78270	78067	90705	85596	83039	79722	80535	81416
25-29	78681	90666	90401	77661	77570	90216	85164	82657	79395	80238
30-34	64869	77762	89787	89648	77099	77049	89687	84700	82249	79041
35-39	62823	64008	76866	88902	88899	76477	76466	89090	84181	81790
40-44	47851	61856	63094	75886	87928	87990	75724	75762	88362	83547
45-49	38341	46904	60693	61989	74694	86646	86793	74744	74849	87408
50-54	35198	37258	45663	59170	60558	73067	84889	85156	73415	73614
55-59	31955	33765	35813	44019	57166	58610	70857	82510	82952	71641
60-64	26835	30023	31796	33847	41803	54392	55929	67829	79267	79975
65-69	21318	24297	27293	29037	31130	38676	50482	52173	63605	74771
70-74	15624	18114	20769	23503	25245	27336	34289	44991	46906	57684
75+	19060	21651	25166	29452	34444	39212	44267	53629	68676	80168
TOTAL	877254	934096	986287	1032964	1078542	1122125	1163124	1200716	1233492	1260441
BIRTH RATE		20.4	18.5	16.8	16.1	15.6	15.1	14.6	14.2	13.8
DEATH RATE		7.5	7.6	7.6	7.7	7.9	8.2	8.6	9.1	9.7
RATE OF NAT. INC.		1.29	1.09	.92	.84	.77	.69	.60	.50	.40
NET MIGRATION RATE		-.3	-.1	-.1	-.0	-.0	-.0	.0	.0	.0
GROWTH RATE		1.26	1.08	.91	.84	.76	.69	.60	.50	.40
TOTAL FERTILITY		2.281	2.150	2.086	2.090	2.085	2.085	2.103	2.128	2.135
NRR		1.023	.969	.958	.968	.965	.967	.979	.995	1.001
e(0) - BOTH SEXES		68.45	69.19	70.16	71.33	72.07	72.85	73.67	74.53	75.43
e(15) - BOTH SEXES		56.82	57.21	57.75	58.52	59.12	59.75	60.41	61.11	61.85
IMR - BOTH SEXES		36.9	33.1	28.2	23.4	21.5	19.5	17.6	15.7	13.8
q(5) - BOTH SEXES		.0472	.0418	.0352	.0289	.0266	.0242	.0219	.0196	.0173
DEP. RATIO	52.9	51.8	50.8	47.1	44.8	44.5	46.7	48.5	51.5	55.6

EAST AND SOUTHEAST ASIA

Summary Projection for 25-Year Periods

AGE GROUP	1990	2000	2025	2050	2075	2100	2125	2150
TOTAL M+F	1787889	2009513	2429743	2644376	2751362	2824437	2880755	2907319
MALES								
0-4	96533	89993	88796	88429	88307	88245	88244	88239
5-9	84049	92188	88237	87948	88150	88176	88187	88179
10-14	84038	95066	87428	87582	88135	88196	88185	88170
15-19	97019	83110	86125	87653	88146	88174	88125	88115
20-24	95805	82704	84647	87709	88026	87985	87955	87960
25-29	82307	95025	87456	87253	87548	87624	87682	87724
30-34	68052	93617	89427	86471	86831	87245	87422	87486
35-39	66065	80193	91569	85182	86105	86922	87183	87246
40-44	50952	65886	79126	83279	85707	86551	86841	86898
45-49	40985	63293	77741	81055	85184	85961	86256	86363
50-54	37592	47877	87515	82306	83692	84641	85184	85429
55-59	33328	37231	82940	81703	81161	82502	83605	84059
60-64	27299	32416	66528	79871	77300	79644	81476	82140
65-69	19911	26567	49283	63932	71678	76005	78363	79231
70-74	13406	19187	40428	55891	64055	70559	73571	74702
75+	13294	18873	41781	101893	128392	145693	162285	170514
TOTAL	910635	1023226	1229026	1328157	1378416	1414123	1440566	1452456
FEMALES								
0-4	92583	84249	82779	82166	81952	81900	81902	81898
5-9	79269	86437	82401	81819	81826	81854	81867	81861
10-14	79285	91443	81791	81578	81821	81879	81871	81858
15-19	91951	78548	80783	81792	81877	81897	81853	81844
20-24	91612	78270	79722	82089	81963	81849	81812	81813
25-29	78681	90401	82657	81963	81803	81714	81742	81770
30-34	64869	89787	84700	81494	81406	81550	81676	81723
35-39	62823	76866	89090	80575	81007	81432	81621	81723
40-44	47851	63094	75762	79162	80991	81332	81621	81663
45-49	38341	60693	74744	77571	80958	81196	81530	81558
50-54	35198	45663	85156	79557	80297	80669	81332	81396
55-59	31955	35813	82510	80170	79020	79717	80948	81124
60-64	26835	31796	67829	82204	76930	78513	80408	80752
65-69	21318	27293	52173	66968	73800	77280	79754	80262
70-74	15624	20769	44991	61646	69460	75244	78863	79530
75+	19060	25166	53629	135465	177836	202288	225589	237537
TOTAL	877254	986287	1200716	1316219	1372945	1410314	1440189	1454863
BIRTH RATE		19.4	15.6	13.5	12.7	12.3	12.0	11.8
DEATH RATE		7.5	8.0	10.2	11.1	11.2	11.2	11.4
NET MIGRATION RATE		-.2	-.0	.0	.0	.0	.0	.0
GROWTH RATE		1.17	.76	.34	.16	.10	.08	.04
TOTAL FERTILITY		2.216	2.088	2.124	2.099	2.092	2.088	2.087
e(0) - BOTH SEXES		68.83	72.08	76.46	80.90	83.00	84.77	85.43
IMR - BOTH SEXES		35.1	22.0	11.9	4.4	3.1	2.3	2.1

SOUTH ASIA

Population Projection (thousands)

AGE GROUP	1990	1995	2000	2005	2010	2015	2020	2025	2030	2035
TOTAL M+F	1185466	1314669	1443526	1571022	1695549	1812186	1926690	2038382	2143630	2240955
MALES										
0-4	85106	89151	89942	90224	89828	87988	89319	90638	90493	90073
5-9	78211	82800	87278	88453	89039	88746	87025	88443	89856	89818
10-14	69312	77633	82311	86851	88089	88701	88439	86751	88193	89632
15-19	64084	68719	77073	81804	86412	87673	88311	88078	86424	87887
20-24	57073	63208	67908	76310	81166	85782	87071	87740	87545	85930
25-29	49572	56079	62256	67052	75570	80430	85053	86373	87078	86919
30-34	42923	48630	55151	61380	66311	74792	79660	84293	85651	86395
35-39	35391	42003	47702	54241	60553	65476	73918	78795	83446	84850
40-44	28438	34481	41019	46709	53280	59542	64451	72837	77723	82389
45-49	23886	27481	33411	39852	45518	51995	58185	63068	71373	76264
50-54	20920	22789	26279	32052	38335	43868	50202	56279	61115	69291
55-59	18084	19554	21346	24697	30212	36230	41572	47704	53621	58386
60-64	14542	16368	17745	19446	22564	27732	33389	38471	44326	50024
65-69	10873	12504	14130	15399	16942	19786	24482	29649	34368	39835
70-74	7243	8565	9905	11277	12372	13744	16214	20270	24776	28989
75+	6717	7842	9296	10991	12740	14598	16727	19889	24906	31393
TOTAL	612376	677809	742750	806736	868932	927082	984017	1039275	1090894	1138073
FEMALES										
0-4	80749	85813	86455	86615	86135	84313	85528	86728	86525	86061
5-9	73371	78700	84146	85141	85579	85188	83470	84762	86046	85937
10-14	64231	72839	78258	83771	84830	85289	84923	83233	84546	85851
15-19	59006	63597	72268	77762	83347	84432	84923	84591	82939	84279
20-24	52429	58043	62765	71509	77106	82708	83842	84385	84111	82519
25-29	45592	51323	57050	61895	70717	76326	81954	83151	83762	83560
30-34	39317	44560	50365	56173	61122	69911	75534	81188	82451	83133
35-39	32412	38371	43655	49510	55378	60328	69082	74715	80397	81729
40-44	26731	31555	37488	42793	48679	54512	59459	68168	73812	79519
45-49	23048	25918	30701	36591	41900	47727	53515	58450	67101	72750
50-54	20307	22160	25004	29732	35560	40787	46535	52261	57176	65748
55-59	17408	19233	21071	23888	28543	34215	39333	44976	50622	55510
60-64	14073	16035	17818	19649	22433	26908	32365	37337	42842	48385
65-69	10517	12327	14171	15902	17720	20359	24574	29734	34505	39825
70-74	7154	8432	10011	11680	13312	14994	17418	21253	25983	30461
75+	6743	7955	9550	11675	14258	17108	20218	24176	29917	37614
TOTAL	573090	636861	700776	764286	826618	885103	942673	999107	1052736	1102882
BIRTH RATE		31.0	27.9	25.2	22.9	20.8	19.7	18.7	17.6	16.6
DEATH RATE		10.0	9.0	8.2	7.6	7.4	7.4	7.4	7.6	7.8
RATE OF NAT. INC.		2.10	1.89	1.70	1.53	1.33	1.23	1.13	1.01	.89
NET MIGRATION RATE		-.3	-.2	-.1	-.1	-.0	-.0	.0	.0	.0
GROWTH RATE		2.07	1.87	1.69	1.53	1.33	1.23	1.13	1.01	.89
TOTAL FERTILITY		4.038	3.602	3.208	2.844	2.531	2.387	2.306	2.239	2.201
NRR		1.664	1.522	1.387	1.256	1.128	1.072	1.044	1.022	1.013
e(0) - BOTH SEXES	60.31	62.32	64.39	66.44	67.43	68.44	69.50	70.59	71.74	
e(15) - BOTH SEXES	53.53	54.27	55.24	56.33	56.96	57.61	58.28	58.99	59.73	
IMR - BOTH SEXES	83.5	72.3	61.7	52.1	47.9	43.6	39.2	34.6	30.1	
q(5) - BOTH SEXES	.1143	.0967	.0812	.0676	.0624	.0569	.0512	.0453	.0394	
DEP. RATIO	73.0	70.7	66.3	61.5	56.3	52.1	49.5	48.5	48.5	48.9

SOUTH ASIA

Summary Projection for 25-Year Periods

AGE GROUP	1990	2000	2025	2050	2075	2100	2125	2150
TOTAL M+F	1185466	1443526	2038382	2484199	2733478	2846975	2926159	2963508
MALES								
0-4	85106	89942	90638	89407	89419	89326	89294	89267
5-9	78211	87278	88443	89083	89348	89282	89230	89201
10-14	69312	82311	86751	89070	89391	89286	89207	89186
15-19	64084	77073	88078	89118	89253	89195	89121	89131
20-24	57073	67908	87740	88958	88904	88941	88960	88979
25-29	49572	62256	86373	88376	88217	88585	88706	88739
30-34	42923	55151	84293	86316	87679	88278	88457	88484
35-39	35391	47702	78795	84156	87251	87973	88177	88206
40-44	28438	41019	72837	84747	86778	87410	87735	87810
45-49	23886	33411	63068	83451	85931	86536	87051	87260
50-54	20920	26279	56279	80520	84131	84898	85915	86303
55-59	18084	21346	47704	75972	80114	82734	84289	84866
60-64	14542	17745	38471	67294	75031	79834	82007	82794
65-69	10873	14130	29649	57111	70890	75634	78476	79632
70-74	7243	9905	20270	43109	62971	69227	73108	74783
75+	6717	9296	19889	56001	107824	135844	157734	168358
TOTAL	612376	742750	1039275	1252689	1363128	1412982	1447466	1463001
FEMALES								
0-4	80749	86455	86728	85244	85155	85095	85079	85059
5-9	73371	84146	84762	85025	85096	85064	85036	85013
10-14	64231	78258	83233	85093	85136	85068	85019	85005
15-19	59006	72268	84591	85259	85054	85020	84976	84990
20-24	52429	62765	84385	85301	84942	84911	84942	84963
25-29	45592	57050	83151	84949	84585	84779	84888	84919
30-34	39317	50365	81188	83104	84348	84672	84825	84856
35-39	32412	43655	74715	81116	84189	84560	84724	84759
40-44	26731	37488	68168	81828	84024	84267	84535	84606
45-49	23048	30701	58450	80912	83585	83850	84230	84421
50-54	20307	25004	52261	78746	82484	82988	83769	84116
55-59	17408	21071	44976	75421	79558	81971	83165	83671
60-64	14073	17818	37337	67258	75994	80666	82342	83025
65-69	10517	14171	29734	58266	74090	78770	81008	82034
70-74	7154	10011	21253	45570	69105	75510	78893	80413
75+	6743	9550	24176	68420	143006	186801	221262	238657
TOTAL	573090	700776	999107	1231510	1370349	1433993	1478692	1500507

	1990	2000	2025	2050	2075	2100	2125	2150
BIRTH RATE		29.4	21.2	15.9	13.4	12.6	12.1	11.9
DEATH RATE		9.5	7.6	8.1	9.6	10.9	11.0	11.4
NET MIGRATION RATE		-.2	-.0	.0	.0	.0	.0	.0
GROWTH RATE		1.97	1.38	.79	.38	.16	.11	.05
TOTAL FERTILITY		3.808	2.619	2.177	2.085	2.071	2.062	2.060
e(0) - BOTH SEXES		61.37	67.41	73.07	78.57	81.44	83.98	84.94
IMR - BOTH SEXES		77.9	49.0	25.6	7.6	4.4	2.6	2.3

CENTRAL ASIA

Population Projection (thousands)

AGE GROUP	1990	1995	2000	2005	2010	2015	2020	2025	2030	2035
TOTAL M+F	66786	72008	77443	83450	89717	95927	101754	107188	112205	116861
MALES										
0-4	4613	4481	4243	4278	4477	4562	4453	4354	4356	4405
5-9	4144	4493	4411	4216	4256	4456	4542	4436	4339	4343
10-14	3502	4069	4449	4397	4205	4245	4446	4533	4428	4333
15-19	3115	3425	4021	4428	4379	4189	4230	4431	4520	4416
20-24	2819	2987	3348	3989	4397	4350	4163	4206	4407	4497
25-29	2508	2659	2894	3315	3954	4360	4316	4133	4177	4379
30-34	2634	2365	2575	2863	3284	3920	4325	4283	4104	4150
35-39	2177	2510	2293	2543	2831	3250	3881	4285	4247	4072
40-44	1661	2075	2436	2253	2504	2790	3206	3831	4234	4201
45-49	991	1578	2001	2374	2202	2450	2733	3144	3763	4164
50-54	1074	932	1504	1923	2289	2128	2371	2650	3055	3663
55-59	1190	998	870	1414	1815	2168	2022	2260	2533	2929
60-64	906	1072	902	790	1291	1667	2001	1876	2108	2374
65-69	716	775	920	778	686	1130	1471	1781	1684	1906
70-74	284	563	612	731	624	558	929	1225	1501	1437
75+	336	347	544	676	830	845	820	1097	1482	1921
TOTAL	32670	35328	38023	40968	44025	47066	49910	52528	54938	57188
FEMALES										
0-4	4461	4317	4084	4114	4300	4379	4272	4175	4174	4219
5-9	4031	4351	4257	4066	4100	4287	4366	4261	4165	4166
10-14	3426	3963	4315	4249	4060	4094	4281	4362	4257	4162
15-19	3074	3349	3922	4307	4243	4054	4089	4276	4357	4253
20-24	2763	2940	3282	3914	4299	4235	4048	4082	4270	4351
25-29	2624	2607	2864	3274	3905	4290	4227	4040	4075	4263
30-34	2710	2500	2545	2855	3265	3895	4279	4217	4031	4067
35-39	2220	2618	2452	2534	2845	3254	3883	4266	4205	4021
40-44	1720	2157	2579	2437	2521	2830	3238	3865	4248	4188
45-49	1065	1675	2122	2553	2417	2500	2808	3215	3839	4221
50-54	1230	1034	1641	2090	2520	2386	2471	2777	3181	3800
55-59	1311	1188	1004	1603	2048	2472	2344	2429	2733	3133
60-64	1075	1245	1139	968	1553	1988	2404	2284	2371	2672
65-69	995	990	1161	1074	921	1480	1901	2306	2199	2290
70-74	565	863	877	1048	986	849	1370	1770	2160	2072
75+	844	882	1176	1395	1711	1868	1863	2334	3000	3794
TOTAL	34116	36680	39419	42482	45692	48861	51845	54661	57267	59673
BIRTH RATE		26.7	23.2	21.5	20.8	19.7	18.0	16.6	15.8	15.3
DEATH RATE		7.1	6.7	6.6	6.3	6.3	6.2	6.2	6.7	7.1
RATE OF NAT. INC.		1.96	1.65	1.49	1.45	1.34	1.18	1.04	.92	.81
NET MIGRATION RATE		-4.6	-2.0	.0	.0	.0	.0	.0	.0	.0
GROWTH RATE		1.51	1.46	1.49	1.45	1.34	1.18	1.04	.91	.81
TOTAL FERTILITY		3.428	3.062	2.751	2.540	2.357	2.194	2.111	2.093	2.088
NRR		1.589	1.427	1.291	1.202	1.119	1.043	1.006	1.000	1.000
e(0) - BOTH SEXES		69.26	70.67	72.11	73.56	74.27	75.00	75.76	76.55	77.37
e(15) - BOTH SEXES		57.95	58.78	59.71	60.72	61.28	61.86	62.46	63.08	63.72
IMR - BOTH SEXES		38.2	32.6	27.0	22.1	20.2	18.3	16.4	14.5	12.7
q(5) - BOTH SEXES		.0480	.0401	.0328	.0267	.0244	.0222	.0199	.0178	.0157
DEP. RATIO	71.8	71.8	66.9	59.2	53.2	51.8	51.8	51.9	50.7	50.2

CENTRAL ASIA

Summary Projection for 25-Year Periods

AGE GROUP	1990	2000	2025	2050	2075	2100	2125	2150
TOTAL M+F	66786	77443	107188	128919	140288	144409	146948	148107
MALES								
0-4	4613	4243	4354	4424	4431	4425	4423	4422
5-9	4144	4411	4436	4442	4428	4419	4418	4419
10-14	3502	4449	4533	4434	4414	4413	4417	4418
15-19	3115	4021	4431	4381	4393	4408	4415	4416
20-24	2819	3348	4206	4311	4380	4404	4409	4409
25-29	2508	2894	4133	4282	4381	4397	4397	4397
30-34	2634	2575	4283	4349	4386	4383	4381	4383
35-39	2177	2293	4285	4418	4360	4354	4362	4370
40-44	1661	2436	3831	4287	4284	4314	4341	4353
45-49	991	2001	3144	4030	4188	4277	4317	4329
50-54	1074	1504	2650	3891	4108	4236	4275	4284
55-59	1190	870	2260	3911	4083	4168	4199	4212
60-64	906	902	1876	3724	4011	4033	4080	4109
65-69	716	920	1781	3082	3691	3800	3905	3960
70-74	284	612	1225	2234	3185	3468	3659	3738
75+	336	544	1097	2866	5840	7218	8118	8530
TOTAL	32670	38023	52528	63067	68562	70716	72117	72750
FEMALES								
0-4	4461	4084	4175	4230	4231	4224	4221	4220
5-9	4031	4257	4261	4252	4229	4219	4218	4218
10-14	3426	4315	4362	4250	4218	4214	4217	4218
15-19	3074	3922	4276	4207	4201	4213	4217	4218
20-24	2763	3282	4082	4156	4199	4216	4218	4217
25-29	2624	2864	4040	4148	4217	4222	4217	4215
30-34	2710	2545	4217	4235	4237	4219	4212	4211
35-39	2220	2452	4266	4327	4228	4202	4204	4207
40-44	1720	2579	3865	4232	4177	4180	4197	4204
45-49	1065	2122	3215	4023	4114	4169	4195	4200
50-54	1230	1641	2777	3952	4087	4172	4189	4190
55-59	1311	1004	2429	4080	4141	4170	4170	4170
60-64	1075	1139	2284	4059	4186	4129	4131	4143
65-69	995	1161	2306	3583	4028	4032	4076	4108
70-74	565	877	1770	2853	3729	3897	4010	4058
75+	844	1176	2334	5266	9503	11215	12139	12558
TOTAL	34116	39419	54661	65852	71726	73693	74831	75356
BIRTH RATE		24.9	19.2	14.7	12.8	12.2	11.9	11.7
DEATH RATE		6.9	6.3	7.4	9.4	11.0	11.2	11.4
NET MIGRATION RATE		-3.2	.0	.0	.0	.0	.0	.0
GROWTH RATE		1.48	1.30	.74	.34	.12	.07	.03
TOTAL FERTILITY		3.238	2.368	2.083	2.063	2.059	2.057	2.056
e(0) - BOTH SEXES		69.99	74.26	78.29	82.04	83.77	85.18	85.70
IMR - BOTH SEXES		35.5	20.8	10.8	3.6	2.7	2.2	2.1

SOUTHWEST ASIA

Population Projection (thousands)

AGE GROUP	1990	1995	2000	2005	2010	2015	2020	2025	2030	2035
TOTAL M+F	133410	152565	172690	193773	216229	239507	262648	285063	306398	326568
MALES										
0-4	10577	11091	12226	13017	13934	14673	14942	14942	14827	14739
5-9	8828	10484	10966	12102	12908	13826	14568	14843	14853	14750
10-14	8360	8826	10445	10925	12061	12867	13786	14529	14807	14821
15-19	7255	8352	8785	10393	10876	12009	12815	13734	14479	14760
20-24	6157	7269	8302	8715	10320	10801	11930	12735	13653	14399
25-29	5413	6205	7223	8222	8642	10236	10716	11839	12642	13559
30-34	4654	5439	6159	7146	8149	8567	10151	10630	11749	12552
35-39	3993	4660	5384	6081	7067	8064	8482	10055	10535	11650
40-44	3213	3969	4593	5294	5989	6966	7955	8373	9933	10414
45-49	2444	3157	3879	4486	5177	5861	6826	7805	8224	9766
50-54	2080	2359	3041	3743	4338	5008	5677	6622	7585	8005
55-59	1890	1960	2223	2875	3552	4125	4767	5415	6333	7274
60-64	1453	1721	1788	2036	2650	3290	3833	4439	5060	5942
65-69	988	1258	1495	1562	1794	2354	2943	3447	4006	4589
70-74	580	788	1008	1208	1278	1485	1973	2492	2943	3440
75+	715	727	872	1121	1413	1634	1920	2478	3237	4047
TOTAL	68599	78264	88388	98927	110148	121767	133282	144378	154864	164706
FEMALES										
0-4	10205	10646	11723	12470	13337	14037	14286	14278	14160	14067
5-9	8382	10133	10543	11622	12383	13251	13954	14208	14208	14100
10-14	7908	8388	10104	10512	11593	12354	13222	13925	14182	14185
15-19	6794	7917	8360	10069	10480	11559	12320	13189	13893	14152
20-24	5842	6831	7881	8318	10024	10434	11511	12273	13142	13848
25-29	5011	5891	6793	7832	8273	9972	10381	11456	12218	13088
30-34	4138	5038	5850	6743	7784	8223	9916	10324	11397	12160
35-39	3438	4142	4992	5798	6691	7728	8166	9851	10260	11331
40-44	2865	3419	4093	4935	5739	6627	7658	8096	9772	10182
45-49	2296	2824	3361	4029	4864	5661	6543	7567	8005	9669
50-54	2026	2240	2754	3285	3946	4768	5556	6428	7443	7881
55-59	1823	1948	2157	2661	3185	3833	4637	5412	6272	7275
60-64	1470	1717	1839	2044	2535	3045	3675	4456	5215	6060
65-69	1044	1333	1564	1685	1887	2355	2844	3449	4199	4937
70-74	667	884	1139	1350	1471	1662	2094	2553	3123	3829
75+	902	951	1150	1494	1890	2232	2602	3219	4044	5098
TOTAL	64811	74301	84302	94846	106081	117740	129365	140685	151533	161862

	1990	1995	2000	2005	2010	2015	2020	2025	2030	2035
BIRTH RATE		32.2	31.1	29.1	27.7	26.1	24.1	22.0	20.1	18.6
DEATH RATE		7.0	6.6	6.1	5.7	5.7	5.6	5.6	5.7	5.9
RATE OF NAT. INC.		2.52	2.45	2.31	2.19	2.05	1.85	1.64	1.44	1.28
NET MIGRATION RATE		1.6	.3	-.0	.0	.0	.0	.0	.0	.0
GROWTH RATE		2.68	2.48	2.30	2.19	2.04	1.84	1.64	1.44	1.28
TOTAL FERTILITY		4.406	4.138	3.793	3.536	3.297	3.035	2.773	2.540	2.355
NRR		1.961	1.861	1.725	1.641	1.528	1.405	1.294	1.190	1.106
e(0) - BOTH SEXES		66.39	67.54	68.88	70.30	71.05	71.84	72.67	73.55	74.48
e(15) - BOTH SEXES		56.29	56.90	57.61	58.46	58.99	59.56	60.16	60.80	61.49
IMR - BOTH SEXES		52.2	46.4	39.8	33.5	31.0	28.6	26.0	23.2	20.3
q(5) - BOTH SEXES		.0678	.0599	.0509	.0426	.0396	.0366	.0334	.0298	.0262
DEP. RATIO	79.7	75.3	73.6	68.9	66.0	63.2	60.6	57.8	54.9	52.6

SOUTHWEST ASIA

Summary Projection for 25-Year Periods

AGE GROUP	1990	2000	2025	2050	2075	2100	2125	2150
TOTAL M+F	133410	172690	285063	380420	444804	472756	484480	489690
MALES								
0-4	10577	12226	14942	14734	14716	14714	14719	14718
5-9	8828	10966	14843	14603	14684	14705	14711	14708
10-14	8360	10445	14529	14619	14693	14713	14711	14706
15-19	7255	8785	13734	14618	14710	14708	14699	14696
20-24	6157	8302	12735	14622	14696	14666	14666	14669
25-29	5413	7223	11839	14627	14565	14591	14617	14630
30-34	4654	6159	10630	14515	14400	14523	14575	14591
35-39	3993	5384	10055	14127	14353	14479	14538	14550
40-44	3213	4593	8373	13251	14272	14429	14477	14488
45-49	2444	3879	7805	12164	14173	14333	14367	14393
50-54	2080	3041	6622	11105	13988	14056	14169	14231
55-59	1890	2223	5415	9667	13560	13643	13893	13999
60-64	1453	1788	4439	8713	12726	13211	13537	13674
65-69	988	1495	3447	6726	11276	12554	13014	13176
70-74	580	1008	2492	5554	9448	11589	12196	12396
75+	715	872	2478	7131	15143	23170	26488	28058
TOTAL	68599	88388	144378	190774	221405	234085	239376	241685
FEMALES								
0-4	10205	11723	14278	14031	13995	13991	13994	13994
5-9	8382	10543	14208	13923	13970	13986	13989	13987
10-14	7908	10104	13925	13956	13983	13996	13991	13987
15-19	6794	8360	13189	13981	14010	14000	13986	13983
20-24	5842	7881	12273	14028	14033	13984	13975	13977
25-29	5011	6793	11456	14083	13957	13949	13962	13970
30-34	4138	5850	10324	14019	13844	13917	13953	13963
35-39	3438	4992	9851	13688	13845	13909	13948	13953
40-44	2865	4093	8096	12898	13825	13906	13932	13932
45-49	2296	3361	7567	11922	13807	13887	13888	13899
50-54	2026	2754	6428	11012	13759	13743	13807	13849
55-59	1823	2157	5412	9768	13542	13525	13705	13785
60-64	1470	1839	4456	9100	13003	13369	13597	13700
65-69	1044	1564	3449	7191	11940	13114	13446	13567
70-74	667	1139	2553	6291	10569	12712	13186	13332
75+	902	1150	3219	9753	21318	32683	37746	40126
TOTAL	64811	84302	140685	189646	223400	238670	245104	248005
BIRTH RATE		31.6	25.4	17.5	13.9	12.5	12.0	11.8
DEATH RATE		6.8	5.7	6.1	7.7	10.1	11.0	11.4
NET MIGRATION RATE		.9	.0	.0	.0	.0	.0	.0
GROWTH RATE		2.58	2.00	1.15	.63	.24	.10	.04
TOTAL FERTILITY		4.261	3.230	2.258	2.077	2.068	2.063	2.061
e(0) - BOTH SEXES		67.00	71.13	75.62	80.18	82.48	84.51	85.27
IMR - BOTH SEXES		49.2	31.6	17.3	6.0	3.8	2.4	2.2

EUROPE

Population Projection (thousands)

AGE GROUP	1990	1995	2000	2005	2010	2015	2020	2025	2030	2035
TOTAL M+F	723230	730908	736767	739412	742193	744037	744344	743912	741707	737746
MALES										
0-4	24960	22171	21781	21174	21697	21904	21762	21588	21663	21704
5-9	25455	25046	22169	21723	21120	21646	21857	21720	21550	21628
10-14	25633	25525	25042	22130	21688	21089	21617	21832	21698	21531
15-19	26250	25651	25471	24952	22062	21625	21032	21564	21783	21655
20-24	27436	26273	25545	25295	24799	21939	21512	20928	21466	21691
25-29	28626	27472	26144	25325	25095	24615	21791	21375	20802	21343
30-34	28673	28584	27311	25913	25118	24900	24436	21648	21244	20681
35-39	27039	28488	28332	27042	25678	24896	24689	24244	21497	21105
40-44	24533	26699	28081	27945	26722	25380	24614	24422	24001	21302
45-49	19350	24017	26108	27491	27441	26276	24967	24225	24055	23666
50-54	21386	18709	23214	25264	26682	26702	25615	24355	23649	23510
55-59	19090	20201	17781	22102	24116	25533	25650	24674	23488	22837
60-64	17499	17499	18602	16536	20623	22543	23963	24212	23389	22312
65-69	13222	15295	15433	16533	14911	18638	20433	21852	22268	21647
70-74	7651	10795	12567	12862	13948	12790	16050	17682	19082	19686
75+	12530	11652	13713	16363	18260	20329	20893	24042	27344	30613
TOTAL	349333	354077	357295	358650	359961	360807	360883	360363	358979	356911
FEMALES										
0-4	23670	21087	20703	20115	20601	20796	20659	20490	20559	20595
5-9	24217	23786	21109	20664	20079	20567	20765	20631	20466	20537
10-14	24423	24318	23809	21089	20646	20063	20553	20753	20621	20458
15-19	25037	24535	24340	23780	21065	20625	20044	20537	20739	20609
20-24	26176	25254	24585	24292	23736	21030	20594	20018	20513	20718
25-29	27667	26425	25309	24526	24237	23686	20990	20559	19988	20485
30-34	27995	27821	26438	25239	24462	24178	23634	20948	20521	19953
35-39	26696	28031	27773	26345	25158	24387	24109	23572	20898	20476
40-44	24462	26609	27901	27631	26225	25049	24286	24016	23487	20829
45-49	19722	24257	26382	27675	27438	26053	24892	24141	23882	23365
50-54	22724	19433	23923	26048	27366	27154	25798	24660	23926	23683
55-59	21079	22168	19026	23474	25609	26933	26757	25445	24340	23632
60-64	21325	20277	21426	18483	22885	24994	26329	26209	24961	23907
65-69	19307	19999	19192	20428	17758	22036	24110	25467	25434	24282
70-74	12546	17316	18178	17692	19048	16656	20748	22774	24169	24269
75+	26849	25513	29376	33280	35919	39025	39193	43330	48223	53038
TOTAL	373897	376831	379472	380762	382231	383230	383461	383549	382728	380835
BIRTH RATE		12.0	11.7	11.3	11.5	11.6	11.5	11.4	11.5	11.5
DEATH RATE		10.9	10.5	10.6	10.8	11.1	11.4	11.5	12.0	12.6
RATE OF NAT. INC.		.11	.12	.07	.08	.05	.01	-.01	-.06	-.11
NET MIGRATION RATE		1.0	.4	-.0	-.0	-.0	-.0	.0	.0	.0
GROWTH RATE		.21	.16	.07	.08	.05	.01	-.01	-.06	-.11
TOTAL FERTILITY		1.644	1.660	1.661	1.746	1.834	1.912	1.985	2.052	2.077
NRR		.778	.781	.789	.838	.881	.918	.954	.987	1.000
e(0) - BOTH SEXES	73.68	74.82	75.97	77.09	77.62	78.16	78.73	79.31	79.91	
e(15) - BOTH SEXES	60.00	60.98	61.99	62.99	63.47	63.96	64.48	65.01	65.56	
IMR - BOTH SEXES	12.9	11.2	9.7	8.3	7.8	7.2	6.6	6.1	5.6	
q(5) - BOTH SEXES	.0159	.0139	.0121	.0105	.0099	.0092	.0085	.0079	.0073	
DEP. RATIO	49.8	49.7	49.2	49.3	49.5	52.3	56.5	61.1	65.3	68.5

Summary Projection for 25-Year Periods

EUROPE

AGE GROUP	1990	2000	2025	2050	2075	2100	2125	2150
TOTAL M+F	723230	736767	743912	721238	708185	714324	722104	726002
MALES								
0-4	24960	21781	21588	21687	21688	21684	21683	21682
5-9	25455	22169	21720	21673	21668	21664	21666	21666
10-14	25633	25042	21832	21646	21654	21658	21663	21664
15-19	26250	25471	21564	21628	21625	21642	21650	21652
20-24	27436	25545	20928	21509	21576	21601	21613	21616
25-29	28626	26144	21375	21320	21509	21538	21553	21559
30-34	28673	27311	21648	21367	21437	21467	21488	21500
35-39	27039	28332	24244	21358	21329	21384	21422	21440
40-44	24533	28081	24422	20954	21210	21270	21333	21359
45-49	19350	26108	24225	20171	20970	21118	21201	21236
50-54	21386	23214	24355	20312	20563	20862	20971	21019
55-59	19090	17781	24674	20069	20226	20468	20621	20692
60-64	17499	18602	24212	21545	19640	19879	20118	20227
65-69	13222	15433	21852	20358	18416	19035	19364	19528
70-74	7651	12567	17682	18305	16488	17702	18226	18455
75+	12530	13713	24042	35764	36436	38304	41217	42663
TOTAL	349333	357295	360363	349664	346432	351274	355787	357955
FEMALES								
0-4	23670	20703	20490	20573	20566	20558	20555	20554
5-9	24217	21109	20631	20571	20554	20546	20545	20544
10-14	24423	23809	20753	20554	20545	20543	20543	20543
15-19	25037	24340	20537	20561	20532	20540	20541	20542
20-24	26176	24585	20018	20504	20527	20536	20537	20536
25-29	27667	25309	20559	20406	20523	20528	20527	20527
30-34	27995	26438	20948	20536	20512	20511	20513	20516
35-39	26696	27773	23572	20623	20470	20483	20496	20502
40-44	24462	27901	24016	20360	20442	20443	20473	20482
45-49	19722	26382	24141	19777	20337	20401	20441	20453
50-54	22724	23923	24660	20193	20160	20337	20386	20403
55-59	21079	19026	25445	20391	20165	20234	20300	20328
60-64	21325	21426	26209	22627	20074	20062	20172	20223
65-69	19307	19192	25467	22574	19562	19841	19986	20071
70-74	12546	18178	22774	21906	18596	19425	19702	19825
75+	26849	29376	43330	59419	58187	58062	60599	61997
TOTAL	373897	379472	383549	371574	361753	363050	366317	368046
BIRTH RATE		11.9	11.5	11.6	11.9	11.9	11.8	11.7
DEATH RATE		10.7	11.1	12.8	12.6	11.6	11.4	11.5
NET MIGRATION RATE		.7	-.0	.0	.0	.0	.0	.0
GROWTH RATE		.19	.04	-.12	-.07	.03	.04	.02
TOTAL FERTILITY		1.652	1.821	2.070	2.067	2.065	2.064	2.063
e(0) - BOTH SEXES		74.25	77.51	80.54	83.32	84.55	85.55	85.93
IMR - BOTH SEXES		12.1	7.9	5.0	2.9	2.4	2.1	2.0

OCEANIA

Population Projection (thousands)

AGE GROUP	1990	1995	2000	2005	2010	2015	2020	2025	2030	2035
TOTAL M+F	26611	28650	30605	32384	34015	35494	36783	37923	38910	39764
MALES										
0-4	1240	1346	1385	1375	1372	1383	1386	1378	1379	1382
5-9	1217	1254	1357	1392	1379	1372	1379	1382	1374	1376
10-14	1154	1231	1264	1364	1395	1379	1369	1376	1380	1373
15-19	1206	1165	1238	1269	1365	1393	1374	1365	1372	1377
20-24	1202	1224	1178	1245	1270	1360	1382	1364	1356	1364
25-29	1142	1227	1242	1188	1248	1265	1347	1370	1353	1346
30-34	1060	1163	1240	1248	1189	1241	1252	1334	1358	1342
35-39	961	1072	1170	1241	1244	1180	1228	1239	1322	1346
40-44	898	964	1071	1164	1231	1231	1164	1213	1224	1307
45-49	722	889	953	1057	1147	1211	1209	1144	1193	1205
50-54	609	704	866	929	1031	1118	1180	1179	1116	1165
55-59	520	581	674	831	894	992	1077	1137	1137	1078
60-64	502	483	542	632	783	844	939	1021	1080	1081
65-69	409	447	434	489	577	717	776	867	945	1002
70-74	291	342	377	370	423	503	628	685	769	843
75+	333	385	458	531	575	645	755	925	1077	1242
TOTAL	13465	14479	15448	16324	17121	17835	18447	18980	19436	19827
FEMALES										
0-4	1177	1283	1319	1310	1306	1316	1318	1309	1310	1313
5-9	1143	1193	1296	1328	1315	1307	1313	1315	1307	1308
10-14	1077	1157	1204	1303	1332	1316	1305	1311	1314	1306
15-19	1128	1093	1168	1211	1307	1332	1312	1301	1308	1311
20-24	1136	1157	1114	1182	1218	1306	1324	1305	1296	1303
25-29	1070	1170	1181	1130	1190	1217	1296	1314	1297	1289
30-34	1018	1095	1186	1191	1134	1187	1207	1286	1306	1289
35-39	934	1031	1103	1189	1190	1128	1177	1197	1277	1297
40-44	865	937	1031	1100	1183	1181	1118	1166	1187	1267
45-49	681	859	930	1022	1091	1171	1168	1105	1154	1175
50-54	576	670	846	916	1008	1075	1153	1151	1089	1138
55-59	498	560	654	826	897	988	1055	1131	1129	1069
60-64	496	478	539	632	800	871	960	1027	1102	1101
65-69	442	466	451	511	603	764	835	923	990	1063
70-74	356	400	424	415	472	562	714	784	870	937
75+	548	620	709	794	849	939	1083	1317	1540	1773
TOTAL	13146	14171	15157	16060	16894	17659	18336	18944	19475	19937
BIRTH RATE		19.4	18.5	17.3	16.3	15.7	15.2	14.6	14.2	13.8
DEATH RATE		8.0	7.8	7.7	7.6	7.7	8.0	8.4	9.0	9.5
RATE OF NAT. INC.		1.14	1.07	.96	.87	.80	.72	.61	.51	.43
NET MIGRATION RATE		3.4	2.5	1.7	1.1	.5	-.1	-.0	.0	.0
GROWTH RATE		1.48	1.32	1.13	.98	.85	.71	.61	.51	.43
TOTAL FERTILITY		2.446	2.419	2.351	2.295	2.251	2.191	2.129	2.108	2.105
NRR		1.138	1.136	1.111	1.083	1.058	1.033	1.007	.999	1.000
e(0) - BOTH SEXES	72.73	73.54	74.42	75.35	75.81	76.30	76.83	77.40	78.01	
e(15) - BOTH SEXES	59.36	59.97	60.68	61.44	61.86	62.31	62.80	63.32	63.87	
IMR - BOTH SEXES	22.1	19.8	16.9	13.9	13.0	11.9	10.8	10.0	9.2	
q(5) - BOTH SEXES	.0287	.0253	.0212	.0173	.0162	.0149	.0136	.0126	.0116	
DEP. RATIO	54.5	54.7	53.6	52.7	51.7	52.4	53.8	55.7	57.8	60.0

OCEANIA

Summary Projection for 25-Year Periods

AGE GROUP	1990	2000	2025	2050	2075	2100	2125	2150
TOTAL M+F	26611	30605	37923	41626	43728	44819	45593	45954
MALES								
0-4	1240	1385	1378	1378	1379	1378	1378	1377
5-9	1217	1357	1382	1377	1378	1377	1377	1376
10-14	1154	1264	1376	1377	1377	1376	1376	1376
15-19	1206	1238	1365	1375	1374	1375	1375	1375
20-24	1202	1178	1364	1366	1370	1372	1373	1373
25-29	1142	1242	1370	1356	1365	1368	1369	1370
30-34	1060	1240	1334	1354	1360	1364	1365	1366
35-39	961	1170	1239	1338	1355	1358	1361	1362
40-44	898	1071	1213	1315	1346	1350	1355	1356
45-49	722	953	1144	1301	1328	1339	1346	1349
50-54	609	866	1179	1286	1303	1321	1331	1335
55-59	520	674	1137	1223	1274	1294	1308	1313
60-64	502	542	1021	1091	1219	1256	1275	1283
65-69	409	434	867	1007	1138	1198	1225	1237
70-74	291	377	685	864	1039	1107	1150	1168
75+	333	458	925	1667	2060	2344	2575	2684
TOTAL	13465	15448	18980	20676	21663	22177	22538	22701
FEMALES								
0-4	1177	1319	1309	1308	1308	1307	1306	1306
5-9	1143	1296	1315	1308	1307	1306	1306	1306
10-14	1077	1204	1311	1309	1306	1306	1305	1305
15-19	1128	1168	1301	1308	1304	1305	1305	1305
20-24	1136	1114	1305	1302	1303	1305	1305	1305
25-29	1070	1181	1314	1296	1302	1304	1304	1304
30-34	1018	1186	1286	1298	1302	1303	1303	1303
35-39	934	1103	1197	1286	1300	1301	1302	1302
40-44	865	1031	1166	1269	1297	1296	1300	1301
45-49	681	930	1105	1263	1285	1292	1297	1299
50-54	576	846	1151	1262	1272	1286	1292	1295
55-59	498	654	1131	1222	1261	1277	1286	1289
60-64	496	539	1027	1117	1232	1263	1275	1281
65-69	442	451	923	1060	1190	1241	1259	1269
70-74	356	424	784	961	1143	1202	1235	1250
75+	548	709	1317	2381	2951	3348	3674	3832
TOTAL	13146	15157	18944	20950	22065	22641	23055	23253
BIRTH RATE		18.9	15.8	13.6	12.6	12.2	11.9	11.8
DEATH RATE		7.9	7.9	9.9	10.7	11.2	11.2	11.4
NET MIGRATION RATE		2.9	.6	.0	.0	.0	.0	.0
GROWTH RATE		1.40	.86	.37	.20	.10	.07	.03
TOTAL FERTILITY		2.433	2.240	2.098	2.075	2.069	2.065	2.063
e(0) - BOTH SEXES		73.15	75.79	78.71	81.83	83.49	85.01	85.59
IMR - BOTH SEXES		20.9	13.3	8.3	4.6	3.2	2.3	2.1

PRE-TRANSITIONAL FERTILITY COUNTRIES

Population Projection (thousands)

AGE GROUP	1990	1995	2000	2005	2010	2015	2020	2025	2030	2035
TOTAL M+F	540794	626970	725558	836038	956913	1082379	1211714	1342611	1472078	1595900
MALES										
0-4	50545	56652	65082	72783	78960	82669	86029	88308	89127	87852
5-9	40764	47357	53321	61775	69769	75971	79836	83364	85869	86977
10-14	33748	39924	46433	52387	60870	68827	75033	78943	82526	85102
15-19	28183	33159	39220	45651	51584	60008	67925	74132	78083	81719
20-24	23554	27539	32324	38246	44584	50459	58803	66673	72889	76907
25-29	19261	22920	26683	31320	37128	43376	49193	57456	65288	71533
30-34	15933	18711	22158	25801	30349	36070	42237	48005	56203	64011
35-39	13040	15420	18024	21343	24913	29388	35023	41110	46835	54974
40-44	10998	12532	14757	17244	20472	23976	28370	33911	39910	45587
45-49	9039	10447	11878	13981	16380	19513	22936	27231	32654	38544
50-54	7450	8445	9742	11087	13089	15387	18399	21710	25871	31134
55-59	5793	6794	7689	8876	10156	12034	14199	17048	20203	24176
60-64	4492	5093	5958	6751	7842	9030	10747	12733	15362	18297
65-69	3157	3718	4209	4923	5629	6590	7652	9157	10907	13240
70-74	2030	2377	2788	3166	3740	4326	5117	6008	7244	8688
75+	1741	2036	2370	2782	3266	3916	4667	5624	6779	8278
TOTAL	269728	313123	362634	418116	478730	541541	606165	671413	735750	797020
FEMALES										
0-4	49535	55740	63959	71420	77320	80921	84191	86402	87176	85893
5-9	40006	46571	52654	60931	68710	74655	78416	81856	84292	85345
10-14	33230	39202	45688	51769	60096	67848	73805	77616	81116	83627
15-19	27977	32654	38526	44940	51021	59302	67031	73005	76868	80432
20-24	23595	27370	31926	37686	44048	50087	58318	66027	72030	75970
25-29	19275	22976	26621	31068	36757	43053	49053	57237	64935	70985
30-34	16037	18698	22252	25797	30195	35815	42049	48013	56157	63856
35-39	13263	15492	18032	21460	24967	29315	34866	41037	46971	55081
40-44	11338	12753	14870	17309	20666	24131	28425	33903	40011	45915
45-49	9365	10840	12180	14200	16585	19866	23280	27512	32909	38945
50-54	7854	8867	10247	11522	13478	15800	18991	22339	26492	31788
55-59	6229	7301	8230	9511	10751	12630	14870	17948	21208	25257
60-64	4966	5614	6559	7400	8605	9795	11572	13702	16630	19768
65-69	3655	4236	4781	5579	6360	7458	8573	10207	12184	14903
70-74	2451	2857	3294	3732	4403	5091	6040	7036	8469	10223
75+	2288	2676	3104	3600	4221	5069	6068	7358	8880	10890
TOTAL	271066	313847	362924	417922	478183	540838	605549	671198	736329	798880
BIRTH RATE		44.3	43.4	41.4	38.4	35.1	32.2	29.5	26.9	24.1
DEATH RATE		14.8	14.2	13.1	11.4	10.4	9.7	9.0	8.4	7.9
RATE OF NAT. INC.		2.95	2.93	2.84	2.70	2.47	2.26	2.05	1.84	1.62
NET MIGRATION RATE		.1	-.1	-.0	-.0	-.0	.0	.0	.0	.0
GROWTH RATE		2.96	2.92	2.83	2.70	2.46	2.26	2.05	1.84	1.62
TOTAL FERTILITY		6.279	6.078	5.692	5.152	4.573	4.066	3.590	3.171	2.800
NRR		2.314	2.272	2.179	2.043	1.851	1.679	1.507	1.354	1.217
e(0) - BOTH SEXES	51.99	52.67	54.05	56.38	57.73	59.12	60.56	62.05	63.62	
e(15) - BOTH SEXES	49.24	48.99	49.09	49.91	50.73	51.57	52.45	53.36	54.32	
IMR - BOTH SEXES	101.4	94.7	85.0	72.4	67.8	63.2	58.7	53.8	48.8	
q(5) - BOTH SEXES	.1699	.1577	.1403	.1177	.1092	.1011	.0929	.0841	.0750	
DEP. RATIO	94.8	93.7	92.0	89.5	86.3	80.7	74.0	67.7	62.2	57.2

PRE-TRANSITIONAL FERTILITY COUNTRIES

Summary Projection for 25-Year Periods

AGE GROUP	1990	2000	2025	2050	2075	2100	2125	2150
TOTAL M+F	540794	725558	1342611	1934368	2383498	2623801	2748943	2814776
MALES								
0-4	50545	65082	88308	84862	85183	85524	85645	85590
5-9	40764	53321	83364	84552	84984	85382	85573	85515
10-14	33748	46433	78943	84735	84945	85228	85514	85488
15-19	28183	39220	74132	84954	84385	84889	85372	85427
20-24	23554	32324	66673	84816	83757	84366	85112	85273
25-29	19261	26683	57456	82395	82561	83837	84757	85025
30-34	15933	22158	48005	78497	82326	83476	84395	84743
35-39	13040	18024	41110	73454	82002	83038	83912	84399
40-44	10998	14757	33911	67844	81484	81967	83159	83906
45-49	9039	11878	27231	59883	80348	80678	82141	83215
50-54	7450	9742	21710	50209	76377	78279	80703	82083
55-59	5793	7689	17048	40037	70084	75924	78781	80397
60-64	4492	5958	12733	31875	61721	72390	76017	77934
65-69	3157	4209	9157	23450	51789	67146	71549	74222
70-74	2030	2788	6008	15689	39283	59322	65216	68728
75+	1741	2370	5624	15451	45116	95390	127615	145671
TOTAL	269728	362634	671413	962704	1176345	1286837	1345461	1377618
FEMALES								
0-4	49535	63959	86402	82859	82878	82797	82752	82703
5-9	40006	52654	81856	82819	82908	82794	82701	82649
10-14	33230	45688	77616	83144	83044	82770	82651	82630
15-19	27977	38526	73005	83546	82726	82619	82560	82611
20-24	23595	31926	66027	83718	82389	82400	82535	82591
25-29	19275	26621	57237	81656	81546	82250	82509	82552
30-34	16037	22252	48013	78049	81613	82233	82459	82467
35-39	13263	18032	41037	73277	81582	82143	82297	82315
40-44	11338	14870	33903	68000	81446	81512	81955	82086
45-49	9365	12180	27512	60588	80872	80730	81470	81867
50-54	7854	10247	22339	51517	77774	79178	80877	81519
55-59	6229	8230	17948	41976	72739	78108	80180	80980
60-64	4966	6559	13702	34311	66014	76382	79109	80116
65-69	3655	4781	10207	26298	57963	73662	77050	78739
70-74	2451	3294	7036	18714	46993	68995	73968	76566
75+	2288	3104	7358	21192	64664	138389	188410	214768
TOTAL	271066	362924	671198	971664	1207153	1336964	1403481	1437158
BIRTH RATE		43.8	34.6	22.0	15.9	13.5	12.5	12.1
DEATH RATE		14.5	10.5	7.6	7.6	9.7	10.7	11.2
NET MIGRATION RATE		.0	-.0	.0	.0	.0	.0	.0
GROWTH RATE		2.94	2.46	1.46	.84	.38	.19	.09
TOTAL FERTILITY		6.171	4.456	2.575	2.108	2.073	2.051	2.047
e(0) - BOTH SEXES		52.35	57.95	65.59	73.33	77.86	82.10	83.73
IMR - BOTH SEXES		97.9	68.9	43.5	21.2	10.9	3.6	2.7

TRANSITIONAL FERTILITY COUNTRIES

Population Projection (thousands)

AGE GROUP	1990	1995	2000	2005	2010	2015	2020	2025	2030	2035
TOTAL M+F	2256912	2494620	2728554	2958563	3183785	3396666	3602167	3800191	3986416	4157677
MALES										
0-4	158062	163281	163180	163115	162834	160555	161354	162725	162746	162241
5-9	147674	154503	160411	160947	161399	161289	159196	160148	161669	161833
10-14	132313	146576	153558	159618	160290	160804	160756	158730	159740	161308
15-19	120999	131139	145459	152562	158763	159497	160076	160093	158142	159205
20-24	106979	119215	129480	143890	151218	157482	158306	158974	159085	157219
25-29	94317	104945	117290	127702	142296	149679	156016	156937	157712	157903
30-34	81603	92383	103114	115544	126153	140707	148148	154557	155587	156452
35-39	67446	79755	90565	101355	113901	124491	138995	146495	152987	154125
40-44	52606	65637	77844	88639	99502	111953	122502	136928	144487	151051
45-49	43215	50801	63561	75594	86346	97083	109391	119870	134183	141800
50-54	37840	41198	48557	60928	72689	83202	93738	105822	116180	130302
55-59	32477	35330	38557	45598	57399	68685	78855	89103	100871	111059
60-64	26370	29351	32009	35070	41644	52659	63299	73000	82857	94202
65-69	19334	22617	25280	27704	30522	36506	46469	56230	65282	74586
70-74	12753	15216	17886	20145	22254	24783	29970	38542	47116	55259
75+	12708	14267	16750	19962	23202	26721	30735	37143	47617	60575
TOTAL	1146697	1266215	1383502	1498375	1610411	1716094	1817805	1915295	2006260	2089119
FEMALES										
0-4	151159	157303	157034	156789	156347	154055	154713	155923	155844	155259
5-9	140652	148052	154819	155137	155368	155072	152937	153722	155059	155097
10-14	125281	139689	147248	154170	154620	154902	154656	152575	153407	154780
15-19	114598	124201	138700	146412	153477	153988	154331	154147	152135	153017
20-24	102481	112994	122767	137414	145324	152465	153070	153509	153428	151508
25-29	91093	100638	111311	121294	136084	144069	151290	152008	152573	152598
30-34	78170	89355	99015	109838	119984	134754	142798	150097	150936	151614
35-39	64292	76577	87792	97553	108487	118637	133367	141468	148849	149803
40-44	51340	62835	75047	86274	96108	107001	117138	131814	139973	147431
45-49	43263	49972	61321	73433	84644	94410	105240	115349	129955	138171
50-54	38338	41754	48378	59542	71525	82575	92243	102985	113052	127560
55-59	32997	36485	39863	46386	57326	69014	79850	89393	100022	110038
60-64	27036	30630	34013	37363	43775	54287	65579	76129	85515	96008
65-69	20322	23990	27378	30634	33965	40076	49989	60731	70898	80084
70-74	13987	16675	19882	22981	26058	29187	34850	43903	53859	63475
75+	15206	17254	20486	24967	30283	36080	42313	51142	64653	82115
TOTAL	1110215	1228405	1345052	1460188	1573375	1680571	1784362	1884895	1980156	2068558
BIRTH RATE		29.3	26.3	23.8	21.8	20.0	18.8	17.8	16.9	16.0
DEATH RATE		8.8	8.1	7.5	7.0	6.9	7.0	7.1	7.3	7.6
RATE OF NAT. INC.		2.05	1.82	1.64	1.48	1.30	1.18	1.07	.96	.84
NET MIGRATION RATE		-.5	-.3	-.2	-.1	-.1	-.0	-.0	.0	.0
GROWTH RATE		2.00	1.79	1.62	1.47	1.29	1.17	1.07	.96	.84
TOTAL FERTILITY		3.708	3.289	2.931	2.636	2.400	2.278	2.217	2.175	2.150
NRR		1.584	1.435	1.302	1.192	1.094	1.044	1.022	1.009	1.004
e(0) - BOTH SEXES	62.81	64.46	66.22	68.08	69.02	69.99	71.00	72.05	73.13	
e(15) - BOTH SEXES	54.48	55.13	55.97	56.99	57.64	58.31	59.01	59.74	60.51	
IMR - BOTH SEXES		67.1	58.1	49.0	40.4	36.8	33.4	29.9	26.4	22.9
q(5) - BOTH SEXES		.0909	.0771	.0637	.0516	.0471	.0428	.0384	.0339	.0295
DEP. RATIO	72.6	69.1	63.9	58.9	54.1	50.5	48.6	47.9	48.3	49.0

TRANSITIONAL FERTILITY COUNTRIES

Summary Projection for 25-Year Periods

AGE GROUP	1990	2000	2025	2050	2075	2100	2125	2150
TOTAL M+F	2256912	2728554	3800191	4580452	5001441	5186322	5314224	5373003
MALES								
0-4	158062	163180	162725	161466	161468	161355	161322	161292
5-9	147674	160411	160148	160812	161322	161258	161208	161174
10-14	132313	153558	158730	160793	161356	161260	161177	161150
15-19	120999	145459	160093	160843	161146	161123	161041	161052
20-24	106979	129480	158974	160385	160643	160706	160744	160775
25-29	94317	117290	156937	159110	159571	160085	160276	160342
30-34	81603	103114	154557	156394	158496	159512	159815	159887
35-39	67446	90565	146495	154009	157758	158943	159318	159404
40-44	52606	77844	136928	154022	156900	157995	158564	158721
45-49	43215	63561	119870	151241	155277	156579	157392	157734
50-54	37840	48557	105822	146433	151929	153856	155403	156020
55-59	32477	38557	89103	139572	145783	149978	152519	153459
60-64	26370	32009	73000	125538	138186	144968	148490	149792
65-69	19334	25280	56230	107969	130067	137662	142331	144217
70-74	12753	17886	38542	82772	115809	126404	132980	135648
75+	12708	16750	37143	108194	204184	252641	289787	307215
TOTAL	1146697	1383502	1915295	2289553	2479893	2564327	2622365	2647882
FEMALES								
0-4	151159	157034	155923	154201	154018	153938	153919	153893
5-9	140652	154819	153722	153750	153908	153874	153843	153815
10-14	125281	147248	152575	153894	153951	153883	153825	153803
15-19	114598	138700	154147	154196	153848	153830	153767	153779
20-24	102481	122767	153509	154186	153766	153681	153705	153730
25-29	91093	111311	152008	153469	153292	153473	153606	153652
30-34	78170	99015	150097	151277	152779	153279	153491	153547
35-39	64292	87792	141468	149374	152573	153080	153330	153395
40-44	51340	75047	131814	149913	152361	152644	153047	153156
45-49	43263	61321	115349	148093	151607	152078	152580	152843
50-54	38338	48378	102985	144944	149707	150800	151840	152326
55-59	32997	39863	89393	140606	145763	149060	150843	151581
60-64	27036	34013	76129	128796	141264	147045	149500	150520
65-69	20322	27378	60731	114520	137655	144107	147384	148912
70-74	13987	19882	43903	92460	129329	138917	144066	146268
75+	15206	20486	51142	147220	285726	358307	413112	439900
TOTAL	1110215	1345052	1884895	2290899	2521547	2621995	2691859	2725121
BIRTH RATE		27.7	20.2	15.3	13.2	12.4	12.0	11.8
DEATH RATE		8.4	7.1	8.0	9.7	11.0	11.1	11.4
NET MIGRATION RATE		-.4	-.1	.0	.0	.0	.0	.0
GROWTH RATE		1.90	1.33	.75	.35	.15	.10	.04
TOTAL FERTILITY		3.486	2.468	2.134	2.075	2.065	2.059	2.058
e(0) - BOTH SEXES		63.67	69.01	74.40	79.59	82.16	84.37	85.19
IMR - BOTH SEXES		62.6	38.0	19.4	5.8	3.6	2.4	2.2

LATE-TRANSITIONAL FERTILITY COUNTRIES

Population Projection (thousands)

AGE GROUP	1990	1995	2000	2005	2010	2015	2020	2025	2030	2035
TOTAL M+F	2468301	2570620	2659568	2733166	2803735	2869234	2928243	2978434	3015523	3039162
MALES										
0-4	108963	102447	98142	93857	95428	97077	97973	97786	97368	96833
5-9	97316	108642	102160	97868	93618	95179	96825	97726	97547	97156
10-14	99440	97251	108509	102021	97741	93494	95053	96700	97604	97441
15-19	115698	99227	97019	108218	101775	97507	93275	94836	96486	97409
20-24	119390	115275	98849	96606	107754	101343	97087	92874	94428	96098
25-29	109779	118897	114723	98348	96125	107178	100797	96557	92357	93927
30-34	97572	109232	118218	114037	97808	95581	106556	100228	96013	91862
35-39	95035	96835	108378	117295	113207	97109	94905	105821	99569	95418
40-44	79188	93859	95660	107125	116029	112015	96118	93970	104819	98694
45-49	62562	77620	92015	93889	105298	114119	110246	94672	92627	103406
50-54	60309	60559	75206	89254	91269	102488	111189	107539	92464	90583
55-59	54322	57157	57626	71727	85300	87424	98374	106915	103614	89291
60-64	47197	49978	52779	53556	66948	79751	82056	92647	100993	98219
65-69	36226	41469	44176	46944	48160	60476	72245	74787	84885	92973
70-74	23597	29643	34202	36780	39555	41107	51991	62392	65196	74593
75+	29977	31817	37656	44661	51009	57099	62484	74886	90793	102880
TOTAL	1236569	1289908	1335320	1372186	1407024	1438948	1467174	1490335	1506762	1516785
FEMALES										
0-4	104253	95657	91627	87602	88992	90474	91258	91047	90632	90104
5-9	91572	104120	95538	91498	87489	88862	90331	91110	90896	90496
10-14	93760	91611	104092	95494	91457	87440	88805	90269	91043	90838
15-19	109269	93762	91573	103987	95413	91371	87355	88714	90174	90957
20-24	112739	109266	93732	91473	103841	95268	91223	87205	88553	90025
25-29	103990	112665	109106	93566	91312	103603	95049	91006	86990	88352
30-34	93419	103769	112306	108729	93295	91039	103272	94757	90730	86749
35-39	91661	93019	103253	111713	108219	92887	90658	102838	94384	90406
40-44	75929	90917	92304	102467	110914	107483	92308	90129	102253	93901
45-49	60042	74984	89782	91257	101379	109754	106429	91484	89385	101448
50-54	59138	58874	73601	88180	89806	99804	108088	104920	90308	88331
55-59	54892	57379	57255	71723	86032	87778	97616	105791	102853	88712
60-64	50998	52392	54963	55045	69195	83024	84959	94595	102641	100048
65-69	44482	47353	48887	51598	52001	65574	78732	80959	90335	98240
70-74	31695	39339	42257	43973	46917	47571	60305	72513	75165	84200
75+	53891	55604	63973	72677	80448	88353	94682	110763	132417	149570
TOTAL	1231732	1280712	1324248	1360980	1396711	1430286	1461069	1488099	1508760	1522377
BIRTH RATE		16.1	14.8	13.7	13.5	13.4	13.2	13.0	12.7	12.5
DEATH RATE		8.4	8.3	8.4	8.6	8.9	9.2	9.6	10.2	10.9
RATE OF NAT. INC.		.77	.65	.53	.50	.45	.40	.34	.25	.16
NET MIGRATION RATE		.4	.3	.2	.1	.1	.0	.0	.0	.0
GROWTH RATE		.81	.68	.55	.51	.46	.41	.34	.25	.16
TOTAL FERTILITY		1.911	1.853	1.843	1.901	1.955	2.005	2.051	2.095	2.111
NRR		.881	.857	.861	.892	.919	.945	.968	.991	1.000
e(0) - BOTH SEXES	72.02	72.86	73.82	74.88	75.49	76.11	76.77	77.45	78.17	
e(15) - BOTH SEXES	59.10	59.74	60.45	61.29	61.80	62.34	62.90	63.49	64.11	
IMR - BOTH SEXES	22.5	19.9	17.0	14.2	13.1	12.0	10.9	9.8	8.7	
q(5) - BOTH SEXES	.0274	.0242	.0206	.0173	.0161	.0148	.0135	.0122	.0109	
DEP. RATIO	49.3	49.0	48.7	46.3	45.2	46.6	50.4	53.7	57.7	62.2

LATE-TRANSITIONAL FERTILITY COUNTRIES
Summary Projection for 25-Year Periods

AGE GROUP	1990	2000	2025	2050	2075	2100	2125	2150
TOTAL M+F	2468301	2659568	2978434	3063486	3096259	3147715	3192062	3213438
MALES								
0-4	108963	98142	97786	97442	97217	97138	97140	97142
5-9	97316	102160	97726	96971	97018	97052	97077	97077
10-14	99440	108509	96700	96454	96969	97077	97081	97069
15-19	115698	97019	94836	96441	97024	97080	97028	97011
20-24	119390	98849	92874	96608	97000	96914	96847	96842
25-29	109779	114723	96557	96500	96624	96542	96549	96584
30-34	97572	118218	100228	96162	95900	96112	96261	96329
35-39	95035	108378	105821	94691	95024	95749	96015	96080
40-44	79188	95660	93970	92281	94545	95415	95688	95722
45-49	62562	92015	94672	89653	94148	94912	95106	95153
50-54	60309	75206	107539	91844	93016	93683	93989	94150
55-59	54322	57626	106915	92913	90940	91518	92307	92683
60-64	47197	52779	92647	94078	86976	88500	90050	90646
65-69	36226	44176	74787	78444	80998	84762	86822	87571
70-74	23597	34202	62392	71344	73133	79342	81855	82758
75+	29977	37656	74886	144350	158573	170525	183943	190855
TOTAL	1236569	1335320	1490335	1526179	1545104	1572322	1593759	1603673
FEMALES								
0-4	104253	91627	91047	90548	90273	90210	90214	90216
5-9	91572	95538	91110	90186	90108	90148	90176	90177
10-14	93760	104092	90269	89778	90068	90176	90187	90177
15-19	109269	91573	88714	89887	90163	90220	90179	90163
20-24	112739	93732	87205	90277	90326	90200	90137	90129
25-29	103990	109106	91006	90495	90258	90067	90058	90082
30-34	93419	112306	94757	90473	89846	89871	89982	90036
35-39	91661	103253	102838	89408	89299	89727	89936	89985
40-44	75929	92304	90129	87552	89212	89681	89878	89892
45-49	60042	89782	91484	85628	89322	89647	89718	89732
50-54	59138	73601	104920	88620	89077	89252	89351	89455
55-59	54892	57255	105791	91079	88355	88351	88803	89081
60-64	50998	54963	94595	96832	86312	87103	88159	88610
65-69	44482	48887	80959	82543	83059	85965	87371	87925
70-74	31695	42257	72513	79561	78897	84333	86107	86727
75+	53891	63973	110763	204438	226578	240440	258046	267378
TOTAL	1231732	1324248	1488099	1537307	1551155	1575393	1598303	1609765
BIRTH RATE		15.5	13.4	12.4	12.2	12.1	11.8	11.7
DEATH RATE		8.4	8.9	11.3	11.8	11.4	11.3	11.5
NET MIGRATION RATE		.4	.1	.0	.0	.0	.0	.0
GROWTH RATE		.75	.45	.11	.04	.07	.06	.03
TOTAL FERTILITY		1.885	1.948	2.103	2.093	2.089	2.086	2.085
e(0) - BOTH SEXES		72.45	75.45	78.97	82.44	83.99	85.26	85.74
IMR - BOTH SEXES		21.3	13.4	7.6	3.3	2.6	2.2	2.0

LOW-INCOME ECONOMIES

Population Projection (thousands)

AGE GROUP	1990	1995	2000	2005	2010	2015	2020	2025	2030	2035
TOTAL M+F	3071972	3363757	3652859	3938062	4226981	4508358	4787438	5060213	5316945	5550327
MALES										
0-4	206806	211568	214866	217141	222493	224409	229492	233360	233585	231228
5-9	179605	200550	205860	209774	212807	218325	220544	225908	230113	230740
10-14	164903	177810	198818	204267	208346	211405	216978	219295	224756	229071
15-19	167075	163262	176158	197167	202749	206840	209932	215561	217975	223529
20-24	156171	164736	160984	173868	194943	200550	204661	207804	213517	216065
25-29	133242	153555	162071	158457	171436	192407	198045	202185	205403	211212
30-34	110823	130846	150991	159541	156157	169044	189926	195608	199804	203108
35-39	99889	108552	128363	148390	157051	153722	166522	187317	193066	197336
40-44	76956	97483	105990	125595	145533	154128	150883	163583	184266	190093
45-49	62881	74462	94506	102863	122227	141854	150374	147273	159852	180376
50-54	56251	60017	71195	90605	98806	117671	136841	145256	142379	154781
55-59	48796	52574	56156	66809	85350	93267	111426	129958	138247	135716
60-64	39556	44142	47606	50988	60947	78269	85830	103025	120697	128843
65-69	29147	33941	37977	41090	44272	53327	69005	76088	91971	108468
70-74	19565	22970	26819	30192	32941	35864	43704	57210	63620	77730
75+	18101	21486	25427	30100	35002	39952	45148	54307	70094	84293
TOTAL	1569766	1717955	1863788	2006847	2151060	2291032	2429310	2563737	2689346	2802588
FEMALES										
0-4	198751	202421	205698	207913	212819	214537	219314	222948	223076	220684
5-9	170238	193164	197330	201197	204145	209212	211210	216247	220193	220688
10-14	155592	168606	191605	195922	199966	202934	208053	210141	215269	219317
15-19	157846	154025	167076	190120	194593	198653	201660	206845	209041	214272
20-24	148315	155646	152014	165109	188265	192777	196885	199969	205271	207621
25-29	126321	145787	153262	149813	163010	186116	190691	194875	198075	203521
30-34	104598	123937	143380	150953	147733	160859	183914	188562	192841	196170
35-39	94526	102397	121625	141001	148725	145570	158629	181626	186366	190753
40-44	73026	92355	100145	119229	138573	146285	143223	156213	179139	183989
45-49	59997	70963	89960	97679	116630	135759	143465	140538	153459	176284
50-54	53747	57760	68466	87067	94769	113394	132243	139948	137219	150058
55-59	47052	50984	54892	65296	83445	91000	109193	127678	135398	132955
60-64	38701	43516	47252	51076	61155	78546	85921	103536	121547	129316
65-69	29822	34176	38604	42129	45929	55411	71730	78878	95701	113082
70-74	21208	24348	28050	31977	35298	38904	47521	62303	69126	84821
75+	22463	25718	29713	34734	40865	47367	54474	66169	85878	104207
TOTAL	1502205	1645802	1789071	1931215	2075921	2217326	2358128	2496476	2627598	2747739
BIRTH RATE		28.2	26.1	24.1	22.7	21.3	20.4	19.5	18.4	17.3
DEATH RATE		9.8	9.4	9.0	8.5	8.4	8.3	8.4	8.5	8.7
RATE OF NAT. INC.		1.84	1.67	1.51	1.42	1.29	1.20	1.11	.99	.86
NET MIGRATION RATE		-.3	-.2	-.1	-.0	-.0	-.0	.0	.0	.0
GROWTH RATE		1.81	1.65	1.50	1.42	1.29	1.20	1.11	.99	.86
TOTAL FERTILITY		3.432	3.210	3.025	2.872	2.696	2.596	2.521	2.440	2.349
NRR		1.398	1.323	1.290	1.257	1.179	1.140	1.121	1.097	1.066
e(0) - BOTH SEXES		62.09	63.09	64.38	65.97	66.79	67.67	68.61	69.61	70.69
e(15) - BOTH SEXES		53.97	54.24	54.74	55.55	56.13	56.74	57.40	58.10	58.84
IMR - BOTH SEXES		73.2	67.3	59.9	50.8	47.3	43.7	40.0	36.1	32.1
q(5) - BOTH SEXES		.1079	.0989	.0878	.0737	.0687	.0634	.0578	.0520	.0458
DEP. RATIO	65.5	64.3	62.2	58.1	54.7	52.5	52.0	51.6	52.2	53.1

Summary Projection for 25-Year Periods

LOW-INCOME ECONOMIES

AGE GROUP	1990	2000	2025	2050	2075	2100	2125	2150
TOTAL M+F	3071972	3652859	5060213	6134084	6818065	7189982	7422874	7539020
MALES								
0-4	206806	214866	233360	228332	228405	228587	228683	228612
5-9	179605	205860	225908	227090	227978	228362	228522	228440
10-14	164903	198818	219295	226875	227984	228269	228457	228395
15-19	167075	176158	215561	227256	227450	227892	228204	228243
20-24	156171	160984	207804	227422	226595	227030	227671	227836
25-29	133242	162071	202185	224567	224448	225882	226880	227204
30-34	110823	150991	195608	218008	222901	224915	226115	226534
35-39	99889	128363	187317	209997	221560	223996	225258	225787
40-44	76956	105990	163583	204330	220418	222304	223929	224705
45-49	62881	94506	147273	194604	218572	219990	221911	223135
50-54	56251	71195	145256	185779	212352	215210	218661	220475
55-59	48796	56156	129958	173961	200437	209131	214122	216547
60-64	39556	47606	103025	158008	184682	200919	207856	210925
65-69	29147	37977	76088	126381	167679	189478	198192	202395
70-74	19565	26819	57210	99530	143266	172485	183846	189393
75+	18101	25427	54307	148504	242407	323697	386531	419478
TOTAL	1569766	1863788	2563737	3080644	3397134	3568149	3674839	3728103
FEMALES								
0-4	198751	205698	222948	217418	217055	216887	216847	216787
5-9	170238	197330	216247	216649	216878	216821	216739	216670
10-14	155592	191605	210141	216751	217051	216848	216693	216643
15-19	157846	167076	206845	217519	216818	216713	216558	216599
20-24	148315	152014	199969	218323	216602	216373	216458	216525
25-29	126321	153262	194875	216252	215338	215957	216311	216414
30-34	104598	143380	188562	210417	214611	215659	216153	216248
35-39	94526	121625	181626	203114	214057	215397	215895	215983
40-44	73026	100145	156213	198231	213843	214560	215369	215552
45-49	59997	89960	140538	189833	213248	213479	214487	215040
50-54	53747	68466	139948	182773	209096	210806	213167	214210
55-59	47052	54892	127678	173588	200306	207885	211494	213015
60-64	38701	47252	103536	162243	188809	204081	209258	211272
65-69	29822	38604	78878	132144	177519	198922	205532	208558
70-74	21208	28050	62303	108815	159755	190344	199750	204095
75+	22463	29713	66169	189369	329944	451102	547325	597305
TOTAL	1502205	1789071	2496476	3053439	3420930	3621833	3748035	3810917
BIRTH RATE		27.1	21.5	16.5	13.9	12.8	12.2	11.9
DEATH RATE		9.6	8.5	8.9	9.7	10.7	10.9	11.3
NET MIGRATION RATE		-.2	-.0	.0	.0	.0	.0	.0
GROWTH RATE		1.73	1.30	.77	.42	.21	.13	.06
TOTAL FERTILITY		3.317	2.726	2.280	2.099	2.080	2.068	2.065
e(0) - BOTH SEXES		62.61	66.81	72.01	77.59	80.67	83.55	84.66
IMR - BOTH SEXES		70.2	48.2	28.0	11.3	6.3	2.9	2.4

LOWER-MIDDLE-INCOME ECONOMIES

Population Projection (thousands)

AGE GROUP	1990	1995	2000	2005	2010	2015	2020	2025	2030	2035
TOTAL M+F	913968	982881	1055148	1130359	1206948	1281758	1352680	1420152	1483838	1543255
MALES										
0-4	55811	54648	56475	58527	60134	60570	60031	59547	59719	60033
5-9	51538	54951	53921	55868	58015	59654	60131	59636	59197	59411
10-14	47514	51178	54632	53668	55644	57803	59457	59953	59481	59060
15-19	43594	47096	50793	54294	53377	55363	57533	59203	59722	59273
20-24	39905	42933	46492	50256	53805	52929	54928	57111	58804	59351
25-29	36470	39118	42224	45874	49691	53249	52420	54429	56628	58338
30-34	34376	35708	38441	41630	45330	49146	52714	51928	53952	56164
35-39	29815	33600	35015	37829	41062	44758	48570	52144	51409	53447
40-44	23777	29010	32803	34302	37164	40387	44071	47872	51451	50773
45-49	17523	22944	28089	31871	33435	36294	39498	43162	46950	50532
50-54	18648	16684	21904	26914	30653	32236	35079	38250	41878	45639
55-59	16234	17348	15586	20529	25345	28969	30577	33393	36520	40102
60-64	13818	14591	15637	14136	18716	23235	26705	28348	31131	34207
65-69	9418	11752	12482	13447	12280	16371	20496	23753	25431	28158
70-74	5246	7366	9231	9898	10774	9990	13459	17062	20020	21708
75+	6776	6585	7991	10101	11745	13402	13929	17031	21757	27002
TOTAL	450463	485513	521718	559144	597170	634358	669599	702823	734049	763199
FEMALES										
0-4	53573	52575	54301	56230	57720	58114	57578	57093	57231	57499
5-9	49692	52839	51963	53803	55826	57343	57771	57271	56824	56995
10-14	45807	49397	52588	51772	53641	55674	57202	57646	57162	56728
15-19	41980	45486	49119	52364	51586	53465	55505	57047	57509	57041
20-24	38623	41494	45072	48794	52084	51335	53223	55277	56840	57322
25-29	35784	38061	41019	44699	48468	51778	51052	52950	55021	56602
30-34	34074	35272	37615	40652	44370	48149	51466	50760	52670	54753
35-39	29792	33598	34847	37239	40305	44027	47804	51126	50445	52364
40-44	24152	29338	33153	34439	36847	39911	43625	47398	50724	50071
45-49	18328	23697	28848	32656	33964	36360	39414	43117	46885	50215
50-54	20330	17848	23145	28238	32028	33331	35708	38750	42437	46196
55-59	18134	19597	17237	22436	27454	31180	32481	34836	37864	41533
60-64	16996	17145	18625	16419	21499	26371	30016	31320	33655	36674
65-69	13591	15531	15797	17299	15312	20172	24843	28379	29700	32019
70-74	8517	11669	13551	13953	15495	13729	18267	22647	26034	27390
75+	14132	13822	16551	20223	23181	26459	27125	31712	38789	46652
TOTAL	463505	497368	533430	571216	609778	647399	683081	717329	749789	780055
BIRTH RATE		23.9	22.8	21.9	20.9	19.7	18.4	17.3	16.5	15.8
DEATH RATE		8.7	8.2	7.9	7.6	7.6	7.6	7.5	7.7	8.0
RATE OF NAT. INC.		1.52	1.46	1.40	1.32	1.21	1.08	.98	.88	.79
NET MIGRATION RATE		-.6	-.4	-.2	-.1	-.1	-.0	-.0	.0	.0
GROWTH RATE		1.45	1.42	1.38	1.31	1.20	1.08	.97	.88	.79
TOTAL FERTILITY		3.059	2.924	2.785	2.646	2.511	2.387	2.287	2.221	2.172
NRR		1.410	1.347	1.283	1.227	1.165	1.113	1.072	1.045	1.026
e(0) - BOTH SEXES		67.55	68.62	69.78	71.14	71.83	72.58	73.37	74.22	75.12
e(15) - BOTH SEXES		56.31	56.97	57.69	58.61	59.17	59.77	60.41	61.09	61.81
IMR - BOTH SEXES		44.4	39.6	34.1	28.0	25.9	23.8	21.6	19.3	17.0
q(5) - BOTH SEXES		.0592	.0526	.0451	.0368	.0341	.0315	.0287	.0257	.0225
DEP. RATIO	65.5	63.7	60.9	58.0	55.3	54.0	53.3	53.0	52.6	52.7

LOWER-MIDDLE-INCOME ECONOMIES

Summary Projection for 25-Year Periods

AGE GROUP	1990	2000	2025	2050	2075	2100	2125	2150
TOTAL M+F	913968	1055148	1420152	1696294	1863383	1935774	1977845	1997153
MALES								
0-4	55811	56475	59547	59778	59884	59852	59832	59818
5-9	51538	53921	59636	59888	59853	59785	59776	59771
10-14	47514	54632	59953	59868	59763	59729	59756	59763
15-19	43594	50793	59203	59536	59530	59648	59717	59733
20-24	39905	46492	57111	58866	59295	59531	59623	59636
25-29	36470	42224	54429	58224	59103	59383	59457	59472
30-34	34376	38441	51928	58189	59059	59201	59258	59291
35-39	29815	35015	52144	58113	58778	58896	59021	59106
40-44	23777	32803	47872	56899	58116	58397	58717	58866
45-49	17523	28089	43162	54324	57044	57836	58325	58519
50-54	18648	21904	38250	50860	55679	57045	57676	57895
55-59	16234	15586	33393	47076	54384	55970	56651	56927
60-64	13818	15637	28348	45029	52412	54148	55087	55531
65-69	9418	12482	23753	38271	48531	51208	52700	53460
70-74	5246	9231	17062	30538	42385	46774	49252	50349
75+	6776	7991	17031	42716	74660	95594	108538	114485
TOTAL	450463	521718	702823	838175	918478	952997	973386	982622
FEMALES								
0-4	53573	54301	57093	57161	57190	57134	57105	57091
5-9	49692	51963	57271	57335	57188	57092	57065	57059
10-14	45807	52588	57646	57376	57122	57052	57051	57057
15-19	41980	49119	57047	57163	56948	57013	57041	57055
20-24	38623	45072	55277	56711	56867	57006	57042	57043
25-29	35784	41019	52950	56332	56883	57019	57023	57012
30-34	34074	37615	50760	56514	57031	56991	56966	56964
35-39	29792	34847	51126	56671	56957	56844	56870	56905
40-44	24152	33153	47398	55796	56581	56560	56755	56834
45-49	18328	28848	43117	53712	55901	56325	56642	56750
50-54	20330	23145	38750	50964	55156	56083	56479	56588
55-59	18134	17237	34836	48166	54774	55830	56184	56317
60-64	16996	18625	31320	47488	54103	55177	55659	55916
65-69	13591	15797	28379	42500	52040	53947	54824	55352
70-74	8517	13551	22647	36409	48188	51898	53679	54496
75+	14132	16551	31712	67822	111977	140806	158074	166093
TOTAL	463505	533430	717329	858119	944906	982777	1004460	1014531
BIRTH RATE		23.3	19.5	15.2	13.1	12.3	12.0	11.8
DEATH RATE		8.4	7.6	8.2	9.4	10.8	11.1	11.4
NET MIGRATION RATE		-.5	-.1	.0	.0	.0	.0	.0
GROWTH RATE		1.44	1.19	.71	.38	.15	.09	.04
TOTAL FERTILITY		2.988	2.511	2.146	2.071	2.063	2.058	2.057
e(0) - BOTH SEXES		68.10	71.84	76.20	80.72	82.85	84.70	85.40
IMR - BOTH SEXES		42.0	26.7	14.6	5.4	3.5	2.4	2.1

UPPER-MIDDLE-INCOME ECONOMIES

Population Projection (thousands)

AGE GROUP	1990	1995	2000	2005	2010	2015	2020	2025	2030	2035
TOTAL M+F	463001	502418	540090	577298	614395	650702	685506	718193	748623	776185
MALES										
0-4	27562	28141	27693	27918	28356	28767	28906	28823	28848	28787
5-9	26817	27244	27854	27456	27723	28182	28615	28777	28718	28756
10-14	24992	26683	27115	27737	27358	27638	28109	28554	28729	28676
15-19	23627	24824	26514	26961	27603	27240	27533	28017	28476	28658
20-24	21295	23354	24546	26248	26730	27393	27056	27371	27877	28344
25-29	19731	20975	23016	24226	25965	26475	27162	26855	27197	27709
30-34	17474	19414	20652	22704	23951	25706	26241	26951	26676	27026
35-39	15008	17160	19086	20342	22418	23679	25445	26003	26735	26477
40-44	12358	14678	16807	18734	20019	22092	23361	25132	25712	26456
45-49	9881	11994	14272	16382	18311	19600	21661	22936	24709	25308
50-54	8512	9466	11519	13742	15822	17720	19006	21042	22318	24082
55-59	7261	7986	8905	10874	13018	15031	16882	18161	20161	21438
60-64	5894	6596	7278	8149	10000	12024	13946	15734	17006	18961
65-69	4449	5092	5724	6350	7158	8848	10709	12506	14208	15466
70-74	2961	3536	4078	4619	5174	5894	7369	9012	10635	12213
75+	3557	3652	4128	4813	5608	6513	7620	9449	11859	14619
TOTAL	231378	250795	269188	287255	305215	322804	339621	355325	369864	382978
FEMALES										
0-4	26618	27067	26619	26813	27207	27587	27705	27616	27630	27560
5-9	25950	26351	26828	26425	26656	27069	27468	27607	27538	27562
10-14	24282	25849	26255	26744	26356	26598	27021	27430	27579	27514
15-19	23031	24174	25744	26162	26667	26291	26543	26976	27396	27549
20-24	20776	22867	24014	25599	26040	26563	26206	26476	26926	27349
25-29	19354	20588	22680	23846	25454	25917	26459	26123	26413	26866
30-34	17215	19173	20415	22520	23707	25329	25807	26365	26048	26342
35-39	14613	17041	19002	20259	22377	23573	25202	25693	26265	25956
40-44	12155	14439	16862	18827	20098	22215	23416	25049	25552	26132
45-49	9960	11965	14236	16652	18618	19891	22002	23206	24840	25353
50-54	8792	9739	11724	13975	16379	18330	19601	21700	22907	24539
55-59	7798	8508	9449	11406	13633	16002	17930	19201	21284	22494
60-64	6598	7415	8121	9054	10977	13148	15469	17368	18642	20710
65-69	5316	6076	6874	7576	8502	10348	12441	14696	16560	17846
70-74	3782	4610	5332	6104	6803	7680	9411	11387	13548	15363
75+	5382	5762	6749	8083	9705	11357	13204	15975	19632	24072
TOTAL	231623	251623	270903	290044	309180	327897	345885	362868	378759	393207
BIRTH RATE		24.0	21.7	20.3	19.2	18.3	17.4	16.4	15.7	15.0
DEATH RATE		7.2	6.8	6.6	6.4	6.6	6.8	7.0	7.4	7.8
RATE OF NAT. INC.		1.68	1.49	1.37	1.28	1.17	1.06	.94	.83	.72
NET MIGRATION RATE		-.4	-.4	-.4	-.3	-.2	-.1	-.1	.0	.0
GROWTH RATE		1.63	1.45	1.33	1.25	1.15	1.04	.93	.83	.72
TOTAL FERTILITY		2.940	2.648	2.471	2.357	2.292	2.244	2.204	2.180	2.147
NRR		1.347	1.230	1.158	1.111	1.083	1.062	1.046	1.038	1.025
e(0) - BOTH SEXES	68.74	69.90	71.18	72.55	73.28	74.04	74.84	75.67	76.54	
e(15) - BOTH SEXES	57.50	58.25	59.05	59.95	60.51	61.10	61.71	62.35	63.02	
IMR - BOTH SEXES	40.0	35.0	29.8	24.7	22.6	20.4	18.2	16.1	14.1	
q(5) - BOTH SEXES	.0507	.0438	.0370	.0305	.0280	.0253	.0227	.0202	.0177	
DEP. RATIO	64.6	60.8	56.6	53.3	50.7	49.9	50.0	50.8	51.8	52.9

UPPER-MIDDLE-INCOME ECONOMIES

Summary Projection for 25-Year Periods

AGE GROUP	1990	2000	2025	2050	2075	2100	2125	2150
TOTAL M+F	463001	540090	718193	842626	908633	937833	954658	962211
MALES								
0-4	27562	27693	28823	28760	28729	28724	28728	28727
5-9	26817	27854	28777	28604	28687	28704	28709	28707
10-14	24992	27115	28554	28557	28694	28711	28708	28704
15-19	23627	26514	28017	28630	28702	28699	28687	28685
20-24	21295	24546	27371	28560	28649	28630	28630	28635
25-29	19731	23016	26855	28358	28484	28512	28542	28559
30-34	17474	20652	26951	28242	28250	28398	28460	28482
35-39	15008	19086	26003	27869	28085	28304	28383	28403
40-44	12358	16807	25132	27146	28007	28188	28268	28289
45-49	9881	14272	22936	26271	27755	27985	28071	28113
50-54	8512	11519	21042	25338	27225	27550	27723	27811
55-59	7261	8905	18161	24687	26543	26859	27220	27370
60-64	5894	7278	15734	22733	25343	26005	26541	26747
65-69	4449	5724	12506	20410	23438	24878	25536	25799
70-74	2961	4078	9012	16549	20864	23051	23972	24323
75+	3557	4128	9449	23998	39301	47960	53245	55708
TOTAL	231378	269188	355325	414710	446756	461160	469423	473063
FEMALES								
0-4	26618	26619	27616	27495	27442	27436	27439	27438
5-9	25950	26828	27607	27372	27410	27425	27428	27426
10-14	24282	26255	27430	27351	27421	27434	27429	27425
15-19	23031	25744	26976	27466	27447	27438	27422	27420
20-24	20776	24014	26476	27485	27461	27418	27408	27410
25-29	19354	22680	26123	27402	27395	27375	27388	27398
30-34	17215	20415	26365	27398	27256	27332	27371	27384
35-39	14613	19002	25693	27158	27189	27308	27357	27365
40-44	12155	16862	25049	26615	27237	27287	27327	27331
45-49	9960	14236	23206	25987	27163	27236	27262	27279
50-54	8792	11724	21700	25422	26929	27062	27144	27196
55-59	7798	9449	19201	25316	26689	26762	26986	27085
60-64	6598	8121	17368	24173	26117	26459	26800	26936
65-69	5316	6874	14696	22825	25102	26155	26539	26707
70-74	3782	5332	11387	20028	23731	25510	26093	26313
75+	5382	6749	15975	38422	59888	71038	77840	81035
TOTAL	231623	270903	362868	427915	461877	476673	485235	489148
BIRTH RATE		22.8	18.2	14.5	12.8	12.2	11.9	11.7
DEATH RATE		7.0	6.7	8.2	9.8	10.9	11.2	11.4
NET MIGRATION RATE		-.4	-.2	.0	.0	.0	.0	.0
GROWTH RATE		1.54	1.14	.64	.30	.13	.07	.03
TOTAL FERTILITY		2.787	2.309	2.119	2.064	2.060	2.057	2.056
e(0) - BOTH SEXES		69.34	73.28	77.53	81.62	83.50	85.04	85.62
IMR - BOTH SEXES		37.5	23.1	12.0	3.9	2.8	2.2	2.1

HIGH-INCOME ECONOMIES

Population Projection (thousands)

AGE GROUP	1990	1995	2000	2005	2010	2015	2020	2025	2030	2035
TOTAL M+F	817067	843155	865582	882047	896109	907461	916500	922677	924610	922973
MALES										
0-4	27391	28023	27368	26168	26238	26555	26927	27089	27090	26877
5-9	27794	27757	28257	27492	26242	26278	26566	26917	27056	27059
10-14	28092	28080	27936	28354	27553	26279	26297	26569	26904	27044
15-19	30584	28342	28233	28009	28392	27568	26278	26280	26537	26873
20-24	32552	31007	28631	28370	28077	28412	27551	26234	26205	26465
25-29	33915	33113	31383	28813	28457	28102	28380	27481	26128	26103
30-34	32434	34358	33405	31509	28871	28461	28060	28302	27371	26028
35-39	30811	32698	34503	33432	31492	28828	28386	27963	28179	27257
40-44	29701	30857	32662	34378	33286	31338	28674	28222	27788	28010
45-49	24530	29467	30587	32348	34051	32967	31040	28402	27953	27534
50-54	22188	24035	28887	30007	31766	33449	32400	30523	27940	27516
55-59	20302	21372	23225	27990	29142	30876	32543	31555	29760	27270
60-64	18791	19093	20224	22105	26771	27912	29620	31272	30378	28707
65-69	15703	17020	17482	18684	20601	25025	26155	27828	29463	28706
70-74	10609	13362	14748	15382	16660	18468	22547	23658	25281	26889
75+	15992	16397	19230	22391	25121	27869	31190	36865	41479	45820
TOTAL	401387	414983	426762	435431	442719	448389	452614	455159	455512	454160
FEMALES										
0-4	26004	26638	26002	24854	24914	25212	25564	25715	25715	25513
5-9	26351	26390	26890	26140	24940	24965	25235	25564	25692	25693
10-14	26590	26651	26580	26996	26209	24985	24990	25243	25556	25686
15-19	28987	26933	26859	26692	27065	26252	25008	24996	25231	25545
20-24	31101	29624	27325	27071	26824	27146	26296	25020	24974	25211
25-29	32900	31844	30077	27570	27221	26914	27191	26303	24989	24945
30-34	31739	33439	32163	30239	27665	27271	26932	27179	26263	24954
35-39	30284	32052	33603	32228	30267	27669	27255	26898	27127	26216
40-44	29274	30374	32060	33555	32170	30204	27606	27185	26822	27056
45-49	24386	29170	30240	31904	33397	32020	30068	27484	27066	26712
50-54	22461	24149	28891	29964	31633	33123	31770	29846	27290	26886
55-59	21133	22074	23771	28481	29576	31241	32733	31417	29537	27025
60-64	20705	20561	21537	23260	27944	29041	30703	32202	30942	29125
65-69	19730	19797	19772	20808	22582	27177	28280	29944	31456	30280
70-74	14626	18244	18500	18652	19781	21536	25997	27114	28784	30324
75+	29408	30232	34551	38203	41202	44319	48259	55407	61652	67642
TOTAL	415680	428172	438821	446616	453389	459072	463886	467518	469098	468813
BIRTH RATE		13.2	12.5	11.7	11.6	11.5	11.6	11.5	11.5	11.4
DEATH RATE		9.0	8.7	8.7	8.9	9.4	9.8	10.3	11.1	11.8
RATE OF NAT. INC.		.42	.39	.30	.26	.22	.18	.12	.04	-.04
NET MIGRATION RATE		2.1	1.4	.8	.5	.4	.2	.1	.0	.0
GROWTH RATE		.63	.53	.38	.32	.25	.20	.13	.04	-.04
TOTAL FERTILITY		1.740	1.745	1.750	1.824	1.894	1.954	2.006	2.053	2.070
NRR		.837	.832	.838	.879	.914	.943	.969	.991	1.000
e(0) - BOTH SEXES	77.10	78.18	79.19	80.14	80.53	80.92	81.33	81.74	82.17	
e(15) - BOTH SEXES	62.95	63.92	64.85	65.74	66.10	66.47	66.85	67.24	67.63	
IMR - BOTH SEXES	7.4	6.4	5.6	5.0	4.7	4.5	4.2	4.0	3.7	
q(5) - BOTH SEXES	.0095	.0083	.0074	.0067	.0064	.0061	.0057	.0054	.0051	
DEP. RATIO	48.9	49.3	49.7	50.0	50.8	54.1	58.4	63.4	68.6	72.4

HIGH-INCOME ECONOMIES

Summary Projection for 25-Year Periods

AGE GROUP	1990	2000	2025	2050	2075	2100	2125	2150
TOTAL M+F	817067	865582	922677	905302	891117	894249	899850	902833
MALES								
0-4	27391	27368	27089	26901	26849	26855	26864	26866
5-9	27794	28257	26917	26753	26806	26841	26850	26848
10-14	28092	27936	26569	26683	26828	26855	26851	26845
15-19	30584	28233	26280	26816	26874	26853	26833	26828
20-24	32552	28631	26234	26960	26860	26794	26780	26783
25-29	33915	31383	27481	26856	26720	26686	26704	26717
30-34	32434	33405	28302	26615	26512	26587	26637	26653
35-39	30811	34503	27963	26175	26360	26533	26583	26587
40-44	29701	32662	28222	25772	26388	26487	26498	26490
45-49	24530	30587	28402	25579	26401	26358	26333	26335
50-54	22188	28887	30523	26509	26067	26012	26034	26072
55-59	20302	23225	31555	26798	25443	25460	25615	25696
60-64	18791	20224	31272	25721	24446	24787	25073	25169
65-69	15703	17482	27828	24803	23206	24005	24273	24356
70-74	10609	14748	23658	23188	21710	22759	22981	23070
75+	15992	19230	36865	52778	51504	51305	53030	54071
TOTAL	401387	426762	455159	444907	438974	441179	443937	445385
FEMALES								
0-4	26004	26002	25715	25532	25481	25487	25495	25497
5-9	26351	26890	25564	25399	25447	25479	25487	25486
10-14	26590	26580	25243	25338	25470	25495	25490	25485
15-19	28987	26859	24996	25480	25526	25505	25485	25480
20-24	31101	27325	25020	25663	25551	25485	25469	25471
25-29	32900	30077	26303	25634	25480	25439	25451	25462
30-34	31739	32163	27179	25471	25340	25401	25442	25454
35-39	30284	33603	26898	25117	25252	25403	25442	25442
40-44	29274	32060	27185	24823	25358	25430	25428	25416
45-49	24386	30240	27484	24777	25489	25416	25377	25372
50-54	22461	28891	29846	25923	25377	25280	25278	25306
55-59	21133	23771	31417	26591	25089	25042	25161	25225
60-64	20705	21537	32202	26035	24562	24815	25050	25123
65-69	19730	19772	29944	25892	24015	24711	24910	24959
70-74	14626	18500	27114	25482	23545	24493	24618	24657
75+	29408	34551	55407	77237	75161	74190	76329	77614
TOTAL	415680	438821	467518	460395	452143	453070	455913	457448
BIRTH RATE		12.8	11.6	11.5	11.7	11.8	11.7	11.6
DEATH RATE		8.8	9.4	12.2	12.4	11.6	11.5	11.5
NET MIGRATION RATE		1.8	.4	.0	.0	.0	.0	.0
GROWTH RATE		.58	.26	-.08	-.06	.01	.02	.01
TOTAL FERTILITY		1.744	1.882	2.065	2.065	2.063	2.062	2.062
e(0) - BOTH SEXES		77.65	80.43	82.60	84.48	85.28	85.92	86.17
IMR - BOTH SEXES		6.9	4.8	3.4	2.4	2.2	2.0	1.9

Countries, Economies, and Territories

AFGHANISTAN

Projection (thousands) with NRR=1 by 2050

AGE GROUP	1990	1995	2000	2005	2010	2015	2020	2025	2030	2035
TOTAL M+F	20445	23481	26938	30977	35607	40644	46114	51913	57831	63567
MALES										
0-4	1856	2207	2488	2838	3196	3472	3759	3994	4121	4095
5-9	1353	1716	2049	2323	2670	3022	3300	3590	3833	3975
10-14	1158	1324	1681	2010	2284	2628	2978	3256	3547	3792
15-19	1110	1132	1297	1648	1975	2246	2587	2936	3214	3505
20-24	964	1076	1099	1262	1608	1929	2198	2536	2882	3160
25-29	789	929	1039	1064	1224	1563	1880	2145	2480	2824
30-34	633	757	892	1001	1028	1186	1518	1830	2093	2425
35-39	497	602	722	855	963	991	1146	1471	1777	2038
40-44	536	468	570	686	815	920	950	1102	1418	1719
45-49	438	499	437	534	646	770	872	903	1051	1357
50-54	348	400	457	402	494	599	716	814	847	989
55-59	269	308	355	408	361	445	542	652	744	777
60-64	198	228	262	304	351	312	387	473	572	656
65-69	136	156	181	209	245	284	254	317	391	474
70-74	81	97	112	131	153	180	211	190	238	296
75+	55	71	88	105	124	148	176	210	214	246
TOTAL	10421	11969	13729	15783	18136	20695	23475	26420	29422	32326
FEMALES										
0-4	1802	2145	2415	2751	3088	3350	3622	3842	3958	3926
5-9	1301	1668	1994	2258	2589	2922	3187	3463	3693	3824
10-14	1107	1270	1630	1953	2216	2545	2877	3142	3419	3652
15-19	1055	1077	1238	1593	1912	2174	2500	2831	3097	3376
20-24	917	1017	1040	1200	1548	1863	2123	2447	2777	3044
25-29	753	877	976	1002	1159	1501	1811	2068	2390	2719
30-34	603	716	837	935	964	1119	1453	1758	2013	2333
35-39	474	571	680	798	896	926	1079	1404	1705	1959
40-44	498	446	539	645	761	857	888	1038	1356	1651
45-49	410	466	418	508	611	723	817	850	996	1306
50-54	334	378	432	389	475	573	681	772	806	948
55-59	268	300	341	392	356	436	528	631	718	753
60-64	204	230	260	298	345	315	388	473	568	650
65-69	145	164	187	213	247	288	265	329	404	488
70-74	90	105	121	140	161	188	222	206	258	320
75+	64	82	100	120	142	168	200	240	251	292
TOTAL	10024	11512	13209	15194	17471	19948	22639	25493	28409	31241
BIRTH RATE		49.3	47.8	46.8	45.0	42.1	39.5	36.7	33.3	29.5
DEATH RATE		21.4	20.2	18.7	17.1	15.6	14.2	12.9	11.7	10.6
RATE OF NAT. INC.		2.79	2.76	2.81	2.79	2.65	2.53	2.37	2.16	1.89
NET MIGRATION RATE		-.2	-.2	-.1	-.1	-.1	-.0	-.0	.0	.0
GROWTH RATE		2.77	2.75	2.79	2.79	2.65	2.53	2.37	2.16	1.89
TOTAL FERTILITY		6.900	6.900	6.900	6.600	6.000	5.400	4.800	4.200	3.600
NRR		2.202	2.255	2.320	2.292	2.137	1.975	1.802	1.619	1.424
e(0) - BOTH SEXES		43.49	44.78	46.39	48.27	49.80	51.38	53.02	54.71	56.45
e(15) - BOTH SEXES		44.44	45.20	46.10	47.01	47.76	48.54	49.34	50.16	51.00
IMR - BOTH SEXES		162.1	154.6	145.1	134.0	125.0	116.0	107.0	98.0	89.0
q(5) - BOTH SEXES		.2426	.2313	.2168	.1992	.1853	.1714	.1574	.1432	.1289
DEP. RATIO	81.0	88.2	93.9	94.5	92.6	89.5	84.0	78.2	72.6	66.5

AFGHANISTAN

Summary Projection for 25-Year Periods

AGE GROUP	1990	2000	2025	2050	2075	2100	2125	2150
TOTAL M+F	20445	26938	51913	79111	100270	112957	119857	124114
MALES								
0-4	1856	2488	3994	3802	3887	3897	3895	3887
5-9	1353	2049	3590	3897	3899	3895	3890	3882
10-14	1158	1681	3256	3946	3906	3880	3881	3879
15-19	1110	1297	2936	3903	3845	3844	3867	3877
20-24	964	1099	2536	3851	3736	3807	3860	3872
25-29	789	1039	2145	3644	3636	3793	3852	3862
30-34	633	892	1830	3339	3739	3800	3839	3846
35-39	497	722	1471	2986	3753	3783	3807	3823
40-44	536	570	1102	2639	3666	3692	3751	3791
45-49	438	437	903	2223	3555	3546	3687	3762
50-54	348	457	814	1809	3269	3383	3623	3713
55-59	269	355	652	1451	2852	3361	3545	3632
60-64	198	262	473	1060	2359	3192	3397	3496
65-69	136	181	317	685	1843	2855	3119	3286
70-74	81	112	190	447	1279	2406	2712	2992
75+	55	88	210	454	1275	3305	4900	6052
TOTAL	10421	13729	26420	40136	50500	56439	59624	61652
FEMALES								
0-4	1802	2415	3842	3632	3694	3685	3677	3670
5-9	1301	1994	3463	3734	3714	3688	3672	3666
10-14	1107	1630	3142	3787	3728	3679	3663	3663
15-19	1055	1238	2831	3752	3679	3653	3652	3662
20-24	917	1040	2447	3710	3588	3630	3656	3664
25-29	753	976	2068	3515	3505	3632	3664	3664
30-34	603	837	1758	3219	3615	3652	3665	3657
35-39	474	680	1404	2878	3636	3648	3648	3643
40-44	498	539	1038	2546	3562	3576	3611	3624
45-49	410	418	850	2156	3473	3457	3571	3616
50-54	334	432	772	1773	3224	3334	3545	3604
55-59	268	341	631	1446	2859	3368	3522	3576
60-64	204	260	473	1081	2429	3281	3453	3515
65-69	145	187	329	716	1975	3050	3287	3413
70-74	90	121	206	487	1449	2720	3021	3267
75+	64	100	240	544	1640	4464	6926	8558
TOTAL	10024	13209	25493	38975	49770	56518	60233	62462
BIRTH RATE		48.5	41.3	26.3	17.7	14.5	13.0	12.4
DEATH RATE		20.7	15.3	9.8	8.3	9.7	10.7	11.0
NET MIGRATION RATE		-.2	-.1	.0	.0	.0	.0	.0
GROWTH RATE		2.76	2.62	1.69	.95	.48	.24	.14
TOTAL FERTILITY		6.900	5.771	3.129	2.226	2.142	2.085	2.076
e(0) - BOTH SEXES		44.18	50.20	58.63	67.22	73.48	79.46	81.95
IMR - BOTH SEXES		158.1	124.1	80.5	41.0	20.4	5.2	3.4

ALBANIA

Projection (thousands) with NRR=1 by 2005

AGE GROUP	1990	1995	2000	2005	2010	2015	2020	2025	2030	2035
TOTAL M+F	3250	3535	3792	4018	4236	4458	4674	4875	5053	5210
MALES										
0-4	202	196	185	172	172	179	183	182	178	176
5-9	184	200	194	184	170	171	178	183	182	178
10-14	174	183	199	193	183	170	170	178	182	181
15-19	171	173	182	198	192	182	169	170	178	182
20-24	160	169	171	180	196	191	181	168	169	177
25-29	157	157	166	168	178	194	189	180	167	168
30-34	133	155	155	164	166	176	193	188	179	167
35-39	101	131	153	153	162	165	175	192	187	178
40-44	78	99	129	151	151	161	163	173	190	186
45-49	78	76	97	127	149	149	159	161	172	188
50-54	67	75	74	95	124	145	146	155	158	168
55-59	54	64	72	71	92	120	141	141	151	154
60-64	39	51	60	68	67	87	114	134	135	144
65-69	32	35	46	55	62	62	80	106	125	126
70-74	19	26	29	39	48	55	54	71	94	112
75+	24	26	34	41	54	68	83	91	110	142
TOTAL	1673	1817	1946	2059	2166	2274	2379	2474	2558	2629
FEMALES										
0-4	185	186	176	163	163	170	174	172	169	166
5-9	169	183	184	174	161	162	169	173	172	168
10-14	160	168	182	183	173	161	161	169	173	172
15-19	157	159	166	181	182	173	160	161	169	173
20-24	149	155	157	165	180	181	172	160	161	168
25-29	147	147	153	155	163	178	180	171	160	160
30-34	125	145	145	152	154	162	177	180	171	159
35-39	93	123	144	144	150	153	161	177	179	171
40-44	70	92	122	142	143	149	152	161	176	179
45-49	71	69	91	121	141	141	148	151	160	175
50-54	59	70	68	89	119	139	140	147	150	158
55-59	50	58	69	67	88	117	137	138	145	148
60-64	43	48	56	67	65	85	114	134	135	142
65-69	37	40	46	53	64	62	82	110	129	130
70-74	23	33	37	42	49	59	58	77	103	122
75+	38	41	51	62	75	89	108	121	145	188
TOTAL	1577	1718	1846	1960	2070	2183	2296	2401	2496	2581
BIRTH RATE		23.4	20.4	17.7	16.6	16.4	16.0	15.1	14.2	13.5
DEATH RATE		5.4	5.3	5.2	5.4	5.8	6.2	6.6	7.0	7.4
RATE OF NAT. INC.		1.80	1.52	1.24	1.12	1.07	.98	.85	.72	.61
NET MIGRATION RATE		-1.2	-1.1	-.9	-.6	-.5	-.3	-.1	.0	.0
GROWTH RATE		1.68	1.41	1.16	1.06	1.02	.95	.84	.72	.61
TOTAL FERTILITY		2.850	2.522	2.232	2.125	2.120	2.115	2.109	2.104	2.099
NRR		1.319	1.172	1.044	1.000	1.000	1.000	1.000	1.000	1.000
e(0) - BOTH SEXES		72.79	73.85	75.00	76.17	76.77	77.39	78.02	78.67	79.33
e(15) - BOTH SEXES		61.04	61.86	62.62	63.39	63.82	64.26	64.71	65.17	65.65
IMR - BOTH SEXES		32.0	29.4	25.3	21.0	19.2	17.4	15.6	13.8	12.0
q(5) - BOTH SEXES		.0396	.0363	.0311	.0258	.0236	.0214	.0193	.0171	.0150
DEP. RATIO	62.2	59.4	56.1	51.2	48.0	46.1	47.3	50.3	53.6	55.7

Summary Projection for 25-Year Periods

ALBANIA

AGE GROUP	1990	2000	2025	2050	2075	2100	2125	2150
TOTAL M+F	3250	3792	4875	5542	5774	5866	5933	5964
MALES								
0-4	202	185	182	180	179	178	178	178
5-9	184	194	183	179	178	178	178	178
10-14	174	199	178	176	178	178	178	178
15-19	171	182	170	175	178	178	178	178
20-24	160	171	168	177	179	178	178	178
25-29	157	166	180	180	179	178	177	177
30-34	133	155	188	180	177	176	177	177
35-39	101	153	192	175	174	175	176	177
40-44	78	129	173	166	172	175	176	176
45-49	78	97	161	163	173	175	175	175
50-54	67	74	155	172	174	173	173	173
55-59	54	72	141	177	171	169	170	170
60-64	39	60	134	174	162	163	165	167
65-69	32	46	106	149	147	155	160	161
70-74	19	29	71	127	135	147	152	153
75+	24	34	91	224	311	328	345	354
TOTAL	1673	1946	2474	2774	2865	2906	2936	2951
FEMALES								
0-4	185	176	172	170	169	168	168	168
5-9	169	184	173	169	168	168	168	168
10-14	160	182	169	167	168	168	168	168
15-19	157	166	161	166	168	169	168	168
20-24	149	157	160	168	169	169	168	168
25-29	147	153	171	171	170	168	168	168
30-34	125	145	180	172	168	168	168	168
35-39	93	144	177	168	166	167	168	168
40-44	70	122	161	159	165	167	168	168
45-49	71	91	151	158	166	168	168	168
50-54	59	68	147	168	169	168	167	167
55-59	50	69	138	174	168	166	166	166
60-64	43	56	134	169	162	162	164	166
65-69	37	46	110	150	152	159	163	165
70-74	23	37	77	136	147	158	162	163
75+	38	51	121	303	433	466	492	505
TOTAL	1577	1846	2401	2767	2909	2961	2997	3014
BIRTH RATE		21.9	16.3	13.3	12.2	12.0	11.8	11.7
DEATH RATE		5.4	5.9	8.3	10.6	11.3	11.3	11.5
NET MIGRATION RATE		-1.1	-.5	.0	.0	.0	.0	.0
GROWTH RATE		1.54	1.00	.51	.16	.06	.05	.02
TOTAL FERTILITY		2.681	2.139	2.094	2.073	2.070	2.068	2.067
e(0) - BOTH SEXES		73.34	76.74	80.06	83.01	84.32	85.36	85.77
IMR - BOTH SEXES		30.8	19.6	10.1	3.1	2.4	2.1	2.0

ALGERIA

Projection (thousands) with NRR=1 by 2015

AGE GROUP	1990	1995	2000	2005	2010	2015	2020	2025	2030	2035
TOTAL M+F	25010	28144	31399	34969	38397	41413	44255	47099	49903	52546
MALES										
0-4	1978	1894	1964	2137	2087	1924	1893	1962	2019	2030
5-9	1989	1944	1870	1947	2123	2074	1914	1884	1954	2012
10-14	1685	1977	1935	1863	1941	2117	2069	1910	1880	1951
15-19	1478	1676	1968	1928	1857	1935	2112	2064	1906	1877
20-24	1253	1469	1667	1959	1919	1850	1928	2104	2057	1899
25-29	976	1246	1461	1658	1949	1910	1841	1919	2094	2048
30-34	812	971	1239	1453	1650	1940	1901	1832	1910	2085
35-39	578	806	964	1231	1445	1641	1929	1891	1823	1901
40-44	361	572	798	956	1221	1434	1628	1915	1878	1811
45-49	356	355	564	787	943	1206	1417	1610	1894	1858
50-54	334	346	346	551	771	924	1183	1390	1580	1860
55-59	213	319	333	334	533	746	896	1147	1350	1536
60-64	204	198	299	314	317	506	711	855	1097	1293
65-69	164	182	179	273	289	292	469	660	797	1026
70-74	108	137	154	154	238	254	258	416	589	715
75+	137	149	181	219	244	326	394	435	588	839
TOTAL	12626	14241	15922	17763	19528	21080	22542	23994	25416	26740
FEMALES										
0-4	1850	1828	1894	2058	2006	1848	1816	1881	1934	1942
5-9	1836	1823	1810	1881	2048	1997	1841	1810	1875	1929
10-14	1581	1826	1816	1805	1877	2044	1994	1838	1807	1873
15-19	1390	1574	1820	1811	1801	1874	2041	1991	1836	1805
20-24	1175	1382	1566	1813	1806	1796	1869	2036	1987	1832
25-29	914	1167	1375	1560	1808	1801	1792	1864	2031	1982
30-34	764	907	1159	1368	1554	1801	1795	1786	1859	2026
35-39	605	756	899	1151	1360	1546	1792	1787	1778	1852
40-44	430	596	747	890	1142	1350	1535	1781	1776	1768
45-49	421	422	586	736	879	1128	1335	1519	1764	1760
50-54	387	409	411	573	722	863	1109	1314	1497	1739
55-59	311	371	393	397	556	702	841	1082	1284	1465
60-64	234	291	349	372	379	532	674	809	1044	1243
65-69	193	210	263	319	344	352	497	632	763	990
70-74	128	161	177	226	278	303	313	446	572	697
75+	166	179	211	247	309	394	470	528	679	902
TOTAL	12384	13902	15477	17207	18870	20333	21714	23104	24487	25806

	1990	1995	2000	2005	2010	2015	2020	2025	2030	2035
BIRTH RATE		29.9	27.3	26.4	23.1	19.5	17.8	17.3	16.7	15.8
DEATH RATE		6.3	5.4	4.8	4.4	4.4	4.5	4.8	5.1	5.5
RATE OF NAT. INC.		2.36	2.19	2.15	1.87	1.51	1.33	1.25	1.16	1.03
NET MIGRATION RATE		.0	.0	.0	.0	.0	.0	.0	.0	.0
GROWTH RATE		2.36	2.19	2.15	1.87	1.51	1.33	1.25	1.16	1.03
TOTAL FERTILITY		4.300	3.550	3.053	2.626	2.259	2.126	2.119	2.111	2.104
NRR		1.894	1.602	1.407	1.226	1.058	1.000	1.000	1.000	1.000
e(0) - BOTH SEXES	67.26	69.43	71.46	73.32	74.04	74.79	75.56	76.35	77.17	
e(15) - BOTH SEXES	58.25	59.24	60.29	61.39	61.87	62.37	62.88	63.41	63.97	
IMR - BOTH SEXES	55.0	45.2	36.8	29.8	27.2	24.5	21.9	19.2	16.6	
q(5) - BOTH SEXES	.0731	.0579	.0455	.0360	.0329	.0298	.0267	.0236	.0204	
DEP. RATIO	89.5	77.7	65.7	60.1	56.0	50.7	45.9	44.0	44.9	47.4

ALGERIA

Summary Projection for 25-Year Periods

AGE GROUP	1990	2000	2025	2050	2075	2100	2125	2150
TOTAL M+F	25010	31399	47099	58647	63526	65010	66090	66581
MALES								
0-4	1978	1964	1962	1967	1984	1989	1989	1988
5-9	1989	1870	1884	1966	1991	1990	1988	1986
10-14	1685	1935	1910	1993	2001	1991	1986	1986
15-19	1478	1968	2064	2019	1998	1986	1983	1984
20-24	1253	1667	2104	2000	1977	1977	1980	1982
25-29	976	1461	1919	1934	1950	1971	1977	1977
30-34	812	1239	1832	1855	1945	1973	1974	1972
35-39	578	964	1891	1875	1965	1976	1969	1966
40-44	361	798	1915	2017	1981	1966	1958	1957
45-49	356	564	1610	2043	1951	1935	1941	1946
50-54	334	346	1390	1839	1866	1892	1920	1928
55-59	213	333	1147	1718	1758	1858	1896	1902
60-64	204	299	855	1714	1729	1833	1860	1860
65-69	164	179	660	1644	1781	1781	1791	1793
70-74	108	154	416	1266	1682	1652	1672	1690
75+	137	181	435	1805	3116	3477	3785	3933
TOTAL	12626	15922	23994	29656	31675	32248	32669	32851
FEMALES								
0-4	1850	1894	1881	1876	1890	1895	1896	1895
5-9	1836	1810	1810	1878	1897	1897	1895	1894
10-14	1581	1816	1838	1907	1906	1897	1894	1893
15-19	1390	1820	1991	1935	1904	1893	1892	1893
20-24	1175	1566	2036	1922	1888	1887	1891	1893
25-29	914	1375	1864	1865	1869	1885	1892	1893
30-34	764	1159	1786	1795	1869	1891	1893	1892
35-39	605	899	1787	1819	1894	1897	1892	1889
40-44	430	747	1781	1963	1917	1891	1885	1885
45-49	421	586	1519	1996	1898	1871	1876	1882
50-54	387	411	1314	1809	1829	1844	1868	1878
55-59	311	393	1082	1706	1744	1833	1865	1872
60-64	234	349	809	1667	1742	1839	1859	1861
65-69	193	263	632	1599	1839	1834	1836	1840
70-74	128	177	446	1278	1802	1772	1787	1807
75+	166	211	528	1976	3963	4735	5300	5562
TOTAL	12384	15477	23104	28991	31851	32762	33421	33730
BIRTH RATE		28.5	20.4	14.9	12.7	12.1	11.9	11.7
DEATH RATE		5.8	4.6	6.2	9.5	11.2	11.2	11.4
NET MIGRATION RATE		.0	.0	.0	.0	.0	.0	.0
GROWTH RATE		2.28	1.62	.88	.32	.09	.07	.03
TOTAL FERTILITY		3.886	2.402	2.097	2.068	2.063	2.059	2.058
e(0) - BOTH SEXES		68.41	73.99	78.11	81.86	83.58	85.00	85.54
IMR - BOTH SEXES		50.1	28.3	14.0	3.8	2.7	2.2	2.1

ANGOLA

Projection (thousands) with NRR=1 by 2050

AGE GROUP	1990	1995	2000	2005	2010	2015	2020	2025	2030	2035
TOTAL M+F	9194	10636	12410	14593	17099	19780	22713	25896	29240	32561
MALES										
0-4	837	1004	1203	1444	1631	1749	1903	2059	2169	2186
5-9	657	766	929	1128	1370	1556	1675	1831	1990	2106
10-14	563	638	745	907	1105	1345	1530	1650	1807	1967
15-19	470	549	623	729	889	1084	1322	1506	1627	1784
20-24	387	455	532	603	707	864	1056	1291	1474	1596
25-29	324	373	437	511	580	682	836	1025	1257	1439
30-34	272	311	357	419	490	558	658	810	996	1226
35-39	227	260	297	341	400	470	537	635	785	969
40-44	193	215	246	281	323	381	449	515	612	758
45-49	160	181	201	230	263	304	360	426	491	586
50-54	133	147	167	185	212	244	283	337	400	463
55-59	106	120	133	150	167	192	222	259	309	369
60-64	82	92	104	115	130	146	169	196	229	275
65-69	59	67	75	84	94	107	120	140	164	193
70-74	38	43	49	55	62	70	80	91	107	126
75+	30	36	41	47	53	61	70	81	94	111
TOTAL	4538	5256	6140	7228	8477	9812	11270	12852	14511	16155
FEMALES										
0-4	835	999	1194	1429	1611	1727	1878	2032	2141	2157
5-9	658	767	929	1124	1363	1544	1662	1816	1973	2088
10-14	565	639	747	908	1104	1341	1520	1640	1795	1953
15-19	474	551	625	731	891	1085	1320	1499	1620	1776
20-24	393	461	537	609	714	871	1063	1296	1475	1597
25-29	333	381	447	520	590	694	849	1039	1270	1450
30-34	282	321	367	431	502	572	674	827	1015	1245
35-39	237	270	308	352	413	484	553	654	805	992
40-44	199	226	258	294	336	396	465	534	634	783
45-49	169	189	214	244	279	320	379	447	514	613
50-54	142	159	178	201	230	264	304	361	427	493
55-59	118	131	146	163	186	213	246	284	340	404
60-64	94	105	117	130	146	167	193	223	260	312
65-69	70	79	88	98	110	124	143	167	195	228
70-74	47	53	60	67	75	86	98	114	134	158
75+	41	49	56	63	72	82	95	111	131	157
TOTAL	4656	5380	6270	7364	8622	9969	11443	13044	14729	16406
BIRTH RATE		48.0	48.5	48.7	45.8	41.8	39.2	36.8	33.9	30.2
DEATH RATE		18.9	17.7	16.3	14.1	12.7	11.5	10.5	9.6	8.7
RATE OF NAT. INC.		2.91	3.08	3.24	3.17	2.91	2.77	2.62	2.43	2.15
NET MIGRATION RATE		.0	.0	.0	.0	.0	.0	.0	.0	.0
GROWTH RATE		2.91	3.08	3.24	3.17	2.91	2.76	2.62	2.43	2.15
TOTAL FERTILITY		6.555	6.720	6.885	6.585	5.985	5.385	4.785	4.185	3.585
NRR		2.243	2.376	2.522	2.517	2.335	2.148	1.952	1.745	1.528
e(0) - BOTH SEXES		46.46	47.92	49.54	51.89	53.41	55.00	56.64	58.34	60.11
e(15) - BOTH SEXES		46.71	46.62	46.50	47.04	47.97	48.94	49.93	50.96	52.03
IMR - BOTH SEXES		123.9	112.2	99.3	84.8	79.2	73.6	68.0	62.4	56.8
q(5) - BOTH SEXES		.2089	.1870	.1627	.1360	.1261	.1162	.1062	.0962	.0861
DEP. RATIO	91.8	93.5	97.2	101.6	102.4	98.0	90.3	82.8	76.8	70.2

ANGOLA

Summary Projection for 25-Year Periods

AGE GROUP	1990	2000	2025	2050	2075	2100	2125	2150
TOTAL M+F	9194	12410	25896	41504	54249	61809	65386	67319
MALES								
0-4	837	1203	2059	1965	2035	2058	2061	2057
5-9	657	929	1831	2043	2054	2058	2058	2054
10-14	563	745	1650	2099	2064	2047	2052	2053
15-19	470	623	1506	2098	2024	2023	2046	2051
20-24	387	532	1291	2041	1953	2001	2041	2050
25-29	324	437	1025	1890	1901	1997	2038	2045
30-34	272	357	810	1698	1979	2012	2032	2037
35-39	227	297	635	1508	2020	2011	2013	2024
40-44	193	246	515	1348	1998	1958	1979	2008
45-49	160	201	426	1129	1916	1872	1944	1992
50-54	133	167	337	867	1730	1789	1917	1970
55-59	106	133	259	649	1487	1807	1890	1931
60-64	82	104	196	467	1230	1757	1827	1861
65-69	59	75	140	331	981	1608	1689	1753
70-74	38	49	91	221	687	1362	1483	1608
75+	30	41	81	196	631	1842	2802	3340
TOTAL	4538	6140	12852	20550	26689	30204	31871	32835
FEMALES								
0-4	835	1194	2032	1938	1998	2006	2003	1999
5-9	658	929	1816	2023	2024	2011	2000	1997
10-14	565	747	1640	2083	2040	2004	1995	1995
15-19	474	625	1499	2087	2009	1987	1990	1995
20-24	393	537	1296	2040	1946	1973	1992	1997
25-29	333	447	1039	1899	1902	1981	1998	1997
30-34	282	367	827	1714	1989	2006	2002	1997
35-39	237	308	654	1530	2038	2015	2002	1994
40-44	199	258	534	1377	2027	1975	1992	1986
45-49	169	214	447	1169	1960	1975	1969	1977
50-54	142	178	361	915	1794	1901	1948	1974
55-59	118	146	284	703	1578	1839	1944	1972
60-64	94	117	223	526	1351	1891	1950	1962
65-69	70	88	167	391	1134	1890	1932	1934
70-74	47	60	114	279	853	1804	1854	1884
75+	41	56	111	281	918	1628	1721	1819
75+						2694	4227	5002
TOTAL	4656	6270	13044	20955	27560	31605	33515	34484
BIRTH RATE		48.3	41.6	26.3	17.4	14.1	12.8	12.2
DEATH RATE		18.2	12.6	7.9	6.8	8.9	10.5	11.1
NET MIGRATION RATE		.0	.0	.0	.0	.0	.0	.0
GROWTH RATE		3.00	2.94	1.89	1.07	.52	.23	.12
TOTAL FERTILITY		6.643	5.743	3.046	2.115	2.074	2.047	2.042
e(0) - BOTH SEXES		47.24	53.79	62.38	70.90	76.17	81.14	83.08
IMR - BOTH SEXES		117.6	79.8	51.6	26.9	13.7	4.0	2.9

ANTIGUA AND BARBUDA

Projection (thousands) with NRR=1 by 2030

AGE GROUP	1990	1995	2000	2005	2010	2015	2020	2025	2030	2035
TOTAL M+F	65	68	72	77	82	87	92	95	99	102
MALES										
0-4	5	2	3	3	4	4	3	3	3	3
5-9	5	5	2	3	3	4	4	3	3	3
10-14	5	5	5	2	3	3	4	4	3	3
15-19	4	5	5	5	2	3	3	4	4	3
20-24	2	3	5	5	5	2	3	3	4	4
25-29	1	2	3	5	5	5	2	3	3	4
30-34	1	1	2	3	5	5	5	2	3	3
35-39	1	1	1	2	3	5	5	5	2	3
40-44	1	1	1	1	2	3	5	5	5	2
45-49	1	1	1	1	1	2	3	4	5	5
50-54	1	1	1	1	1	1	2	3	4	5
55-59	1	1	1	1	1	1	1	2	3	4
60-64	1	1	1	1	1	1	1	1	2	3
65-69	0	1	1	1	1	1	1	1	1	2
70-74	0	0	1	1	1	1	1	1	1	1
75+	0	0	0	1	1	1	1	1	1	1
TOTAL	31	32	34	37	39	42	44	46	48	50
FEMALES										
0-4	5	2	3	3	4	4	3	3	3	3
5-9	5	5	2	3	3	4	4	3	3	3
10-14	5	5	5	2	3	3	4	4	3	3
15-19	4	5	5	5	2	3	3	4	4	4
20-24	3	4	5	5	5	2	3	3	4	4
25-29	2	3	4	5	5	5	2	3	3	4
30-34	1	2	3	4	5	5	5	2	3	3
35-39	2	1	2	3	4	5	5	5	2	3
40-44	1	1	1	2	3	4	5	5	5	2
45-49	1	1	1	1	2	3	4	5	5	5
50-54	1	1	1	1	1	2	3	4	5	5
55-59	1	1	1	1	1	1	2	3	3	4
60-64	1	1	1	1	1	1	1	2	3	3
65-69	1	1	1	1	1	1	1	1	2	3
70-74	1	1	1	1	1	1	1	1	1	2
75+	1	1	1	2	2	2	3	3	3	3
TOTAL	34	36	38	40	43	45	47	49	51	52

	1990	1995	2000	2005	2010	2015	2020	2025	2030	2035
BIRTH RATE		13.4	15.9	17.9	19.1	17.8	15.2	13.4	13.1	13.5
DEATH RATE		4.6	4.8	5.0	5.3	5.5	5.6	5.8	5.9	6.1
RATE OF NAT. INC.		.88	1.11	1.29	1.39	1.23	.96	.77	.72	.74
NET MIGRATION RATE		.0	.0	.0	.0	.0	.0	.0	.0	.0
GROWTH RATE		.88	1.11	1.29	1.39	1.23	.95	.77	.72	.74
TOTAL FERTILITY		1.700	1.700	1.700	1.775	1.848	1.918	1.985	2.050	2.075
NRR		.804	.807	.811	.849	.885	.920	.954	.986	1.000
e(0) - BOTH SEXES		74.30	75.48	76.64	77.78	78.29	78.82	79.36	79.91	80.47
e(15) - BOTH SEXES		61.37	62.31	63.21	64.12	64.54	64.97	65.41	65.86	66.33
IMR - BOTH SEXES		20.0	17.3	14.5	12.0	11.1	10.2	9.2	8.3	7.4
q(5) - BOTH SEXES		.0245	.0211	.0177	.0149	.0138	.0127	.0116	.0105	.0094
DEP. RATIO	96.7	69.5	52.3	41.9	48.0	50.3	48.4	43.3	40.6	43.4

Summary Projection for 25-Year Periods

ANTIGUA AND BARBUDA

AGE GROUP	1990	2000	2025	2050	2075	2100	2125	2150
TOTAL M+F	65	72	95	111	112	113	114	115
MALES								
0-4	5	3	3	3	3	3	3	3
5-9	5	2	3	4	3	3	3	3
10-14	5	5	4	4	3	3	3	3
15-19	4	5	4	3	3	3	3	3
20-24	2	5	3	3	3	3	3	3
25-29	1	3	3	3	3	3	3	3
30-34	1	2	2	3	3	3	3	3
35-39	1	1	5	4	3	3	3	3
40-44	1	1	5	4	3	3	3	3
45-49	1	1	4	3	3	3	3	3
50-54	1	1	3	3	3	3	3	3
55-59	1	1	2	2	3	3	3	3
60-64	1	1	1	4	3	3	3	3
65-69	0	1	1	4	3	3	3	3
70-74	0	1	1	4	3	3	3	3
75+	0	0	1	4	5	6	7	7
TOTAL	31	34	46	54	55	55	56	56
FEMALES								
0-4	5	3	3	3	3	3	3	3
5-9	5	2	3	3	3	3	3	3
10-14	5	5	4	3	3	3	3	3
15-19	4	5	4	3	3	3	3	3
20-24	3	5	3	3	3	3	3	3
25-29	2	4	3	3	3	3	3	3
30-34	1	3	2	3	3	3	3	3
35-39	2	2	5	4	3	3	3	3
40-44	1	1	5	4	3	3	3	3
45-49	1	1	5	3	3	3	3	3
50-54	1	1	4	3	3	3	3	3
55-59	1	1	3	2	3	3	3	3
60-64	1	1	2	5	4	3	3	3
65-69	1	1	1	5	3	3	3	3
70-74	1	1	1	4	3	3	3	3
75+	1	1	3	6	8	9	10	10
TOTAL	34	38	49	57	57	57	58	58
BIRTH RATE		14.7	16.6	13.0	11.9	11.9	11.8	11.7
DEATH RATE		4.7	5.5	6.7	11.7	11.4	11.3	11.5
NET MIGRATION RATE		.0	.0	.0	.0	.0	.0	.0
GROWTH RATE		.99	1.13	.63	.02	.04	.04	.02
TOTAL FERTILITY		1.702	1.843	2.067	2.061	2.059	2.058	2.057
e(0) - BOTH SEXES		74.90	78.25	81.10	83.59	84.69	85.55	85.88
IMR - BOTH SEXES		18.5	11.4	6.4	2.8	2.3	2.1	2.0

ARGENTINA

Projection (thousands) with NRR=1 by 2000

AGE GROUP	1990	1995	2000	2005	2010	2015	2020	2025	2030	2035
TOTAL M+F	32322	34254	35770	37266	38896	40523	42048	43409	44621	45734
MALES										
0-4	1645	1668	1484	1499	1587	1629	1617	1577	1555	1563
5-9	1641	1635	1659	1478	1493	1581	1624	1613	1573	1551
10-14	1636	1637	1631	1656	1475	1491	1579	1622	1611	1572
15-19	1406	1630	1631	1626	1651	1471	1487	1575	1618	1608
20-24	1235	1398	1621	1623	1618	1643	1464	1481	1569	1612
25-29	1169	1226	1389	1611	1614	1609	1634	1457	1473	1561
30-34	1133	1158	1216	1380	1601	1604	1600	1625	1449	1466
35-39	1080	1121	1147	1206	1369	1590	1593	1590	1615	1441
40-44	969	1064	1105	1133	1193	1355	1574	1578	1575	1601
45-49	836	947	1041	1084	1114	1173	1334	1550	1556	1554
50-54	742	806	915	1009	1054	1083	1143	1301	1514	1521
55-59	682	701	763	870	963	1008	1039	1098	1253	1461
60-64	611	626	644	705	808	898	943	976	1036	1186
65-69	488	536	551	568	627	723	809	855	890	951
70-74	351	395	436	449	470	525	611	691	738	776
75+	412	426	471	534	593	647	727	850	996	1130
TOTAL	16035	16972	17705	18431	19229	20030	20778	21439	22022	22555
FEMALES										
0-4	1586	1596	1420	1433	1516	1556	1545	1507	1485	1492
5-9	1584	1578	1590	1416	1429	1513	1553	1542	1504	1482
10-14	1581	1581	1576	1588	1414	1428	1511	1551	1541	1503
15-19	1362	1578	1579	1574	1585	1412	1426	1510	1550	1539
20-24	1200	1359	1575	1576	1571	1583	1410	1424	1507	1548
25-29	1140	1197	1355	1571	1572	1567	1580	1407	1422	1505
30-34	1107	1135	1193	1351	1566	1568	1563	1576	1404	1419
35-39	1060	1101	1130	1188	1346	1561	1563	1558	1571	1400
40-44	951	1052	1094	1123	1181	1339	1553	1556	1552	1565
45-49	837	941	1041	1083	1114	1172	1328	1542	1545	1542
50-54	766	823	926	1026	1069	1099	1157	1313	1525	1529
55-59	731	747	803	905	1005	1048	1079	1137	1292	1502
60-64	689	702	719	775	876	975	1018	1051	1109	1263
65-69	587	644	659	678	735	834	931	976	1010	1070
70-74	465	521	575	595	618	675	769	864	911	949
75+	642	727	829	952	1067	1164	1283	1457	1673	1873
TOTAL	16287	17283	18065	18834	19666	20493	21270	21970	22599	23179
BIRTH RATE		20.3	17.1	16.4	16.6	16.3	15.6	14.6	14.0	13.7
DEATH RATE		8.6	8.4	8.2	8.0	8.1	8.2	8.3	8.5	8.8
RATE OF NAT. INC.		1.16	.87	.82	.86	.82	.74	.64	.55	.49
NET MIGRATION RATE		.0	.0	.0	.0	.0	.0	.0	.0	.0
GROWTH RATE		1.16	.87	.82	.86	.82	.74	.64	.55	.49
TOTAL FERTILITY		2.790	2.291	2.117	2.106	2.102	2.098	2.093	2.089	2.085
NRR		1.302	1.076	1.000	1.000	1.000	1.000	1.000	1.000	1.000
e(0) - BOTH SEXES	71.37	72.32	73.41	74.60	75.26	75.94	76.64	77.37	78.11	
e(15) - BOTH SEXES	59.27	59.84	60.54	61.39	61.92	62.47	63.03	63.62	64.23	
IMR - BOTH SEXES	29.0	25.0	20.8	17.1	15.7	14.3	12.9	11.5	10.1	
q(5) - BOTH SEXES	.0358	.0306	.0255	.0208	.0192	.0176	.0159	.0143	.0126	
DEP. RATIO	64.0	60.7	56.3	52.6	50.4	51.4	53.0	53.4	53.2	53.4

Summary Projection for 25-Year Periods

ARGENTINA

AGE GROUP	1990	2000	2025	2050	2075	2100	2125	2150
TOTAL M+F	32322	35770	43409	48633	50893	51938	52659	52985
MALES								
0-4	1645	1484	1577	1589	1584	1581	1579	1579
5-9	1641	1659	1613	1592	1581	1578	1578	1578
10-14	1636	1631	1622	1580	1574	1576	1578	1578
15-19	1406	1631	1575	1557	1569	1576	1578	1578
20-24	1235	1621	1481	1543	1571	1576	1576	1575
25-29	1169	1389	1457	1557	1576	1573	1571	1570
30-34	1133	1216	1625	1588	1575	1566	1565	1566
35-39	1080	1147	1590	1589	1556	1554	1559	1561
40-44	969	1105	1578	1534	1525	1543	1553	1556
45-49	836	1041	1550	1431	1503	1536	1547	1548
50-54	742	915	1301	1386	1499	1527	1531	1532
55-59	682	763	1098	1506	1499	1501	1503	1506
60-64	611	644	976	1413	1457	1448	1461	1471
65-69	488	551	855	1313	1343	1365	1402	1421
70-74	351	436	691	1160	1163	1263	1323	1345
75+	412	471	850	1600	2443	2784	3003	3104
TOTAL	16035	17705	21439	23938	25018	25546	25906	26068
FEMALES								
0-4	1586	1420	1507	1516	1511	1507	1506	1506
5-9	1584	1590	1542	1520	1507	1504	1505	1505
10-14	1581	1576	1551	1509	1501	1503	1505	1505
15-19	1362	1579	1510	1488	1497	1504	1505	1505
20-24	1200	1575	1424	1479	1502	1506	1506	1505
25-29	1140	1355	1407	1498	1511	1507	1504	1504
30-34	1107	1193	1576	1533	1514	1504	1502	1502
35-39	1060	1130	1558	1539	1501	1496	1499	1501
40-44	951	1094	1556	1494	1478	1490	1498	1501
45-49	837	1041	1542	1403	1464	1491	1499	1499
50-54	766	926	1313	1376	1476	1495	1496	1495
55-59	731	803	1137	1524	1499	1490	1486	1487
60-64	689	719	1051	1482	1489	1466	1471	1478
65-69	587	659	976	1441	1422	1427	1453	1467
70-74	465	575	864	1365	1301	1387	1434	1450
75+	642	829	1457	2528	3701	4115	4385	4508
TOTAL	16287	18065	21970	24695	25875	26392	26753	26917
BIRTH RATE		18.6	15.9	13.5	12.4	12.0	11.8	11.7
DEATH RATE		8.5	8.2	9.0	10.6	11.2	11.3	11.5
NET MIGRATION RATE		.0	.0	.0	.0	.0	.0	.0
GROWTH RATE		1.01	.77	.45	.18	.08	.06	.02
TOTAL FERTILITY		2.530	2.103	2.080	2.064	2.060	2.058	2.057
e(0) - BOTH SEXES		71.86	75.23	78.95	82.41	83.96	85.20	85.67
IMR - BOTH SEXES		27.1	16.1	8.7	3.3	2.5	2.1	2.0

ARMENIA

Projection (thousands) with NRR=1 by 2000

AGE GROUP	1990	1995	2000	2005	2010	2015	2020	2025	2030	2035
TOTAL M+F	3545	3800	4009	4183	4359	4543	4730	4902	5043	5157
MALES										
0-4	180	197	180	171	175	184	187	184	180	179
5-9	191	179	196	179	170	175	183	186	184	180
10-14	171	190	179	196	179	170	174	183	186	183
15-19	147	170	189	178	195	178	170	174	182	185
20-24	139	146	168	188	177	194	177	169	173	182
25-29	131	138	145	167	186	176	192	176	168	172
30-34	155	129	136	143	166	185	174	191	175	167
35-39	138	153	127	135	142	164	183	173	190	174
40-44	101	135	150	125	133	140	162	181	171	188
45-49	61	98	132	146	123	130	138	159	178	168
50-54	63	59	94	127	142	119	126	134	155	174
55-59	80	59	55	89	120	134	113	120	128	149
60-64	69	72	54	50	82	111	124	105	113	120
65-69	55	60	62	46	44	72	98	111	95	102
70-74	18	43	47	50	37	36	59	82	94	81
75+	22	22	40	51	59	55	53	70	98	124
TOTAL	1720	1850	1955	2042	2129	2221	2314	2398	2468	2526
FEMALES										
0-4	177	189	173	164	168	176	179	176	172	171
5-9	184	176	189	172	164	167	175	178	176	172
10-14	166	184	176	188	172	163	167	175	178	176
15-19	143	166	184	176	188	172	163	167	175	178
20-24	129	143	165	183	175	188	172	163	167	175
25-29	137	129	142	165	183	175	187	171	163	166
30-34	166	136	128	142	164	182	175	187	171	162
35-39	150	165	135	128	141	164	182	174	186	170
40-44	112	148	163	134	127	140	163	181	173	185
45-49	68	110	146	161	133	125	139	161	179	172
50-54	72	66	108	144	159	131	124	137	159	177
55-59	92	70	64	105	140	155	128	121	134	156
60-64	79	87	66	61	101	135	149	124	117	131
65-69	71	72	80	61	57	95	127	142	118	112
70-74	30	61	62	70	55	51	86	116	130	109
75+	47	47	71	86	104	103	101	131	176	219
TOTAL	1825	1950	2054	2141	2230	2322	2416	2503	2575	2631
BIRTH RATE		21.5	18.4	16.6	16.3	16.4	16.0	15.1	14.3	13.8
DEATH RATE		7.6	7.7	8.1	8.1	8.1	7.9	8.0	8.6	9.3
RATE OF NAT. INC.		1.39	1.07	.85	.82	.83	.81	.71	.57	.45
NET MIGRATION RATE		.0	.0	.0	.0	.0	.0	.0	.0	.0
GROWTH RATE		1.39	1.07	.85	.82	.83	.81	.71	.57	.45
TOTAL FERTILITY		2.800	2.481	2.198	2.094	2.091	2.088	2.085	2.082	2.079
NRR		1.323	1.175	1.046	1.000	1.000	1.000	1.000	1.000	1.000
e(0) - BOTH SEXES		70.26	71.06	72.09	73.25	73.95	74.68	75.44	76.23	77.05
e(15) - BOTH SEXES		57.35	57.90	58.68	59.62	60.24	60.88	61.54	62.24	62.96
IMR - BOTH SEXES		21.0	18.1	15.2	12.6	11.7	10.8	9.8	8.9	8.0
q(5) - BOTH SEXES		.0252	.0218	.0185	.0155	.0144	.0133	.0122	.0112	.0101
DEP. RATIO	58.8	59.7	56.9	52.2	46.5	46.7	50.6	54.8	54.9	53.9

Summary Projection for 25-Year Periods

ARMENIA

AGE GROUP	1990	2000	2025	2050	2075	2100	2125	2150
TOTAL M+F	3545	4009	4902	5469	5781	5929	6027	6073
MALES								
0-4	180	180	184	183	182	181	181	181
5-9	191	196	186	182	181	181	181	181
10-14	171	179	183	180	180	181	181	181
15-19	147	189	174	178	180	181	181	181
20-24	139	168	169	178	181	181	181	181
25-29	131	145	176	181	181	180	180	180
30-34	155	136	191	183	180	179	179	180
35-39	138	127	173	179	177	178	179	179
40-44	101	150	181	168	174	177	178	179
45-49	61	132	159	162	174	177	178	178
50-54	63	94	134	166	174	175	175	176
55-59	80	55	120	175	172	171	172	173
60-64	69	54	105	151	163	164	167	169
65-69	55	62	111	147	146	155	161	163
70-74	18	47	82	115	130	145	152	154
75+	22	40	70	156	265	308	338	352
TOTAL	1720	1955	2398	2686	2841	2916	2965	2988
FEMALES								
0-4	177	173	176	175	173	173	173	173
5-9	184	189	178	174	173	173	173	173
10-14	166	176	175	172	172	173	173	173
15-19	143	184	167	170	172	173	173	173
20-24	129	165	163	171	173	173	173	173
25-29	137	142	171	175	174	173	173	173
30-34	166	128	187	177	173	172	172	173
35-39	150	135	174	174	171	172	172	173
40-44	112	163	181	165	169	171	172	172
45-49	68	146	161	160	170	172	172	172
50-54	72	108	137	167	172	172	172	172
55-59	92	64	121	180	173	170	170	171
60-64	79	66	124	164	168	167	169	170
65-69	71	80	142	165	156	163	167	169
70-74	30	62	116	139	147	160	165	167
75+	47	71	131	255	403	456	492	511
TOTAL	1825	2054	2503	2783	2941	3013	3062	3086
BIRTH RATE		19.9	16.0	13.7	12.6	12.1	11.9	11.7
DEATH RATE		7.7	8.0	9.3	10.4	11.1	11.2	11.4
NET MIGRATION RATE		.0	.0	.0	.0	.0	.0	.0
GROWTH RATE		1.23	.80	.44	.22	.10	.07	.03
TOTAL FERTILITY		2.618	2.110	2.076	2.063	2.060	2.057	2.057
e(0) - BOTH SEXES		70.67	73.95	77.97	81.86	83.60	85.02	85.56
IMR - BOTH SEXES		19.6	12.0	7.0	3.4	2.7	2.2	2.1

AUSTRALIA

Projection (thousands) with NRR=1 by 2030

AGE GROUP	1990	1995	2000	2005	2010	2015	2020	2025	2030	2035
TOTAL M+F	17065	18240	19292	20190	20971	21618	22113	22523	22824	23023
MALES										
0-4	644	698	702	692	699	704	710	714	716	712
5-9	670	667	715	715	701	703	703	709	713	715
10-14	632	687	680	726	722	704	703	703	709	713
15-19	699	649	700	690	732	724	703	702	702	708
20-24	736	727	671	717	700	735	722	701	699	700
25-29	745	773	756	692	730	705	732	719	698	697
30-34	721	777	797	774	703	733	702	729	716	695
35-39	668	743	793	809	781	705	730	698	725	712
40-44	625	681	752	798	810	779	700	725	694	721
45-49	511	627	680	749	793	803	770	693	717	687
50-54	421	504	617	669	736	779	788	756	681	705
55-59	371	406	488	597	649	714	756	766	736	663
60-64	363	349	384	462	569	619	683	724	736	708
65-69	306	328	318	352	428	528	576	638	679	692
70-74	220	259	281	276	310	378	470	516	574	615
75+	262	301	357	412	445	494	583	713	832	957
TOTAL	8594	9176	9693	10131	10507	10809	11030	11205	11327	11401
FEMALES										
0-4	610	660	664	654	661	665	671	674	676	673
5-9	625	633	678	677	663	665	665	670	673	675
10-14	591	643	647	689	684	667	665	665	670	673
15-19	659	612	659	660	697	688	666	664	664	669
20-24	704	698	643	682	674	704	687	666	664	664
25-29	709	749	733	669	700	683	703	686	665	663
30-34	693	743	776	753	682	705	681	702	685	664
35-39	646	715	760	788	761	685	704	680	700	684
40-44	596	657	723	765	791	761	683	701	678	698
45-49	477	599	658	722	763	788	757	680	698	675
50-54	396	475	594	653	716	757	781	751	674	693
55-59	355	389	468	586	644	707	747	771	742	667
60-64	363	345	380	457	573	631	694	734	759	731
65-69	332	346	331	366	442	555	612	674	715	741
70-74	274	306	322	310	345	418	528	584	645	687
75+	440	495	564	629	668	730	840	1017	1189	1366
TOTAL	8471	9064	9598	10059	10465	10809	11083	11318	11497	11622
BIRTH RATE		15.2	14.4	13.6	13.2	12.9	12.7	12.5	12.3	12.1
DEATH RATE		7.6	7.5	7.5	7.5	7.8	8.2	8.8	9.7	10.4
RATE OF NAT. INC.		.77	.70	.61	.57	.51	.45	.37	.27	.17
NET MIGRATION RATE		5.7	4.3	3.0	1.9	.9	.0	.0	.0	.0
GROWTH RATE		1.33	1.12	.91	.76	.61	.45	.37	.27	.17
TOTAL FERTILITY		1.900	1.900	1.900	1.934	1.967	2.000	2.032	2.063	2.076
NRR		.910	.911	.912	.929	.945	.962	.978	.993	1.000
e(0) - BOTH SEXES	76.66	77.49	78.36	79.21	79.64	80.08	80.54	81.00	81.47	
e(15) - BOTH SEXES	62.50	63.23	64.02	64.80	65.21	65.62	66.05	66.48	66.93	
IMR - BOTH SEXES	7.0	6.0	5.3	4.8	4.5	4.3	4.1	3.8	3.6	
q(5) - BOTH SEXES	.0090	.0079	.0071	.0064	.0061	.0059	.0056	.0053	.0050	
DEP. RATIO	48.9	49.3	48.0	47.5	47.6	50.1	53.7	58.1	62.6	66.8

Summary Projection for 25-Year Periods

AUSTRALIA

AGE GROUP	1990	2000	2025	2050	2075	2100	2125	2150
TOTAL M+F	17065	19292	22523	23179	23320	23522	23703	23795
MALES								
0-4	644	702	714	710	710	710	710	710
5-9	670	715	709	708	709	710	710	710
10-14	632	680	703	707	710	710	710	710
15-19	699	700	702	711	711	710	709	709
20-24	736	671	701	712	709	708	708	708
25-29	745	756	719	707	706	706	706	707
30-34	721	797	729	701	701	703	704	705
35-39	668	793	698	692	699	702	703	703
40-44	625	752	725	687	699	700	700	700
45-49	511	680	693	682	697	696	696	696
50-54	421	617	756	692	686	686	688	689
55-59	371	488	766	688	669	673	677	679
60-64	363	384	724	640	645	656	663	665
65-69	306	318	638	632	617	635	641	643
70-74	220	281	516	558	576	599	606	609
75+	262	357	713	1211	1285	1334	1392	1424
TOTAL	8594	9693	11205	11439	11528	11637	11725	11769
FEMALES								
0-4	610	664	674	671	670	671	671	671
5-9	625	678	670	669	670	671	671	671
10-14	591	647	665	668	671	671	671	671
15-19	659	659	664	672	672	671	670	670
20-24	704	643	666	674	671	670	670	670
25-29	709	733	686	672	670	669	670	670
30-34	693	776	702	667	667	669	670	670
35-39	646	760	680	661	666	669	669	669
40-44	596	723	701	659	668	669	669	669
45-49	477	658	680	659	670	668	667	668
50-54	396	594	751	676	665	664	665	666
55-59	355	468	771	685	657	659	662	664
60-64	363	380	734	657	646	654	659	661
65-69	332	331	674	665	637	651	655	656
70-74	274	322	584	626	624	642	646	648
75+	440	564	1017	1759	1870	1918	1993	2033
TOTAL	8471	9598	11318	11740	11793	11884	11978	12026
BIRTH RATE		14.8	13.0	12.1	11.9	11.8	11.7	11.7
DEATH RATE		7.5	8.0	10.9	11.7	11.5	11.4	11.5
NET MIGRATION RATE		4.9	1.1	.0	.0	.0	.0	.0
GROWTH RATE		1.23	.62	.11	.02	.03	.03	.02
TOTAL FERTILITY		1.901	1.965	2.072	2.070	2.069	2.067	2.067
e(0) - BOTH SEXES		77.09	79.60	81.97	84.08	84.98	85.69	85.97
IMR - BOTH SEXES		6.5	4.6	3.4	2.5	2.2	2.0	2.0

AUSTRIA

Projection (thousands) with NRR=1 by 2030

AGE GROUP	1990	1995	2000	2005	2010	2015	2020	2025	2030	2035
TOTAL M+F	7712	7981	8138	8168	8180	8176	8169	8144	8093	8019
MALES										
0-4	227	249	234	212	211	214	220	223	223	219
5-9	236	237	253	233	211	211	214	219	222	222
10-14	226	242	240	253	233	211	211	214	219	222
15-19	268	233	246	239	252	233	211	211	213	219
20-24	332	279	238	245	239	251	232	210	210	213
25-29	342	346	286	237	243	238	250	231	209	209
30-34	298	354	352	284	236	242	236	249	230	209
35-39	254	306	357	350	283	235	241	235	248	229
40-44	254	259	307	354	347	281	233	240	234	247
45-49	258	254	257	303	350	343	278	231	237	232
50-54	223	253	249	252	298	344	337	273	227	233
55-59	189	215	244	241	244	289	334	328	266	222
60-64	184	178	203	232	230	234	277	321	315	256
65-69	150	166	162	187	215	214	218	260	302	298
70-74	83	127	142	141	166	192	192	196	235	274
75+	173	151	175	211	235	269	313	343	364	411
TOTAL	3697	3849	3945	3974	3994	4000	3998	3983	3955	3915
FEMALES										
0-4	215	236	222	201	200	203	208	211	211	207
5-9	225	224	240	221	200	200	203	208	211	211
10-14	213	232	227	240	221	200	200	202	208	211
15-19	252	221	236	227	240	221	200	200	202	208
20-24	314	267	229	236	227	240	221	200	200	202
25-29	333	332	276	228	235	227	239	221	200	199
30-34	297	346	338	275	228	235	226	239	220	199
35-39	254	305	350	337	275	227	234	226	239	220
40-44	251	258	307	348	336	274	227	234	225	238
45-49	259	252	258	305	347	334	272	226	233	224
50-54	226	257	249	255	302	344	332	270	224	231
55-59	200	222	253	246	252	298	340	328	268	222
60-64	219	195	217	247	241	247	293	334	323	264
65-69	245	209	187	210	240	235	241	286	327	316
70-74	145	226	196	176	199	229	224	231	275	315
75+	372	352	410	441	442	463	511	545	573	636
TOTAL	4015	4133	4193	4194	4186	4176	4172	4161	4137	4104
BIRTH RATE		12.2	11.3	10.2	10.1	10.3	10.5	10.7	10.7	10.6
DEATH RATE		10.4	9.9	9.4	9.8	10.3	10.7	11.3	12.0	12.5
RATE OF NAT. INC.		.18	.14	.07	.03	-.01	-.02	-.06	-.13	-.18
NET MIGRATION RATE		5.1	2.5	.0	.0	.0	.0	.0	.0	.0
GROWTH RATE		.69	.39	.07	.03	-.01	-.02	-.06	-.13	-.18
TOTAL FERTILITY		1.570	1.570	1.570	1.674	1.772	1.866	1.955	2.040	2.072
NRR		.752	.754	.755	.806	.853	.899	.942	.984	1.000
e(0) - BOTH SEXES	76.59	77.77	78.86	79.88	80.28	80.69	81.10	81.52	81.95	
e(15) - BOTH SEXES	62.47	63.52	64.52	65.47	65.84	66.22	66.61	67.01	67.41	
IMR - BOTH SEXES	7.5	6.2	5.3	4.7	4.5	4.3	4.0	3.8	3.6	
q(5) - BOTH SEXES	.0096	.0080	.0071	.0064	.0061	.0058	.0055	.0053	.0050	
DEP. RATIO	48.2	49.7	49.3	50.1	51.3	53.2	56.7	62.7	71.3	79.2

Summary Projection for 25-Year Periods

AUSTRIA

AGE GROUP	1990	2000	2025	2050	2075	2100	2125	2150
TOTAL M+F	7712	8138	8144	7654	7292	7279	7324	7348
MALES								
0-4	227	234	223	219	219	219	219	219
5-9	236	253	219	217	218	219	219	219
10-14	226	240	214	216	218	219	219	219
15-19	268	246	211	219	219	219	219	219
20-24	332	238	210	222	220	218	218	218
25-29	342	286	231	221	218	217	217	218
30-34	298	352	249	217	215	216	217	217
35-39	254	357	235	210	213	216	217	217
40-44	254	307	240	207	215	216	216	216
45-49	258	257	231	205	217	215	215	215
50-54	223	249	273	223	214	212	212	212
55-59	189	244	328	236	207	206	208	209
60-64	184	203	321	216	196	201	204	205
65-69	150	162	260	210	186	195	198	199
70-74	83	142	196	188	174	187	188	188
75+	173	175	343	508	437	417	430	439
TOTAL	3697	3945	3983	3732	3586	3593	3615	3628
FEMALES								
0-4	215	222	211	208	207	207	207	207
5-9	225	240	208	206	207	207	207	207
10-14	213	227	202	205	207	207	207	207
15-19	252	236	200	207	208	208	207	207
20-24	314	229	200	211	208	207	207	207
25-29	333	276	221	210	207	207	207	207
30-34	297	338	239	207	205	206	207	207
35-39	254	350	226	201	204	206	207	207
40-44	251	307	234	198	206	207	207	207
45-49	259	258	226	198	209	207	206	206
50-54	226	249	270	217	208	206	205	206
55-59	200	253	328	234	204	203	204	205
60-64	219	217	334	219	197	200	204	204
65-69	245	187	286	223	192	201	203	203
70-74	145	196	231	209	188	201	201	201
75+	372	410	545	769	647	605	622	632
TOTAL	4015	4193	4161	3922	3705	3686	3709	3721
BIRTH RATE		11.7	10.4	10.8	11.5	11.8	11.7	11.6
DEATH RATE		10.1	10.3	13.2	13.5	11.8	11.5	11.5
NET MIGRATION RATE		3.8	.0	.0	.0	.0	.0	.0
GROWTH RATE		.54	.00	-.25	-.19	-.01	.02	.01
TOTAL FERTILITY		1.572	1.757	2.064	2.067	2.065	2.064	2.064
e(0) - BOTH SEXES		77.19	80.16	82.39	84.31	85.13	85.77	86.02
IMR - BOTH SEXES		6.9	4.6	3.3	2.4	2.2	2.0	1.9

AZERBAIJAN

Projection (thousands) with NRR=1 by 2005

AGE GROUP	1990	1995	2000	2005	2010	2015	2020	2025	2030	2035
TOTAL M+F	7153	7640	8104	8583	9054	9548	10044	10516	10927	11271
MALES										
0-4	441	449	393	361	369	396	409	403	390	383
5-9	409	429	442	391	359	367	394	408	402	389
10-14	361	401	424	440	390	358	367	394	407	402
15-19	323	353	395	422	439	389	357	366	393	407
20-24	332	308	344	393	420	437	387	356	364	391
25-29	295	312	297	341	391	418	434	385	354	362
30-34	301	277	302	295	339	388	415	432	383	352
35-39	244	286	269	300	292	337	386	412	429	381
40-44	169	232	278	266	296	289	333	382	409	425
45-49	99	160	225	273	261	291	285	328	376	403
50-54	110	93	153	218	265	254	284	277	320	368
55-59	150	102	87	146	207	253	243	272	267	309
60-64	117	136	93	80	135	193	236	228	256	252
65-69	79	101	118	82	71	120	173	213	207	234
70-74	29	63	81	96	67	59	101	147	183	180
75+	35	36	61	86	111	105	98	127	180	240
TOTAL	3492	3738	3963	4189	4414	4654	4902	5131	5322	5479
FEMALES										
0-4	427	432	378	347	354	379	392	387	374	367
5-9	382	416	425	376	346	353	379	392	386	373
10-14	339	374	411	425	376	345	353	378	391	386
15-19	325	330	369	411	424	376	345	352	378	391
20-24	352	308	321	368	410	424	375	344	352	378
25-29	375	332	298	320	368	409	423	375	344	351
30-34	309	360	324	298	320	367	409	422	374	343
35-39	213	298	353	323	297	319	366	408	421	373
40-44	137	206	293	352	322	296	318	365	406	420
45-49	113	132	203	291	349	320	294	316	363	404
50-54	188	109	130	200	288	346	317	291	313	360
55-59	149	183	107	128	197	284	341	313	288	310
60-64	123	143	176	104	125	193	278	334	307	283
65-69	76	114	135	169	100	120	187	269	325	299
70-74	50	68	104	125	158	94	114	177	256	310
75+	104	97	113	157	207	269	253	262	327	444
TOTAL	3661	3902	4142	4394	4641	4894	5142	5385	5605	5792
BIRTH RATE		25.0	20.3	17.4	16.7	17.0	16.6	15.6	14.4	13.7
DEATH RATE		6.4	5.9	5.9	6.0	6.3	6.5	6.4	6.8	7.5
RATE OF NAT. INC.		1.86	1.44	1.15	1.07	1.06	1.01	.92	.77	.62
NET MIGRATION RATE		-5.4	-2.5	.0	.0	.0	.0	.0	.0	.0
GROWTH RATE		1.32	1.18	1.15	1.07	1.06	1.01	.92	.77	.62
TOTAL FERTILITY		2.800	2.484	2.204	2.101	2.097	2.093	2.089	2.085	2.080
NRR		1.306	1.168	1.043	1.000	1.000	1.000	1.000	1.000	1.000
e(0) - BOTH SEXES	70.93	72.59	74.18	75.66	76.27	76.91	77.56	78.23	78.92	
e(15) - BOTH SEXES	59.18	60.31	61.45	62.56	63.04	63.52	64.03	64.55	65.08	
IMR - BOTH SEXES	32.0	26.8	21.9	17.8	16.4	14.9	13.4	11.9	10.4	
q(5) - BOTH SEXES	.0390	.0320	.0262	.0215	.0198	.0181	.0163	.0146	.0129	
DEP. RATIO	61.9	63.9	61.4	55.2	47.3	45.1	47.1	51.1	54.0	55.2

AZERBAIJAN

Summary Projection for 25-Year Periods

AGE GROUP	1990	2000	2025	2050	2075	2100	2125	2150
TOTAL M+F	7153	8104	10516	12042	12671	12940	13113	13192
MALES								
0-4	441	393	403	398	394	393	393	393
5-9	409	442	408	394	391	392	393	393
10-14	361	424	394	386	390	392	393	393
15-19	323	395	366	382	391	393	393	393
20-24	332	344	356	387	394	393	392	392
25-29	295	297	385	398	394	391	390	391
30-34	301	302	432	401	389	388	389	389
35-39	244	269	412	385	380	385	388	389
40-44	169	278	382	356	374	384	387	387
45-49	99	225	328	344	376	385	385	385
50-54	110	153	277	366	383	382	380	380
55-59	150	87	272	400	379	371	372	374
60-64	117	93	228	365	353	353	361	366
65-69	79	118	213	316	311	334	349	354
70-74	29	81	147	243	278	316	331	335
75+	35	61	127	346	606	682	737	766
TOTAL	3492	3963	5131	5867	6182	6333	6433	6479
FEMALES								
0-4	427	378	387	380	376	375	375	375
5-9	382	425	392	377	374	374	375	375
10-14	339	411	378	370	372	374	375	375
15-19	325	369	352	366	374	375	375	375
20-24	352	321	344	372	377	376	375	375
25-29	375	298	375	385	379	375	374	374
30-34	309	324	422	390	376	373	374	374
35-39	213	353	408	376	368	371	374	374
40-44	137	293	365	349	364	372	374	374
45-49	113	203	316	340	369	375	374	373
50-54	188	130	291	368	380	376	373	372
55-59	149	107	313	411	383	371	369	370
60-64	123	176	334	392	366	361	366	369
65-69	76	135	269	344	335	353	364	367
70-74	50	104	177	288	320	352	362	363
75+	104	113	262	666	976	1054	1102	1128
TOTAL	3661	4142	5385	6175	6489	6608	6680	6714
BIRTH RATE		22.6	16.6	13.6	12.4	12.0	11.8	11.7
DEATH RATE		6.2	6.3	8.2	10.4	11.2	11.3	11.5
NET MIGRATION RATE		-3.9	.0	.0	.0	.0	.0	.0
GROWTH RATE		1.25	1.04	.54	.20	.08	.05	.02
TOTAL FERTILITY		2.659	2.114	2.076	2.061	2.058	2.057	2.056
e(0) - BOTH SEXES		71.79	76.20	79.68	82.80	84.19	85.31	85.73
IMR - BOTH SEXES		29.6	16.7	8.9	3.2	2.5	2.1	2.0

BAHAMAS, THE

Projection (thousands) with NRR=1 by 1995

AGE GROUP	1990	1995	2000	2005	2010	2015	2020	2025	2030	2035
TOTAL M+F	255	275	297	318	338	356	371	386	400	413
MALES										
0-4	12	13	14	15	14	14	13	14	14	14
5-9	15	12	13	14	15	14	14	13	14	14
10-14	15	15	12	13	14	15	14	14	13	14
15-19	17	15	15	12	13	14	15	14	14	13
20-24	15	17	15	15	12	13	14	14	14	13
25-29	11	15	17	15	15	12	13	14	14	14
30-34	7	11	15	17	15	15	12	13	14	14
35-39	7	7	11	15	16	14	14	12	13	14
40-44	7	7	7	11	14	16	14	14	11	13
45-49	6	7	7	7	10	14	16	14	14	11
50-54	5	6	7	7	6	10	14	16	14	14
55-59	4	5	5	6	6	6	10	13	15	13
60-64	3	4	4	5	6	6	6	9	13	14
65-69	2	3	3	4	5	5	5	5	9	12
70-74	2	2	2	3	3	4	5	5	5	8
75+	1	2	2	3	3	4	5	6	7	8
TOTAL	128	138	148	158	168	176	184	191	197	203
FEMALES										
0-4	12	12	14	14	14	13	13	13	13	13
5-9	13	12	12	14	14	14	13	13	13	13
10-14	14	13	12	12	14	14	14	13	13	13
15-19	16	14	13	12	12	14	14	14	13	13
20-24	14	16	14	13	12	12	14	14	13	13
25-29	11	14	16	14	13	12	12	14	14	13
30-34	8	11	14	16	14	13	12	12	13	14
35-39	8	8	11	14	16	14	13	12	12	13
40-44	7	8	8	11	14	16	14	13	12	12
45-49	6	7	8	8	11	14	16	14	13	12
50-54	5	6	7	8	8	11	14	16	14	13
55-59	4	5	6	7	8	8	11	13	15	13
60-64	3	4	5	6	7	8	8	10	13	15
65-69	3	3	4	5	5	6	7	7	10	13
70-74	2	3	3	3	4	5	6	7	7	10
75+	1	2	4	4	6	7	9	11	14	15
TOTAL	127	137	149	160	170	179	188	196	203	209
BIRTH RATE		19.9	20.0	19.0	17.2	15.6	14.7	14.3	14.1	13.7
DEATH RATE		4.7	4.9	5.0	5.0	5.5	6.0	6.5	7.0	7.5
RATE OF NAT. INC.		1.52	1.51	1.40	1.22	1.01	.87	.78	.71	.62
NET MIGRATION RATE		.0	.0	.0	.0	.0	.0	.0	.0	.0
GROWTH RATE		1.52	1.50	1.40	1.22	1.01	.87	.78	.70	.62
TOTAL FERTILITY		2.132	2.117	2.106	2.096	2.093	2.089	2.086	2.082	2.079
NRR		1.002	1.000	1.000	1.000	1.000	1.000	1.000	1.000	1.000
e(0) - BOTH SEXES		72.38	74.01	75.47	76.84	77.40	77.98	78.57	79.17	79.79
e(15) - BOTH SEXES		59.90	61.20	62.33	63.41	63.86	64.32	64.79	65.28	65.78
IMR - BOTH SEXES		25.0	21.2	17.6	14.5	13.3	12.2	11.0	9.8	8.6
q(5) - BOTH SEXES		.0306	.0260	.0215	.0177	.0164	.0150	.0136	.0122	.0109
DEP. RATIO	56.1	49.4	46.6	48.0	48.6	47.8	46.7	45.9	48.8	54.8

Summary Projection for 25-Year Periods

BAHAMAS, THE

AGE GROUP	1990	2000	2025	2050	2075	2100	2125	2150
TOTAL M+F	255	297	386	436	450	457	462	465
MALES								
0-4	12	14	14	14	14	14	14	14
5-9	15	13	13	14	14	14	14	14
10-14	15	12	14	14	14	14	14	14
15-19	17	15	14	14	14	14	14	14
20-24	15	15	14	14	14	14	14	14
25-29	11	17	14	14	14	14	14	14
30-34	7	15	13	13	14	14	14	14
35-39	7	11	12	13	14	14	14	14
40-44	7	7	14	14	14	14	14	14
45-49	6	7	14	14	14	13	14	14
50-54	5	7	16	13	13	13	13	13
55-59	4	5	13	12	13	13	13	13
60-64	3	4	9	10	12	13	13	13
65-69	2	3	5	12	12	12	12	12
70-74	2	2	5	11	11	11	12	12
75+	1	2	6	18	22	24	26	27
TOTAL	128	148	191	214	221	224	227	229
FEMALES								
0-4	12	14	13	13	13	13	13	13
5-9	13	12	13	13	13	13	13	13
10-14	14	12	13	13	13	13	13	13
15-19	16	13	14	13	13	13	13	13
20-24	14	14	14	13	13	13	13	13
25-29	11	16	14	13	13	13	13	13
30-34	8	14	12	13	13	13	13	13
35-39	8	11	12	13	13	13	13	13
40-44	7	8	13	13	13	13	13	13
45-49	6	8	14	14	13	13	13	13
50-54	5	7	16	13	13	13	13	13
55-59	4	6	13	12	13	13	13	13
60-64	3	5	10	11	13	13	13	13
65-69	3	4	7	12	13	13	13	13
70-74	2	3	7	13	13	13	13	13
75+	1	4	11	29	34	37	39	40
TOTAL	127	149	196	223	229	233	235	236
BIRTH RATE		19.9	16.0	13.2	12.3	12.0	11.8	11.7
DEATH RATE		4.8	5.6	8.4	11.0	11.3	11.3	11.5
NET MIGRATION RATE		.0	.0	.0	.0	.0	.0	.0
GROWTH RATE		1.51	1.06	.49	.12	.06	.04	.02
TOTAL FERTILITY		2.136	2.094	2.075	2.061	2.059	2.058	2.057
e(0) - BOTH SEXES		73.22	77.33	80.48	83.26	84.48	85.45	85.82
IMR - BOTH SEXES		23.0	13.8	7.5	2.9	2.4	2.1	2.0

BAHRAIN

Projection (thousands) with NRR=1 by 2025

AGE GROUP	1990	1995	2000	2005	2010	2015	2020	2025	2030	2035
TOTAL M+F	503	572	639	704	771	840	903	956	1004	1050
MALES										
0-4	38	41	40	40	43	45	44	41	41	42
5-9	31	37	41	40	40	43	45	44	41	41
10-14	22	31	37	41	40	40	43	45	44	41
15-19	20	22	31	37	40	40	40	42	44	44
20-24	19	20	22	30	37	40	39	40	42	44
25-29	23	19	20	22	30	37	40	39	40	42
30-34	33	23	19	19	21	30	37	40	39	39
35-39	36	32	22	18	19	21	30	36	40	39
40-44	24	35	32	22	18	19	21	30	36	39
45-49	15	23	35	32	22	18	19	21	29	36
50-54	11	14	23	34	31	21	18	18	20	29
55-59	7	10	14	22	32	30	21	17	18	20
60-64	5	6	10	13	20	30	28	19	16	17
65-69	3	4	6	8	11	18	28	25	18	15
70-74	2	2	4	5	7	10	16	24	22	16
75+	2	2	3	4	6	9	12	19	30	36
TOTAL	289	323	355	387	419	450	479	501	520	538
FEMALES										
0-4	37	39	38	39	41	43	42	39	39	40
5-9	29	37	39	38	39	41	43	42	39	39
10-14	22	29	37	39	38	39	41	43	42	39
15-19	20	22	29	37	39	38	39	41	43	42
20-24	19	20	22	29	36	39	38	38	41	43
25-29	19	19	20	22	29	36	39	38	38	41
30-34	18	19	19	20	22	28	36	39	38	38
35-39	14	18	19	19	20	21	28	36	39	38
40-44	9	14	18	18	18	19	21	28	36	38
45-49	7	9	14	17	18	18	19	21	28	36
50-54	6	7	9	13	17	18	18	19	21	28
55-59	5	6	7	8	13	17	17	18	19	20
60-64	4	5	5	6	8	12	16	17	17	18
65-69	2	4	4	5	6	7	12	15	16	16
70-74	2	2	3	4	4	5	7	10	14	15
75+	2	2	3	4	5	6	8	10	15	21
TOTAL	214	249	283	317	353	389	424	455	483	512
BIRTH RATE		30.9	26.6	24.1	23.2	22.1	20.1	17.6	16.4	16.2
DEATH RATE		5.0	4.7	4.7	4.8	5.2	5.7	6.1	6.6	7.1
RATE OF NAT. INC.		2.58	2.19	1.94	1.84	1.69	1.45	1.15	.98	.90
NET MIGRATION RATE		.0	.0	.0	.0	.0	.0	.0	.0	.0
GROWTH RATE		2.59	2.19	1.94	1.84	1.69	1.45	1.15	.98	.90
TOTAL FERTILITY		4.550	4.125	3.700	3.275	2.869	2.514	2.203	2.089	2.085
NRR		2.107	1.930	1.746	1.556	1.366	1.199	1.052	1.000	1.000
e(0) - BOTH SEXES		69.60	70.99	72.44	73.89	74.57	75.28	76.01	76.76	77.55
e(15) - BOTH SEXES		57.57	58.47	59.52	60.63	61.19	61.77	62.37	63.00	63.65
IMR - BOTH SEXES		30.0	24.9	20.4	16.6	15.3	13.9	12.6	11.3	9.9
q(5) - BOTH SEXES		.0363	.0298	.0245	.0201	.0185	.0170	.0154	.0139	.0123
DEP. RATIO	61.2	67.5	66.0	60.9	56.9	57.2	60.1	59.9	56.1	52.2

Summary Projection for 25-Year Periods

BAHRAIN

AGE GROUP	1990	2000	2025	2050	2075	2100	2125	2150
TOTAL M+F	503	639	956	1182	1344	1388	1410	1419
MALES								
0-4	38	40	41	43	43	42	42	42
5-9	31	41	44	43	43	42	42	42
10-14	22	37	45	43	42	42	42	42
15-19	20	31	42	42	42	42	42	42
20-24	19	22	40	40	42	42	42	42
25-29	23	20	39	41	42	42	42	42
30-34	33	19	40	43	43	42	42	42
35-39	36	22	36	44	42	42	42	42
40-44	24	32	30	41	41	41	42	42
45-49	15	35	21	39	39	41	41	42
50-54	11	23	18	37	39	41	41	41
55-59	7	14	17	37	41	41	40	40
60-64	5	10	19	33	40	39	39	39
65-69	3	6	25	25	36	37	38	38
70-74	2	4	24	16	32	33	35	36
75+	2	3	19	28	61	75	81	84
TOTAL	289	355	501	594	668	686	695	699
FEMALES								
0-4	37	38	39	41	41	40	40	40
5-9	29	39	42	41	41	40	40	40
10-14	22	37	43	41	40	40	40	40
15-19	20	29	41	40	40	40	40	40
20-24	19	22	38	39	40	40	40	40
25-29	19	20	38	39	40	40	40	40
30-34	18	19	39	42	41	40	40	40
35-39	14	19	36	42	41	40	40	40
40-44	9	18	28	40	40	40	40	40
45-49	7	14	21	38	38	40	40	40
50-54	6	9	19	37	38	40	40	40
55-59	5	7	18	37	41	40	40	40
60-64	4	5	17	34	41	40	39	40
65-69	2	4	15	26	38	38	39	39
70-74	2	3	10	18	35	36	38	39
75+	2	3	10	34	82	106	116	120
TOTAL	214	283	455	588	676	702	714	720
BIRTH RATE		28.6	21.2	15.6	13.0	12.1	11.8	11.7
DEATH RATE		4.9	5.4	7.1	7.9	10.8	11.2	11.5
NET MIGRATION RATE		.0	.0	.0	.0	.0	.0	.0
GROWTH RATE		2.39	1.61	.85	.51	.13	.06	.03
TOTAL FERTILITY		4.332	2.810	2.081	2.066	2.061	2.059	2.058
e(0) - BOTH SEXES		70.34	74.58	78.46	82.13	83.76	85.10	85.60
IMR - BOTH SEXES		27.5	15.7	8.6	3.4	2.6	2.2	2.0

BANGLADESH

Projection (thousands) with NRR=1 by 2010

AGE GROUP	1990	1995	2000	2005	2010	2015	2020	2025	2030	2035
TOTAL M+F	109820	121110	132417	143379	153437	163158	172900	182313	191097	199001
MALES										
0-4	8406	8208	8282	8180	7779	7778	7990	8063	8019	7922
5-9	8262	8092	7960	8086	8034	7654	7668	7892	7978	7947
10-14	7483	8160	8006	7889	8027	7980	7609	7629	7858	7948
15-19	6373	7380	8059	7918	7814	7958	7919	7556	7582	7815
20-24	5317	6237	7234	7917	7795	7704	7857	7830	7482	7515
25-29	4393	5172	6078	7072	7764	7658	7582	7748	7735	7400
30-34	3717	4263	5028	5930	6924	7618	7528	7468	7646	7643
35-39	2664	3595	4130	4889	5788	6775	7470	7397	7353	7540
40-44	2192	2558	3463	3992	4745	5632	6609	7304	7248	7218
45-49	1853	2086	2440	3316	3838	4575	5445	6406	7098	7060
50-54	1563	1737	1959	2299	3139	3645	4360	5205	6142	6824
55-59	1323	1429	1591	1801	2124	2912	3395	4077	4887	5789
60-64	1052	1162	1258	1407	1601	1899	2618	3070	3707	4467
65-69	764	869	964	1049	1180	1354	1618	2248	2656	3231
70-74	520	575	657	733	804	915	1061	1281	1798	2146
75+	588	583	620	694	785	886	1022	1201	1458	1970
TOTAL	56470	62106	67726	73171	78141	82944	87752	92375	96648	100435
FEMALES										
0-4	8142	7956	8017	7906	7508	7497	7692	7751	7698	7595
5-9	7857	7858	7738	7848	7785	7405	7406	7611	7682	7640
10-14	6992	7756	7774	7670	7796	7738	7366	7373	7582	7657
15-19	6119	6881	7652	7687	7601	7732	7683	7320	7333	7547
20-24	5038	5971	6738	7516	7574	7502	7644	7606	7258	7280
25-29	4165	4882	5813	6583	7374	7447	7390	7546	7524	7190
30-34	3489	4023	4738	5664	6444	7236	7322	7282	7451	7442
35-39	2522	3360	3893	4604	5530	6307	7097	7198	7174	7354
40-44	2084	2420	3240	3768	4478	5392	6165	6953	7068	7059
45-49	1781	1990	2319	3118	3644	4342	5242	6008	6793	6921
50-54	1485	1681	1885	2208	2983	3497	4180	5061	5818	6598
55-59	1194	1374	1563	1762	2075	2816	3314	3977	4835	5581
60-64	923	1067	1236	1416	1609	1906	2601	3079	3716	4543
65-69	654	782	911	1064	1231	1411	1686	2321	2771	3372
70-74	439	508	612	722	854	1001	1162	1406	1959	2368
75+	464	495	561	672	811	987	1199	1448	1786	2421
TOTAL	53350	59004	64690	70209	75297	80214	85147	89938	94449	98566
BIRTH RATE		31.4	28.3	25.2	22.0	20.5	19.7	18.7	17.6	16.5
DEATH RATE		11.2	9.9	8.9	8.1	7.9	7.9	8.0	8.1	8.4
RATE OF NAT. INC.		2.02	1.84	1.63	1.39	1.25	1.17	1.07	.94	.81
NET MIGRATION RATE		-.6	-.5	-.4	-.3	-.2	-.1	-.1	.0	.0
GROWTH RATE		1.96	1.79	1.59	1.36	1.23	1.16	1.06	.94	.81
TOTAL FERTILITY		4.000	3.391	2.874	2.436	2.280	2.258	2.236	2.214	2.192
NRR		1.572	1.382	1.212	1.058	1.000	1.000	1.000	1.000	1.000
e(0) - BOTH SEXES		55.48	57.62	59.89	62.19	63.37	64.58	65.83	67.13	68.48
e(15) - BOTH SEXES		49.92	50.63	51.56	52.65	53.43	54.24	55.07	55.94	56.85
IMR - BOTH SEXES		90.9	77.5	64.9	53.8	49.2	44.7	40.1	35.5	31.0
q(5) - BOTH SEXES		.1294	.1082	.0885	.0711	.0651	.0591	.0530	.0470	.0409
DEP. RATIO	85.4	74.8	64.9	57.8	52.2	47.6	44.8	44.6	44.9	45.5

Summary Projection for 25-Year Periods

BANGLADESH

AGE GROUP	1990	2000	2025	2050	2075	2100	2125	2150
TOTAL M+F	109820	132417	182313	217819	235725	247473	256329	260524
MALES								
0-4	8406	8282	8063	7923	7904	7891	7889	7888
5-9	8262	7960	7892	7846	7884	7885	7884	7882
10-14	7483	8006	7629	7802	7882	7888	7884	7881
15-19	6373	8059	7556	7811	7877	7885	7877	7876
20-24	5317	7234	7830	7837	7865	7862	7861	7861
25-29	4393	6078	7748	7792	7797	7820	7833	7838
30-34	3717	5028	7468	7621	7701	7778	7808	7816
35-39	2664	4130	7397	7301	7618	7743	7784	7792
40-44	2192	3463	7304	7147	7576	7697	7747	7756
45-49	1853	2440	6406	7292	7529	7633	7684	7703
50-54	1563	1959	5205	7036	7355	7470	7569	7611
55-59	1323	1591	4077	6497	6974	7214	7402	7476
60-64	1052	1258	3070	6006	6351	6889	7183	7287
65-69	764	964	2248	5317	5730	6475	6861	7000
70-74	520	657	1281	3920	5123	5873	6379	6555
75+	588	620	1201	3969	7841	10612	13171	14421
TOTAL	56470	67726	92375	109119	117006	122615	126814	128643
FEMALES								
0-4	8142	8017	7751	7567	7530	7520	7520	7519
5-9	7857	7738	7611	7508	7513	7516	7516	7515
10-14	6992	7774	7373	7481	7512	7519	7517	7515
15-19	6119	7652	7320	7509	7515	7521	7514	7513
20-24	5038	6738	7606	7562	7532	7513	7509	7510
25-29	4165	5813	7546	7548	7502	7494	7500	7505
30-34	3489	4738	7282	7406	7443	7471	7492	7499
35-39	2522	3893	7198	7112	7394	7456	7485	7491
40-44	2084	3240	6953	6986	7388	7438	7472	7478
45-49	1781	2319	6008	7169	7390	7424	7445	7458
50-54	1485	1885	5061	6990	7296	7342	7393	7425
55-59	1194	1563	3977	6570	7036	7203	7322	7380
60-64	923	1236	3079	6228	6578	7038	7236	7320
65-69	654	911	2321	5615	6187	6853	7116	7230
70-74	439	612	1406	4310	5887	6558	6933	7076
75+	464	561	1448	5139	11015	14992	18546	20447
TOTAL	53350	64690	89938	108700	118718	124858	129515	131880
BIRTH RATE		29.8	21.0	15.9	13.7	12.8	12.3	12.0
DEATH RATE		10.5	8.1	8.8	10.5	10.9	10.8	11.3
NET MIGRATION RATE		-.6	-.2	.0	.0	.0	.0	.0
GROWTH RATE		1.87	1.28	.71	.32	.19	.14	.06
TOTAL FERTILITY		3.671	2.399	2.171	2.088	2.072	2.062	2.060
e(0) - BOTH SEXES		56.60	63.35	70.03	76.50	80.09	83.29	84.46
IMR - BOTH SEXES		84.2	50.7	26.5	8.4	4.9	2.8	2.4

BARBADOS

Projection (thousands) with NRR=1 by 2030

AGE GROUP	1990	1995	2000	2005	2010	2015	2020	2025	2030	2035
TOTAL M+F	257	261	266	272	279	286	294	301	307	311
MALES										
0-4	10	10	10	10	9	9	9	9	9	9
5-9	11	10	10	10	9	9	9	9	9	9
10-14	11	11	10	10	10	9	9	9	9	9
15-19	13	11	11	10	10	10	9	9	9	9
20-24	12	13	11	10	9	10	10	9	9	9
25-29	13	12	12	10	10	9	10	10	9	9
30-34	11	13	11	12	10	10	9	10	10	9
35-39	9	11	12	11	12	10	10	9	9	10
40-44	7	9	10	12	11	12	10	10	9	9
45-49	4	7	9	10	12	11	12	10	10	9
50-54	4	4	7	8	10	12	11	11	10	10
55-59	3	4	4	6	8	10	11	10	11	9
60-64	4	3	4	4	6	8	9	11	10	11
65-69	3	4	3	3	3	6	7	9	10	9
70-74	3	3	3	2	3	3	5	6	8	9
75+	5	5	4	5	4	5	5	7	10	12
TOTAL	124	127	130	134	138	142	146	149	152	154
FEMALES										
0-4	10	10	9	9	9	9	9	9	9	9
5-9	11	10	9	9	9	9	9	9	9	9
10-14	11	11	10	9	9	9	9	9	9	9
15-19	12	11	11	9	9	9	9	9	9	9
20-24	12	12	10	10	9	9	9	9	9	9
25-29	12	11	11	10	10	9	9	9	9	9
30-34	11	12	11	11	10	10	9	9	9	9
35-39	9	11	11	11	11	10	10	9	9	9
40-44	7	9	10	11	11	11	10	10	9	9
45-49	5	7	9	10	11	11	11	10	10	9
50-54	5	5	7	8	10	11	11	11	10	10
55-59	5	5	5	7	8	10	11	10	10	10
60-64	5	5	5	5	6	8	10	11	10	10
65-69	5	5	5	4	4	6	8	10	10	10
70-74	5	4	4	4	4	4	6	7	9	10
75+	9	9	9	9	9	9	10	11	14	18
TOTAL	133	134	136	138	141	144	148	151	154	157
BIRTH RATE		15.7	15.1	14.2	13.6	13.0	12.6	12.4	12.2	12.0
DEATH RATE		8.9	8.2	7.6	7.1	7.2	7.3	7.7	8.3	9.4
RATE OF NAT. INC.		.68	.69	.66	.65	.58	.53	.47	.39	.26
NET MIGRATION RATE		-3.9	-3.0	-2.2	-1.5	-.7	.0	.0	.0	.0
GROWTH RATE		.30	.38	.43	.50	.51	.53	.47	.39	.26
TOTAL FERTILITY		1.800	1.800	1.800	1.853	1.904	1.954	2.003	2.050	2.069
NRR		.862	.864	.865	.892	.917	.942	.967	.990	1.000
e(0) - BOTH SEXES		75.35	76.38	77.45	78.47	78.94	79.42	79.91	80.42	80.94
e(15) - BOTH SEXES		61.46	62.35	63.30	64.22	64.65	65.09	65.54	66.01	66.49
IMR - BOTH SEXES		10.0	8.4	7.1	6.2	5.8	5.5	5.1	4.7	4.4
q(5) - BOTH SEXES		.0125	.0106	.0091	.0080	.0076	.0072	.0068	.0063	.0059
DEP. RATIO	57.6	52.9	47.8	45.5	43.4	44.3	47.8	53.5	60.7	65.9

Summary Projection for 25-Year Periods

BARBADOS

AGE GROUP	1990	2000	2025	2050	2075	2100	2125	2150
TOTAL M+F	257	266	301	312	310	312	314	316
MALES								
0-4	10	10	9	9	9	9	9	9
5-9	11	10	9	9	9	9	9	9
10-14	11	10	9	9	9	9	9	9
15-19	13	11	9	9	9	9	9	9
20-24	12	11	9	9	9	9	9	9
25-29	13	12	10	9	9	9	9	9
30-34	11	11	10	9	9	9	9	9
35-39	9	12	9	9	9	9	9	9
40-44	7	10	10	9	9	9	9	9
45-49	4	9	10	9	9	9	9	9
50-54	4	7	11	9	9	9	9	9
55-59	3	4	10	9	9	9	9	9
60-64	4	4	11	8	9	9	9	9
65-69	3	3	9	9	8	8	8	8
70-74	3	3	6	8	8	8	8	8
75+	5	4	7	18	17	18	18	19
TOTAL	124	130	149	154	153	154	155	155
FEMALES								
0-4	10	9	9	9	9	9	9	9
5-9	11	9	9	9	9	9	9	9
10-14	11	10	9	9	9	9	9	9
15-19	12	11	9	9	9	9	9	9
20-24	12	10	9	9	9	9	9	9
25-29	12	11	9	9	9	9	9	9
30-34	11	11	9	9	9	9	9	9
35-39	9	11	9	9	9	9	9	9
40-44	7	10	10	9	9	9	9	9
45-49	5	9	10	9	9	9	9	9
50-54	5	7	11	9	9	9	9	9
55-59	5	5	10	9	9	9	9	9
60-64	5	5	11	9	9	9	9	9
65-69	5	5	10	9	9	9	9	9
70-74	5	4	7	9	8	9	9	9
75+	9	9	11	24	25	25	26	27
TOTAL	133	136	151	158	157	158	160	160
BIRTH RATE		15.4	13.1	11.9	11.9	11.8	11.7	11.7
DEATH RATE		8.5	7.4	10.5	12.2	11.6	11.4	11.5
NET MIGRATION RATE		-3.4	-.8	.0	.0	.0	.0	.0
GROWTH RATE		.34	.49	.15	-.03	.03	.03	.02
TOTAL FERTILITY		1.801	1.899	2.063	2.061	2.059	2.058	2.057
e(0) - BOTH SEXES		75.87	78.87	81.49	83.83	84.83	85.62	85.93
IMR - BOTH SEXES		9.2	5.9	4.0	2.6	2.2	2.0	2.0

BELARUS

Projection (thousands) with NRR=1 by 2030

AGE GROUP	1990	1995	2000	2005	2010	2015	2020	2025	2030	2035
TOTAL M+F	10260	10372	10495	10615	10755	10887	11010	11117	11189	11237
MALES										
0-4	409	341	345	355	366	368	360	354	355	359
5-9	408	408	339	344	354	365	367	359	353	354
10-14	391	407	407	339	344	353	364	366	359	353
15-19	362	389	405	405	337	342	352	363	365	358
20-24	346	359	386	402	402	335	340	350	361	364
25-29	340	342	354	382	399	399	333	338	348	359
30-34	419	335	337	351	379	396	396	330	336	346
35-39	405	412	329	333	347	375	392	393	328	333
40-44	347	396	404	324	328	342	370	387	388	324
45-49	247	336	385	393	316	321	335	363	380	382
50-54	243	235	322	369	379	306	311	325	353	370
55-59	276	226	220	302	349	359	290	296	311	338
60-64	246	247	204	199	276	320	332	270	277	292
65-69	191	208	211	175	173	241	283	295	242	250
70-74	94	148	163	167	140	140	198	235	249	207
75+	99	107	149	180	200	195	197	245	303	349
TOTAL	4824	4896	4960	5020	5088	5158	5220	5270	5306	5337
FEMALES										
0-4	392	326	331	340	350	352	344	338	339	343
5-9	393	391	326	330	339	349	351	344	338	339
10-14	379	393	391	325	330	339	349	351	343	338
15-19	353	379	392	390	325	330	339	348	351	343
20-24	344	353	378	392	390	325	329	338	348	350
25-29	349	343	352	377	391	389	324	329	338	348
30-34	417	348	342	351	376	390	388	323	328	337
35-39	409	415	347	341	350	375	389	387	323	327
40-44	356	406	413	345	340	348	374	388	386	322
45-49	260	352	402	409	343	338	346	372	386	384
50-54	272	255	347	397	405	339	334	343	369	382
55-59	338	264	249	340	391	399	334	330	339	364
60-64	330	324	255	242	332	382	390	327	323	333
65-69	323	307	306	243	232	320	369	377	318	315
70-74	208	285	278	281	227	218	301	349	359	303
75+	310	333	426	490	546	537	529	602	697	773
TOTAL	5436	5475	5534	5595	5666	5729	5790	5847	5883	5900
BIRTH RATE		13.2	13.2	13.3	13.5	13.4	13.0	12.6	12.6	12.6
DEATH RATE		11.0	10.8	11.1	10.9	11.0	10.7	10.7	11.3	11.8
RATE OF NAT. INC.		.22	.24	.23	.26	.24	.23	.19	.13	.09
NET MIGRATION RATE		.0	.0	.0	.0	.0	.0	.0	.0	.0
GROWTH RATE		.22	.24	.23	.26	.24	.23	.19	.13	.09
TOTAL FERTILITY		1.900	1.900	1.900	1.933	1.966	1.998	2.029	2.060	2.072
NRR		.907	.908	.910	.927	.944	.961	.977	.993	1.000
e(0) - BOTH SEXES	71.15	72.53	73.89	75.25	75.87	76.51	77.17	77.86	78.56	
e(15) - BOTH SEXES	57.70	59.00	60.21	61.40	61.95	62.52	63.11	63.72	64.35	
IMR - BOTH SEXES	14.8	13.6	11.9	10.1	9.4	8.7	8.0	7.3	6.6	
q(5) - BOTH SEXES	.0180	.0166	.0146	.0125	.0117	.0109	.0101	.0093	.0084	
DEP. RATIO	54.0	54.4	53.8	50.7	50.3	53.1	57.3	61.1	61.3	61.5

Summary Projection for 25-Year Periods

BELARUS

AGE GROUP	1990	2000	2025	2050	2075	2100	2125	2150
TOTAL M+F	10260	10495	11117	11397	11607	11804	11963	12039
MALES								
0-4	409	345	354	359	359	359	359	359
5-9	408	339	359	360	359	359	358	359
10-14	391	407	366	360	358	358	358	358
15-19	362	405	363	357	357	358	358	358
20-24	346	386	350	352	355	357	358	358
25-29	340	354	338	349	355	357	357	357
30-34	419	337	330	353	356	356	356	356
35-39	405	329	393	357	355	354	354	355
40-44	347	404	387	351	350	351	352	353
45-49	247	385	363	336	342	347	350	351
50-54	243	322	325	319	335	344	347	348
55-59	276	220	296	302	332	339	341	342
60-64	246	204	270	343	326	329	332	334
65-69	191	211	295	313	305	312	318	322
70-74	94	163	235	260	269	285	298	304
75+	99	149	245	388	518	602	667	697
TOTAL	4824	4960	5270	5459	5632	5765	5863	5909
FEMALES								
0-4	392	331	338	343	343	343	342	342
5-9	393	326	344	344	343	342	342	342
10-14	379	391	351	345	342	342	342	342
15-19	353	392	348	342	341	342	342	342
20-24	344	378	338	338	341	342	342	342
25-29	349	352	329	337	342	342	342	342
30-34	417	342	323	342	343	342	342	342
35-39	409	347	387	349	343	341	341	341
40-44	356	413	388	346	340	340	341	341
45-49	260	402	372	334	336	339	340	341
50-54	272	347	343	323	333	339	340	340
55-59	338	249	330	315	336	339	339	339
60-64	330	255	327	372	340	337	336	337
65-69	323	306	377	365	332	331	332	334
70-74	208	278	349	338	314	321	327	330
75+	310	426	602	805	906	959	1008	1032
TOTAL	5436	5534	5847	5938	5975	6039	6100	6130
BIRTH RATE		13.2	13.2	12.6	12.2	12.0	11.8	11.7
DEATH RATE		10.9	10.9	11.6	11.5	11.3	11.3	11.5
NET MIGRATION RATE		.0	.0	.0	.0	.0	.0	.0
GROWTH RATE		.23	.23	.10	.07	.07	.05	.03
TOTAL FERTILITY		1.897	1.969	2.067	2.060	2.058	2.057	2.056
e(0) - BOTH SEXES		71.85	75.76	79.33	82.64	84.10	85.27	85.70
IMR - BOTH SEXES		14.2	9.6	5.9	3.1	2.5	2.1	2.0

BELGIUM

Projection (thousands) with NRR=1 by 2030

AGE GROUP	1990	1995	2000	2005	2010	2015	2020	2025	2030	2035
TOTAL M+F	9967	10071	10126	10100	10055	9997	9944	9887	9800	9688
MALES										
0-4	297	300	283	266	270	272	275	276	277	275
5-9	307	300	302	284	266	269	272	275	276	277
10-14	310	310	302	303	284	266	269	272	275	276
15-19	337	312	311	303	302	283	265	268	271	274
20-24	372	341	315	312	302	301	282	264	267	270
25-29	405	377	344	316	311	301	300	281	263	266
30-34	399	409	379	344	315	309	299	298	280	262
35-39	375	401	409	379	343	313	308	297	297	278
40-44	360	375	399	407	376	340	310	305	295	294
45-49	278	356	370	394	401	370	335	306	302	292
50-54	279	272	347	361	384	392	362	328	300	296
55-59	284	267	260	333	347	370	378	350	318	291
60-64	267	264	249	244	313	327	350	359	333	304
65-69	240	238	236	224	221	286	300	322	332	310
70-74	131	199	198	199	191	190	248	262	284	295
75+	223	206	251	277	295	303	311	365	411	461
TOTAL	4868	4928	4956	4945	4922	4894	4865	4831	4782	4721
FEMALES										
0-4	282	285	269	253	256	258	261	262	263	261
5-9	291	286	287	270	253	255	258	261	262	263
10-14	297	294	288	288	270	253	255	258	261	262
15-19	323	301	296	289	288	270	252	255	258	261
20-24	358	329	305	299	290	288	270	252	255	257
25-29	393	365	333	308	299	289	288	269	252	254
30-34	386	398	368	335	308	299	289	287	269	251
35-39	361	388	399	368	335	307	298	288	286	268
40-44	348	361	388	398	367	333	306	297	287	285
45-49	273	346	359	385	395	365	331	304	295	285
50-54	285	270	342	355	381	391	361	328	301	293
55-59	300	280	265	335	349	375	385	356	324	297
60-64	296	291	271	258	327	340	366	377	349	318
65-69	288	282	277	259	247	314	328	354	365	339
70-74	176	264	258	256	241	231	295	310	336	348
75+	441	406	464	499	526	534	536	599	657	724
TOTAL	5099	5144	5169	5156	5132	5103	5079	5056	5019	4967
BIRTH RATE		11.7	11.0	10.3	10.5	10.7	10.8	10.9	11.0	11.1
DEATH RATE		11.3	11.1	11.5	11.6	11.8	11.9	12.1	12.8	13.4
RATE OF NAT. INC.		.04	-.01	-.12	-.11	-.12	-.11	-.11	-.18	-.23
NET MIGRATION RATE		1.7	1.2	.7	.2	.0	.0	.0	.0	.0
GROWTH RATE		.21	.11	-.05	-.09	-.12	-.11	-.11	-.18	-.23
TOTAL FERTILITY		1.600	1.600	1.600	1.698	1.791	1.879	1.964	2.044	2.075
NRR		.766	.766	.767	.815	.860	.903	.945	.984	1.000
e(0) - BOTH SEXES	75.62	76.03	76.67	77.43	77.95	78.49	79.04	79.61	80.19	
e(15) - BOTH SEXES	61.65	61.97	62.52	63.19	63.67	64.17	64.68	65.20	65.75	
IMR - BOTH SEXES	8.9	8.1	7.1	6.2	5.9	5.5	5.2	4.8	4.5	
q(5) - BOTH SEXES	.0112	.0103	.0091	.0081	.0077	.0073	.0069	.0064	.0060	
DEP. RATIO	49.2	50.3	50.9	50.2	49.3	52.3	56.9	62.9	68.9	73.1

COUNTRIES, ECONOMIES, AND TERRITORIES 141

Summary Projection for 25-Year Periods

BELGIUM

AGE GROUP	1990	2000	2025	2050	2075	2100	2125	2150
TOTAL M+F	9967	10126	9887	9295	9031	9072	9153	9197
MALES								
0-4	297	283	276	275	274	274	274	274
5-9	307	302	275	273	274	274	274	274
10-14	310	302	272	272	274	274	274	274
15-19	337	311	268	274	275	274	274	274
20-24	372	315	264	276	274	274	274	274
25-29	405	344	281	274	273	272	273	273
30-34	399	379	298	271	270	271	272	272
35-39	375	409	297	267	269	271	271	272
40-44	360	399	305	262	269	270	271	271
45-49	278	370	306	257	269	269	269	269
50-54	279	347	328	269	265	265	266	266
55-59	284	260	350	279	258	259	261	262
60-64	267	249	359	269	247	251	255	257
65-69	240	236	322	261	233	243	247	248
70-74	131	198	262	239	214	229	233	235
75+	223	251	365	516	501	501	529	544
TOTAL	4868	4956	4831	4533	4439	4474	4517	4539
FEMALES								
0-4	282	269	262	261	260	260	260	260
5-9	291	287	261	259	260	260	260	260
10-14	297	288	258	258	260	260	260	260
15-19	323	296	255	260	261	260	260	260
20-24	358	305	252	262	261	260	260	260
25-29	393	333	269	261	260	260	260	260
30-34	386	368	287	260	258	259	260	260
35-39	361	399	288	256	257	259	260	260
40-44	348	388	297	253	259	259	259	259
45-49	273	359	304	249	260	259	259	259
50-54	285	342	328	264	258	258	258	258
55-59	300	265	356	279	255	255	256	257
60-64	296	271	377	276	249	252	255	256
65-69	288	277	354	279	243	251	254	254
70-74	176	258	310	276	234	249	250	251
75+	441	464	599	807	757	736	765	784
TOTAL	5099	5169	5056	4762	4592	4598	4636	4658
BIRTH RATE		11.3	10.6	11.2	11.8	11.9	11.8	11.7
DEATH RATE		11.2	11.8	13.7	12.9	11.7	11.4	11.5
NET MIGRATION RATE		1.4	.2	.0	.0	.0	.0	.0
GROWTH RATE		.16	-.10	-.25	-.12	.02	.04	.02
TOTAL FERTILITY		1.601	1.777	2.067	2.067	2.065	2.064	2.063
e(0) - BOTH SEXES		75.82	77.91	80.79	83.46	84.60	85.50	85.84
IMR - BOTH SEXES		8.5	6.0	4.1	2.7	2.3	2.1	2.0

BELIZE

Projection (thousands) with NRR=1 by 2020

AGE GROUP	1990	1995	2000	2005	2010	2015	2020	2025	2030	2035
TOTAL M+F	189	215	242	270	298	324	349	373	398	422
MALES										
0-4	16	17	18	18	18	17	16	16	17	17
5-9	14	15	17	17	18	18	17	16	16	17
10-14	13	14	15	16	17	18	18	17	16	16
15-19	10	12	14	15	16	17	18	18	17	16
20-24	9	10	12	14	15	16	17	18	17	17
25-29	7	8	10	12	13	14	16	17	17	17
30-34	6	7	8	10	12	13	14	16	17	17
35-39	5	6	7	8	9	11	13	14	16	17
40-44	4	5	6	7	8	9	11	13	14	16
45-49	3	3	4	6	7	7	9	11	13	14
50-54	3	2	3	4	5	6	7	9	11	12
55-59	2	2	2	3	4	5	6	7	8	10
60-64	2	2	2	2	3	4	5	6	6	8
65-69	2	2	2	2	2	2	3	4	5	6
70-74	1	2	1	1	2	2	2	3	4	4
75+	1	1	2	2	2	2	2	3	3	5
TOTAL	96	109	122	136	150	163	175	186	198	210
FEMALES										
0-4	15	16	17	17	17	16	16	16	16	17
5-9	14	15	16	17	17	17	16	15	16	16
10-14	12	14	15	16	17	17	17	16	15	16
15-19	10	12	14	14	16	17	17	17	16	15
20-24	9	10	12	13	14	16	17	17	17	16
25-29	7	8	10	11	13	14	16	16	17	17
30-34	6	7	8	10	11	13	14	15	16	17
35-39	4	6	7	8	9	11	13	14	15	16
40-44	3	4	6	7	8	9	11	13	14	15
45-49	2	3	4	5	7	8	9	11	13	14
50-54	2	2	3	4	5	7	8	9	11	13
55-59	2	2	2	3	4	5	7	8	9	11
60-64	2	2	2	2	3	4	5	6	7	9
65-69	2	2	2	2	2	3	4	5	6	7
70-74	1	2	1	1	2	2	3	3	5	6
75+	1	1	2	2	3	3	3	4	6	8
TOTAL	93	106	120	134	148	162	174	187	200	212
BIRTH RATE		34.5	31.7	28.6	25.3	22.2	19.3	18.1	17.7	16.8
DEATH RATE		6.1	5.3	4.8	4.3	4.1	4.2	4.3	4.7	5.0
RATE OF NAT. INC.		2.85	2.64	2.38	2.10	1.80	1.51	1.38	1.30	1.18
NET MIGRATION RATE		-3.0	-2.6	-2.0	-1.4	-1.0	-.6	-.3	.0	.0
GROWTH RATE		2.55	2.38	2.18	1.96	1.70	1.45	1.35	1.30	1.18
TOTAL FERTILITY		4.500	4.000	3.500	3.011	2.590	2.229	2.098	2.093	2.088
NRR		2.059	1.858	1.643	1.425	1.229	1.059	1.000	1.000	1.000
e(0) - BOTH SEXES	68.69	70.52	72.26	73.91	74.61	75.33	76.08	76.84	77.63	
e(15) - BOTH SEXES	57.92	58.90	59.97	61.16	61.69	62.24	62.80	63.39	63.99	
IMR - BOTH SEXES	41.0	33.4	26.9	21.7	19.9	18.0	16.2	14.3	12.5	
q(5) - BOTH SEXES	.0517	.0408	.0322	.0260	.0239	.0217	.0196	.0175	.0153	
DEP. RATIO	93.1	86.4	78.5	71.4	63.3	56.3	50.5	47.1	46.2	46.9

BELIZE

Summary Projection for 25-Year Periods

AGE GROUP	1990	2000	2025	2050	2075	2100	2125	2150
TOTAL M+F	189	242	373	482	539	555	564	569
MALES								
0-4	16	18	16	17	17	17	17	17
5-9	14	17	16	17	17	17	17	17
10-14	13	15	17	17	17	17	17	17
15-19	10	14	18	17	17	17	17	17
20-24	9	12	18	17	17	17	17	17
25-29	7	10	17	16	17	17	17	17
30-34	6	8	16	16	17	17	17	17
35-39	5	7	14	17	17	17	17	17
40-44	4	6	13	17	17	17	17	17
45-49	3	4	11	17	16	16	17	17
50-54	3	3	9	16	16	16	16	16
55-59	2	2	7	15	15	16	16	16
60-64	2	2	6	12	15	16	16	16
65-69	2	2	4	11	15	15	15	15
70-74	1	1	3	8	14	14	14	14
75+	1	2	3	9	23	28	31	33
TOTAL	96	122	186	238	265	272	277	280
FEMALES								
0-4	15	17	16	16	16	16	16	16
5-9	14	16	15	16	16	16	16	16
10-14	12	15	16	16	16	16	16	16
15-19	10	14	17	17	16	16	16	16
20-24	9	12	17	16	16	16	16	16
25-29	7	10	16	16	16	16	16	16
30-34	6	8	15	15	16	16	16	16
35-39	4	7	14	16	16	16	16	16
40-44	3	6	13	17	16	16	16	16
45-49	2	4	11	17	16	16	16	16
50-54	2	3	9	16	15	16	16	16
55-59	2	2	8	15	15	16	16	16
60-64	2	2	6	13	16	16	16	16
65-69	2	2	5	12	16	16	16	16
70-74	1	1	3	10	16	15	15	16
75+	1	2	4	15	35	42	46	48
TOTAL	93	120	187	243	274	283	287	289
BIRTH RATE		33.1	22.2	15.7	12.9	12.1	11.9	11.7
DEATH RATE		5.7	4.3	5.6	8.5	11.0	11.2	11.4
NET MIGRATION RATE		-2.8	-1.0	.0	.0	.0	.0	.0
GROWTH RATE		2.46	1.73	1.02	.45	.12	.07	.03
TOTAL FERTILITY		4.228	2.612	2.083	2.064	2.060	2.058	2.057
e(0) - BOTH SEXES		69.66	74.59	78.55	82.14	83.77	85.10	85.60
IMR - BOTH SEXES		37.1	20.7	10.7	3.5	2.6	2.2	2.1

BENIN

Projection (thousands) with NRR=1 by 2035

AGE GROUP	1990	1995	2000	2005	2010	2015	2020	2025	2030	2035
TOTAL M+F	4740	5470	6295	7159	8086	9009	9882	10743	11570	12330
MALES										
0-4	454	485	557	606	647	655	639	642	633	608
5-9	368	421	453	526	580	622	632	619	624	618
10-14	294	359	411	443	516	571	613	624	612	618
15-19	230	288	351	402	435	507	562	604	616	605
20-24	192	224	280	340	390	422	494	549	592	605
25-29	155	186	216	269	327	376	409	480	534	578
30-34	130	150	179	207	258	315	363	396	466	521
35-39	107	125	144	171	198	247	303	351	384	454
40-44	90	103	119	136	162	188	236	290	338	371
45-49	73	86	97	112	128	152	178	224	277	324
50-54	61	68	79	89	103	118	142	166	211	262
55-59	47	56	62	71	80	93	107	130	153	195
60-64	37	42	49	54	62	70	82	95	115	137
65-69	26	31	34	40	44	51	58	68	80	98
70-74	17	20	23	25	29	32	38	44	52	62
75+	14	17	20	22	25	28	33	39	46	55
TOTAL	2297	2663	3077	3514	3983	4449	4889	5321	5734	6112
FEMALES										
0-4	450	481	552	599	638	646	630	632	623	599
5-9	382	419	452	523	576	616	626	613	617	611
10-14	307	373	410	442	515	568	608	618	607	612
15-19	250	301	365	401	434	506	559	599	611	600
20-24	206	245	294	355	390	423	494	548	589	602
25-29	173	201	238	284	343	378	411	482	536	578
30-34	141	168	194	228	272	330	365	399	470	524
35-39	117	137	162	185	218	261	318	353	387	458
40-44	99	113	131	153	176	207	250	305	341	376
45-49	80	95	107	123	145	166	197	239	294	329
50-54	68	76	89	100	115	136	157	187	228	281
55-59	54	64	70	82	92	106	126	146	175	215
60-64	42	49	57	62	72	81	95	114	133	161
65-69	32	36	41	47	51	60	69	81	99	117
70-74	22	25	28	31	35	39	47	54	65	80
75+	19	24	27	29	32	36	42	51	62	76
TOTAL	2443	2808	3218	3645	4102	4559	4993	5422	5836	6219
BIRTH RATE		44.0	43.4	40.5	37.1	33.3	29.1	26.6	24.1	21.4
DEATH RATE		15.3	15.3	14.8	12.8	11.6	10.6	9.9	9.2	8.7
RATE OF NAT. INC.		2.87	2.81	2.57	2.44	2.16	1.85	1.67	1.48	1.27
NET MIGRATION RATE		.0	.0	.0	.0	.0	.0	.0	.0	.0
GROWTH RATE		2.87	2.81	2.57	2.43	2.16	1.85	1.67	1.48	1.27
TOTAL FERTILITY	6.200	5.900	5.300	4.700	4.100	3.500	3.078	2.707	2.380	
NRR	2.236	2.143	1.958	1.825	1.630	1.422	1.279	1.149	1.031	
e(0) - BOTH SEXES	50.61	50.00	49.92	52.35	53.98	55.69	57.48	59.36	61.33	
e(15) - BOTH SEXES	49.61	47.63	45.85	46.01	47.12	48.28	49.50	50.77	52.11	
IMR - BOTH SEXES	109.9	102.8	92.2	74.2	68.8	63.3	57.9	52.5	47.1	
q(5) - BOTH SEXES	.1828	.1691	.1495	.1170	.1079	.0987	.0896	.0803	.0711	
DEP. RATIO	101.4	97.0	91.6	87.2	83.9	77.2	69.0	61.4	55.3	50.8

Summary Projection for 25-Year Periods

BENIN

AGE GROUP	1990	2000	2025	2050	2075	2100	2125	2150
TOTAL M+F	4740	6295	10743	14558	17450	18903	19804	20265
MALES								
0-4	454	557	642	618	612	612	613	613
5-9	368	453	619	611	606	610	613	613
10-14	294	411	624	598	601	608	613	613
15-19	230	351	604	587	596	608	613	613
20-24	192	280	549	601	602	607	611	611
25-29	155	216	480	596	602	603	607	609
30-34	130	179	396	578	597	596	603	607
35-39	107	144	351	574	580	588	599	605
40-44	90	119	290	544	565	580	595	603
45-49	73	97	224	483	571	581	591	598
50-54	61	79	166	410	554	573	581	588
55-59	47	62	130	322	517	552	563	575
60-64	37	49	95	263	482	514	540	557
65-69	26	34	68	192	413	468	509	533
70-74	17	23	44	121	312	424	473	497
75+	14	20	39	104	342	695	929	1050
TOTAL	2297	3077	5321	7202	8552	9218	9653	9884
FEMALES								
0-4	450	552	632	609	600	597	596	596
5-9	382	452	613	604	596	595	596	596
10-14	307	410	618	592	593	595	596	596
15-19	250	365	599	582	590	596	596	596
20-24	206	294	548	598	597	597	596	596
25-29	173	238	482	595	601	596	595	595
30-34	141	194	399	579	597	592	593	595
35-39	117	162	353	576	583	587	592	594
40-44	99	131	305	549	570	583	591	593
45-49	80	107	239	492	580	587	591	593
50-54	68	89	187	423	569	585	587	591
55-59	54	70	146	339	542	574	578	588
60-64	42	57	114	285	521	549	567	583
65-69	32	41	81	227	470	520	553	577
70-74	22	28	54	153	382	500	541	569
75+	19	27	51	154	506	1033	1385	1557
TOTAL	2443	3218	5422	7356	8898	9685	10151	10381
BIRTH RATE		43.7	32.6	20.3	15.3	13.4	12.5	12.1
DEATH RATE		15.3	11.7	8.3	8.1	10.2	10.7	11.2
NET MIGRATION RATE		.0	.0	.0	.0	.0	.0	.0
GROWTH RATE		2.84	2.14	1.22	.72	.32	.19	.09
TOTAL FERTILITY		6.038	3.982	2.335	2.087	2.060	2.044	2.041
e(0) - BOTH SEXES		50.29	54.27	63.76	73.37	78.05	82.27	83.82
IMR - BOTH SEXES		106.1	71.2	41.8	19.1	9.9	3.3	2.6

BHUTAN

Projection (thousands) with NRR=1 by 2035

AGE GROUP	1990	1995	2000	2005	2010	2015	2020	2025	2030	2035
TOTAL M+F	1433	1605	1811	2042	2284	2530	2771	3007	3230	3429
MALES										
0-4	117	128	148	164	172	178	178	179	176	167
5-9	98	110	122	142	158	167	173	173	175	172
10-14	86	97	109	120	140	156	165	171	172	173
15-19	75	84	95	107	118	138	155	163	169	170
20-24	65	73	82	93	105	116	136	152	161	167
25-29	56	63	71	80	90	102	113	133	149	158
30-34	48	54	61	68	78	88	100	111	130	146
35-39	42	46	52	59	66	75	85	97	108	127
40-44	37	40	44	49	56	64	73	83	94	105
45-49	30	35	37	42	47	54	61	69	79	91
50-54	25	28	32	35	39	44	50	57	66	75
55-59	20	22	25	29	31	35	40	46	53	61
60-64	15	17	19	22	25	27	31	35	41	47
65-69	10	12	14	15	18	20	22	26	29	34
70-74	7	8	9	10	11	13	15	17	20	23
75+	6	6	7	9	10	11	13	16	18	21
TOTAL	735	822	927	1044	1165	1289	1411	1529	1640	1739
FEMALES										
0-4	109	125	144	160	167	173	173	173	170	161
5-9	92	103	119	138	154	162	168	168	169	166
10-14	80	90	102	117	136	152	160	166	167	168
15-19	70	78	88	100	115	135	150	158	164	165
20-24	61	68	76	86	98	113	132	148	156	162
25-29	52	59	66	74	84	95	110	129	145	154
30-34	45	50	56	63	71	81	92	107	126	142
35-39	39	43	48	54	61	69	79	90	105	124
40-44	35	37	41	46	52	59	67	76	87	102
45-49	29	33	35	39	44	50	56	64	74	85
50-54	25	27	31	33	37	42	47	54	61	71
55-59	20	23	25	28	30	34	39	44	50	58
60-64	16	18	20	22	25	27	31	35	40	46
65-69	12	13	15	17	19	21	23	26	30	35
70-74	7	9	10	11	13	15	17	18	21	25
75+	6	8	9	10	12	14	16	19	22	26
TOTAL	698	783	884	999	1118	1241	1361	1478	1590	1690
BIRTH RATE		39.4	39.9	38.5	35.4	32.5	29.3	26.7	24.1	21.2
DEATH RATE		16.6	15.8	14.5	13.0	12.0	11.1	10.4	9.7	9.2
RATE OF NAT. INC.		2.27	2.41	2.40	2.23	2.05	1.82	1.63	1.43	1.20
NET MIGRATION RATE		.0	.0	.0	.0	.0	.0	.0	.0	.0
GROWTH RATE		2.27	2.41	2.40	2.23	2.05	1.82	1.63	1.43	1.20
TOTAL FERTILITY		5.890	5.890	5.590	4.990	4.390	3.790	3.273	2.826	2.441
NRR		2.027	2.099	2.069	1.921	1.732	1.524	1.343	1.183	1.041
e(0) - BOTH SEXES		48.47	49.98	51.75	53.76	55.19	56.68	58.21	59.80	61.45
e(15) - BOTH SEXES		46.59	47.14	47.75	48.48	49.32	50.19	51.08	52.01	52.96
IMR - BOTH SEXES		129.0	119.4	107.8	95.2	88.4	81.5	74.6	67.8	60.9
q(5) - BOTH SEXES		.1911	.1752	.1564	.1362	.1260	.1158	.1055	.0951	.0847
DEP. RATIO	78.5	79.0	80.3	80.8	79.4	74.8	68.2	62.3	56.8	51.9

Summary Projection for 25-Year Periods

BHUTAN

AGE GROUP	1990	2000	2025	2050	2075	2100	2125	2150
TOTAL M+F	1433	1811	3007	4011	4749	5137	5396	5534
MALES								
0-4	117	148	179	173	170	170	170	170
5-9	98	122	173	170	168	169	170	170
10-14	86	109	171	165	167	169	170	170
15-19	75	95	163	162	167	169	170	170
20-24	65	82	152	168	168	169	169	169
25-29	56	71	133	168	168	168	168	169
30-34	48	61	111	164	165	165	167	168
35-39	42	52	97	160	159	163	166	168
40-44	37	44	83	150	155	162	166	167
45-49	30	37	69	137	159	162	164	165
50-54	25	32	57	116	156	159	161	163
55-59	20	25	46	91	146	152	156	159
60-64	15	19	35	73	133	140	149	154
65-69	10	14	26	54	111	127	140	147
70-74	7	9	17	37	85	115	130	137
75+	6	7	16	36	93	190	252	287
TOTAL	735	927	1529	2024	2371	2548	2668	2733
FEMALES								
0-4	109	144	173	166	163	162	162	162
5-9	92	119	168	164	162	162	162	162
10-14	80	102	166	159	161	162	162	162
15-19	70	88	158	157	161	162	162	162
20-24	61	76	148	163	163	162	162	162
25-29	52	66	129	164	164	162	161	162
30-34	45	56	107	160	161	160	161	161
35-39	39	48	90	156	156	159	161	161
40-44	35	41	76	146	152	158	161	161
45-49	29	35	64	134	157	159	160	160
50-54	25	31	54	114	155	158	159	159
55-59	20	25	44	92	147	153	156	158
60-64	16	20	35	72	137	144	152	156
65-69	12	15	26	56	120	135	148	154
70-74	7	10	18	40	97	130	144	150
75+	6	9	19	43	122	260	356	410
TOTAL	698	884	1478	1987	2377	2589	2728	2801
BIRTH RATE		39.7	31.9	20.4	15.5	13.6	12.6	12.2
DEATH RATE		16.2	12.0	8.9	8.8	10.5	10.7	11.2
NET MIGRATION RATE		.0	.0	.0	.0	.0	.0	.0
GROWTH RATE		2.34	2.03	1.15	.68	.31	.20	.10
TOTAL FERTILITY		5.891	4.257	2.394	2.137	2.095	2.068	2.063
e(0) - BOTH SEXES		49.27	55.44	63.41	71.37	76.48	81.34	83.20
IMR - BOTH SEXES		123.9	89.3	54.2	25.2	12.8	3.9	2.8

BOLIVIA

Projection (thousands) with NRR=1 by 2025

AGE GROUP	1990	1995	2000	2005	2010	2015	2020	2025	2030	2035
TOTAL M+F	7171	8075	9100	10135	11126	12116	13066	13947	14798	15630
MALES										
0-4	553	623	685	689	666	671	667	649	654	666
5-9	494	537	608	673	680	659	665	661	644	650
10-14	447	489	532	604	669	678	657	663	660	643
15-19	382	441	484	527	600	666	675	654	660	657
20-24	315	370	431	475	521	594	660	669	649	656
25-29	263	301	358	420	467	514	587	653	662	643
30-34	222	251	290	349	413	460	507	580	645	656
35-39	187	212	242	282	341	406	453	500	573	638
40-44	159	178	204	234	275	334	398	445	492	564
45-49	129	151	170	196	226	267	325	388	435	481
50-54	106	121	143	162	187	217	257	313	374	421
55-59	89	97	112	133	152	176	205	243	297	356
60-64	73	79	87	101	121	138	161	188	224	276
65-69	53	61	67	74	87	105	121	142	167	200
70-74	34	40	47	52	59	69	85	99	117	138
75+	30	34	40	48	57	66	79	98	119	145
TOTAL	3535	3985	4499	5020	5521	6022	6502	6945	7373	7790
FEMALES										
0-4	540	598	657	661	638	643	638	621	626	636
5-9	488	525	585	647	653	632	638	634	617	622
10-14	446	483	521	582	644	651	631	636	632	616
15-19	385	441	478	517	579	642	649	629	634	631
20-24	322	377	433	472	512	575	638	646	626	631
25-29	273	312	368	426	466	507	570	633	641	622
30-34	233	265	305	361	420	461	503	566	628	637
35-39	199	226	258	299	356	415	456	498	561	623
40-44	170	193	220	253	294	351	410	451	492	555
45-49	138	164	188	215	248	289	345	403	444	485
50-54	116	133	159	182	209	241	282	337	395	435
55-59	99	111	127	152	175	202	233	273	327	384
60-64	82	92	103	119	143	165	191	222	260	313
65-69	62	72	82	92	107	130	151	176	205	242
70-74	42	50	59	67	77	91	111	130	153	181
75+	40	47	57	69	83	99	119	149	184	226
TOTAL	3636	4090	4601	5114	5605	6094	6565	7001	7425	7840
BIRTH RATE		35.5	34.1	30.2	26.1	23.9	21.8	19.7	18.5	17.7
DEATH RATE		10.0	9.0	8.0	7.1	6.8	6.7	6.6	6.7	6.8
RATE OF NAT. INC.		2.55	2.51	2.22	1.90	1.71	1.51	1.30	1.19	1.09
NET MIGRATION RATE		-1.7	-1.2	-.7	-.3	.0	.0	.0	.0	.0
GROWTH RATE		2.37	2.39	2.15	1.87	1.71	1.51	1.30	1.19	1.09
TOTAL FERTILITY		4.700	4.400	3.800	3.200	2.858	2.552	2.279	2.178	2.161
NRR		1.947	1.866	1.651	1.422	1.281	1.153	1.038	1.000	1.000
e(0) - BOTH SEXES	59.59	61.54	63.59	65.67	66.73	67.82	68.95	70.11	71.32	
e(15) - BOTH SEXES	52.60	53.57	54.57	55.68	56.34	57.04	57.76	58.51	59.29	
IMR - BOTH SEXES	82.0	72.3	61.8	51.7	47.1	42.5	37.9	33.3	28.7	
q(5) - BOTH SEXES	.1105	.0954	.0799	.0657	.0599	.0541	.0483	.0425	.0367	
DEP. RATIO	81.9	78.8	76.4	72.5	65.9	59.0	53.6	50.1	47.7	46.6

BOLIVIA

Summary Projection for 25-Year Periods

AGE GROUP	1990	2000	2025	2050	2075	2100	2125	2150
TOTAL M+F	7171	9100	13947	17807	20103	20993	21597	21864
MALES								
0-4	553	685	649	657	660	659	658	658
5-9	494	608	661	660	660	658	657	657
10-14	447	532	663	663	659	657	657	657
15-19	382	484	654	660	655	656	657	657
20-24	315	431	669	644	651	655	656	656
25-29	263	358	653	633	649	653	654	654
30-34	222	290	580	643	650	652	652	652
35-39	187	242	500	640	650	649	649	650
40-44	159	204	445	624	642	641	645	647
45-49	129	170	388	630	621	633	641	643
50-54	106	143	313	602	601	624	634	636
55-59	89	112	243	516	595	613	622	625
60-64	73	87	188	420	567	593	604	609
65-69	53	67	142	341	516	557	575	585
70-74	34	47	99	256	465	497	535	550
75+	30	40	98	278	714	974	1161	1239
TOTAL	3535	4499	6945	8868	9956	10372	10657	10776
FEMALES								
0-4	540	657	621	627	629	628	627	627
5-9	488	585	634	631	629	627	627	627
10-14	446	521	636	634	628	627	627	627
15-19	385	478	629	632	625	626	626	627
20-24	322	433	646	618	623	626	627	627
25-29	273	368	633	610	623	626	627	626
30-34	233	305	566	623	626	626	626	626
35-39	199	258	498	622	628	625	624	625
40-44	170	220	451	610	624	620	622	624
45-49	138	188	403	621	607	616	621	623
50-54	116	159	337	602	594	612	619	621
55-59	99	127	273	528	598	610	616	618
60-64	82	103	222	450	585	604	609	612
65-69	62	82	176	387	555	587	597	605
70-74	42	59	130	316	534	552	581	594
75+	40	57	149	428	1038	1411	1664	1781
TOTAL	3636	4601	7001	8940	10148	10621	10940	11088
BIRTH RATE		34.8	23.9	16.7	13.6	12.5	12.1	11.9
DEATH RATE		9.5	7.0	7.0	8.8	10.8	10.9	11.4
NET MIGRATION RATE		-1.4	-.2	.0	.0	.0	.0	.0
GROWTH RATE		2.38	1.71	.98	.49	.17	.11	.05
TOTAL FERTILITY		4.540	2.859	2.144	2.078	2.067	2.061	2.059
e(0) - BOTH SEXES		60.63	66.77	72.74	78.43	81.38	83.95	84.88
IMR - BOTH SEXES		76.9	48.5	24.1	6.2	3.8	2.5	2.2

BOSNIA AND HERZEGOVINA

Projection (thousands) with NRR=1 by 2030

AGE GROUP	1990	1995	2000	2005	2010	2015	2020	2025	2030	2035
TOTAL M+F	4450	4383	4505	4635	4762	4865	4938	4989	5031	5060
MALES										
0-4	207	138	152	154	162	163	158	154	155	157
5-9	203	197	137	152	153	161	162	157	153	154
10-14	191	195	195	137	151	153	161	162	157	153
15-19	178	183	194	195	136	151	152	161	162	157
20-24	194	164	181	193	194	135	150	152	160	161
25-29	209	176	162	180	192	193	135	150	151	159
30-34	203	193	173	160	179	191	192	134	149	150
35-39	184	190	190	172	159	177	189	190	133	148
40-44	134	174	187	187	170	158	175	188	189	132
45-49	100	126	169	183	184	167	155	173	185	186
50-54	121	94	122	164	178	179	163	151	169	181
55-59	110	113	89	116	157	170	172	156	146	163
60-64	83	100	104	82	107	146	159	161	147	138
65-69	43	71	88	91	73	96	131	144	147	135
70-74	19	34	58	71	75	61	81	112	124	128
75+	34	29	37	60	83	99	97	111	147	181
TOTAL	2213	2179	2237	2297	2353	2399	2432	2455	2473	2483
FEMALES										
0-4	195	130	143	144	152	153	148	144	145	147
5-9	192	185	129	143	144	152	152	148	144	145
10-14	181	185	184	128	143	144	151	152	147	144
15-19	169	172	184	184	128	143	144	151	152	147
20-24	187	153	170	183	183	128	142	144	151	152
25-29	202	167	151	170	183	183	128	142	143	151
30-34	198	186	165	150	169	182	183	128	142	143
35-39	178	187	184	165	150	169	182	182	127	141
40-44	133	171	185	183	164	149	168	181	181	127
45-49	108	128	169	183	182	163	148	167	180	180
50-54	131	104	126	166	181	180	161	146	165	178
55-59	117	126	101	123	163	178	177	158	144	163
60-64	97	111	121	98	119	159	173	172	155	141
65-69	67	88	103	114	93	114	152	166	166	149
70-74	33	57	78	93	105	86	106	142	156	157
75+	51	52	74	110	150	185	191	210	259	310
TOTAL	2237	2203	2267	2339	2409	2465	2505	2533	2559	2577
BIRTH RATE		12.9	13.6	13.3	13.5	13.3	12.6	12.1	12.1	12.2
DEATH RATE		6.9	7.2	7.5	8.1	9.0	9.6	10.1	10.4	11.1
RATE OF NAT. INC.		.60	.64	.57	.54	.43	.30	.21	.17	.11
NET MIGRATION RATE		-9.1	-.9	.0	.0	.0	.0	.0	.0	.0
GROWTH RATE		-.30	.55	.57	.54	.43	.30	.21	.17	.11
TOTAL FERTILITY		1.600	1.800	1.800	1.859	1.915	1.971	2.025	2.077	2.097
NRR		.750	.847	.849	.880	.908	.936	.963	.989	1.000
e(0) - BOTH SEXES	71.41	72.67	73.98	75.27	75.89	76.54	77.20	77.89	78.60	
e(15) - BOTH SEXES	58.33	59.45	60.55	61.64	62.17	62.72	63.29	63.88	64.49	
IMR - BOTH SEXES	19.0	17.2	14.7	12.3	11.3	10.4	9.5	8.6	7.6	
q(5) - BOTH SEXES	.0229	.0207	.0178	.0151	.0140	.0129	.0118	.0108	.0097	
DEP. RATIO	46.7	45.1	44.1	43.2	45.3	47.4	52.1	56.5	60.7	63.3

Summary Projection for 25-Year Periods

BOSNIA AND HERZEGOVINA

AGE GROUP	1990	2000	2025	2050	2075	2100	2125	2150
TOTAL M+F	4450	4505	4989	5062	5052	5126	5193	5223
MALES								
0-4	207	152	154	157	157	157	157	157
5-9	203	137	157	158	158	157	157	157
10-14	191	195	162	158	157	157	157	157
15-19	178	194	161	157	156	157	157	157
20-24	194	181	152	153	156	156	157	157
25-29	209	162	150	152	156	156	156	156
30-34	203	173	134	155	156	156	156	156
35-39	184	190	190	159	156	155	155	155
40-44	134	187	188	157	154	154	154	155
45-49	100	169	173	147	149	152	154	154
50-54	121	122	151	142	146	151	152	152
55-59	110	89	156	124	146	149	150	150
60-64	83	104	161	169	146	145	146	146
65-69	43	88	144	156	137	138	140	141
70-74	19	58	112	129	120	126	131	134
75+	34	37	111	214	247	275	299	309
TOTAL	2213	2237	2455	2487	2496	2541	2577	2593
FEMALES								
0-4	195	143	144	147	147	147	147	147
5-9	192	129	148	148	147	147	147	147
10-14	181	184	152	149	147	147	147	147
15-19	169	184	151	147	146	147	147	147
20-24	187	170	144	144	146	147	147	147
25-29	202	151	142	143	147	147	147	147
30-34	198	165	128	147	148	147	147	147
35-39	178	184	182	151	148	147	146	147
40-44	133	185	181	150	146	146	146	146
45-49	108	169	167	142	143	145	146	146
50-54	131	126	146	139	141	145	146	146
55-59	117	101	158	124	144	146	146	145
60-64	97	121	172	174	147	145	144	144
65-69	67	103	166	169	143	141	142	143
70-74	33	78	142	149	132	136	140	141
75+	51	74	210	352	383	407	432	442
TOTAL	2237	2267	2533	2575	2556	2585	2616	2630
BIRTH RATE		13.3	13.0	12.2	12.0	12.0	11.8	11.7
DEATH RATE		7.1	8.9	11.6	12.1	11.4	11.3	11.5
NET MIGRATION RATE		-5.0	.0	.0	.0	.0	.0	.0
GROWTH RATE		.12	.41	.06	-.01	.06	.05	.02
TOTAL FERTILITY		1.698	1.910	2.090	2.083	2.080	2.078	2.077
e(0) - BOTH SEXES		72.04	75.81	79.36	82.66	84.11	85.25	85.69
IMR - BOTH SEXES		18.1	11.6	6.7	3.1	2.5	2.1	2.0

BOTSWANA

Projection (thousands) with NRR=1 by 2020

AGE GROUP	1990	1995	2000	2005	2010	2015	2020	2025	2030	2035
TOTAL M+F	1277	1483	1701	1925	2150	2360	2548	2731	2917	3098
MALES										
0-4	110	120	127	133	135	130	121	122	128	130
5-9	102	109	119	126	132	134	129	121	122	127
10-14	80	102	109	118	126	132	134	129	121	121
15-19	72	80	101	108	118	126	131	133	129	120
20-24	57	72	79	100	108	117	125	130	133	128
25-29	41	56	71	78	99	107	116	124	129	132
30-34	31	41	55	70	78	98	106	115	123	128
35-39	26	30	40	55	69	77	97	105	114	122
40-44	20	25	30	39	54	68	76	96	103	113
45-49	15	19	25	29	38	53	66	74	94	101
50-54	14	15	18	24	28	37	51	64	72	91
55-59	12	14	14	17	22	26	35	48	61	69
60-64	9	11	12	13	16	20	24	32	45	57
65-69	7	8	10	11	11	14	18	21	29	40
70-74	5	6	6	8	8	9	11	15	18	24
75+	6	6	7	7	9	10	11	14	18	23
TOTAL	609	713	823	937	1050	1156	1251	1343	1437	1528
FEMALES										
0-4	110	117	125	130	132	127	119	119	124	127
5-9	104	110	117	124	129	131	127	118	119	124
10-14	82	104	110	116	124	129	131	127	118	119
15-19	72	81	104	109	116	124	129	131	126	118
20-24	60	72	81	103	109	116	123	128	131	126
25-29	49	59	71	80	102	108	115	123	128	130
30-34	44	48	59	71	80	102	107	114	122	127
35-39	35	44	48	58	70	79	101	107	114	121
40-44	25	35	43	47	58	69	78	100	106	113
45-49	20	24	34	42	46	57	68	77	99	104
50-54	17	19	24	33	41	45	55	67	75	97
55-59	14	16	18	23	32	40	43	54	65	74
60-64	11	14	15	17	21	30	38	41	51	62
65-69	9	10	12	13	15	19	27	35	38	48
70-74	6	8	8	10	11	13	17	24	31	34
75+	9	9	10	11	13	15	19	24	33	45
TOTAL	668	770	877	988	1100	1204	1297	1388	1480	1570
BIRTH RATE		35.7	32.8	29.8	26.8	23.3	20.0	18.6	18.2	17.4
DEATH RATE		5.9	5.4	5.1	4.8	4.6	4.6	4.8	5.0	5.3
RATE OF NAT. INC.		2.99	2.74	2.48	2.21	1.87	1.53	1.39	1.32	1.21
NET MIGRATION RATE		.0	.0	.0	.0	.0	.0	.0	.0	.0
GROWTH RATE		2.99	2.74	2.48	2.21	1.87	1.53	1.38	1.32	1.21
TOTAL FERTILITY		4.700	4.150	3.600	3.069	2.616	2.230	2.092	2.086	2.079
NRR		2.168	1.927	1.686	1.453	1.243	1.063	1.000	1.000	1.000
e(0) - BOTH SEXES		67.80	68.23	68.81	69.76	70.65	71.59	72.56	73.58	74.65
e(15) - BOTH SEXES		56.26	56.33	56.42	56.89	57.63	58.41	59.23	60.09	61.00
IMR - BOTH SEXES		34.9	31.5	26.8	21.5	19.7	17.9	16.2	14.4	12.6
q(5) - BOTH SEXES		.0429	.0383	.0321	.0258	.0237	.0217	.0196	.0176	.0155
DEP. RATIO	98.1	91.5	80.6	72.3	64.8	57.7	51.3	46.6	44.5	45.2

Summary Projection for 25-Year Periods

BOTSWANA

AGE GROUP	1990	2000	2025	2050	2075	2100	2125	2150
TOTAL M+F	1277	1701	2731	3560	4037	4172	4256	4293
MALES								
0-4	110	127	122	126	127	127	127	127
5-9	102	119	121	127	128	127	127	127
10-14	80	109	129	129	128	127	127	127
15-19	72	101	133	130	127	127	127	127
20-24	57	79	130	126	125	126	127	127
25-29	41	71	124	120	124	126	126	126
30-34	31	55	115	118	125	126	126	126
35-39	26	40	105	126	127	126	126	126
40-44	20	30	96	129	127	125	125	125
45-49	15	25	74	124	123	123	124	124
50-54	14	18	64	116	115	120	123	123
55-59	12	14	48	104	111	119	121	121
60-64	9	12	32	90	114	118	118	118
65-69	7	10	21	77	111	113	113	114
70-74	5	6	15	52	99	102	105	107
75+	6	7	14	63	168	208	236	247
TOTAL	609	823	1343	1757	1980	2040	2078	2094
FEMALES								
0-4	110	125	119	122	123	124	124	124
5-9	104	117	118	123	124	124	124	123
10-14	82	110	127	126	124	124	123	123
15-19	72	104	131	127	124	123	123	123
20-24	60	81	128	124	122	123	123	123
25-29	49	71	123	118	122	123	123	123
30-34	44	59	114	117	123	124	124	123
35-39	35	48	107	125	125	124	123	123
40-44	25	43	100	128	125	123	123	123
45-49	20	34	77	125	122	121	122	123
50-54	17	24	67	118	116	120	122	123
55-59	14	18	54	108	114	120	122	122
60-64	11	15	41	98	119	121	121	121
65-69	9	12	35	88	120	120	119	120
70-74	6	8	24	63	112	114	116	118
75+	9	10	24	94	242	305	345	362
TOTAL	668	877	1388	1803	2057	2132	2178	2199
BIRTH RATE		34.2	23.2	16.1	13.2	12.2	11.9	11.8
DEATH RATE		5.6	4.7	5.7	8.2	10.9	11.1	11.4
NET MIGRATION RATE		.0	.0	.0	.0	.0	.0	.0
GROWTH RATE		2.87	1.89	1.06	.50	.13	.08	.03
TOTAL FERTILITY		4.399	2.635	2.073	2.048	2.043	2.039	2.038
e(0) - BOTH SEXES		68.03	70.85	75.95	81.04	83.11	84.80	85.43
IMR - BOTH SEXES		33.2	20.6	10.9	3.9	2.9	2.3	2.1

BRAZIL

Projection (thousands) with NRR=1 by 2000

AGE GROUP	1990	1995	2000	2005	2010	2015	2020	2025	2030	2035
TOTAL M+F	149042	161374	172228	182969	194096	204969	214951	223734	231453	238317
MALES										
0-4	8906	8643	8048	8184	8611	8784	8676	8469	8376	8437
5-9	8909	8787	8542	7970	8121	8551	8729	8628	8427	8340
10-14	8160	8874	8754	8514	7948	8101	8531	8710	8612	8414
15-19	7426	8114	8827	8713	8480	7918	8073	8504	8685	8589
20-24	6926	7354	8041	8756	8657	8428	7872	8029	8460	8643
25-29	6747	6839	7268	7958	8684	8589	8365	7816	7975	8407
30-34	5735	6652	6748	7182	7881	8605	8515	8298	7757	7919
35-39	4826	5638	6547	6652	7095	7791	8513	8430	8221	7691
40-44	3867	4723	5524	6425	6542	6985	7678	8397	8323	8124
45-49	3037	3754	4591	5379	6269	6393	6834	7522	8239	8177
50-54	2595	2911	3603	4414	5181	6050	6181	6620	7301	8011
55-59	2112	2437	2739	3396	4166	4904	5743	5884	6321	6990
60-64	1765	1923	2224	2504	3109	3831	4530	5329	5484	5917
65-69	1335	1529	1671	1939	2187	2734	3392	4037	4781	4953
70-74	916	1060	1220	1339	1560	1779	2248	2819	3392	4059
75+	1053	1083	1199	1371	1529	1794	2124	2673	3445	4355
TOTAL	74315	80319	85546	90694	96020	101236	106004	110167	113799	117025
FEMALES										
0-4	8732	8286	7711	7835	8238	8400	8295	8094	8002	8058
5-9	8825	8625	8198	7644	7782	8188	8354	8254	8059	7973
10-14	8120	8800	8604	8180	7630	7770	8176	8343	8245	8051
15-19	7421	8095	8776	8584	8164	7616	7757	8163	8332	8234
20-24	6897	7387	8063	8748	8560	8143	7598	7739	8146	8316
25-29	6736	6857	7351	8031	8718	8532	8118	7576	7719	8126
30-34	5764	6690	6818	7316	7997	8683	8501	8090	7552	7696
35-39	4880	5716	6642	6775	7275	7956	8641	8462	8056	7523
40-44	3906	4826	5659	6583	6721	7221	7900	8585	8411	8011
45-49	3073	3847	4758	5587	6506	6647	7146	7823	8506	8339
50-54	2647	3005	3767	4667	5487	6396	6541	7038	7712	8393
55-59	2182	2560	2912	3658	4541	5347	6242	6392	6889	7559
60-64	1851	2070	2436	2780	3504	4360	5147	6023	6183	6679
65-69	1432	1694	1904	2253	2586	3274	4093	4852	5703	5879
70-74	1012	1224	1460	1657	1982	2294	2928	3689	4408	5222
75+	1249	1373	1620	1978	2382	2904	3511	4442	5732	7232
TOTAL	74727	81055	86682	92275	98076	103733	108946	113567	117654	121291
BIRTH RATE		23.3	20.1	19.0	18.7	17.9	16.7	15.6	14.8	14.4
DEATH RATE		7.4	7.0	6.9	6.8	7.0	7.2	7.6	8.0	8.5
RATE OF NAT. INC.		1.59	1.30	1.21	1.18	1.09	.95	.80	.68	.58
NET MIGRATION RATE		-.0	-.0	.0	.0	.0	.0	.0	.0	.0
GROWTH RATE		1.59	1.30	1.21	1.18	1.09	.95	.80	.68	.58
TOTAL FERTILITY		2.750	2.343	2.197	2.171	2.160	2.150	2.139	2.129	2.119
NRR		1.224	1.053	1.000	1.000	1.000	1.000	1.000	1.000	1.000
e(0) - BOTH SEXES		66.24	67.31	68.60	70.05	70.92	71.82	72.75	73.71	74.71
e(15) - BOTH SEXES	56.86	57.42	58.02	58.74	59.32	59.92	60.54	61.20	61.88	
IMR - BOTH SEXES		56.9	51.9	44.8	37.3	34.0	30.7	27.4	24.0	20.7
q(5) - BOTH SEXES		.0730	.0659	.0563	.0464	.0424	.0383	.0342	.0301	.0261
DEP. RATIO	64.9	59.2	52.0	47.4	45.3	46.0	47.3	48.4	50.0	51.5

BRAZIL

Summary Projection for 25-Year Periods

AGE GROUP	1990	2000	2025	2050	2075	2100	2125	2150
TOTAL M+F	149042	172228	223734	254253	267549	275403	281080	283627
MALES								
0-4	8906	8048	8469	8537	8520	8498	8492	8491
5-9	8909	8542	8628	8560	8503	8483	8483	8484
10-14	8160	8754	8710	8508	8468	8473	8482	8484
15-19	7426	8827	8504	8381	8432	8470	8480	8481
20-24	6926	8041	8029	8279	8428	8467	8469	8466
25-29	6747	7268	7816	8314	8446	8451	8443	8441
30-34	5735	6748	8298	8455	8444	8412	8409	8414
35-39	4826	6547	8430	8485	8357	8347	8373	8390
40-44	3867	5524	8397	8218	8186	8273	8338	8359
45-49	3037	4591	7522	7673	8028	8221	8295	8313
50-54	2595	3603	6620	7328	7957	8154	8209	8222
55-59	2112	2739	5884	7533	7908	8006	8050	8079
60-64	1765	2224	5329	7276	7654	7703	7808	7880
65-69	1335	1671	4037	6690	6997	7217	7468	7594
70-74	916	1220	2819	5266	5949	6584	7005	7165
75+	1053	1199	2673	7151	11223	13781	15551	16319
TOTAL	74315	85546	110167	124653	131501	135539	138355	139581
FEMALES								
0-4	8732	7711	8094	8145	8123	8102	8096	8095
5-9	8825	8198	8254	8173	8110	8090	8089	8090
10-14	8120	8604	8343	8130	8078	8082	8089	8091
15-19	7421	8776	8163	8021	8050	8083	8091	8092
20-24	6897	8063	7739	7947	8064	8094	8093	8089
25-29	6736	7351	7576	8015	8110	8101	8087	8083
30-34	5764	6818	8090	8184	8133	8083	8073	8075
35-39	4880	6642	8462	8252	8075	8041	8057	8069
40-44	3906	5659	8585	8042	7946	7997	8048	8062
45-49	3073	4758	7823	7581	7842	7991	8044	8053
50-54	2647	3767	7038	7351	7858	8000	8026	8027
55-59	2182	2912	6392	7734	7945	7969	7973	7983
60-64	1851	2436	6023	7907	7892	7833	7879	7925
65-69	1432	1904	4852	7731	7518	7592	7760	7854
70-74	1012	1460	3689	6605	6817	7305	7627	7747
75+	1249	1620	4442	11782	17487	20501	22694	23711
TOTAL	74727	86682	113567	129600	136048	139864	142725	144046
BIRTH RATE		21.6	17.5	14.1	12.7	12.3	11.9	11.8
DEATH RATE		7.2	7.1	9.0	10.7	11.1	11.1	11.4
NET MIGRATION RATE		-.0	.0	.0	.0	.0	.0	.0
GROWTH RATE		1.45	1.05	.51	.20	.12	.08	.04
TOTAL FERTILITY		2.537	2.163	2.108	2.069	2.063	2.059	2.058
e(0) - BOTH SEXES		66.80	70.93	75.83	80.53	82.77	84.62	85.31
IMR - BOTH SEXES		54.5	34.8	17.4	4.5	3.0	2.3	2.1

BRUNEI

Projection (thousands) with NRR=1 by 2015

AGE GROUP	1990	1995	2000	2005	2010	2015	2020	2025	2030	2035
TOTAL M+F	257	295	332	369	402	430	455	479	501	520
MALES										
0-4	16	17	19	19	18	17	18	18	19	19
5-9	16	16	18	19	20	19	17	18	18	19
10-14	12	16	17	18	19	20	19	17	18	18
15-19	12	12	16	17	18	19	20	19	17	18
20-24	12	13	13	17	17	18	19	20	19	17
25-29	15	13	14	14	18	18	18	19	20	19
30-34	16	16	14	14	14	18	18	19	19	20
35-39	14	17	17	14	15	14	18	18	18	19
40-44	10	14	17	17	15	15	15	18	18	18
45-49	7	10	14	17	17	14	15	14	18	17
50-54	5	7	10	14	17	16	14	14	14	17
55-59	4	5	7	10	14	16	16	14	14	14
60-64	4	4	5	6	9	13	15	15	13	13
65-69	2	4	3	4	6	8	12	14	14	12
70-74	2	2	3	3	4	5	7	11	13	13
75+	1	2	2	4	4	5	7	10	14	19
TOTAL	149	168	188	207	223	237	248	258	267	273
FEMALES										
0-4	15	17	18	18	18	17	17	18	18	18
5-9	14	15	17	18	19	18	17	17	18	18
10-14	14	14	16	17	18	19	18	17	17	18
15-19	12	14	14	16	17	18	19	18	17	17
20-24	11	12	15	15	16	17	18	19	18	17
25-29	9	12	13	15	15	16	17	18	19	18
30-34	7	9	12	13	15	15	16	17	18	19
35-39	5	7	10	12	13	15	15	16	17	18
40-44	4	5	7	10	12	13	15	15	16	17
45-49	4	4	5	7	10	12	13	15	15	16
50-54	4	4	4	5	7	9	12	13	15	15
55-59	3	4	4	4	5	7	9	12	13	15
60-64	2	3	4	4	4	5	7	9	11	12
65-69	2	2	3	4	4	4	5	7	9	11
70-74	1	2	2	3	3	3	4	4	6	8
75+	1	1	2	3	4	5	6	7	9	11
TOTAL	109	126	144	162	179	193	207	221	235	247
BIRTH RATE		24.6	23.3	21.5	18.7	16.3	15.5	15.5	15.1	14.4
DEATH RATE		3.8	3.8	3.9	4.1	4.5	5.0	5.6	6.2	7.0
RATE OF NAT. INC.		2.08	1.95	1.76	1.46	1.18	1.05	.99	.89	.74
NET MIGRATION RATE		6.5	4.5	3.4	2.4	1.7	1.1	.5	.0	.0
GROWTH RATE		2.73	2.40	2.10	1.70	1.35	1.16	1.03	.89	.74
TOTAL FERTILITY		3.700	3.250	2.846	2.492	2.183	2.070	2.069	2.067	2.066
NRR		1.772	1.562	1.372	1.203	1.054	1.000	1.000	1.000	1.000
e(0) - BOTH SEXES		74.39	75.90	77.26	78.52	78.99	79.46	79.95	80.46	80.97
e(15) - BOTH SEXES		60.25	61.61	62.89	64.09	64.53	64.98	65.45	65.93	66.42
IMR - BOTH SEXES		7.3	5.9	5.1	4.6	4.4	4.2	4.0	3.8	3.6
q(5) - BOTH SEXES		.0093	.0078	.0068	.0062	.0059	.0057	.0055	.0052	.0050
DEP. RATIO	60.0	58.5	55.8	54.0	51.3	48.2	47.2	49.1	52.5	54.9

Summary Projection for 25-Year Periods

BRUNEI

AGE GROUP	1990	2000	2025	2050	2075	2100	2125	2150
TOTAL M+F	257	332	479	562	600	610	615	618
MALES								
0-4	16	19	18	18	18	18	18	18
5-9	16	18	18	18	18	18	18	18
10-14	12	17	17	18	18	18	18	18
15-19	12	16	19	19	19	18	18	18
20-24	12	13	20	19	18	18	18	18
25-29	15	14	19	18	18	18	18	18
30-34	16	14	19	17	18	18	18	18
35-39	14	17	18	17	18	18	18	18
40-44	10	17	18	18	18	18	18	18
45-49	7	14	14	19	18	18	18	18
50-54	5	10	14	19	18	18	18	18
55-59	4	7	14	17	17	17	18	18
60-64	4	5	15	16	16	17	17	17
65-69	2	3	14	16	16	17	17	17
70-74	2	3	11	11	16	16	16	16
75+	1	2	10	23	32	34	36	37
TOTAL	149	188	258	285	298	301	303	304
FEMALES								
0-4	15	18	18	17	17	18	18	18
5-9	14	17	17	17	17	18	18	18
10-14	14	16	17	17	18	18	18	18
15-19	12	14	18	18	18	18	18	18
20-24	11	15	19	18	18	17	17	18
25-29	9	13	18	18	17	17	17	18
30-34	7	12	17	17	17	17	18	18
35-39	5	10	16	17	17	18	18	17
40-44	4	7	15	18	18	18	17	17
45-49	4	5	15	19	18	17	17	17
50-54	4	4	13	18	17	17	17	17
55-59	3	4	12	17	16	17	17	17
60-64	2	4	9	15	16	17	17	17
65-69	2	3	7	14	17	17	17	17
70-74	1	2	4	14	18	17	17	17
75+	1	2	7	24	43	48	51	53
TOTAL	109	144	221	277	303	309	312	314
BIRTH RATE		23.9	17.3	13.8	12.3	11.9	11.7	11.7
DEATH RATE		3.8	4.7	7.5	9.7	11.3	11.4	11.5
NET MIGRATION RATE		5.4	1.7	.0	.0	.0	.0	.0
GROWTH RATE		2.57	1.47	.63	.27	.06	.04	.02
TOTAL FERTILITY		3.448	2.304	2.065	2.061	2.059	2.058	2.057
e(0) - BOTH SEXES		75.19	78.93	81.54	83.85	84.84	85.62	85.94
IMR - BOTH SEXES		6.6	4.4	3.4	2.5	2.2	2.0	2.0

BULGARIA

Projection (thousands) with NRR=1 by 2030

AGE GROUP	1990	1995	2000	2005	2010	2015	2020	2025	2030	2035
TOTAL M+F	8636	8411	8231	8099	7999	7899	7793	7687	7589	7493
MALES										
0-4	286	212	213	210	224	225	218	213	215	218
5-9	297	279	208	211	210	223	225	218	212	215
10-14	330	292	276	207	211	209	223	224	217	212
15-19	324	325	288	274	206	210	209	222	224	217
20-24	291	313	318	285	273	205	209	207	221	223
25-29	293	278	305	314	283	271	204	208	206	220
30-34	304	281	270	301	311	281	269	202	206	205
35-39	313	293	274	267	298	309	278	267	201	205
40-44	308	303	286	270	263	295	305	275	264	199
45-49	256	298	295	279	264	258	289	300	271	260
50-54	252	245	286	284	270	256	250	281	292	264
55-59	272	235	230	269	268	256	243	239	269	280
60-64	250	246	213	209	246	246	236	226	223	252
65-69	213	214	212	185	182	216	218	211	204	203
70-74	103	167	169	169	150	150	180	184	180	176
75+	170	144	176	203	221	219	220	249	274	288
TOTAL	4262	4126	4018	3937	3880	3829	3777	3726	3679	3637
FEMALES										
0-4	273	201	201	199	212	213	206	201	203	206
5-9	281	266	197	200	198	211	212	206	201	203
10-14	314	276	263	196	200	198	211	212	206	201
15-19	307	308	272	262	196	199	198	211	212	205
20-24	281	297	302	270	262	195	199	198	210	212
25-29	286	268	290	300	270	261	195	199	197	210
30-34	301	276	262	287	299	269	261	194	198	197
35-39	313	293	272	260	286	298	268	260	194	198
40-44	312	307	289	269	259	285	296	267	258	193
45-49	261	307	303	286	267	256	282	294	265	257
50-54	261	256	301	297	281	263	253	278	290	262
55-59	287	253	248	293	291	275	257	248	273	285
60-64	276	274	242	238	282	281	266	250	241	267
65-69	254	255	254	226	224	267	266	254	239	231
70-74	127	221	224	226	204	203	243	245	235	223
75+	239	227	293	351	390	397	403	447	488	509
TOTAL	4374	4285	4213	4162	4118	4070	4016	3961	3910	3857
BIRTH RATE		10.0	10.2	10.2	11.0	11.1	10.9	10.8	11.0	11.4
DEATH RATE		12.4	12.8	13.0	13.4	13.6	13.6	13.5	13.6	13.9
RATE OF NAT. INC.		-.24	-.26	-.29	-.25	-.25	-.27	-.27	-.26	-.25
NET MIGRATION RATE		-2.9	-1.7	-.4	.0	.0	.0	.0	.0	.0
GROWTH RATE		-.53	-.43	-.32	-.25	-.25	-.27	-.27	-.26	-.25
TOTAL FERTILITY		1.470	1.470	1.470	1.602	1.725	1.841	1.949	2.050	2.089
NRR		.695	.696	.698	.762	.821	.878	.930	.980	1.000
e(0) - BOTH SEXES	71.37	72.02	72.90	73.92	74.60	75.30	76.03	76.78	77.57	
e(15) - BOTH SEXES	58.03	58.57	59.27	60.12	60.72	61.35	62.00	62.68	63.38	
IMR - BOTH SEXES	15.8	14.6	12.6	10.7	9.9	9.2	8.4	7.7	6.9	
q(5) - BOTH SEXES	.0195	.0180	.0156	.0133	.0124	.0115	.0106	.0098	.0089	
DEP. RATIO	50.2	48.7	48.5	46.8	48.8	52.9	56.9	59.3	60.9	62.6

Summary Projection for 25-Year Periods

BULGARIA

AGE GROUP	1990	2000	2025	2050	2075	2100	2125	2150
TOTAL M+F	8636	8231	7687	7270	7019	7102	7206	7253
MALES								
0-4	286	213	213	217	218	218	218	218
5-9	297	208	218	219	218	218	217	217
10-14	330	276	224	219	218	217	217	217
15-19	324	288	222	218	217	217	217	217
20-24	291	318	207	213	216	217	217	217
25-29	293	305	208	210	215	216	216	216
30-34	304	270	202	214	216	216	216	216
35-39	313	274	267	219	216	215	215	215
40-44	308	286	275	216	213	213	214	214
45-49	256	295	300	200	208	211	213	213
50-54	252	286	281	197	202	209	211	211
55-59	272	230	239	186	202	206	207	208
60-64	250	213	226	234	200	200	202	203
65-69	213	212	211	224	188	190	193	195
70-74	103	169	184	218	161	174	181	185
75+	170	176	249	339	345	374	410	426
TOTAL	4262	4018	3726	3542	3452	3510	3564	3588
FEMALES								
0-4	273	201	201	205	206	205	205	205
5-9	281	197	206	206	206	205	205	205
10-14	314	263	212	207	205	205	205	205
15-19	307	272	211	206	204	205	205	205
20-24	281	302	198	202	204	205	205	205
25-29	286	290	199	200	204	205	205	205
30-34	301	262	194	204	206	205	205	205
35-39	313	272	260	211	206	205	204	204
40-44	312	289	267	208	204	203	204	204
45-49	261	303	294	194	200	202	204	204
50-54	261	301	278	194	197	202	203	204
55-59	287	248	248	188	200	202	203	203
60-64	276	242	250	246	204	201	201	201
65-69	254	254	254	245	198	197	198	200
70-74	127	224	245	257	180	189	195	197
75+	239	293	447	554	544	555	595	613
TOTAL	4374	4213	3961	3728	3567	3593	3642	3665
BIRTH RATE		10.1	10.8	11.4	11.9	12.0	11.8	11.7
DEATH RATE		12.6	13.5	13.7	13.3	11.6	11.3	11.5
NET MIGRATION RATE		-2.3	-.1	.0	.0	.0	.0	.0
GROWTH RATE		-.48	-.27	-.22	-.14	.05	.06	.03
TOTAL FERTILITY		1.469	1.708	2.078	2.076	2.073	2.070	2.070
e(0) - BOTH SEXES		71.69	74.53	78.40	82.15	83.79	85.11	85.60
IMR - BOTH SEXES		15.2	10.2	6.2	3.2	2.6	2.2	2.0

BURKINA FASO

Projection (thousands) with NRR=1 by 2045

AGE GROUP	1990	1995	2000	2005	2010	2015	2020	2025	2030	2035
TOTAL M+F	9016	10439	12152	14128	16338	18749	21336	24035	26723	29344
MALES										
0-4	837	977	1151	1315	1446	1566	1673	1756	1775	1767
5-9	689	787	925	1097	1265	1397	1518	1628	1714	1738
10-14	548	676	773	910	1083	1250	1382	1504	1614	1700
15-19	458	536	662	758	895	1067	1233	1365	1487	1598
20-24	384	443	519	642	738	874	1044	1209	1341	1464
25-29	366	367	424	499	620	715	849	1017	1182	1314
30-34	243	349	350	406	480	599	693	826	992	1156
35-39	175	230	331	333	388	460	577	670	801	966
40-44	154	164	216	312	315	369	440	554	646	775
45-49	141	143	152	201	291	296	348	417	528	619
50-54	121	129	130	139	184	269	274	325	391	498
55-59	101	107	114	115	123	165	242	249	297	360
60-64	82	86	91	96	98	106	143	211	219	263
65-69	64	65	68	72	77	79	86	117	175	183
70-74	41	46	46	48	52	56	58	64	88	133
75+	38	39	43	44	47	50	55	60	67	87
TOTAL	4441	5143	5996	6988	8101	9318	10618	11973	13316	14619
FEMALES										
0-4	833	971	1142	1303	1430	1548	1653	1733	1752	1742
5-9	650	783	919	1090	1257	1385	1504	1612	1696	1720
10-14	545	637	769	905	1076	1242	1370	1491	1599	1684
15-19	458	533	623	754	889	1059	1225	1354	1475	1584
20-24	423	444	517	605	733	868	1038	1203	1333	1455
25-29	316	407	427	498	584	711	846	1015	1180	1310
30-34	239	303	391	410	479	565	691	824	992	1157
35-39	224	228	289	373	393	461	546	671	803	970
40-44	219	213	217	275	356	376	444	528	651	782
45-49	184	208	202	205	261	340	360	427	510	630
50-54	143	172	194	189	193	246	321	343	407	489
55-59	116	131	158	178	173	178	228	300	321	384
60-64	89	103	116	139	157	154	160	207	273	295
65-69	64	74	85	96	116	132	132	137	179	240
70-74	38	49	56	65	73	90	104	104	110	146
75+	35	40	48	57	66	77	95	114	126	138
TOTAL	4575	5296	6156	7140	8237	9431	10717	12062	13407	14725
BIRTH RATE		47.6	47.6	45.9	42.5	39.6	36.7	33.7	30.1	26.9
DEATH RATE		17.5	16.7	15.4	13.2	11.9	10.8	9.8	8.9	8.2
RATE OF NAT. INC.		3.01	3.10	3.05	2.93	2.77	2.58	2.38	2.12	1.87
NET MIGRATION RATE		-.8	-.6	-.4	-.2	-.1	.0	.0	.0	.0
GROWTH RATE		2.93	3.04	3.01	2.91	2.75	2.58	2.38	2.12	1.87
TOTAL FERTILITY		6.900	6.900	6.600	6.000	5.400	4.800	4.200	3.600	3.107
NRR		2.439	2.490	2.446	2.324	2.140	1.942	1.736	1.521	1.341
e(0) - BOTH SEXES	48.22	48.97	50.02	52.43	53.99	55.62	57.31	59.08	60.92	
e(15) - BOTH SEXES	46.65	46.38	46.07	46.85	47.84	48.88	49.95	51.07	52.23	
IMR - BOTH SEXES	131.8	123.0	110.8	94.4	87.4	80.3	73.3	66.3	59.3	
q(5) - BOTH SEXES	.1957	.1811	.1612	.1350	.1246	.1142	.1037	.0932	.0826	
DEP. RATIO	94.5	97.2	98.4	98.3	95.6	89.8	82.3	75.2	68.8	62.4

BURKINA FASO

Summary Projection for 25-Year Periods

AGE GROUP	1990	2000	2025	2050	2075	2100	2125	2150
TOTAL M+F	9016	12152	24035	36204	45969	51302	53925	55331
MALES								
0-4	837	1151	1756	1637	1659	1678	1685	1684
5-9	689	925	1628	1598	1659	1680	1685	1682
10-14	548	773	1504	1675	1676	1681	1683	1681
15-19	458	662	1365	1714	1677	1671	1678	1679
20-24	384	519	1209	1696	1656	1651	1670	1676
25-29	366	424	1017	1645	1593	1632	1663	1672
30-34	243	350	826	1531	1556	1629	1660	1668
35-39	175	331	670	1392	1621	1637	1654	1661
40-44	154	216	554	1237	1643	1627	1636	1648
45-49	141	152	417	1069	1605	1594	1606	1631
50-54	121	130	325	868	1520	1507	1569	1609
55-59	101	114	249	665	1358	1430	1534	1579
60-64	82	91	211	494	1153	1423	1494	1533
65-69	64	68	117	355	920	1342	1414	1456
70-74	41	46	64	215	669	1165	1279	1338
75+	38	43	60	188	668	1725	2387	2793
TOTAL	4441	5996	11973	17980	22632	25072	26296	26991
FEMALES								
0-4	833	1142	1733	1612	1626	1635	1637	1636
5-9	650	919	1612	1579	1632	1640	1637	1635
10-14	545	769	1491	1658	1652	1644	1636	1634
15-19	458	623	1354	1700	1659	1638	1632	1633
20-24	423	517	1203	1687	1645	1625	1629	1633
25-29	316	427	1015	1641	1589	1615	1629	1633
30-34	239	391	824	1532	1557	1619	1633	1633
35-39	224	289	671	1397	1628	1635	1634	1629
40-44	219	217	528	1248	1658	1635	1625	1622
45-49	184	202	427	1090	1630	1612	1606	1615
50-54	143	194	343	898	1561	1542	1586	1609
55-59	116	158	300	705	1422	1488	1577	1602
60-64	89	116	207	543	1248	1520	1572	1589
65-69	64	85	137	390	1047	1492	1542	1559
70-74	38	56	104	268	818	1377	1472	1507
75+	35	48	114	278	963	2513	3580	4170
TOTAL	4575	6156	12062	18225	23337	26230	27629	28340
BIRTH RATE		47.6	38.8	23.7	16.5	13.7	12.6	12.2
DEATH RATE		17.1	11.9	7.7	7.1	9.4	10.6	11.1
NET MIGRATION RATE		-.7	-.1	.0	.0	.0	.0	.0
GROWTH RATE		2.98	2.73	1.64	.96	.44	.20	.10
TOTAL FERTILITY		6.903	5.204	2.705	2.100	2.067	2.046	2.042
e(0) - BOTH SEXES		48.62	54.35	63.25	72.14	77.08	81.66	83.42
IMR - BOTH SEXES		127.1	88.2	52.7	23.1	11.7	3.7	2.7

BURUNDI

Projection (thousands) with NRR=1 by 2045

AGE GROUP	1990	1995	2000	2005	2010	2015	2020	2025	2030	2035
TOTAL M+F	5492	6301	7232	8288	9498	10831	12233	13672	15081	16464
MALES										
0-4	543	573	664	750	829	904	955	990	990	990
5-9	428	505	536	629	721	800	875	928	964	968
10-14	340	417	492	524	618	710	788	864	917	954
15-19	288	332	406	480	513	606	697	775	851	905
20-24	259	278	319	391	462	496	587	678	756	833
25-29	225	247	264	303	372	442	476	567	656	736
30-34	189	215	234	250	288	355	424	459	548	637
35-39	149	179	202	220	236	273	339	406	442	530
40-44	94	140	167	189	206	222	259	322	389	425
45-49	72	88	129	153	174	192	208	243	305	370
50-54	58	66	79	116	139	159	176	192	226	285
55-59	46	51	58	69	102	123	142	159	174	207
60-64	38	40	43	49	59	87	106	123	138	153
65-69	30	30	31	34	38	47	70	86	101	115
70-74	22	22	21	21	24	27	34	51	64	76
75+	21	22	21	19	19	21	25	31	45	61
TOTAL	2802	3204	3670	4198	4802	5465	6160	6872	7566	8245
FEMALES										
0-4	490	568	658	741	817	891	940	974	975	975
5-9	390	458	534	626	716	791	866	917	953	956
10-14	312	380	447	523	616	705	781	855	908	945
15-19	264	305	370	436	512	604	693	769	844	897
20-24	239	256	295	357	422	497	588	677	753	829
25-29	210	230	245	282	343	407	481	571	660	737
30-34	179	201	219	232	269	328	391	465	554	643
35-39	146	170	190	206	220	255	314	376	448	538
40-44	101	139	160	178	194	208	243	300	361	433
45-49	82	96	129	149	166	182	196	231	287	347
50-54	69	77	88	119	137	155	170	185	218	273
55-59	58	63	69	79	108	125	142	157	172	204
60-64	50	52	55	60	69	94	110	126	141	156
65-69	40	41	42	44	48	56	78	93	108	122
70-74	30	30	30	30	32	36	42	60	73	86
75+	31	32	31	29	29	32	36	44	61	79
TOTAL	2690	3097	3562	4090	4696	5366	6073	6800	7515	8219
BIRTH RATE		44.7	44.7	43.2	40.5	38.4	35.5	32.6	29.2	26.4
DEATH RATE		16.9	17.0	15.8	13.3	12.2	11.2	10.3	9.5	8.9
RATE OF NAT. INC.		2.78	2.77	2.73	2.72	2.63	2.44	2.22	1.96	1.76
NET MIGRATION RATE		-.3	-.2	-.1	.0	.0	.0	.0	.0	.0
GROWTH RATE		2.75	2.76	2.73	2.72	2.63	2.44	2.22	1.96	1.75
TOTAL FERTILITY		6.800	6.800	6.500	5.900	5.300	4.700	4.100	3.500	3.048
NRR		2.375	2.381	2.345	2.265	2.092	1.895	1.690	1.475	1.312
e(0) - BOTH SEXES		48.03	47.06	47.72	50.79	52.39	54.07	55.84	57.71	59.67
e(15) - BOTH SEXES		45.72	43.56	42.55	43.64	44.82	46.07	47.38	48.75	50.20
IMR - BOTH SEXES		105.9	99.7	87.4	69.8	65.2	60.7	56.2	51.7	47.2
q(5) - BOTH SEXES		.1751	.1635	.1408	.1091	.1013	.0934	.0856	.0776	.0697
DEP. RATIO	95.1	95.5	94.2	92.0	90.3	86.4	81.4	75.8	69.0	62.4

Summary Projection for 25-Year Periods

BURUNDI

AGE GROUP	1990	2000	2025	2050	2075	2100	2125	2150
TOTAL M+F	5492	7232	13672	20170	25676	28782	30264	31040
MALES								
0-4	543	664	990	921	931	940	944	943
5-9	428	536	928	902	931	941	943	942
10-14	340	492	864	942	937	940	943	942
15-19	288	406	775	957	935	935	940	941
20-24	259	319	678	939	926	925	936	939
25-29	225	264	567	915	896	916	932	937
30-34	189	234	459	857	878	914	929	934
35-39	149	202	406	782	910	915	925	930
40-44	94	167	322	684	916	907	915	923
45-49	72	129	243	583	886	891	900	914
50-54	58	79	192	471	844	847	880	902
55-59	46	58	159	360	758	806	860	884
60-64	38	43	123	292	646	798	835	857
65-69	30	31	86	201	507	746	788	814
70-74	22	21	51	122	363	642	714	749
75+	21	21	31	111	372	987	1361	1581
TOTAL	2802	3670	6872	10039	12635	14051	14745	15132
FEMALES								
0-4	490	658	974	907	913	916	917	916
5-9	390	534	917	891	916	918	917	916
10-14	312	447	855	931	924	920	916	915
15-19	264	370	769	948	925	917	914	915
20-24	239	295	677	934	920	911	913	915
25-29	210	245	571	915	893	906	913	915
30-34	179	219	465	860	879	908	914	914
35-39	146	190	376	788	914	914	914	912
40-44	101	160	300	693	924	911	909	909
45-49	82	129	231	597	901	901	900	905
50-54	69	88	185	491	868	867	890	902
55-59	58	69	157	385	797	839	884	897
60-64	50	55	126	294	702	853	879	889
65-69	40	42	93	213	579	831	859	872
70-74	30	30	60	139	446	760	822	844
75+	31	31	44	145	542	1460	2056	2371
TOTAL	2690	3562	6800	10131	13041	14731	15519	15907
BIRTH RATE		44.7	37.4	23.5	16.6	13.7	12.6	12.2
DEATH RATE		16.9	12.2	8.2	7.0	9.2	10.6	11.1
NET MIGRATION RATE		-.3	.0	.0	.0	.0	.0	.0
GROWTH RATE		2.75	2.55	1.56	.97	.46	.20	.10
TOTAL FERTILITY		6.797	5.121	2.673	2.102	2.067	2.046	2.042
e(0) - BOTH SEXES		47.51	52.66	62.18	71.92	76.97	81.63	83.41
IMR - BOTH SEXES		102.6	67.0	42.9	23.0	11.9	3.7	2.7

CAMBODIA

Projection (thousands) with NRR=1 by 2020

AGE GROUP	1990	1995	2000	2005	2010	2015	2020	2025	2030	2035
TOTAL M+F	8610	9756	10879	11890	12881	13837	14718	15567	16379	17128
MALES										
0-4	725	787	789	743	742	743	727	734	741	736
5-9	599	690	754	762	722	723	726	712	720	729
10-14	446	590	681	746	755	716	717	721	707	716
15-19	440	439	581	671	736	746	708	710	714	701
20-24	520	429	429	569	658	723	733	697	700	705
25-29	302	505	417	417	554	643	707	719	685	689
30-34	252	292	489	404	405	540	627	692	705	673
35-39	215	242	281	472	391	393	525	611	676	690
40-44	163	205	231	268	452	376	379	508	593	658
45-49	110	154	193	218	254	430	359	363	488	572
50-54	88	102	142	179	203	238	404	338	344	464
55-59	71	79	92	128	162	185	218	371	313	319
60-64	56	61	68	79	111	142	163	192	330	280
65-69	37	45	49	55	65	91	117	136	162	279
70-74	35	27	33	36	41	48	69	89	104	126
75+	27	33	31	33	37	42	49	67	90	112
TOTAL	4086	4679	5259	5781	6289	6779	7229	7660	8070	8447
FEMALES										
0-4	706	765	766	720	718	720	704	710	717	712
5-9	588	673	735	742	702	702	705	691	699	707
10-14	440	579	664	727	735	696	697	701	687	696
15-19	430	432	570	656	719	728	690	691	696	683
20-24	509	420	423	560	646	709	719	683	685	690
25-29	361	495	409	414	549	635	698	709	674	677
30-34	336	350	481	399	405	539	623	687	699	666
35-39	292	324	339	467	389	396	527	612	676	689
40-44	224	280	312	327	453	379	386	516	599	663
45-49	160	214	268	300	316	439	367	376	502	586
50-54	134	151	202	255	286	302	421	353	363	487
55-59	117	124	140	188	239	269	285	399	336	346
60-64	92	104	111	126	171	218	247	264	370	314
65-69	65	77	88	95	109	149	191	218	235	333
70-74	39	50	60	69	76	88	121	157	182	198
75+	31	40	52	65	79	91	107	141	189	235
TOTAL	4524	5077	5620	6109	6592	7058	7490	7907	8308	8681
BIRTH RATE		39.2	34.3	28.7	25.9	23.9	21.7	20.5	19.5	18.3
DEATH RATE		14.2	12.5	10.9	9.8	9.5	9.3	9.3	9.3	9.4
RATE OF NAT. INC.		2.50	2.18	1.78	1.60	1.43	1.24	1.12	1.02	.89
NET MIGRATION RATE		.0	.0	.0	.0	.0	.0	.0	.0	.0
GROWTH RATE		2.50	2.18	1.78	1.60	1.43	1.24	1.12	1.02	.89
TOTAL FERTILITY		4.500	4.200	3.600	3.163	2.779	2.442	2.319	2.286	2.254
NRR		1.668	1.616	1.437	1.307	1.165	1.038	1.000	1.000	1.000
e(0) - BOTH SEXES		50.91	52.96	55.18	57.53	58.83	60.18	61.58	63.02	64.52
e(15) - BOTH SEXES		47.80	48.51	49.36	50.36	51.18	52.02	52.88	53.78	54.71
IMR - BOTH SEXES		116.0	102.7	89.3	76.2	70.6	65.0	59.4	53.8	48.2
q(5) - BOTH SEXES		.1694	.1481	.1268	.1062	.0982	.0901	.0820	.0738	.0656
DEP. RATIO	76.7	80.7	76.1	67.5	59.0	53.3	50.4	48.4	46.9	48.3

Summary Projection for 25-Year Periods

CAMBODIA

AGE GROUP	1990	2000	2025	2050	2075	2100	2125	2150
TOTAL M+F	8610	10879	15567	19003	21101	22343	23369	23896
MALES								
0-4	725	789	734	721	723	727	729	729
5-9	599	754	712	716	719	725	729	729
10-14	446	681	721	717	717	724	729	728
15-19	440	581	710	718	713	721	728	728
20-24	520	429	697	714	710	717	725	727
25-29	302	417	719	696	703	712	721	724
30-34	252	489	692	677	698	707	717	722
35-39	215	281	611	677	695	702	713	719
40-44	163	231	508	655	691	693	706	715
45-49	110	193	363	630	678	684	698	709
50-54	88	142	338	629	647	668	686	699
55-59	71	92	371	574	605	645	668	684
60-64	56	68	192	465	566	615	644	663
65-69	37	49	136	339	495	570	607	632
70-74	35	33	89	197	403	501	557	586
75+	27	31	67	240	565	832	1110	1255
TOTAL	4086	5259	7660	9364	10329	10944	11467	11749
FEMALES								
0-4	706	766	710	698	697	696	695	695
5-9	588	735	691	695	696	695	695	695
10-14	440	664	701	697	696	695	695	695
15-19	430	570	691	700	694	695	694	695
20-24	509	423	683	698	694	694	694	694
25-29	361	409	709	684	690	693	694	694
30-34	336	481	687	668	688	692	693	693
35-39	292	339	612	671	687	690	692	692
40-44	224	312	516	655	686	686	689	691
45-49	160	268	376	638	679	682	686	689
50-54	134	202	353	650	656	673	682	686
55-59	117	140	399	611	628	661	676	681
60-64	92	111	264	519	611	648	667	675
65-69	65	88	218	404	565	628	652	664
70-74	39	60	157	257	502	589	630	648
75+	31	52	141	392	902	1284	1669	1862
TOTAL	4524	5620	7907	9639	10772	11399	11902	12148
BIRTH RATE		36.6	23.8	17.3	14.4	13.2	12.5	12.1
DEATH RATE		13.3	9.7	9.5	10.2	10.9	10.7	11.2
NET MIGRATION RATE		.0	.0	.0	.0	.0	.0	.0
GROWTH RATE		2.34	1.43	.80	.42	.23	.18	.09
TOTAL FERTILITY		4.344	2.796	2.222	2.102	2.078	2.064	2.061
e(0) - BOTH SEXES		52.00	58.88	66.24	73.46	78.05	82.32	83.85
IMR - BOTH SEXES		109.4	72.3	42.7	19.3	9.9	3.3	2.6

CAMEROON

Projection (thousands) with NRR=1 by 2035

AGE GROUP	1990	1995	2000	2005	2010	2015	2020	2025	2030	2035
TOTAL M+F	11524	13368	15549	17953	20462	22986	25476	27963	30344	32502
MALES										
0-4	1007	1197	1409	1562	1632	1664	1670	1692	1663	1577
5-9	849	956	1136	1341	1494	1568	1606	1618	1647	1625
10-14	725	832	937	1114	1318	1471	1547	1586	1601	1632
15-19	597	713	818	921	1097	1299	1452	1529	1570	1587
20-24	489	583	696	799	901	1075	1276	1428	1506	1549
25-29	400	475	567	676	778	880	1052	1250	1403	1482
30-34	325	388	460	550	658	758	859	1030	1227	1380
35-39	274	314	375	445	533	639	739	839	1008	1204
40-44	232	264	302	361	430	516	620	719	818	986
45-49	198	221	251	288	345	412	496	599	696	795
50-54	168	186	208	236	272	327	392	473	573	668
55-59	138	154	172	192	219	253	305	367	445	540
60-64	109	123	138	153	172	197	229	278	335	408
65-69	81	92	104	116	131	148	170	199	242	294
70-74	55	63	71	80	91	103	118	137	161	198
75+	49	59	69	79	92	106	123	142	167	199
TOTAL	5696	6619	7710	8914	10163	11418	12653	13886	15062	16123
FEMALES										
0-4	997	1177	1384	1532	1602	1631	1636	1656	1626	1540
5-9	845	951	1123	1324	1476	1549	1584	1593	1619	1595
10-14	725	830	933	1104	1304	1457	1531	1567	1579	1606
15-19	599	713	817	920	1089	1289	1442	1517	1554	1568
20-24	495	588	700	802	905	1074	1273	1425	1501	1541
25-29	409	484	576	686	788	890	1058	1255	1408	1486
30-34	336	399	472	562	671	772	874	1041	1238	1391
35-39	286	326	387	459	548	656	757	858	1024	1220
40-44	245	276	315	375	446	534	640	740	842	1007
45-49	211	235	266	304	362	432	518	624	723	824
50-54	180	201	224	254	291	348	417	501	605	702
55-59	151	169	188	211	239	276	331	398	480	581
60-64	123	138	155	172	194	221	256	310	374	453
65-69	94	107	120	135	151	172	198	231	281	341
70-74	66	76	86	97	110	125	143	167	197	242
75+	65	78	91	104	121	141	165	195	233	281
TOTAL	5828	6749	7838	9039	10299	11568	12822	14077	15282	16379
BIRTH RATE		41.7	41.9	39.7	35.7	32.0	28.6	26.2	23.4	20.5
DEATH RATE		12.0	11.7	10.9	9.5	8.7	8.1	7.5	7.1	6.8
RATE OF NAT. INC.		2.97	3.02	2.88	2.62	2.33	2.06	1.86	1.63	1.37
NET MIGRATION RATE		.0	.0	.0	.0	.0	.0	.0	.0	.0
GROWTH RATE		2.97	3.02	2.88	2.62	2.33	2.06	1.86	1.63	1.37
TOTAL FERTILITY		5.750	5.698	5.345	4.745	4.145	3.545	3.073	2.663	2.308
NRR		2.294	2.295	2.183	2.000	1.772	1.537	1.352	1.189	1.044
e(0) - BOTH SEXES		56.06	56.61	57.60	59.79	61.18	62.61	64.10	65.64	67.24
e(15) - BOTH SEXES		50.57	50.59	50.90	51.91	52.77	53.67	54.60	55.56	56.56
IMR - BOTH SEXES		60.9	52.2	44.1	34.4	31.7	29.1	26.5	23.9	21.2
q(5) - BOTH SEXES		.1167	.1083	.0982	.0815	.0745	.0674	.0604	.0533	.0462
DEP. RATIO	93.2	92.3	92.3	91.7	87.0	78.9	70.0	62.8	57.0	52.1

Summary Projection for 25-Year Periods

CAMEROON

AGE GROUP	1990	2000	2025	2050	2075	2100	2125	2150
TOTAL M+F	11524	15549	27963	38779	46832	50574	52454	53253
MALES								
0-4	1007	1409	1692	1627	1601	1593	1593	1594
5-9	849	1136	1618	1599	1587	1589	1592	1593
10-14	725	937	1586	1549	1579	1590	1593	1593
15-19	597	818	1529	1530	1580	1594	1594	1592
20-24	489	696	1428	1590	1598	1594	1590	1588
25-29	400	567	1250	1588	1596	1583	1582	1583
30-34	325	460	1030	1535	1567	1566	1574	1578
35-39	274	375	839	1492	1511	1550	1569	1575
40-44	232	302	719	1420	1482	1544	1566	1569
45-49	198	251	599	1307	1525	1551	1557	1558
50-54	168	208	473	1117	1497	1529	1532	1537
55-59	138	172	367	884	1402	1467	1489	1506
60-64	109	138	278	676	1295	1365	1438	1468
65-69	81	104	199	522	1135	1265	1375	1414
70-74	55	71	137	369	914	1187	1294	1328
75+	49	69	142	381	1125	2160	2698	2923
TOTAL	5696	7710	13886	19185	22993	24727	25637	26000
FEMALES								
0-4	997	1384	1656	1585	1556	1549	1548	1549
5-9	845	1123	1593	1562	1544	1545	1548	1548
10-14	725	933	1567	1516	1536	1546	1549	1549
15-19	599	817	1517	1503	1539	1551	1550	1548
20-24	495	700	1425	1570	1563	1554	1549	1547
25-29	409	576	1255	1579	1568	1549	1545	1545
30-34	336	472	1041	1535	1547	1536	1540	1544
35-39	286	387	858	1503	1499	1525	1539	1544
40-44	245	315	740	1441	1479	1524	1542	1542
45-49	211	266	624	1338	1535	1541	1541	1538
50-54	180	224	501	1160	1528	1536	1528	1529
55-59	151	188	398	939	1461	1499	1506	1518
60-64	123	155	310	745	1394	1429	1481	1506
65-69	94	120	231	604	1283	1376	1460	1493
70-74	66	86	167	456	1109	1369	1442	1466
75+	65	91	195	558	1698	3218	3951	4285
TOTAL	5828	7838	14077	19594	23838	25847	26818	27253
BIRTH RATE		41.8	31.6	19.6	14.7	12.9	12.2	11.9
DEATH RATE		11.9	8.8	6.6	7.3	9.9	10.8	11.3
NET MIGRATION RATE		.0	.0	.0	.0	.0	.0	.0
GROWTH RATE		3.00	2.35	1.31	.75	.31	.15	.06
TOTAL FERTILITY		5.723	3.998	2.271	2.068	2.051	2.042	2.040
e(0) - BOTH SEXES		56.36	61.42	69.18	76.62	80.22	83.39	84.53
IMR - BOTH SEXES		56.2	33.1	18.6	8.0	4.9	2.8	2.3

168 COUNTRIES, ECONOMIES, AND TERRITORIES

CANADA

Projection (thousands) with NRR=1 by 2030

AGE GROUP	1990	1995	2000	2005	2010	2015	2020	2025	2030	2035
TOTAL M+F	26522	28130	29512	30697	31785	32755	33592	34208	34531	34656
MALES										
0-4	966	1041	993	967	988	1018	1043	1049	1043	1033
5-9	956	993	1063	1012	981	999	1025	1046	1048	1042
10-14	923	977	1010	1077	1023	990	1004	1027	1046	1048
15-19	937	943	993	1023	1088	1031	994	1006	1026	1045
20-24	1026	971	971	1016	1041	1100	1038	997	1004	1023
25-29	1233	1070	1007	1001	1039	1057	1109	1041	993	1000
30-34	1183	1269	1100	1033	1020	1053	1065	1111	1037	990
35-39	1081	1208	1289	1117	1046	1029	1057	1065	1107	1033
40-44	989	1094	1218	1296	1123	1049	1029	1054	1059	1101
45-49	775	989	1093	1214	1291	1118	1043	1022	1045	1050
50-54	631	764	975	1077	1197	1272	1101	1027	1006	1030
55-59	594	612	743	950	1051	1168	1242	1076	1004	984
60-64	550	563	584	712	914	1012	1127	1199	1040	972
65-69	472	504	521	545	671	862	957	1067	1138	989
70-74	338	409	444	467	495	610	787	876	980	1049
75+	440	497	598	698	787	866	1015	1258	1483	1713
TOTAL	13094	13904	14602	15205	15754	16234	16637	16921	17058	17101
FEMALES										
0-4	914	985	939	914	934	962	986	991	985	976
5-9	911	941	1007	958	929	945	969	989	990	985
10-14	878	932	959	1022	970	937	951	972	989	990
15-19	896	903	953	976	1035	980	944	954	971	988
20-24	991	942	941	984	1001	1054	992	950	953	971
25-29	1211	1045	986	978	1014	1023	1068	999	949	952
30-34	1194	1251	1078	1014	1000	1030	1033	1072	997	947
35-39	1095	1219	1272	1096	1028	1010	1036	1035	1070	996
40-44	989	1106	1228	1278	1101	1032	1012	1035	1032	1068
45-49	770	990	1106	1227	1277	1099	1029	1008	1031	1028
50-54	634	765	984	1099	1219	1268	1092	1023	1002	1025
55-59	605	625	755	971	1086	1205	1255	1081	1013	992
60-64	594	591	612	741	955	1069	1186	1236	1066	1000
65-69	564	571	570	593	721	931	1043	1160	1210	1045
70-74	439	526	537	541	567	691	893	1004	1119	1170
75+	745	836	983	1101	1195	1285	1465	1778	2095	2422
TOTAL	13428	14227	14909	15492	16031	16521	16955	17287	17473	17555
BIRTH RATE		14.7	13.3	12.4	12.3	12.3	12.2	12.1	11.9	11.7
DEATH RATE		7.3	7.2	7.3	7.4	7.8	8.2	8.9	10.0	10.9
RATE OF NAT. INC.		.74	.61	.51	.48	.45	.40	.31	.19	.07
NET MIGRATION RATE		4.4	3.5	2.8	2.1	1.5	1.0	.5	.0	.0
GROWTH RATE		1.18	.96	.79	.70	.60	.50	.36	.19	.07
TOTAL FERTILITY		1.850	1.850	1.850	1.894	1.936	1.978	2.019	2.059	2.075
NRR		.886	.887	.888	.910	.931	.952	.972	.992	1.000
e(0) - BOTH SEXES		77.82	78.89	79.89	80.79	81.14	81.49	81.85	82.21	82.58
e(15) - BOTH SEXES		63.64	64.64	65.56	66.41	66.72	67.04	67.37	67.71	68.04
IMR - BOTH SEXES		6.8	6.1	5.5	4.9	4.7	4.4	4.1	3.9	3.6
q(5) - BOTH SEXES		.0088	.0080	.0072	.0066	.0063	.0060	.0057	.0053	.0050
DEP. RATIO		47.5	48.7	48.4	47.6	47.7	51.2	56.6	63.0	69.2	71.6

Summary Projection for 25-Year Periods

CANADA

AGE GROUP	1990	2000	2025	2050	2075	2100	2125	2150
TOTAL M+F	26522	29512	34208	34394	34293	34477	34677	34779
MALES								
0-4	966	993	1049	1040	1037	1037	1037	1037
5-9	956	1063	1046	1034	1034	1036	1036	1036
10-14	923	1010	1027	1028	1034	1036	1036	1036
15-19	937	993	1006	1031	1037	1037	1036	1036
20-24	1026	971	997	1039	1038	1035	1034	1034
25-29	1233	1007	1041	1041	1034	1031	1031	1031
30-34	1183	1100	1111	1035	1025	1026	1028	1029
35-39	1081	1289	1065	1013	1016	1023	1026	1026
40-44	989	1218	1054	988	1015	1022	1023	1023
45-49	775	1093	1022	974	1018	1019	1017	1017
50-54	631	975	1027	1007	1011	1007	1006	1007
55-59	594	743	1076	1056	991	986	989	992
60-64	550	584	1199	986	949	957	968	972
65-69	472	521	1067	936	894	926	938	941
70-74	338	444	876	848	832	881	890	892
75+	440	598	1258	1907	1987	2006	2063	2096
TOTAL	13094	14602	16921	16962	16953	17065	17159	17204
FEMALES								
0-4	914	939	991	983	979	979	979	979
5-9	911	1007	989	977	977	978	979	979
10-14	878	959	972	972	977	979	979	979
15-19	896	953	954	975	980	980	979	979
20-24	991	941	950	984	982	979	978	978
25-29	1211	986	999	988	981	978	977	978
30-34	1194	1078	1072	985	975	975	977	978
35-39	1095	1272	1035	967	968	975	977	977
40-44	989	1228	1035	948	970	976	977	976
45-49	770	1106	1008	941	977	977	975	975
50-54	634	984	1023	985	979	973	972	972
55-59	605	755	1081	1051	971	964	966	969
60-64	594	612	1236	1004	947	952	962	965
65-69	564	570	1160	989	918	947	957	959
70-74	439	537	1004	939	896	940	947	948
75+	745	983	1778	2745	2862	2860	2937	2984
TOTAL	13428	14909	17287	17432	17340	17412	17518	17575
BIRTH RATE		14.0	12.3	11.7	11.8	11.8	11.7	11.6
DEATH RATE		7.3	8.0	11.5	11.9	11.6	11.5	11.5
NET MIGRATION RATE		3.9	1.6	.0	.0	.0	.0	.0
GROWTH RATE		1.07	.59	.02	-.01	.02	.02	.01
TOTAL FERTILITY		1.852	1.934	2.071	2.070	2.068	2.067	2.067
e(0) - BOTH SEXES		78.37	81.06	82.96	84.59	85.30	85.86	86.07
IMR - BOTH SEXES		6.5	4.7	3.4	2.3	2.1	2.0	1.9

CAPE VERDE

Projection (thousands) with NRR=1 by 2020

AGE GROUP	1990	1995	2000	2005	2010	2015	2020	2025	2030	2035
TOTAL M+F	371	417	470	521	574	626	676	726	777	826
MALES										
0-4	30	33	36	35	34	33	32	33	34	34
5-9	27	30	33	35	34	34	33	32	33	34
10-14	23	27	29	32	35	34	34	33	32	32
15-19	19	23	26	29	32	35	34	34	33	32
20-24	20	18	22	26	28	32	35	34	34	33
25-29	17	19	17	21	25	28	32	35	34	34
30-34	9	16	18	17	21	25	28	31	34	33
35-39	4	8	15	17	16	20	25	28	31	34
40-44	2	4	8	15	17	16	20	24	27	31
45-49	2	2	3	7	14	17	16	20	24	27
50-54	3	2	2	3	7	14	16	15	19	23
55-59	4	3	2	1	3	7	13	15	15	19
60-64	3	4	3	2	1	3	6	12	15	14
65-69	2	3	3	2	1	1	2	6	11	13
70-74	2	2	2	3	2	1	1	2	5	10
75+	3	3	2	3	3	3	2	2	2	5
TOTAL	172	195	222	248	275	302	329	356	382	408
FEMALES										
0-4	30	33	35	34	34	33	31	32	33	33
5-9	28	29	32	35	34	34	33	31	32	33
10-14	25	27	29	32	35	33	33	32	31	32
15-19	21	24	27	28	32	34	33	33	32	31
20-24	22	20	24	26	28	31	34	33	33	32
25-29	18	21	19	23	26	28	31	34	33	33
30-34	13	18	20	19	23	26	27	31	34	33
35-39	8	13	17	20	18	22	25	27	31	34
40-44	4	8	12	17	19	18	22	25	27	31
45-49	4	4	8	12	16	19	18	22	25	27
50-54	6	4	4	7	12	16	18	17	21	24
55-59	6	6	4	4	7	11	15	18	17	21
60-64	5	6	5	3	3	7	11	15	17	16
65-69	3	5	5	5	3	3	6	10	14	16
70-74	2	3	4	4	4	3	3	5	9	12
75+	4	3	3	4	5	6	5	5	7	11
TOTAL	199	222	248	273	299	323	347	371	395	418
BIRTH RATE		35.5	33.6	28.7	25.6	22.5	19.9	18.7	18.1	17.0
DEATH RATE		6.9	6.3	5.6	4.8	4.6	4.4	4.4	4.5	4.9
RATE OF NAT. INC.		2.86	2.73	2.31	2.08	1.80	1.55	1.44	1.36	1.22
NET MIGRATION RATE		-5.1	-3.6	-2.4	-1.5	-.7	.0	.0	.0	.0
GROWTH RATE		2.35	2.37	2.07	1.93	1.73	1.55	1.44	1.36	1.21
TOTAL FERTILITY		4.260	3.960	3.360	2.925	2.546	2.217	2.097	2.090	2.083
NRR		1.942	1.823	1.562	1.381	1.206	1.053	1.000	1.000	1.000
e(0) - BOTH SEXES		67.62	67.99	68.50	70.30	71.19	72.12	73.09	74.11	75.18
e(15) - BOTH SEXES		56.67	56.38	56.30	57.48	58.21	58.98	59.79	60.64	61.54
IMR - BOTH SEXES		40.0	34.3	28.7	21.9	20.1	18.2	16.4	14.5	12.7
q(5) - BOTH SEXES		.0501	.0420	.0346	.0263	.0242	.0220	.0199	.0177	.0156
DEP. RATIO	93.5	89.2	83.7	75.4	64.3	53.4	46.9	44.1	45.1	47.3

Summary Projection for 25-Year Periods

CAPE VERDE

AGE GROUP	1990	2000	2025	2050	2075	2100	2125	2150
TOTAL M+F	371	470	726	944	1067	1099	1119	1128
MALES								
0-4	30	36	33	33	33	33	33	33
5-9	27	33	32	33	33	33	33	33
10-14	23	29	33	34	34	33	33	33
15-19	19	26	34	34	33	33	33	33
20-24	20	22	34	33	33	33	33	33
25-29	17	17	35	32	33	33	33	33
30-34	9	18	31	31	33	33	33	33
35-39	4	15	28	32	33	33	33	33
40-44	2	8	24	33	33	33	33	33
45-49	2	3	20	33	33	32	33	33
50-54	3	2	15	33	31	32	32	32
55-59	4	2	15	29	30	31	32	32
60-64	3	3	12	24	30	31	31	31
65-69	2	3	6	20	29	30	30	30
70-74	2	2	2	15	26	27	28	28
75+	3	2	2	19	49	57	63	66
TOTAL	172	222	356	468	526	539	547	550
FEMALES								
0-4	30	35	32	32	32	32	32	32
5-9	28	32	31	32	32	32	32	32
10-14	25	29	32	33	33	32	32	32
15-19	21	27	33	33	33	32	32	32
20-24	22	24	33	33	32	32	32	32
25-29	18	19	34	32	32	32	32	32
30-34	13	20	31	31	32	32	32	32
35-39	8	17	27	32	32	32	32	32
40-44	4	12	25	33	33	32	32	32
45-49	4	8	22	32	32	32	32	32
50-54	6	4	17	33	31	32	32	32
55-59	6	4	18	29	30	31	32	32
60-64	5	5	15	25	31	32	32	32
65-69	3	5	10	22	31	31	31	31
70-74	2	4	5	18	29	30	31	31
75+	4	3	5	27	66	81	91	95
TOTAL	199	248	371	476	541	560	572	577
BIRTH RATE		34.5	22.7	15.9	13.0	12.2	11.9	11.7
DEATH RATE		6.6	4.7	5.6	8.2	11.0	11.2	11.4
NET MIGRATION RATE		-4.3	-.8	.0	.0	.0	.0	.0
GROWTH RATE		2.36	1.74	1.05	.49	.12	.07	.03
TOTAL FERTILITY		4.091	2.565	2.076	2.048	2.042	2.039	2.038
e(0) - BOTH SEXES		67.81	71.23	76.48	81.56	83.45	84.96	85.53
IMR - BOTH SEXES		37.0	21.2	10.9	3.7	2.7	2.2	2.1

CENTRAL AFRICAN REP.

Projection (thousands) with NRR=1 by 2045

AGE GROUP	1990	1995	2000	2005	2010	2015	2020	2025	2030	2035
TOTAL M+F	3008	3403	3867	4438	5104	5801	6542	7330	8136	8931
MALES										
0-4	263	295	354	426	473	494	520	548	563	562
5-9	200	245	277	335	409	457	478	505	534	550
10-14	168	195	239	270	329	402	450	471	499	528
15-19	176	163	190	232	263	321	394	441	463	491
20-24	137	170	156	181	222	253	310	381	429	452
25-29	96	130	160	147	171	211	242	297	367	415
30-34	69	91	122	150	138	162	201	231	285	355
35-39	60	65	85	114	140	130	153	191	221	275
40-44	57	56	60	78	105	131	122	144	181	211
45-49	56	53	51	55	71	97	121	113	135	171
50-54	50	50	47	45	49	64	87	110	104	125
55-59	44	44	43	40	39	42	56	78	99	94
60-64	34	37	36	35	33	33	36	48	67	85
65-69	25	26	28	27	27	26	25	28	38	54
70-74	10	17	18	18	18	18	18	18	20	28
75+	9	9	12	13	14	15	15	16	17	19
TOTAL	1453	1647	1878	2166	2503	2854	3227	3621	4022	4416
FEMALES										
0-4	261	293	350	420	466	486	513	541	555	555
5-9	199	244	275	333	406	452	473	500	529	545
10-14	176	194	238	269	328	400	446	467	495	524
15-19	169	172	189	232	263	321	392	438	460	489
20-24	128	164	166	182	224	255	312	383	429	452
25-29	103	123	157	158	175	215	246	302	372	419
30-34	88	99	117	148	150	166	206	237	292	362
35-39	79	84	93	110	140	142	159	198	228	283
40-44	75	75	79	87	103	131	134	151	189	220
45-49	72	71	70	73	81	96	124	127	144	181
50-54	63	68	65	64	67	75	90	116	120	136
55-59	54	58	61	58	57	61	68	82	107	112
60-64	40	47	50	52	50	50	53	60	74	97
65-69	27	33	38	39	41	40	41	44	51	63
70-74	11	20	23	26	28	30	30	31	34	40
75+	10	11	16	19	23	26	29	31	34	38
TOTAL	1555	1756	1989	2272	2601	2946	3315	3709	4114	4516
BIRTH RATE		42.3	44.3	45.8	43.1	39.1	36.2	33.8	30.9	27.8
DEATH RATE		17.6	18.7	18.2	15.1	13.5	12.1	11.0	10.0	9.1
RATE OF NAT. INC.		2.47	2.56	2.76	2.80	2.56	2.41	2.27	2.09	1.87
NET MIGRATION RATE		.0	.0	.0	.0	.0	.0	.0	.0	.0
GROWTH RATE		2.47	2.55	2.76	2.80	2.56	2.40	2.27	2.09	1.87
TOTAL FERTILITY		5.753	6.056	6.358	6.058	5.458	4.858	4.258	3.658	3.146
NRR		2.051	2.144	2.299	2.320	2.137	1.944	1.743	1.533	1.348
e(0) - BOTH SEXES	47.00	45.67	46.11	49.21	50.83	52.53	54.33	56.23	58.25	
e(15) - BOTH SEXES	44.29	41.92	40.72	41.81	43.06	44.38	45.77	47.25	48.81	
IMR - BOTH SEXES	104.9	100.1	87.9	69.4	65.2	61.1	56.9	52.8	48.6	
q(5) - BOTH SEXES	.1732	.1641	.1417	.1084	.1011	.0937	.0863	.0789	.0714	
DEP. RATIO	82.2	87.0	93.4	97.9	100.7	96.3	86.7	77.5	70.7	64.7

CENTRAL AFRICAN REP.

Summary Projection for 25-Year Periods

AGE GROUP	1990	2000	2025	2050	2075	2100	2125	2150
TOTAL M+F	3008	3867	7330	11011	14180	15941	16817	17303
MALES								
0-4	263	354	548	509	518	526	529	528
5-9	200	277	505	498	518	526	529	528
10-14	168	239	471	527	524	526	528	527
15-19	176	190	441	542	522	522	526	527
20-24	137	156	381	531	514	514	523	526
25-29	96	160	297	503	493	508	521	525
30-34	69	122	231	461	482	508	520	523
35-39	60	85	191	420	507	510	517	521
40-44	57	60	144	381	515	505	510	516
45-49	56	51	113	320	497	493	500	511
50-54	50	47	110	239	459	464	488	503
55-59	44	43	78	175	402	440	477	494
60-64	34	36	48	131	341	440	463	478
65-69	25	28	28	85	276	414	435	452
70-74	10	18	18	53	193	352	390	413
75+	9	12	16	51	171	494	710	848
TOTAL	1453	1878	3621	5428	6933	7742	8164	8420
FEMALES								
0-4	261	350	541	504	510	513	514	513
5-9	199	275	500	494	513	515	514	513
10-14	176	238	467	524	520	516	513	513
15-19	169	189	438	540	521	514	512	512
20-24	128	166	383	532	515	509	511	512
25-29	103	157	302	507	496	506	511	513
30-34	88	117	237	467	487	509	513	512
35-39	79	93	198	428	514	514	513	511
40-44	75	79	151	392	525	513	509	509
45-49	72	70	127	334	512	504	503	507
50-54	63	65	116	257	480	481	497	505
55-59	54	61	82	194	432	465	495	503
60-64	40	50	60	153	380	479	494	499
65-69	27	38	44	105	326	472	483	488
70-74	11	23	31	75	249	431	459	471
75+	10	16	31	78	267	759	1111	1302
TOTAL	1555	1989	3709	5583	7247	8199	8653	8883
BIRTH RATE		43.4	38.8	24.3	16.9	13.9	12.7	12.2
DEATH RATE		18.2	13.6	8.4	6.9	9.3	10.6	11.1
NET MIGRATION RATE		.0	.0	.0	.0	.0	.0	.0
GROWTH RATE		2.51	2.56	1.63	1.01	.47	.21	.11
TOTAL FERTILITY		5.918	5.235	2.729	2.105	2.069	2.046	2.042
e(0) - BOTH SEXES		46.29	51.10	60.89	71.15	76.44	81.32	83.20
IMR - BOTH SEXES		102.3	67.4	44.7	25.8	13.3	3.9	2.8

CHAD

Projection (thousands) with NRR=1 by 2040

AGE GROUP	1990	1995	2000	2005	2010	2015	2020	2025	2030	2035
TOTAL M+F	5680	6448	7353	8447	9671	10938	12261	13622	14945	16179
MALES										
0-4	494	559	646	761	845	882	922	955	948	915
5-9	386	453	517	604	719	803	842	885	921	919
10-14	312	375	441	504	591	705	789	828	872	909
15-19	275	305	366	431	494	580	693	776	817	861
20-24	238	267	296	355	418	480	565	677	760	801
25-29	206	229	257	285	342	404	465	549	660	742
30-34	179	198	221	247	274	330	391	451	534	644
35-39	154	172	190	211	236	263	318	377	437	520
40-44	132	147	163	180	201	225	251	305	364	423
45-49	112	124	138	153	170	189	213	239	291	348
50-54	93	104	115	128	142	158	177	200	225	275
55-59	75	84	94	104	115	129	144	162	184	207
60-64	58	66	74	82	91	101	113	127	143	164
65-69	42	48	54	61	67	75	84	94	106	121
70-74	27	31	36	40	45	50	56	64	72	82
75+	23	27	31	35	40	45	51	58	67	77
TOTAL	2806	3188	3638	4182	4790	5419	6074	6748	7400	8007
FEMALES										
0-4	492	555	641	754	835	871	911	943	936	904
5-9	384	453	516	602	716	797	836	878	914	911
10-14	313	373	441	504	591	703	784	824	867	904
15-19	277	306	365	432	495	581	693	774	814	858
20-24	241	270	298	356	422	484	569	680	762	803
25-29	210	234	262	290	346	411	473	557	667	749
30-34	183	203	226	254	280	336	400	461	545	655
35-39	159	176	195	218	244	271	325	388	449	532
40-44	137	152	168	187	208	234	261	314	377	437
45-49	117	130	145	160	178	199	225	251	303	365
50-54	99	110	123	137	151	168	189	214	240	291
55-59	83	92	102	114	127	141	157	177	202	227
60-64	67	74	82	92	102	114	128	143	162	186
65-69	49	57	63	70	78	87	98	111	125	143
70-74	34	38	44	49	54	61	69	78	89	102
75+	30	36	41	47	54	61	69	80	92	107
TOTAL	2874	3260	3715	4264	4880	5519	6187	6875	7545	8172
BIRTH RATE		43.5	43.6	44.0	41.8	38.0	35.0	32.2	28.7	25.2
DEATH RATE		18.2	17.3	16.3	14.7	13.3	12.2	11.1	10.2	9.4
RATE OF NAT. INC.		2.54	2.63	2.77	2.71	2.46	2.28	2.11	1.85	1.59
NET MIGRATION RATE		.0	.0	.0	.0	.0	.0	.0	.0	.0
GROWTH RATE		2.53	2.63	2.77	2.71	2.46	2.28	2.11	1.85	1.59
TOTAL FERTILITY		5.890	6.028	6.165	5.865	5.265	4.665	4.065	3.421	2.879
NRR		2.044	2.142	2.260	2.227	2.041	1.849	1.648	1.419	1.221
e(0) - BOTH SEXES	47.45	48.58	49.97	51.74	53.24	54.79	56.40	58.06	59.79	
e(15) - BOTH SEXES	47.66	47.67	47.50	47.59	48.45	49.34	50.26	51.20	52.18	
IMR - BOTH SEXES	122.0	113.4	102.2	89.5	83.7	77.8	72.0	66.2	60.4	
q(5) - BOTH SEXES	.2052	.1893	.1681	.1446	.1342	.1238	.1133	.1027	.0921	
DEP. RATIO	83.6	87.3	89.4	91.3	92.0	88.7	81.7	74.1	67.3	60.4

Summary Projection for 25-Year Periods

CHAD

AGE GROUP	1990	2000	2025	2050	2075	2100	2125	2150
TOTAL M+F	5680	7353	13622	19456	24047	26528	27992	28824
MALES								
0-4	494	646	955	888	873	878	882	882
5-9	386	517	885	844	861	876	882	882
10-14	312	441	828	828	863	878	883	882
15-19	275	366	776	876	870	877	881	881
20-24	238	296	677	889	877	870	876	878
25-29	206	257	549	874	857	856	869	875
30-34	179	221	451	820	816	843	865	873
35-39	154	190	377	757	795	840	863	871
40-44	132	163	305	695	832	840	858	865
45-49	112	138	239	592	832	838	844	855
50-54	93	115	200	465	796	805	820	840
55-59	75	94	162	361	713	743	791	821
60-64	58	74	127	277	612	687	761	796
65-69	42	54	94	196	501	665	722	758
70-74	27	36	64	124	355	585	660	696
75+	23	31	58	120	339	858	1182	1405
TOTAL	2806	3638	6748	9604	11791	12939	13639	14060
FEMALES								
0-4	492	641	943	877	857	856	857	857
5-9	384	516	878	837	850	856	858	857
10-14	313	441	824	822	854	860	858	857
15-19	277	365	774	872	864	862	857	856
20-24	241	298	680	890	874	858	855	855
25-29	210	262	557	879	859	849	852	855
30-34	183	226	461	829	821	841	852	855
35-39	159	195	388	769	803	842	854	854
40-44	137	168	314	712	845	848	854	852
45-49	117	145	251	615	852	853	847	847
50-54	99	123	214	491	827	829	833	841
55-59	83	102	177	392	759	779	817	835
60-64	67	82	143	313	675	741	806	828
65-69	49	63	111	230	580	748	794	816
70-74	34	44	78	156	442	702	769	789
75+	30	41	80	170	493	1265	1789	2110
TOTAL	2874	3715	6875	9852	12255	13590	14353	14765
BIRTH RATE		43.6	37.5	22.8	16.4	13.9	12.8	12.3
DEATH RATE		17.7	13.2	8.8	8.0	10.0	10.7	11.1
NET MIGRATION RATE		.0	.0	.0	.0	.0	.0	.0
GROWTH RATE		2.58	2.47	1.43	.85	.39	.21	.12
TOTAL FERTILITY		5.962	5.043	2.585	2.124	2.078	2.048	2.043
e(0) - BOTH SEXES		48.06	53.62	61.89	70.24	75.70	80.89	82.91
IMR - BOTH SEXES		117.4	84.4	54.9	29.3	14.9	4.2	3.0

CHANNEL ISLANDS

Projection (thousands) with NRR=1 by 2030

AGE GROUP	1990	1995	2000	2005	2010	2015	2020	2025	2030	2035
TOTAL M+F	144	147	149	150	151	151	152	152	152	150
MALES										
0-4	5	5	4	4	4	4	4	4	4	4
5-9	4	5	5	4	4	4	4	4	4	4
10-14	4	4	5	5	4	4	4	4	4	4
15-19	4	4	4	5	5	4	4	4	4	4
20-24	5	4	4	4	5	5	4	4	4	4
25-29	6	5	4	4	4	5	5	4	4	4
30-34	6	6	5	4	4	4	5	5	4	4
35-39	6	6	6	5	4	4	4	5	5	4
40-44	5	6	6	6	5	4	4	4	5	5
45-49	4	5	6	6	6	5	4	4	4	5
50-54	4	4	5	6	6	6	5	4	4	4
55-59	4	4	4	5	6	6	6	5	4	4
60-64	4	4	4	4	4	5	5	5	5	4
65-69	3	4	3	3	3	4	5	5	5	4
70-74	3	3	3	3	3	3	4	4	5	5
75+	3	4	4	5	5	5	5	6	7	8
TOTAL	70	72	72	72	72	73	73	73	72	71
FEMALES										
0-4	5	5	4	4	4	4	4	4	4	4
5-9	3	5	5	4	4	4	4	4	4	4
10-14	4	3	5	5	4	4	4	4	4	4
15-19	4	4	3	5	5	4	4	4	4	4
20-24	6	4	4	3	5	5	4	4	4	4
25-29	6	6	4	4	3	5	5	4	4	4
30-34	6	6	6	4	4	3	5	5	4	4
35-39	7	6	6	6	4	4	3	5	5	4
40-44	5	7	6	6	6	4	4	3	5	5
45-49	4	5	7	6	6	6	4	4	3	5
50-54	4	4	5	7	6	6	6	4	4	3
55-59	4	4	4	5	7	6	6	6	4	4
60-64	4	4	4	4	5	7	6	6	6	4
65-69	3	4	4	4	4	5	7	6	6	6
70-74	3	3	4	4	4	4	5	6	6	6
75+	6	6	6	7	8	9	9	10	13	14
TOTAL	74	76	77	78	78	79	79	80	79	78
BIRTH RATE		13.0	11.4	9.9	9.8	10.5	11.1	11.2	11.0	10.7
DEATH RATE		10.0	9.9	9.7	10.1	10.5	10.7	11.1	12.0	13.4
RATE OF NAT. INC.		.30	.15	.02	-.02	.01	.04	.01	-.10	-.26
NET MIGRATION RATE		1.4	1.3	1.1	.8	.8	.5	.3	.0	.0
GROWTH RATE		.44	.28	.12	.06	.08	.09	.04	-.10	-.26
TOTAL FERTILITY		1.650	1.650	1.650	1.735	1.817	1.895	1.971	2.043	2.071
NRR		.791	.793	.794	.836	.876	.914	.951	.986	1.000
e(0) - BOTH SEXES	77.39	78.37	79.30	80.17	80.55	80.94	81.34	81.75	82.16	
e(15) - BOTH SEXES	63.27	64.15	65.00	65.79	66.15	66.51	66.88	67.25	67.63	
IMR - BOTH SEXES	7.4	6.4	5.6	5.0	4.7	4.5	4.2	4.0	3.7	
q(5) - BOTH SEXES	.0095	.0083	.0074	.0067	.0064	.0060	.0057	.0054	.0051	
DEP. RATIO	46.9	50.7	54.2	51.5	49.6	52.1	61.3	69.6	76.9	80.5

Summary Projection for 25-Year Periods

CHANNEL ISLANDS

AGE GROUP	1990	2000	2025	2050	2075	2100	2125	2150
TOTAL M+F	144	149	152	143	139	139	140	141
MALES								
0-4	5	4	4	4	4	4	4	4
5-9	4	5	4	4	4	4	4	4
10-14	4	5	4	4	4	4	4	4
15-19	4	4	4	4	4	4	4	4
20-24	5	4	4	4	4	4	4	4
25-29	6	4	4	4	4	4	4	4
30-34	6	5	5	4	4	4	4	4
35-39	6	6	5	4	4	4	4	4
40-44	5	6	4	4	4	4	4	4
45-49	4	6	4	4	4	4	4	4
50-54	4	5	4	4	4	4	4	4
55-59	4	4	5	5	4	4	4	4
60-64	4	4	5	5	4	4	4	4
65-69	3	3	5	4	3	4	4	4
70-74	3	3	4	3	3	4	4	4
75+	3	4	6	8	8	8	8	8
TOTAL	70	72	73	69	68	69	69	69
FEMALES								
0-4	5	4	4	4	4	4	4	4
5-9	3	5	4	4	4	4	4	4
10-14	4	5	4	4	4	4	4	4
15-19	4	3	4	4	4	4	4	4
20-24	6	4	4	4	4	4	4	4
25-29	6	4	4	4	4	4	4	4
30-34	6	6	5	4	4	4	4	4
35-39	7	6	5	4	4	4	4	4
40-44	5	6	3	4	4	4	4	4
45-49	4	7	4	4	4	4	4	4
50-54	4	5	4	4	4	4	4	4
55-59	4	4	6	5	4	4	4	4
60-64	4	4	6	5	4	4	4	4
65-69	3	4	6	3	4	4	4	4
70-74	3	4	6	4	3	4	4	4
75+	6	6	10	14	13	12	12	12
TOTAL	74	77	80	74	71	71	71	71
BIRTH RATE		12.2	10.5	11.0	11.6	11.8	11.7	11.6
DEATH RATE		9.9	10.4	13.5	12.6	11.7	11.5	11.5
NET MIGRATION RATE		1.4	.7	.0	.0	.0	.0	.0
GROWTH RATE		.36	.08	-.25	-.10	.00	.02	.01
TOTAL FERTILITY		1.650	1.813	2.064	2.065	2.064	2.063	2.063
e(0) - BOTH SEXES		77.89	80.47	82.58	84.42	85.19	85.80	86.04
IMR - BOTH SEXES		7.0	4.8	3.4	2.4	2.2	2.0	1.9

CHILE

Projection (thousands) with NRR=1 by 2000

AGE GROUP	1990	1995	2000	2005	2010	2015	2020	2025	2030	2035
TOTAL M+F	13173	14241	15088	15859	16659	17475	18260	18954	19538	20038
MALES										
0-4	754	771	667	640	670	703	714	700	682	677
5-9	694	749	767	664	638	668	701	713	699	681
10-14	610	692	747	765	662	637	667	700	712	698
15-19	627	606	688	743	762	660	635	665	698	710
20-24	626	621	601	683	738	758	657	632	662	695
25-29	618	618	614	595	677	733	753	653	628	658
30-34	535	610	611	607	590	672	728	748	649	625
35-39	451	527	602	604	601	584	667	723	743	645
40-44	363	443	519	594	597	594	578	660	716	736
45-49	307	354	432	508	583	586	584	569	650	706
50-54	241	295	341	417	492	565	569	569	554	634
55-59	207	226	278	322	396	467	538	544	545	533
60-64	171	188	206	254	296	365	433	502	509	513
65-69	125	147	162	179	223	262	326	390	455	465
70-74	90	100	118	131	147	185	220	277	335	395
75+	109	110	120	142	167	195	241	298	377	475
TOTAL	6528	7057	7473	7849	8238	8633	9010	9340	9614	9846
FEMALES										
0-4	722	738	638	612	640	671	682	669	651	646
5-9	667	719	735	636	611	639	670	681	668	651
10-14	587	665	717	734	635	610	638	670	681	668
15-19	607	585	663	715	732	634	609	638	669	681
20-24	610	603	581	660	713	730	633	608	637	668
25-29	607	605	599	578	657	711	729	632	607	636
30-34	530	602	601	596	576	655	709	727	630	606
35-39	452	526	598	598	593	574	653	707	725	628
40-44	373	448	522	594	594	590	571	650	704	722
45-49	323	368	443	516	588	589	585	566	645	699
50-54	260	317	361	436	509	581	581	578	560	638
55-59	235	253	309	353	426	498	569	571	568	551
60-64	204	225	243	297	341	413	484	554	557	555
65-69	161	190	210	228	281	324	394	463	532	536
70-74	127	142	169	189	207	257	298	364	431	499
75+	180	198	225	267	318	367	444	536	659	807
TOTAL	6645	7184	7615	8010	8422	8842	9250	9614	9924	10192
BIRTH RATE		22.5	18.1	16.5	16.3	16.3	15.8	14.9	14.0	13.5
DEATH RATE		6.5	6.2	6.2	6.3	6.7	7.0	7.4	7.9	8.4
RATE OF NAT. INC.		1.60	1.19	1.02	1.00	.96	.88	.75	.61	.50
NET MIGRATION RATE		-.4	-.3	-.2	-.1	-.1	.0	.0	.0	.0
GROWTH RATE		1.56	1.16	1.00	.99	.96	.88	.75	.61	.50
TOTAL FERTILITY		2.660	2.243	2.095	2.089	2.087	2.084	2.081	2.079	2.076
NRR		1.261	1.067	1.000	1.000	1.000	1.000	1.000	1.000	1.000
e(0) - BOTH SEXES	71.94	72.67	73.59	74.65	75.30	75.97	76.67	77.39	78.13	
e(15) - BOTH SEXES	58.73	59.26	59.97	60.84	61.42	62.01	62.63	63.27	63.93	
IMR - BOTH SEXES	17.0	14.9	12.6	10.6	9.8	9.1	8.3	7.6	6.8	
q(5) - BOTH SEXES	.0209	.0183	.0156	.0131	.0122	.0114	.0105	.0096	.0087	
DEP. RATIO	57.8	57.9	53.8	48.6	45.4	46.1	48.9	51.7	54.4	56.0

CHILE

Summary Projection for 25-Year Periods

AGE GROUP	1990	2000	2025	2050	2075	2100	2125	2150
TOTAL M+F	13173	15088	18954	21193	22233	22689	22996	23136
MALES								
0-4	754	667	700	697	692	690	689	690
5-9	694	767	713	694	688	688	689	689
10-14	610	747	700	684	686	688	689	689
15-19	627	688	665	674	686	689	689	689
20-24	626	601	632	677	689	689	689	689
25-29	618	614	653	691	691	689	688	688
30-34	535	611	748	701	686	682	683	684
35-39	451	602	723	685	673	677	681	682
40-44	363	519	660	646	661	674	679	680
45-49	307	432	569	609	659	674	676	676
50-54	241	341	569	619	665	669	668	668
55-59	207	278	544	690	661	654	655	657
60-64	171	206	502	637	627	626	636	642
65-69	125	162	390	542	565	591	612	621
70-74	90	118	277	419	494	553	580	588
75+	109	120	298	729	1084	1218	1308	1352
TOTAL	6528	7473	9340	10394	10906	11148	11307	11380
FEMALES								
0-4	722	638	669	665	659	658	657	657
5-9	667	735	681	662	657	656	657	657
10-14	587	717	670	653	654	656	657	657
15-19	607	663	638	645	654	657	658	657
20-24	610	581	608	649	659	659	657	657
25-29	607	599	632	666	663	658	656	656
30-34	530	601	727	678	660	655	655	656
35-39	452	598	707	665	650	652	655	656
40-44	373	522	650	631	640	651	655	656
45-49	323	443	566	599	643	654	655	655
50-54	260	361	578	618	656	656	653	652
55-59	235	309	571	703	663	650	648	649
60-64	204	243	554	672	644	635	641	645
65-69	161	210	463	601	602	619	635	641
70-74	127	169	364	501	557	610	630	634
75+	180	225	536	1192	1667	1816	1919	1970
TOTAL	6645	7615	9614	10799	11327	11541	11688	11756
BIRTH RATE		20.2	15.9	13.4	12.4	12.0	11.8	11.7
DEATH RATE		6.3	6.8	9.0	10.5	11.2	11.3	11.5
NET MIGRATION RATE		-.4	-.1	.0	.0	.0	.0	.0
GROWTH RATE		1.36	.91	.45	.19	.08	.05	.02
TOTAL FERTILITY		2.449	2.087	2.074	2.063	2.060	2.058	2.057
e(0) - BOTH SEXES		72.32	75.30	78.97	82.45	83.98	85.21	85.67
IMR - BOTH SEXES		16.0	10.0	6.1	3.1	2.5	2.1	2.0

CHINA (EXCLUDING TAIWAN)

Projection (thousands) with NRR=1 by 2030

AGE GROUP	1990	1995	2000	2005	2010	2015	2020	2025	2030	2035
TOTAL M+F	1133683	1199332	1255054	1301518	1347514	1392234	1434383	1471282	1500611	1521625
MALES										
0-4	60242	55642	51979	48720	49835	51183	52013	51856	51324	50857
5-9	47467	59714	55246	51676	48484	49615	50978	51827	51692	51180
10-14	49530	47233	59494	55076	51541	48369	49511	50884	51744	51621
15-19	63348	49232	46996	59249	54881	51372	48224	49376	50759	51630
20-24	65727	62779	48841	46676	58904	54579	51107	47991	49154	50546
25-29	55048	65023	62202	48443	46352	58518	54238	50803	47720	48889
30-34	43876	54417	64402	61683	48093	46034	58140	53907	50511	47461
35-39	44901	43295	53805	63768	61148	47696	45675	57714	53536	50184
40-44	33403	44159	42643	53080	62994	60440	47170	45198	57146	53038
45-49	26191	32604	43177	41762	52071	61857	59406	46408	44511	56330
50-54	24345	25235	31468	41759	40481	50547	60133	57834	45244	43457
55-59	22138	22969	23850	29814	39693	38576	48289	57591	55527	43548
60-64	17908	20212	21010	21881	27482	36752	35876	45107	54034	52327
65-69	13518	15533	17572	18338	19245	24346	32791	32237	40820	49243
70-74	9089	10807	12454	14161	14949	15870	20307	27662	27501	35211
75+	8465	10272	12361	14597	17158	19313	21429	26234	34815	39823
TOTAL	585194	619126	647501	670682	693311	715066	735286	752628	766040	775345
FEMALES										
0-4	57945	51073	47681	44651	45632	46834	47561	47385	46867	46409
5-9	44152	57549	50800	47483	44507	45497	46708	47446	47283	46777
10-14	46249	43974	57393	50693	47407	44442	45438	46655	47400	47242
15-19	59404	46016	43806	57235	50587	47316	44365	45368	46592	47342
20-24	61411	58952	45729	43600	57042	50428	47181	44250	45264	46495
25-29	50757	60822	58504	45448	43399	56805	50235	47017	44113	45136
30-34	40380	50205	60300	58095	45196	43176	56540	50021	46836	43958
35-39	41906	39874	49686	59783	57686	44899	42914	56226	49769	46621
40-44	30218	41285	39344	49116	59198	57159	44518	42578	55823	49443
45-49	23083	29614	40527	38692	48396	58387	56430	43992	42115	55268
50-54	21391	22416	28809	39520	37827	47381	57244	55404	43252	41465
55-59	19929	20490	21515	27733	38178	36623	45975	55667	53996	42246
60-64	16619	18662	19235	20274	26265	36288	34937	44018	53490	52071
65-69	13521	14943	16837	17444	18528	24154	33583	32535	41247	50434
70-74	9973	11324	12572	14264	14947	16052	21157	29737	29122	37317
75+	11553	13007	14816	16805	19411	21727	24312	30356	41403	48057
TOTAL	548489	580206	607553	630836	654203	677168	699097	718654	734570	746281

BIRTH RATE		19.0	16.8	15.0	14.8	14.6	14.4	13.9	13.4	13.1
DEATH RATE		7.4	7.5	7.7	7.8	8.1	8.4	8.8	9.5	10.3
RATE OF NAT. INC.		1.16	.93	.74	.70	.66	.60	.51	.40	.28
NET MIGRATION RATE		-.3	-.2	-.1	-.0	-.0	-.0	.0	.0	.0
GROWTH RATE		1.13	.91	.73	.69	.65	.60	.51	.39	.28
TOTAL FERTILITY		2.000	1.900	1.900	1.948	1.994	2.040	2.084	2.127	2.145
NRR		.906	.864	.870	.897	.921	.944	.967	.990	1.000
e(0) - BOTH SEXES		68.99	69.63	70.57	71.72	72.49	73.28	74.11	74.97	75.87
e(15) - BOTH SEXES		57.07	57.41	57.97	58.75	59.37	60.02	60.70	61.41	62.15
IMR - BOTH SEXES		31.2	28.3	24.1	20.1	18.4	16.8	15.2	13.5	11.9
q(5) - BOTH SEXES		.0378	.0340	.0289	.0241	.0222	.0203	.0184	.0165	.0146
DEP. RATIO	48.8	48.4	48.4	43.4	41.0	41.4	45.1	47.6	51.7	57.3

Summary Projection for 25-Year Periods

CHINA (EXCLUDING TAIWAN)

AGE GROUP	1990	2000	2025	2050	2075	2100	2125	2150
TOTAL M+F	1133683	1255054	1471282	1555806	1592804	1629693	1659298	1673381
MALES								
0-4	60242	51979	51856	51527	51315	51235	51232	51235
5-9	47467	55246	51827	51158	51160	51181	51201	51203
10-14	49530	59494	50884	50686	51108	51205	51210	51201
15-19	63348	46996	49376	50610	51179	51235	51186	51169
20-24	65727	48841	47991	50861	51244	51164	51088	51076
25-29	55048	62202	50803	51090	51060	50942	50916	50935
30-34	43876	64402	53907	50941	50554	50661	50753	50800
35-39	44901	53805	57714	49779	49883	50435	50631	50673
40-44	33403	42643	45198	47991	49546	50289	50480	50485
45-49	26191	43177	46408	46248	49477	50086	50182	50178
50-54	24345	31468	57834	48168	49119	49430	49557	49628
55-59	22138	23850	57591	49684	47981	48130	48599	48833
60-64	17908	21010	45107	50862	45441	46290	47350	47749
65-69	13518	17572	32237	37091	41718	44173	45639	46124
70-74	9089	12454	27662	33946	37138	41333	43020	43559
75+	8465	12361	26234	68655	78977	87142	95447	99748
TOTAL	585194	647501	752628	789296	806901	824930	838491	844594
FEMALES								
0-4	57945	47681	47385	46925	46675	46615	46618	46621
5-9	44152	50800	47446	46640	46540	46573	46599	46603
10-14	46249	57393	46655	46257	46491	46595	46611	46604
15-19	59404	43806	45368	46264	46575	46641	46611	46596
20-24	61411	45729	44250	46630	46743	46643	46585	46574
25-29	50757	58504	47017	47018	46736	46549	46528	46545
30-34	40380	60300	50021	47027	46419	46391	46475	46520
35-39	41906	49686	56226	46096	45951	46279	46454	46496
40-44	30218	39344	42578	44619	45834	46277	46440	46447
45-49	23083	40527	43992	43234	46020	46323	46359	46354
50-54	21391	28809	55404	45452	46109	46114	46127	46185
55-59	19929	21515	55667	47562	45668	45495	45763	45962
60-64	16619	19235	44018	52108	44115	44596	45357	45700
65-69	13521	16837	32535	37861	41753	43826	44919	45328
70-74	9973	12572	29737	36439	38948	42920	44241	44659
75+	11553	14816	30356	86380	105326	116926	129121	135592
TOTAL	548489	607553	718654	766510	785903	804763	820807	828786
BIRTH RATE		17.8	14.5	13.0	12.5	12.2	11.9	11.8
DEATH RATE		7.4	8.2	10.8	11.5	11.3	11.2	11.4
NET MIGRATION RATE		-.3	-.0	.0	.0	.0	.0	.0
GROWTH RATE		1.02	.64	.22	.09	.09	.07	.03
TOTAL FERTILITY		1.955	1.987	2.135	2.118	2.113	2.109	2.108
e(0) - BOTH SEXES		69.32	72.49	76.86	81.17	83.14	84.76	85.36
IMR - BOTH SEXES		29.8	18.9	10.2	3.8	2.8	2.2	2.1

COLOMBIA

Projection (thousands) with NRR=1 by 2000

AGE GROUP	1990	1995	2000	2005	2010	2015	2020	2025	2030	2035
TOTAL M+F	32300	35101	37473	39768	42166	44554	46819	48862	50671	52248
MALES										
0-4	1967	1995	1795	1771	1841	1886	1887	1851	1824	1825
5-9	2001	1947	1977	1781	1758	1831	1877	1880	1847	1820
10-14	1871	1988	1934	1966	1772	1752	1825	1873	1877	1845
15-19	1644	1854	1971	1920	1954	1762	1743	1819	1868	1873
20-24	1762	1612	1823	1944	1898	1935	1747	1731	1809	1859
25-29	1518	1720	1575	1790	1915	1873	1914	1732	1720	1798
30-34	1233	1479	1682	1545	1763	1891	1853	1897	1719	1709
35-39	1007	1199	1445	1650	1520	1739	1869	1835	1881	1706
40-44	783	977	1167	1413	1620	1494	1713	1844	1813	1861
45-49	586	754	944	1133	1377	1583	1462	1680	1812	1784
50-54	461	557	720	904	1091	1330	1532	1418	1632	1764
55-59	378	429	520	675	853	1032	1263	1459	1355	1565
60-64	310	339	387	472	616	782	953	1171	1361	1271
65-69	250	264	290	333	409	539	690	847	1051	1231
70-74	170	195	207	229	266	331	442	574	714	897
75+	201	205	226	247	276	324	403	536	720	943
TOTAL	16142	17514	18664	19772	20930	22083	23173	24147	25005	25749
FEMALES										
0-4	1867	1914	1721	1695	1761	1803	1803	1769	1742	1742
5-9	1904	1850	1899	1708	1685	1753	1797	1799	1766	1740
10-14	1792	1893	1841	1891	1702	1680	1749	1794	1797	1765
15-19	1590	1779	1882	1832	1883	1696	1675	1746	1792	1796
20-24	1730	1568	1760	1866	1819	1873	1688	1670	1743	1789
25-29	1520	1702	1545	1740	1850	1806	1862	1681	1666	1739
30-34	1271	1496	1680	1528	1725	1837	1796	1855	1677	1662
35-39	1062	1251	1477	1663	1514	1713	1826	1787	1848	1671
40-44	821	1044	1233	1460	1647	1501	1700	1814	1777	1838
45-49	609	804	1025	1214	1441	1628	1485	1683	1798	1762
50-54	493	592	784	1003	1191	1416	1601	1463	1660	1775
55-59	416	473	570	759	975	1160	1381	1565	1432	1628
60-64	348	391	446	542	726	935	1116	1332	1514	1389
65-69	283	314	356	410	503	678	877	1053	1263	1443
70-74	200	239	267	307	361	447	607	793	960	1163
75+	253	277	322	378	453	547	683	912	1231	1597
TOTAL	16158	17587	18808	19996	21236	22471	23647	24715	25667	26499
BIRTH RATE		23.8	19.8	18.3	17.9	17.3	16.4	15.3	14.5	14.0
DEATH RATE		5.9	5.7	5.5	5.5	5.8	6.2	6.6	7.2	7.9
RATE OF NAT. INC.		1.80	1.42	1.28	1.24	1.15	1.02	.87	.73	.61
NET MIGRATION RATE		-1.3	-1.1	-.9	-.7	-.5	-.3	-.1	.0	.0
GROWTH RATE		1.66	1.31	1.19	1.17	1.10	.99	.85	.73	.61
TOTAL FERTILITY		2.670	2.252	2.104	2.095	2.092	2.089	2.086	2.083	2.080
NRR		1.254	1.065	1.000	1.000	1.000	1.000	1.000	1.000	1.000
e(0) - BOTH SEXES		69.26	70.22	71.39	72.67	73.39	74.14	74.93	75.75	76.60
e(15) - BOTH SEXES		56.34	57.01	57.91	58.98	59.62	60.29	60.99	61.72	62.49
IMR - BOTH SEXES		21.0	17.6	14.6	12.0	11.2	10.3	9.5	8.6	7.7
q(5) - BOTH SEXES		.0252	.0212	.0177	.0148	.0138	.0128	.0118	.0108	.0098
DEP. RATIO	65.3	59.4	52.1	47.0	43.5	43.8	45.5	47.3	49.6	52.6

Summary Projection for 25-Year Periods

COLOMBIA

AGE GROUP	1990	2000	2025	2050	2075	2100	2125	2150
TOTAL M+F	32300	37473	48862	55842	58845	60310	61310	61757
MALES								
0-4	1967	1795	1851	1856	1849	1845	1844	1844
5-9	2001	1977	1880	1854	1844	1842	1842	1843
10-14	1871	1934	1873	1838	1838	1841	1843	1843
15-19	1644	1971	1819	1817	1834	1841	1842	1842
20-24	1762	1823	1731	1808	1836	1840	1839	1839
25-29	1518	1575	1732	1824	1839	1835	1833	1833
30-34	1233	1682	1897	1845	1832	1826	1826	1828
35-39	1007	1445	1835	1828	1809	1813	1820	1823
40-44	783	1167	1844	1761	1778	1802	1814	1817
45-49	586	944	1680	1660	1758	1794	1805	1806
50-54	461	720	1418	1632	1752	1779	1785	1787
55-59	378	520	1459	1734	1736	1743	1751	1757
60-64	310	387	1171	1599	1665	1677	1701	1716
65-69	250	290	847	1490	1526	1582	1634	1656
70-74	170	207	574	1202	1326	1464	1539	1565
75+	201	226	536	1713	2706	3151	3453	3590
TOTAL	16142	18664	24147	27460	28926	29676	30172	30388
FEMALES								
0-4	1867	1721	1769	1770	1763	1759	1758	1758
5-9	1904	1899	1799	1770	1759	1756	1757	1757
10-14	1792	1841	1794	1757	1753	1756	1757	1757
15-19	1590	1882	1746	1738	1751	1757	1758	1757
20-24	1730	1760	1670	1736	1756	1759	1758	1757
25-29	1520	1545	1681	1759	1764	1759	1756	1756
30-34	1271	1680	1855	1786	1763	1754	1753	1754
35-39	1062	1477	1787	1777	1747	1746	1751	1753
40-44	821	1233	1814	1723	1724	1741	1750	1752
45-49	609	1025	1683	1640	1716	1742	1749	1749
50-54	493	784	1463	1636	1729	1743	1744	1744
55-59	416	570	1565	1779	1741	1732	1732	1735
60-64	348	446	1332	1677	1711	1701	1714	1724
65-69	283	356	1053	1646	1628	1658	1694	1711
70-74	200	267	793	1441	1502	1614	1671	1689
75+	253	322	912	2747	4113	4659	5037	5215
TOTAL	16158	18808	24715	28382	29919	30635	31138	31370
BIRTH RATE		21.8	16.9	13.8	12.6	12.1	11.9	11.7
DEATH RATE		5.8	6.0	8.5	10.5	11.1	11.2	11.4
NET MIGRATION RATE		-1.2	-.5	.0	.0	.0	.0	.0
GROWTH RATE		1.49	1.06	.53	.21	.10	.07	.03
TOTAL FERTILITY		2.452	2.093	2.077	2.065	2.061	2.059	2.058
e(0) - BOTH SEXES		69.76	73.40	77.58	81.66	83.49	84.97	85.52
IMR - BOTH SEXES		19.4	11.5	6.9	3.5	2.7	2.2	2.1

COMOROS

Projection (thousands) with NRR=1 by 2040

AGE GROUP	1990	1995	2000	2005	2010	2015	2020	2025	2030	2035
TOTAL M+F	475	566	673	793	926	1068	1215	1359	1501	1636
MALES										
0-4	47	54	64	71	78	84	87	88	89	87
5-9	38	46	53	62	70	77	83	86	87	88
10-14	31	38	45	52	62	69	76	82	86	87
15-19	26	31	37	45	52	61	69	76	82	85
20-24	22	25	30	37	44	51	60	68	75	81
25-29	16	21	25	30	36	44	51	60	67	74
30-34	13	16	21	24	29	35	43	50	59	66
35-39	10	13	16	20	24	28	35	42	49	58
40-44	9	10	12	15	20	23	28	34	41	48
45-49	7	8	10	12	15	19	22	27	33	40
50-54	6	6	8	9	11	14	18	21	26	31
55-59	4	6	6	7	8	10	13	17	20	24
60-64	3	4	5	5	6	7	9	12	15	18
65-69	3	3	3	4	4	5	6	8	10	13
70-74	2	2	2	2	3	3	4	5	6	8
75+	1	2	2	2	3	3	4	5	6	7
TOTAL	238	284	338	398	464	535	608	679	750	816
FEMALES										
0-4	46	54	63	70	77	82	86	86	87	85
5-9	37	45	52	61	69	76	81	85	86	86
10-14	30	37	44	52	61	68	75	81	85	85
15-19	25	30	36	44	52	61	68	75	81	84
20-24	20	24	29	36	43	51	60	67	75	80
25-29	17	20	24	29	35	43	51	60	67	74
30-34	13	16	19	23	28	35	42	50	59	66
35-39	11	13	16	19	23	28	34	42	49	58
40-44	9	10	12	15	19	22	27	34	41	49
45-49	8	8	10	12	15	18	22	27	33	40
50-54	6	8	8	9	12	15	17	21	26	32
55-59	5	6	7	8	9	11	14	17	20	25
60-64	4	5	5	6	7	8	10	13	16	19
65-69	3	3	4	5	6	6	7	9	12	14
70-74	2	2	2	3	4	5	5	6	8	10
75+	2	2	2	3	4	5	6	7	8	11
TOTAL	237	282	335	395	462	534	607	680	752	820
BIRTH RATE		46.5	44.8	41.5	38.5	35.4	32.1	28.5	25.6	22.7
DEATH RATE		11.5	10.1	8.7	7.4	6.9	6.4	6.0	5.7	5.5
RATE OF NAT. INC.		3.50	3.47	3.28	3.10	2.85	2.57	2.25	1.99	1.72
NET MIGRATION RATE		.0	.0	.0	.0	.0	.0	.0	.0	.0
GROWTH RATE		3.50	3.47	3.28	3.10	2.85	2.57	2.25	1.99	1.71
TOTAL FERTILITY		6.700	6.400	5.800	5.200	4.600	4.000	3.400	2.960	2.577
NRR		2.669	2.642	2.475	2.287	2.044	1.795	1.541	1.356	1.191
e(0) - BOTH SEXES		55.98	58.06	60.24	62.49	63.66	64.87	66.11	67.41	68.74
e(15) - BOTH SEXES		50.24	51.13	52.09	53.14	53.90	54.68	55.50	56.34	57.22
IMR - BOTH SEXES		89.0	77.5	66.0	55.2	50.5	45.8	41.1	36.4	31.7
q(5) - BOTH SEXES		.1264	.1083	.0903	.0733	.0671	.0609	.0546	.0484	.0421
DEP. RATIO	103.0	102.4	100.3	95.7	90.1	82.7	75.3	67.7	61.0	55.0

COMOROS

Summary Projection for 25-Year Periods

AGE GROUP	1990	2000	2025	2050	2075	2100	2125	2150
TOTAL M+F	475	673	1359	1995	2472	2702	2799	2843
MALES								
0-4	47	64	88	86	85	85	85	85
5-9	38	53	86	83	84	85	85	85
10-14	31	45	82	82	85	85	85	85
15-19	26	37	76	85	85	85	85	85
20-24	22	30	68	86	86	85	85	85
25-29	16	25	60	85	84	84	84	85
30-34	13	21	50	83	81	83	84	84
35-39	10	16	42	78	80	83	84	84
40-44	9	12	34	72	83	83	84	84
45-49	7	10	27	63	83	83	83	83
50-54	6	8	21	54	80	81	81	82
55-59	4	6	17	43	76	76	79	80
60-64	3	5	12	34	68	72	77	79
65-69	3	3	8	24	57	70	74	76
70-74	2	2	5	16	44	64	69	71
75+	1	2	5	16	54	114	142	155
TOTAL	238	338	679	990	1214	1319	1367	1387
FEMALES								
0-4	46	63	86	84	82	83	83	83
5-9	37	52	85	81	82	83	83	83
10-14	30	44	81	80	82	83	83	83
15-19	25	36	75	84	83	83	83	83
20-24	20	29	67	85	84	83	83	83
25-29	17	24	60	84	83	82	82	83
30-34	13	19	50	83	80	82	82	83
35-39	11	16	42	79	79	82	83	83
40-44	9	12	34	72	82	83	83	82
45-49	8	10	27	64	84	83	82	82
50-54	6	8	21	56	82	81	81	82
55-59	5	7	17	46	79	78	80	81
60-64	4	5	13	37	73	76	80	81
65-69	3	4	9	28	64	77	79	80
70-74	2	2	6	20	53	75	78	78
75+	2	2	7	24	83	172	210	229
TOTAL	237	335	680	1005	1257	1383	1433	1456
BIRTH RATE		45.6	34.3	20.6	15.1	13.0	12.2	11.9
DEATH RATE		10.8	6.9	5.5	6.6	9.4	10.8	11.3
NET MIGRATION RATE		.0	.0	.0	.0	.0	.0	.0
GROWTH RATE		3.49	2.81	1.54	.86	.36	.14	.06
TOTAL FERTILITY		6.536	4.387	2.368	2.065	2.050	2.042	2.039
e(0) - BOTH SEXES		57.11	63.86	70.39	76.71	80.24	83.41	84.54
IMR - BOTH SEXES		82.8	51.1	27.2	8.6	4.9	2.8	2.3

CONGO, PEOPLE'S REP. OF THE

Projection (thousands) with NRR=1 by 2045

AGE GROUP	1990	1995	2000	2005	2010	2015	2020	2025	2030	2035
TOTAL M+F	2276	2673	3138	3674	4271	4919	5623	6365	7104	7822
MALES										
0-4	221	257	304	348	380	410	444	469	474	471
5-9	170	210	246	293	338	370	400	434	460	467
10-14	138	167	207	243	290	335	367	397	431	457
15-19	125	136	164	204	239	286	331	363	393	427
20-24	106	121	132	160	198	234	280	324	356	387
25-29	85	103	117	127	154	192	227	273	317	349
30-34	62	82	99	112	122	149	186	221	266	310
35-39	45	60	78	94	107	117	143	180	214	259
40-44	37	43	56	73	89	102	112	138	174	207
45-49	33	34	40	52	69	84	96	106	131	166
50-54	30	30	31	36	48	63	78	90	100	124
55-59	27	26	27	28	32	43	57	70	82	92
60-64	21	23	22	22	24	28	37	50	62	73
65-69	16	17	18	18	18	19	22	31	41	52
70-74	11	12	12	13	13	13	14	17	23	32
75+	9	10	11	11	12	13	13	14	17	23
TOTAL	1135	1332	1565	1834	2133	2457	2808	3177	3543	3896
FEMALES										
0-4	208	255	301	344	375	404	438	463	468	465
5-9	160	199	244	291	335	366	396	430	456	462
10-14	131	158	196	241	288	332	363	393	427	453
15-19	118	129	155	193	238	284	328	360	390	424
20-24	102	116	126	152	188	233	279	323	354	385
25-29	81	99	113	122	147	183	227	273	317	349
30-34	64	79	96	109	118	143	178	222	267	311
35-39	52	62	76	92	105	114	138	174	216	262
40-44	42	50	59	73	88	101	110	134	169	211
45-49	36	40	48	56	69	85	97	106	130	164
50-54	34	34	38	45	53	65	80	92	102	125
55-59	31	32	32	35	41	49	61	75	87	96
60-64	28	28	28	28	31	37	44	55	69	80
65-69	23	24	24	23	23	26	32	38	49	61
70-74	17	18	19	18	18	18	21	25	31	40
75+	13	17	19	20	20	21	22	25	30	38
TOTAL	1141	1341	1573	1840	2138	2462	2815	3188	3562	3926
BIRTH RATE		47.9	47.8	45.8	41.8	38.7	36.2	33.4	29.9	26.6
DEATH RATE		15.8	15.7	14.3	11.7	10.4	9.5	8.6	7.9	7.3
RATE OF NAT. INC.		3.21	3.21	3.15	3.01	2.82	2.68	2.48	2.20	1.93
NET MIGRATION RATE		.0	.0	.0	.0	.0	.0	.0	.0	.0
GROWTH RATE		3.21	3.21	3.15	3.01	2.82	2.68	2.48	2.20	1.92
TOTAL FERTILITY		6.613	6.726	6.538	5.938	5.338	4.738	4.138	3.538	3.054
NRR		2.511	2.551	2.532	2.403	2.197	1.985	1.766	1.538	1.352
e(0) - BOTH SEXES		51.49	50.72	51.60	54.49	56.01	57.60	59.26	61.00	62.83
e(15) - BOTH SEXES		48.24	46.54	45.99	47.09	48.15	49.26	50.42	51.63	52.91
IMR - BOTH SEXES		114.0	107.9	95.3	77.0	71.2	65.3	59.5	53.6	47.8
q(5) - BOTH SEXES		.1663	.1565	.1363	.1076	.0992	.0908	.0823	.0739	.0653
DEP. RATIO	96.4	101.3	104.2	102.8	97.7	89.8	81.9	75.4	69.3	62.9

Summary Projection for 25-Year Periods

CONGO, PEOPLE'S REP. OF THE

AGE GROUP	1990	2000	2025	2050	2075	2100	2125	2150
TOTAL M+F	2276	3138	6365	9704	12437	13911	14570	14905
MALES								
0-4	221	304	469	436	443	449	451	451
5-9	170	246	434	426	443	449	451	451
10-14	138	207	397	447	448	450	451	450
15-19	125	164	363	459	449	447	449	450
20-24	106	132	324	457	443	441	447	449
25-29	85	117	273	443	426	436	445	448
30-34	62	99	221	410	416	436	444	447
35-39	45	78	180	368	434	438	443	445
40-44	37	56	138	330	442	437	438	442
45-49	33	40	106	288	434	428	430	437
50-54	30	31	90	234	413	405	420	431
55-59	27	27	70	179	367	385	412	424
60-64	21	22	50	134	310	385	402	412
65-69	16	18	31	89	251	367	383	392
70-74	11	12	17	56	186	323	349	361
75+	9	11	14	54	191	491	668	768
TOTAL	1135	1565	3177	4809	6094	6766	7083	7257
FEMALES								
0-4	208	301	463	430	435	438	438	438
5-9	160	244	430	421	437	439	439	438
10-14	131	196	393	443	443	440	438	438
15-19	118	155	360	456	445	439	437	437
20-24	102	126	323	455	441	435	436	437
25-29	81	113	273	443	425	432	436	437
30-34	64	96	222	411	417	434	437	437
35-39	52	76	174	371	437	439	438	437
40-44	42	59	134	334	447	440	436	435
45-49	36	48	106	295	442	434	431	433
50-54	34	38	92	245	426	415	426	432
55-59	31	32	75	193	387	402	424	430
60-64	28	28	55	144	339	413	425	428
65-69	23	24	38	102	290	411	419	420
70-74	17	19	25	71	235	386	402	408
75+	13	19	25	82	298	748	1023	1163
TOTAL	1141	1573	3188	4895	6343	7145	7486	7648
BIRTH RATE		47.9	38.3	23.3	16.3	13.5	12.5	12.1
DEATH RATE		15.8	10.5	6.9	6.5	9.1	10.6	11.2
NET MIGRATION RATE		.0	.0	.0	.0	.0	.0	.0
GROWTH RATE		3.21	2.83	1.69	.99	.45	.19	.09
TOTAL FERTILITY		6.675	5.127	2.659	2.079	2.056	2.043	2.040
e(0) - BOTH SEXES		51.08	56.30	65.16	74.01	78.46	82.46	83.94
IMR - BOTH SEXES		110.7	72.6	42.3	17.8	9.2	3.3	2.5

COSTA RICA

Projection (thousands) with NRR=1 by 2005

AGE GROUP	1990	1995	2000	2005	2010	2015	2020	2025	2030	2035
TOTAL M+F	3035	3405	3722	3996	4266	4549	4828	5085	5308	5499
MALES										
0-4	207	213	192	176	179	193	199	196	189	186
5-9	188	206	213	192	175	179	192	198	196	189
10-14	170	188	206	213	192	175	178	192	198	195
15-19	145	170	187	206	212	191	175	178	192	198
20-24	149	145	169	187	205	211	191	174	178	191
25-29	144	149	144	168	186	204	210	190	173	177
30-34	123	143	148	143	167	185	203	210	189	173
35-39	97	122	143	147	143	167	184	202	209	188
40-44	75	96	122	142	146	142	165	183	201	207
45-49	57	74	95	120	140	144	140	164	181	199
50-54	47	56	72	93	118	137	142	138	161	178
55-59	40	45	54	70	90	114	134	138	134	157
60-64	32	38	43	51	67	86	110	128	133	129
65-69	24	29	35	40	48	62	81	103	121	125
70-74	17	21	25	30	35	42	56	73	93	110
75+	19	24	30	37	46	56	67	86	113	147
TOTAL	1533	1719	1879	2015	2149	2290	2428	2553	2660	2751
FEMALES										
0-4	198	204	184	168	171	184	190	187	181	178
5-9	180	198	203	183	167	171	184	189	187	180
10-14	163	180	198	203	183	167	171	183	189	187
15-19	139	163	180	198	203	183	167	170	183	189
20-24	144	139	163	180	198	203	183	167	170	183
25-29	139	144	139	163	180	197	202	183	167	170
30-34	120	139	144	139	163	179	197	202	182	166
35-39	95	120	139	144	139	162	179	196	202	182
40-44	74	95	119	138	143	138	161	178	196	201
45-49	57	74	94	119	137	142	137	161	177	195
50-54	47	56	73	93	117	136	141	136	159	176
55-59	41	46	55	71	91	116	134	139	134	157
60-64	33	40	45	54	70	89	113	131	136	132
65-69	26	31	38	43	52	67	86	109	127	133
70-74	19	24	29	35	40	49	63	82	104	122
75+	24	31	39	50	63	76	93	118	153	198
TOTAL	1502	1686	1844	1981	2117	2259	2401	2532	2647	2748
BIRTH RATE		26.3	21.4	18.0	17.1	17.3	16.7	15.6	14.3	13.6
DEATH RATE		3.6	3.7	3.8	4.0	4.4	4.8	5.2	5.8	6.5
RATE OF NAT. INC.		2.27	1.77	1.42	1.31	1.29	1.19	1.04	.86	.71
NET MIGRATION RATE		.3	.1	.0	.0	.0	.0	.0	.0	.0
GROWTH RATE		2.30	1.78	1.42	1.31	1.28	1.19	1.04	.86	.71
TOTAL FERTILITY		3.140	2.646	2.230	2.083	2.081	2.078	2.076	2.074	2.072
NRR		1.497	1.264	1.068	1.000	1.000	1.000	1.000	1.000	1.000
e(0) - BOTH SEXES		76.26	76.96	77.76	78.64	79.10	79.58	80.07	80.56	81.07
e(15) - BOTH SEXES		62.77	63.29	63.92	64.64	65.04	65.46	65.88	66.31	66.75
IMR - BOTH SEXES		14.0	12.0	10.2	8.6	8.0	7.4	6.8	6.2	5.6
q(5) - BOTH SEXES		.0172	.0149	.0127	.0108	.0101	.0094	.0087	.0080	.0073
DEP. RATIO	68.7	65.7	59.8	52.2	46.4	45.4	47.7	51.0	53.5	54.9

Summary Projection for 25-Year Periods

COSTA RICA

AGE GROUP	1990	2000	2025	2050	2075	2100	2125	2150
TOTAL M+F	3035	3722	5085	5936	6251	6334	6385	6409
MALES								
0-4	207	192	196	193	191	190	190	190
5-9	188	213	198	191	190	190	190	190
10-14	170	206	192	188	189	190	190	190
15-19	145	187	178	186	190	190	190	190
20-24	149	169	174	188	191	191	190	190
25-29	144	144	190	194	192	190	189	189
30-34	123	148	210	196	189	188	189	189
35-39	97	143	202	189	185	187	188	188
40-44	75	122	183	175	183	187	188	188
45-49	57	95	164	170	184	187	187	187
50-54	47	72	138	183	188	186	185	185
55-59	40	54	138	198	187	182	181	182
60-64	32	43	128	186	176	174	177	178
65-69	24	35	103	160	157	166	171	173
70-74	17	25	73	133	143	158	163	164
75+	19	30	86	225	352	366	376	382
TOTAL	1533	1879	2553	2954	3088	3123	3145	3156
FEMALES								
0-4	198	184	187	184	182	181	181	182
5-9	180	203	189	182	181	181	181	181
10-14	163	198	183	179	180	181	182	182
15-19	139	180	170	177	181	182	182	181
20-24	144	163	167	180	183	182	182	181
25-29	139	139	183	186	184	182	181	181
30-34	120	144	202	189	182	181	181	181
35-39	95	139	196	182	178	180	181	181
40-44	74	119	178	169	176	180	181	181
45-49	57	94	161	165	179	181	181	181
50-54	47	73	136	179	184	182	180	180
55-59	41	55	139	197	185	180	179	179
60-64	33	45	131	189	178	175	177	178
65-69	26	38	109	168	163	171	176	178
70-74	19	29	82	146	155	171	175	176
75+	24	39	118	310	493	521	539	550
TOTAL	1502	1844	2532	2983	3163	3210	3240	3254
BIRTH RATE		23.7	16.9	13.4	12.2	11.9	11.7	11.7
DEATH RATE		3.7	4.5	7.3	10.1	11.3	11.4	11.5
NET MIGRATION RATE		.2	.0	.0	.0	.0	.0	.0
GROWTH RATE		2.04	1.25	.62	.21	.05	.03	.02
TOTAL FERTILITY		2.878	2.106	2.070	2.061	2.059	2.058	2.057
e(0) - BOTH SEXES		76.63	79.10	81.64	83.89	84.87	85.64	85.95
IMR - BOTH SEXES		13.1	8.1	5.0	2.6	2.2	2.0	2.0

COTE D'IVOIRE

Projection (thousands) with NRR=1 by 2040

AGE GROUP	1990	1995	2000	2005	2010	2015	2020	2025	2030	2035
TOTAL M+F	11980	14342	17050	20081	23469	27037	30683	34286	37818	41171
MALES										
0-4	1214	1335	1593	1822	2032	2168	2254	2280	2293	2238
5-9	943	1180	1298	1556	1794	2002	2138	2225	2254	2269
10-14	739	938	1171	1289	1547	1783	1990	2126	2213	2243
15-19	589	736	930	1158	1277	1532	1766	1972	2108	2197
20-24	485	589	730	917	1141	1257	1508	1739	1943	2080
25-29	410	490	588	721	902	1119	1232	1477	1705	1909
30-34	354	413	488	579	707	882	1094	1205	1445	1672
35-39	307	353	408	476	565	688	858	1065	1174	1413
40-44	252	302	343	393	459	544	664	829	1031	1142
45-49	219	243	288	325	373	437	519	635	795	993
50-54	183	206	226	266	302	348	409	488	600	755
55-59	143	167	185	203	240	274	317	375	450	557
60-64	105	124	143	159	175	209	240	280	334	404
65-69	72	86	100	115	128	143	172	200	236	284
70-74	45	53	62	72	84	95	107	131	155	185
75+	38	44	51	59	69	83	98	114	141	173
TOTAL	6096	7260	8605	10111	11794	13563	15366	17143	18877	20516
FEMALES										
0-4	1201	1320	1573	1798	2000	2132	2215	2239	2248	2193
5-9	942	1170	1287	1541	1774	1976	2108	2191	2217	2230
10-14	743	938	1162	1278	1534	1765	1966	2098	2181	2208
15-19	587	740	930	1150	1267	1520	1751	1951	2083	2168
20-24	478	591	735	917	1135	1250	1500	1729	1928	2062
25-29	395	484	586	723	901	1114	1228	1475	1702	1902
30-34	329	398	478	574	707	882	1091	1205	1449	1676
35-39	275	329	391	465	559	690	861	1067	1180	1424
40-44	215	272	320	378	451	543	670	838	1042	1156
45-49	186	210	262	307	363	434	524	649	814	1016
50-54	156	179	200	248	291	345	415	502	625	787
55-59	125	147	167	185	230	271	324	391	477	596
60-64	95	115	132	149	166	208	247	298	362	445
65-69	68	83	98	112	126	143	181	218	265	326
70-74	45	55	65	75	87	100	115	149	182	225
75+	42	52	60	70	83	99	120	144	186	240
TOTAL	5884	7082	8445	9970	11674	13473	15316	17143	18941	20655
BIRTH RATE		45.1	44.8	42.7	39.7	36.3	32.8	29.3	26.4	23.3
DEATH RATE		11.7	12.2	11.3	9.4	8.5	7.8	7.2	6.7	6.3
RATE OF NAT. INC.		3.33	3.27	3.14	3.03	2.77	2.50	2.21	1.96	1.70
NET MIGRATION RATE		2.7	1.9	1.3	.9	.6	.3	.2	.0	.0
GROWTH RATE		3.60	3.46	3.27	3.12	2.83	2.53	2.22	1.96	1.70
TOTAL FERTILITY		6.610	6.420	5.930	5.330	4.730	4.130	3.530	3.047	2.630
NRR		2.683	2.581	2.421	2.269	2.040	1.805	1.565	1.370	1.198
e(0) - BOTH SEXES	56.28	54.67	55.23	58.08	59.52	61.04	62.62	64.29	66.04	
e(15) - BOTH SEXES	50.83	48.44	47.66	48.72	49.78	50.90	52.07	53.30	54.61	
IMR - BOTH SEXES	90.9	86.5	75.0	57.7	52.8	47.8	42.9	38.0	33.1	
q(5) - BOTH SEXES	.1293	.1225	.1044	.0773	.0707	.0641	.0575	.0508	.0442	
DEP. RATIO	103.5	102.3	99.9	95.1	92.2	85.8	78.2	70.0	62.7	56.2

COTE D'IVOIRE

Summary Projection for 25-Year Periods

AGE GROUP	1990	2000	2025	2050	2075	2100	2125	2150
TOTAL M+F	11980	17050	34286	50306	63200	69585	72150	73282
MALES								
0-4	1214	1593	2280	2207	2183	2188	2193	2194
5-9	943	1298	2225	2129	2168	2187	2193	2193
10-14	739	1171	2126	2103	2176	2193	2195	2192
15-19	589	930	1972	2201	2194	2195	2192	2190
20-24	485	730	1739	2229	2204	2182	2183	2185
25-29	410	588	1477	2183	2168	2158	2171	2178
30-34	354	488	1205	2120	2087	2138	2165	2174
35-39	307	408	1065	1995	2050	2136	2163	2168
40-44	252	343	829	1816	2130	2142	2155	2157
45-49	219	288	635	1568	2135	2137	2132	2138
50-54	183	226	488	1292	2053	2074	2086	2108
55-59	143	185	375	1003	1929	1950	2032	2071
60-64	105	143	280	821	1720	1846	1977	2022
65-69	72	100	200	567	1436	1809	1904	1944
70-74	45	62	131	360	1078	1648	1777	1813
75+	38	51	114	339	1251	2871	3618	3969
TOTAL	6096	8605	17143	24932	30964	33855	35135	35697
FEMALES								
0-4	1201	1573	2239	2156	2126	2128	2131	2132
5-9	942	1287	2191	2085	2115	2129	2132	2131
10-14	743	1162	2098	2063	2125	2136	2134	2131
15-19	587	930	1951	2165	2146	2140	2132	2130
20-24	478	735	1729	2202	2165	2134	2127	2128
25-29	395	586	1475	2168	2139	2117	2123	2127
30-34	329	478	1205	2115	2068	2105	2122	2127
35-39	275	391	1067	2000	2041	2111	2127	2127
40-44	215	320	838	1835	2133	2127	2128	2123
45-49	186	262	649	1603	2156	2137	2116	2114
50-54	156	200	502	1345	2101	2098	2091	2103
55-59	125	167	391	1070	2019	2009	2066	2093
60-64	95	132	298	909	1866	1953	2054	2083
65-69	68	98	218	668	1648	1995	2043	2064
70-74	45	65	149	461	1349	1939	2008	2019
75+	42	60	144	530	2038	4473	5482	5953
TOTAL	5884	8445	17143	25374	32236	35730	37015	37585
BIRTH RATE		44.9	35.2	21.2	15.3	13.0	12.2	11.9
DEATH RATE		12.0	8.6	6.1	6.3	9.2	10.8	11.3
NET MIGRATION RATE		2.3	.6	.0	.0	.0	.0	.0
GROWTH RATE		3.53	2.79	1.53	.91	.39	.14	.06
TOTAL FERTILITY		6.505	4.520	2.402	2.064	2.049	2.041	2.039
e(0) - BOTH SEXES		55.41	59.79	68.26	76.70	80.33	83.46	84.57
IMR - BOTH SEXES		88.5	54.5	28.3	8.7	5.0	2.7	2.3

CROATIA

Projection (thousands) with NRR=1 by 2030

AGE GROUP	1990	1995	2000	2005	2010	2015	2020	2025	2030	2035
TOTAL M+F	4770	4785	4796	4805	4813	4806	4788	4761	4734	4702
MALES										
0-4	157	141	139	138	142	142	140	139	140	141
5-9	171	156	141	139	138	142	142	140	138	140
10-14	170	171	156	141	139	138	141	141	140	138
15-19	166	169	170	156	140	139	137	141	141	139
20-24	167	165	168	169	155	140	138	137	141	141
25-29	175	166	164	167	168	154	139	137	136	140
30-34	184	173	164	163	166	167	153	138	137	135
35-39	182	182	172	163	162	165	166	152	137	136
40-44	160	179	180	170	161	160	164	165	151	136
45-49	164	156	176	177	167	159	158	162	163	149
50-54	151	158	151	171	172	163	155	154	158	159
55-59	146	142	150	144	164	165	157	150	149	153
60-64	119	133	130	139	135	153	156	148	142	142
65-69	80	103	116	116	124	122	139	142	136	131
70-74	62	64	83	96	97	106	104	121	124	120
75+	73	77	81	100	122	137	153	163	184	201
TOTAL	2327	2335	2342	2347	2353	2351	2342	2329	2316	2301
FEMALES										
0-4	148	133	131	129	133	133	131	130	131	132
5-9	160	148	132	130	129	133	133	131	130	131
10-14	160	160	147	132	130	129	132	133	131	130
15-19	158	160	160	147	132	130	129	132	132	131
20-24	160	158	159	159	147	132	130	129	132	132
25-29	169	160	157	159	159	147	132	130	129	132
30-34	174	169	159	157	159	159	146	131	130	128
35-39	173	173	168	159	156	158	158	146	131	129
40-44	157	172	172	167	158	156	158	158	145	131
45-49	159	155	170	171	166	157	155	157	157	145
50-54	153	156	153	168	169	164	155	153	155	155
55-59	158	149	153	150	165	166	161	153	151	153
60-64	152	152	144	148	146	161	162	158	150	148
65-69	110	142	143	137	142	140	155	157	153	145
70-74	105	98	128	131	127	132	131	146	148	145
75+	147	166	176	213	242	259	277	290	314	334
TOTAL	2443	2449	2453	2458	2460	2455	2446	2432	2418	2401
BIRTH RATE		11.6	11.4	11.3	11.5	11.5	11.4	11.3	11.5	11.6
DEATH RATE		11.0	10.9	10.9	11.2	11.8	12.1	12.4	12.6	13.0
RATE OF NAT. INC.		.06	.05	.04	.03	-.03	-.08	-.11	-.11	-.13
NET MIGRATION RATE		.0	.0	.0	.0	.0	.0	.0	.0	.0
GROWTH RATE		.06	.05	.04	.03	-.03	-.08	-.11	-.11	-.13
TOTAL FERTILITY		1.700	1.700	1.700	1.779	1.854	1.927	1.997	2.064	2.091
NRR		.805	.807	.808	.847	.884	.919	.954	.987	1.000
e(0) - BOTH SEXES		72.95	74.27	75.59	76.81	77.36	77.93	78.51	79.10	79.72
e(15) - BOTH SEXES		59.23	60.38	61.55	62.65	63.16	63.67	64.21	64.76	65.33
IMR - BOTH SEXES		11.7	9.8	8.3	7.0	6.6	6.2	5.7	5.3	4.9
q(5) - BOTH SEXES		.0144	.0122	.0104	.0090	.0085	.0080	.0075	.0070	.0065
DEP. RATIO	47.8	48.3	48.9	50.0	52.9	55.3	59.1	62.5	65.1	67.0

Summary Projection for 25-Year Periods

CROATIA

AGE GROUP	1990	2000	2025	2050	2075	2100	2125	2150
TOTAL M+F	4770	4796	4761	4614	4547	4586	4633	4658
MALES								
0-4	157	139	139	140	140	140	140	140
5-9	171	141	140	140	140	140	140	140
10-14	170	156	141	140	140	140	140	140
15-19	166	170	141	140	140	140	140	140
20-24	167	168	137	139	139	139	140	140
25-29	175	164	137	137	139	139	139	139
30-34	184	164	138	138	139	139	139	139
35-39	182	172	152	139	138	138	138	138
40-44	160	180	165	138	138	137	138	138
45-49	164	176	162	133	136	136	137	137
50-54	151	151	154	131	132	135	136	136
55-59	146	150	150	129	131	133	133	134
60-64	119	130	148	137	128	129	130	131
65-69	80	116	142	139	122	124	125	126
70-74	62	83	121	124	109	115	118	119
75+	73	81	163	222	239	251	268	277
TOTAL	2327	2342	2329	2265	2249	2275	2301	2314
FEMALES								
0-4	148	131	130	131	131	131	131	131
5-9	160	132	131	131	131	131	131	131
10-14	160	147	133	131	131	131	131	131
15-19	158	160	132	131	131	131	131	131
20-24	160	159	129	130	131	131	131	131
25-29	169	157	130	129	131	131	131	131
30-34	174	159	131	130	131	131	131	131
35-39	173	168	146	132	131	131	131	131
40-44	157	172	158	131	131	130	130	130
45-49	159	170	157	127	129	130	130	130
50-54	153	153	153	128	128	129	130	130
55-59	158	153	153	128	128	129	129	130
60-64	152	144	158	140	128	128	129	129
65-69	110	143	157	148	126	127	127	128
70-74	105	128	146	142	120	124	125	126
75+	147	176	290	359	363	367	385	394
TOTAL	2443	2453	2432	2349	2299	2310	2333	2344
BIRTH RATE		11.5	11.4	11.6	11.9	11.9	11.8	11.7
DEATH RATE		11.0	11.7	12.9	12.5	11.6	11.4	11.5
NET MIGRATION RATE		.0	.0	.0	.0	.0	.0	.0
GROWTH RATE		.05	-.03	-.13	-.06	.03	.04	.02
TOTAL FERTILITY		1.700	1.847	2.083	2.082	2.079	2.078	2.077
e(0) - BOTH SEXES		73.61	77.24	80.36	83.21	84.45	85.43	85.80
IMR - BOTH SEXES		10.7	6.7	4.5	2.8	2.4	2.1	2.0

CUBA

Projection (thousands) with NRR=1 by 2030

AGE GROUP	1990	1995	2000	2005	2010	2015	2020	2025	2030	2035
TOTAL M+F	10625	10992	11320	11611	11925	12205	12454	12653	12798	12883
MALES										
0-4	462	429	398	367	369	373	381	385	384	379
5-9	398	455	424	395	367	369	373	381	384	384
10-14	387	393	451	422	395	366	368	372	380	384
15-19	571	382	389	449	422	394	366	368	372	380
20-24	598	561	375	385	447	420	392	364	367	371
25-29	554	585	551	370	383	445	418	391	363	365
30-34	356	542	576	545	368	381	443	416	389	361
35-39	358	347	534	571	543	366	380	441	415	387
40-44	331	350	341	529	566	539	363	377	438	412
45-49	294	324	343	336	522	560	533	360	373	434
50-54	256	286	316	336	329	512	550	523	353	367
55-59	198	245	275	305	325	319	498	534	509	345
60-64	179	186	232	261	291	310	305	477	513	490
65-69	140	163	170	213	242	270	289	285	447	483
70-74	126	120	140	149	188	214	240	259	257	405
75+	180	193	198	219	241	288	341	397	448	479
TOTAL	5386	5561	5715	5850	5997	6126	6241	6330	6393	6426
FEMALES										
0-4	432	407	377	348	350	354	361	365	364	359
5-9	374	426	403	375	348	349	353	361	364	364
10-14	364	369	422	401	374	347	349	353	361	364
15-19	538	358	365	420	401	374	347	349	353	361
20-24	563	528	351	361	419	400	374	347	349	352
25-29	539	551	519	347	360	419	399	373	346	348
30-34	357	529	543	515	346	360	418	399	372	346
35-39	359	349	523	540	513	345	359	417	398	371
40-44	337	353	345	519	537	511	343	357	415	396
45-49	295	332	349	342	515	533	508	341	355	413
50-54	252	290	326	344	338	510	528	503	338	352
55-59	198	246	283	320	338	332	502	520	496	333
60-64	180	190	237	274	311	329	324	490	509	486
65-69	137	169	180	226	262	298	316	312	474	493
70-74	128	123	153	164	209	244	279	297	295	450
75+	187	213	228	265	307	374	454	540	618	669
TOTAL	5239	5432	5605	5760	5928	6078	6213	6323	6405	6457
BIRTH RATE		15.8	14.1	12.6	12.3	12.1	12.1	12.0	11.8	11.6
DEATH RATE		6.8	6.8	6.9	7.0	7.5	8.1	8.8	9.5	10.2
RATE OF NAT. INC.		.90	.73	.58	.54	.46	.40	.32	.23	.13
NET MIGRATION RATE		-2.2	-1.4	-.7	.0	.0	.0	.0	.0	.0
GROWTH RATE		.68	.59	.51	.53	.46	.40	.32	.23	.13
TOTAL FERTILITY		1.700	1.700	1.700	1.776	1.849	1.919	1.986	2.052	2.077
NRR		.812	.813	.814	.851	.887	.922	.955	.987	1.000
e(0) - BOTH SEXES	75.70	76.45	77.29	78.17	78.66	79.15	79.66	80.18	80.72	
e(15) - BOTH SEXES	61.85	62.47	63.19	63.96	64.40	64.85	65.32	65.80	66.29	
IMR - BOTH SEXES	10.2	8.8	7.5	6.5	6.1	5.7	5.3	4.9	4.6	
q(5) - BOTH SEXES	.0127	.0110	.0096	.0084	.0079	.0075	.0070	.0066	.0061	
DEP. RATIO	45.3	45.9	45.6	43.9	44.1	46.0	49.2	51.6	59.5	68.0

Summary Projection for 25-Year Periods

CUBA

AGE GROUP	1990	2000	2025	2050	2075	2100	2125	2150
TOTAL M+F	10625	11320	12653	12810	12496	12551	12658	12712
MALES								
0-4	462	398	385	380	379	379	379	379
5-9	398	424	381	377	378	379	379	379
10-14	387	451	372	375	378	379	379	379
15-19	571	389	368	378	380	379	379	379
20-24	598	375	364	382	380	378	378	378
25-29	554	551	391	381	378	377	377	377
30-34	356	576	416	376	373	375	376	376
35-39	358	534	441	366	370	374	375	375
40-44	331	341	377	360	372	374	374	374
45-49	294	343	360	355	374	373	372	372
50-54	256	316	523	376	370	367	367	368
55-59	198	275	534	393	359	358	361	362
60-64	179	232	477	404	341	348	353	355
65-69	140	170	285	329	323	337	342	344
70-74	126	140	259	290	299	321	324	325
75+	180	198	397	831	734	716	743	760
TOTAL	5386	5715	6330	6355	6188	6214	6258	6281
FEMALES								
0-4	432	377	365	360	359	359	359	359
5-9	374	403	361	357	358	359	359	359
10-14	364	422	353	355	358	359	359	359
15-19	538	365	349	358	360	359	359	359
20-24	563	351	347	363	361	359	359	359
25-29	539	519	373	363	359	358	358	359
30-34	357	543	399	359	356	357	358	358
35-39	359	523	417	351	354	357	358	358
40-44	337	345	357	346	356	358	358	358
45-49	295	349	341	342	360	358	357	357
50-54	252	326	503	366	359	356	356	356
55-59	198	283	520	387	352	351	353	355
60-64	180	237	490	399	341	347	352	353
65-69	137	180	312	335	332	346	350	351
70-74	128	153	297	308	321	343	346	346
75+	187	228	540	1105	1022	1011	1058	1084
TOTAL	5239	5605	6323	6455	6308	6337	6400	6431
BIRTH RATE		14.9	12.2	11.6	11.8	11.9	11.7	11.7
DEATH RATE		6.8	7.7	11.1	12.8	11.7	11.4	11.5
NET MIGRATION RATE		-1.8	-.1	.0	.0	.0	.0	.0
GROWTH RATE		.63	.45	.05	-.10	.02	.03	.02
TOTAL FERTILITY		1.708	1.835	2.070	2.069	2.066	2.065	2.064
e(0) - BOTH SEXES		76.08	78.61	81.28	83.71	84.75	85.58	85.91
IMR - BOTH SEXES		9.5	6.2	4.2	2.6	2.3	2.0	2.0

CYPRUS

Projection (thousands) with NRR=1 by 1995

AGE GROUP	1990	1995	2000	2005	2010	2015	2020	2025	2030	2035
TOTAL M+F	702	742	771	800	831	862	890	913	931	944
MALES										
0-4	33	33	28	29	30	31	31	31	30	30
5-9	33	33	33	28	28	30	31	31	30	30
10-14	27	33	33	33	28	28	30	31	31	30
15-19	26	27	33	33	33	28	28	30	31	31
20-24	28	26	27	33	33	33	28	28	30	31
25-29	31	28	26	27	33	33	32	28	28	30
30-34	30	31	28	26	27	33	32	32	28	28
35-39	24	30	31	28	26	27	32	32	32	28
40-44	24	24	30	30	27	25	26	32	32	32
45-49	18	24	24	29	30	27	25	26	32	32
50-54	17	18	23	23	29	30	27	25	26	31
55-59	14	16	17	23	22	28	29	26	24	25
60-64	12	13	16	16	22	22	27	28	25	23
65-69	10	11	12	15	15	20	20	25	26	24
70-74	9	9	10	11	13	14	18	18	23	24
75+	13	15	15	16	18	21	24	30	33	40
TOTAL	350	370	384	399	414	429	442	454	462	468
FEMALES										
0-4	31	31	27	27	28	29	30	29	28	28
5-9	31	31	31	27	27	28	29	30	29	28
10-14	25	31	31	31	27	27	28	29	30	29
15-19	25	25	31	31	31	27	27	28	29	30
20-24	26	25	25	31	31	31	27	27	28	29
25-29	30	26	25	25	31	31	31	27	27	28
30-34	28	30	26	25	25	31	31	31	26	27
35-39	25	28	30	26	25	25	31	31	31	26
40-44	24	25	28	30	26	25	25	31	31	31
45-49	19	24	25	28	30	26	25	25	31	31
50-54	18	19	24	25	28	29	25	25	25	30
55-59	15	18	19	23	24	27	29	25	24	24
60-64	14	15	17	18	23	24	27	29	25	24
65-69	12	13	14	17	18	22	23	26	28	24
70-74	11	11	13	13	16	17	21	22	25	27
75+	16	20	22	25	29	34	38	45	52	58
TOTAL	352	372	387	402	417	433	447	459	468	476
BIRTH RATE		18.0	14.7	14.3	14.4	14.5	14.0	13.3	12.7	12.5
DEATH RATE		6.8	6.9	6.8	6.8	7.2	7.7	8.2	8.8	9.5
RATE OF NAT. INC.		1.12	.78	.75	.76	.72	.64	.51	.39	.29
NET MIGRATION RATE		-.3	.0	.0	.0	.0	.0	.0	.0	.0
GROWTH RATE		1.10	.78	.75	.76	.72	.64	.50	.39	.29
TOTAL FERTILITY		2.400	2.096	2.092	2.088	2.086	2.084	2.082	2.080	2.079
NRR		1.143	1.000	1.000	1.000	1.000	1.000	1.000	1.000	1.000
e(0) - BOTH SEXES		76.94	78.10	79.17	80.17	80.55	80.95	81.34	81.75	82.16
e(15) - BOTH SEXES		63.17	64.22	65.18	66.06	66.39	66.72	67.07	67.41	67.77
IMR - BOTH SEXES		11.0	9.8	8.5	7.3	6.8	6.3	5.8	5.3	4.8
q(5) - BOTH SEXES		.0136	.0123	.0107	.0093	.0087	.0082	.0076	.0070	.0064
DEP. RATIO	56.0	57.5	53.5	51.3	50.1	54.1	57.6	61.6	64.8	65.1

Summary Projection for 25-Year Periods

CYPRUS

AGE GROUP	1990	2000	2025	2050	2075	2100	2125	2150
TOTAL M+F	702	771	913	971	997	1007	1014	1017
MALES								
0-4	33	28	31	31	30	30	30	30
5-9	33	33	31	31	30	30	30	30
10-14	27	33	31	30	30	30	30	30
15-19	26	33	30	30	30	30	30	30
20-24	28	27	28	30	30	30	30	30
25-29	31	26	28	30	30	30	30	30
30-34	30	28	32	31	30	30	30	30
35-39	24	31	32	31	30	30	30	30
40-44	24	30	32	29	29	30	30	30
45-49	18	24	26	28	29	30	30	30
50-54	17	23	25	27	29	30	29	29
55-59	14	17	26	31	30	29	29	29
60-64	12	16	28	30	29	28	28	28
65-69	10	12	25	28	26	27	27	27
70-74	9	10	18	21	23	25	26	26
75+	13	15	30	45	55	59	60	61
TOTAL	350	384	454	482	493	498	501	503
FEMALES								
0-4	31	27	29	29	29	29	29	29
5-9	31	31	30	29	29	29	29	29
10-14	25	31	29	29	28	29	29	29
15-19	25	31	28	28	28	29	29	29
20-24	26	25	27	28	29	29	29	29
25-29	30	25	27	29	29	29	29	29
30-34	28	26	31	29	29	29	29	29
35-39	25	30	31	29	28	28	29	29
40-44	24	28	31	28	28	28	29	29
45-49	19	25	25	27	28	28	29	29
50-54	18	24	25	26	28	29	28	28
55-59	15	19	25	30	29	29	28	28
60-64	14	17	29	30	29	28	28	28
65-69	12	14	26	29	27	27	28	28
70-74	11	13	22	23	25	27	28	28
75+	16	22	45	66	80	84	86	87
TOTAL	352	387	459	490	504	509	513	514
BIRTH RATE		16.3	14.1	12.5	12.0	11.8	11.7	11.6
DEATH RATE		6.8	7.4	10.0	10.9	11.4	11.4	11.5
NET MIGRATION RATE		-.1	.0	.0	.0	.0	.0	.0
GROWTH RATE		.94	.67	.25	.10	.04	.03	.01
TOTAL FERTILITY		2.255	2.086	2.077	2.070	2.068	2.067	2.067
e(0) - BOTH SEXES		77.53	80.47	82.59	84.40	85.18	85.79	86.04
IMR - BOTH SEXES		10.5	6.9	4.3	2.4	2.1	2.0	1.9

CZECH REPUBLIC

Projection (thousands) with NRR=1 by 2030

AGE GROUP	1990	1995	2000	2005	2010	2015	2020	2025	2030	2035
TOTAL M+F	10297	10374	10507	10658	10786	10876	10944	11001	11039	11053
MALES										
0-4	333	337	359	357	352	341	337	341	348	350
5-9	359	332	337	358	356	351	341	336	340	348
10-14	454	358	331	336	358	356	351	341	336	340
15-19	417	452	357	330	335	357	355	350	340	335
20-24	349	414	449	355	329	333	355	354	349	339
25-29	346	345	411	446	353	327	332	354	352	347
30-34	368	342	342	408	443	350	325	330	352	350
35-39	415	363	338	339	404	440	348	323	328	350
40-44	412	408	357	334	335	400	436	345	320	325
45-49	328	402	399	350	328	330	394	429	340	316
50-54	245	315	387	386	340	319	321	384	419	332
55-59	254	230	297	367	368	325	306	309	370	405
60-64	240	231	210	273	340	342	304	287	291	350
65-69	210	206	200	184	242	303	307	275	261	267
70-74	92	166	164	162	152	201	256	262	237	228
75+	182	149	180	206	219	222	264	337	389	401
TOTAL	5005	5051	5120	5191	5255	5300	5331	5355	5372	5382
FEMALES										
0-4	317	320	341	339	334	324	319	323	330	332
5-9	341	316	320	340	338	333	323	319	323	330
10-14	434	340	316	320	340	338	333	323	319	323
15-19	398	434	340	316	319	340	338	333	323	319
20-24	333	397	433	339	315	319	339	337	332	323
25-29	330	332	396	432	339	315	318	339	337	332
30-34	355	329	331	395	431	338	314	318	338	336
35-39	407	353	327	330	394	429	337	313	317	337
40-44	408	404	351	325	328	392	427	335	312	316
45-49	332	404	400	347	323	325	389	424	333	310
50-54	259	326	397	394	343	319	322	385	420	330
55-59	283	252	318	388	387	337	313	317	380	414
60-64	294	271	243	307	377	376	328	306	310	372
65-69	291	273	254	229	293	360	361	316	295	300
70-74	142	257	245	231	211	271	335	337	297	279
75+	368	315	376	433	460	460	515	621	702	718
TOTAL	5292	5324	5387	5467	5531	5576	5613	5646	5667	5670
BIRTH RATE		12.9	13.6	13.3	12.9	12.4	12.1	12.2	12.4	12.4
DEATH RATE		11.4	11.0	10.4	10.5	10.7	10.9	11.1	11.7	12.2
RATE OF NAT. INC.		.15	.26	.29	.24	.17	.12	.10	.07	.02
NET MIGRATION RATE		.0	.0	.0	.0	.0	.0	.0	.0	.0
GROWTH RATE		.15	.25	.29	.24	.17	.12	.10	.07	.02
TOTAL FERTILITY		1.850	1.850	1.850	1.894	1.937	1.979	2.020	2.060	2.076
NRR		.884	.886	.887	.909	.930	.951	.971	.992	1.000
e(0) - BOTH SEXES	72.43	73.54	74.74	75.94	76.52	77.12	77.75	78.39	79.06	
e(15) - BOTH SEXES	58.53	59.50	60.59	61.69	62.23	62.80	63.38	63.99	64.62	
IMR - BOTH SEXES	9.9	8.4	7.1	6.2	5.8	5.5	5.2	4.9	4.5	
q(5) - BOTH SEXES	.0123	.0106	.0091	.0080	.0077	.0073	.0069	.0065	.0061	
DEP. RATIO	52.0	48.1	48.3	48.8	51.2	55.1	58.6	60.1	60.9	61.7

Summary Projection for 25-Year Periods

CZECH REPUBLIC

AGE GROUP	1990	2000	2025	2050	2075	2100	2125	2150
TOTAL M+F	10297	10507	11001	11108	11198	11343	11478	11543
MALES								
0-4	333	359	341	342	344	345	345	345
5-9	359	337	336	342	345	345	345	344
10-14	454	331	341	346	346	345	344	344
15-19	417	357	350	349	345	344	344	344
20-24	349	449	354	346	343	343	343	344
25-29	346	411	354	337	340	342	343	343
30-34	368	342	330	331	339	342	342	342
35-39	415	338	323	334	341	341	341	341
40-44	412	357	345	341	342	340	339	339
45-49	328	399	429	342	337	335	336	337
50-54	245	387	384	337	325	329	333	334
55-59	254	297	309	306	313	323	328	329
60-64	240	210	287	287	307	318	321	322
65-69	210	200	275	287	300	307	309	311
70-74	92	164	262	322	280	285	289	293
75+	182	180	337	476	559	605	656	680
TOTAL	5005	5120	5355	5427	5506	5589	5659	5693
FEMALES								
0-4	317	341	323	325	326	327	327	327
5-9	341	320	319	325	327	327	327	327
10-14	434	316	323	328	328	327	327	327
15-19	398	340	333	332	328	327	326	327
20-24	333	433	337	330	326	326	326	326
25-29	330	396	339	322	324	326	326	326
30-34	355	331	318	317	324	326	326	326
35-39	407	327	313	321	327	327	326	326
40-44	408	351	335	330	330	326	325	325
45-49	332	400	424	333	327	324	324	325
50-54	259	397	385	332	318	321	323	324
55-59	283	318	317	308	311	319	323	323
60-64	294	243	306	299	312	320	322	322
65-69	291	254	316	313	316	319	319	319
70-74	142	245	337	381	311	311	312	314
75+	368	376	621	787	860	902	959	985
TOTAL	5292	5387	5646	5681	5693	5753	5819	5850
BIRTH RATE		13.2	12.6	12.3	12.1	12.0	11.8	11.7
DEATH RATE		11.2	10.7	11.9	11.8	11.4	11.3	11.5
NET MIGRATION RATE		.0	.0	.0	.0	.0	.0	.0
GROWTH RATE		.20	.18	.04	.03	.05	.05	.02
TOTAL FERTILITY		1.846	1.938	2.071	2.068	2.066	2.064	2.063
e(0) - BOTH SEXES		72.99	76.43	79.78	82.92	84.27	85.35	85.76
IMR - BOTH SEXES		9.1	6.0	4.2	2.9	2.4	2.1	2.0

DENMARK

Projection (thousands) with NRR=1 by 2030

AGE GROUP	1990	1995	2000	2005	2010	2015	2020	2025	2030	2035
TOTAL M+F	5140	5214	5267	5281	5277	5269	5261	5244	5213	5176
MALES										
0-4	149	174	169	155	147	147	153	157	158	155
5-9	136	151	176	169	155	147	147	152	157	158
10-14	162	138	152	176	169	155	147	147	152	157
15-19	187	163	138	152	175	169	154	146	146	152
20-24	202	189	164	138	151	175	168	154	146	146
25-29	205	205	191	164	138	151	174	167	153	145
30-34	191	207	206	190	163	137	150	173	166	152
35-39	190	192	207	205	189	162	136	149	172	165
40-44	209	190	191	206	203	187	161	135	148	171
45-49	186	206	187	188	202	200	185	159	133	146
50-54	144	181	201	182	184	198	195	181	155	131
55-59	125	137	173	192	175	177	190	189	175	151
60-64	118	116	127	161	180	164	166	180	179	166
65-69	113	104	103	114	145	163	150	153	166	166
70-74	90	93	86	85	96	124	140	130	134	147
75+	128	127	130	128	130	141	170	202	213	226
TOTAL	2536	2575	2601	2607	2603	2595	2586	2573	2554	2534
FEMALES										
0-4	142	167	161	148	140	140	146	150	151	148
5-9	131	144	168	161	148	140	140	145	150	151
10-14	155	133	145	168	161	148	140	140	145	150
15-19	179	157	134	145	168	161	148	140	140	145
20-24	193	183	159	134	145	168	161	147	140	140
25-29	197	197	185	160	134	145	167	161	147	139
30-34	183	200	199	185	159	134	145	167	160	147
35-39	182	185	201	198	184	159	133	144	166	160
40-44	200	182	184	200	197	184	158	133	144	166
45-49	179	199	181	183	198	196	182	157	132	143
50-54	144	176	196	178	180	196	194	180	155	131
55-59	131	141	172	192	175	177	192	191	178	153
60-64	129	126	136	167	186	170	173	188	186	174
65-69	132	121	119	128	159	178	163	166	181	180
70-74	113	118	109	108	118	147	165	152	156	171
75+	214	211	217	217	220	234	269	310	328	346
TOTAL	2604	2639	2665	2673	2674	2674	2675	2671	2659	2643
BIRTH RATE		13.2	12.6	11.5	10.9	11.0	11.4	11.8	11.9	11.7
DEATH RATE		12.2	11.8	11.4	11.1	11.2	11.7	12.4	13.0	13.1
RATE OF NAT. INC.		.09	.09	.01	-.01	-.03	-.03	-.07	-.12	-.14
NET MIGRATION RATE		1.9	1.1	.4	.0	.0	.0	.0	.0	.0
GROWTH RATE		.29	.20	.05	-.01	-.03	-.03	-.07	-.12	-.14
TOTAL FERTILITY		1.780	1.780	1.780	1.837	1.892	1.945	1.998	2.048	2.068
NRR		.855	.856	.857	.885	.913	.939	.965	.990	1.000
e(0) - BOTH SEXES		74.72	75.25	75.96	76.78	77.33	77.89	78.47	79.07	79.69
e(15) - BOTH SEXES		60.49	60.96	61.60	62.37	62.90	63.44	64.00	64.57	65.17
IMR - BOTH SEXES		6.5	5.9	5.3	4.8	4.6	4.4	4.2	4.0	3.8
q(5) - BOTH SEXES		.0084	.0077	.0071	.0065	.0062	.0060	.0057	.0055	.0053
DEP. RATIO	47.9	47.6	49.1	49.9	51.3	54.6	57.9	61.9	67.0	71.2

DENMARK

Summary Projection for 25-Year Periods

AGE GROUP	1990	2000	2025	2050	2075	2100	2125	2150
TOTAL M+F	5140	5267	5244	5051	5040	5087	5138	5165
MALES								
0-4	149	169	157	154	153	154	154	154
5-9	136	176	152	152	153	154	154	154
10-14	162	152	147	151	154	154	154	154
15-19	187	138	146	154	155	154	154	154
20-24	202	164	154	157	155	153	153	153
25-29	205	191	167	156	153	152	153	153
30-34	191	206	173	150	150	152	152	153
35-39	190	207	149	144	149	152	152	152
40-44	209	191	135	143	152	152	152	152
45-49	186	187	159	149	154	151	151	151
50-54	144	201	181	160	151	148	148	149
55-59	125	173	189	162	143	144	146	147
60-64	118	127	180	134	133	140	143	144
65-69	113	103	153	115	127	137	139	139
70-74	90	86	130	123	124	131	131	131
75+	128	130	202	269	275	279	295	304
TOTAL	2536	2601	2573	2472	2479	2505	2530	2543
FEMALES								
0-4	142	161	150	147	146	146	147	147
5-9	131	168	145	145	146	147	147	147
10-14	155	145	140	144	147	147	147	147
15-19	179	134	140	147	148	147	147	146
20-24	193	159	147	150	148	147	146	146
25-29	197	185	161	149	146	146	146	146
30-34	183	199	167	145	144	146	146	146
35-39	182	201	144	139	144	146	146	146
40-44	200	184	133	139	146	147	146	146
45-49	179	181	157	145	149	147	146	146
50-54	144	196	180	158	148	145	145	145
55-59	131	172	191	162	142	142	144	145
60-64	129	136	188	138	135	141	144	144
65-69	132	119	166	124	133	142	143	143
70-74	113	109	152	141	136	142	142	141
75+	214	217	310	407	405	406	427	439
TOTAL	2604	2665	2671	2579	2562	2582	2608	2622
BIRTH RATE		12.9	11.3	11.7	12.0	11.9	11.8	11.7
DEATH RATE		12.0	11.6	13.2	12.1	11.6	11.4	11.5
NET MIGRATION RATE		1.5	.1	.0	.0	.0	.0	.0
GROWTH RATE		.24	-.02	-.15	-.01	.04	.04	.02
TOTAL FERTILITY		1.779	1.891	2.063	2.062	2.060	2.058	2.057
e(0) - BOTH SEXES		74.99	77.29	80.34	83.22	84.45	85.43	85.81
IMR - BOTH SEXES		6.2	4.7	3.6	2.7	2.4	2.1	2.0

DJIBOUTI

Projection (thousands) with NRR=1 by 2035

AGE GROUP	1990	1995	2000	2005	2010	2015	2020	2025	2030	2035
TOTAL M+F	497	633	758	871	983	1091	1199	1307	1411	1503
MALES										
0-4	47	54	69	76	77	77	77	79	78	74
5-9	36	46	51	65	72	74	74	75	77	77
10-14	31	38	45	50	64	71	72	73	74	76
15-19	25	32	38	44	49	63	70	71	72	73
20-24	20	27	32	37	43	48	61	69	70	71
25-29	18	23	28	31	35	42	46	60	67	69
30-34	16	21	24	27	30	34	41	45	58	66
35-39	14	18	21	23	26	29	33	39	44	57
40-44	13	15	18	20	22	25	28	32	38	43
45-49	10	13	14	17	19	21	23	27	30	37
50-54	8	10	12	13	15	18	19	22	25	29
55-59	6	8	9	11	12	14	16	18	20	23
60-64	5	5	7	8	10	11	13	14	16	18
65-69	3	4	4	5	7	8	9	11	12	14
70-74	2	3	3	3	4	5	6	7	8	10
75+	1	2	3	3	3	4	5	6	7	9
TOTAL	255	317	378	434	489	542	595	648	699	744
FEMALES										
0-4	45	53	68	75	76	75	76	78	77	73
5-9	35	44	51	65	72	73	73	74	76	76
10-14	30	36	44	50	64	71	72	72	73	76
15-19	24	32	37	43	49	63	70	71	71	73
20-24	20	29	33	36	42	48	62	69	70	71
25-29	17	26	31	32	35	41	47	61	68	69
30-34	14	21	27	30	31	34	40	46	59	66
35-39	13	17	22	26	29	30	33	39	45	58
40-44	11	15	17	21	25	28	29	32	38	44
45-49	9	12	14	16	20	24	27	28	31	37
50-54	8	9	11	14	16	19	23	25	27	30
55-59	6	7	8	10	13	14	18	21	24	26
60-64	4	5	7	7	9	11	13	16	20	22
65-69	3	4	4	6	6	8	10	12	14	17
70-74	2	3	3	3	4	5	6	8	9	12
75+	1	2	3	3	4	5	6	7	9	11
TOTAL	242	316	380	437	494	549	604	659	712	760
BIRTH RATE		43.2	45.1	41.7	36.3	32.1	29.2	27.1	24.6	21.4
DEATH RATE		16.2	15.3	14.0	12.1	11.1	10.4	9.8	9.3	8.8
RATE OF NAT. INC.		2.70	2.97	2.77	2.41	2.10	1.88	1.73	1.53	1.26
NET MIGRATION RATE		21.3	6.3	.0	.0	.0	.0	.0	.0	.0
GROWTH RATE		4.84	3.61	2.77	2.41	2.10	1.88	1.73	1.53	1.26
TOTAL FERTILITY		5.800	5.800	5.500	4.900	4.300	3.700	3.198	2.764	2.390
NRR		2.059	2.126	2.084	1.936	1.732	1.519	1.340	1.181	1.040
e(0) - BOTH SEXES		48.96	50.31	51.82	54.15	55.65	57.21	58.82	60.50	62.24
e(15) - BOTH SEXES		48.41	48.07	47.84	48.34	49.27	50.23	51.23	52.26	53.33
IMR - BOTH SEXES		114.9	103.2	90.5	76.1	70.7	65.3	60.0	54.6	49.2
q(5) - BOTH SEXES		.1923	.1699	.1465	.1204	.1113	.1020	.0928	.0835	.0741
DEP. RATIO	91.4	83.4	85.1	86.7	85.5	77.2	68.4	62.3	57.8	53.4

DJIBOUTI

Summary Projection for 25-Year Periods

AGE GROUP	1990	2000	2025	2050	2075	2100	2125	2150
TOTAL M+F	497	758	1307	1768	2116	2289	2400	2459
MALES								
0-4	47	69	79	75	74	74	75	75
5-9	36	51	75	74	74	74	75	75
10-14	31	45	73	72	73	74	75	75
15-19	25	38	71	71	73	74	75	75
20-24	20	32	69	75	74	74	74	74
25-29	18	28	60	74	73	73	74	74
30-34	16	24	45	70	72	72	73	74
35-39	14	21	39	67	70	72	73	74
40-44	13	18	32	65	69	71	73	73
45-49	10	14	27	61	71	71	72	73
50-54	8	12	22	52	68	70	70	71
55-59	6	9	18	37	62	66	68	70
60-64	5	7	14	30	56	61	65	68
65-69	3	4	11	21	49	56	62	65
70-74	2	3	7	15	39	52	57	60
75+	1	3	6	14	41	82	110	125
TOTAL	255	378	648	873	1038	1118	1170	1200
FEMALES								
0-4	45	68	78	74	73	73	73	73
5-9	35	51	74	73	72	72	73	73
10-14	30	44	72	71	72	72	73	73
15-19	24	37	71	71	72	73	73	73
20-24	20	33	69	74	73	73	73	72
25-29	17	31	61	74	73	72	72	72
30-34	14	27	46	71	72	72	72	72
35-39	13	22	39	68	70	71	72	72
40-44	11	17	32	66	69	71	72	72
45-49	9	14	28	63	72	72	72	72
50-54	8	11	25	54	70	71	71	71
55-59	6	8	21	40	66	69	70	71
60-64	4	7	16	32	61	65	69	70
65-69	3	4	12	24	56	63	67	69
70-74	2	3	8	18	48	61	66	68
75+	1	3	7	22	59	121	163	186
TOTAL	242	380	659	895	1078	1171	1229	1259
BIRTH RATE		44.2	32.5	20.4	15.4	13.5	12.6	12.2
DEATH RATE		15.7	11.3	8.5	8.3	10.3	10.7	11.2
NET MIGRATION RATE		13.0	.0	.0	.0	.0	.0	.0
GROWTH RATE		4.23	2.18	1.21	.72	.32	.19	.10
TOTAL FERTILITY		5.803	4.167	2.345	2.095	2.064	2.045	2.041
e(0) - BOTH SEXES		49.70	55.89	64.34	72.67	77.42	81.84	83.54
IMR - BOTH SEXES		108.3	72.5	44.0	21.1	10.9	3.6	2.7

DOMINICA

Projection (thousands) with NRR=1 by 2000

AGE GROUP	1990	1995	2000	2005	2010	2015	2020	2025	2030	2035
TOTAL M+F	72	73	77	83	89	95	100	106	111	116
MALES										
0-4	4	4	4	4	4	4	4	4	4	4
5-9	4	4	4	4	4	4	4	4	4	4
10-14	5	4	4	4	4	4	4	4	4	4
15-19	5	5	4	4	4	4	4	4	4	4
20-24	4	5	5	4	4	4	4	4	4	4
25-29	3	4	5	5	4	4	4	4	4	4
30-34	2	3	3	5	5	4	4	4	4	4
35-39	1	2	3	3	4	5	4	4	4	4
40-44	1	1	2	3	3	4	5	4	4	4
45-49	1	1	1	2	3	3	4	5	4	4
50-54	1	1	1	1	2	2	3	4	4	4
55-59	1	1	1	1	1	2	2	3	4	4
60-64	1	1	1	1	1	1	1	2	3	4
65-69	1	1	1	1	1	1	1	1	2	3
70-74	1	1	1	1	1	1	1	1	1	2
75+	1	1	1	1	1	1	1	1	1	2
TOTAL	36	37	38	41	44	47	50	53	55	58
FEMALES										
0-4	4	4	4	4	4	4	4	4	4	4
5-9	4	4	4	4	4	4	4	4	4	4
10-14	5	4	4	4	4	4	4	4	4	4
15-19	5	5	4	4	4	4	4	4	4	4
20-24	4	5	5	4	4	4	4	4	4	4
25-29	3	4	4	5	4	4	4	4	4	4
30-34	2	3	3	4	5	4	4	4	4	4
35-39	1	2	3	3	4	5	4	4	3	4
40-44	1	1	2	3	3	4	5	4	4	3
45-49	1	1	1	2	3	3	4	5	4	4
50-54	1	1	1	1	2	3	3	4	5	4
55-59	1	1	1	1	1	2	2	3	4	4
60-64	1	1	1	1	1	1	2	2	3	4
65-69	1	1	1	1	1	1	1	2	2	3
70-74	1	1	1	1	1	1	1	1	1	2
75+	1	1	1	1	2	2	2	2	2	2
TOTAL	36	37	38	42	45	47	50	53	56	58
BIRTH RATE		21.5	22.0	21.1	19.6	17.6	16.1	15.3	14.9	14.4
DEATH RATE		7.3	6.9	6.1	5.3	5.0	4.9	4.9	5.0	5.3
RATE OF NAT. INC.		1.42	1.51	1.51	1.42	1.26	1.13	1.05	.99	.91
NET MIGRATION RATE		-11.0	-5.3	.0	.0	.0	.0	.0	.0	.0
GROWTH RATE		.32	.97	1.51	1.42	1.26	1.13	1.05	.99	.91
TOTAL FERTILITY		2.500	2.205	2.098	2.090	2.088	2.085	2.082	2.079	2.076
NRR		1.179	1.047	1.000	1.000	1.000	1.000	1.000	1.000	1.000
e(0) - BOTH SEXES		72.54	73.96	75.30	76.56	77.13	77.71	78.31	78.93	79.57
e(15) - BOTH SEXES		59.37	60.60	61.74	62.79	63.28	63.78	64.30	64.83	65.38
IMR - BOTH SEXES		17.9	15.8	13.4	11.1	10.3	9.5	8.6	7.8	7.0
q(5) - BOTH SEXES		.0219	.0192	.0164	.0138	.0128	.0119	.0109	.0099	.0089
DEP. RATIO	80.0	64.6	59.0	54.6	51.6	46.9	41.8	40.6	43.0	48.3

Summary Projection for 25-Year Periods

DOMINICA

AGE GROUP	1990	2000	2025	2050	2075	2100	2125	2150
TOTAL M+F	72	77	106	126	132	134	136	137
MALES								
0-4	4	4	4	4	4	4	4	4
5-9	4	4	4	4	4	4	4	4
10-14	5	4	4	4	4	4	4	4
15-19	5	4	4	4	4	4	4	4
20-24	4	5	4	4	4	4	4	4
25-29	3	5	4	4	4	4	4	4
30-34	2	3	4	4	4	4	4	4
35-39	1	3	4	4	4	4	4	4
40-44	1	2	4	4	4	4	4	4
45-49	1	1	5	4	4	4	4	4
50-54	1	1	4	4	4	4	4	4
55-59	1	1	3	3	4	4	4	4
60-64	1	1	2	3	4	4	4	4
65-69	1	1	1	3	4	4	4	4
70-74	1	1	1	4	3	3	3	3
75+	1	1	1	5	6	7	8	8
TOTAL	36	38	53	62	65	66	67	67
FEMALES								
0-4	4	4	4	4	4	4	4	4
5-9	4	4	4	4	4	4	4	4
10-14	5	4	4	4	4	4	4	4
15-19	5	4	4	4	4	4	4	4
20-24	4	5	4	4	4	4	4	4
25-29	3	4	4	4	4	4	4	4
30-34	2	3	4	4	4	4	4	4
35-39	1	3	4	4	4	4	4	4
40-44	1	2	4	4	4	4	4	4
45-49	1	1	5	4	4	4	4	4
50-54	1	1	4	4	4	4	4	4
55-59	1	1	3	3	4	4	4	4
60-64	1	1	2	4	4	4	4	4
65-69	1	1	2	3	4	4	4	4
70-74	1	1	1	4	4	4	4	4
75+	1	1	2	7	9	11	11	12
TOTAL	36	38	53	64	67	68	69	69
BIRTH RATE		21.8	17.8	13.7	12.3	12.0	11.8	11.7
DEATH RATE		7.1	5.2	6.6	10.6	11.3	11.3	11.5
NET MIGRATION RATE		-8.1	.0	.0	.0	.0	.0	.0
GROWTH RATE		.65	1.27	.72	.17	.07	.05	.02
TOTAL FERTILITY		2.341	2.089	2.073	2.062	2.060	2.058	2.057
e(0) - BOTH SEXES		73.26	77.09	80.29	83.15	84.41	85.42	85.81
IMR - BOTH SEXES		16.8	10.6	6.2	2.9	2.4	2.1	2.0

DOMINICAN REP.

Projection (thousands) with NRR=1 by 2005

AGE GROUP	1990	1995	2000	2005	2010	2015	2020	2025	2030	2035
TOTAL M+F	7074	7701	8269	8793	9335	9900	10455	10973	11446	11865
MALES										
0-4	492	465	436	409	416	436	439	431	421	418
5-9	457	482	456	429	403	412	432	437	429	419
10-14	409	452	477	452	426	400	410	431	436	429
15-19	385	403	446	472	448	422	398	408	430	435
20-24	366	373	392	437	465	442	418	395	406	428
25-29	325	351	360	381	428	457	436	414	393	404
30-34	262	311	338	349	372	421	451	432	412	391
35-39	207	251	300	329	341	366	415	446	429	409
40-44	165	198	242	292	322	335	360	409	442	424
45-49	130	158	190	234	284	314	328	353	403	435
50-54	108	123	150	182	225	275	304	318	344	393
55-59	88	101	116	142	172	214	262	291	305	331
60-64	75	80	92	106	130	159	199	244	273	287
65-69	47	65	69	81	93	116	142	179	221	249
70-74	34	38	52	56	66	77	97	121	153	191
75+	34	39	43	55	67	80	97	123	157	204
TOTAL	3583	3889	4160	4405	4659	4925	5188	5432	5653	5847
FEMALES										
0-4	478	444	417	391	398	417	420	412	402	399
5-9	445	469	436	411	386	394	414	418	410	401
10-14	399	441	464	432	408	383	392	413	418	410
15-19	375	393	435	460	429	405	382	391	412	417
20-24	355	365	384	428	454	424	402	380	391	412
25-29	314	344	355	376	421	449	421	399	379	390
30-34	253	304	335	348	370	417	445	418	398	378
35-39	198	246	297	329	343	367	414	443	417	397
40-44	159	193	241	293	326	340	364	411	441	415
45-49	127	155	189	237	290	322	337	361	408	438
50-54	106	123	152	185	234	285	318	333	357	404
55-59	87	102	119	148	181	229	280	312	327	351
60-64	73	82	97	114	143	175	222	272	304	320
65-69	47	66	76	91	108	135	167	212	261	293
70-74	36	39	58	67	82	99	125	155	198	245
75+	40	45	54	77	104	133	166	211	269	347
TOTAL	3491	3812	4110	4388	4676	4975	5267	5541	5793	6017
BIRTH RATE		26.0	22.4	19.5	18.6	18.3	17.3	16.1	14.9	14.2
DEATH RATE		6.0	5.4	5.1	5.0	5.4	5.7	6.1	6.5	7.1
RATE OF NAT. INC.		2.00	1.70	1.44	1.36	1.29	1.16	1.00	.84	.72
NET MIGRATION RATE		-3.0	-2.8	-2.2	-1.6	-1.1	-.7	-.3	.0	.0
GROWTH RATE		1.70	1.42	1.23	1.20	1.18	1.09	.97	.84	.72
TOTAL FERTILITY		3.032	2.615	2.256	2.126	2.120	2.114	2.107	2.101	2.095
NRR		1.377	1.206	1.052	1.000	1.000	1.000	1.000	1.000	1.000
e(0) - BOTH SEXES	67.54	69.55	71.46	73.23	73.96	74.71	75.49	76.29	77.12	
e(15) - BOTH SEXES	56.52	58.06	59.44	60.73	61.26	61.82	62.40	63.00	63.62	
IMR - BOTH SEXES	41.0	35.7	29.9	24.5	22.4	20.3	18.2	16.1	13.9	
q(5) - BOTH SEXES	.0513	.0443	.0369	.0301	.0276	.0250	.0225	.0200	.0174	
DEP. RATIO	70.2	65.4	58.1	50.5	46.4	45.2	46.2	47.6	49.2	51.0

DOMINICAN REP.

Summary Projection for 25-Year Periods

AGE GROUP	1990	2000	2025	2050	2075	2100	2125	2150
TOTAL M+F	7074	8269	10973	12856	13600	13912	14127	14225
MALES								
0-4	492	436	431	428	426	425	425	425
5-9	457	456	437	427	424	424	424	424
10-14	409	477	431	421	422	424	424	424
15-19	385	446	408	416	422	424	424	424
20-24	366	392	395	417	424	424	424	423
25-29	325	360	414	424	424	423	422	422
30-34	262	338	432	430	422	420	420	421
35-39	207	300	446	422	414	417	419	420
40-44	165	242	409	397	407	415	418	418
45-49	130	190	353	380	405	414	416	416
50-54	108	150	318	392	408	411	411	411
55-59	88	116	291	396	404	401	402	404
60-64	75	92	244	392	384	384	391	395
65-69	47	69	179	334	344	362	376	381
70-74	34	52	121	257	304	338	355	361
75+	34	43	123	374	636	731	795	826
TOTAL	3583	4160	5432	6308	6671	6835	6946	6996
FEMALES								
0-4	478	417	412	409	406	405	405	405
5-9	445	436	418	408	404	404	405	405
10-14	399	464	413	403	403	404	405	405
15-19	375	435	391	398	403	405	405	405
20-24	355	384	380	400	405	405	405	404
25-29	314	355	399	409	408	405	404	404
30-34	253	335	418	415	406	403	403	404
35-39	198	297	443	409	400	401	403	404
40-44	159	241	411	387	395	401	403	404
45-49	127	189	361	374	396	402	403	403
50-54	106	152	333	390	402	403	402	401
55-59	87	119	312	404	405	399	399	399
60-64	73	97	272	420	395	390	394	397
65-69	47	76	212	379	367	381	390	394
70-74	36	58	155	317	345	374	386	390
75+	40	54	211	626	988	1094	1168	1205
TOTAL	3491	4110	5541	6548	6929	7077	7180	7229
BIRTH RATE		24.1	17.9	14.0	12.5	12.1	11.9	11.7
DEATH RATE		5.7	5.5	7.7	10.3	11.2	11.2	11.5
NET MIGRATION RATE		-2.9	-1.1	.0	.0	.0	.0	.0
GROWTH RATE		1.56	1.13	.63	.23	.09	.06	.03
TOTAL FERTILITY		2.814	2.142	2.089	2.065	2.061	2.058	2.058
e(0) - BOTH SEXES		68.58	73.88	78.06	81.89	83.63	85.03	85.56
IMR - BOTH SEXES		38.4	23.0	11.8	3.6	2.7	2.2	2.1

ECUADOR

Projection (thousands) with NRR=1 by 2010

AGE GROUP	1990	1995	2000	2005	2010	2015	2020	2025	2030	2035
TOTAL M+F	10547	11721	12884	13998	15016	16008	17005	17962	18839	19619
MALES										
0-4	757	771	761	739	704	712	741	750	743	731
5-9	702	745	762	755	735	700	708	737	747	740
10-14	646	697	741	759	753	733	698	707	736	746
15-19	583	640	692	737	756	750	730	696	705	734
20-24	520	574	633	687	732	751	746	726	692	701
25-29	438	510	567	628	681	727	746	740	721	688
30-34	364	429	503	562	622	676	721	740	735	717
35-39	305	356	423	497	556	616	669	715	734	730
40-44	238	297	349	416	490	548	608	661	707	726
45-49	188	230	289	341	407	480	537	597	650	695
50-54	156	180	221	278	329	393	465	521	580	632
55-59	123	146	168	208	263	311	373	443	498	556
60-64	98	111	132	153	190	241	287	346	413	467
65-69	74	84	95	114	133	166	213	256	310	373
70-74	54	58	66	76	91	108	136	177	215	264
75+	59	64	70	78	90	109	133	169	222	285
TOTAL	5304	5893	6474	7029	7532	8022	8512	8981	9407	9782
FEMALES										
0-4	731	743	733	711	676	683	710	719	711	699
5-9	681	721	736	729	708	674	681	708	717	710
10-14	628	677	718	734	728	707	673	680	707	716
15-19	568	623	673	716	733	726	706	672	679	706
20-24	509	561	618	670	714	731	724	704	670	677
25-29	430	501	555	615	668	711	728	722	702	668
30-34	359	423	495	552	612	664	708	725	719	699
35-39	303	353	418	491	548	608	660	704	721	716
40-44	239	297	348	413	487	543	603	655	699	716
45-49	190	234	292	342	407	480	536	596	648	692
50-54	160	184	227	284	334	398	470	526	586	638
55-59	128	153	177	218	275	324	386	457	513	572
60-64	103	120	143	166	207	261	309	370	439	494
65-69	80	92	108	130	152	190	241	287	346	414
70-74	60	67	78	91	111	132	167	214	257	313
75+	74	81	90	104	124	154	190	242	318	406
TOTAL	5243	5828	6410	6969	7483	7986	8493	8981	9432	9837
BIRTH RATE		28.7	25.4	22.4	19.6	18.5	18.0	17.2	16.1	15.1
DEATH RATE		6.7	6.2	5.8	5.6	5.7	5.9	6.2	6.6	7.0
RATE OF NAT. INC.		2.20	1.92	1.66	1.41	1.28	1.21	1.10	.95	.81
NET MIGRATION RATE		-.9	-.3	.0	.0	.0	.0	.0	.0	.0
GROWTH RATE		2.11	1.89	1.66	1.40	1.28	1.21	1.09	.95	.81
TOTAL FERTILITY		3.500	3.025	2.615	2.260	2.132	2.125	2.118	2.111	2.104
NRR		1.578	1.381	1.209	1.056	1.000	1.000	1.000	1.000	1.000
e(0) - BOTH SEXES	66.57	67.68	68.99	70.42	71.26	72.13	73.03	73.97	74.94	
e(15) - BOTH SEXES	56.19	56.68	57.31	58.14	58.77	59.44	60.13	60.85	61.61	
IMR - BOTH SEXES	45.0	39.5	33.4	27.5	25.1	22.8	20.4	18.1	15.7	
q(5) - BOTH SEXES	.0576	.0494	.0408	.0330	.0302	.0275	.0247	.0220	.0192	
DEP. RATIO	75.7	69.3	62.6	56.0	50.0	46.3	45.2	45.8	47.1	48.4

Summary Projection for 25-Year Periods

ECUADOR

AGE GROUP	1990	2000	2025	2050	2075	2100	2125	2150
TOTAL M+F	10547	12884	17962	21504	23171	23846	24323	24540
MALES								
0-4	757	761	750	737	734	734	734	735
5-9	702	762	737	729	732	734	734	734
10-14	646	741	707	723	733	734	734	734
15-19	583	692	696	726	735	735	734	733
20-24	520	633	726	735	736	733	732	732
25-29	438	567	740	737	730	729	729	730
30-34	364	503	740	723	720	725	727	728
35-39	305	423	715	689	711	723	726	726
40-44	238	349	661	674	710	722	724	723
45-49	188	289	597	696	713	718	718	719
50-54	156	221	521	697	706	705	708	711
55-59	123	168	443	676	678	683	694	699
60-64	98	132	346	621	624	657	677	684
65-69	74	95	256	531	578	628	653	660
70-74	54	66	177	422	547	589	613	622
75+	59	70	169	556	1045	1213	1349	1417
TOTAL	5304	6474	8981	10671	11432	11761	11987	12086
FEMALES								
0-4	731	733	719	704	700	700	700	700
5-9	681	736	708	697	698	700	700	700
10-14	628	718	680	692	699	700	700	700
15-19	568	673	672	697	701	701	700	700
20-24	509	618	704	707	704	700	699	699
25-29	430	555	722	712	701	698	698	699
30-34	359	495	725	701	693	696	698	699
35-39	303	418	704	672	688	695	698	698
40-44	239	348	655	660	690	697	698	698
45-49	190	292	596	688	698	697	696	696
50-54	160	227	526	697	698	691	692	693
55-59	128	177	457	689	680	679	686	690
60-64	103	143	370	652	642	667	681	687
65-69	80	108	287	581	616	659	676	681
70-74	60	78	214	492	617	649	665	670
75+	74	90	242	793	1514	1756	1947	2043
TOTAL	5243	6410	8981	10834	11738	12085	12336	12453
BIRTH RATE		27.0	19.0	14.6	12.8	12.3	11.9	11.8
DEATH RATE		6.4	5.9	7.5	9.9	11.1	11.1	11.4
NET MIGRATION RATE		-.6	.0	.0	.0	.0	.0	.0
GROWTH RATE		2.00	1.33	.72	.30	.11	.08	.04
TOTAL FERTILITY		3.248	2.236	2.097	2.069	2.063	2.059	2.058
e(0) - BOTH SEXES		67.16	71.29	76.08	80.71	82.87	84.66	85.33
IMR - BOTH SEXES		42.3	25.8	13.4	4.2	3.0	2.3	2.1

EGYPT, ARAB REP. OF

Projection (thousands) with NRR=1 by 2015

AGE GROUP	1990	1995	2000	2005	2010	2015	2020	2025	2030	2035
TOTAL M+F	52426	57741	62694	67713	72726	77340	81718	85940	89912	93559
MALES										
0-4	3899	3729	3606	3691	3730	3615	3601	3643	3659	3656
5-9	3641	3782	3648	3551	3651	3694	3584	3573	3619	3637
10-14	3080	3597	3746	3620	3530	3632	3677	3569	3560	3608
15-19	2587	3042	3559	3712	3593	3506	3610	3657	3552	3545
20-24	2427	2538	2990	3505	3665	3552	3469	3575	3624	3524
25-29	2164	2369	2482	2932	3449	3612	3504	3427	3535	3588
30-34	2022	2110	2315	2432	2883	3396	3561	3459	3387	3498
35-39	1708	1969	2059	2265	2387	2835	3344	3511	3415	3348
40-44	1249	1657	1914	2007	2215	2339	2782	3287	3456	3366
45-49	907	1204	1601	1855	1952	2159	2283	2720	3218	3389
50-54	795	865	1150	1535	1785	1882	2085	2210	2638	3127
55-59	692	745	812	1085	1453	1694	1791	1989	2113	2529
60-64	559	632	682	747	1001	1346	1575	1671	1862	1985
65-69	412	487	551	599	660	889	1202	1414	1507	1689
70-74	269	333	394	451	493	548	744	1014	1202	1292
75+	233	307	392	484	576	661	751	956	1293	1644
TOTAL	26646	29366	31902	34469	37023	39361	41565	43675	45641	47425
FEMALES										
0-4	3688	3560	3437	3515	3549	3437	3421	3458	3469	3464
5-9	3424	3591	3495	3394	3486	3523	3414	3400	3440	3453
10-14	2896	3386	3562	3473	3378	3471	3510	3403	3390	3431
15-19	2416	2863	3354	3533	3451	3359	3454	3494	3389	3379
20-24	2258	2378	2824	3314	3499	3421	3333	3430	3473	3371
25-29	2008	2214	2336	2780	3272	3460	3387	3303	3403	3448
30-34	1911	1965	2171	2295	2740	3230	3419	3351	3272	3375
35-39	1657	1866	1922	2128	2258	2700	3187	3378	3315	3241
40-44	1244	1612	1818	1877	2086	2217	2655	3139	3333	3276
45-49	929	1204	1563	1768	1832	2040	2171	2605	3086	3281
50-54	837	892	1159	1508	1712	1778	1984	2116	2545	3020
55-59	749	793	847	1103	1443	1643	1711	1914	2048	2469
60-64	628	693	735	789	1034	1358	1552	1623	1823	1959
65-69	482	556	615	657	711	938	1240	1427	1502	1698
70-74	338	396	459	513	554	606	809	1080	1256	1336
75+	317	406	497	597	700	798	906	1142	1527	1931
TOTAL	25780	28376	30792	33245	35703	37980	40153	42265	44271	46134
BIRTH RATE		28.4	24.7	23.1	21.4	19.4	18.2	17.4	16.6	15.8
DEATH RATE		8.8	8.1	7.6	7.1	7.1	7.1	7.3	7.5	7.9
RATE OF NAT. INC.		1.96	1.67	1.55	1.43	1.23	1.10	1.01	.90	.80
NET MIGRATION RATE		-.3	-.2	-.1	-.1	.0	.0	.0	.0	.0
GROWTH RATE		1.93	1.65	1.54	1.43	1.23	1.10	1.01	.90	.80
TOTAL FERTILITY		3.750	3.225	2.877	2.566	2.289	2.187	2.174	2.161	2.148
NRR		1.571	1.392	1.274	1.159	1.041	1.000	1.000	1.000	1.000
e(0) - BOTH SEXES	61.57	63.62	65.72	67.78	68.76	69.77	70.82	71.89	73.00	
e(15) - BOTH SEXES	53.69	54.13	55.02	56.14	56.87	57.62	58.41	59.22	60.06	
IMR - BOTH SEXES	57.0	45.5	36.4	29.2	26.8	24.3	21.9	19.4	17.0	
q(5) - BOTH SEXES	.0866	.0664	.0502	.0383	.0351	.0320	.0288	.0256	.0224	
DEP. RATIO	76.2	71.8	63.7	56.9	52.4	50.1	49.0	48.5	48.6	49.2

Summary Projection for 25-Year Periods

EGYPT, ARAB REP. OF

AGE GROUP	1990	2000	2025	2050	2075	2100	2125	2150
TOTAL M+F	52426	62694	85940	102621	111645	115926	118863	120136
MALES								
0-4	3899	3606	3643	3624	3629	3626	3625	3624
5-9	3641	3648	3573	3615	3629	3624	3622	3621
10-14	3080	3746	3569	3620	3631	3624	3621	3620
15-19	2587	3559	3657	3621	3622	3620	3618	3618
20-24	2427	2990	3575	3598	3608	3611	3612	3612
25-29	2164	2482	3427	3548	3583	3600	3602	3603
30-34	2022	2315	3459	3468	3564	3590	3592	3592
35-39	1708	2059	3511	3437	3553	3577	3581	3581
40-44	1249	1914	3287	3487	3533	3553	3563	3566
45-49	907	1601	2720	3373	3484	3518	3537	3544
50-54	795	1150	2210	3178	3391	3458	3495	3507
55-59	692	812	1989	3115	3238	3377	3434	3451
60-64	559	682	1671	3018	3092	3271	3345	3368
65-69	412	551	1414	2619	2957	3109	3204	3243
70-74	269	394	1014	1916	2598	2848	2993	3052
75+	233	392	956	2492	4629	5703	6569	6943
TOTAL	26646	31902	43675	51728	55741	57707	59013	59545
FEMALES								
0-4	3688	3437	3458	3425	3425	3423	3422	3422
5-9	3424	3495	3400	3421	3425	3422	3421	3420
10-14	2896	3562	3403	3430	3426	3421	3420	3420
15-19	2416	3354	3494	3438	3419	3419	3418	3419
20-24	2258	2824	3430	3427	3414	3416	3417	3418
25-29	2008	2336	3303	3395	3404	3413	3416	3416
30-34	1911	2171	3351	3332	3399	3411	3413	3414
35-39	1657	1922	3378	3314	3400	3406	3409	3410
40-44	1244	1818	3139	3376	3396	3392	3401	3405
45-49	929	1563	2605	3284	3369	3377	3391	3398
50-54	837	1159	2116	3122	3310	3349	3376	3387
55-59	749	847	1914	3108	3208	3315	3356	3371
60-64	628	735	1623	3040	3130	3276	3326	3346
65-69	482	615	1427	2691	3093	3210	3274	3309
70-74	338	459	1080	2051	2855	3083	3198	3249
75+	317	497	1142	3038	6231	7887	9191	9787
TOTAL	25780	30792	42265	50892	55903	58219	59849	60591
BIRTH RATE		26.5	19.7	15.2	13.2	12.4	12.0	11.8
DEATH RATE		8.4	7.2	8.2	9.8	10.9	11.0	11.4
NET MIGRATION RATE		-.2	-.0	.0	.0	.0	.0	.0
GROWTH RATE		1.79	1.26	.71	.34	.15	.10	.04
TOTAL FERTILITY		3.474	2.394	2.135	2.085	2.076	2.070	2.069
e(0) - BOTH SEXES		62.64	68.72	74.28	79.47	82.06	84.25	85.06
IMR - BOTH SEXES		51.4	27.8	14.6	5.0	3.3	2.4	2.2

EL SALVADOR

Projection (thousands) with NRR=1 by 2015

AGE GROUP	1990	1995	2000	2005	2010	2015	2020	2025	2030	2035
TOTAL M+F	5172	5669	6179	6719	7277	7816	8372	8928	9469	9981
MALES										
0-4	400	412	403	403	397	378	379	389	393	392
5-9	375	388	403	396	398	394	377	378	388	392
10-14	371	368	382	399	393	396	393	376	378	388
15-19	310	363	361	377	395	391	395	392	376	377
20-24	236	294	349	351	369	389	389	394	390	374
25-29	158	215	276	335	340	362	387	387	391	388
30-34	124	140	200	264	326	334	360	385	385	389
35-39	109	110	129	191	256	320	331	357	382	382
40-44	92	99	102	122	185	251	316	328	354	379
45-49	87	84	92	97	118	180	247	311	323	349
50-54	73	81	79	87	93	114	175	240	303	315
55-59	61	67	75	74	83	88	109	168	231	292
60-64	49	55	61	69	68	77	82	102	158	218
65-69	37	42	47	53	60	61	69	74	92	144
70-74	26	29	33	38	43	50	51	58	63	80
75+	26	28	32	37	45	53	64	71	81	92
TOTAL	2534	2775	3025	3292	3569	3837	4123	4409	4688	4951
FEMALES										
0-4	386	394	386	385	379	362	362	372	376	374
5-9	360	375	385	379	381	377	361	362	371	375
10-14	357	354	370	381	376	380	376	360	361	371
15-19	311	350	348	365	379	375	379	376	360	361
20-24	249	297	339	340	360	376	374	378	375	359
25-29	185	232	284	329	334	358	375	373	377	374
30-34	147	172	222	276	324	332	356	374	372	376
35-39	128	138	165	217	272	322	330	354	372	370
40-44	105	122	133	161	213	269	319	327	352	370
45-49	97	101	118	130	158	211	266	316	324	349
50-54	81	93	97	115	127	155	207	262	311	320
55-59	68	77	90	94	111	123	151	202	256	305
60-64	56	64	73	85	90	107	118	145	195	248
65-69	43	50	58	67	78	83	100	111	137	185
70-74	31	36	42	49	58	69	74	89	100	125
75+	35	39	45	54	66	81	100	117	142	169
TOTAL	2638	2893	3154	3427	3708	3979	4249	4519	4781	5030

	1990	1995	2000	2005	2010	2015	2020	2025	2030	2035
BIRTH RATE		31.5	27.9	25.4	22.8	20.1	18.7	17.9	17.0	16.0
DEATH RATE		6.7	5.9	5.3	4.9	4.9	4.9	5.1	5.2	5.4
RATE OF NAT. INC.		2.48	2.20	2.00	1.80	1.52	1.38	1.29	1.18	1.05
NET MIGRATION RATE		-6.5	-4.7	-3.3	-2.0	-.9	.0	.0	.0	.0
GROWTH RATE		1.83	1.72	1.68	1.60	1.43	1.37	1.29	1.18	1.05
TOTAL FERTILITY		3.800	3.190	2.826	2.503	2.218	2.113	2.107	2.101	2.096
NRR		1.720	1.467	1.317	1.179	1.047	1.000	1.000	1.000	1.000
e(0) - BOTH SEXES		66.28	68.27	70.23	72.07	72.82	73.60	74.42	75.26	76.15
e(15) - BOTH SEXES		55.11	56.39	57.76	59.16	59.76	60.38	61.04	61.73	62.45
IMR - BOTH SEXES		40.0	32.1	25.7	20.7	19.0	17.3	15.6	13.8	12.1
q(5) - BOTH SEXES		.0500	.0397	.0316	.0253	.0233	.0213	.0192	.0172	.0152
DEP. RATIO	89.9	79.8	72.0	64.8	58.1	52.3	47.7	44.7	43.8	44.8

Summary Projection for 25-Year Periods

EL SALVADOR

AGE GROUP	1990	2000	2025	2050	2075	2100	2125	2150
TOTAL M+F	5172	6179	8928	11260	12328	12646	12867	12969
MALES								
0-4	400	403	389	386	387	388	388	388
5-9	375	403	378	385	387	388	388	388
10-14	371	382	376	386	388	388	387	387
15-19	310	361	392	390	388	388	387	387
20-24	236	349	394	390	389	387	387	387
25-29	158	276	387	384	387	386	386	386
30-34	124	200	385	372	383	384	385	385
35-39	109	129	357	369	380	384	384	384
40-44	92	102	328	381	380	383	383	383
45-49	87	92	311	379	382	382	382	382
50-54	73	79	240	367	380	378	379	379
55-59	61	75	168	355	369	371	374	375
60-64	49	61	102	315	350	362	368	370
65-69	37	47	74	269	336	353	360	362
70-74	26	33	58	228	332	340	347	349
75+	26	32	71	242	305	317	325	329
					573	659	725	757
TOTAL	2534	3025	4409	5598	6108	6250	6347	6390
FEMALES								
0-4	386	386	372	368	369	369	370	369
5-9	360	385	362	367	369	370	369	369
10-14	357	370	360	369	370	370	369	369
15-19	311	348	376	373	371	369	369	369
20-24	249	339	378	374	369	369	369	369
25-29	185	284	373	369	367	368	369	369
30-34	147	222	374	358	365	368	369	369
35-39	128	165	354	356	367	369	369	368
40-44	105	133	327	370	369	368	368	368
45-49	97	118	316	370	369	366	366	367
50-54	81	97	262	361	362	362	365	366
55-59	68	90	202	357	348	358	363	365
60-64	56	73	145	331	341	356	361	363
65-69	43	58	111	294	347	354	358	359
70-74	31	42	89	266	335	345	350	353
75+	35	45	117	377	801	935	1037	1085
TOTAL	2638	3154	4519	5661	6220	6396	6521	6579
BIRTH RATE		29.6	20.7	15.1	12.8	12.2	11.9	11.7
DEATH RATE		6.3	5.0	5.9	9.2	11.1	11.2	11.4
NET MIGRATION RATE		-5.6	-1.1	.0	.0	.0	.0	.0
GROWTH RATE		1.78	1.47	.93	.36	.10	.07	.03
TOTAL FERTILITY		3.474	2.329	2.090	2.068	2.062	2.059	2.058
e(0) - BOTH SEXES		67.32	72.77	77.20	81.39	83.31	84.88	85.47
IMR - BOTH SEXES		36.1	19.7	10.4	3.8	2.8	2.2	2.1

EQUATORIAL GUINEA

Projection (thousands) with NRR=1 by 2035

AGE GROUP	1990	1995	2000	2005	2010	2015	2020	2025	2030	2035
TOTAL M+F	417	467	524	586	650	713	774	835	894	947
MALES										
0-4	36	39	43	47	48	49	48	49	48	46
5-9	27	33	36	41	45	46	47	46	47	47
10-14	21	26	32	35	40	44	45	46	46	47
15-19	20	21	25	31	34	39	43	45	45	45
20-24	17	20	20	24	30	33	38	42	44	45
25-29	15	17	19	19	23	29	32	37	41	43
30-34	13	15	16	18	19	23	28	31	36	40
35-39	11	13	14	15	17	18	22	27	30	35
40-44	10	11	12	13	14	16	17	21	26	29
45-49	8	10	10	11	12	14	16	16	20	25
50-54	7	8	9	9	10	11	13	15	15	19
55-59	6	6	7	8	8	9	10	12	13	14
60-64	5	5	6	6	7	7	8	9	10	12
65-69	3	4	4	5	5	6	6	7	8	9
70-74	2	2	3	3	3	4	4	4	5	6
75+	2	2	2	3	3	3	4	4	5	5
TOTAL	205	230	258	289	320	352	381	412	441	467
FEMALES										
0-4	36	38	43	46	48	48	47	48	47	45
5-9	26	33	36	41	44	46	46	46	47	46
10-14	22	26	32	35	40	44	45	46	45	47
15-19	20	22	25	31	34	39	43	45	45	45
20-24	17	20	21	24	31	34	39	42	44	45
25-29	15	17	19	21	24	30	33	38	41	43
30-34	14	15	16	19	20	23	29	32	37	41
35-39	12	14	14	16	18	19	22	28	31	36
40-44	10	12	13	13	15	17	19	22	27	30
45-49	9	10	11	12	13	14	16	18	21	27
50-54	8	9	9	10	12	12	13	16	17	20
55-59	6	8	8	8	10	11	11	13	15	16
60-64	5	5	7	7	8	9	10	10	12	14
65-69	4	4	5	6	6	6	7	9	9	10
70-74	3	3	3	4	4	5	5	6	7	7
75+	3	3	4	4	4	5	5	6	7	8
TOTAL	212	237	266	297	329	361	392	423	453	481
BIRTH RATE		40.8	40.1	37.8	34.3	31.1	27.9	26.1	23.8	21.2
DEATH RATE		18.2	16.9	15.5	13.6	12.5	11.6	10.8	10.1	9.5
RATE OF NAT. INC.		2.27	2.31	2.23	2.06	1.86	1.64	1.53	1.36	1.16
NET MIGRATION RATE		.0	.0	.0	.0	.0	.0	.0	.0	.0
GROWTH RATE		2.26	2.31	2.23	2.06	1.86	1.64	1.53	1.36	1.16
TOTAL FERTILITY		5.500	5.500	5.200	4.600	4.000	3.400	3.018	2.679	2.378
NRR		1.935	1.997	1.954	1.802	1.598	1.386	1.256	1.137	1.029
e(0) - BOTH SEXES		47.69	49.01	50.54	52.90	54.41	55.98	57.61	59.31	61.07
e(15) - BOTH SEXES		47.12	46.82	46.62	47.18	48.15	49.15	50.18	51.26	52.37
IMR - BOTH SEXES		116.9	105.3	92.4	77.9	72.7	67.5	62.2	57.0	51.8
q(5) - BOTH SEXES		.1959	.1739	.1499	.1237	.1146	.1055	.0963	.0871	.0778
DEP. RATIO	79.8	84.1	86.4	84.2	80.7	74.4	67.1	61.2	56.2	52.0

Summary Projection for 25-Year Periods

EQUATORIAL GUINEA

AGE GROUP	1990	2000	2025	2050	2075	2100	2125	2150
TOTAL M+F	417	524	835	1103	1304	1409	1482	1521
MALES								
0-4	36	43	49	47	46	46	46	46
5-9	27	36	46	46	46	46	46	46
10-14	21	32	46	45	45	46	46	46
15-19	20	25	45	44	45	46	46	46
20-24	17	20	42	46	45	46	46	46
25-29	15	19	37	45	45	45	46	46
30-34	13	16	31	43	45	45	45	46
35-39	11	14	27	42	43	44	45	46
40-44	10	12	21	40	42	44	45	45
45-49	8	10	16	37	43	44	44	45
50-54	7	9	15	31	41	43	44	44
55-59	6	7	12	25	38	41	42	43
60-64	5	6	9	20	35	38	40	42
65-69	3	4	7	13	30	34	38	40
70-74	2	3	4	8	23	31	35	37
75+	2	2	4	9	24	48	66	76
TOTAL	205	258	412	542	637	686	721	741
FEMALES								
0-4	36	43	48	46	45	45	45	45
5-9	26	36	46	45	45	45	45	45
10-14	22	32	46	44	45	45	45	45
15-19	20	25	45	44	45	45	45	45
20-24	17	21	42	45	45	45	45	45
25-29	15	19	38	45	45	45	45	45
30-34	14	16	32	44	45	45	45	45
35-39	12	14	28	43	44	44	45	45
40-44	10	13	22	41	43	44	45	45
45-49	9	11	18	38	44	44	45	45
50-54	8	9	16	33	43	44	44	44
55-59	6	8	13	28	40	43	43	44
60-64	5	7	10	23	38	41	43	43
65-69	4	5	9	16	34	39	42	43
70-74	3	3	6	11	29	37	40	42
75+	3	4	6	13	37	73	100	115
TOTAL	212	266	423	561	667	723	760	780
BIRTH RATE		40.4	30.9	20.2	15.4	13.6	12.7	12.2
DEATH RATE		17.5	12.6	9.1	8.8	10.5	10.7	11.1
NET MIGRATION RATE		.0	.0	.0	.0	.0	.0	.0
GROWTH RATE		2.29	1.86	1.11	.67	.31	.20	.11
TOTAL FERTILITY		5.500	3.898	2.337	2.102	2.067	2.046	2.042
e(0) - BOTH SEXES		48.39	54.61	63.19	71.74	76.79	81.52	83.33
IMR - BOTH SEXES		110.8	74.6	46.7	24.1	12.4	3.8	2.8

ERITREA

Projection (thousands) with NRR=1 by 2040

AGE GROUP	1990	1995	2000	2005	2010	2015	2020	2025	2030	2035
TOTAL M+F	3139	3574	4099	4735	5449	6169	6880	7577	8265	8919
MALES										
0-4	294	299	353	419	469	482	487	488	494	487
5-9	236	276	282	335	400	450	464	470	474	481
10-14	199	232	272	278	330	395	444	459	466	469
15-19	167	195	228	267	273	325	389	438	453	460
20-24	141	163	189	222	260	266	318	381	430	446
25-29	116	136	157	183	214	252	259	309	372	421
30-34	95	111	131	151	176	207	244	251	301	364
35-39	78	91	106	125	145	169	199	236	244	293
40-44	64	74	86	101	118	138	162	191	227	235
45-49	52	60	69	80	94	111	130	153	182	217
50-54	41	47	55	63	74	87	103	121	143	171
55-59	31	36	42	49	56	66	78	93	110	131
60-64	22	27	31	36	41	48	57	68	82	97
65-69	16	17	21	24	28	33	39	47	56	68
70-74	9	11	12	15	17	21	24	29	35	42
75+	6	8	10	11	14	16	19	23	28	34
TOTAL	1567	1783	2043	2358	2711	3067	3417	3759	4096	4415
FEMALES										
0-4	290	297	350	415	464	477	482	483	488	482
5-9	234	272	281	333	397	446	461	467	470	477
10-14	198	230	268	276	328	392	441	456	462	466
15-19	167	194	226	263	272	323	387	436	451	458
20-24	138	162	189	220	257	266	317	380	429	445
25-29	115	134	157	184	214	250	260	311	373	422
30-34	96	111	129	152	178	208	244	254	304	366
35-39	79	92	106	125	147	172	202	237	248	297
40-44	65	75	88	102	120	141	166	196	231	241
45-49	52	61	71	84	97	115	136	160	189	223
50-54	42	49	57	67	79	92	109	129	153	181
55-59	33	39	45	53	62	73	86	102	121	144
60-64	25	29	34	40	47	56	66	78	93	111
65-69	17	21	24	29	33	40	48	57	67	81
70-74	11	13	16	19	22	26	31	38	46	55
75+	9	11	13	16	19	23	28	34	42	52
TOTAL	1572	1791	2055	2376	2737	3102	3463	3817	4168	4503
BIRTH RATE		42.4	43.3	44.0	42.0	37.5	33.3	29.9	27.3	24.6
DEATH RATE		16.4	15.9	15.2	13.9	12.6	11.5	10.6	9.9	9.3
RATE OF NAT. INC.		2.59	2.74	2.88	2.81	2.48	2.18	1.93	1.74	1.52
NET MIGRATION RATE		.0	.0	.0	.0	.0	.0	.0	.0	.0
GROWTH RATE		2.59	2.74	2.88	2.81	2.48	2.18	1.93	1.74	1.52
TOTAL FERTILITY		5.800	5.800	5.800	5.500	4.900	4.300	3.700	3.203	2.772
NRR		2.040	2.079	2.136	2.090	1.903	1.706	1.501	1.329	1.175
e(0) - BOTH SEXES	47.47	48.43	49.78	51.45	52.92	54.44	56.02	57.65	59.34	
e(15) - BOTH SEXES	46.11	46.53	46.91	47.39	48.23	49.10	49.99	50.91	51.87	
IMR - BOTH SEXES	134.9	128.9	119.5	107.9	100.5	93.1	85.6	78.2	70.8	
q(5) - BOTH SEXES	.2007	.1910	.1753	.1565	.1453	.1340	.1226	.1112	.0997	
DEP. RATIO	93.9	89.6	86.6	84.6	86.3	83.2	75.9	67.4	60.9	55.8

ERITREA

Summary Projection for 25-Year Periods

AGE GROUP	1990	2000	2025	2050	2075	2100	2125	2150
TOTAL M+F	3139	4099	7577	10623	12879	14099	14890	15356
MALES								
0-4	294	353	488	471	466	469	471	471
5-9	236	282	470	455	462	468	471	471
10-14	199	272	459	450	461	468	471	471
15-19	167	228	438	469	461	466	470	470
20-24	141	189	381	467	462	463	468	469
25-29	116	157	309	452	454	457	464	467
30-34	95	131	251	439	439	451	462	466
35-39	78	106	236	421	431	448	459	464
40-44	64	86	191	393	444	445	456	461
45-49	52	69	153	333	435	441	449	456
50-54	41	55	121	260	410	425	437	448
55-59	31	42	93	199	379	398	423	438
60-64	22	31	68	169	338	371	405	424
65-69	16	21	47	118	280	351	380	402
70-74	9	12	29	76	197	302	344	368
75+	6	10	23	65	186	442	616	739
TOTAL	1567	2043	3759	5238	6304	6864	7245	7485
FEMALES								
0-4	290	350	483	465	459	458	458	458
5-9	234	281	467	451	456	458	458	458
10-14	198	268	456	447	457	459	458	457
15-19	167	226	436	467	460	459	457	457
20-24	138	189	380	467	462	457	457	457
25-29	115	157	311	454	456	454	456	457
30-34	96	129	254	442	443	451	455	456
35-39	79	106	237	427	436	451	455	456
40-44	65	88	196	401	452	451	455	454
45-49	52	71	160	344	447	450	451	452
50-54	42	57	129	274	426	439	445	449
55-59	33	45	102	216	404	419	438	446
60-64	25	34	78	190	373	402	431	441
65-69	17	24	57	142	326	398	421	434
70-74	11	16	38	98	246	366	404	419
75+	9	13	34	97	275	664	945	1119
TOTAL	1572	2055	3817	5385	6576	7234	7644	7871
BIRTH RATE		42.9	36.5	22.3	16.3	14.0	12.9	12.3
DEATH RATE		16.2	12.5	9.0	8.6	10.4	10.7	11.1
NET MIGRATION RATE		.0	.0	.0	.0	.0	.0	.0
GROWTH RATE		2.67	2.46	1.35	.77	.36	.22	.12
TOTAL FERTILITY		5.800	4.690	2.534	2.130	2.081	2.049	2.043
e(0) - BOTH SEXES		47.98	53.30	61.39	69.66	75.28	80.65	82.76
IMR - BOTH SEXES		131.7	100.9	63.8	31.7	15.9	4.4	3.0

ESTONIA

Projection (thousands) with NRR=1 by 2030

AGE GROUP	1990	1995	2000	2005	2010	2015	2020	2025	2030	2035
TOTAL M+F	1571	1541	1523	1515	1522	1529	1533	1535	1534	1533
MALES										
0-4	61	47	47	47	49	50	49	48	48	48
5-9	62	59	46	46	47	49	50	49	48	48
10-14	59	60	58	46	46	47	49	50	49	47
15-19	56	57	59	57	46	46	47	49	50	48
20-24	59	53	55	58	57	45	45	47	49	49
25-29	54	55	50	54	57	56	45	45	46	48
30-34	60	50	53	49	53	57	56	44	45	46
35-39	59	57	48	51	48	52	56	55	44	44
40-44	54	56	54	47	50	47	51	55	54	43
45-49	43	51	53	52	46	49	46	50	54	53
50-54	43	40	48	51	50	44	47	45	49	52
55-59	41	39	37	45	47	47	41	45	42	46
60-64	36	36	35	33	40	43	43	38	41	40
65-69	27	30	30	30	28	35	38	38	34	37
70-74	15	20	23	24	23	23	28	31	32	28
75+	18	17	21	25	27	29	30	35	40	45
TOTAL	741	728	719	714	716	719	722	723	723	725
FEMALES										
0-4	58	45	45	45	47	48	47	45	46	46
5-9	60	56	44	44	45	47	48	46	45	46
10-14	56	58	55	44	44	45	47	48	46	45
15-19	55	54	57	55	44	44	45	47	48	46
20-24	54	52	53	57	55	44	44	45	47	48
25-29	52	51	50	51	56	55	44	44	45	47
30-34	60	49	49	49	51	56	54	44	44	45
35-39	61	58	48	48	49	51	56	54	44	44
40-44	57	59	57	48	48	49	51	56	54	43
45-49	47	55	58	56	47	48	49	51	56	54
50-54	49	46	54	57	56	47	47	48	50	55
55-59	50	47	44	53	56	55	46	47	47	50
60-64	48	47	45	43	52	55	53	45	46	46
65-69	46	44	44	43	41	50	53	51	43	44
70-74	33	40	39	40	40	38	46	50	48	41
75+	50	51	60	67	75	80	82	92	102	108
TOTAL	830	813	804	801	806	810	812	812	811	808
BIRTH RATE		12.3	12.2	12.4	12.8	12.9	12.5	12.2	12.2	12.4
DEATH RATE		12.3	12.0	12.0	11.9	12.0	12.0	12.0	12.4	12.6
RATE OF NAT. INC.		.00	.02	.03	.10	.09	.05	.02	-.01	-.02
NET MIGRATION RATE		-3.9	-2.6	-1.3	.0	.0	.0	.0	.0	.0
GROWTH RATE		-.38	-.24	-.10	.09	.09	.05	.02	-.01	-.02
TOTAL FERTILITY		1.800	1.800	1.800	1.853	1.905	1.955	2.004	2.051	2.070
NRR		.859	.862	.864	.891	.917	.942	.966	.990	1.000
e(0) - BOTH SEXES		69.88	71.35	72.81	74.23	74.89	75.57	76.28	77.02	77.78
e(15) - BOTH SEXES		56.26	57.52	58.82	60.10	60.72	61.36	62.03	62.72	63.44
IMR - BOTH SEXES		13.0	10.6	8.7	7.3	6.9	6.5	6.1	5.7	5.3
q(5) - BOTH SEXES		.0159	.0131	.0110	.0094	.0089	.0084	.0079	.0075	.0070
DEP. RATIO	52.5	52.2	50.8	49.4	50.8	54.6	58.5	61.1	60.9	61.5

ESTONIA

Summary Projection for 25-Year Periods

AGE GROUP	1990	2000	2025	2050	2075	2100	2125	2150
TOTAL M+F	1571	1523	1535	1541	1558	1586	1609	1621
MALES								
0-4	61	47	48	48	48	48	48	48
5-9	62	46	49	49	48	48	48	48
10-14	59	58	50	49	48	48	48	48
15-19	56	59	49	48	48	48	48	48
20-24	59	55	47	47	48	48	48	48
25-29	54	50	45	47	48	48	48	48
30-34	60	53	44	48	48	48	48	48
35-39	59	48	55	48	48	48	48	48
40-44	54	54	55	47	47	47	47	48
45-49	43	53	50	44	46	47	47	47
50-54	43	48	45	42	45	46	47	47
55-59	41	37	45	40	45	46	46	46
60-64	36	35	38	47	44	44	45	45
65-69	27	30	38	44	41	42	43	43
70-74	15	23	31	35	35	38	40	41
75+	18	21	35	52	67	79	89	93
TOTAL	741	719	723	735	754	774	788	795
FEMALES								
0-4	58	45	45	46	46	46	46	46
5-9	60	44	46	46	46	46	46	46
10-14	56	55	48	46	46	46	46	46
15-19	55	57	47	46	46	46	46	46
20-24	54	53	45	45	46	46	46	46
25-29	52	50	44	45	46	46	46	46
30-34	60	49	44	46	46	46	46	46
35-39	61	48	54	47	46	46	46	46
40-44	57	57	56	47	46	46	46	46
45-49	47	58	51	44	45	46	46	46
50-54	49	54	48	43	45	46	46	46
55-59	50	44	47	42	45	46	46	46
60-64	48	45	45	52	46	45	45	45
65-69	46	44	51	52	45	44	45	45
70-74	33	39	50	46	42	43	44	44
75+	50	60	92	110	122	128	135	139
TOTAL	830	804	812	806	804	812	821	825
BIRTH RATE		12.3	12.6	12.4	12.2	12.0	11.8	11.7
DEATH RATE		12.2	12.0	12.2	11.8	11.3	11.3	11.5
NET MIGRATION RATE		-3.2	-.3	.0	.0	.0	.0	.0
GROWTH RATE		-.31	.03	.02	.05	.07	.06	.03
TOTAL FERTILITY		1.798	1.906	2.064	2.061	2.058	2.057	2.056
e(0) - BOTH SEXES		70.61	74.76	78.61	82.24	83.86	85.15	85.63
IMR - BOTH SEXES		11.8	7.1	4.9	3.2	2.6	2.2	2.0

ETHIOPIA

Projection (thousands) with NRR=1 by 2050

AGE GROUP	1990	1995	2000	2005	2010	2015	2020	2025	2030	2035
TOTAL M+F	48501	57091	67296	79121	92472	107334	123734	141354	159573	177537
MALES										
0-4	4981	5664	6667	7690	8644	9566	10503	11282	11746	11775
5-9	3627	4564	5220	6205	7242	8184	9105	10051	10853	11358
10-14	2995	3521	4438	5090	6069	7097	8035	8956	9904	10715
15-19	2511	2928	3444	4343	4985	5954	6974	7909	8829	9779
20-24	2082	2437	2842	3342	4215	4850	5806	6817	7748	8669
25-29	1726	2008	2350	2739	3218	4073	4701	5645	6646	7575
30-34	1444	1661	1933	2260	2632	3103	3940	4562	5495	6489
35-39	1204	1386	1593	1852	2164	2529	2992	3811	4427	5349
40-44	998	1148	1321	1516	1761	2065	2422	2876	3677	4285
45-49	823	943	1085	1245	1428	1664	1959	2306	2749	3526
50-54	663	767	878	1008	1155	1329	1555	1838	2172	2598
55-59	512	605	699	798	914	1051	1215	1427	1693	2008
60-64	383	452	533	613	698	803	928	1076	1269	1511
65-69	267	319	376	441	506	579	668	776	904	1071
70-74	166	203	241	282	330	381	438	510	595	698
75+	120	159	199	237	278	328	386	452	532	628
TOTAL	24501	28765	33819	39660	46238	53556	61629	70294	79240	88034
FEMALES										
0-4	4891	5631	6620	7624	8549	9459	10385	11156	11614	11643
5-9	3450	4502	5213	6190	7216	8136	9050	9989	10786	11287
10-14	2836	3352	4382	5090	6065	7084	8002	8919	9862	10669
15-19	2377	2777	3285	4299	5000	5968	6982	7899	8818	9765
20-24	1984	2323	2716	3213	4208	4904	5864	6873	7790	8711
25-29	1653	1933	2264	2646	3132	4111	4802	5754	6758	7676
30-34	1386	1604	1877	2197	2569	3049	4012	4697	5643	6643
35-39	1158	1339	1551	1814	2125	2491	2964	3911	4591	5530
40-44	972	1114	1289	1492	1745	2050	2411	2877	3807	4482
45-49	811	931	1067	1233	1428	1675	1974	2328	2786	3698
50-54	679	770	883	1012	1170	1359	1599	1890	2235	2683
55-59	555	633	719	824	943	1095	1276	1507	1787	2121
60-64	441	503	574	650	746	858	1001	1171	1389	1655
65-69	338	379	433	493	559	645	747	876	1031	1231
70-74	239	267	300	342	389	445	518	604	714	848
75+	230	268	305	343	389	447	518	609	720	860
TOTAL	24000	28325	33477	39460	46234	53777	62105	71060	80334	89502
BIRTH RATE		50.7	50.2	48.3	45.4	42.8	40.2	37.3	33.9	30.1
DEATH RATE		17.9	17.1	15.9	14.2	12.9	11.8	10.7	9.7	8.7
RATE OF NAT. INC.		3.28	3.30	3.25	3.12	2.98	2.85	2.66	2.43	2.13
NET MIGRATION RATE		-.2	-.1	-.1	-.1	-.0	-.0	-.0	.0	.0
GROWTH RATE		3.26	3.29	3.24	3.12	2.98	2.84	2.66	2.42	2.13
TOTAL FERTILITY		7.500	7.500	7.200	6.600	6.000	5.400	4.800	4.200	3.600
NRR		2.620	2.665	2.629	2.498	2.322	2.139	1.945	1.742	1.527
e(0) - BOTH SEXES		48.56	49.29	50.36	52.02	53.54	55.11	56.73	58.41	60.15
e(15) - BOTH SEXES		49.09	49.01	48.64	48.56	49.37	50.20	51.06	51.94	52.85
IMR - BOTH SEXES		122.0	116.0	106.2	93.6	87.2	80.9	74.5	68.2	61.9
q(5) - BOTH SEXES		.2052	.1943	.1756	.1520	.1408	.1295	.1182	.1067	.0952
DEP. RATIO	99.1	102.0	104.5	102.4	100.0	95.2	89.3	83.2	76.7	69.5

ETHIOPIA

Summary Projection for 25-Year Periods

AGE GROUP	1990	2000	2025	2050	2075	2100	2125	2150
TOTAL M+F	48501	67296	141354	226136	293774	334354	354045	364874
MALES								
0-4	4981	6667	11282	10682	11023	11157	11180	11162
5-9	3627	5220	10051	11070	11097	11147	11164	11146
10-14	2995	4438	8956	11300	11130	11086	11136	11137
15-19	2511	3444	7909	11249	10923	10960	11101	11131
20-24	2082	2842	6817	10995	10573	10839	11069	11119
25-29	1726	2350	5645	10300	10305	10809	11045	11092
30-34	1444	1933	4562	9315	10705	10862	11004	11047
35-39	1204	1593	3811	8198	10850	10834	10897	10980
40-44	998	1321	2876	7101	10686	10554	10715	10897
45-49	823	1085	2306	5983	10287	10115	10524	10805
50-54	663	878	1838	4794	9385	9679	10365	10672
55-59	512	699	1427	3670	8112	9741	10191	10446
60-64	383	533	1076	2814	6636	9391	9824	10064
65-69	267	376	776	1857	5120	8541	9069	9478
70-74	166	241	510	1205	3594	7239	7966	8679
75+	120	199	452	1087	3471	9807	14879	17876
TOTAL	24501	33819	70294	111620	143896	162760	172127	177730
FEMALES								
0-4	4891	6620	11156	10564	10848	10882	10865	10848
5-9	3450	5213	9989	10999	10973	10903	10852	10835
10-14	2836	4382	8919	11249	11044	10872	10827	10828
15-19	2377	3285	7899	11230	10888	10786	10801	10828
20-24	1984	2716	6873	11033	10583	10721	10810	10834
25-29	1653	2264	5754	10401	10365	10756	10840	10836
30-34	1386	1877	4697	9467	10813	10872	10854	10819
35-39	1158	1551	3911	8391	11010	10909	10802	10779
40-44	972	1289	2877	7336	10913	10707	10689	10733
45-49	811	1067	2328	6277	10609	10340	10585	10713
50-54	679	883	1890	5137	9835	10021	10555	10697
55-59	555	719	1507	4055	8720	10285	10569	10640
60-64	441	574	1171	3201	7412	10211	10459	10488
65-69	338	433	876	2151	6044	9718	10050	10227
70-74	239	300	604	1488	4586	8813	9365	9883
75+	230	305	609	1537	5236	14799	22993	27157
TOTAL	24000	33477	71060	114516	149878	171594	181918	187144
BIRTH RATE		50.4	42.0	26.3	17.3	14.1	12.8	12.3
DEATH RATE		17.5	12.7	8.0	7.0	9.0	10.5	11.1
NET MIGRATION RATE		-.2	-.0	.0	.0	.0	.0	.0
GROWTH RATE		3.28	2.97	1.88	1.05	.52	.23	.12
TOTAL FERTILITY		7.500	5.783	3.057	2.115	2.073	2.047	2.042
e(0) - BOTH SEXES		48.96	54.02	62.35	70.62	75.97	81.05	83.03
IMR - BOTH SEXES		118.7	87.2	55.9	28.3	14.3	4.1	2.9

FIJI

Projection (thousands) with NRR=1 by 2005

AGE GROUP	1990	1995	2000	2005	2010	2015	2020	2025	2030	2035
TOTAL M+F	732	775	813	849	887	928	969	1008	1046	1081
MALES										
0-4	46	44	40	38	39	40	39	38	38	38
5-9	50	44	42	39	37	38	39	39	38	37
10-14	46	49	43	41	38	37	38	39	39	38
15-19	37	45	48	43	41	38	36	38	39	39
20-24	32	35	43	46	41	40	37	36	37	39
25-29	31	29	33	41	45	40	39	37	36	37
30-34	28	29	27	31	40	43	39	38	36	36
35-39	22	26	27	26	30	39	43	39	38	36
40-44	19	21	25	26	25	29	38	42	38	38
45-49	16	18	20	24	25	24	28	37	42	38
50-54	13	15	17	19	23	24	24	28	36	41
55-59	10	12	14	16	18	22	23	23	27	35
60-64	8	9	11	13	15	17	21	22	22	25
65-69	5	7	8	10	12	14	15	19	20	20
70-74	3	4	6	7	8	10	12	13	17	18
75+	3	4	5	7	9	11	14	17	20	25
TOTAL	370	391	410	428	446	467	486	505	524	541
FEMALES										
0-4	45	42	39	37	37	38	38	36	36	36
5-9	48	43	41	38	36	37	38	37	36	36
10-14	45	47	42	40	37	35	36	37	37	36
15-19	36	43	45	41	39	36	35	36	37	37
20-24	32	33	41	44	40	38	36	34	36	37
25-29	32	29	31	39	42	38	37	35	34	36
30-34	27	29	27	29	38	41	38	37	35	34
35-39	22	26	28	25	28	37	40	37	37	35
40-44	18	21	25	27	25	27	37	40	37	36
45-49	15	18	21	24	26	24	27	36	40	37
50-54	13	15	17	20	24	26	24	27	36	39
55-59	10	13	14	17	20	23	25	24	26	35
60-64	7	10	12	14	16	19	22	25	23	26
65-69	5	6	9	11	13	15	18	21	24	22
70-74	4	4	6	8	10	11	14	16	20	22
75+	3	5	6	8	11	15	19	23	29	35
TOTAL	362	384	403	421	441	462	483	503	522	540
BIRTH RATE		23.8	20.7	18.7	18.0	17.6	16.5	15.3	14.5	14.0
DEATH RATE		4.4	4.6	4.9	5.1	5.6	6.1	6.6	7.0	7.5
RATE OF NAT. INC.		1.94	1.61	1.38	1.29	1.20	1.04	.87	.74	.65
NET MIGRATION RATE		-8.0	-6.6	-5.2	-4.0	-2.9	-1.8	-.9	.0	.0
GROWTH RATE		1.14	.95	.86	.89	.91	.86	.78	.74	.65
TOTAL FERTILITY		2.980	2.573	2.222	2.096	2.093	2.089	2.086	2.083	2.080
NRR		1.402	1.218	1.057	1.000	1.000	1.000	1.000	1.000	1.000
e(0) - BOTH SEXES		71.54	72.56	73.70	74.89	75.53	76.19	76.87	77.58	78.31
e(15) - BOTH SEXES		58.85	59.53	60.37	61.32	61.86	62.42	63.00	63.61	64.23
IMR - BOTH SEXES		23.0	19.3	15.9	13.1	12.1	11.1	10.1	9.1	8.1
q(5) - BOTH SEXES		.0275	.0231	.0192	.0160	.0148	.0137	.0125	.0113	.0102
DEP. RATIO	70.6	62.9	54.5	50.1	47.9	48.1	49.2	50.5	51.0	50.7

Summary Projection for 25-Year Periods

FIJI

AGE GROUP	1990	2000	2025	2050	2075	2100	2125	2150
TOTAL M+F	732	813	1008	1167	1231	1255	1272	1280
MALES								
0-4	46	40	38	38	38	38	38	38
5-9	50	42	39	38	38	38	38	38
10-14	46	43	39	38	38	38	38	38
15-19	37	48	38	38	38	38	38	38
20-24	32	43	36	37	38	38	38	38
25-29	31	33	37	38	38	38	38	38
30-34	28	27	38	38	38	38	38	38
35-39	22	27	39	38	38	38	38	38
40-44	19	25	42	37	37	37	38	38
45-49	16	20	37	35	36	37	37	37
50-54	13	17	28	35	36	37	37	37
55-59	10	14	23	36	36	36	36	36
60-64	8	11	22	35	35	35	35	36
65-69	5	8	19	36	32	33	34	34
70-74	3	6	13	29	29	31	32	33
75+	3	5	17	36	62	69	73	75
TOTAL	370	410	505	582	609	620	627	630
FEMALES								
0-4	45	39	36	37	36	36	36	36
5-9	48	41	37	37	36	36	36	36
10-14	45	42	37	36	36	36	36	36
15-19	36	45	36	36	36	36	36	36
20-24	32	41	34	36	36	36	36	36
25-29	32	31	35	36	37	36	36	36
30-34	27	27	37	37	37	36	36	36
35-39	22	28	37	37	36	36	36	36
40-44	18	25	40	36	36	36	36	36
45-49	15	21	36	34	35	36	36	36
50-54	13	17	27	34	36	36	36	36
55-59	10	14	24	35	36	36	36	36
60-64	7	12	25	35	36	35	35	36
65-69	5	9	21	37	34	34	35	35
70-74	4	6	16	32	31	33	35	35
75+	3	6	23	50	87	98	105	108
TOTAL	362	403	503	585	622	636	645	650
BIRTH RATE		22.2	17.2	13.7	12.4	12.0	11.8	11.7
DEATH RATE		4.5	5.7	7.9	10.3	11.2	11.3	11.5
NET MIGRATION RATE		-7.2	-2.9	.0	.0	.0	.0	.0
GROWTH RATE		1.05	.86	.58	.21	.08	.05	.02
TOTAL FERTILITY		2.768	2.116	2.077	2.064	2.061	2.058	2.058
e(0) - BOTH SEXES		72.06	75.50	79.13	82.52	84.02	85.22	85.68
IMR - BOTH SEXES		21.2	12.4	7.0	3.1	2.5	2.1	2.0

FINLAND

Projection (thousands) with NRR=1 by 2030

AGE GROUP	1990	1995	2000	2005	2010	2015	2020	2025	2030	2035
TOTAL M+F	4986	5105	5183	5231	5272	5301	5322	5329	5318	5279
MALES										
0-4	159	170	161	154	154	156	158	158	158	157
5-9	169	161	171	160	154	154	156	158	158	158
10-14	168	171	161	170	160	154	154	156	158	158
15-19	155	169	171	161	170	160	154	154	156	158
20-24	181	157	170	170	160	169	159	153	153	155
25-29	195	184	158	169	169	160	169	159	152	153
30-34	200	196	184	157	168	168	159	168	158	152
35-39	212	200	196	183	156	167	167	158	167	157
40-44	226	211	199	194	181	154	165	166	157	166
45-49	152	222	208	196	191	179	152	163	164	155
50-54	139	148	216	202	191	187	175	149	160	161
55-59	125	132	141	208	195	184	180	169	145	156
60-64	117	115	123	132	195	184	174	171	161	138
65-69	91	103	102	110	120	178	169	161	159	150
70-74	59	74	85	86	94	104	155	148	142	141
75+	86	84	95	113	128	143	160	213	245	256
TOTAL	2435	2497	2540	2566	2587	2601	2607	2604	2592	2570
FEMALES										
0-4	151	162	153	147	147	149	151	151	151	150
5-9	159	153	163	153	147	147	149	151	151	151
10-14	159	160	153	163	153	147	147	149	151	151
15-19	147	160	161	153	163	153	147	147	149	150
20-24	173	150	162	161	153	162	153	147	147	148
25-29	184	176	151	162	161	153	162	152	146	147
30-34	188	186	177	151	161	160	153	162	152	146
35-39	200	189	186	177	151	161	160	152	162	152
40-44	212	200	189	186	176	150	160	159	152	161
45-49	147	210	198	187	185	175	149	159	158	151
50-54	139	145	208	196	185	183	173	148	158	157
55-59	131	136	143	204	193	183	180	171	146	156
60-64	136	127	133	139	200	189	179	177	168	144
65-69	131	129	121	127	134	193	183	174	172	164
70-74	102	120	120	113	120	127	183	175	166	165
75+	193	203	225	246	256	268	286	351	396	415
TOTAL	2551	2608	2644	2665	2684	2700	2715	2725	2725	2709
BIRTH RATE		13.2	12.2	11.6	11.5	11.6	11.7	11.7	11.7	11.6
DEATH RATE		10.1	10.0	9.8	10.0	10.5	10.9	11.4	12.1	13.1
RATE OF NAT. INC.		.31	.23	.18	.16	.11	.08	.03	-.04	-.15
NET MIGRATION RATE		1.6	.8	.0	.0	.0	.0	.0	.0	.0
GROWTH RATE		.47	.31	.18	.15	.11	.08	.03	-.04	-.15
TOTAL FERTILITY		1.860	1.860	1.860	1.900	1.939	1.977	2.014	2.051	2.065
NRR		.895	.896	.897	.918	.937	.956	.974	.993	1.000
e(0) - BOTH SEXES	75.41	76.35	77.35	78.31	78.79	79.28	79.78	80.30	80.83	
e(15) - BOTH SEXES	61.11	61.98	62.92	63.84	64.30	64.77	65.26	65.76	66.27	
IMR - BOTH SEXES	5.8	5.2	4.7	4.3	4.1	3.9	3.8	3.6	3.4	
q(5) - BOTH SEXES	.0076	.0069	.0063	.0059	.0056	.0054	.0052	.0050	.0048	
DEP. RATIO	48.5	49.5	49.2	50.0	50.5	56.8	62.7	67.3	70.9	72.3

FINLAND

Summary Projection for 25-Year Periods

AGE GROUP	1990	2000	2025	2050	2075	2100	2125	2150
TOTAL M+F	4986	5183	5329	5177	5177	5218	5262	5284
MALES								
0-4	159	161	158	157	157	157	157	157
5-9	169	171	158	157	157	157	157	157
10-14	168	161	156	156	157	157	157	157
15-19	155	171	154	157	157	157	157	157
20-24	181	170	153	157	157	157	157	157
25-29	195	158	159	157	156	156	156	156
30-34	200	184	168	156	155	155	156	156
35-39	212	196	158	153	154	155	155	155
40-44	226	199	166	150	154	155	155	155
45-49	152	208	163	149	154	154	154	154
50-54	139	216	149	152	152	152	152	152
55-59	125	141	169	157	148	148	149	150
60-64	117	123	171	143	142	144	146	147
65-69	91	102	161	142	134	139	141	142
70-74	59	85	148	128	124	131	133	134
75+	86	95	213	254	281	291	305	313
TOTAL	2435	2540	2604	2525	2538	2564	2587	2599
FEMALES								
0-4	151	153	151	150	150	150	150	150
5-9	159	163	151	149	149	150	150	150
10-14	159	153	149	149	150	150	150	150
15-19	147	161	147	149	150	150	150	150
20-24	173	162	147	150	150	150	150	150
25-29	184	151	152	150	150	149	149	150
30-34	188	177	162	150	149	149	149	149
35-39	200	186	152	148	148	149	149	149
40-44	212	189	159	146	149	149	149	149
45-49	147	198	159	145	149	149	149	149
50-54	139	208	148	150	149	148	148	149
55-59	131	143	171	158	148	147	148	148
60-64	136	133	177	147	144	146	147	147
65-69	131	121	174	151	141	145	146	146
70-74	102	120	175	146	137	143	144	145
75+	193	225	351	412	426	431	447	455
TOTAL	2551	2644	2725	2652	2638	2654	2675	2685
BIRTH RATE		12.7	11.6	11.7	11.9	11.9	11.7	11.7
DEATH RATE		10.0	10.5	12.9	11.9	11.5	11.4	11.5
NET MIGRATION RATE		1.2	.0	.0	.0	.0	.0	.0
GROWTH RATE		.39	.11	-.12	.00	.03	.03	.02
TOTAL FERTILITY		1.861	1.936	2.061	2.060	2.059	2.057	2.057
e(0) - BOTH SEXES		75.88	78.71	81.39	83.81	84.82	85.62	85.93
IMR - BOTH SEXES		5.5	4.2	3.3	2.5	2.3	2.0	2.0

FRANCE

Projection (thousands) with NRR=1 by 2030

AGE GROUP	1990	1995	2000	2005	2010	2015	2020	2025	2030	2035
TOTAL M+F	56735	58125	59425	60282	60993	61585	62121	62555	62661	62543
MALES										
0-4	1964	1935	1891	1809	1805	1818	1835	1844	1848	1836
5-9	1957	1977	1941	1890	1806	1802	1816	1833	1841	1845
10-14	1912	1967	1982	1941	1888	1805	1801	1815	1832	1841
15-19	2173	1920	1969	1980	1938	1885	1802	1798	1812	1830
20-24	2197	2187	1926	1966	1973	1931	1879	1796	1793	1807
25-29	2180	2217	2195	1921	1957	1964	1923	1871	1789	1786
30-34	2123	2195	2221	2188	1912	1947	1955	1914	1863	1782
35-39	2156	2130	2194	2212	2177	1902	1938	1946	1906	1855
40-44	2162	2150	2119	2179	2195	2161	1889	1925	1933	1894
45-49	1504	2137	2124	2094	2153	2171	2138	1870	1906	1915
50-54	1466	1470	2090	2080	2053	2113	2132	2101	1839	1876
55-59	1490	1407	1416	2020	2017	1993	2054	2074	2046	1793
60-64	1378	1394	1326	1343	1927	1927	1908	1970	1994	1971
65-69	1205	1239	1268	1219	1246	1793	1799	1787	1851	1879
70-74	599	1015	1063	1106	1079	1109	1604	1618	1616	1683
75+	1197	1058	1335	1555	1745	1845	1942	2425	2733	2932
TOTAL	27665	28398	29060	29503	29871	30167	30415	30587	30602	30524
FEMALES										
0-4	1869	1842	1799	1720	1716	1729	1745	1753	1757	1745
5-9	1867	1883	1849	1799	1718	1714	1727	1744	1752	1755
10-14	1822	1877	1889	1850	1798	1718	1714	1727	1743	1751
15-19	2065	1833	1883	1889	1849	1797	1717	1713	1726	1742
20-24	2109	2086	1844	1884	1887	1847	1796	1715	1711	1725
25-29	2162	2134	2099	1845	1881	1884	1845	1794	1713	1710
30-34	2121	2180	2142	2098	1842	1878	1882	1842	1791	1711
35-39	2136	2130	2182	2139	2093	1838	1875	1878	1839	1788
40-44	2097	2136	2127	2176	2132	2087	1833	1870	1873	1835
45-49	1458	2087	2125	2116	2165	2122	2078	1825	1862	1867
50-54	1463	1444	2068	2107	2099	2149	2107	2064	1814	1851
55-59	1557	1440	1424	2042	2082	2076	2127	2087	2045	1798
60-64	1542	1520	1410	1398	2008	2050	2045	2097	2059	2020
65-69	1494	1484	1470	1369	1363	1961	2004	2002	2055	2021
70-74	829	1399	1401	1399	1312	1309	1887	1933	1936	1992
75+	2480	2251	2652	2949	3175	3258	3325	3925	4381	4707
TOTAL	29070	29727	30365	30779	31122	31417	31706	31968	32058	32019
BIRTH RATE		13.2	12.6	11.9	11.7	11.6	11.6	11.6	11.6	11.5
DEATH RATE		9.6	8.9	9.2	9.3	9.7	9.9	10.2	11.2	11.9
RATE OF NAT. INC.		.36	.37	.27	.23	.19	.17	.14	.03	-.04
NET MIGRATION RATE		1.2	.7	.2	.0	.0	.0	.0	.0	.0
GROWTH RATE		.48	.44	.29	.23	.19	.17	.14	.03	-.04
TOTAL FERTILITY		1.780	1.780	1.780	1.837	1.892	1.946	1.998	2.048	2.068
NRR		.855	.856	.857	.885	.913	.939	.965	.990	1.000
e(0) - BOTH SEXES	77.21	78.23	79.25	80.17	80.55	80.94	81.34	81.75	82.16	
e(15) - BOTH SEXES	63.09	64.03	64.97	65.81	66.16	66.52	66.89	67.26	67.64	
IMR - BOTH SEXES	7.3	6.6	5.8	5.2	4.9	4.6	4.4	4.1	3.8	
q(5) - BOTH SEXES	.0093	.0085	.0076	.0069	.0066	.0062	.0059	.0056	.0052	
DEP. RATIO	51.1	52.2	52.8	51.9	51.2	55.0	59.6	64.0	67.9	71.1

Summary Projection for 25-Year Periods

FRANCE

AGE GROUP	1990	2000	2025	2050	2075	2100	2125	2150
TOTAL M+F	56735	59425	62555	61645	60842	61063	61438	61639
MALES								
0-4	1964	1891	1844	1834	1831	1832	1833	1833
5-9	1957	1941	1833	1825	1829	1831	1832	1831
10-14	1912	1982	1815	1822	1830	1832	1832	1831
15-19	2173	1969	1798	1831	1833	1831	1830	1830
20-24	2197	1926	1796	1838	1831	1827	1827	1827
25-29	2180	2195	1871	1827	1821	1820	1822	1823
30-34	2123	2221	1914	1812	1808	1814	1817	1818
35-39	2156	2194	1946	1787	1799	1810	1813	1814
40-44	2162	2119	1925	1762	1801	1806	1807	1807
45-49	1504	2124	1870	1750	1799	1796	1796	1796
50-54	1466	2090	2101	1803	1773	1772	1775	1778
55-59	1490	1416	2074	1810	1730	1735	1747	1753
60-64	1378	1326	1970	1785	1666	1690	1710	1716
65-69	1205	1268	1787	1685	1584	1637	1654	1660
70-74	599	1063	1618	1516	1481	1548	1565	1572
75+	1197	1335	2425	3424	3442	3466	3601	3678
TOTAL	27665	29060	30587	30111	29859	30049	30260	30368
FEMALES								
0-4	1869	1799	1753	1743	1741	1742	1742	1742
5-9	1867	1849	1744	1735	1739	1741	1742	1741
10-14	1822	1889	1727	1733	1741	1742	1742	1741
15-19	2065	1883	1713	1743	1744	1743	1741	1741
20-24	2109	1844	1715	1753	1745	1741	1740	1740
25-29	2162	2099	1794	1748	1740	1738	1739	1740
30-34	2121	2142	1842	1738	1732	1736	1739	1739
35-39	2136	2182	1878	1719	1727	1737	1739	1738
40-44	2097	2127	1870	1702	1736	1738	1738	1737
45-49	1458	2125	1825	1700	1742	1736	1734	1734
50-54	1463	2068	2064	1770	1732	1727	1728	1730
55-59	1557	1424	2087	1806	1714	1713	1720	1724
60-64	1542	1410	2097	1824	1684	1699	1713	1717
65-69	1494	1470	2002	1791	1651	1694	1704	1706
70-74	829	1401	1933	1707	1622	1678	1684	1686
75+	2480	2652	3925	5320	5193	5109	5235	5314
TOTAL	29070	30365	31968	31534	30983	31014	31178	31272
BIRTH RATE		12.9	11.7	11.5	11.7	11.8	11.7	11.6
DEATH RATE		9.2	9.7	12.1	12.3	11.6	11.5	11.5
NET MIGRATION RATE		.9	.0	.0	.0	.0	.0	.0
GROWTH RATE		.46	.21	-.06	-.05	.01	.02	.01
TOTAL FERTILITY		1.780	1.888	2.063	2.062	2.061	2.060	2.060
e(0) - BOTH SEXES		77.73	80.46	82.58	84.42	85.20	85.80	86.04
IMR - BOTH SEXES		6.9	5.0	3.5	2.4	2.1	2.0	1.9

FRENCH POLYNESIA

Projection (thousands) with NRR=1 by 2010

AGE GROUP	1990	1995	2000	2005	2010	2015	2020	2025	2030	2035
TOTAL M+F	198	225	252	277	299	318	337	357	375	391
MALES										
0-4	13	14	16	15	14	13	14	15	15	14
5-9	11	13	15	16	15	14	13	14	15	15
10-14	14	11	13	15	16	15	14	13	14	15
15-19	12	14	11	13	15	16	15	14	13	14
20-24	11	12	14	11	13	14	15	15	13	13
25-29	8	11	12	14	11	13	14	15	15	13
30-34	6	8	11	12	14	11	13	14	15	15
35-39	5	6	8	11	12	14	11	13	14	15
40-44	5	5	6	8	11	12	14	11	13	14
45-49	4	5	5	6	8	11	12	14	11	13
50-54	4	4	5	5	6	8	11	11	13	10
55-59	3	4	4	4	5	6	7	10	11	13
60-64	2	3	3	3	4	4	5	7	10	10
65-69	2	2	2	3	3	4	4	5	6	9
70-74	1	2	1	2	2	2	3	3	4	5
75+	1	1	2	2	2	3	3	4	5	6
TOTAL	101	114	128	140	150	159	168	177	186	194
FEMALES										
0-4	12	14	15	14	13	13	13	14	14	14
5-9	11	12	14	15	14	13	13	13	14	14
10-14	13	11	12	14	15	14	13	13	13	14
15-19	12	13	11	12	14	15	14	13	13	13
20-24	11	12	13	11	12	14	15	14	13	13
25-29	8	11	12	13	11	12	14	15	14	13
30-34	6	8	11	13	14	11	12	14	15	14
35-39	5	6	8	11	13	13	11	12	14	15
40-44	4	5	6	8	11	12	13	11	12	14
45-49	4	4	5	6	8	11	12	13	11	12
50-54	3	4	4	5	6	8	11	12	13	11
55-59	2	3	4	4	5	6	8	11	12	13
60-64	2	2	3	4	4	5	6	8	11	12
65-69	2	2	2	3	3	3	4	5	7	10
70-74	1	2	2	2	2	3	3	4	5	7
75+	1	1	2	2	3	3	5	5	7	9
TOTAL	97	110	125	138	149	159	169	179	189	197
BIRTH RATE		27.3	26.0	22.5	18.8	17.2	16.9	16.6	15.8	14.8
DEATH RATE		5.9	5.3	4.9	4.5	4.8	5.1	5.5	5.8	6.3
RATE OF NAT. INC.		2.14	2.07	1.76	1.42	1.24	1.18	1.11	1.00	.85
NET MIGRATION RATE		3.8	2.5	1.5	.7	.0	.0	.0	.0	.0
GROWTH RATE		2.52	2.32	1.91	1.49	1.24	1.18	1.11	1.00	.85
TOTAL FERTILITY		3.180	2.811	2.484	2.195	2.090	2.087	2.084	2.081	2.078
NRR		1.483	1.329	1.183	1.049	1.000	1.000	1.000	1.000	1.000
e(0) - BOTH SEXES	68.41	70.58	72.60	74.42	75.07	75.75	76.45	77.18	77.93	
e(15) - BOTH SEXES	55.57	57.39	59.13	60.73	61.30	61.89	62.51	63.15	63.81	
IMR - BOTH SEXES	22.0	17.9	14.5	11.9	11.0	10.1	9.3	8.4	7.5	
q(5) - BOTH SEXES	.0264	.0215	.0176	.0146	.0136	.0126	.0116	.0106	.0095	
DEP. RATIO	70.1	60.5	60.1	57.5	52.1	46.5	43.6	43.8	46.2	50.1

Summary Projection for 25-Year Periods

FRENCH POLYNESIA

AGE GROUP	1990	2000	2025	2050	2075	2100	2125	2150
TOTAL M+F	198	252	357	427	457	467	474	477
MALES								
0-4	13	16	15	14	14	14	14	14
5-9	11	15	14	14	14	14	14	14
10-14	14	13	13	14	14	14	14	14
15-19	12	11	14	14	14	14	14	14
20-24	11	14	15	15	14	14	14	14
25-29	8	12	15	14	14	14	14	14
30-34	6	11	14	14	14	14	14	14
35-39	5	8	13	13	14	14	14	14
40-44	5	6	11	13	14	14	14	14
45-49	4	5	14	14	14	14	14	14
50-54	4	5	11	15	14	14	14	14
55-59	3	4	10	13	13	13	13	14
60-64	2	3	7	11	12	13	13	13
65-69	2	2	5	9	12	13	13	13
70-74	1	1	3	10	12	12	12	12
75+	1	2	4	13	22	24	27	28
TOTAL	101	128	177	210	225	230	233	235
FEMALES								
0-4	12	15	14	14	14	14	14	14
5-9	11	14	13	13	14	14	14	14
10-14	13	12	13	13	14	14	14	14
15-19	12	11	13	14	14	14	14	14
20-24	11	13	14	14	14	14	14	14
25-29	8	12	15	14	14	13	14	14
30-34	6	11	14	13	13	13	14	14
35-39	5	8	12	13	13	14	14	14
40-44	4	6	11	13	14	14	14	14
45-49	4	5	13	14	14	14	13	13
50-54	3	4	12	15	14	13	13	13
55-59	2	4	11	13	13	13	13	13
60-64	2	3	8	12	12	13	13	13
65-69	2	2	5	10	12	13	13	13
70-74	1	2	4	12	13	13	13	13
75+	1	2	5	20	32	36	39	40
TOTAL	97	125	179	216	232	237	241	242
BIRTH RATE		26.6	18.2	14.2	12.6	12.1	11.8	11.7
DEATH RATE		5.6	5.0	7.1	9.9	11.2	11.3	11.4
NET MIGRATION RATE		3.1	.4	.0	.0	.0	.0	.0
GROWTH RATE		2.42	1.39	.72	.27	.09	.06	.03
TOTAL FERTILITY		2.980	2.182	2.075	2.064	2.060	2.058	2.057
e(0) - BOTH SEXES		69.56	74.98	78.80	82.30	83.89	85.16	85.64
IMR - BOTH SEXES		19.9	11.4	6.7	3.2	2.5	2.2	2.0

GABON

Projection (thousands) with NRR=1 by 2045

AGE GROUP	1990	1995	2000	2005	2010	2015	2020	2025	2030	2035
TOTAL M+F	1136	1306	1515	1763	2032	2324	2643	2980	3316	3645
MALES										
0-4	97	116	139	161	173	187	204	216	218	217
5-9	68	91	111	133	156	169	183	199	212	214
10-14	57	67	90	109	132	154	167	181	198	210
15-19	51	56	65	88	107	130	153	165	180	196
20-24	46	50	55	64	86	105	128	150	163	177
25-29	41	45	48	53	62	84	103	125	148	160
30-34	36	40	43	47	52	61	82	101	123	145
35-39	32	35	39	42	46	50	59	80	99	120
40-44	28	31	34	37	41	44	49	58	78	96
45-49	24	27	29	32	36	39	42	47	56	76
50-54	20	23	25	28	30	34	37	40	45	53
55-59	18	18	21	23	26	28	31	35	38	42
60-64	14	16	17	19	21	23	25	28	31	35
65-69	10	12	14	14	16	18	20	22	25	27
70-74	7	8	9	11	11	13	14	16	18	20
75+	7	8	9	10	12	13	15	17	19	22
TOTAL	556	642	747	871	1006	1152	1312	1480	1648	1812
FEMALES										
0-4	97	115	137	159	170	184	200	212	213	212
5-9	67	92	110	132	154	166	180	196	208	210
10-14	59	66	90	108	131	153	165	179	195	207
15-19	53	58	65	89	107	129	152	164	178	194
20-24	47	52	57	64	88	106	128	150	162	176
25-29	42	46	51	56	62	86	104	126	148	160
30-34	38	41	45	50	55	61	85	102	124	146
35-39	34	37	40	44	48	53	60	83	100	122
40-44	29	33	36	38	42	47	52	58	81	99
45-49	26	28	32	34	37	41	46	50	57	79
50-54	22	25	27	30	33	36	39	44	49	55
55-59	19	21	23	25	28	31	34	37	42	47
60-64	15	17	19	21	23	26	29	31	35	40
65-69	13	13	15	16	19	20	23	26	28	32
70-74	9	10	10	12	13	15	17	20	22	24
75+	10	11	12	13	15	17	19	22	26	30
TOTAL	580	664	768	891	1026	1172	1331	1500	1668	1833
BIRTH RATE		42.9	43.4	42.7	38.9	36.5	34.5	32.1	28.7	25.7
DEATH RATE		15.0	13.8	12.3	10.5	9.6	8.8	8.1	7.4	6.8
RATE OF NAT. INC.		2.79	2.96	3.03	2.84	2.69	2.57	2.40	2.14	1.89
NET MIGRATION RATE		.0	.0	.0	.0	.0	.0	.0	.0	.0
GROWTH RATE		2.79	2.96	3.03	2.84	2.69	2.57	2.40	2.14	1.89
TOTAL FERTILITY		5.913	6.328	6.443	5.843	5.243	4.643	4.043	3.443	2.988
NRR		2.264	2.498	2.627	2.464	2.240	2.011	1.777	1.535	1.351
e(0) - BOTH SEXES		53.96	55.52	57.37	59.65	60.97	62.33	63.74	65.20	66.70
e(15) - BOTH SEXES		50.93	50.78	50.97	51.63	52.45	53.31	54.19	55.10	56.04
IMR - BOTH SEXES		93.9	81.8	69.5	57.2	52.6	47.9	43.3	38.6	34.0
q(5) - BOTH SEXES		.1526	.1306	.1086	.0870	.0797	.0725	.0652	.0578	.0505
DEP. RATIO	78.9	87.2	96.8	99.3	97.3	91.3	84.0	77.9	71.4	64.3

Summary Projection for 25-Year Periods

GABON

AGE GROUP	1990	2000	2025	2050	2075	2100	2125	2150
TOTAL M+F	1136	1515	2980	4519	5781	6448	6727	6855
MALES								
0-4	97	139	216	201	204	206	206	206
5-9	68	111	199	197	205	206	206	206
10-14	57	90	181	206	207	207	206	206
15-19	51	65	165	212	208	206	206	206
20-24	46	55	150	210	206	204	205	205
25-29	41	48	125	205	197	202	204	205
30-34	36	43	101	189	193	202	204	205
35-39	32	39	80	171	201	204	204	204
40-44	28	34	58	153	205	203	202	202
45-49	24	29	47	137	201	199	199	201
50-54	20	25	40	111	192	189	195	198
55-59	18	21	35	86	172	180	192	195
60-64	14	17	28	64	146	180	188	191
65-69	10	14	22	41	120	173	180	182
70-74	7	9	16	28	93	154	165	169
75+	7	9	17	32	99	245	327	368
TOTAL	556	747	1480	2244	2851	3159	3289	3348
FEMALES								
0-4	97	137	212	197	199	200	200	200
5-9	67	110	196	193	200	201	201	200
10-14	59	90	179	202	202	201	200	200
15-19	53	65	164	208	204	201	200	200
20-24	47	57	150	208	202	199	200	200
25-29	42	51	126	203	195	198	200	200
30-34	38	45	102	189	191	198	200	200
35-39	34	40	83	171	200	201	200	200
40-44	29	36	58	155	205	202	199	199
45-49	26	32	50	140	203	199	197	198
50-54	22	27	44	116	196	190	195	197
55-59	19	23	37	91	179	185	194	197
60-64	15	19	31	71	158	190	195	196
65-69	13	15	26	47	136	189	192	193
70-74	9	10	20	36	114	178	185	187
75+	10	12	22	47	149	357	478	538
TOTAL	580	768	1500	2275	2930	3288	3437	3507
BIRTH RATE		43.2	36.3	22.7	15.9	13.3	12.4	12.0
DEATH RATE		14.4	9.6	6.4	6.2	9.0	10.7	11.2
NET MIGRATION RATE		.0	.0	.0	.0	.0	.0	.0
GROWTH RATE		2.88	2.71	1.67	.98	.44	.17	.08
TOTAL FERTILITY		6.130	5.033	2.613	2.072	2.054	2.043	2.040
e(0) - BOTH SEXES		54.80	61.22	68.57	75.60	79.48	82.99	84.28
IMR - BOTH SEXES		87.3	53.3	29.6	10.7	6.0	2.9	2.4

GAMBIA, THE

Projection (thousands) with NRR=1 by 2045

AGE GROUP	1990	1995	2000	2005	2010	2015	2020	2025	2030	2035
TOTAL M+F	925	1071	1232	1417	1629	1854	2094	2344	2596	2841
MALES										
0-4	85	98	112	130	146	156	166	174	177	176
5-9	63	78	90	104	122	139	148	159	167	171
10-14	54	62	76	88	102	120	136	146	157	165
15-19	43	53	60	74	86	100	118	134	144	154
20-24	37	43	52	58	72	84	97	115	131	141
25-29	34	36	41	50	56	69	81	94	112	128
30-34	31	33	35	40	48	54	67	79	92	109
35-39	26	30	32	34	38	46	52	65	76	89
40-44	24	25	29	30	32	36	44	50	62	74
45-49	20	23	24	27	29	30	34	42	48	60
50-54	16	19	21	22	25	26	28	32	39	45
55-59	13	14	17	19	20	22	24	26	30	36
60-64	8	11	12	15	17	17	20	21	23	26
65-69	6	7	9	10	12	14	14	16	18	19
70-74	3	5	5	7	8	9	10	11	13	14
75+	2	3	4	5	6	7	9	10	12	13
TOTAL	466	539	620	712	818	930	1050	1174	1300	1422
FEMALES										
0-4	85	98	111	129	145	154	164	172	175	173
5-9	64	78	90	104	122	138	147	157	166	169
10-14	52	63	76	88	102	119	135	145	155	164
15-19	43	51	61	74	86	100	117	133	143	153
20-24	38	43	49	59	72	84	97	115	131	141
25-29	35	37	41	48	57	70	81	95	112	128
30-34	32	34	36	40	46	55	67	79	92	109
35-39	25	31	33	34	38	44	53	65	76	89
40-44	21	24	29	31	33	36	42	51	63	74
45-49	17	20	23	27	29	31	34	40	48	60
50-54	14	16	19	21	25	27	29	32	38	46
55-59	12	13	14	17	19	23	25	27	30	35
60-64	8	10	11	13	15	17	21	22	24	27
65-69	6	7	8	9	10	12	14	18	19	21
70-74	4	5	5	6	7	8	9	11	14	15
75+	2	3	4	5	6	7	8	10	12	15
TOTAL	459	532	612	704	811	924	1044	1170	1296	1419
BIRTH RATE		47.1	45.8	45.2	43.3	40.0	37.2	34.3	31.1	27.8
DEATH RATE		19.7	18.6	17.3	15.4	14.1	12.9	11.8	10.7	9.8
RATE OF NAT. INC.		2.73	2.72	2.79	2.80	2.59	2.43	2.26	2.04	1.80
NET MIGRATION RATE		2.0	.9	.0	.0	.0	.0	.0	.0	.0
GROWTH RATE		2.93	2.80	2.79	2.79	2.59	2.43	2.26	2.04	1.80
TOTAL FERTILITY		6.500	6.500	6.500	6.200	5.600	5.000	4.400	3.800	3.257
NRR		2.144	2.207	2.286	2.282	2.109	1.929	1.739	1.539	1.352
e(0) - BOTH SEXES	44.76	46.07	47.60	49.95	51.50	53.12	54.80	56.55	58.37	
e(15) - BOTH SEXES	45.75	45.73	45.55	46.05	46.98	47.95	48.94	49.98	51.05	
IMR - BOTH SEXES	131.9	121.1	108.2	93.2	87.3	81.4	75.4	69.5	63.5	
q(5) - BOTH SEXES	.2229	.2036	.1794	.1515	.1408	.1300	.1191	.1082	.0973	
DEP. RATIO	86.2	89.6	92.5	93.3	93.5	90.8	85.1	78.2	71.6	64.6

Summary Projection for 25-Year Periods

GAMBIA, THE

AGE GROUP	1990	2000	2025	2050	2075	2100	2125	2150
TOTAL M+F	925	1232	2344	3482	4402	4923	5201	5360
MALES								
0-4	85	112	174	161	163	164	165	164
5-9	63	90	159	157	163	164	165	164
10-14	54	76	146	164	165	164	164	164
15-19	43	60	134	168	164	164	164	164
20-24	37	52	115	166	162	162	163	164
25-29	34	41	94	159	156	160	162	163
30-34	31	35	79	147	151	159	162	163
35-39	26	32	65	133	158	160	162	162
40-44	24	29	50	120	160	159	160	161
45-49	20	24	42	100	155	155	157	159
50-54	16	21	32	80	145	146	153	157
55-59	13	17	26	63	128	138	150	154
60-64	8	12	21	48	108	137	145	149
65-69	6	9	16	32	87	128	137	141
70-74	3	5	11	22	60	109	122	129
75+	2	4	10	19	58	154	220	265
TOTAL	466	620	1174	1739	2183	2423	2550	2624
FEMALES								
0-4	85	111	172	158	159	160	160	160
5-9	64	90	157	154	160	160	160	160
10-14	52	76	145	162	162	161	160	160
15-19	43	61	133	166	162	160	159	159
20-24	38	49	115	165	160	159	159	159
25-29	35	41	95	158	154	157	159	159
30-34	32	36	79	147	151	158	159	159
35-39	25	33	65	133	158	159	159	159
40-44	21	29	51	120	160	158	158	158
45-49	17	23	40	101	156	156	156	157
50-54	14	19	32	81	147	148	154	157
55-59	12	14	27	65	133	142	153	156
60-64	8	11	22	50	115	144	152	154
65-69	6	8	18	35	96	140	147	151
70-74	4	5	11	23	71	126	139	145
75+	2	4	10	23	77	212	316	383
TOTAL	459	612	1170	1743	2220	2499	2650	2736
BIRTH RATE		46.4	39.3	24.5	17.0	14.1	12.8	12.3
DEATH RATE		19.1	13.9	9.0	7.8	9.7	10.6	11.1
NET MIGRATION RATE		1.4	.0	.0	.0	.0	.0	.0
GROWTH RATE		2.87	2.57	1.58	.94	.45	.22	.12
TOTAL FERTILITY		6.498	5.370	2.816	2.147	2.089	2.050	2.044
e(0) - BOTH SEXES		45.46	51.84	60.64	69.53	75.21	80.59	82.72
IMR - BOTH SEXES		126.2	88.2	58.0	31.5	15.9	4.4	3.0

234 COUNTRIES, ECONOMIES, AND TERRITORIES

GAZA STRIP

Projection (thousands) with NRR=1 by 2045

AGE GROUP	1990	1995	2000	2005	2010	2015	2020	2025	2030	2035
TOTAL M+F	610	795	953	1148	1368	1616	1887	2172	2451	2727
MALES										
0-4	61	84	99	110	123	138	151	160	159	159
5-9	50	62	82	99	109	122	138	151	159	159
10-14	38	51	61	82	99	109	122	137	151	159
15-19	35	40	50	61	81	98	108	122	137	150
20-24	27	37	38	50	61	81	98	108	121	136
25-29	21	30	35	38	49	60	81	97	107	121
30-34	7	23	28	35	37	49	60	80	97	107
35-39	4	9	22	28	35	37	49	60	80	96
40-44	6	6	8	22	27	34	37	48	59	79
45-49	7	7	5	8	21	27	34	36	48	58
50-54	8	7	6	5	8	21	26	33	35	46
55-59	8	8	7	6	5	8	20	25	32	34
60-64	7	8	7	6	6	4	7	18	24	30
65-69	4	6	7	6	6	5	4	6	17	22
70-74	3	3	5	5	5	5	4	3	5	15
75+	2	3	4	5	6	7	7	7	6	7
TOTAL	290	385	465	565	678	805	945	1092	1236	1378
FEMALES										
0-4	59	81	96	105	118	133	145	153	152	152
5-9	48	61	79	95	105	118	132	145	152	152
10-14	37	49	60	79	95	105	117	132	145	152
15-19	33	39	48	59	79	95	105	117	132	144
20-24	27	36	37	48	59	79	95	104	117	132
25-29	21	30	34	37	48	59	78	94	104	117
30-34	15	23	29	34	37	47	59	78	94	104
35-39	14	16	22	29	34	37	47	58	77	93
40-44	15	14	15	22	28	33	36	47	58	77
45-49	12	15	14	15	22	28	33	36	46	57
50-54	11	12	14	13	15	21	27	32	35	45
55-59	9	11	12	14	13	14	20	26	31	34
60-64	7	9	10	11	13	12	14	20	25	30
65-69	5	6	8	9	10	12	11	13	18	24
70-74	3	4	5	6	8	9	10	10	11	16
75+	3	4	5	6	8	10	12	15	16	19
TOTAL	320	411	488	583	690	811	942	1080	1215	1349
BIRTH RATE		48.6	46.8	42.3	39.3	37.2	34.6	31.4	27.4	24.4
DEATH RATE		7.2	6.0	5.0	4.2	3.9	3.6	3.3	3.2	3.1
RATE OF NAT. INC.		4.14	4.07	3.72	3.50	3.33	3.10	2.80	2.42	2.13
NET MIGRATION RATE		11.4	-4.6	.0	.0	.0	.0	.0	.0	.0
GROWTH RATE		5.31	3.62	3.73	3.51	3.33	3.10	2.81	2.42	2.13
TOTAL FERTILITY		7.200	6.900	6.300	5.700	5.100	4.500	3.900	3.300	2.881
NRR		3.205	3.141	2.919	2.675	2.401	2.125	1.848	1.568	1.373
e(0) - BOTH SEXES		65.95	67.85	69.71	71.58	72.35	73.16	74.00	74.87	75.78
e(15) - BOTH SEXES		55.53	56.36	57.48	58.83	59.45	60.08	60.75	61.45	62.18
IMR - BOTH SEXES		45.0	35.4	28.1	22.5	20.6	18.7	16.8	14.9	13.1
q(5) - BOTH SEXES		.0576	.0435	.0337	.0269	.0248	.0226	.0204	.0182	.0160
DEP. RATIO	106.3	108.7	115.3	112.8	102.2	91.3	82.7	75.1	68.0	61.2

GAZA STRIP

Summary Projection for 25-Year Periods

AGE GROUP	1990	2000	2025	2050	2075	2100	2125	2150
TOTAL M+F	610	953	2172	3465	4485	4974	5107	5158
MALES								
0-4	61	99	160	151	153	154	154	154
5-9	50	82	151	149	154	155	155	154
10-14	38	61	137	155	156	155	154	154
15-19	35	50	122	158	157	155	154	154
20-24	27	38	108	158	155	153	153	154
25-29	21	35	97	157	149	152	153	154
30-34	7	28	80	148	147	152	153	153
35-39	4	22	60	134	153	154	153	153
40-44	6	8	48	118	155	154	152	152
45-49	7	5	36	104	153	152	150	151
50-54	8	6	33	92	151	145	148	149
55-59	8	7	25	74	140	140	146	148
60-64	7	7	18	53	123	142	144	145
65-69	4	7	6	40	103	138	140	139
70-74	3	5	3	27	84	128	130	131
75+	2	4	7	33	118	244	282	300
TOTAL	290	465	1092	1752	2252	2473	2525	2544
FEMALES								
0-4	59	96	153	144	146	147	147	147
5-9	48	79	145	142	147	147	147	147
10-14	37	60	132	148	149	148	147	147
15-19	33	48	117	152	150	148	147	147
20-24	27	37	104	151	148	146	147	147
25-29	21	34	94	152	143	145	147	147
30-34	15	29	78	143	141	146	147	147
35-39	14	22	58	130	147	148	147	147
40-44	15	15	47	115	150	149	147	146
45-49	12	14	36	102	149	147	145	146
50-54	11	14	32	91	148	141	144	146
55-59	9	12	26	74	139	139	144	145
60-64	7	10	20	54	125	143	145	145
65-69	5	8	13	41	107	143	144	143
70-74	3	5	10	29	91	139	140	140
75+	3	5	15	43	152	326	396	425
TOTAL	320	488	1080	1712	2233	2502	2582	2613
BIRTH RATE		47.6	36.1	21.6	15.2	12.7	12.0	11.8
DEATH RATE		6.6	3.9	3.4	5.0	8.6	10.9	11.4
NET MIGRATION RATE		2.5	.0	.0	.0	.0	.0	.0
GROWTH RATE		4.46	3.29	1.87	1.03	.41	.11	.04
TOTAL FERTILITY		7.034	4.862	2.530	2.069	2.063	2.059	2.058
e(0) - BOTH SEXES		67.00	72.49	76.94	81.19	83.16	84.79	85.41
IMR - BOTH SEXES		39.8	20.8	11.3	3.9	2.8	2.2	2.1

GEORGIA

Projection (thousands) with NRR=1 by 1995

AGE GROUP	1990	1995	2000	2005	2010	2015	2020	2025	2030	2035
TOTAL M+F	5464	5441	5472	5588	5713	5832	5947	6055	6142	6212
MALES										
0-4	223	212	195	199	206	209	207	203	202	203
5-9	230	213	207	194	198	205	208	206	203	202
10-14	217	222	209	206	194	198	205	208	206	203
15-19	213	209	218	208	206	194	198	204	207	206
20-24	209	199	202	217	207	205	193	197	203	207
25-29	194	191	190	200	216	206	203	192	196	202
30-34	216	178	183	188	199	214	205	202	191	195
35-39	192	203	171	181	187	198	213	203	201	189
40-44	166	182	197	169	179	185	196	211	201	199
45-49	119	158	176	193	166	176	182	193	208	199
50-54	131	112	152	170	187	162	171	177	188	203
55-59	151	122	106	144	162	179	155	165	171	182
60-64	125	137	112	97	133	151	167	145	155	162
65-69	110	108	119	98	86	119	136	151	132	142
70-74	45	87	86	97	81	72	100	116	130	115
75+	53	56	87	103	121	120	115	136	162	190
TOTAL	2595	2591	2607	2665	2727	2790	2853	2910	2957	2998
FEMALES										
0-4	214	203	187	191	197	199	198	195	193	194
5-9	221	204	198	186	190	196	199	198	194	193
10-14	211	214	200	198	186	190	196	199	197	194
15-19	206	203	209	200	198	186	190	196	199	197
20-24	194	190	194	209	200	198	186	190	196	199
25-29	202	175	181	194	209	200	197	186	189	195
30-34	233	187	168	180	194	208	199	197	185	189
35-39	209	223	182	167	180	193	208	199	196	185
40-44	182	202	219	181	166	179	192	207	198	196
45-49	132	178	199	217	180	165	178	191	206	197
50-54	152	129	174	197	215	178	164	176	190	204
55-59	174	148	126	171	194	211	175	162	174	187
60-64	153	167	143	122	167	189	207	172	159	171
65-69	153	143	158	136	117	161	183	200	167	154
70-74	89	136	129	145	127	110	152	173	190	159
75+	138	147	198	228	267	278	272	307	352	399
TOTAL	2869	2850	2864	2923	2986	3042	3095	3146	3185	3214
BIRTH RATE		16.0	14.4	14.3	14.4	14.3	13.9	13.4	13.1	13.0
DEATH RATE		9.5	9.6	10.1	10.0	10.2	10.0	9.8	10.2	10.7
RATE OF NAT. INC.		.65	.48	.42	.44	.41	.39	.36	.28	.23
NET MIGRATION RATE		-7.3	-3.7	.0	.0	.0	.0	.0	.0	.0
GROWTH RATE		-.09	.11	.42	.44	.41	.39	.36	.28	.23
TOTAL FERTILITY		2.210	2.097	2.089	2.083	2.081	2.079	2.076	2.074	2.072
NRR		1.050	1.000	1.000	1.000	1.000	1.000	1.000	1.000	1.000
e(0) - BOTH SEXES		72.34	73.70	75.05	76.36	76.94	77.52	78.13	78.75	79.40
e(15) - BOTH SEXES		59.28	60.28	61.37	62.48	62.98	63.50	64.03	64.58	65.15
IMR - BOTH SEXES		19.0	14.7	11.7	9.6	8.9	8.3	7.6	6.9	6.2
q(5) - BOTH SEXES		.0228	.0179	.0145	.0120	.0112	.0104	.0096	.0088	.0081
DEP. RATIO	53.6	55.7	56.4	55.0	52.7	54.5	57.4	60.9	61.1	60.8

GEORGIA

Summary Projection for 25-Year Periods

AGE GROUP	1990	2000	2025	2050	2075	2100	2125	2150
TOTAL M+F	5464	5472	6055	6402	6619	6740	6823	6861
MALES								
0-4	223	195	203	205	205	204	204	204
5-9	230	207	206	205	204	204	204	204
10-14	217	209	208	204	204	204	204	204
15-19	213	218	204	202	203	204	204	204
20-24	209	202	197	201	203	204	204	204
25-29	194	190	192	201	203	203	203	203
30-34	216	183	202	203	203	202	202	202
35-39	192	171	203	204	201	201	202	202
40-44	166	197	211	199	198	200	201	201
45-49	119	176	193	190	195	199	200	200
50-54	131	152	177	182	194	197	198	198
55-59	151	106	165	188	192	194	194	195
60-64	125	112	145	181	187	188	189	190
65-69	110	119	151	175	175	178	182	184
70-74	45	86	116	144	155	165	171	174
75+	53	87	136	228	312	357	387	401
TOTAL	2595	2607	2910	3113	3235	3303	3349	3371
FEMALES								
0-4	214	187	195	196	195	195	195	195
5-9	221	198	198	196	195	195	195	195
10-14	211	200	199	195	195	195	195	195
15-19	206	209	196	194	194	195	195	195
20-24	194	194	190	193	194	195	195	195
25-29	202	181	186	194	195	195	195	195
30-34	233	168	197	197	196	195	194	195
35-39	209	182	199	198	195	194	194	194
40-44	182	219	207	194	193	193	194	194
45-49	132	199	191	187	191	193	194	194
50-54	152	174	176	182	191	193	194	194
55-59	174	126	162	192	193	193	193	193
60-64	153	143	172	191	193	191	191	192
65-69	153	158	200	195	187	187	189	190
70-74	89	129	173	174	176	183	187	188
75+	138	198	307	413	501	546	574	588
TOTAL	2869	2864	3146	3290	3384	3437	3473	3490
BIRTH RATE		15.2	14.0	12.9	12.3	12.0	11.8	11.7
DEATH RATE		9.6	10.0	10.7	10.9	11.3	11.3	11.5
NET MIGRATION RATE		-5.5	.0	.0	.0	.0	.0	.0
GROWTH RATE		.01	.41	.22	.13	.07	.05	.02
TOTAL FERTILITY		2.147	2.082	2.069	2.060	2.058	2.057	2.056
e(0) - BOTH SEXES		73.02	76.83	80.10	83.06	84.36	85.40	85.78
IMR - BOTH SEXES		17.0	9.2	5.6	2.9	2.4	2.1	2.0

GERMANY

Projection (thousands) with NRR=1 by 2030

AGE GROUP	1990	1995	2000	2005	2010	2015	2020	2025	2030	2035
TOTAL M+F	79452	81109	81097	79941	78867	77745	76393	74964	73495	71780
MALES										
0-4	2320	2114	1916	1667	1745	1834	1885	1874	1847	1812
5-9	2220	2423	2139	1913	1665	1742	1832	1882	1871	1845
10-14	2099	2299	2442	2138	1912	1664	1742	1831	1882	1871
15-19	2293	2175	2315	2437	2134	1909	1661	1739	1829	1879
20-24	3269	2424	2203	2306	2428	2126	1902	1656	1734	1823
25-29	3603	3434	2459	2192	2295	2417	2117	1894	1649	1726
30-34	3218	3743	3458	2446	2180	2283	2405	2107	1885	1642
35-39	2919	3316	3750	3437	2432	2168	2271	2393	2097	1877
40-44	2501	2974	3307	3717	3409	2413	2152	2255	2377	2083
45-49	2727	2511	2942	3260	3670	3368	2385	2128	2231	2353
50-54	3017	2678	2455	2875	3192	3596	3302	2341	2091	2193
55-59	2280	2896	2574	2365	2780	3091	3487	3206	2276	2035
60-64	1988	2126	2715	2428	2245	2644	2948	3333	3072	2186
65-69	1465	1775	1917	2474	2234	2074	2452	2744	3115	2882
70-74	822	1220	1502	1649	2161	1964	1835	2184	2460	2810
75+	1747	1475	1676	2043	2403	3036	3258	3312	3665	4132
TOTAL	38488	39582	39769	39346	38884	38330	37635	36880	36079	35151
FEMALES										
0-4	2197	2001	1811	1574	1648	1732	1780	1769	1744	1711
5-9	2082	2301	2027	1809	1573	1646	1731	1778	1768	1743
10-14	1976	2162	2321	2026	1808	1572	1646	1730	1778	1768
15-19	2178	2070	2186	2319	2025	1807	1571	1645	1729	1777
20-24	3087	2351	2114	2183	2316	2022	1805	1570	1643	1728
25-29	3385	3288	2402	2110	2179	2313	2019	1802	1567	1641
30-34	2990	3536	3323	2396	2105	2174	2308	2015	1799	1565
35-39	2768	3087	3553	3312	2390	2100	2169	2303	2011	1795
40-44	2352	2814	3087	3536	3298	2380	2092	2161	2295	2005
45-49	2606	2362	2799	3064	3512	3278	2366	2080	2150	2284
50-54	2925	2584	2336	2767	3033	3478	3247	2345	2063	2134
55-59	2284	2869	2536	2295	2724	2988	3430	3205	2317	2040
60-64	2295	2213	2784	2468	2241	2664	2925	3363	3147	2278
65-69	2376	2176	2108	2666	2377	2163	2577	2837	3268	3065
70-74	1488	2164	2000	1957	2499	2237	2044	2445	2702	3126
75+	3976	3549	3941	4112	4255	4862	5049	5036	5434	5970
TOTAL	40964	41527	41327	40595	39982	39415	38758	38084	37416	36629
BIRTH RATE		10.0	9.2	8.1	8.6	9.2	9.6	9.7	9.7	9.7
DEATH RATE		11.5	10.7	11.0	11.3	12.0	13.1	13.5	13.7	14.5
RATE OF NAT. INC.		-.15	-.15	-.29	-.27	-.29	-.35	-.38	-.40	-.47
NET MIGRATION RATE		5.6	1.5	.0	.0	.0	.0	.0	.0	.0
GROWTH RATE		.41	-.00	-.29	-.27	-.29	-.35	-.38	-.40	-.47
TOTAL FERTILITY		1.300	1.300	1.300	1.472	1.630	1.775	1.908	2.030	2.076
NRR		.622	.623	.624	.707	.784	.854	.918	.977	1.000
e(0) - BOTH SEXES	75.79	76.74	77.74	78.72	79.18	79.64	80.12	80.61	81.11
e(15) - BOTH SEXES	61.54	62.39	63.33	64.25	64.69	65.14	65.59	66.06	66.54
IMR - BOTH SEXES	6.2	5.4	4.8	4.3	4.1	4.0	3.8	3.6	3.4
q(5) - BOTH SEXES	.0081	.0071	.0064	.0059	.0057	.0055	.0052	.0050	.0048
DEP. RATIO	45.3	46.3	46.7	48.3	50.0	51.8	57.3	64.6	75.1	83.8

Summary Projection for 25-Year Periods

GERMANY

AGE GROUP	1990	2000	2025	2050	2075	2100	2125	2150
TOTAL M+F	79452	81097	74964	65834	61088	60769	61156	61390
MALES								
0-4	2320	1916	1874	1849	1834	1832	1833	1833
5-9	2220	2139	1882	1830	1826	1830	1832	1832
10-14	2099	2442	1831	1804	1824	1832	1833	1832
15-19	2293	2315	1739	1808	1831	1834	1832	1831
20-24	3269	2203	1656	1838	1841	1832	1828	1828
25-29	3603	2459	1894	1857	1837	1823	1821	1823
30-34	3218	3458	2107	1860	1812	1810	1816	1818
35-39	2919	3750	2393	1802	1781	1803	1813	1815
40-44	2501	3307	2255	1703	1778	1804	1810	1809
45-49	2727	2942	2128	1611	1798	1805	1800	1798
50-54	3017	2455	2341	1821	1800	1786	1778	1778
55-59	2280	2574	3206	1986	1774	1738	1743	1751
60-64	1988	2715	3333	2185	1677	1672	1702	1715
65-69	1465	1917	2744	1958	1525	1612	1651	1662
70-74	822	1502	2184	1703	1356	1543	1570	1575
75+	1747	1676	3312	4525	3759	3486	3591	3669
TOTAL	38488	39769	36880	32141	30054	30043	30254	30369
FEMALES								
0-4	2197	1811	1769	1747	1732	1730	1731	1731
5-9	2082	2027	1778	1728	1724	1728	1730	1731
10-14	1976	2321	1730	1704	1723	1730	1731	1731
15-19	2178	2186	1645	1709	1731	1734	1732	1730
20-24	3087	2114	1570	1740	1742	1734	1730	1729
25-29	3385	2402	1802	1764	1743	1729	1727	1728
30-34	2990	3323	2015	1771	1724	1721	1726	1728
35-39	2768	3553	2303	1720	1698	1718	1726	1728
40-44	2352	3087	2161	1632	1700	1724	1728	1727
45-49	2606	2799	2080	1552	1727	1732	1726	1723
50-54	2925	2336	2345	1772	1744	1728	1718	1717
55-59	2284	2536	3205	1965	1742	1702	1704	1710
60-64	2295	2784	3363	2218	1678	1666	1693	1704
65-69	2376	2108	2837	2042	1572	1653	1686	1695
70-74	1488	2000	2445	1903	1466	1654	1675	1676
75+	3976	3941	5036	6726	5587	5043	5139	5232
TOTAL	40964	41327	38084	33693	31034	30726	30902	31021
BIRTH RATE		9.6	9.0	10.1	11.3	11.8	11.7	11.7
DEATH RATE		11.1	12.1	15.3	14.4	12.0	11.5	11.5
NET MIGRATION RATE		3.5	.0	.0	.0	.0	.0	.0
GROWTH RATE		.20	-.31	-.52	-.30	-.02	.03	.02
TOTAL FERTILITY		1.300	1.597	2.065	2.071	2.069	2.068	2.067
e(0) - BOTH SEXES		76.27	79.06	81.60	83.89	84.87	85.64	85.94
IMR - BOTH SEXES		5.8	4.2	3.3	2.5	2.2	2.0	2.0

GHANA

Projection (thousands) with NRR=1 by 2035

AGE GROUP	1990	1995	2000	2005	2010	2015	2020	2025	2030	2035
TOTAL M+F	14870	17236	20008	23033	26284	29599	32769	35886	38855	41570
MALES										
0-4	1416	1502	1743	1912	2060	2128	2092	2104	2069	1986
5-9	1137	1348	1440	1684	1863	2012	2084	2053	2069	2040
10-14	944	1117	1327	1420	1665	1844	1993	2066	2038	2056
15-19	777	929	1099	1307	1401	1644	1823	1973	2047	2021
20-24	645	759	907	1074	1278	1373	1614	1792	1943	2020
25-29	522	627	738	881	1044	1246	1341	1580	1758	1911
30-34	426	506	608	715	855	1016	1215	1311	1549	1728
35-39	348	412	490	588	692	830	988	1185	1282	1519
40-44	279	335	396	471	566	668	803	959	1154	1252
45-49	233	266	319	378	449	542	642	774	927	1118
50-54	191	219	251	301	356	425	513	610	739	888
55-59	153	176	202	231	277	330	395	479	572	695
60-64	119	137	158	181	207	249	297	358	436	522
65-69	85	101	116	134	153	176	214	256	310	380
70-74	57	66	79	90	104	120	139	170	206	250
75+	50	61	72	85	98	115	135	159	194	238
TOTAL	7382	8561	9944	11452	13070	14717	16288	17830	19293	20623
FEMALES										
0-4	1399	1482	1717	1881	2023	2088	2051	2061	2025	1942
5-9	1127	1339	1428	1667	1839	1983	2051	2018	2032	2001
10-14	937	1109	1319	1411	1651	1823	1967	2037	2006	2022
15-19	773	924	1094	1303	1395	1634	1807	1951	2022	1994
20-24	648	759	907	1075	1282	1375	1613	1786	1932	2005
25-29	530	634	743	888	1054	1259	1353	1590	1764	1910
30-34	439	517	619	725	868	1032	1236	1330	1566	1741
35-39	360	427	503	602	706	847	1009	1212	1307	1543
40-44	290	349	413	487	583	687	826	986	1187	1284
45-49	248	279	336	398	470	564	666	803	962	1160
50-54	204	237	267	321	381	451	543	643	777	934
55-59	167	192	223	251	302	360	428	517	615	746
60-64	132	153	176	204	230	279	334	399	485	579
65-69	100	115	133	153	178	203	248	299	360	441
70-74	68	81	93	107	124	146	168	208	254	309
75+	65	78	93	109	128	151	182	217	268	335
TOTAL	7488	8675	10064	11581	13214	14882	16480	18056	19562	20946
BIRTH RATE		41.4	40.9	38.2	35.4	32.0	28.1	25.5	22.9	20.3
DEATH RATE		11.7	10.9	10.0	8.9	8.3	7.7	7.3	7.0	6.8
RATE OF NAT. INC.		2.96	2.99	2.82	2.65	2.38	2.04	1.82	1.59	1.35
NET MIGRATION RATE		-.1	-.1	-.1	-.0	-.0	-.0	.0	.0	.0
GROWTH RATE		2.95	2.98	2.82	2.64	2.38	2.03	1.82	1.59	1.35
TOTAL FERTILITY		6.100	5.800	5.200	4.600	4.000	3.400	2.980	2.611	2.288
NRR		2.397	2.333	2.149	1.961	1.731	1.490	1.323	1.174	1.041
e(0) - BOTH SEXES		55.95	57.07	58.36	60.14	61.44	62.78	64.17	65.61	67.09
e(15) - BOTH SEXES		51.15	51.10	51.04	51.39	52.25	53.15	54.07	55.02	56.01
IMR - BOTH SEXES		81.0	72.6	62.7	52.0	47.8	43.6	39.4	35.2	31.0
q(5) - BOTH SEXES		.1291	.1141	.0966	.0778	.0714	.0649	.0585	.0520	.0454
DEP. RATIO	98.7	95.0	91.5	86.0	82.6	76.1	68.5	61.4	55.3	50.8

Summary Projection for 25-Year Periods

GHANA

AGE GROUP	1990	2000	2025	2050	2075	2100	2125	2150
TOTAL M+F	14870	20008	35886	49388	59055	63583	66136	67323
MALES								
0-4	1416	1743	2104	2056	2029	2022	2022	2022
5-9	1137	1440	2053	2032	2013	2016	2020	2021
10-14	944	1327	2066	1975	2000	2015	2021	2021
15-19	777	1099	1973	1944	1997	2018	2021	2020
20-24	645	907	1792	2000	2014	2017	2017	2016
25-29	522	738	1580	2000	2016	2005	2006	2009
30-34	426	608	1311	1952	1990	1984	1995	2002
35-39	348	490	1185	1942	1925	1962	1987	1997
40-44	279	396	959	1826	1880	1948	1981	1989
45-49	233	319	774	1631	1915	1951	1969	1975
50-54	191	251	610	1403	1880	1927	1938	1948
55-59	153	202	479	1116	1774	1857	1884	1908
60-64	119	158	358	942	1670	1730	1814	1857
65-69	85	116	256	684	1437	1591	1728	1785
70-74	57	79	170	464	1113	1470	1618	1672
75+	50	72	159	455	1320	2566	3290	3626
TOTAL	7382	9944	17830	24420	28972	31080	32314	32867
FEMALES								
0-4	1399	1717	2061	2006	1976	1966	1965	1965
5-9	1127	1428	2018	1987	1962	1961	1964	1964
10-14	937	1319	2037	1936	1951	1961	1965	1965
15-19	773	1094	1951	1911	1951	1966	1966	1965
20-24	648	907	1786	1975	1975	1971	1965	1963
25-29	530	743	1590	1988	1987	1966	1961	1961
30-34	439	619	1330	1951	1969	1951	1955	1959
35-39	360	503	1212	1952	1912	1936	1952	1958
40-44	290	413	986	1850	1879	1931	1954	1956
45-49	248	336	803	1671	1929	1946	1953	1952
50-54	204	267	643	1462	1919	1943	1939	1941
55-59	167	223	517	1193	1851	1905	1912	1925
60-64	132	176	399	1044	1802	1819	1878	1909
65-69	100	133	299	796	1633	1740	1846	1890
70-74	68	93	208	578	1366	1708	1816	1855
75+	65	93	217	668	2021	3832	4833	5328
TOTAL	7488	10064	18056	24968	30083	32502	33822	34456
BIRTH RATE		41.1	31.1	19.4	14.8	13.0	12.3	12.0
DEATH RATE		11.3	8.3	6.8	7.7	10.1	10.7	11.3
NET MIGRATION RATE		-.1	-.0	.0	.0	.0	.0	.0
GROWTH RATE		2.97	2.34	1.28	.72	.30	.16	.07
TOTAL FERTILITY		5.937	3.867	2.255	2.070	2.053	2.042	2.040
e(0) - BOTH SEXES		56.55	61.71	68.89	75.89	79.69	83.11	84.35
IMR - BOTH SEXES		76.5	48.9	26.9	10.1	5.7	2.9	2.4

GREECE

Projection (thousands) with NRR=1 by 2030

AGE GROUP	1990	1995	2000	2005	2010	2015	2020	2025	2030	2035
TOTAL M+F	10089	10455	10692	10753	10748	10696	10616	10536	10442	10330
MALES										
0-4	275	276	282	273	281	277	273	272	278	279
5-9	344	291	285	284	272	281	277	272	272	278
10-14	373	356	298	286	283	272	281	277	272	272
15-19	365	385	362	299	286	283	272	280	277	272
20-24	405	385	396	364	298	285	282	271	279	276
25-29	379	432	400	398	363	297	284	281	270	278
30-34	350	402	444	401	396	361	296	283	280	269
35-39	340	366	410	444	400	394	359	295	281	279
40-44	333	350	371	409	441	397	392	357	293	280
45-49	274	336	350	368	405	436	393	388	354	290
50-54	309	272	331	344	361	398	429	387	382	349
55-59	316	300	264	322	335	352	388	418	377	373
60-64	287	300	286	253	309	321	338	373	404	365
65-69	204	263	277	266	236	290	302	319	353	383
70-74	152	177	231	246	239	213	262	275	291	324
75+	263	259	281	342	395	422	419	462	500	540
TOTAL	4968	5150	5268	5299	5301	5280	5247	5211	5164	5106
FEMALES										
0-4	257	259	264	255	263	260	255	255	260	261
5-9	320	273	268	266	255	263	259	255	255	260
10-14	346	332	280	270	266	255	263	259	255	255
15-19	342	361	341	282	270	266	255	263	259	255
20-24	375	369	376	344	282	269	266	255	262	259
25-29	355	407	387	380	344	281	269	265	254	262
30-34	354	379	420	390	379	343	281	268	265	254
35-39	330	370	388	421	389	378	342	280	268	264
40-44	334	338	374	387	420	387	377	341	280	267
45-49	292	336	339	372	385	418	385	375	340	278
50-54	339	291	334	335	369	382	414	382	372	337
55-59	349	334	287	329	331	364	377	410	378	369
60-64	317	340	326	280	323	325	358	371	403	373
65-69	233	303	327	314	272	313	316	348	362	394
70-74	196	216	283	307	298	259	299	303	335	349
75+	382	398	431	519	604	653	653	694	729	786
TOTAL	5121	5305	5423	5453	5448	5416	5369	5325	5277	5224
BIRTH RATE		10.2	10.2	9.9	10.2	10.1	10.0	10.0	10.3	10.5
DEATH RATE		9.8	9.5	9.7	10.3	11.1	11.5	11.5	12.1	12.6
RATE OF NAT. INC.		.03	.07	.02	-.01	-.10	-.15	-.15	-.18	-.21
NET MIGRATION RATE		6.8	3.8	.9	.0	.0	.0	.0	.0	.0
GROWTH RATE		.71	.45	.11	-.01	-.10	-.15	-.15	-.18	-.21
TOTAL FERTILITY		1.410	1.410	1.410	1.556	1.692	1.818	1.935	2.045	2.086
NRR		.671	.672	.673	.744	.809	.870	.927	.980	1.000
e(0) - BOTH SEXES	77.37	78.32	79.23	80.12	80.50	80.89	81.29	81.69	82.10	
e(15) - BOTH SEXES	63.33	64.14	64.94	65.75	66.11	66.47	66.83	67.20	67.58	
IMR - BOTH SEXES		8.2	6.8	5.8	5.1	4.9	4.6	4.3	4.0	3.8
q(5) - BOTH SEXES		.0104	.0088	.0076	.0068	.0065	.0062	.0058	.0055	.0052
DEP. RATIO	49.6	48.3	48.8	50.9	51.7	54.2	57.1	61.0	66.3	73.6

Summary Projection for 25-Year Periods — GREECE

AGE GROUP	1990	2000	2025	2050	2075	2100	2125	2150
TOTAL M+F	10089	10692	10536	9833	9191	9137	9185	9215
MALES								
0-4	275	282	272	275	276	276	276	276
5-9	344	285	272	275	276	276	276	276
10-14	373	298	277	277	277	276	276	276
15-19	365	362	280	279	276	276	276	276
20-24	405	396	271	277	275	275	275	275
25-29	379	400	281	270	273	274	275	275
30-34	350	444	283	270	273	274	274	274
35-39	340	410	295	273	274	274	273	273
40-44	333	371	357	275	274	272	272	272
45-49	274	350	388	264	271	270	270	271
50-54	309	331	387	271	262	266	268	268
55-59	316	264	418	268	258	262	264	265
60-64	287	286	373	272	255	257	259	259
65-69	204	277	319	315	248	250	250	250
70-74	152	231	275	319	225	234	235	237
75+	263	281	462	669	559	528	546	557
TOTAL	4968	5268	5211	4849	4552	4541	4566	4581
FEMALES								
0-4	257	264	255	257	258	258	258	258
5-9	320	268	255	258	259	258	258	258
10-14	346	280	259	259	259	258	258	258
15-19	342	341	263	261	259	258	258	258
20-24	375	376	255	259	258	258	258	258
25-29	355	387	265	254	257	258	258	258
30-34	354	420	268	254	257	258	258	258
35-39	330	388	280	258	258	258	258	258
40-44	334	374	341	261	260	258	257	257
45-49	292	339	375	252	258	256	257	257
50-54	339	334	382	261	252	255	256	257
55-59	349	287	410	263	250	254	256	256
60-64	317	326	371	271	252	254	255	255
65-69	233	327	348	325	252	253	252	253
70-74	196	283	303	347	239	248	248	249
75+	382	431	694	943	812	753	772	785
TOTAL	5121	5423	5325	4984	4639	4596	4618	4634
BIRTH RATE		10.2	10.0	10.5	11.4	11.7	11.7	11.6
DEATH RATE		9.7	10.8	13.3	14.1	12.0	11.5	11.5
NET MIGRATION RATE		5.3	.2	.0	.0	.0	.0	.0
GROWTH RATE		.58	-.06	-.28	-.27	-.02	.02	.01
TOTAL FERTILITY		1.411	1.662	2.076	2.080	2.078	2.077	2.077
e(0) - BOTH SEXES		77.85	80.40	82.52	84.35	85.14	85.76	86.01
IMR - BOTH SEXES		7.5	4.9	3.5	2.4	2.2	2.0	1.9

GRENADA

Projection (thousands) with NRR=1 by 2005

AGE GROUP	1990	1995	2000	2005	2010	2015	2020	2025	2030	2035
TOTAL M+F	91	91	91	92	94	96	99	103	107	112
MALES										
0-4	6	5	5	5	4	4	4	4	4	4
5-9	6	5	5	5	4	4	4	4	4	4
10-14	6	6	5	5	4	4	4	4	4	4
15-19	6	6	6	5	4	4	4	4	4	4
20-24	5	5	5	5	5	4	4	4	4	4
25-29	3	4	5	5	5	4	4	4	4	4
30-34	2	2	4	4	4	5	4	4	4	4
35-39	1	2	2	3	4	4	4	4	4	4
40-44	1	1	1	2	3	4	4	4	4	4
45-49	1	1	1	1	2	3	4	4	4	4
50-54	1	1	1	1	1	2	3	4	4	4
55-59	1	1	1	1	1	1	1	3	4	4
60-64	1	1	1	1	1	1	1	1	2	3
65-69	1	1	1	1	1	1	1	1	1	2
70-74	1	1	1	1	1	1	1	1	1	1
75+	1	1	1	1	1	1	1	1	1	1
TOTAL	44	44	44	45	46	47	49	51	53	56
FEMALES										
0-4	5	5	5	4	4	4	4	4	4	4
5-9	6	5	5	4	4	4	4	4	4	4
10-14	6	6	5	4	4	4	4	4	4	4
15-19	6	6	5	5	4	4	4	4	4	4
20-24	5	5	5	5	4	4	4	4	4	4
25-29	3	4	5	4	5	4	4	4	4	4
30-34	2	2	4	4	4	4	4	4	4	4
35-39	2	2	2	3	4	4	4	4	4	4
40-44	2	1	2	2	3	4	4	4	4	4
45-49	2	2	1	1	2	3	4	4	4	4
50-54	2	2	2	1	1	2	3	4	4	4
55-59	1	2	2	1	1	1	2	3	4	4
60-64	1	1	2	1	1	1	1	2	3	4
65-69	1	1	1	2	1	1	1	1	2	3
70-74	1	1	1	1	1	1	1	1	1	2
75+	2	2	2	2	2	3	3	3	3	3
TOTAL	47	47	47	47	48	49	50	52	54	57
BIRTH RATE		23.5	22.6	20.8	19.4	18.1	16.8	15.7	15.0	14.5
DEATH RATE		7.6	7.0	6.4	6.0	6.0	6.1	6.0	5.9	5.9
RATE OF NAT. INC.		1.59	1.56	1.44	1.34	1.21	1.06	.97	.91	.86
NET MIGRATION RATE		-15.4	-15.3	-12.6	-9.9	-7.2	-4.9	-2.4	.0	.0
GROWTH RATE		.05	.03	.18	.35	.49	.57	.73	.91	.86
TOTAL FERTILITY		2.879	2.525	2.214	2.101	2.097	2.093	2.089	2.085	2.081
NRR		1.342	1.188	1.049	1.000	1.000	1.000	1.000	1.000	1.000
e(0) - BOTH SEXES		70.58	72.40	74.07	75.55	76.17	76.81	77.46	78.13	78.82
e(15) - BOTH SEXES		58.41	59.78	61.06	62.22	62.71	63.23	63.76	64.30	64.87
IMR - BOTH SEXES		28.6	23.6	19.2	15.6	14.4	13.1	11.8	10.6	9.3
q(5) - BOTH SEXES		.0352	.0289	.0234	.0191	.0176	.0161	.0146	.0131	.0117
DEP. RATIO	85.1	74.2	64.2	59.9	56.3	52.0	47.5	44.1	42.6	46.0

Summary Projection for 25-Year Periods

GRENADA

AGE GROUP	1990	2000	2025	2050	2075	2100	2125	2150
TOTAL M+F	91	91	103	123	130	132	134	135
MALES								
0-4	6	5	4	4	4	4	4	4
5-9	6	5	4	4	4	4	4	4
10-14	6	5	4	4	4	4	4	4
15-19	6	6	4	4	4	4	4	4
20-24	5	5	4	4	4	4	4	4
25-29	3	5	4	4	4	4	4	4
30-34	2	4	4	4	4	4	4	4
35-39	1	2	4	4	4	4	4	4
40-44	1	1	4	4	4	4	4	4
45-49	1	1	4	4	4	4	4	4
50-54	1	1	4	4	4	4	4	4
55-59	1	1	3	4	4	4	4	4
60-64	1	1	1	3	4	4	4	4
65-69	1	1	1	4	3	4	4	4
70-74	1	1	1	3	3	3	3	3
75+	1	1	1	4	6	7	8	8
TOTAL	44	44	51	61	64	65	66	66
FEMALES								
0-4	5	5	4	4	4	4	4	4
5-9	6	5	4	4	4	4	4	4
10-14	6	5	4	4	4	4	4	4
15-19	6	5	4	4	4	4	4	4
20-24	5	5	4	4	4	4	4	4
25-29	3	5	4	4	4	4	4	4
30-34	2	4	4	4	4	4	4	4
35-39	2	2	4	4	4	4	4	4
40-44	2	2	4	4	4	4	4	4
45-49	2	1	4	4	4	4	4	4
50-54	2	2	4	4	4	4	4	4
55-59	1	2	3	3	4	4	4	4
60-64	1	2	2	4	4	4	4	4
65-69	1	1	1	4	4	4	4	4
70-74	1	1	1	3	4	4	4	4
75+	2	2	3	6	9	10	11	11
TOTAL	47	47	52	62	66	67	68	68
BIRTH RATE		23.0	18.1	13.9	12.4	12.0	11.8	11.7
DEATH RATE		7.3	6.1	6.7	10.4	11.3	11.3	11.5
NET MIGRATION RATE		-15.4	-7.3	.0	.0	.0	.0	.0
GROWTH RATE		.04	.46	.73	.20	.07	.05	.03
TOTAL FERTILITY		2.705	2.120	2.078	2.062	2.060	2.058	2.057
e(0) - BOTH SEXES		71.49	76.05	79.61	82.75	84.17	85.30	85.73
IMR - BOTH SEXES		26.1	15.0	8.0	3.1	2.5	2.1	2.0

GUADELOUPE

Projection (thousands) with NRR=1 by 1995

AGE GROUP	1990	1995	2000	2005	2010	2015	2020	2025	2030	2035
TOTAL M+F	390	415	440	464	486	507	526	544	560	573
MALES										
0-4	18	19	19	19	19	18	19	19	19	19
5-9	17	18	19	19	19	19	18	19	19	19
10-14	18	17	18	19	19	19	19	18	19	19
15-19	21	18	17	18	19	19	19	19	18	19
20-24	18	21	18	17	18	19	19	19	18	18
25-29	18	18	21	18	17	18	19	19	19	18
30-34	16	18	18	20	17	16	17	19	19	19
35-39	13	16	18	17	20	17	16	17	19	19
40-44	11	13	16	17	17	20	17	16	17	19
45-49	9	11	12	15	17	17	20	17	16	17
50-54	8	9	10	12	15	17	17	19	17	16
55-59	7	8	8	10	12	14	16	16	19	16
60-64	6	6	7	8	9	11	14	15	15	18
65-69	5	5	6	6	7	9	10	13	14	14
70-74	4	4	4	5	5	6	7	9	11	13
75+	4	5	5	6	7	8	9	11	13	17
TOTAL	191	203	216	227	238	248	257	265	273	279
FEMALES										
0-4	17	18	18	18	18	18	18	18	18	18
5-9	17	17	18	18	18	18	18	18	18	18
10-14	17	17	17	18	18	18	18	18	18	18
15-19	21	17	17	17	18	18	18	18	18	18
20-24	18	21	17	17	17	18	18	18	18	18
25-29	18	18	21	17	17	17	18	18	18	18
30-34	16	18	18	21	17	17	17	18	18	18
35-39	14	16	18	18	21	17	17	17	18	18
40-44	12	14	16	18	18	21	17	17	17	18
45-49	9	12	14	16	18	18	21	17	17	17
50-54	8	9	12	14	16	18	18	20	17	17
55-59	7	8	9	12	13	15	17	17	20	16
60-64	7	7	8	8	11	13	15	17	17	20
65-69	6	7	6	7	8	11	13	15	17	17
70-74	4	5	6	6	7	8	10	12	14	16
75+	8	8	9	11	13	15	17	21	25	30
TOTAL	199	211	224	237	248	259	269	279	287	294
BIRTH RATE		19.1	17.9	16.7	15.5	14.6	14.2	13.9	13.5	13.1
DEATH RATE		6.7	6.3	6.0	6.0	6.4	6.7	7.2	7.7	8.4
RATE OF NAT. INC.		1.24	1.16	1.07	.94	.83	.75	.67	.58	.46
NET MIGRATION RATE		.0	.0	.0	.0	.0	.0	.0	.0	.0
GROWTH RATE		1.24	1.16	1.07	.94	.82	.75	.67	.58	.46
TOTAL FERTILITY		2.160	2.088	2.083	2.078	2.076	2.075	2.073	2.071	2.069
NRR		1.031	1.000	1.000	1.000	1.000	1.000	1.000	1.000	1.000
e(0) - BOTH SEXES		74.48	75.77	77.03	78.18	78.66	79.17	79.68	80.21	80.75
e(15) - BOTH SEXES		60.77	61.90	63.03	64.05	64.49	64.94	65.40	65.87	66.36
IMR - BOTH SEXES		12.0	10.2	8.6	7.3	6.8	6.3	5.9	5.4	4.9
q(5) - BOTH SEXES		.0148	.0127	.0108	.0093	.0088	.0082	.0077	.0071	.0065
DEP. RATIO	52.5	51.1	50.5	50.0	48.4	48.5	50.0	53.3	57.7	61.1

GUADELOUPE

Summary Projection for 25-Year Periods

AGE GROUP	1990	2000	2025	2050	2075	2100	2125	2150
TOTAL M+F	390	440	544	597	615	623	629	631
MALES								
0-4	18	19	19	19	19	19	19	19
5-9	17	19	19	19	19	19	19	19
10-14	18	18	18	19	19	19	19	19
15-19	21	17	19	19	19	19	19	19
20-24	18	18	19	19	19	19	19	19
25-29	18	21	19	19	19	19	19	19
30-34	16	18	19	18	18	19	19	19
35-39	13	18	17	18	18	19	19	19
40-44	11	16	16	18	18	18	18	18
45-49	9	12	17	18	18	18	18	18
50-54	8	10	19	18	18	18	18	18
55-59	7	8	16	18	17	18	18	18
60-64	6	7	15	16	17	17	17	18
65-69	5	6	13	14	16	17	17	17
70-74	4	4	9	13	15	16	16	16
75+	4	5	11	26	32	34	36	37
TOTAL	191	216	265	290	301	306	309	310
FEMALES								
0-4	17	18	18	18	18	18	18	18
5-9	17	18	18	18	18	18	18	18
10-14	17	17	18	18	18	18	18	18
15-19	21	17	18	18	18	18	18	18
20-24	18	17	18	18	18	18	18	18
25-29	18	21	18	18	18	18	18	18
30-34	16	18	18	18	18	18	18	18
35-39	14	18	17	17	18	18	18	18
40-44	12	16	17	18	18	18	18	18
45-49	9	14	17	18	18	18	18	18
50-54	8	12	20	18	18	18	18	18
55-59	7	9	17	18	17	18	18	18
60-64	7	8	17	16	17	17	18	18
65-69	6	6	15	16	17	17	17	18
70-74	4	6	12	15	17	17	17	17
75+	8	9	21	45	49	51	53	54
TOTAL	199	224	279	306	314	317	320	321
BIRTH RATE		18.5	14.9	12.8	12.1	11.9	11.7	11.7
DEATH RATE		6.5	6.5	9.2	10.9	11.4	11.4	11.5
NET MIGRATION RATE		.0	.0	.0	.0	.0	.0	.0
GROWTH RATE		1.20	.85	.37	.12	.05	.04	.02
TOTAL FERTILITY		2.123	2.077	2.067	2.060	2.059	2.057	2.057
e(0) - BOTH SEXES		75.14	78.60	81.33	83.76	84.79	85.61	85.92
IMR - BOTH SEXES		11.1	7.0	4.5	2.6	2.3	2.0	2.0

GUAM

Projection (thousands) with NRR=1 by 2005

AGE GROUP	1990	1995	2000	2005	2010	2015	2020	2025	2030	2035
TOTAL M+F	133	150	163	174	184	194	205	214	222	228
MALES										
0-4	8	9	8	7	7	8	8	8	8	8
5-9	8	8	9	8	7	7	8	8	8	8
10-14	7	8	8	9	8	7	7	8	8	8
15-19	7	7	8	8	9	8	7	7	8	8
20-24	7	7	7	8	8	9	8	7	7	8
25-29	7	7	7	7	8	8	9	8	7	7
30-34	6	7	7	7	7	8	8	9	8	7
35-39	6	6	7	7	7	7	8	8	9	8
40-44	4	6	6	7	7	7	7	8	8	9
45-49	3	4	6	6	7	7	7	7	7	8
50-54	2	3	4	6	6	6	7	6	6	7
55-59	2	2	3	4	5	5	6	6	6	6
60-64	2	2	2	2	3	5	5	6	6	6
65-69	1	2	2	1	2	3	4	4	5	5
70-74	1	1	1	1	1	2	2	4	4	5
75+	0	1	1	1	2	2	2	3	5	6
TOTAL	69	77	84	89	94	99	103	108	111	114
FEMALES										
0-4	8	9	8	7	7	8	8	8	8	7
5-9	7	8	9	8	7	7	8	8	8	8
10-14	7	7	8	9	8	7	7	8	8	8
15-19	6	7	7	8	9	8	7	7	8	8
20-24	6	6	7	7	8	9	8	7	7	8
25-29	6	6	6	7	7	8	9	8	7	7
30-34	6	6	6	6	7	7	8	9	8	7
35-39	5	6	6	6	6	7	7	8	9	8
40-44	3	5	6	6	6	6	7	7	8	9
45-49	3	3	5	6	6	6	6	7	7	8
50-54	2	3	3	5	6	6	6	6	7	7
55-59	2	2	3	3	5	6	6	6	6	7
60-64	1	2	2	3	3	5	6	6	6	6
65-69	1	1	2	2	3	3	4	5	5	5
70-74	1	1	1	2	2	2	2	4	5	5
75+	1	1	1	1	2	3	4	4	6	8
TOTAL	64	72	79	85	90	96	101	106	111	114
BIRTH RATE	25.1	20.7	17.4	16.3	16.5	16.3	15.4	14.3	13.6	
DEATH RATE	4.5	4.6	4.7	4.9	5.4	5.9	6.5	7.2	8.1	
RATE OF NAT. INC.	2.05	1.61	1.27	1.14	1.10	1.04	.89	.72	.55	
NET MIGRATION RATE	2.8	1.3	.0	.0	.0	.0	.0	.0	.0	
GROWTH RATE	2.34	1.74	1.27	1.14	1.10	1.04	.89	.72	.55	
TOTAL FERTILITY	3.000	2.575	2.210	2.079	2.078	2.076	2.074	2.073	2.071	
NRR	1.433	1.234	1.061	1.000	1.000	1.000	1.000	1.000	1.000	
e(0) - BOTH SEXES	72.44	73.38	74.45	75.59	76.18	76.80	77.44	78.10	78.79	
e(15) - BOTH SEXES	58.56	59.35	60.30	61.33	61.89	62.48	63.08	63.71	64.35	
IMR - BOTH SEXES	10.0	8.5	7.2	6.2	5.9	5.6	5.2	4.9	4.6	
q(5) - BOTH SEXES	.0125	.0107	.0092	.0081	.0077	.0073	.0069	.0065	.0062	
DEP. RATIO	58.2	57.0	54.1	48.8	44.1	42.9	47.0	51.2	54.1	55.1

Summary Projection for 25-Year Periods

GUAM

AGE GROUP	1990	2000	2025	2050	2075	2100	2125	2150
TOTAL M+F	133	163	214	242	256	261	265	266
MALES								
0-4	8	8	8	8	8	8	8	8
5-9	8	9	8	8	8	8	8	8
10-14	7	8	8	8	8	8	8	8
15-19	7	8	7	8	8	8	8	8
20-24	7	7	7	8	8	8	8	8
25-29	7	7	8	8	8	8	8	8
30-34	6	7	9	8	8	8	8	8
35-39	6	7	8	8	8	8	8	8
40-44	4	6	8	7	8	8	8	8
45-49	3	6	7	7	8	8	8	8
50-54	2	4	6	8	8	8	8	8
55-59	2	3	6	8	8	7	8	8
60-64	2	2	6	7	7	7	7	7
65-69	1	2	4	6	6	7	7	7
70-74	1	1	4	5	6	7	7	7
75+	0	1	3	8	13	14	15	16
TOTAL	69	84	108	120	126	129	130	131
FEMALES								
0-4	8	8	8	8	8	8	8	8
5-9	7	9	8	8	8	8	8	8
10-14	7	8	8	7	8	8	8	8
15-19	6	7	7	7	8	8	8	8
20-24	6	7	7	8	8	8	8	8
25-29	6	6	8	8	8	8	8	8
30-34	6	6	9	8	8	8	8	8
35-39	5	6	8	7	7	7	8	8
40-44	3	6	7	7	7	8	8	8
45-49	3	5	7	7	7	8	8	8
50-54	2	3	6	8	8	8	8	7
55-59	2	3	6	8	8	7	7	7
60-64	1	2	6	8	7	7	7	7
65-69	1	2	5	6	7	7	7	7
70-74	1	1	4	6	6	7	7	7
75+	1	1	4	12	19	21	22	23
TOTAL	64	79	106	122	130	133	134	135
BIRTH RATE		22.8	16.3	13.5	12.4	12.0	11.8	11.7
DEATH RATE		4.6	5.5	8.6	10.3	11.2	11.3	11.5
NET MIGRATION RATE		2.0	.0	.0	.0	.0	.0	.0
GROWTH RATE		2.04	1.09	.50	.22	.08	.05	.02
TOTAL FERTILITY		2.779	2.101	2.069	2.063	2.060	2.058	2.057
e(0) - BOTH SEXES		72.94	76.17	79.56	82.76	84.17	85.30	85.73
IMR - BOTH SEXES		9.3	6.0	4.3	2.9	2.5	2.1	2.0

GUATEMALA

Projection (thousands) with NRR=1 by 2025

AGE GROUP	1990	1995	2000	2005	2010	2015	2020	2025	2030	2035
TOTAL M+F	9197	10602	12224	13939	15676	17363	18952	20406	21843	23294
MALES										
0-4	817	871	989	1040	1057	1044	1009	957	972	1013
5-9	700	801	857	976	1030	1048	1036	1002	953	968
10-14	603	695	796	852	972	1026	1044	1034	1001	951
15-19	498	597	689	791	848	968	1022	1041	1031	998
20-24	406	488	587	680	783	841	961	1017	1036	1026
25-29	334	394	477	576	672	775	834	954	1011	1030
30-34	270	323	384	467	568	664	768	827	948	1004
35-39	225	261	314	375	460	561	656	760	820	941
40-44	175	217	253	307	368	452	552	648	751	811
45-49	142	168	210	245	299	359	442	542	636	739
50-54	124	135	161	201	236	288	348	429	526	619
55-59	108	115	127	151	190	224	274	332	410	505
60-64	87	97	105	116	139	175	207	255	310	385
65-69	62	75	85	92	102	122	156	185	230	280
70-74	38	49	59	68	74	83	101	130	157	196
75+	41	43	52	64	77	89	103	126	162	205
TOTAL	4629	5331	6144	7003	7874	8719	9514	10238	10952	11671
FEMALES										
0-4	791	835	947	996	1011	998	964	915	928	967
5-9	679	777	823	936	987	1003	991	959	911	925
10-14	587	675	772	819	933	984	1001	990	958	910
15-19	487	582	670	768	816	930	981	999	988	956
20-24	399	479	574	664	763	811	926	978	996	986
25-29	331	390	470	567	657	757	806	922	976	994
30-34	271	324	383	464	562	653	753	803	919	972
35-39	227	265	318	378	459	557	648	749	799	915
40-44	178	222	260	313	374	455	552	643	744	794
45-49	144	174	218	256	309	369	450	547	637	737
50-54	123	139	169	213	251	303	363	442	539	629
55-59	110	119	135	164	207	244	296	354	433	527
60-64	88	104	112	128	157	198	234	285	342	419
65-69	64	80	95	103	119	146	185	220	269	324
70-74	41	54	68	82	90	105	130	166	199	245
75+	47	53	66	86	110	132	158	196	253	321
TOTAL	4568	5271	6081	6936	7803	8644	9438	10168	10891	11623
BIRTH RATE		37.2	36.2	32.9	29.2	25.7	22.5	19.7	18.5	18.0
DEATH RATE		7.4	6.6	5.8	5.1	4.9	4.8	4.8	4.9	5.1
RATE OF NAT. INC.		2.98	2.96	2.71	2.41	2.08	1.78	1.49	1.36	1.29
NET MIGRATION RATE		-1.3	-1.2	-.8	-.6	-.4	-.2	-.1	.0	.0
GROWTH RATE		2.84	2.85	2.62	2.35	2.04	1.75	1.48	1.36	1.29
TOTAL FERTILITY		5.100	4.800	4.200	3.600	3.085	2.644	2.266	2.131	2.120
NRR		2.233	2.142	1.905	1.656	1.427	1.229	1.058	1.000	1.000
e(0) - BOTH SEXES	64.78	66.51	68.30	70.10	70.96	71.86	72.78	73.74	74.74	
e(15) - BOTH SEXES	55.86	56.83	57.80	58.84	59.40	60.00	60.62	61.26	61.94	
IMR - BOTH SEXES	62.0	54.2	45.7	37.8	34.4	31.1	27.7	24.3	20.9	
q(5) - BOTH SEXES	.0801	.0691	.0576	.0470	.0429	.0388	.0346	.0305	.0264	
DEP. RATIO	94.6	89.5	84.8	78.1	72.0	64.1	57.0	50.9	47.1	45.7

GUATEMALA

Summary Projection for 25-Year Periods

AGE GROUP	1990	2000	2025	2050	2075	2100	2125	2150
TOTAL M+F	9197	12224	20406	27147	31179	32363	33051	33353
MALES								
0-4	817	989	957	994	1002	1001	999	999
5-9	700	857	1002	1010	1005	999	998	998
10-14	603	796	1034	1020	1002	997	997	997
15-19	498	689	1041	1006	991	994	996	997
20-24	406	587	1017	961	982	993	996	996
25-29	334	477	954	941	983	994	994	993
30-34	270	384	827	984	996	995	991	990
35-39	225	314	760	1009	1002	988	985	986
40-44	175	253	648	1009	983	973	978	982
45-49	142	210	542	975	932	958	973	977
50-54	124	161	429	898	901	950	966	968
55-59	108	127	332	754	921	945	952	952
60-64	87	105	255	660	912	925	925	927
65-69	62	85	185	520	862	869	879	891
70-74	38	59	130	384	761	767	817	841
75+	41	52	126	433	1204	1615	1838	1927
TOTAL	4629	6144	10238	13556	15442	15962	16283	16422
FEMALES								
0-4	791	947	915	948	955	954	953	952
5-9	679	823	959	964	958	953	951	951
10-14	587	772	990	975	955	950	951	951
15-19	487	670	999	962	946	948	950	951
20-24	399	574	978	922	939	949	951	951
25-29	331	470	922	906	944	953	952	951
30-34	271	383	803	950	959	955	951	950
35-39	227	318	749	978	968	951	948	948
40-44	178	260	643	983	953	940	944	947
45-49	144	218	547	957	909	930	943	947
50-54	123	169	442	894	888	931	944	945
55-59	110	135	354	766	922	939	942	940
60-64	88	112	285	698	934	938	931	932
65-69	64	95	220	577	917	910	911	921
70-74	41	68	166	458	858	845	887	907
75+	47	66	196	654	1732	2356	2659	2786
TOTAL	4568	6081	10168	13591	15737	16401	16768	16931
BIRTH RATE		36.7	25.3	16.7	13.3	12.3	11.9	11.8
DEATH RATE		7.0	5.0	5.4	7.8	10.8	11.1	11.4
NET MIGRATION RATE		-1.2	-.4	.0	.0	.0	.0	.0
GROWTH RATE		2.85	2.05	1.14	.55	.15	.08	.04
TOTAL FERTILITY		4.937	3.035	2.110	2.070	2.063	2.059	2.058
e(0) - BOTH SEXES		65.70	71.02	75.93	80.57	82.77	84.62	85.30
IMR - BOTH SEXES		57.9	35.6	17.5	4.5	3.0	2.3	2.1

GUINEA

Projection (thousands) with NRR=1 by 2045

AGE GROUP	1990	1995	2000	2005	2010	2015	2020	2025	2030	2035
TOTAL M+F	5755	6618	7628	8829	10185	11589	13054	14566	16073	17547
MALES										
0-4	551	621	717	840	942	986	1035	1077	1093	1094
5-9	427	500	567	662	784	885	932	984	1029	1051
10-14	351	414	485	551	645	766	866	915	967	1014
15-19	292	342	404	474	539	632	752	851	900	954
20-24	243	283	332	391	459	523	615	733	832	882
25-29	202	233	272	319	376	442	505	596	713	811
30-34	171	194	224	261	306	361	427	489	579	694
35-39	144	164	186	214	249	293	347	411	473	561
40-44	110	136	155	176	203	237	279	332	395	456
45-49	88	103	128	145	165	191	224	265	316	377
50-54	72	81	95	118	134	153	177	209	248	297
55-59	59	65	73	86	106	121	138	161	191	227
60-64	45	51	57	64	74	92	106	122	142	169
65-69	31	37	42	46	52	61	76	88	101	119
70-74	20	23	27	31	34	38	45	57	66	77
75+	16	19	23	26	30	34	39	46	57	68
TOTAL	2822	3267	3786	4403	5097	5815	6563	7334	8102	8852
FEMALES										
0-4	565	618	714	834	933	975	1021	1060	1074	1073
5-9	436	515	567	661	782	880	925	973	1016	1035
10-14	358	421	499	551	644	764	861	907	957	1000
15-19	298	348	409	485	536	629	747	844	890	941
20-24	249	287	335	395	467	519	610	727	823	871
25-29	209	238	275	321	377	448	499	589	704	801
30-34	177	199	226	261	304	359	429	479	568	682
35-39	148	167	187	213	246	288	341	409	460	547
40-44	117	139	156	175	199	231	271	324	390	440
45-49	96	109	129	145	162	186	216	256	307	371
50-54	81	89	100	119	133	150	172	202	240	289
55-59	66	73	80	90	106	120	136	157	185	221
60-64	52	57	63	68	77	92	105	119	139	165
65-69	38	42	46	50	54	62	75	86	99	117
70-74	25	27	30	32	35	39	45	55	65	76
75+	19	22	25	27	29	33	37	44	54	67
TOTAL	2933	3351	3841	4426	5087	5774	6491	7231	7971	8695
BIRTH RATE		48.3	47.9	47.7	45.3	41.1	37.7	34.6	31.4	28.3
DEATH RATE		20.3	19.5	18.5	16.8	15.2	13.9	12.7	11.7	10.8
RATE OF NAT. INC.		2.79	2.84	2.93	2.86	2.58	2.38	2.19	1.97	1.76
NET MIGRATION RATE		.0	.0	.0	.0	.0	.0	.0	.0	.0
GROWTH RATE		2.79	2.84	2.93	2.86	2.58	2.38	2.19	1.97	1.75
TOTAL FERTILITY		6.500	6.500	6.500	6.200	5.600	5.000	4.400	3.800	3.296
NRR		2.115	2.147	2.200	2.173	2.007	1.838	1.660	1.471	1.309
e(0) - BOTH SEXES	43.86	44.60	45.65	47.21	48.73	50.31	51.95	53.67	55.46	
e(15) - BOTH SEXES	44.73	44.63	44.34	44.25	45.18	46.15	47.15	48.19	49.27	
IMR - BOTH SEXES	133.1	126.0	115.8	103.0	97.3	91.5	85.8	80.1	74.4	
q(5) - BOTH SEXES	.2250	.2128	.1938	.1695	.1588	.1480	.1371	.1262	.1151	
DEP. RATIO	97.2	97.1	96.2	95.4	95.2	91.1	83.9	76.0	69.3	63.1

Summary Projection for 25-Year Periods

GUINEA

AGE GROUP	1990	2000	2025	2050	2075	2100	2125	2150
TOTAL M+F	5755	7628	14566	21363	26736	29804	31546	32645
MALES								
0-4	551	717	1077	1009	1013	1011	1011	1009
5-9	427	567	984	978	1013	1013	1010	1008
10-14	351	485	915	1022	1022	1015	1009	1007
15-19	292	404	851	1036	1020	1010	1005	1006
20-24	243	332	733	1013	1005	999	1002	1004
25-29	202	272	596	969	965	989	1000	1002
30-34	171	224	489	902	939	988	999	999
35-39	144	186	411	827	973	990	996	994
40-44	110	155	332	754	975	980	986	985
45-49	88	128	265	633	936	956	968	977
50-54	72	95	209	497	871	899	946	964
55-59	59	73	161	385	772	846	922	945
60-64	45	57	122	295	656	830	891	915
65-69	31	42	88	207	529	762	831	865
70-74	20	27	57	133	367	638	735	788
75+	16	23	46	118	352	905	1294	1594
TOTAL	2822	3786	7334	10778	13407	14832	15603	16063
FEMALES								
0-4	565	714	1060	984	984	981	981	980
5-9	436	567	973	955	982	983	981	979
10-14	358	499	907	1001	991	985	979	978
15-19	298	409	844	1016	990	980	976	977
20-24	249	335	727	995	978	972	975	977
25-29	209	275	589	953	942	964	975	977
30-34	177	226	479	886	919	964	976	977
35-39	148	187	409	810	954	967	976	973
40-44	117	156	324	735	957	959	968	968
45-49	96	129	256	617	923	939	954	963
50-54	81	100	202	484	865	891	939	958
55-59	66	80	157	377	777	851	926	951
60-64	52	63	119	300	674	853	911	937
65-69	38	46	86	211	560	810	874	911
70-74	25	30	55	137	405	710	810	867
75+	19	25	44	124	426	1165	1741	2207
TOTAL	2933	3841	7231	10585	13329	14972	15943	16581
BIRTH RATE		48.1	40.4	25.0	17.6	14.4	13.0	12.4
DEATH RATE		19.9	15.0	10.0	8.7	10.1	10.8	11.1
NET MIGRATION RATE		.0	.0	.0	.0	.0	.0	.0
GROWTH RATE		2.82	2.59	1.53	.90	.43	.23	.14
TOTAL FERTILITY		6.499	5.378	2.884	2.224	2.126	2.057	2.047
e(0) - BOTH SEXES		44.26	49.17	57.69	66.70	73.13	79.24	81.81
IMR - BOTH SEXES		129.3	98.0	69.0	42.1	21.3	5.4	3.5

GUINEA-BISSAU

Projection (thousands) with NRR=1 by 2040

AGE GROUP	1990	1995	2000	2005	2010	2015	2020	2025	2030	2035
TOTAL M+F	980	1084	1197	1327	1479	1633	1790	1945	2098	2244
MALES										
0-4	87	97	106	118	129	131	134	134	134	132
5-9	66	78	88	97	110	121	124	127	128	129
10-14	62	64	75	85	94	107	118	121	124	125
15-19	54	60	61	73	82	91	104	115	118	122
20-24	45	51	57	58	69	78	87	100	111	115
25-29	34	42	48	53	54	65	74	83	96	107
30-34	24	31	39	44	49	51	61	70	79	92
35-39	19	22	29	36	41	46	48	58	66	75
40-44	18	17	20	26	33	38	42	44	54	62
45-49	17	16	15	18	24	29	34	39	41	50
50-54	14	15	14	13	16	21	26	31	35	37
55-59	11	12	13	12	11	13	18	23	27	31
60-64	9	9	9	10	9	9	11	15	19	23
65-69	7	7	6	7	7	7	7	8	11	15
70-74	5	5	4	4	4	5	5	5	6	8
75+	4	4	3	3	3	3	3	4	4	5
TOTAL	476	529	589	657	736	815	896	975	1053	1126
FEMALES										
0-4	87	97	105	117	128	130	132	133	133	130
5-9	65	79	88	97	110	120	123	126	127	127
10-14	57	62	76	85	94	107	117	120	123	124
15-19	50	55	60	73	82	91	104	114	118	121
20-24	43	47	52	57	69	78	87	100	110	114
25-29	37	40	44	48	53	65	74	83	96	106
30-34	32	34	37	41	45	49	61	70	79	91
35-39	28	29	31	34	37	41	46	57	66	75
40-44	25	25	27	28	31	34	38	42	53	62
45-49	20	23	23	24	25	28	31	35	39	50
50-54	18	18	20	20	21	23	25	28	32	36
55-59	14	16	15	17	17	18	20	22	25	29
60-64	12	11	13	12	14	14	15	17	19	22
65-69	8	9	8	9	9	10	11	12	13	15
70-74	5	5	6	5	6	6	7	7	8	9
75+	4	4	4	3	3	4	4	5	6	7
TOTAL	504	554	609	670	743	818	894	970	1046	1118
BIRTH RATE		45.7	44.8	44.2	42.1	38.4	35.2	32.1	29.5	26.7
DEATH RATE		25.0	24.8	23.7	20.4	18.5	16.9	15.5	14.4	13.3
RATE OF NAT. INC.		2.07	1.99	2.06	2.17	1.99	1.83	1.66	1.52	1.34
NET MIGRATION RATE		-.6	.0	.0	.0	.0	.0	.0	.0	.0
GROWTH RATE		2.01	1.99	2.06	2.17	1.99	1.83	1.66	1.52	1.34
TOTAL FERTILITY		6.000	6.000	6.000	5.700	5.100	4.500	3.900	3.412	2.985
NRR		1.837	1.829	1.866	1.887	1.733	1.573	1.406	1.268	1.142
e(0) - BOTH SEXES		38.67	38.16	38.75	41.49	43.05	44.70	46.46	48.33	50.33
e(15) - BOTH SEXES		38.70	37.47	36.61	37.42	38.63	39.91	41.27	42.72	44.26
IMR - BOTH SEXES		139.8	135.9	123.6	104.4	99.8	95.2	90.6	86.0	81.5
q(5) - BOTH SEXES		.2364	.2297	.2082	.1722	.1630	.1539	.1446	.1353	.1260
DEP. RATIO	87.2	88.6	90.6	90.3	89.1	85.1	78.0	69.9	63.7	58.3

GUINEA-BISSAU

Summary Projection for 25-Year Periods

AGE GROUP	1990	2000	2025	2050	2075	2100	2125	2150
TOTAL M+F	980	1197	1945	2639	3227	3557	3785	3947
MALES								
0-4	87	106	134	127	124	124	124	124
5-9	66	88	127	121	123	123	124	124
10-14	62	75	121	119	122	123	124	124
15-19	54	61	115	123	122	123	123	123
20-24	45	57	100	122	122	122	123	123
25-29	34	48	83	117	119	120	122	123
30-34	24	39	70	112	115	119	121	122
35-39	19	29	58	104	111	117	121	122
40-44	18	20	44	95	113	115	119	121
45-49	17	15	39	80	110	114	117	119
50-54	14	14	31	63	102	109	114	117
55-59	11	13	23	49	92	101	109	114
60-64	9	9	15	36	78	92	103	109
65-69	7	6	8	23	63	84	94	103
70-74	5	4	5	16	43	70	83	93
75+	4	3	4	12	39	91	132	172
TOTAL	476	589	975	1320	1597	1748	1853	1932
FEMALES								
0-4	87	105	133	125	122	121	120	120
5-9	65	88	126	120	120	120	120	120
10-14	57	76	120	118	120	120	120	120
15-19	50	60	114	122	120	120	120	120
20-24	43	52	100	121	121	120	120	120
25-29	37	44	83	117	119	119	120	120
30-34	32	37	70	111	115	118	119	120
35-39	28	31	57	103	111	117	119	119
40-44	25	27	42	95	114	116	119	119
45-49	20	23	35	80	111	115	118	118
50-54	18	20	28	64	104	111	116	117
55-59	14	15	22	51	96	105	113	116
60-64	12	13	17	38	84	98	109	114
65-69	8	8	12	25	70	95	104	111
70-74	5	6	7	16	51	83	97	106
75+	4	4	5	13	51	130	197	254
TOTAL	504	609	970	1319	1630	1809	1932	2015
BIRTH RATE		45.2	37.8	24.4	17.9	14.9	13.4	12.7
DEATH RATE		24.9	18.6	12.4	9.9	11.0	10.9	11.0
NET MIGRATION RATE		-.3	.0	.0	.0	.0	.0	.0
GROWTH RATE		2.00	1.94	1.22	.80	.39	.25	.17
TOTAL FERTILITY		6.000	4.903	2.742	2.266	2.145	2.061	2.049
e(0) - BOTH SEXES		38.41	43.25	52.89	63.80	71.00	77.80	80.83
IMR - BOTH SEXES		137.8	102.4	77.1	53.3	27.2	6.9	4.2

GUYANA

Projection (thousands) with NRR=1 by 2000

AGE GROUP	1990	1995	2000	2005	2010	2015	2020	2025	2030	2035
TOTAL M+F	798	824	846	873	910	958	1006	1050	1086	1117
MALES										
0-4	49	48	40	37	38	40	41	40	39	39
5-9	46	46	46	39	37	38	39	41	40	39
10-14	42	44	44	45	38	37	38	39	40	40
15-19	47	40	42	43	44	38	36	37	39	40
20-24	46	43	37	40	42	44	38	36	37	39
25-29	41	41	40	35	39	42	44	38	36	37
30-34	31	37	38	38	34	39	41	43	37	36
35-39	24	28	34	36	37	33	38	41	43	37
40-44	18	22	26	33	35	36	33	38	41	42
45-49	13	17	21	25	32	34	35	32	37	40
50-54	11	12	15	19	24	30	33	34	31	36
55-59	9	10	11	14	18	23	29	32	32	30
60-64	8	8	9	10	13	17	21	27	29	30
65-69	6	7	7	8	9	11	15	18	24	26
70-74	4	5	5	5	6	7	9	12	15	20
75+	5	5	5	6	7	7	9	11	15	20
TOTAL	400	412	422	434	452	476	499	519	537	551
FEMALES										
0-4	46	47	39	36	37	38	40	39	38	38
5-9	43	44	45	38	36	37	38	39	39	38
10-14	40	42	42	44	37	36	37	38	39	39
15-19	45	38	40	41	43	37	36	36	38	39
20-24	44	41	35	38	40	43	37	36	36	38
25-29	41	40	38	33	37	40	43	37	35	36
30-34	34	38	37	36	32	36	40	43	37	35
35-39	24	31	36	36	35	32	36	40	43	37
40-44	19	22	30	35	35	35	32	36	39	42
45-49	14	18	21	29	34	34	34	31	36	39
50-54	12	13	17	20	28	33	34	34	31	35
55-59	10	11	12	16	20	27	32	33	33	30
60-64	9	9	10	12	15	19	26	31	31	32
65-69	6	8	8	9	11	14	17	24	29	30
70-74	4	5	7	7	8	9	12	15	22	26
75+	6	6	6	8	10	11	14	18	23	32
TOTAL	398	412	424	438	458	483	508	530	550	566
BIRTH RATE		25.4	20.4	18.2	17.4	17.2	16.8	15.8	14.8	14.1
DEATH RATE		7.4	6.8	6.5	6.4	6.7	7.0	7.4	7.9	8.5
RATE OF NAT. INC.		1.80	1.36	1.16	1.10	1.05	.98	.84	.69	.56
NET MIGRATION RATE		-11.5	-8.4	-5.4	-2.6	-.0	.0	.0	.0	.0
GROWTH RATE		.65	.52	.62	.83	1.05	.98	.84	.69	.56
TOTAL FERTILITY		2.643	2.281	2.150	2.124	2.117	2.111	2.104	2.097	2.090
NRR		1.193	1.045	1.000	1.000	1.000	1.000	1.000	1.000	1.000
e(0) - BOTH SEXES	65.13	66.75	68.47	70.19	71.04	71.92	72.83	73.78	74.77	
e(15) - BOTH SEXES	55.03	55.76	56.71	57.82	58.47	59.15	59.86	60.61	61.38	
IMR - BOTH SEXES	48.0	40.0	32.7	26.7	24.4	22.1	19.9	17.6	15.3	
q(5) - BOTH SEXES	.0620	.0501	.0400	.0319	.0293	.0266	.0240	.0214	.0187	
DEP. RATIO	59.4	58.7	53.8	48.1	42.8	42.3	44.1	47.0	50.3	52.8

Summary Projection for 25-Year Periods

GUYANA

AGE GROUP	1990	2000	2025	2050	2075	2100	2125	2150
TOTAL M+F	798	846	1050	1186	1251	1288	1314	1326
MALES								
0-4	49	40	40	40	40	39	39	39
5-9	46	46	41	40	39	39	39	39
10-14	42	44	39	39	39	39	39	39
15-19	47	42	37	39	39	39	39	39
20-24	46	37	36	39	39	39	39	39
25-29	41	40	38	40	39	39	39	39
30-34	31	38	43	40	39	39	39	39
35-39	24	34	41	38	38	39	39	39
40-44	18	26	38	36	38	39	39	39
45-49	13	21	32	35	38	39	39	39
50-54	11	15	34	35	38	38	38	38
55-59	9	11	32	39	37	37	37	38
60-64	8	9	27	35	35	35	36	37
65-69	6	7	18	30	31	33	35	35
70-74	4	5	12	22	27	31	33	33
75+	5	5	11	37	56	65	72	76
TOTAL	400	422	519	583	613	631	643	649
FEMALES								
0-4	46	39	39	38	38	38	38	38
5-9	43	45	39	38	38	38	38	38
10-14	40	42	38	38	38	38	38	38
15-19	45	40	36	37	38	38	38	38
20-24	44	35	36	38	38	38	38	38
25-29	41	38	37	39	38	38	38	38
30-34	34	37	43	39	38	38	38	38
35-39	24	36	40	38	37	38	38	38
40-44	19	30	36	36	37	38	38	38
45-49	14	21	31	35	37	38	38	38
50-54	12	17	34	36	38	38	38	38
55-59	10	12	33	41	38	37	37	37
60-64	9	10	31	37	36	36	37	37
65-69	6	8	24	32	33	35	37	37
70-74	4	7	15	26	31	35	36	36
75+	6	6	18	56	84	96	106	111
TOTAL	398	424	530	602	639	657	671	677
BIRTH RATE		22.9	17.0	13.9	12.7	12.3	11.9	11.8
DEATH RATE		7.1	6.8	9.1	10.6	11.1	11.1	11.4
NET MIGRATION RATE		-9.9	-1.5	.0	.0	.0	.0	.0
GROWTH RATE		.59	.86	.49	.22	.11	.08	.04
TOTAL FERTILITY		2.472	2.121	2.083	2.057	2.051	2.047	2.046
e(0) - BOTH SEXES		65.95	70.98	75.89	80.62	82.82	84.65	85.32
IMR - BOTH SEXES		44.4	25.1	13.1	4.3	3.0	2.3	2.1

HAITI

Projection (thousands) with NRR=1 by 2025

AGE GROUP	1990	1995	2000	2005	2010	2015	2020	2025	2030	2035
TOTAL M+F	6472	7090	7682	8255	8854	9434	9984	10492	11023	11568
MALES										
0-4	497	521	542	555	566	551	531	507	515	529
5-9	431	463	488	514	534	547	535	518	497	506
10-14	381	418	450	476	504	525	540	529	514	493
15-19	349	371	407	438	466	494	516	532	523	509
20-24	301	334	354	390	422	450	480	504	522	515
25-29	252	283	314	334	370	403	434	466	492	511
30-34	199	236	266	296	316	353	388	420	454	482
35-39	164	187	222	250	280	301	339	375	409	443
40-44	135	154	174	208	235	265	288	326	363	397
45-49	114	127	143	162	194	221	251	274	312	349
50-54	97	106	117	132	150	180	207	236	259	297
55-59	81	89	97	106	119	136	165	191	219	242
60-64	64	73	79	85	92	105	121	148	172	198
65-69	49	55	61	65	70	77	88	102	126	148
70-74	35	38	42	45	49	53	59	68	80	100
75+	35	40	42	44	47	51	57	65	76	91
TOTAL	3184	3495	3799	4099	4412	4714	4999	5262	5533	5810
FEMALES										
0-4	482	505	525	536	546	531	511	487	495	508
5-9	421	451	476	500	518	530	518	500	479	487
10-14	376	409	439	464	491	510	523	512	496	476
15-19	345	366	398	427	453	481	501	515	506	492
20-24	299	331	350	380	411	439	468	491	507	500
25-29	259	284	313	330	361	394	424	455	481	498
30-34	216	246	268	295	313	345	379	411	444	471
35-39	184	206	232	252	279	298	331	366	400	434
40-44	152	176	194	219	238	265	285	319	355	389
45-49	130	145	166	183	206	225	252	273	307	343
50-54	111	124	137	155	171	194	213	240	261	295
55-59	93	104	115	125	142	158	180	199	226	248
60-64	74	85	94	102	111	127	142	164	183	209
65-69	58	65	72	78	85	94	109	123	144	163
70-74	43	47	50	55	59	65	74	87	101	120
75+	44	51	54	56	59	65	74	86	104	126
TOTAL	3288	3595	3883	4157	4442	4720	4984	5231	5490	5758
BIRTH RATE		34.4	32.6	30.4	28.1	25.4	22.9	20.6	19.7	19.2
DEATH RATE		12.9	13.6	13.7	12.4	11.5	10.8	10.3	9.9	9.5
RATE OF NAT. INC.		2.15	1.90	1.67	1.57	1.39	1.21	1.03	.99	.97
NET MIGRATION RATE		-3.2	-3.0	-2.3	-1.7	-1.2	-.8	-.4	.0	.0
GROWTH RATE		1.82	1.60	1.44	1.40	1.27	1.13	.99	.99	.97
TOTAL FERTILITY		4.678	4.300	3.921	3.542	3.127	2.760	2.437	2.318	2.278
NRR		1.762	1.618	1.495	1.417	1.278	1.150	1.033	1.000	1.000
e(0) - BOTH SEXES		54.59	53.22	52.80	55.09	56.69	58.37	60.14	61.99	63.93
e(15) - BOTH SEXES		51.53	48.98	47.03	47.10	48.23	49.42	50.67	51.98	53.37
IMR - BOTH SEXES		93.0	87.2	77.7	60.2	55.2	50.2	45.1	40.1	35.0
q(5) - BOTH SEXES		.1510	.1405	.1232	.0923	.0844	.0765	.0686	.0606	.0527
DEP. RATIO	78.8	76.1	73.0	69.6	66.2	61.7	56.9	51.9	49.0	47.9

HAITI

Summary Projection for 25-Year Periods

AGE GROUP	1990	2000	2025	2050	2075	2100	2125	2150
TOTAL M+F	6472	7682	10492	13083	15041	16026	16674	16975
MALES								
0-4	497	542	507	514	517	516	515	515
5-9	431	488	518	519	518	515	514	514
10-14	381	450	529	523	515	513	514	514
15-19	349	407	532	516	508	511	514	514
20-24	301	354	504	495	504	511	513	513
25-29	252	314	466	477	504	511	512	512
30-34	199	266	420	488	508	510	510	510
35-39	164	222	375	491	510	506	506	508
40-44	135	174	326	485	499	496	502	506
45-49	114	143	274	450	473	489	499	503
50-54	97	117	236	405	448	482	494	497
55-59	81	97	191	350	443	475	485	488
60-64	64	79	148	290	423	458	468	473
65-69	49	61	102	225	382	423	440	453
70-74	35	42	68	158	308	364	406	424
75+	35	42	65	169	400	642	841	929
TOTAL	3184	3799	5262	6556	7461	7922	8233	8374
FEMALES								
0-4	482	525	487	492	493	492	491	491
5-9	421	476	500	498	495	491	491	490
10-14	376	439	512	503	493	490	490	490
15-19	345	398	515	497	486	489	490	491
20-24	299	350	491	479	485	489	491	491
25-29	259	313	455	464	487	491	491	490
30-34	216	268	411	476	493	492	490	489
35-39	184	232	366	480	496	489	488	488
40-44	152	194	319	475	489	481	486	488
45-49	130	166	273	445	467	478	485	487
50-54	111	137	240	404	447	476	484	486
55-59	93	115	199	354	450	477	482	482
60-64	74	94	164	302	442	472	474	477
65-69	58	72	123	245	418	452	460	470
70-74	43	50	87	184	362	413	445	460
75+	44	54	86	230	577	932	1204	1332
TOTAL	3288	3883	5231	6527	7580	8104	8440	8602
BIRTH RATE		33.5	25.2	18.0	14.4	13.0	12.3	12.0
DEATH RATE		13.3	11.6	9.2	8.9	10.5	10.7	11.3
NET MIGRATION RATE		-3.1	-1.2	.0	.0	.0	.0	.0
GROWTH RATE		1.71	1.25	.88	.56	.25	.16	.07
TOTAL FERTILITY		4.478	3.096	2.238	2.093	2.073	2.063	2.060
e(0) - BOTH SEXES		53.88	56.84	66.29	75.76	79.70	83.10	84.33
IMR - BOTH SEXES		90.1	58.2	30.1	10.0	5.6	2.9	2.4

HONDURAS

Projection (thousands) with NRR=1 by 2025

AGE GROUP	1990	1995	2000	2005	2010	2015	2020	2025	2030	2035
TOTAL M+F	5105	5924	6795	7693	8582	9461	10305	11080	11833	12577
MALES										
0-4	443	493	525	542	541	545	537	515	518	533
5-9	386	436	486	519	538	537	541	534	513	516
10-14	328	383	433	484	517	536	535	540	533	512
15-19	297	325	381	430	481	515	534	533	538	531
20-24	241	293	321	376	426	478	511	530	531	536
25-29	190	237	288	316	372	422	474	508	527	527
30-34	150	186	232	284	312	368	418	470	504	524
35-39	120	147	182	229	280	309	365	415	466	500
40-44	97	117	143	178	225	276	305	360	410	461
45-49	79	94	113	139	174	220	270	299	354	403
50-54	66	76	90	109	134	168	213	262	291	345
55-59	54	61	71	85	103	127	160	203	251	279
60-64	43	48	55	65	77	95	118	149	190	235
65-69	32	36	42	48	56	68	84	105	133	171
70-74	24	25	29	33	38	46	56	69	88	113
75+	25	28	30	34	39	47	57	70	89	115
TOTAL	2574	2984	3421	3871	4316	4756	5177	5562	5935	6302
FEMALES										
0-4	426	476	506	522	520	523	515	494	496	510
5-9	374	421	470	502	519	517	521	513	492	495
10-14	318	371	418	468	500	518	516	520	512	492
15-19	288	316	369	416	467	499	516	515	519	512
20-24	237	285	313	367	414	465	497	515	514	518
25-29	190	233	282	310	364	412	462	495	513	512
30-34	150	187	230	279	307	362	409	460	493	511
35-39	120	148	184	227	276	305	359	407	458	491
40-44	96	118	145	182	225	274	302	356	404	455
45-49	80	94	116	142	179	222	270	299	353	400
50-54	67	77	91	113	139	175	217	265	294	347
55-59	55	64	74	88	109	135	170	211	258	287
60-64	44	51	60	69	83	103	129	163	203	249
65-69	34	39	46	54	64	77	96	120	152	191
70-74	25	28	33	39	46	55	67	85	107	138
75+	28	32	37	44	53	65	80	100	128	166
TOTAL	2531	2939	3374	3822	4266	4706	5128	5518	5898	6275
BIRTH RATE		37.3	34.2	30.7	27.0	24.5	21.9	19.4	18.1	17.4
DEATH RATE		6.8	6.1	5.4	4.8	4.7	4.7	4.8	5.0	5.2
RATE OF NAT. INC.		3.05	2.81	2.53	2.22	1.97	1.72	1.46	1.32	1.22
NET MIGRATION RATE		-.7	-.6	-.5	-.3	-.2	-.1	-.1	.0	.0
GROWTH RATE		2.97	2.74	2.48	2.19	1.95	1.71	1.45	1.31	1.22
TOTAL FERTILITY		4.940	4.385	3.830	3.275	2.880	2.533	2.228	2.116	2.108
NRR		2.205	1.985	1.760	1.524	1.346	1.188	1.049	1.000	1.000
e(0) - BOTH SEXES		65.78	67.13	68.64	70.24	71.09	71.98	72.89	73.84	74.83
e(15) - BOTH SEXES		55.86	56.58	57.34	58.28	58.90	59.54	60.22	60.92	61.66
IMR - BOTH SEXES		49.0	43.4	36.8	30.4	27.7	25.1	22.5	19.8	17.2
q(5) - BOTH SEXES		.0637	.0552	.0455	.0368	.0337	.0306	.0274	.0243	.0212
DEP. RATIO	91.7	87.8	81.7	74.7	66.6	59.6	53.8	49.4	46.6	45.8

HONDURAS

Summary Projection for 25-Year Periods

AGE GROUP	1990	2000	2025	2050	2075	2100	2125	2150
TOTAL M+F	5105	6795	11080	14538	16568	17191	17557	17717
MALES								
0-4	443	525	515	529	532	531	531	530
5-9	386	486	534	534	533	530	530	530
10-14	328	433	540	536	531	529	530	530
15-19	297	381	533	530	527	528	529	530
20-24	241	321	530	512	524	528	529	529
25-29	190	288	508	506	524	528	528	527
30-34	150	232	470	523	527	527	526	526
35-39	120	182	415	527	527	524	523	524
40-44	97	143	360	517	518	517	520	522
45-49	79	113	299	509	497	511	517	519
50-54	66	90	262	478	485	506	513	514
55-59	54	71	203	429	491	500	505	506
60-64	43	55	149	361	477	487	491	493
65-69	32	42	105	289	443	458	468	474
70-74	24	29	69	212	399	410	437	448
75+	25	30	70	265	667	865	978	1026
TOTAL	2574	3421	5562	7256	8200	8481	8654	8727
FEMALES								
0-4	426	506	494	505	507	506	506	506
5-9	374	470	513	510	508	506	505	505
10-14	318	418	520	513	506	505	505	505
15-19	288	369	515	508	503	504	505	505
20-24	237	313	515	493	501	504	505	505
25-29	190	282	495	489	503	506	505	505
30-34	150	230	460	508	508	506	505	504
35-39	120	184	407	513	510	504	503	504
40-44	96	145	356	506	503	500	502	503
45-49	80	116	299	503	486	496	501	503
50-54	67	91	265	478	479	496	501	502
55-59	55	74	211	437	493	497	499	499
60-64	44	60	163	377	490	494	494	495
65-69	34	46	120	316	472	480	484	490
70-74	25	33	85	247	450	452	473	482
75+	28	37	100	377	948	1254	1409	1477
TOTAL	2531	3374	5518	7282	8368	8710	8903	8990
BIRTH RATE		35.6	24.2	16.4	13.3	12.3	11.9	11.8
DEATH RATE		6.4	4.9	5.6	8.1	10.8	11.1	11.4
NET MIGRATION RATE		-.7	-.2	.0	.0	.0	.0	.0
GROWTH RATE		2.86	1.96	1.09	.52	.15	.08	.04
TOTAL FERTILITY		4.638	2.855	2.100	2.069	2.063	2.059	2.058
e(0) - BOTH SEXES		66.51	71.17	76.01	80.65	82.82	84.64	85.32
IMR - BOTH SEXES		46.2	28.6	14.5	4.3	3.0	2.3	2.1

HONG KONG

Projection (thousands) with NRR=1 by 2030

AGE GROUP	1990	1995	2000	2005	2010	2015	2020	2025	2030	2035
TOTAL M+F	5705	5962	6120	6190	6248	6287	6307	6306	6276	6185
MALES										
0-4	187	180	161	145	150	154	157	156	156	154
5-9	222	191	182	160	145	150	154	156	156	155
10-14	227	225	192	182	160	145	150	154	156	156
15-19	227	229	225	191	182	160	144	149	154	156
20-24	230	232	231	225	191	181	160	144	149	153
25-29	301	237	235	230	224	190	180	159	143	148
30-34	323	307	239	234	229	223	189	180	158	143
35-39	267	326	308	238	232	228	222	188	179	158
40-44	225	269	325	305	236	231	226	220	187	178
45-49	139	224	266	321	302	234	229	224	218	186
50-54	144	137	220	261	316	297	230	225	221	215
55-59	145	139	133	213	254	307	289	224	219	215
60-64	128	137	132	127	204	243	295	278	216	212
65-69	96	117	127	123	119	191	229	278	263	205
70-74	66	83	103	112	110	107	173	208	253	241
75+	66	90	117	151	181	197	203	263	337	422
TOTAL	2992	3122	3196	3219	3234	3237	3229	3206	3166	3096
FEMALES										
0-4	162	172	153	138	143	147	149	149	148	147
5-9	194	165	174	153	138	143	147	149	149	148
10-14	197	196	166	174	153	138	143	147	149	149
15-19	196	199	197	166	174	153	138	143	147	149
20-24	214	200	201	197	166	174	153	138	143	147
25-29	294	218	202	200	196	166	173	153	138	142
30-34	298	297	220	202	200	196	166	173	152	137
35-39	240	299	297	219	201	200	196	165	173	152
40-44	189	240	299	296	219	200	199	195	165	172
45-49	108	188	239	297	294	217	199	198	194	164
50-54	113	107	186	236	294	292	216	198	197	193
55-59	121	111	105	183	233	290	288	213	196	195
60-64	115	118	108	103	180	229	285	284	210	193
65-69	96	110	113	104	100	175	223	278	277	205
70-74	73	89	103	106	99	95	167	213	267	267
75+	107	131	161	195	224	235	238	306	408	529
TOTAL	2713	2840	2924	2971	3014	3049	3078	3100	3110	3089
BIRTH RATE		12.0	10.4	9.3	9.5	9.7	9.8	9.7	9.7	9.7
DEATH RATE		5.8	6.4	7.0	7.6	8.4	9.1	9.7	10.7	12.6
RATE OF NAT. INC.		.63	.40	.23	.19	.12	.07	-.00	-.10	-.29
NET MIGRATION RATE		2.6	1.2	.0	.0	.0	.0	.0	.0	.0
GROWTH RATE		.88	.52	.23	.19	.12	.07	-.00	-.10	-.29
TOTAL FERTILITY		1.350	1.350	1.350	1.506	1.651	1.784	1.907	2.022	2.065
NRR		.650	.651	.652	.728	.798	.863	.923	.979	1.000
e(0) - BOTH SEXES		77.80	78.55	79.33	80.15	80.53	80.92	81.32	81.72	82.13
e(15) - BOTH SEXES		63.50	64.18	64.91	65.68	66.04	66.41	66.78	67.16	67.56
IMR - BOTH SEXES		5.8	5.1	4.6	4.2	4.0	3.9	3.7	3.5	3.3
q(5) - BOTH SEXES		.0076	.0068	.0063	.0058	.0056	.0053	.0051	.0049	.0047
DEP. RATIO	42.2	41.5	40.1	39.2	38.0	42.5	51.0	63.8	76.4	81.5

HONG KONG

Summary Projection for 25-Year Periods

AGE GROUP	1990	2000	2025	2050	2075	2100	2125	2150
TOTAL M+F	5705	6120	6306	5688	5198	5155	5185	5201
MALES								
0-4	187	161	156	155	154	154	154	154
5-9	222	182	156	154	154	154	154	154
10-14	227	192	154	153	154	154	154	154
15-19	227	225	149	154	154	154	154	154
20-24	230	231	144	155	155	154	154	154
25-29	301	235	159	155	154	153	153	154
30-34	323	239	180	155	152	153	153	153
35-39	267	308	188	152	151	152	153	153
40-44	225	325	220	147	151	152	152	152
45-49	139	266	224	140	152	152	151	151
50-54	144	220	225	153	150	150	150	150
55-59	145	133	224	170	148	146	147	148
60-64	128	132	278	174	142	142	144	145
65-69	96	127	278	194	132	138	140	140
70-74	66	103	208	184	120	131	132	133
75+	66	117	263	420	331	298	306	311
TOTAL	2992	3196	3206	2814	2555	2539	2553	2560
FEMALES								
0-4	162	153	149	148	147	147	147	147
5-9	194	174	149	147	147	147	147	147
10-14	197	166	147	146	147	147	147	147
15-19	196	197	143	147	147	147	147	147
20-24	214	201	138	148	148	147	147	147
25-29	294	202	153	148	147	147	147	147
30-34	298	220	173	149	146	147	147	147
35-39	240	297	165	146	145	146	147	147
40-44	189	299	195	142	146	147	147	147
45-49	108	239	198	136	147	147	147	146
50-54	113	186	198	150	147	146	146	146
55-59	121	105	213	169	146	145	145	146
60-64	115	108	284	160	143	143	144	145
65-69	96	113	278	186	137	142	144	144
70-74	73	103	213	183	130	141	142	142
75+	107	161	306	571	473	430	441	448
TOTAL	2713	2924	3100	2874	2643	2616	2632	2641
BIRTH RATE		11.2	9.6	10.0	11.2	11.7	11.7	11.6
DEATH RATE		6.1	8.4	14.0	14.8	12.1	11.5	11.5
NET MIGRATION RATE		1.9	.0	.0	.0	.0	.0	.0
GROWTH RATE		.70	.12	-.41	-.36	-.03	.02	.01
TOTAL FERTILITY		1.353	1.620	2.055	2.060	2.058	2.057	2.057
e(0) - BOTH SEXES		78.18	80.46	82.54	84.39	85.18	85.80	86.05
IMR - BOTH SEXES		5.5	4.1	3.1	2.4	2.1	2.0	1.9

HUNGARY

Projection (thousands) with NRR=1 by 2030

AGE GROUP	1990	1995	2000	2005	2010	2015	2020	2025	2030	2035
TOTAL M+F	10553	10206	9952	9789	9697	9614	9532	9461	9403	9355
MALES										
0-4	319	305	308	306	304	297	292	293	299	302
5-9	349	307	297	304	305	303	296	291	293	299
10-14	450	340	301	293	303	304	303	296	291	292
15-19	390	439	333	297	291	301	303	302	295	290
20-24	355	371	425	324	293	289	299	301	299	293
25-29	334	331	353	412	319	290	285	296	298	297
30-34	425	312	315	342	406	315	286	282	293	296
35-39	432	404	298	305	336	400	311	283	279	290
40-44	364	412	388	288	298	329	393	306	279	275
45-49	331	346	394	373	279	290	321	383	299	273
50-54	284	311	326	374	357	267	279	309	371	290
55-59	288	261	287	303	349	334	252	263	293	353
60-64	262	255	232	257	273	316	305	231	243	273
65-69	223	220	214	196	219	235	275	268	205	218
70-74	109	171	169	166	153	174	189	224	222	172
75+	206	162	180	195	201	200	217	244	289	319
TOTAL	5122	4947	4819	4734	4686	4645	4606	4573	4548	4531
FEMALES										
0-4	301	287	291	289	286	280	275	276	282	284
5-9	330	290	280	286	288	286	279	274	276	281
10-14	420	322	284	276	286	287	286	279	274	275
15-19	364	410	315	281	276	285	287	285	279	274
20-24	331	345	397	308	279	275	285	286	285	278
25-29	315	309	330	388	306	278	274	284	286	284
30-34	406	298	297	323	386	305	277	273	283	285
35-39	422	393	289	291	321	384	303	276	272	282
40-44	363	412	385	284	289	319	382	302	275	271
45-49	345	354	404	379	281	286	315	378	299	273
50-54	322	336	346	395	372	276	281	311	373	295
55-59	331	310	324	335	385	362	269	275	304	366
60-64	326	313	294	309	320	369	349	260	266	295
65-69	309	297	286	271	287	299	347	329	247	254
70-74	164	264	255	249	239	255	269	314	301	227
75+	382	320	357	392	411	421	447	484	553	598
TOTAL	5431	5260	5134	5055	5011	4968	4925	4887	4855	4824
BIRTH RATE		11.8	12.2	12.3	12.3	12.1	11.9	12.1	12.4	12.6
DEATH RATE		14.3	14.3	14.0	13.9	13.8	13.7	13.6	13.7	13.6
RATE OF NAT. INC.		-.24	-.21	-.17	-.17	-.17	-.17	-.15	-.12	-.10
NET MIGRATION RATE		-4.2	-3.0	-1.6	-.2	.0	.0	.0	.0	.0
GROWTH RATE		-.67	-.50	-.33	-.19	-.17	-.17	-.15	-.12	-.10
TOTAL FERTILITY		1.800	1.800	1.800	1.857	1.913	1.968	2.021	2.072	2.092
NRR		.850	.852	.854	.883	.910	.937	.964	.989	1.000
e(0) - BOTH SEXES	69.25	69.88	70.80	71.91	72.66	73.44	74.25	75.10	76.00	
e(15) - BOTH SEXES	55.78	56.25	57.00	57.95	58.64	59.37	60.13	60.92	61.75	
IMR - BOTH SEXES	14.7	12.9	10.9	9.2	8.6	8.1	7.5	7.0	6.4	
q(5) - BOTH SEXES	.0179	.0157	.0135	.0115	.0109	.0102	.0096	.0089	.0083	
DEP. RATIO	51.0	47.4	47.9	49.1	51.2	53.3	57.3	60.7	60.1	60.4

Summary Projection for 25-Year Periods

HUNGARY

AGE GROUP	1990	2000	2025	2050	2075	2100	2125	2150
TOTAL M+F	10553	9952	9461	9301	9428	9632	9804	9883
MALES								
0-4	319	308	293	296	297	298	298	298
5-9	349	297	291	296	298	298	297	297
10-14	450	301	296	299	298	297	297	297
15-19	390	333	302	300	297	297	297	297
20-24	355	425	301	296	295	296	296	297
25-29	334	353	296	288	293	295	296	296
30-34	425	315	282	284	292	295	295	295
35-39	432	298	283	287	293	294	294	294
40-44	364	388	306	289	293	292	292	293
45-49	331	394	383	285	288	288	290	291
50-54	284	326	309	275	276	283	286	288
55-59	288	287	263	254	266	277	282	284
60-64	262	232	231	241	259	271	275	277
65-69	223	214	268	240	248	260	264	266
70-74	109	169	224	263	223	237	246	251
75+	206	180	244	334	413	481	545	573
TOTAL	5122	4819	4573	4529	4630	4757	4851	4892
FEMALES								
0-4	301	291	276	278	279	280	280	280
5-9	330	280	274	279	280	280	280	280
10-14	420	284	279	281	281	280	280	279
15-19	364	315	285	283	280	279	279	279
20-24	331	397	286	281	279	279	279	279
25-29	315	330	284	274	277	279	279	279
30-34	406	297	273	272	278	279	279	279
35-39	422	289	276	277	280	279	279	279
40-44	363	385	302	282	281	279	278	278
45-49	345	404	378	281	278	276	277	278
50-54	322	346	311	277	270	274	277	277
55-59	331	324	275	262	266	273	276	276
60-64	326	294	260	260	266	272	274	275
65-69	309	286	329	274	266	270	271	272
70-74	164	255	314	325	258	262	265	268
75+	382	357	484	586	678	734	800	830
TOTAL	5431	5134	4887	4772	4797	4875	4953	4990
BIRTH RATE		12.0	12.1	12.5	12.4	12.2	11.9	11.8
DEATH RATE		14.3	13.8	13.2	11.9	11.3	11.2	11.4
NET MIGRATION RATE		-3.6	-.4	.0	.0	.0	.0	.0
GROWTH RATE		-.59	-.20	-.07	.05	.09	.07	.03
TOTAL FERTILITY		1.796	1.913	2.085	2.080	2.076	2.074	2.073
e(0) - BOTH SEXES		69.56	72.60	76.96	81.31	83.26	84.84	85.43
IMR - BOTH SEXES		13.8	8.9	5.9	3.6	2.8	2.3	2.1

ICELAND

Projection (thousands) with NRR=1 by 1995

AGE GROUP	1990	1995	2000	2005	2010	2015	2020	2025	2030	2035
TOTAL M+F	255	270	283	296	308	319	330	339	347	353
MALES										
0-4	11	12	11	11	11	11	11	11	11	11
5-9	11	11	12	11	11	11	11	11	11	11
10-14	11	11	11	12	11	11	11	11	11	11
15-19	11	11	11	11	12	11	11	11	11	11
20-24	11	11	11	11	11	12	11	11	11	11
25-29	11	11	11	11	11	11	12	11	11	11
30-34	11	11	11	11	11	11	11	12	11	11
35-39	10	11	11	11	11	11	11	11	12	11
40-44	8	10	11	11	11	11	11	11	11	12
45-49	7	8	10	11	11	11	11	11	11	11
50-54	5	7	8	10	11	11	11	11	11	11
55-59	5	5	7	8	9	10	10	10	10	10
60-64	5	5	5	6	7	9	10	10	10	10
65-69	4	5	4	4	6	7	9	9	10	10
70-74	3	4	4	4	4	5	6	8	9	9
75+	4	5	5	6	7	7	9	11	13	15
TOTAL	128	136	143	149	155	161	166	171	174	177
FEMALES										
0-4	10	11	10	10	10	11	11	11	11	11
5-9	10	10	11	10	10	10	11	11	11	11
10-14	10	10	10	11	11	10	10	11	11	11
15-19	10	10	10	10	11	11	10	10	11	11
20-24	10	10	10	10	10	11	11	10	10	11
25-29	11	10	10	10	10	10	11	11	10	10
30-34	10	11	10	10	10	10	10	11	11	10
35-39	9	10	11	10	10	10	10	10	11	11
40-44	8	9	10	11	10	10	10	10	10	11
45-49	6	8	9	10	11	10	10	10	10	10
50-54	5	6	8	9	10	11	10	10	10	10
55-59	5	5	6	8	9	10	11	10	10	10
60-64	5	5	5	6	8	9	10	11	10	10
65-69	5	5	5	5	6	8	8	9	10	10
70-74	4	5	5	4	4	5	7	8	9	10
75+	7	8	9	10	10	11	12	14	17	20
TOTAL	127	134	141	147	152	158	163	168	173	176
BIRTH RATE		17.4	15.6	14.9	14.3	13.9	13.6	13.2	12.8	12.5
DEATH RATE		6.7	6.7	6.8	6.9	7.1	7.3	7.6	8.3	9.1
RATE OF NAT. INC.		1.07	.90	.81	.74	.68	.63	.56	.45	.34
NET MIGRATION RATE		.8	.7	.6	.4	.4	.2	.1	.0	.0
GROWTH RATE		1.15	.97	.87	.78	.72	.66	.57	.45	.34
TOTAL FERTILITY		2.200	2.085	2.083	2.081	2.080	2.079	2.079	2.078	2.077
NRR		1.054	1.000	1.000	1.000	1.000	1.000	1.000	1.000	1.000
e(0) - BOTH SEXES		78.24	78.90	79.63	80.37	80.74	81.11	81.50	81.88	82.28
e(15) - BOTH SEXES		63.91	64.51	65.19	65.89	66.24	66.59	66.95	67.32	67.70
IMR - BOTH SEXES		5.5	4.9	4.5	4.2	4.0	3.8	3.6	3.4	3.3
q(5) - BOTH SEXES		.0073	.0066	.0061	.0057	.0055	.0052	.0050	.0048	.0046
DEP. RATIO	55.2	54.6	52.8	50.8	49.6	51.1	54.5	58.7	62.9	65.2

Summary Projection for 25-Year Periods

ICELAND

AGE GROUP	1990	2000	2025	2050	2075	2100	2125	2150
TOTAL M+F	255	283	339	362	370	373	376	377
MALES								
0-4	11	11	11	11	11	11	11	11
5-9	11	12	11	11	11	11	11	11
10-14	11	11	11	11	11	11	11	11
15-19	11	11	11	11	11	11	11	11
20-24	11	11	11	11	11	11	11	11
25-29	11	11	11	11	11	11	11	11
30-34	11	11	12	11	11	11	11	11
35-39	10	11	11	11	11	11	11	11
40-44	8	11	11	11	11	11	11	11
45-49	7	10	11	11	11	11	11	11
50-54	5	8	11	11	11	11	11	11
55-59	5	7	10	11	11	11	11	11
60-64	5	5	10	10	10	10	11	11
65-69	4	4	9	10	10	10	10	10
70-74	3	4	8	9	9	10	10	10
75+	4	5	11	19	21	22	22	23
TOTAL	128	143	171	181	184	185	186	187
FEMALES								
0-4	10	10	11	11	11	11	11	11
5-9	10	11	11	11	11	11	11	11
10-14	10	10	11	11	11	11	11	11
15-19	10	10	10	11	11	11	11	11
20-24	10	10	10	11	11	11	11	11
25-29	11	10	11	11	11	11	11	11
30-34	10	10	11	11	11	11	11	11
35-39	9	11	10	11	11	11	11	11
40-44	8	10	10	10	11	11	11	11
45-49	6	9	10	10	11	11	11	11
50-54	5	8	10	10	11	11	11	11
55-59	5	6	10	11	10	10	10	10
60-64	5	5	11	10	10	10	10	10
65-69	5	5	9	10	10	10	10	10
70-74	4	5	8	10	10	10	10	10
75+	7	9	14	25	29	31	32	32
TOTAL	127	141	168	182	186	188	190	190
BIRTH RATE		16.5	14.0	12.4	12.0	11.8	11.7	11.6
DEATH RATE		6.7	7.2	9.8	11.1	11.4	11.4	11.5
NET MIGRATION RATE		.7	.3	.0	.0	.0	.0	.0
GROWTH RATE		1.06	.72	.26	.08	.04	.03	.01
TOTAL FERTILITY		2.145	2.081	2.076	2.072	2.070	2.069	2.069
e(0) - BOTH SEXES		78.58	80.70	82.70	84.46	85.21	85.81	86.04
IMR - BOTH SEXES		5.2	4.0	3.1	2.3	2.1	2.0	1.9

INDIA

Projection (thousands) with NRR=1 by 2010

AGE GROUP	1990	1995	2000	2005	2010	2015	2020	2025	2030	2035
TOTAL M+F	849514	934228	1016242	1094985	1170014	1237985	1304263	1370028	1432181	1488431
MALES										
0-4	56808	59784	59077	58066	56929	54880	55727	57371	57673	57047
5-9	53511	55492	58773	58323	57498	56425	54445	55335	57018	57368
10-14	47693	53186	55236	58552	58143	57335	56280	54319	55221	56915
15-19	45547	47339	52862	54954	58317	57924	57134	56097	54155	55069
20-24	41040	44994	46854	52418	54611	57970	57596	56827	55811	53895
25-29	36288	40403	44404	46351	52010	54203	57555	57203	56456	55465
30-34	31709	35672	39812	43859	45926	51557	53755	57105	56781	56065
35-39	26538	31090	35057	39222	43346	45419	51022	53232	56587	56303
40-44	21592	25904	30417	34386	38598	42693	44774	50341	52568	55930
45-49	18275	20911	25143	29603	33571	37730	41786	43878	49396	51647
50-54	16059	17477	20040	24163	28529	32411	36492	40487	42590	48030
55-59	13912	15049	16415	18881	22820	27017	30777	34746	38655	40773
60-64	11230	12629	13700	15004	17299	20996	24963	28557	32374	36167
65-69	8405	9689	10940	11937	13123	15225	18595	22245	25605	29207
70-74	5707	6637	7696	8763	9627	10690	12527	15452	18668	21698
75+	5089	6105	7224	8539	9876	11334	13014	15442	19179	23972
TOTAL	439401	482362	523650	563021	600221	633810	666441	698635	728736	755551
FEMALES										
0-4	53523	57457	56695	55656	54507	52516	53297	54839	55097	54470
5-9	49891	52367	56564	56038	55168	54074	52142	52960	54535	54834
10-14	44192	49604	52150	56385	55897	55039	53959	52041	52868	54451
15-19	41733	43819	49287	51893	56172	55702	54863	53802	51905	52745
20-24	37506	41127	43331	48861	51554	55833	55395	54589	53561	51699
25-29	33089	36789	40517	42826	48428	51133	55417	55022	54260	53276
30-34	28724	32410	36188	39987	42388	47972	50693	54984	54636	53923
35-39	24021	28095	31827	35657	39515	41926	47491	50229	54530	54233
40-44	20227	23435	27510	31270	35140	38982	41402	46946	49704	54015
45-49	17641	19657	22850	26914	30691	34530	38350	40780	46294	49072
50-54	15713	17006	19015	22186	26227	29952	33751	37541	39979	45454
55-59	13560	14926	16224	18227	21369	25315	28972	32716	36467	38918
60-64	10941	12532	13881	15193	17192	20224	24040	27606	31277	34980
65-69	8302	9615	11117	12446	13775	15681	18555	22187	25627	29206
70-74	5768	6671	7832	9201	10475	11719	13484	16127	19488	22747
75+	5282	6357	7604	9224	11295	13575	16009	19025	23216	28860
TOTAL	410113	451867	492592	531964	569792	604175	637822	671392	703444	732880
BIRTH RATE		28.9	25.7	23.0	20.7	18.7	17.9	17.4	16.6	15.7
DEATH RATE		9.7	8.8	8.0	7.5	7.4	7.5	7.6	7.8	8.0
RATE OF NAT. INC.		1.92	1.69	1.49	1.33	1.13	1.04	.98	.89	.77
NET MIGRATION RATE		-.2	-.0	.0	.0	.0	.0	.0	.0	.0
GROWTH RATE		1.90	1.68	1.49	1.33	1.13	1.04	.98	.89	.77
TOTAL FERTILITY		3.700	3.285	2.917	2.590	2.299	2.192	2.177	2.162	2.147
NRR		1.547	1.412	1.284	1.165	1.041	1.000	1.000	1.000	1.000
e(0) - BOTH SEXES	61.13	63.28	65.44	67.57	68.54	69.55	70.59	71.67	72.78	
e(15) - BOTH SEXES	53.95	54.75	55.81	56.99	57.62	58.27	58.95	59.66	60.40	
IMR - BOTH SEXES	79.0	66.5	55.2	45.3	41.3	37.2	33.2	29.1	25.1	
q(5) - BOTH SEXES	.1058	.0865	.0705	.0571	.0521	.0470	.0420	.0369	.0319	
DEP. RATIO	68.1	66.5	62.5	58.3	53.2	49.2	47.2	46.9	48.0	49.2

Summary Projection for 25-Year Periods

INDIA

AGE GROUP	1990	2000	2025	2050	2075	2100	2125	2150
TOTAL M+F	849514	1016242	1370028	1622912	1754657	1813310	1857635	1877822
MALES								
0-4	56808	59077	57371	56383	56371	56384	56394	56387
5-9	53511	58773	55335	55921	56343	56392	56368	56348
10-14	47693	55236	54319	56024	56503	56445	56361	56335
15-19	45547	52862	56097	56607	56584	56403	56296	56293
20-24	41040	46854	56827	56924	56372	56194	56171	56195
25-29	36288	44404	57203	56235	55751	55903	56011	56053
30-34	31709	39812	57105	54210	55139	55723	55892	55909
35-39	26538	35057	53232	52912	54993	55671	55770	55744
40-44	21592	30417	50341	54220	55257	55493	55514	55489
45-49	18275	25143	43878	54320	55161	54965	55043	55125
50-54	16059	20040	40487	53627	53761	53781	54279	54531
55-59	13912	16415	34746	51816	50618	52219	53297	53680
60-64	11230	13700	28557	45871	47584	50599	52035	52452
65-69	8405	10940	22245	39963	45915	48569	50029	50515
70-74	5707	7696	15452	30511	41715	45015	46737	47475
75+	5089	7224	15442	41782	75513	89268	101872	107807
TOTAL	439401	523650	698635	817325	873581	899025	918068	926339
FEMALES								
0-4	53523	56695	54839	53748	53696	53736	53757	53752
5-9	49891	56564	52960	53350	53670	53748	53744	53726
10-14	44192	52150	52041	53487	53817	53795	53741	53718
15-19	41733	49287	53802	54110	53919	53776	53703	53702
20-24	37506	43331	54589	54532	53843	53655	53657	53682
25-29	33089	40517	55022	54007	53428	53503	53619	53663
30-34	28724	36188	54984	52157	53009	53446	53612	53639
35-39	24021	31827	50229	50981	53024	53507	53598	53588
40-44	20227	27510	46946	52351	53461	53490	53497	53486
45-49	17641	22850	40780	52684	53608	53242	53264	53351
50-54	15713	19015	37541	52485	52661	52543	52924	53166
55-59	13560	16224	32716	51507	50217	51692	52581	52935
60-64	10941	13881	27606	45701	48136	51061	52232	52601
65-69	8302	11117	22187	40681	47928	50495	51613	52030
70-74	5768	7832	16127	32391	45735	48998	50386	51028
75+	5282	7604	19025	51415	100925	123597	143639	153415
TOTAL	410113	492592	671392	805587	881076	914285	939566	951483
BIRTH RATE		27.2	19.4	15.1	13.1	12.4	12.0	11.8
DEATH RATE		9.2	7.6	8.3	10.0	11.1	11.1	11.4
NET MIGRATION RATE		-.1	.0	.0	.0	.0	.0	.0
GROWTH RATE		1.79	1.19	.68	.31	.13	.10	.04
TOTAL FERTILITY		3.483	2.410	2.133	2.076	2.066	2.060	2.059
e(0) - BOTH SEXES		62.26	68.48	74.07	79.37	81.99	84.23	85.06
IMR - BOTH SEXES		72.8	42.6	21.1	5.4	3.4	2.4	2.2

INDONESIA

Projection (thousands) with NRR=1 by 2005

AGE GROUP	1990	1995	2000	2005	2010	2015	2020	2025	2030	2035
TOTAL M+F	178232	192543	206213	218877	231253	243299	254627	265111	274712	283278
MALES										
0-4	10688	10875	10805	10533	10622	10743	10745	10690	10641	10637
5-9	11706	10447	10676	10655	10424	10522	10652	10664	10619	10580
10-14	10919	11612	10374	10614	10605	10378	10480	10614	10630	10590
15-19	9483	10809	11506	10291	10540	10536	10317	10423	10562	10583
20-24	7606	9336	10653	11355	10171	10426	10430	10221	10335	10480
25-29	7335	7459	9167	10477	11189	10032	10294	10309	10112	10234
30-34	6526	7180	7312	9002	10311	11023	9895	10164	10190	10006
35-39	5774	6364	7013	7156	8833	10131	10845	9748	10027	10065
40-44	3933	5593	6176	6822	6982	8633	9918	10635	9574	9864
45-49	3710	3770	5373	5949	6593	6762	8378	9646	10365	9351
50-54	3274	3497	3562	5093	5661	6292	6471	8040	9283	10002
55-59	2327	3008	3222	3294	4730	5279	5890	6082	7587	8794
60-64	2254	2055	2666	2868	2947	4257	4779	5363	5570	6988
65-69	1356	1875	1717	2238	2424	2512	3660	4142	4688	4909
70-74	950	1029	1430	1318	1732	1899	1992	2937	3364	3851
75+	884	995	1102	1423	1507	1856	2168	2420	3261	4041
TOTAL	88726	95903	102754	109087	115270	121282	126914	132100	136807	140976
FEMALES										
0-4	10080	10513	10434	10159	10232	10338	10328	10264	10206	10192
5-9	11244	9880	10348	10315	10078	10158	10270	10268	10211	10160
10-14	10396	11161	9819	10298	10278	10044	10127	10242	10242	10189
15-19	9329	10301	11072	9753	10243	10226	9998	10085	10205	10210
20-24	8452	9204	10175	10953	9665	10158	10150	9931	10025	10151
25-29	8119	8309	9059	10032	10822	9560	10058	10060	9854	9957
30-34	6591	7961	8158	8911	9892	10684	9449	9953	9967	9774
35-39	5415	6442	7793	8003	8765	9743	10537	9332	9843	9870
40-44	4022	5271	6281	7615	7841	8602	9577	10374	9201	9720
45-49	3871	3891	5107	6100	7417	7652	8410	9381	10181	9047
50-54	3384	3703	3729	4908	5881	7168	7414	8169	9134	9938
55-59	2558	3181	3489	3524	4656	5599	6849	7108	7859	8819
60-64	2309	2334	2911	3206	3256	4325	5228	6428	6706	7453
65-69	1490	2007	2037	2553	2832	2900	3883	4732	5865	6168
70-74	1099	1195	1617	1652	2090	2348	2435	3303	4076	5115
75+	1146	1289	1430	1809	2035	2511	2998	3380	4328	5540
TOTAL	89506	96640	103459	109790	115982	122017	127712	133011	137905	142302
BIRTH RATE		25.0	22.8	20.6	19.4	18.5	17.6	16.7	15.9	15.3
DEATH RATE		9.5	9.0	8.6	8.4	8.3	8.5	8.6	8.8	9.2
RATE OF NAT. INC.		1.55	1.37	1.19	1.10	1.02	.91	.81	.71	.61
NET MIGRATION RATE		-.0	-.0	-.0	-.0	-.0	.0	.0	.0	.0
GROWTH RATE		1.54	1.37	1.19	1.10	1.02	.91	.81	.71	.61
TOTAL FERTILITY		2.926	2.608	2.324	2.219	2.204	2.190	2.176	2.161	2.147
NRR		1.239	1.127	1.026	1.000	1.000	1.000	1.000	1.000	1.000
e(0) - BOTH SEXES		60.19	61.71	63.45	65.29	66.34	67.42	68.55	69.72	70.94
e(15) - BOTH SEXES		52.02	52.56	53.27	54.20	54.97	55.76	56.59	57.46	58.36
IMR - BOTH SEXES		66.0	57.2	48.1	39.7	36.3	32.9	29.6	26.2	22.8
q(5) - BOTH SEXES		.0902	.0765	.0622	.0497	.0456	.0414	.0372	.0330	.0288
DEP. RATIO	67.7	60.9	53.4	50.6	47.9	45.6	45.6	46.1	47.2	48.1

Summary Projection for 25-Year Periods

INDONESIA

AGE GROUP	1990	2000	2025	2050	2075	2100	2125	2150
TOTAL M+F	178232	206213	265111	303843	324390	338191	348343	353092
MALES								
0-4	10688	10805	10690	10676	10670	10649	10644	10641
5-9	11706	10676	10664	10644	10652	10637	10634	10634
10-14	10919	10374	10614	10600	10633	10633	10633	10633
15-19	9483	11506	10423	10533	10603	10625	10626	10627
20-24	7606	10653	10221	10461	10578	10606	10609	10608
25-29	7335	9167	10309	10410	10535	10570	10575	10577
30-34	6526	7312	10164	10350	10472	10523	10538	10545
35-39	5774	7013	9748	10215	10378	10462	10499	10512
40-44	3933	6176	10635	9925	10248	10380	10449	10468
45-49	3710	5373	9646	9600	10092	10292	10378	10404
50-54	3274	3562	8040	9465	9890	10130	10247	10286
55-59	2327	3222	6082	8980	9572	9867	10041	10107
60-64	2254	2666	5363	8094	9042	9471	9744	9853
65-69	1356	1717	4142	8002	8187	8889	9308	9477
70-74	950	1430	2937	6204	7063	8061	8679	8906
75+	884	1102	2420	6839	11910	15411	18447	19886
TOTAL	88726	102754	132100	150996	160527	167207	172050	174166
FEMALES								
0-4	10080	10434	10264	10195	10168	10151	10146	10144
5-9	11244	10348	10268	10182	10154	10141	10140	10139
10-14	10396	9819	10242	10157	10137	10138	10139	10139
15-19	9329	11072	10085	10117	10116	10136	10137	10138
20-24	8452	10175	9931	10087	10125	10136	10136	10135
25-29	8119	9059	10060	10084	10128	10128	10127	10128
30-34	6591	8158	9953	10067	10109	10107	10114	10119
35-39	5415	7793	9332	9975	10060	10073	10098	10108
40-44	4022	6281	10374	9739	9983	10029	10080	10094
45-49	3871	5107	9381	9492	9899	10004	10057	10075
50-54	3384	3729	8169	9474	9807	9947	10011	10037
55-59	2558	3489	7108	9163	9655	9838	9933	9979
60-64	2309	2911	6428	8287	9362	9656	9817	9900
65-69	1490	2037	4732	8687	8830	9381	9653	9790
70-74	1099	1617	3303	7105	8107	8972	9431	9613
75+	1146	1430	3380	10036	17221	22147	26274	28388
TOTAL	89506	103459	133011	152846	163863	170984	176293	178927
BIRTH RATE		23.8	18.5	14.9	13.3	12.6	12.1	11.9
DEATH RATE		9.3	8.5	9.5	10.7	10.9	10.9	11.3
NET MIGRATION RATE		-.0	-.0	.0	.0	.0	.0	.0
GROWTH RATE		1.46	1.00	.55	.26	.17	.12	.05
TOTAL FERTILITY		2.757	2.221	2.133	2.079	2.068	2.061	2.059
e(0) - BOTH SEXES		60.98	66.33	72.34	78.21	81.25	83.87	84.83
IMR - BOTH SEXES		61.7	37.3	19.4	6.1	3.9	2.6	2.3

IRAN, ISLAMIC REP. OF

Projection (thousands) with NRR=1 by 2025

AGE GROUP	1990	1995	2000	2005	2010	2015	2020	2025	2030	2035
TOTAL M+F	55779	64805	74629	85126	95966	106672	116676	125661	134415	143261
MALES										
0-4	5263	5333	5777	6189	6434	6464	6215	5824	5879	6150
5-9	4237	5178	5264	5719	6141	6388	6423	6181	5795	5854
10-14	3609	4220	5161	5249	5705	6127	6375	6411	6171	5787
15-19	2885	3594	4204	5143	5232	5688	6110	6359	6396	6157
20-24	2512	2869	3576	4183	5119	5208	5663	6085	6334	6372
25-29	1989	2496	2853	3555	4160	5091	5181	5634	6054	6302
30-34	1711	1975	2479	2835	3534	4135	5062	5152	5604	6023
35-39	1366	1694	1957	2460	2814	3509	4107	5029	5120	5571
40-44	975	1347	1672	1934	2434	2785	3474	4069	4984	5076
45-49	773	954	1320	1642	1902	2394	2742	3423	4012	4917
50-54	750	747	923	1281	1596	1851	2333	2675	3343	3922
55-59	760	710	709	880	1224	1528	1776	2243	2576	3226
60-64	600	699	655	657	819	1143	1432	1670	2115	2438
65-69	527	528	617	580	586	734	1031	1299	1523	1940
70-74	228	430	434	507	483	492	622	881	1120	1325
75+	267	274	436	537	645	693	727	856	1149	1528
TOTAL	28451	33048	38037	43351	48826	54232	59276	63791	68176	72590
FEMALES										
0-4	4916	5117	5538	5927	6155	6181	5941	5565	5615	5871
5-9	4137	4843	5057	5488	5886	6117	6147	5911	5540	5593
10-14	3460	4123	4829	5045	5478	5876	6107	6138	5904	5534
15-19	2718	3443	4106	4815	5034	5466	5864	6097	6128	5896
20-24	2388	2696	3421	4088	4799	5019	5451	5849	6082	6115
25-29	1958	2362	2673	3401	4071	4780	5000	5432	5830	6064
30-34	1714	1935	2339	2655	3384	4051	4758	4979	5411	5810
35-39	1364	1691	1912	2320	2637	3363	4028	4733	4954	5386
40-44	1001	1341	1667	1891	2298	2614	3336	3997	4700	4922
45-49	770	980	1317	1641	1866	2269	2583	3299	3956	4655
50-54	705	749	955	1287	1609	1831	2229	2540	3247	3899
55-59	671	677	721	924	1249	1563	1782	2174	2481	3177
60-64	573	630	639	684	881	1194	1499	1713	2095	2398
65-69	451	515	572	584	631	817	1113	1404	1613	1982
70-74	214	375	435	488	507	552	721	991	1262	1463
75+	289	280	410	536	656	746	841	1049	1422	1907
TOTAL	27328	31757	36592	41774	47140	52439	57400	61870	66240	70671
BIRTH RATE		37.4	34.6	32.0	29.1	26.0	22.6	19.4	18.2	17.7
DEATH RATE		7.4	6.4	5.7	5.1	4.8	4.6	4.6	4.7	5.0
RATE OF NAT. INC.		3.00	2.82	2.63	2.40	2.12	1.79	1.48	1.35	1.28
NET MIGRATION RATE		.0	.0	.0	.0	.0	.0	.0	.0	.0
GROWTH RATE		3.00	2.82	2.63	2.40	2.12	1.79	1.48	1.35	1.27
TOTAL FERTILITY		5.500	4.875	4.250	3.625	3.102	2.654	2.271	2.133	2.123
NRR		2.378	2.155	1.919	1.664	1.432	1.231	1.059	1.000	1.000
e(0) - BOTH SEXES	65.48	67.23	69.02	70.79	71.63	72.50	73.40	74.33	75.29	
e(15) - BOTH SEXES	56.96	57.74	58.62	59.58	60.12	60.68	61.26	61.86	62.50	
IMR - BOTH SEXES	65.0	55.5	46.3	38.1	34.7	31.2	27.8	24.4	21.0	
q(5) - BOTH SEXES	.0844	.0710	.0584	.0474	.0432	.0390	.0348	.0306	.0264	
DEP. RATIO	97.9	92.9	86.1	76.3	69.4	62.9	56.8	51.1	47.0	45.7

Summary Projection for 25-Year Periods

IRAN, ISLAMIC REP. OF

AGE GROUP	1990	2000	2025	2050	2075	2100	2125	2150
TOTAL M+F	55779	74629	125661	166808	190896	197895	201871	203597
MALES								
0-4	5263	5777	5824	6080	6124	6107	6095	6090
5-9	4237	5264	6181	6191	6141	6097	6085	6085
10-14	3609	5161	6411	6239	6110	6078	6079	6084
15-19	2885	4204	6359	6113	6038	6061	6078	6083
20-24	2512	3576	6085	5818	5989	6063	6078	6076
25-29	1989	2853	5634	5730	6022	6079	6069	6059
30-34	1711	2479	5152	6079	6116	6080	6046	6037
35-39	1366	1957	5029	6280	6139	6029	6009	6015
40-44	975	1672	4069	6192	5983	5931	5971	5994
45-49	773	1320	3423	5876	5658	5852	5946	5968
50-54	750	923	2675	5355	5506	5827	5912	5914
55-59	760	709	2243	4765	5721	5819	5830	5815
60-64	600	655	1670	4455	5724	5691	5656	5665
65-69	527	617	1299	3366	5368	5325	5378	5452
70-74	228	434	881	2534	4696	4714	5019	5155
75+	267	436	856	3074	7890	10299	11453	11904
TOTAL	28451	38037	63791	84148	95226	98053	99704	100398
FEMALES								
0-4	4916	5538	5565	5796	5835	5821	5810	5806
5-9	4137	5057	5911	5906	5851	5812	5802	5802
10-14	3460	4829	6138	5956	5821	5793	5797	5802
15-19	2718	4106	6097	5842	5754	5780	5798	5803
20-24	2388	3421	5849	5573	5719	5789	5805	5804
25-29	1958	2673	5432	5506	5769	5818	5809	5800
30-34	1714	2339	4979	5855	5875	5830	5799	5791
35-39	1364	1912	4733	6061	5913	5793	5775	5782
40-44	1001	1667	3997	5993	5784	5715	5753	5777
45-49	770	1317	3299	5713	5495	5665	5752	5775
50-54	705	955	2540	5252	5391	5687	5762	5765
55-59	671	721	2174	4738	5673	5750	5747	5732
60-64	573	639	1713	4393	5780	5726	5671	5677
65-69	451	572	1404	3564	5575	5512	5538	5610
70-74	214	435	991	2739	5095	5096	5396	5533
75+	289	410	1049	3774	10339	14256	16154	16940
TOTAL	27328	36592	61870	82660	95671	99842	102167	103199
BIRTH RATE		35.9	25.2	16.6	13.2	12.2	11.9	11.8
DEATH RATE		6.9	4.9	5.4	7.9	10.8	11.1	11.4
NET MIGRATION RATE		.0	.0	.0	.0	.0	.0	.0
GROWTH RATE		2.91	2.08	1.13	.54	.14	.08	.03
TOTAL FERTILITY		5.158	3.046	2.112	2.071	2.064	2.059	2.058
e(0) - BOTH SEXES		66.42	71.68	76.43	80.87	82.96	84.70	85.35
IMR - BOTH SEXES		60.1	35.8	17.5	4.3	2.9	2.3	2.1

IRAQ

Projection (thousands) with NRR=1 by 2030

AGE GROUP	1990	1995	2000	2005	2010	2015	2020	2025	2030	2035
TOTAL M+F	18080	21038	24548	28422	32540	36632	40534	44187	47509	50775
MALES										
0-4	1666	1745	2058	2277	2436	2466	2417	2345	2238	2279
5-9	1420	1647	1727	2039	2260	2419	2451	2404	2333	2228
10-14	1222	1413	1640	1720	2032	2253	2412	2444	2398	2329
15-19	975	1213	1403	1630	1711	2021	2242	2401	2434	2389
20-24	800	963	1199	1388	1613	1694	2004	2224	2383	2418
25-29	660	788	949	1182	1371	1594	1676	1983	2203	2363
30-34	545	649	776	935	1167	1354	1576	1658	1964	2183
35-39	450	534	637	762	921	1150	1336	1556	1639	1943
40-44	370	439	522	623	747	903	1129	1314	1533	1616
45-49	301	357	425	505	605	726	880	1102	1284	1501
50-54	241	286	339	404	483	579	697	847	1063	1242
55-59	190	223	265	315	376	451	543	657	801	1010
60-64	145	169	198	236	283	340	410	496	603	740
65-69	104	122	142	167	200	242	293	356	435	534
70-74	69	79	93	109	129	157	192	236	290	359
75+	59	69	81	95	113	137	170	214	270	343
TOTAL	9217	10696	12453	14389	16446	18487	20428	22237	23872	25475
FEMALES										
0-4	1584	1668	1965	2172	2320	2347	2299	2228	2125	2162
5-9	1355	1569	1654	1951	2160	2308	2336	2289	2220	2118
10-14	1162	1350	1564	1649	1947	2155	2304	2332	2286	2217
15-19	932	1157	1345	1559	1645	1942	2151	2299	2328	2282
20-24	767	926	1151	1339	1554	1639	1936	2144	2293	2322
25-29	629	761	920	1144	1333	1547	1633	1929	2137	2286
30-34	520	623	755	914	1138	1326	1539	1625	1921	2129
35-39	430	514	617	748	907	1130	1317	1530	1616	1911
40-44	356	424	508	610	741	899	1120	1307	1519	1605
45-49	291	349	416	499	601	730	887	1106	1292	1503
50-54	237	282	339	406	488	588	716	870	1087	1271
55-59	190	227	271	327	392	472	570	695	847	1061
60-64	149	178	213	255	309	372	450	545	667	815
65-69	112	133	160	192	232	283	343	417	508	626
70-74	76	92	110	134	163	199	245	301	369	455
75+	74	88	107	131	164	207	261	332	423	538
TOTAL	8863	10342	12096	14033	16094	18145	20106	21950	23636	25300
BIRTH RATE		37.3	37.5	35.5	32.7	29.0	25.4	22.3	19.6	18.5
DEATH RATE		7.0	6.7	6.1	5.6	5.3	5.1	5.1	5.1	5.2
RATE OF NAT. INC.		3.03	3.09	2.93	2.71	2.37	2.03	1.73	1.45	1.33
NET MIGRATION RATE		.0	.0	.0	.0	.0	.0	.0	.0	.0
GROWTH RATE		3.03	3.09	2.93	2.71	2.37	2.02	1.73	1.45	1.33
TOTAL FERTILITY		5.700	5.400	4.800	4.200	3.600	3.086	2.645	2.268	2.132
NRR		2.514	2.405	2.167	1.920	1.655	1.426	1.229	1.058	1.000
e(0) - BOTH SEXES		64.38	65.25	66.41	67.79	68.74	69.72	70.74	71.80	72.90
e(15) - BOTH SEXES		54.65	55.19	55.76	56.51	57.17	57.86	58.58	59.34	60.13
IMR - BOTH SEXES		58.0	54.1	47.3	39.9	36.4	32.9	29.4	25.8	22.3
q(5) - BOTH SEXES		.0692	.0645	.0561	.0473	.0432	.0391	.0351	.0310	.0269
DEP. RATIO	97.0	90.2	85.3	80.1	77.0	70.7	63.4	56.2	50.3	46.8

IRAQ

Summary Projection for 25-Year Periods

AGE GROUP	1990	2000	2025	2050	2075	2100	2125	2150
TOTAL M+F	18080	24548	44187	60180	70740	74620	76677	77582
MALES								
0-4	1666	2058	2345	2365	2359	2346	2342	2342
5-9	1420	1727	2404	2390	2351	2338	2338	2340
10-14	1222	1640	2444	2364	2328	2332	2338	2340
15-19	975	1403	2401	2261	2306	2331	2339	2340
20-24	800	1199	2224	2207	2309	2336	2338	2336
25-29	660	949	1983	2293	2337	2338	2330	2328
30-34	545	776	1658	2342	2354	2324	2317	2319
35-39	450	637	1556	2363	2317	2292	2303	2312
40-44	370	522	1314	2299	2203	2259	2293	2305
45-49	301	425	1102	2104	2133	2249	2287	2294
50-54	241	339	847	1837	2184	2250	2268	2267
55-59	190	265	657	1480	2175	2223	2219	2223
60-64	145	198	496	1308	2105	2122	2138	2163
65-69	104	142	356	1003	1917	1921	2030	2083
70-74	69	93	236	722	1573	1718	1903	1967
75+	59	81	214	720	2116	3504	4139	4413
TOTAL	9217	12453	22237	30059	35068	36883	37924	38370
FEMALES								
0-4	1584	1965	2228	2239	2229	2216	2212	2211
5-9	1355	1654	2289	2265	2222	2209	2209	2210
10-14	1162	1564	2332	2244	2201	2203	2209	2211
15-19	932	1345	2299	2152	2183	2205	2211	2211
20-24	767	1151	2144	2109	2192	2214	2213	2211
25-29	629	920	1929	2204	2228	2222	2212	2211
30-34	520	755	1625	2265	2253	2214	2204	2208
35-39	430	617	1530	2300	2227	2190	2196	2205
40-44	356	508	1307	2257	2129	2167	2194	2203
45-49	291	416	1106	2090	2078	2170	2199	2202
50-54	237	339	870	1859	2157	2195	2200	2194
55-59	190	271	695	1540	2192	2203	2181	2178
60-64	149	213	545	1410	2188	2153	2143	2158
65-69	112	160	417	1150	2091	2025	2098	2138
70-74	76	110	301	899	1852	1920	2064	2113
75+	74	107	332	1136	3250	5229	6008	6357
TOTAL	8863	12096	21950	30121	35672	37736	38752	39213
BIRTH RATE		37.4	28.2	17.7	13.9	12.5	12.1	11.8
DEATH RATE		6.8	5.4	5.5	7.5	10.4	11.0	11.4
NET MIGRATION RATE		.0	.0	.0	.0	.0	.0	.0
GROWTH RATE		3.06	2.35	1.24	.65	.21	.11	.05
TOTAL FERTILITY		5.537	3.504	2.144	2.082	2.074	2.070	2.068
e(0) - BOTH SEXES		64.85	68.92	74.23	79.46	82.06	84.27	85.07
IMR - BOTH SEXES		55.9	37.1	18.7	5.2	3.3	2.4	2.2

IRELAND

Projection (thousands) with NRR=1 by 2030

AGE GROUP	1990	1995	2000	2005	2010	2015	2020	2025	2030	2035
TOTAL M+F	3503	3597	3723	3870	4019	4149	4262	4364	4460	4548
MALES										
0-4	144	134	147	155	154	148	143	143	147	149
5-9	162	143	133	147	155	154	147	142	143	147
10-14	174	161	143	133	146	155	154	147	142	143
15-19	173	173	161	142	132	146	154	153	147	142
20-24	158	171	172	160	141	131	145	154	153	147
25-29	129	156	170	170	158	140	130	144	153	152
30-34	116	127	155	168	169	157	139	130	144	152
35-39	112	115	126	153	167	168	156	139	129	143
40-44	106	110	113	125	152	165	166	155	138	128
45-49	90	104	108	111	123	150	164	164	153	136
50-54	78	87	101	106	109	121	147	161	162	151
55-59	71	74	84	98	103	106	117	143	156	157
60-64	65	66	70	79	93	98	101	112	137	150
65-69	59	58	59	64	73	86	91	94	105	129
70-74	51	49	49	51	56	64	76	81	85	95
75+	65	69	72	76	82	90	102	120	135	148
TOTAL	1752	1798	1862	1937	2012	2078	2133	2183	2229	2271
FEMALES										
0-4	136	126	139	147	146	139	135	135	139	141
5-9	153	135	126	138	146	145	139	135	135	139
10-14	165	152	135	125	138	146	145	139	135	135
15-19	163	164	152	134	125	138	146	145	139	134
20-24	148	162	163	151	134	124	137	146	145	139
25-29	126	147	161	162	150	133	124	137	145	145
30-34	116	125	146	160	161	149	133	123	137	145
35-39	111	115	124	145	159	161	149	132	123	137
40-44	105	110	114	123	144	158	160	148	132	123
45-49	88	104	109	113	122	143	157	159	147	131
50-54	76	86	102	107	112	121	141	155	158	146
55-59	71	74	85	100	106	110	119	139	153	156
60-64	70	68	72	82	98	103	108	117	137	151
65-69	68	66	65	68	79	94	100	104	113	133
70-74	61	61	60	60	64	74	89	94	99	108
75+	95	103	111	117	124	133	148	173	195	215
TOTAL	1751	1799	1861	1933	2006	2071	2129	2182	2231	2277
BIRTH RATE		14.8	15.8	16.0	15.3	14.1	13.3	13.0	13.0	12.9
DEATH RATE		8.9	8.3	7.8	7.4	7.5	7.7	8.1	8.7	9.1
RATE OF NAT. INC.		.58	.74	.82	.79	.66	.55	.48	.43	.39
NET MIGRATION RATE		-.6	-.5	-.4	-.3	-.2	-.2	-.1	.0	.0
GROWTH RATE		.53	.69	.78	.75	.64	.54	.48	.43	.39
TOTAL FERTILITY		2.000	2.000	2.000	2.014	2.028	2.042	2.056	2.070	2.075
NRR		.957	.959	.960	.969	.976	.983	.990	.997	1.000
e(0) - BOTH SEXES		75.21	76.46	77.66	78.77	79.22	79.68	80.15	80.64	81.13
e(15) - BOTH SEXES		60.82	62.00	63.15	64.23	64.67	65.11	65.57	66.05	66.53
IMR - BOTH SEXES		5.0	4.3	4.0	3.7	3.6	3.5	3.4	3.2	3.1
q(5) - BOTH SEXES		.0067	.0059	.0055	.0052	.0050	.0049	.0047	.0046	.0044
DEP. RATIO	61.4	53.7	49.8	49.5	51.3	52.5	52.6	52.8	54.4	58.7

IRELAND

Summary Projection for 25-Year Periods

AGE GROUP	1990	2000	2025	2050	2075	2100	2125	2150
TOTAL M+F	3503	3723	4364	4714	4795	4848	4891	4912
MALES								
0-4	144	147	143	145	147	147	147	147
5-9	162	133	142	146	147	147	147	147
10-14	174	143	147	148	147	147	147	147
15-19	173	161	153	149	147	146	146	146
20-24	158	172	154	146	145	146	146	146
25-29	129	170	144	142	144	146	146	146
30-34	116	155	130	141	145	146	146	146
35-39	112	126	139	145	147	146	145	145
40-44	106	113	155	150	147	145	144	145
45-49	90	108	164	150	143	143	143	144
50-54	78	101	161	139	138	141	142	143
55-59	71	84	143	123	134	139	140	141
60-64	65	70	112	127	135	138	138	137
65-69	59	59	94	135	135	133	132	133
70-74	51	49	81	132	126	123	124	125
75+	65	72	120	227	253	272	287	295
TOTAL	1752	1862	2183	2346	2380	2403	2421	2431
FEMALES								
0-4	136	139	135	137	138	139	139	139
5-9	153	126	135	138	139	139	139	138
10-14	165	135	139	140	139	139	138	138
15-19	163	152	145	141	139	138	138	138
20-24	148	163	146	138	138	138	138	138
25-29	126	161	137	135	137	138	138	138
30-34	116	146	123	134	138	139	138	138
35-39	111	124	132	138	140	139	138	138
40-44	105	114	148	144	140	138	138	138
45-49	88	109	159	144	137	137	137	138
50-54	76	102	155	135	133	136	137	138
55-59	71	85	139	120	132	136	137	137
60-64	70	72	117	127	135	137	137	136
65-69	68	65	104	140	138	136	135	135
70-74	61	60	94	145	136	131	132	133
75+	95	111	173	312	356	386	409	419
TOTAL	1751	1861	2182	2368	2415	2446	2470	2482
BIRTH RATE		15.3	14.3	12.6	12.0	11.9	11.7	11.7
DEATH RATE		8.6	7.7	9.5	11.4	11.4	11.4	11.5
NET MIGRATION RATE		-.6	-.2	.0	.0	.0	.0	.0
GROWTH RATE		.61	.64	.31	.07	.04	.03	.02
TOTAL FERTILITY		1.999	2.024	2.073	2.071	2.069	2.068	2.067
e(0) - BOTH SEXES		75.85	79.14	81.67	83.90	84.88	85.64	85.94
IMR - BOTH SEXES		4.7	3.6	3.0	2.5	2.2	2.0	2.0

ISRAEL

Projection (thousands) with NRR=1 by 2000

AGE GROUP	1990	1995	2000	2005	2010	2015	2020	2025	2030	2035
TOTAL M+F	4645	5628	6104	6465	6829	7189	7535	7852	8132	8365
MALES										
0-4	259	289	277	269	276	282	284	281	278	277
5-9	251	287	293	276	268	275	281	283	281	278
10-14	241	272	290	293	276	268	275	281	283	281
15-19	226	262	275	289	292	276	268	275	281	283
20-24	194	263	267	274	288	291	275	267	274	280
25-29	174	242	270	266	273	287	290	274	266	273
30-34	164	216	248	268	265	272	286	289	272	265
35-39	163	196	220	246	267	263	270	284	288	271
40-44	141	185	198	218	245	265	262	269	283	286
45-49	92	153	185	196	216	242	262	259	266	280
50-54	86	97	151	181	192	212	238	258	255	262
55-59	77	86	94	147	176	187	206	232	252	249
60-64	69	74	82	90	140	169	180	198	223	243
65-69	66	64	69	76	84	131	158	169	187	211
70-74	45	58	56	61	68	75	119	144	154	171
75+	80	80	89	96	104	116	131	176	230	271
TOTAL	2329	2823	3063	3246	3431	3612	3785	3940	4073	4182
FEMALES										
0-4	243	277	264	257	263	269	271	268	265	264
5-9	234	272	281	264	256	263	268	270	268	265
10-14	226	255	275	281	264	256	263	268	270	268
15-19	213	251	259	275	281	264	256	262	268	270
20-24	183	260	258	259	274	280	263	256	262	268
25-29	165	238	268	258	258	274	280	263	255	262
30-34	164	208	245	268	257	258	273	279	262	255
35-39	163	193	212	244	267	257	257	273	279	262
40-44	144	179	194	211	243	266	256	256	272	278
45-49	94	151	179	193	209	241	264	254	255	270
50-54	90	97	149	177	191	207	239	262	252	253
55-59	84	90	95	147	174	188	204	236	259	249
60-64	83	82	87	92	143	170	184	200	231	254
65-69	79	79	78	83	89	138	164	178	194	225
70-74	53	72	73	73	78	83	130	155	169	186
75+	97	103	122	139	151	164	179	232	297	355
TOTAL	2316	2805	3040	3219	3398	3577	3750	3913	4059	4183
BIRTH RATE		21.1	18.4	16.9	16.3	15.8	15.2	14.4	13.7	13.2
DEATH RATE		6.1	5.6	5.4	5.4	5.5	5.8	6.1	6.7	7.5
RATE OF NAT. INC.		1.49	1.28	1.15	1.10	1.03	.94	.83	.70	.56
NET MIGRATION RATE		23.4	3.4	.0	.0	.0	.0	.0	.0	.0
GROWTH RATE		3.84	1.62	1.15	1.10	1.03	.94	.83	.70	.56
TOTAL FERTILITY		2.699	2.240	2.079	2.076	2.074	2.073	2.071	2.070	2.068
NRR		1.293	1.076	1.000	1.000	1.000	1.000	1.000	1.000	1.000
e(0) - BOTH SEXES		76.47	77.36	78.28	79.21	79.64	80.08	80.53	80.99	81.46
e(15) - BOTH SEXES		62.54	63.28	64.10	64.93	65.32	65.72	66.13	66.56	66.99
IMR - BOTH SEXES		9.3	7.8	6.7	5.9	5.5	5.2	4.8	4.5	4.2
q(5) - BOTH SEXES		.0117	.0100	.0087	.0077	.0073	.0069	.0065	.0061	.0057
DEP. RATIO	67.6	59.9	55.1	50.4	46.8	47.7	50.3	52.6	54.8	57.5

Summary Projection for 25-Year Periods

ISRAEL

AGE GROUP	1990	2000	2025	2050	2075	2100	2125	2150
TOTAL M+F	4645	6104	7852	8865	9178	9288	9360	9395
MALES								
0-4	259	277	281	280	279	279	279	279
5-9	251	293	283	280	279	279	279	279
10-14	241	290	281	278	278	279	279	279
15-19	226	275	275	276	278	279	279	279
20-24	194	267	267	277	279	279	278	278
25-29	174	270	274	279	279	278	278	278
30-34	164	248	289	280	277	277	277	277
35-39	163	220	284	277	275	275	276	276
40-44	141	198	269	269	272	274	275	275
45-49	92	185	259	260	271	273	274	274
50-54	86	151	258	264	271	271	271	271
55-59	77	94	232	274	268	266	266	267
60-64	69	82	198	262	259	258	260	261
65-69	66	69	169	237	243	247	251	253
70-74	45	56	144	212	221	234	238	240
75+	80	89	176	403	511	536	553	562
TOTAL	2329	3063	3940	4408	4539	4584	4613	4627
FEMALES								
0-4	243	264	268	267	266	266	266	266
5-9	234	281	270	267	266	266	266	266
10-14	226	275	268	265	265	266	266	266
15-19	213	259	262	264	265	266	266	266
20-24	183	258	256	265	266	266	266	266
25-29	165	268	263	267	267	266	266	266
30-34	164	245	279	269	266	265	265	265
35-39	163	212	273	266	264	265	265	265
40-44	144	194	256	260	262	264	265	265
45-49	94	179	254	253	262	265	265	265
50-54	90	149	262	258	264	264	264	264
55-59	84	95	236	272	264	263	263	263
60-64	83	87	200	262	260	259	261	262
65-69	79	78	178	241	251	255	258	260
70-74	53	73	155	232	238	251	256	257
75+	97	122	232	547	711	758	791	806
TOTAL	2316	3040	3913	4457	4638	4704	4748	4768
BIRTH RATE		19.7	15.6	13.0	12.1	11.8	11.7	11.7
DEATH RATE		5.9	5.6	8.2	10.7	11.4	11.4	11.5
NET MIGRATION RATE		12.7	.0	.0	.0	.0	.0	.0
GROWTH RATE		2.73	1.01	.49	.14	.05	.03	.01
TOTAL FERTILITY		2.446	2.075	2.067	2.061	2.059	2.058	2.057
e(0) - BOTH SEXES		76.94	79.60	81.97	84.07	84.97	85.69	85.98
IMR - BOTH SEXES		8.6	5.6	3.8	2.5	2.2	2.0	2.0

ITALY

Projection (thousands) with NRR=1 by 2030

AGE GROUP	1990	1995	2000	2005	2010	2015	2020	2025	2030	2035
TOTAL M+F	57661	57867	57930	57424	56824	56043	55139	54209	53172	52047
MALES										
0-4	1445	1435	1392	1259	1268	1264	1273	1291	1311	1300
5-9	1562	1456	1439	1389	1257	1266	1262	1271	1289	1310
10-14	1860	1571	1460	1438	1388	1256	1265	1261	1271	1288
15-19	2251	1866	1573	1457	1436	1386	1254	1263	1260	1269
20-24	2403	2260	1869	1567	1452	1431	1382	1250	1260	1256
25-29	2379	2415	2261	1860	1560	1446	1425	1376	1245	1255
30-34	2077	2387	2413	2251	1852	1554	1440	1419	1371	1241
35-39	1904	2080	2382	2401	2240	1843	1547	1434	1414	1366
40-44	1986	1898	2069	2365	2384	2225	1831	1537	1426	1405
45-49	1706	1965	1878	2046	2340	2360	2203	1814	1524	1413
50-54	1786	1670	1925	1842	2009	2300	2321	2168	1786	1501
55-59	1661	1722	1616	1868	1791	1956	2241	2264	2116	1745
60-64	1560	1566	1635	1543	1792	1721	1882	2159	2184	2045
65-69	1349	1420	1442	1519	1445	1683	1620	1776	2042	2071
70-74	754	1158	1241	1281	1368	1306	1527	1476	1624	1875
75+	1385	1308	1621	1900	2129	2347	2436	2691	2813	3029
TOTAL	28068	28178	28216	27985	27712	27344	26910	26451	25936	25370
FEMALES										
0-4	1366	1357	1316	1189	1198	1194	1202	1219	1239	1227
5-9	1482	1378	1362	1314	1188	1196	1192	1201	1218	1238
10-14	1765	1492	1383	1361	1313	1187	1196	1192	1201	1218
15-19	2148	1776	1497	1381	1360	1312	1187	1195	1191	1200
20-24	2324	2168	1785	1495	1380	1359	1311	1186	1194	1191
25-29	2321	2347	2179	1783	1493	1378	1357	1310	1184	1193
30-34	2053	2337	2353	2174	1779	1490	1376	1355	1308	1183
35-39	1911	2061	2338	2347	2170	1776	1487	1373	1353	1306
40-44	2004	1910	2057	2329	2340	2163	1770	1483	1370	1349
45-49	1747	1994	1900	2045	2317	2328	2153	1763	1477	1364
50-54	1869	1729	1975	1883	2028	2299	2311	2138	1751	1468
55-59	1787	1838	1703	1948	1860	2005	2274	2287	2117	1735
60-64	1751	1741	1796	1669	1914	1829	1973	2240	2256	2090
65-69	1674	1679	1679	1741	1625	1865	1786	1929	2193	2211
70-74	1021	1557	1578	1591	1663	1556	1791	1719	1861	2122
75+	2370	2324	2815	3188	3485	3761	3862	4167	4323	4582
TOTAL	29593	29689	29714	29439	29112	28699	28229	27757	27236	26677
BIRTH RATE		9.7	9.4	8.6	8.7	8.8	9.0	9.2	9.6	9.7
DEATH RATE		10.0	9.7	10.3	10.8	11.5	12.2	12.6	13.4	13.9
RATE OF NAT. INC.		-.03	-.03	-.18	-.21	-.28	-.33	-.34	-.39	-.43
NET MIGRATION RATE		1.0	.5	.0	.0	.0	.0	.0	.0	.0
GROWTH RATE		.07	.02	-.18	-.21	-.28	-.33	-.34	-.39	-.43
TOTAL FERTILITY		1.260	1.260	1.260	1.443	1.610	1.763	1.902	2.028	2.076
NRR		.602	.603	.604	.693	.774	.848	.915	.977	1.000
e(0) - BOTH SEXES	77.37	78.51	79.56	80.51	80.88	81.25	81.62	82.00	82.39	
e(15) - BOTH SEXES	63.34	64.37	65.32	66.19	66.51	66.85	67.19	67.54	67.89	
IMR - BOTH SEXES	8.3	7.1	6.1	5.4	5.1	4.8	4.5	4.2	3.9	
q(5) - BOTH SEXES	.0105	.0091	.0080	.0072	.0068	.0064	.0061	.0057	.0053	
DEP. RATIO	45.5	45.6	47.8	50.1	51.5	55.0	58.8	64.2	72.7	82.1

ITALY

Summary Projection for 25-Year Periods

AGE GROUP	1990	2000	2025	2050	2075	2100	2125	2150
TOTAL M+F	57661	57930	54209	47809	43375	42859	43028	43151
MALES								
0-4	1445	1392	1291	1283	1284	1286	1287	1287
5-9	1562	1439	1271	1274	1283	1286	1286	1286
10-14	1860	1460	1261	1276	1287	1287	1286	1286
15-19	2251	1573	1263	1297	1291	1287	1285	1285
20-24	2403	1869	1250	1305	1287	1282	1282	1283
25-29	2379	2261	1376	1280	1275	1276	1279	1280
30-34	2077	2413	1419	1257	1263	1273	1276	1277
35-39	1904	2382	1434	1243	1261	1274	1275	1274
40-44	1986	2069	1537	1240	1276	1273	1270	1269
45-49	1706	1878	1814	1220	1279	1264	1260	1261
50-54	1786	1925	2168	1329	1243	1242	1245	1249
55-59	1661	1616	2264	1347	1203	1213	1227	1232
60-64	1560	1635	2159	1324	1163	1187	1204	1207
65-69	1349	1442	1776	1359	1119	1163	1167	1168
70-74	754	1241	1476	1494	1039	1105	1103	1105
75+	1385	1621	2691	3743	2750	2478	2547	2596
TOTAL	28068	28216	26451	23272	21304	21176	21280	21342
FEMALES								
0-4	1366	1316	1219	1212	1212	1214	1215	1215
5-9	1482	1362	1201	1203	1212	1215	1215	1215
10-14	1765	1383	1192	1206	1216	1216	1215	1215
15-19	2148	1497	1195	1226	1220	1216	1214	1214
20-24	2324	1785	1186	1236	1219	1213	1213	1214
25-29	2321	2179	1310	1215	1210	1210	1213	1214
30-34	2053	2353	1355	1197	1201	1210	1213	1213
35-39	1911	2338	1373	1186	1202	1213	1214	1213
40-44	2004	2057	1483	1187	1220	1216	1212	1211
45-49	1747	1900	1763	1175	1228	1212	1208	1209
50-54	1869	1975	2138	1292	1204	1200	1203	1206
55-59	1787	1703	2287	1328	1180	1187	1199	1203
60-64	1751	1796	2240	1332	1161	1182	1197	1199
65-69	1674	1679	1929	1417	1151	1190	1192	1190
70-74	1021	1578	1719	1643	1119	1182	1175	1175
75+	2370	2815	4167	5480	4115	3605	3650	3704
TOTAL	29593	29714	27757	24537	22071	21684	21748	21809
BIRTH RATE		9.6	8.8	9.8	11.1	11.7	11.7	11.6
DEATH RATE		9.9	11.5	14.8	15.1	12.2	11.5	11.5
NET MIGRATION RATE		.8	.0	.0	.0	.0	.0	.0
GROWTH RATE		.05	-.27	-.50	-.39	-.05	.02	.01
TOTAL FERTILITY		1.259	1.567	2.065	2.070	2.068	2.067	2.067
e(0) - BOTH SEXES		77.94	80.75	82.77	84.50	85.25	85.84	86.06
IMR - BOTH SEXES		7.7	5.2	3.6	2.4	2.1	2.0	1.9

JAMAICA

Projection (thousands) with NRR=1 by 2000

AGE GROUP	1990	1995	2000	2005	2010	2015	2020	2025	2030	2035
TOTAL M+F	2356	2454	2512	2570	2644	2733	2836	2947	3063	3164
MALES										
0-4	133	147	122	111	110	111	112	110	108	106
5-9	130	127	140	117	107	107	109	110	110	107
10-14	132	126	122	137	114	105	105	108	110	110
15-19	136	127	121	118	134	111	103	104	108	110
20-24	129	127	118	114	112	129	108	102	104	107
25-29	110	117	115	108	106	106	124	106	101	104
30-34	83	99	107	106	101	100	102	122	105	101
35-39	59	75	91	100	101	97	97	101	122	105
40-44	46	53	69	86	96	97	95	96	100	121
45-49	40	42	49	65	83	93	95	93	94	99
50-54	35	37	40	47	63	80	90	93	91	93
55-59	31	32	35	38	44	60	77	87	90	89
60-64	26	28	30	32	35	42	57	74	83	86
65-69	22	23	25	27	29	32	38	53	68	78
70-74	18	18	19	21	23	25	28	34	47	61
75+	31	28	27	28	31	35	39	45	53	69
TOTAL	1162	1206	1230	1256	1289	1331	1381	1436	1493	1544
FEMALES										
0-4	131	142	118	108	107	107	108	106	104	103
5-9	130	124	136	113	104	103	105	107	106	104
10-14	127	125	120	133	110	102	102	105	107	106
15-19	133	122	121	116	129	108	100	101	104	107
20-24	132	124	113	113	110	125	105	99	101	104
25-29	114	121	113	105	106	105	121	103	98	101
30-34	88	106	113	107	99	102	102	120	103	98
35-39	64	83	100	108	103	96	100	101	119	102
40-44	49	60	79	97	106	101	95	99	101	119
45-49	41	47	58	77	95	104	100	94	99	100
50-54	36	40	46	57	76	94	103	98	93	98
55-59	33	35	39	44	55	74	92	101	97	92
60-64	29	32	34	37	43	54	72	89	98	95
65-69	26	27	30	32	35	41	51	69	86	95
70-74	21	22	24	27	29	32	38	48	65	81
75+	40	37	38	42	47	53	61	71	87	114
TOTAL	1194	1248	1282	1315	1355	1402	1455	1511	1569	1620
BIRTH RATE		25.0	20.1	17.9	17.1	16.6	16.1	15.2	14.2	13.6
DEATH RATE		6.4	5.8	5.4	5.3	5.5	5.8	6.1	6.5	7.0
RATE OF NAT. INC.		1.86	1.43	1.25	1.18	1.11	1.03	.90	.77	.65
NET MIGRATION RATE		-10.4	-9.7	-7.9	-6.1	-4.5	-2.9	-1.4	.0	.0
GROWTH RATE		.81	.47	.46	.57	.66	.74	.77	.77	.65
TOTAL FERTILITY		2.700	2.235	2.072	2.067	2.065	2.062	2.060	2.058	2.056
NRR		1.295	1.075	1.000	1.000	1.000	1.000	1.000	1.000	1.000
e(0) - BOTH SEXES		73.60	74.55	75.58	76.67	77.23	77.80	78.39	79.00	79.63
e(15) - BOTH SEXES		60.07	60.81	61.66	62.62	63.12	63.64	64.17	64.72	65.29
IMR - BOTH SEXES		14.0	11.6	9.7	8.2	7.6	7.1	6.6	6.0	5.5
q(5) - BOTH SEXES		.0171	.0144	.0121	.0103	.0097	.0091	.0085	.0078	.0072
DEP. RATIO		66.5	62.8	58.0	53.4	47.1	45.5	46.2	48.6	52.2	55.9

JAMAICA

Summary Projection for 25-Year Periods

AGE GROUP	1990	2000	2025	2050	2075	2100	2125	2150
TOTAL M+F	2356	2512	2947	3380	3538	3593	3631	3649
MALES								
0-4	133	122	110	109	108	108	108	108
5-9	130	140	110	108	107	108	108	108
10-14	132	122	108	107	107	108	108	108
15-19	136	121	104	106	107	108	108	108
20-24	129	118	102	107	108	108	107	107
25-29	110	115	106	109	108	107	107	107
30-34	83	107	122	109	107	107	107	107
35-39	59	91	101	106	105	106	106	107
40-44	46	69	96	102	104	106	106	106
45-49	40	49	93	99	104	106	106	106
50-54	35	40	93	101	105	105	104	104
55-59	31	35	87	115	104	102	102	103
60-64	26	30	74	91	98	98	100	101
65-69	22	25	53	82	91	94	97	97
70-74	18	19	34	73	82	89	92	92
75+	31	27	45	131	187	200	209	214
TOTAL	1162	1230	1436	1653	1733	1758	1774	1782
FEMALES								
0-4	131	118	106	105	105	104	104	104
5-9	130	136	107	105	104	104	104	104
10-14	127	120	105	103	104	104	104	104
15-19	133	121	101	103	104	104	104	104
20-24	132	113	99	104	105	105	104	104
25-29	114	113	103	106	105	104	104	104
30-34	88	113	120	106	104	104	104	104
35-39	64	100	101	104	103	104	104	104
40-44	49	79	99	100	102	104	104	104
45-49	41	58	94	97	103	104	104	104
50-54	36	46	98	101	104	104	104	104
55-59	33	39	101	116	104	103	103	103
60-64	29	34	89	96	101	101	102	103
65-69	26	30	69	92	96	99	101	102
70-74	21	24	48	84	91	98	100	101
75+	40	38	71	203	270	290	305	313
TOTAL	1194	1282	1511	1726	1805	1835	1857	1867
BIRTH RATE		22.5	16.5	13.3	12.3	11.9	11.8	11.7
DEATH RATE		6.1	5.6	7.9	10.4	11.3	11.3	11.5
NET MIGRATION RATE		-10.0	-4.4	.0	.0	.0	.0	.0
GROWTH RATE		.64	.64	.55	.18	.06	.04	.02
TOTAL FERTILITY		2.469	2.065	2.054	2.045	2.043	2.041	2.040
e(0) - BOTH SEXES		74.08	77.18	80.33	83.20	84.45	85.45	85.83
IMR - BOTH SEXES		12.9	7.8	5.0	2.8	2.4	2.1	2.0

JAPAN

Projection (thousands) with NRR=1 by 2030

AGE GROUP	1990	1995	2000	2005	2010	2015	2020	2025	2030	2035
TOTAL M+F	123537	125213	126840	127751	127946	127292	126026	124294	122154	120119
MALES										
0-4	3495	3224	3379	3272	3230	3165	3129	3166	3246	3252
5-9	3811	3491	3220	3375	3268	3227	3162	3126	3163	3243
10-14	4367	3809	3489	3218	3374	3267	3226	3161	3125	3162
15-19	5135	4359	3804	3484	3215	3370	3264	3223	3158	3122
20-24	4580	5116	4345	3792	3474	3206	3361	3255	3215	3151
25-29	4143	4558	5093	4326	3776	3460	3193	3348	3243	3203
30-34	3925	4123	4536	5071	4308	3761	3447	3181	3336	3232
35-39	4529	3904	4102	4515	5048	4290	3745	3433	3169	3323
40-44	5351	4494	3876	4073	4485	5016	4263	3723	3413	3151
45-49	4491	5286	4444	3835	4034	4442	4970	4225	3691	3385
50-54	4002	4401	5186	4364	3770	3968	4372	4894	4163	3639
55-59	3790	3877	4271	5044	4252	3676	3872	4270	4783	4073
60-64	3229	3608	3705	4097	4854	4097	3547	3740	4130	4633
65-69	2183	2985	3358	3470	3860	4583	3876	3362	3553	3931
70-74	1549	1920	2657	3022	3154	3519	4191	3556	3095	3281
75+	2200	2433	2910	3834	4720	5369	6086	7112	7210	6911
TOTAL	60781	61587	62373	62792	62822	62415	61703	60776	59693	58692
FEMALES										
0-4	3333	3074	3221	3119	3080	3018	2983	3018	3094	3100
5-9	3623	3330	3071	3218	3116	3077	3015	2981	3016	3092
10-14	4143	3622	3329	3070	3218	3116	3077	3015	2980	3016
15-19	4875	4141	3620	3327	3069	3217	3115	3076	3014	2979
20-24	4358	4868	4136	3616	3324	3066	3214	3112	3073	3012
25-29	4014	4351	4861	4130	3612	3320	3063	3210	3109	3070
30-34	3853	4006	4343	4852	4123	3606	3315	3058	3206	3105
35-39	4467	3843	3996	4333	4843	4116	3600	3310	3054	3202
40-44	5298	4450	3829	3984	4321	4830	4105	3591	3302	3047
45-49	4535	5264	4425	3810	3966	4303	4810	4089	3578	3291
50-54	4084	4490	5217	4389	3782	3938	4274	4780	4065	3558
55-59	3926	4024	4430	5155	4341	3743	3899	4234	4738	4032
60-64	3486	3839	3945	4354	5077	4279	3692	3849	4183	4685
65-69	2892	3365	3723	3843	4256	4969	4192	3622	3780	4113
70-74	2237	2722	3194	3561	3699	4105	4801	4059	3513	3674
75+	3628	4236	5125	6196	7298	8176	9168	10513	10754	10450
TOTAL	62756	63626	64467	64959	65124	64877	64323	63517	62461	61426

	1990	1995	2000	2005	2010	2015	2020	2025	2030	2035
BIRTH RATE		10.2	10.5	10.1	9.9	9.7	9.7	9.9	10.3	10.5
DEATH RATE		7.5	8.0	8.7	9.6	10.8	11.7	12.7	13.8	13.9
RATE OF NAT. INC.		.27	.26	.14	.03	-.10	-.20	-.28	-.35	-.34
NET MIGRATION RATE		.0	.0	.0	.0	.0	.0	.0	.0	.0
GROWTH RATE		.27	.26	.14	.03	-.10	-.20	-.28	-.35	-.34
TOTAL FERTILITY		1.500	1.500	1.500	1.618	1.729	1.834	1.933	2.027	2.063
NRR		.724	.725	.726	.783	.837	.888	.937	.982	1.000
e(0) - BOTH SEXES	79.14	79.99	80.79	81.50	81.81	82.12	82.44	82.76	83.08	
e(15) - BOTH SEXES	64.69	65.51	66.27	66.95	67.25	67.54	67.85	68.15	68.46	
IMR - BOTH SEXES	4.5	4.1	3.9	3.6	3.5	3.4	3.2	3.1	2.9	
q(5) - BOTH SEXES	.0061	.0057	.0053	.0051	.0049	.0047	.0046	.0044	.0042	
DEP. RATIO	43.5	43.9	47.2	51.1	56.7	63.8	67.8	68.9	70.5	74.4

Summary Projection for 25-Year Periods

JAPAN

AGE GROUP	1990	2000	2025	2050	2075	2100	2125	2150
TOTAL M+F	123537	126840	124294	114680	107996	107260	107655	107930
MALES								
0-4	3495	3379	3166	3179	3194	3201	3202	3201
5-9	3811	3220	3126	3175	3199	3202	3200	3199
10-14	4367	3489	3161	3203	3210	3203	3199	3198
15-19	5135	3804	3223	3246	3210	3197	3195	3196
20-24	4580	4345	3255	3233	3189	3185	3189	3191
25-29	4143	5093	3348	3142	3159	3175	3183	3184
30-34	3925	4536	3181	3095	3148	3174	3178	3177
35-39	4529	4102	3433	3119	3167	3176	3171	3168
40-44	5351	3876	3723	3166	3198	3165	3155	3155
45-49	4491	4444	4225	3181	3170	3132	3132	3137
50-54	4002	5186	4894	3239	3056	3079	3099	3109
55-59	3790	4271	4270	3026	2966	3028	3060	3067
60-64	3229	3705	3740	3181	2925	2985	3005	3004
65-69	2183	3358	3362	3312	2868	2919	2906	2904
70-74	1549	2657	3556	3518	2725	2748	2738	2749
75+	2200	2910	7112	7973	6558	6194	6375	6487
TOTAL	60781	62373	60776	55990	52941	52761	52986	53125
FEMALES								
0-4	3333	3221	3018	3031	3045	3051	3052	3052
5-9	3623	3071	2981	3028	3051	3053	3051	3050
10-14	4143	3329	3015	3055	3061	3054	3050	3050
15-19	4875	3620	3076	3097	3062	3050	3048	3049
20-24	4358	4136	3112	3089	3047	3043	3047	3049
25-29	4014	4861	3210	3011	3025	3040	3047	3048
30-34	3853	4343	3058	2972	3022	3046	3049	3047
35-39	4467	3996	3310	3002	3046	3054	3048	3045
40-44	5298	3829	3591	3058	3085	3052	3042	3040
45-49	4535	4425	4089	3087	3071	3032	3031	3035
50-54	4084	5217	4780	3171	2985	3004	3022	3030
55-59	3926	4430	4234	3003	2933	2990	3019	3024
60-64	3486	3945	3849	3221	2945	2998	3014	3011
65-69	2892	3723	3622	3449	2972	3014	2993	2988
70-74	2237	3194	4059	3844	2954	2963	2943	2949
75+	3628	5125	10513	11571	9752	9054	9213	9338
TOTAL	62756	64467	63517	58690	55055	54498	54669	54805
BIRTH RATE		10.4	9.9	10.6	11.3	11.7	11.7	11.6
DEATH RATE		7.7	10.7	13.8	13.8	12.0	11.5	11.5
NET MIGRATION RATE		.0	.0	.0	.0	.0	.0	.0
GROWTH RATE		.26	-.08	-.32	-.24	-.03	.01	.01
TOTAL FERTILITY		1.496	1.714	2.054	2.059	2.058	2.057	2.057
e(0) - BOTH SEXES		79.57	81.73	83.41	84.85	85.46	85.94	86.14
IMR - BOTH SEXES		4.3	3.5	2.8	2.2	2.1	2.0	1.9

JORDAN

Projection (thousands) with NRR=1 by 2025

AGE GROUP	1990	1995	2000	2005	2010	2015	2020	2025	2030	2035
TOTAL M+F	3278	4407	5173	5946	6686	7399	8085	8725	9348	9963
MALES										
0-4	279	369	428	434	423	418	415	403	408	420
5-9	242	300	367	426	433	421	417	414	402	407
10-14	221	259	299	366	426	432	421	416	413	401
15-19	199	238	258	298	365	424	431	420	415	412
20-24	171	229	236	256	297	363	423	429	418	414
25-29	145	211	227	235	255	295	361	421	427	416
30-34	102	179	209	226	233	254	294	360	419	425
35-39	71	127	178	208	224	232	252	292	358	417
40-44	62	89	126	176	206	222	230	250	290	355
45-49	53	72	87	124	173	203	219	227	247	286
50-54	45	57	70	85	121	169	198	215	222	242
55-59	35	46	54	67	81	116	163	192	208	216
60-64	27	33	42	50	63	77	110	155	182	198
65-69	17	25	30	38	46	58	70	101	143	169
70-74	12	14	21	25	32	39	50	61	89	127
75+	13	15	18	24	31	42	53	68	87	120
TOTAL	1694	2263	2649	3038	3409	3766	4107	4423	4728	5027
FEMALES										
0-4	268	355	411	417	405	400	397	385	390	401
5-9	236	290	353	410	415	404	399	396	384	389
10-14	208	253	289	353	409	415	404	399	396	384
15-19	185	229	252	288	353	409	415	403	399	396
20-24	157	223	228	252	288	352	408	414	403	398
25-29	123	201	222	227	251	287	351	407	413	402
30-34	90	157	200	221	227	251	286	350	407	412
35-39	62	113	156	199	220	226	250	286	349	405
40-44	54	75	112	155	198	219	225	248	284	348
45-49	50	60	74	110	153	196	217	223	247	282
50-54	47	52	59	73	109	151	194	215	220	244
55-59	36	46	50	57	71	107	148	190	211	217
60-64	25	35	44	48	55	69	103	144	185	206
65-69	18	24	32	41	45	52	66	99	138	178
70-74	13	16	21	29	37	41	48	61	92	129
75+	13	17	21	28	40	55	68	82	103	144
TOTAL	1584	2144	2524	2908	3277	3634	3978	4302	4620	4936
BIRTH RATE		37.6	36.0	31.3	26.7	23.6	21.3	19.0	17.9	17.2
DEATH RATE		4.8	4.0	3.4	3.2	3.3	3.6	3.8	4.1	4.4
RATE OF NAT. INC.		3.28	3.20	2.78	2.35	2.03	1.77	1.52	1.38	1.27
NET MIGRATION RATE		26.0	.0	.0	.0	.0	.0	.0	.0	.0
GROWTH RATE		5.92	3.21	2.78	2.35	2.03	1.77	1.52	1.38	1.27
TOTAL FERTILITY		5.170	4.605	4.040	3.475	2.990	2.573	2.214	2.085	2.081
NRR		2.370	2.155	1.914	1.655	1.427	1.230	1.060	1.000	1.000
e(0) - BOTH SEXES		69.66	71.83	73.74	75.45	76.07	76.71	77.37	78.05	78.74
e(15) - BOTH SEXES		57.90	59.36	60.67	62.08	62.59	63.11	63.64	64.20	64.77
IMR - BOTH SEXES		28.1	22.9	18.6	15.2	13.9	12.7	11.5	10.3	9.1
q(5) - BOTH SEXES		.0366	.0286	.0224	.0184	.0170	.0156	.0142	.0127	.0113
DEP. RATIO	88.5	78.4	79.4	77.2	69.6	60.1	53.2	49.4	48.3	48.9

JORDAN

Summary Projection for 25-Year Periods

AGE GROUP	1990	2000	2025	2050	2075	2100	2125	2150
TOTAL M+F	3278	5173	8725	11513	13176	13609	13816	13907
MALES								
0-4	279	428	403	412	415	415	415	415
5-9	242	367	414	416	416	415	414	414
10-14	221	299	416	420	416	414	414	414
15-19	199	258	420	418	413	413	414	414
20-24	171	236	429	405	410	413	413	414
25-29	145	227	421	398	409	412	413	412
30-34	102	209	360	408	411	412	412	411
35-39	71	178	292	408	414	411	410	410
40-44	62	126	250	410	410	407	407	408
45-49	53	87	227	416	395	401	405	406
50-54	45	70	215	402	384	397	402	403
55-59	35	54	192	336	387	393	396	396
60-64	27	42	155	263	377	386	387	387
65-69	17	30	101	213	362	369	371	373
70-74	12	21	61	176	343	335	347	353
75+	13	18	68	268	579	727	792	820
TOTAL	1694	2649	4423	5769	6543	6722	6812	6851
FEMALES								
0-4	268	411	385	393	396	396	395	395
5-9	236	353	396	397	397	396	395	395
10-14	208	289	399	401	397	395	395	395
15-19	185	252	403	400	394	394	395	395
20-24	157	228	414	389	392	394	395	395
25-29	123	222	407	383	392	395	395	395
30-34	90	200	350	394	396	396	395	395
35-39	62	156	286	396	399	395	394	394
40-44	54	112	248	399	397	392	393	394
45-49	50	74	223	408	385	389	392	393
50-54	47	59	215	398	377	388	392	393
55-59	36	50	190	338	385	389	391	391
60-64	25	44	144	271	383	390	388	388
65-69	18	32	99	229	380	383	382	384
70-74	13	21	61	196	378	364	374	379
75+	13	21	82	352	786	1030	1133	1175
TOTAL	1584	2524	4302	5744	6632	6886	7005	7056
BIRTH RATE		36.7	23.8	16.1	13.1	12.1	11.8	11.7
DEATH RATE		4.3	3.5	5.1	7.7	10.8	11.2	11.4
NET MIGRATION RATE		11.6	.0	.0	.0	.0	.0	.0
GROWTH RATE		4.56	2.09	1.11	.54	.13	.06	.03
TOTAL FERTILITY		4.840	2.947	2.078	2.064	2.060	2.058	2.057
e(0) - BOTH SEXES		70.86	76.04	79.56	82.73	84.14	85.28	85.71
IMR - BOTH SEXES		25.3	14.5	7.8	3.1	2.5	2.1	2.0

KAZAKHSTAN

Projection (thousands) with NRR=1 by 2000

AGE GROUP	1990	1995	2000	2005	2010	2015	2020	2025	2030	2035
TOTAL M+F	16742	17339	17950	18733	19627	20532	21377	22113	22716	23252
MALES										
0-4	972	862	738	756	827	865	853	818	799	807
5-9	921	942	848	734	752	823	861	850	815	797
10-14	809	900	931	845	732	750	821	859	848	814
15-19	759	785	887	926	841	729	747	818	856	845
20-24	680	718	763	877	917	833	723	742	812	851
25-29	608	628	691	753	867	907	825	716	735	806
30-34	698	562	604	680	743	856	896	816	709	728
35-39	616	657	540	593	670	732	844	885	806	702
40-44	503	581	633	528	581	657	719	830	871	795
45-49	305	473	556	612	512	565	640	702	812	854
50-54	319	284	447	530	585	491	543	617	678	787
55-59	351	293	262	416	495	549	462	513	585	646
60-64	228	312	261	235	375	449	501	424	473	543
65-69	187	191	262	221	200	322	390	439	375	422
70-74	74	144	147	204	173	159	259	318	362	314
75+	86	86	133	158	208	215	214	289	376	460
TOTAL	8117	8418	8704	9067	9478	9902	10297	10634	10914	11170
FEMALES										
0-4	939	830	710	726	794	830	818	784	765	773
5-9	900	910	817	707	724	792	828	816	782	764
10-14	795	880	902	815	706	723	791	827	815	782
15-19	749	771	870	900	814	705	722	790	826	815
20-24	640	707	754	868	898	813	704	721	789	825
25-29	601	592	686	752	866	897	811	703	720	788
30-34	709	563	575	684	750	864	894	809	702	719
35-39	634	681	550	573	682	747	861	892	807	700
40-44	536	615	671	547	570	678	744	857	888	804
45-49	333	522	605	664	542	565	673	739	851	882
50-54	368	322	511	596	655	535	558	666	731	843
55-59	405	355	313	499	584	643	526	549	655	720
60-64	287	384	339	302	484	567	625	512	536	641
65-69	313	263	357	319	287	461	542	599	493	517
70-74	166	270	232	322	292	264	427	504	561	464
75+	251	257	354	391	501	547	556	710	881	1048
TOTAL	8625	8921	9246	9666	10150	10631	11080	11479	11803	12083
BIRTH RATE		20.9	17.0	16.6	17.3	17.2	16.2	15.0	14.2	13.9
DEATH RATE		8.0	7.8	8.0	7.9	8.2	8.2	8.2	8.8	9.3
RATE OF NAT. INC.		1.29	.92	.85	.93	.90	.81	.68	.54	.47
NET MIGRATION RATE		-5.9	-2.3	.0	.0	.0	.0	.0	.0	.0
GROWTH RATE		.70	.69	.85	.93	.90	.81	.68	.54	.47
TOTAL FERTILITY		2.720	2.275	2.118	2.106	2.102	2.097	2.093	2.088	2.084
NRR		1.269	1.067	1.000	1.000	1.000	1.000	1.000	1.000	1.000
e(0) - BOTH SEXES		68.34	69.65	71.04	72.45	73.21	73.99	74.79	75.63	76.49
e(15) - BOTH SEXES		56.40	57.34	58.35	59.42	60.04	60.67	61.34	62.02	62.74
IMR - BOTH SEXES		31.0	27.4	23.0	19.1	17.5	16.0	14.4	12.9	11.3
q(5) - BOTH SEXES		.0377	.0328	.0276	.0229	.0211	.0194	.0176	.0158	.0140
DEP. RATIO	62.1	60.5	55.8	49.4	46.1	49.0	52.5	54.6	53.0	52.1

KAZAKHSTAN

Summary Projection for 25-Year Periods

AGE GROUP	1990	2000	2025	2050	2075	2100	2125	2150
TOTAL M+F	16742	17950	22113	24775	26077	26823	27321	27548
MALES								
0-4	972	738	818	830	827	824	823	823
5-9	921	848	850	834	824	822	822	823
10-14	809	931	859	823	818	820	822	823
15-19	759	887	818	802	813	820	822	822
20-24	680	763	742	790	815	821	821	821
25-29	608	691	716	803	821	820	818	818
30-34	698	604	816	829	822	815	814	815
35-39	616	540	885	832	808	806	810	813
40-44	503	633	830	785	783	798	807	811
45-49	305	556	702	703	765	795	804	806
50-54	319	447	617	665	768	793	796	797
55-59	351	262	513	732	775	779	780	782
60-64	228	261	424	752	750	744	754	762
65-69	187	262	439	647	667	690	720	735
70-74	74	147	318	476	543	627	677	694
75+	86	133	289	614	1029	1304	1488	1570
TOTAL	8117	8704	10634	11918	12628	13077	13380	13515
FEMALES								
0-4	939	710	784	794	790	786	786	786
5-9	900	817	816	798	787	785	785	785
10-14	795	902	827	789	782	783	785	785
15-19	749	870	790	771	778	784	786	785
20-24	640	754	721	762	782	787	786	785
25-29	601	686	703	779	791	788	785	784
30-34	709	575	809	811	795	785	783	784
35-39	634	550	892	820	785	779	781	783
40-44	536	671	857	782	765	775	781	783
45-49	333	605	739	711	755	777	783	783
50-54	368	511	666	688	768	783	782	780
55-59	405	313	549	783	794	783	776	776
60-64	287	339	512	849	794	767	766	770
65-69	313	357	599	795	745	739	755	765
70-74	166	232	504	656	660	716	747	757
75+	251	354	710	1267	1876	2128	2273	2342
TOTAL	8625	9246	11479	12857	13449	13745	13941	14034
BIRTH RATE		18.9	16.4	13.8	12.6	12.2	11.9	11.8
DEATH RATE		7.9	8.1	9.3	10.6	11.1	11.2	11.4
NET MIGRATION RATE		-4.0	.0	.0	.0	.0	.0	.0
GROWTH RATE		.70	.83	.45	.20	.11	.07	.03
TOTAL FERTILITY		2.487	2.103	2.080	2.062	2.059	2.057	2.056
e(0) - BOTH SEXES		69.00	73.17	77.46	81.51	83.39	84.92	85.48
IMR - BOTH SEXES		29.4	17.9	9.8	3.8	2.8	2.2	2.1

KENYA

Projection (thousands) with NRR=1 by 2015

AGE GROUP	1990	1995	2000	2005	2010	2015	2020	2025	2030	2035
TOTAL M+F	24160	27751	31409	35009	38484	41497	44404	47393	50356	53164
MALES										
0-4	2314	2249	2352	2396	2369	2177	2166	2258	2303	2292
5-9	1955	2232	2181	2295	2357	2334	2147	2140	2234	2282
10-14	1678	1928	2204	2158	2275	2338	2317	2134	2128	2223
15-19	1316	1655	1901	2173	2131	2249	2314	2295	2116	2113
20-24	1041	1290	1619	1857	2126	2088	2208	2276	2262	2089
25-29	841	1016	1255	1571	1805	2071	2039	2161	2233	2224
30-34	673	820	986	1216	1524	1756	2020	1994	2118	2194
35-39	535	654	794	953	1176	1479	1708	1970	1950	2077
40-44	396	517	630	762	917	1135	1431	1658	1918	1904
45-49	280	380	493	600	727	877	1090	1379	1603	1861
50-54	251	265	358	463	564	687	832	1037	1318	1537
55-59	227	233	245	329	427	522	639	777	974	1243
60-64	178	205	208	218	294	383	472	580	711	895
65-69	133	152	173	175	184	250	330	409	507	626
70-74	94	105	118	134	136	144	199	265	332	416
75+	102	112	121	133	150	162	176	225	303	397
TOTAL	12015	13811	15637	17432	19161	20653	22088	23558	25009	26374
FEMALES										
0-4	2291	2214	2312	2352	2323	2132	2120	2207	2250	2237
5-9	1942	2219	2156	2264	2320	2294	2108	2099	2188	2233
10-14	1676	1919	2194	2136	2248	2305	2280	2097	2089	2180
15-19	1315	1656	1895	2168	2113	2226	2285	2263	2083	2077
20-24	1042	1296	1629	1862	2132	2081	2196	2257	2239	2064
25-29	846	1024	1269	1591	1822	2090	2044	2161	2226	2213
30-34	681	828	999	1236	1552	1780	2048	2007	2127	2196
35-39	547	665	805	969	1200	1512	1739	2005	1971	2094
40-44	410	531	643	777	937	1164	1470	1696	1961	1933
45-49	295	396	512	618	748	904	1127	1428	1652	1917
50-54	270	282	378	487	589	716	869	1086	1381	1604
55-59	244	255	265	354	457	555	678	827	1039	1327
60-64	192	225	233	241	323	420	514	631	774	979
65-69	143	169	196	202	210	284	372	460	571	707
70-74	107	117	135	156	162	171	235	313	392	493
75+	145	146	150	164	188	209	231	297	403	536
TOTAL	12145	13940	15772	17576	19322	20844	22316	23835	25347	26790
BIRTH RATE		37.4	34.0	30.4	26.8	22.5	20.8	20.2	19.2	18.0
DEATH RATE		9.8	9.2	8.7	7.8	7.4	7.2	7.1	7.1	7.1
RATE OF NAT. INC.		2.77	2.47	2.17	1.89	1.51	1.36	1.30	1.21	1.09
NET MIGRATION RATE		.1	.0	.0	.0	.0	.0	.0	.0	.0
GROWTH RATE		2.77	2.48	2.17	1.89	1.51	1.35	1.30	1.21	1.09
TOTAL FERTILITY		5.350	4.453	3.635	2.967	2.422	2.233	2.210	2.188	2.165
NRR		2.204	1.858	1.545	1.302	1.073	1.000	1.000	1.000	1.000
e(0) - BOTH SEXES		58.91	58.91	59.40	61.40	62.73	64.11	65.56	67.07	68.65
e(15) - BOTH SEXES		52.15	51.00	50.30	50.87	51.89	52.95	54.06	55.22	56.43
IMR - BOTH SEXES		66.0	58.4	50.0	39.0	35.7	32.4	29.1	25.8	22.5
q(5) - BOTH SEXES		.1024	.0891	.0743	.0548	.0501	.0455	.0408	.0361	.0314
DEP. RATIO	108.6	95.6	83.5	71.2	63.3	55.4	49.4	45.9	45.3	45.5

Summary Projection for 25-Year Periods

KENYA

AGE GROUP	1990	2000	2025	2050	2075	2100	2125	2150
TOTAL M+F	24160	31409	47393	60317	68119	71590	73845	74817
MALES								
0-4	2314	2352	2258	2217	2228	2232	2232	2231
5-9	1955	2181	2140	2206	2232	2233	2231	2230
10-14	1678	2204	2134	2228	2240	2233	2230	2229
15-19	1316	1901	2295	2258	2235	2228	2226	2227
20-24	1041	1619	2276	2244	2217	2217	2222	2224
25-29	841	1255	2161	2167	2186	2207	2216	2218
30-34	673	986	1994	2043	2168	2205	2212	2212
35-39	535	794	1970	2010	2179	2204	2205	2204
40-44	396	630	1658	2129	2193	2187	2190	2193
45-49	280	493	1379	2077	2160	2156	2169	2178
50-54	251	358	1037	1929	2054	2100	2139	2155
55-59	227	245	777	1714	1884	2041	2102	2120
60-64	178	208	580	1596	1771	1985	2050	2068
65-69	133	173	409	1221	1745	1897	1958	1985
70-74	94	118	265	872	1514	1718	1815	1859
75+	102	121	225	864	2318	3151	3868	4172
TOTAL	12015	15637	23558	29775	33326	34994	36065	36505
FEMALES								
0-4	2291	2312	2207	2158	2166	2169	2169	2169
5-9	1942	2156	2099	2151	2170	2170	2168	2167
10-14	1676	2194	2097	2176	2178	2171	2167	2167
15-19	1315	1895	2263	2211	2175	2167	2165	2166
20-24	1042	1629	2257	2207	2165	2161	2164	2166
25-29	846	1269	2161	2143	2143	2157	2164	2165
30-34	681	999	2007	2031	2135	2160	2165	2164
35-39	547	805	2005	2009	2154	2165	2163	2161
40-44	410	643	1696	2141	2180	2156	2155	2156
45-49	295	512	1428	2109	2164	2139	2144	2151
50-54	270	378	1086	1988	2083	2105	2132	2145
55-59	244	265	827	1804	1947	2078	2123	2136
60-64	192	233	631	1739	1884	2068	2110	2120
65-69	143	196	460	1388	1941	2050	2076	2093
70-74	107	135	313	1057	1802	1963	2017	2050
75+	145	150	297	1229	3508	4719	5697	6135
TOTAL	12145	15772	23835	30542	34793	36597	37780	38312
BIRTH RATE		35.6	23.7	16.8	13.7	12.6	12.1	11.9
DEATH RATE		9.5	7.6	7.3	8.9	10.7	10.9	11.3
NET MIGRATION RATE		.0	.0	.0	.0	.0	.0	.0
GROWTH RATE		2.62	1.65	.96	.49	.20	.12	.05
TOTAL FERTILITY		4.855	2.614	2.144	2.060	2.047	2.041	2.039
e(0) - BOTH SEXES		58.91	62.88	70.55	78.06	81.21	83.88	84.85
IMR - BOTH SEXES		62.1	37.5	19.3	6.2	3.9	2.6	2.3

KIRIBATI

Projection (thousands) with NRR=1 by 2015

AGE GROUP	1990	1995	2000	2005	2010	2015	2020	2025	2030	2035
TOTAL M+F	72	79	85	91	98	104	110	116	121	126
MALES										
0-4	5	5	5	5	5	5	5	5	5	5
5-9	5	5	5	5	5	5	5	5	5	5
10-14	4	5	5	5	5	5	5	5	5	5
15-19	4	4	5	5	5	5	5	5	5	5
20-24	4	4	4	5	5	5	5	5	5	5
25-29	3	4	4	4	5	5	5	5	5	5
30-34	2	3	4	4	4	5	5	5	5	5
35-39	2	2	3	4	4	4	5	5	5	5
40-44	2	2	2	3	4	4	4	5	5	5
45-49	1	2	2	2	3	4	3	4	5	5
50-54	1	1	2	2	2	3	3	3	3	4
55-59	1	1	1	2	2	2	2	3	3	3
60-64	0	1	1	1	2	1	1	2	3	3
65-69	0	0	1	1	1	1	1	1	2	3
70-74	0	0	0	1	1	1	1	1	1	2
75+	0	0	0	0	0	1	1	1	1	1
TOTAL	37	40	44	47	50	53	56	58	61	63
FEMALES										
0-4	5	5	5	5	5	5	5	5	5	5
5-9	4	5	5	5	5	5	5	5	5	5
10-14	4	4	5	5	5	5	5	5	5	5
15-19	3	4	4	5	5	5	5	5	4	5
20-24	4	3	4	4	5	5	5	5	5	4
25-29	3	4	3	4	4	5	5	5	5	5
30-34	2	3	4	3	4	4	5	5	5	5
35-39	2	2	3	4	3	4	4	5	5	5
40-44	2	2	2	3	4	3	4	4	5	5
45-49	1	2	2	2	3	4	3	4	4	5
50-54	1	1	2	2	2	3	3	3	4	4
55-59	1	1	1	2	2	2	3	3	2	3
60-64	1	1	1	1	2	2	2	2	3	2
65-69	0	1	1	1	1	2	1	1	2	3
70-74	0	0	1	1	1	1	1	1	1	2
75+	0	0	0	1	1	1	1	1	2	2
TOTAL	35	38	42	45	48	51	54	57	60	63
BIRTH RATE		30.2	25.6	23.0	20.8	19.1	18.4	17.7	16.8	15.8
DEATH RATE		9.4	8.2	7.3	6.8	7.0	7.1	7.2	7.7	7.9
RATE OF NAT. INC.		2.08	1.74	1.57	1.40	1.22	1.13	1.05	.91	.79
NET MIGRATION RATE		-2.7	-2.0	-1.4	-.8	-.4	.0	.0	.0	.0
GROWTH RATE		1.82	1.55	1.43	1.32	1.18	1.13	1.05	.91	.79
TOTAL FERTILITY		3.800	3.250	2.882	2.556	2.267	2.161	2.150	2.138	2.127
NRR		1.598	1.412	1.290	1.171	1.044	1.000	1.000	1.000	1.000
e(0) - BOTH SEXES		58.17	61.17	64.01	66.63	67.63	68.66	69.73	70.84	71.99
e(15) - BOTH SEXES		49.10	51.38	53.38	55.21	55.94	56.70	57.50	58.33	59.20
IMR - BOTH SEXES		60.0	52.3	44.1	36.4	33.3	30.2	27.1	24.0	20.8
q(5) - BOTH SEXES		.0809	.0689	.0562	.0449	.0411	.0374	.0336	.0298	.0260
DEP. RATIO	70.9	69.2	64.2	56.8	49.7	47.7	46.1	44.8	46.0	48.6

Summary Projection for 25-Year Periods

KIRIBATI

AGE GROUP	1990	2000	2025	2050	2075	2100	2125	2150
TOTAL M+F	72	85	116	137	149	155	159	161
MALES								
0-4	5	5	5	5	5	5	5	5
5-9	5	5	5	5	5	5	5	5
10-14	4	5	5	5	5	5	5	5
15-19	4	5	5	5	5	5	5	5
20-24	4	4	5	5	5	5	5	5
25-29	3	4	5	5	5	5	5	5
30-34	2	4	5	5	5	5	5	5
35-39	2	3	5	4	5	5	5	5
40-44	2	2	5	4	5	5	5	5
45-49	1	2	4	4	5	5	5	5
50-54	1	2	3	4	5	5	5	5
55-59	1	1	3	4	4	4	5	5
60-64	0	1	2	4	4	4	4	4
65-69	0	1	1	3	4	4	4	4
70-74	0	0	1	2	3	4	4	4
75+	0	0	1	3	6	7	8	9
TOTAL	37	44	58	68	73	76	78	79
FEMALES								
0-4	5	5	5	5	5	5	5	5
5-9	4	5	5	5	5	5	5	5
10-14	4	5	5	5	5	5	5	5
15-19	3	4	5	5	5	5	5	5
20-24	4	4	5	5	5	5	5	5
25-29	3	3	5	5	5	5	5	5
30-34	2	4	5	5	5	5	5	5
35-39	2	3	5	4	5	5	5	5
40-44	2	2	4	4	5	5	5	5
45-49	1	2	4	4	5	5	5	5
50-54	1	2	3	4	5	5	5	5
55-59	1	1	3	5	4	4	5	5
60-64	1	1	2	4	4	4	4	5
65-69	0	1	1	3	4	4	4	4
70-74	0	1	1	3	4	4	4	4
75+	0	0	1	4	9	11	12	13
TOTAL	35	42	57	69	76	79	81	82
BIRTH RATE		27.8	19.7	15.2	13.3	12.5	12.1	11.9
DEATH RATE		8.8	7.1	8.4	10.0	10.9	11.0	11.4
NET MIGRATION RATE		-2.3	-.5	.0	.0	.0	.0	.0
GROWTH RATE		1.68	1.22	.69	.32	.16	.11	.05
TOTAL FERTILITY		3.513	2.375	2.117	2.074	2.065	2.060	2.059
e(0) - BOTH SEXES		59.74	67.49	73.33	78.89	81.70	84.11	84.98
IMR - BOTH SEXES		56.4	34.3	17.8	5.6	3.6	2.5	2.2

KOREA, DEM. PEOPLE'S REP. OF

Projection (thousands) with NRR=1 by 1995

AGE GROUP	1990	1995	2000	2005	2010	2015	2020	2025	2030	2035
TOTAL M+F	21771	23927	25811	27546	29137	30650	32133	33522	34742	35751
MALES										
0-4	1220	1374	1248	1193	1150	1172	1218	1238	1224	1199
5-9	957	1214	1368	1243	1189	1146	1168	1215	1235	1221
10-14	962	954	1211	1365	1240	1187	1145	1167	1213	1234
15-19	1314	958	951	1207	1361	1237	1184	1142	1164	1211
20-24	1417	1304	951	945	1200	1354	1231	1179	1137	1159
25-29	1026	1404	1294	945	939	1193	1346	1224	1172	1131
30-34	929	1016	1392	1284	939	934	1187	1339	1218	1167
35-39	703	918	1006	1380	1275	932	928	1179	1331	1211
40-44	565	692	906	994	1366	1262	924	919	1169	1320
45-49	462	552	678	889	978	1344	1243	910	907	1154
50-54	378	444	532	656	864	952	1310	1213	890	887
55-59	279	355	419	504	627	828	913	1260	1169	859
60-64	184	253	324	384	469	585	775	859	1190	1108
65-69	111	158	220	284	342	420	528	704	785	1094
70-74	90	88	128	180	236	288	357	452	610	686
75+	80	98	110	148	211	290	376	481	622	838
TOTAL	10676	11783	12736	13602	14386	15123	15832	16481	17034	17478
FEMALES										
0-4	1155	1317	1194	1142	1100	1120	1165	1183	1169	1145
5-9	959	1151	1313	1191	1139	1098	1118	1162	1181	1167
10-14	968	957	1149	1311	1190	1138	1097	1117	1162	1180
15-19	1321	966	956	1148	1309	1189	1137	1096	1116	1161
20-24	1426	1317	964	954	1146	1307	1187	1135	1094	1115
25-29	1038	1421	1314	962	952	1144	1305	1185	1134	1093
30-34	929	1033	1416	1310	960	950	1141	1302	1183	1132
35-39	660	923	1029	1411	1306	957	947	1138	1299	1180
40-44	529	654	917	1023	1404	1300	953	944	1134	1295
45-49	437	522	647	909	1015	1394	1292	947	938	1128
50-54	395	428	513	639	899	1004	1380	1279	938	930
55-59	338	383	418	503	627	884	988	1359	1261	926
60-64	323	322	368	404	489	611	863	966	1331	1237
65-69	245	297	301	349	387	470	588	832	935	1291
70-74	172	212	265	275	324	361	440	554	787	888
75+	201	239	310	414	503	600	701	840	1045	1406
TOTAL	11095	12143	13075	13944	14751	15526	16301	17041	17707	18273
BIRTH RATE		24.2	20.1	17.8	16.1	15.6	15.4	14.9	14.2	13.4
DEATH RATE		5.3	4.9	4.8	4.9	5.4	5.9	6.5	7.0	7.7
RATE OF NAT. INC.		1.89	1.52	1.30	1.12	1.01	.95	.85	.72	.57
NET MIGRATION RATE		.0	.0	.0	.0	.0	.0	.0	.0	.0
GROWTH RATE		1.89	1.52	1.30	1.12	1.01	.95	.85	.71	.57
TOTAL FERTILITY		2.370	2.115	2.104	2.095	2.091	2.088	2.085	2.081	2.078
NRR		1.114	1.000	1.000	1.000	1.000	1.000	1.000	1.000	1.000
e(0) - BOTH SEXES		70.70	72.53	74.22	75.79	76.40	77.02	77.67	78.33	79.01
e(15) - BOTH SEXES		58.08	59.60	60.99	62.29	62.79	63.31	63.84	64.40	64.97
IMR - BOTH SEXES		24.0	19.9	16.4	13.4	12.4	11.3	10.3	9.2	8.2
q(5) - BOTH SEXES		.0289	.0243	.0202	.0166	.0153	.0141	.0129	.0116	.0104
DEP. RATIO		48.6	50.8	51.9	49.3	44.8	43.5	44.5	48.5	52.5	59.6

Summary Projection for 25-Year Periods

KOREA, DEM. PEOPLE'S REP. OF

AGE GROUP	1990	2000	2025	2050	2075	2100	2125	2150
TOTAL M+F	21771	25811	33522	37654	39159	39810	40283	40507
MALES								
0-4	1220	1248	1238	1212	1205	1205	1206	1207
5-9	957	1368	1215	1197	1201	1205	1206	1206
10-14	962	1211	1167	1187	1202	1206	1206	1206
15-19	1314	951	1142	1194	1208	1207	1205	1205
20-24	1417	951	1179	1214	1210	1204	1202	1202
25-29	1026	1294	1224	1222	1202	1197	1198	1199
30-34	929	1392	1339	1196	1184	1190	1195	1197
35-39	703	1006	1179	1143	1169	1187	1193	1194
40-44	565	906	919	1112	1170	1188	1190	1189
45-49	462	678	910	1140	1183	1184	1182	1181
50-54	378	532	1213	1166	1178	1165	1165	1168
55-59	279	419	1260	1243	1131	1130	1143	1150
60-64	184	324	859	1051	1050	1089	1116	1126
65-69	111	220	704	768	977	1049	1081	1089
70-74	90	128	452	685	931	997	1021	1028
75+	80	110	481	1595	1977	2140	2288	2369
TOTAL	10676	12736	16481	18325	19178	19543	19798	19916
FEMALES								
0-4	1155	1194	1183	1156	1149	1149	1150	1150
5-9	959	1313	1162	1143	1145	1149	1150	1150
10-14	968	1149	1117	1134	1147	1150	1150	1150
15-19	1321	956	1096	1142	1153	1152	1150	1150
20-24	1426	964	1135	1165	1158	1151	1149	1149
25-29	1038	1314	1185	1177	1153	1147	1147	1148
30-34	929	1416	1302	1156	1139	1143	1147	1148
35-39	660	1029	1138	1110	1129	1143	1148	1148
40-44	529	917	944	1086	1135	1148	1148	1147
45-49	437	647	947	1121	1155	1150	1146	1144
50-54	395	513	1279	1163	1162	1142	1139	1140
55-59	338	418	1359	1266	1134	1123	1131	1136
60-64	323	368	966	1090	1078	1105	1125	1132
65-69	245	301	832	884	1040	1100	1121	1125
70-74	172	265	554	854	1050	1100	1109	1110
75+	201	310	840	2682	3053	3214	3375	3462
TOTAL	11095	13075	17041	19329	19982	20267	20485	20590
BIRTH RATE		22.1	15.9	13.2	12.3	12.0	11.8	11.7
DEATH RATE		5.1	5.6	8.6	10.8	11.3	11.3	11.5
NET MIGRATION RATE		.0	.0	.0	.0	.0	.0	.0
GROWTH RATE		1.70	1.05	.46	.16	.07	.05	.02
TOTAL FERTILITY		2.241	2.092	2.075	2.062	2.060	2.058	2.057
e(0) - BOTH SEXES		71.66	76.30	79.77	82.90	84.25	85.34	85.75
IMR - BOTH SEXES		22.1	12.7	7.1	3.0	2.4	2.1	2.0

KOREA, REP. OF

Projection (thousands) with NRR=1 by 2030

AGE GROUP	1990	1995	2000	2005	2010	2015	2020	2025	2030	2035
TOTAL M+F	42869	44825	46721	48397	49872	51073	52072	52946	53679	54146
MALES										
0-4	1711	1765	1787	1722	1671	1637	1639	1665	1694	1687
5-9	1927	1697	1751	1776	1713	1664	1631	1635	1663	1691
10-14	2051	1915	1687	1743	1769	1708	1659	1628	1633	1661
15-19	2340	2034	1900	1675	1733	1760	1701	1654	1624	1629
20-24	2238	2306	2006	1878	1658	1718	1747	1690	1646	1617
25-29	2169	2196	2268	1977	1855	1639	1701	1733	1679	1636
30-34	2005	2127	2158	2236	1953	1835	1623	1688	1722	1669
35-39	1586	1963	2088	2125	2207	1930	1815	1608	1674	1709
40-44	1305	1545	1919	2047	2091	2175	1904	1793	1590	1657
45-49	1091	1261	1498	1867	2001	2046	2132	1869	1763	1566
50-54	1030	1040	1206	1438	1802	1935	1983	2070	1818	1718
55-59	769	959	972	1132	1359	1709	1841	1892	1982	1746
60-64	516	691	866	882	1036	1250	1580	1711	1768	1861
65-69	387	438	590	745	767	908	1106	1410	1539	1604
70-74	241	302	344	468	598	624	749	923	1193	1319
75+	206	254	320	383	506	670	784	950	1187	1542
TOTAL	21568	22494	23359	24093	24719	25207	25594	25919	26175	26314
FEMALES										
0-4	1647	1688	1707	1644	1594	1562	1563	1589	1616	1610
5-9	1769	1635	1677	1698	1636	1588	1557	1560	1587	1614
10-14	1912	1761	1627	1670	1692	1632	1585	1555	1559	1586
15-19	2173	1901	1750	1618	1663	1686	1627	1582	1554	1558
20-24	2064	2152	1881	1734	1605	1653	1679	1623	1580	1552
25-29	2028	2039	2128	1862	1719	1593	1643	1673	1620	1577
30-34	2031	2006	2018	2110	1848	1708	1585	1638	1670	1617
35-39	1516	2010	1987	2002	2097	1837	1699	1579	1633	1665
40-44	1240	1498	1990	1970	1989	2084	1827	1691	1573	1627
45-49	1083	1221	1479	1969	1953	1972	2068	1814	1681	1564
50-54	1027	1060	1199	1456	1944	1929	1950	2046	1797	1665
55-59	858	994	1031	1172	1428	1909	1896	1919	2016	1772
60-64	664	816	953	996	1138	1389	1860	1851	1877	1975
65-69	518	612	762	900	949	1088	1332	1790	1786	1817
70-74	350	449	543	690	829	879	1013	1247	1684	1690
75+	420	490	629	811	1071	1359	1592	1871	2273	2942
TOTAL	21301	22330	23362	24303	25154	25867	26477	27027	27505	27832
BIRTH RATE		16.0	15.5	14.3	13.4	12.8	12.5	12.5	12.5	12.3
DEATH RATE		6.3	6.4	6.7	6.9	7.7	8.4	9.0	9.7	10.6
RATE OF NAT. INC.		.97	.91	.77	.65	.51	.41	.34	.28	.17
NET MIGRATION RATE		-.8	-.8	-.6	-.5	-.3	-.2	-.1	.0	.0
GROWTH RATE		.89	.83	.70	.60	.48	.39	.33	.27	.17
TOTAL FERTILITY		1.750	1.750	1.750	1.814	1.875	1.935	1.993	2.049	2.071
NRR		.833	.837	.840	.872	.902	.932	.961	.989	1.000
e(0) - BOTH SEXES	70.91	72.31	73.70	75.07	75.69	76.34	77.00	77.70	78.41	
e(15) - BOTH SEXES	57.28	58.43	59.64	60.89	61.48	62.08	62.70	63.35	64.03	
IMR - BOTH SEXES	12.8	10.0	8.2	6.9	6.5	6.1	5.7	5.3	5.0	
q(5) - BOTH SEXES	.0157	.0124	.0103	.0088	.0084	.0079	.0075	.0070	.0066	
DEP. RATIO	44.2	40.9	40.3	41.7	42.2	42.8	45.2	50.7	56.7	62.2

KOREA, REP. OF

Summary Projection for 25-Year Periods

AGE GROUP	1990	2000	2025	2050	2075	2100	2125	2150
TOTAL M+F	42869	46721	52946	54102	54123	54821	55523	55878
MALES								
0-4	1711	1787	1665	1658	1662	1666	1667	1667
5-9	1927	1751	1635	1651	1663	1666	1666	1665
10-14	2051	1687	1628	1660	1669	1667	1665	1665
15-19	2340	1900	1654	1681	1670	1665	1663	1664
20-24	2238	2006	1690	1681	1661	1658	1660	1661
25-29	2169	2268	1733	1643	1644	1650	1655	1657
30-34	2005	2158	1688	1606	1632	1647	1652	1653
35-39	1586	2088	1608	1591	1634	1647	1648	1648
40-44	1305	1919	1793	1604	1646	1641	1640	1641
45-49	1091	1498	1869	1624	1636	1624	1626	1630
50-54	1030	1206	2070	1637	1581	1592	1606	1614
55-59	769	972	1892	1548	1514	1554	1580	1590
60-64	516	866	1711	1409	1454	1518	1547	1555
65-69	387	590	1410	1460	1397	1470	1490	1499
70-74	241	344	923	1353	1309	1369	1396	1412
75+	206	320	950	2400	2622	2829	3104	3244
TOTAL	21568	23359	25919	26207	26394	26862	27265	27463
FEMALES								
0-4	1647	1707	1589	1582	1585	1588	1589	1589
5-9	1769	1677	1560	1575	1587	1589	1589	1588
10-14	1912	1627	1555	1585	1592	1590	1588	1588
15-19	2173	1750	1582	1607	1595	1589	1587	1587
20-24	2064	1881	1623	1611	1589	1585	1586	1587
25-29	2028	2128	1673	1582	1578	1582	1586	1587
30-34	2031	2018	1638	1552	1571	1583	1586	1586
35-39	1516	1987	1579	1544	1578	1587	1586	1585
40-44	1240	1990	1691	1567	1597	1588	1583	1583
45-49	1083	1479	1814	1601	1597	1579	1578	1579
50-54	1027	1199	2046	1640	1561	1562	1571	1576
55-59	858	1031	1919	1589	1522	1548	1566	1572
60-64	664	953	1851	1510	1500	1545	1562	1565
65-69	518	762	1790	1579	1501	1547	1551	1552
70-74	350	543	1247	1628	1498	1521	1523	1529
75+	420	629	1871	4142	4279	4375	4626	4764
TOTAL	21301	23362	27027	27895	27730	27959	28258	28415
BIRTH RATE		15.8	13.1	12.2	12.1	12.0	11.8	11.7
DEATH RATE		6.4	7.8	11.3	12.1	11.5	11.3	11.5
NET MIGRATION RATE		-.8	-.3	.0	.0	.0	.0	.0
GROWTH RATE		.86	.50	.09	.00	.05	.05	.03
TOTAL FERTILITY		1.749	1.871	2.064	2.062	2.060	2.058	2.057
e(0) - BOTH SEXES		71.63	75.60	79.19	82.57	84.06	85.25	85.69
IMR - BOTH SEXES		11.4	6.7	4.6	3.0	2.5	2.1	2.0

KUWAIT

Projection (thousands) with NRR=1 by 2015

AGE GROUP	1990	1995	2000	2005	2010	2015	2020	2025	2030	2035
TOTAL M+F	2143	1590	1882	2081	2278	2455	2617	2769	2910	3042
MALES										
0-4	154	107	109	115	118	113	111	112	113	114
5-9	134	117	111	109	115	118	113	111	112	113
10-14	110	113	119	111	109	115	117	113	111	112
15-19	91	83	117	119	111	108	114	117	112	111
20-24	97	16	93	116	118	111	108	114	117	112
25-29	146	0	30	93	116	118	110	108	113	116
30-34	141	50	13	30	92	115	117	110	107	113
35-39	112	70	60	13	30	92	114	116	109	107
40-44	82	65	76	59	13	30	91	114	116	108
45-49	62	55	67	74	59	13	29	90	112	114
50-54	40	49	55	66	73	57	13	29	88	110
55-59	23	33	48	53	63	70	55	12	28	86
60-64	11	20	31	45	50	60	67	53	12	27
65-69	6	9	18	29	41	46	56	62	49	11
70-74	4	4	8	15	25	36	41	49	55	44
75+	4	4	6	9	17	30	46	61	76	90
TOTAL	1218	795	961	1056	1149	1231	1303	1369	1431	1488
FEMALES										
0-4	149	103	106	112	115	110	108	109	110	111
5-9	130	112	108	106	112	114	110	108	109	110
10-14	107	109	114	108	106	112	114	110	108	109
15-19	91	89	111	114	108	106	111	114	110	108
20-24	91	56	93	111	114	108	106	111	114	109
25-29	92	50	61	92	111	113	107	106	111	114
30-34	80	60	54	61	92	111	113	107	105	111
35-39	63	59	63	54	61	92	111	113	107	105
40-44	42	51	60	62	53	60	92	110	113	107
45-49	30	36	51	59	62	53	60	91	109	112
50-54	19	27	35	50	59	61	52	60	90	109
55-59	11	17	26	35	49	58	60	52	59	89
60-64	8	10	17	26	34	48	56	59	51	58
65-69	5	7	10	16	25	33	46	55	57	49
70-74	3	4	6	9	15	23	31	44	52	55
75+	4	4	6	9	14	22	36	52	75	98
TOTAL	925	795	921	1024	1128	1224	1314	1400	1480	1554
BIRTH RATE		27.8	24.5	23.2	21.5	19.0	17.4	16.6	15.9	15.2
DEATH RATE		2.5	2.9	3.1	3.5	4.0	4.6	5.3	5.9	6.4
RATE OF NAT. INC.		2.53	2.16	2.00	1.81	1.50	1.28	1.13	1.00	.88
NET MIGRATION RATE		-85.8	12.1	.0	.0	.0	.0	.0	.0	.0
GROWTH RATE		-5.97	3.38	2.00	1.81	1.50	1.28	1.13	1.00	.88
TOTAL FERTILITY		3.680	3.300	2.872	2.500	2.176	2.058	2.056	2.054	2.052
NRR		1.769	1.592	1.389	1.212	1.056	1.000	1.000	1.000	1.000
e(0) - BOTH SEXES	75.12	75.92	76.81	77.78	78.29	78.81	79.35	79.90	80.46	
e(15) - BOTH SEXES	61.61	62.22	62.94	63.76	64.21	64.67	65.15	65.63	66.13	
IMR - BOTH SEXES	14.0	11.9	10.0	8.4	7.8	7.3	6.7	6.1	5.5	
q(5) - BOTH SEXES	.0171	.0146	.0124	.0106	.0100	.0093	.0086	.0079	.0072	
DEP. RATIO	60.8	77.6	62.1	56.1	55.2	55.0	55.0	55.2	54.6	50.2

KUWAIT

Summary Projection for 25-Year Periods

AGE GROUP	1990	2000	2025	2050	2075	2100	2125	2150
TOTAL M+F	2143	1882	2769	3385	3722	3785	3824	3841
MALES								
0-4	154	109	112	113	113	113	113	113
5-9	134	111	111	113	113	113	113	113
10-14	110	119	113	114	113	113	113	113
15-19	91	117	117	114	113	113	113	113
20-24	97	93	114	113	112	113	113	113
25-29	146	30	108	111	112	112	112	113
30-34	141	13	110	109	112	112	112	112
35-39	112	60	116	111	112	112	112	112
40-44	82	76	114	115	112	111	111	111
45-49	62	67	90	111	110	110	111	111
50-54	40	55	29	103	108	109	110	110
55-59	23	48	12	103	104	107	108	108
60-64	11	31	53	106	103	105	106	106
65-69	6	18	62	98	102	101	102	102
70-74	4	8	49	71	93	94	96	97
75+	4	6	61	50	187	207	220	226
TOTAL	1218	961	1369	1653	1819	1846	1863	1872
FEMALES								
0-4	149	106	109	110	110	110	110	110
5-9	130	108	108	110	110	110	110	110
10-14	107	114	110	110	110	110	110	110
15-19	91	111	114	111	110	110	110	110
20-24	91	93	111	110	110	110	110	110
25-29	92	61	106	109	109	110	110	110
30-34	80	54	107	107	109	110	110	110
35-39	63	63	113	109	110	110	110	110
40-44	42	60	110	113	110	109	109	109
45-49	30	51	91	110	109	109	109	109
50-54	19	35	60	104	107	108	109	109
55-59	11	26	52	104	105	108	109	109
60-64	8	17	59	108	106	108	108	108
65-69	5	10	55	104	109	107	107	107
70-74	3	6	44	83	103	104	105	106
75+	4	6	52	131	274	307	325	333
TOTAL	925	921	1400	1732	1903	1939	1960	1969
BIRTH RATE		26.2	19.3	14.5	12.4	11.9	11.7	11.7
DEATH RATE		2.7	4.2	6.6	8.7	11.2	11.3	11.5
NET MIGRATION RATE		-38.6	.0	.0	.0	.0	.0	.0
GROWTH RATE		-1.30	1.54	.80	.38	.07	.04	.02
TOTAL FERTILITY		3.500	2.296	2.050	2.041	2.039	2.038	2.037
e(0) - BOTH SEXES		75.51	78.30	81.10	83.63	84.71	85.58	85.92
IMR - BOTH SEXES		13.0	8.1	5.0	2.7	2.3	2.0	2.0

KYRGYZ REPUBLIC

Projection (thousands) with NRR=1 by 2015

AGE GROUP	1990	1995	2000	2005	2010	2015	2020	2025	2030	2035
TOTAL M+F	4394	4636	4938	5329	5733	6116	6490	6857	7198	7511
MALES										
0-4	324	302	287	288	296	290	289	292	292	292
5-9	284	312	295	285	287	295	288	288	291	291
10-14	239	276	307	294	285	286	294	288	287	291
15-19	211	230	270	305	293	283	284	293	287	286
20-24	185	196	221	266	301	289	280	282	290	284
25-29	159	166	184	217	262	297	286	277	279	287
30-34	166	141	155	181	213	258	292	282	273	276
35-39	138	151	132	152	177	209	254	288	278	270
40-44	107	126	143	129	148	173	205	249	282	273
45-49	58	98	119	137	124	143	167	199	242	276
50-54	64	52	91	112	130	118	137	160	191	234
55-59	70	58	48	84	104	121	110	128	151	181
60-64	57	61	51	42	75	93	109	100	117	140
65-69	46	47	51	42	36	64	80	95	88	104
70-74	19	35	36	39	33	28	51	64	77	73
75+	21	21	32	37	42	41	38	54	72	92
TOTAL	2147	2271	2421	2611	2805	2988	3165	3338	3499	3649
FEMALES										
0-4	314	291	276	277	284	278	277	280	280	280
5-9	281	302	285	275	276	284	277	277	280	280
10-14	236	273	298	284	275	276	283	277	277	280
15-19	210	226	268	297	284	274	275	283	277	276
20-24	179	193	218	267	297	283	274	275	282	276
25-29	159	160	183	217	266	296	283	273	274	282
30-34	171	144	152	182	216	265	295	282	272	274
35-39	143	160	138	151	181	215	264	294	281	272
40-44	112	136	156	137	150	180	214	263	292	280
45-49	62	107	132	154	135	148	178	212	261	290
50-54	67	59	104	130	151	133	146	176	209	257
55-59	79	64	57	101	126	147	130	143	172	205
60-64	72	74	60	54	97	122	142	126	138	167
65-69	67	65	67	55	50	91	115	135	120	132
70-74	39	56	55	58	49	45	82	104	123	111
75+	54	55	70	79	90	90	89	120	160	202
TOTAL	2247	2365	2517	2719	2929	3128	3325	3519	3698	3863

	1990	1995	2000	2005	2010	2015	2020	2025	2030	2035
BIRTH RATE		27.9	24.6	22.7	21.5	19.6	18.3	17.5	16.6	15.8
DEATH RATE		8.3	7.8	7.4	6.9	6.7	6.5	6.5	6.9	7.2
RATE OF NAT. INC.		1.96	1.68	1.53	1.46	1.29	1.19	1.10	.97	.85
NET MIGRATION RATE		-8.9	-4.2	.0	.0	.0	.0	.0	.0	.0
GROWTH RATE		1.07	1.26	1.52	1.46	1.29	1.19	1.10	.97	.85
TOTAL FERTILITY		3.690	3.260	2.866	2.519	2.215	2.104	2.099	2.094	2.089
NRR		1.693	1.515	1.346	1.192	1.050	1.000	1.000	1.000	1.000
e(0) - BOTH SEXES		65.86	67.25	68.78	70.38	71.21	72.07	72.96	73.89	74.86
e(15) - BOTH SEXES		54.48	55.30	56.30	57.48	58.16	58.88	59.62	60.40	61.21
IMR - BOTH SEXES		37.0	31.2	25.7	20.9	19.3	17.6	15.9	14.2	12.5
q(5) - BOTH SEXES		.0457	.0380	.0308	.0251	.0232	.0212	.0193	.0173	.0154
DEP. RATIO	77.9	78.2	71.5	60.8	53.7	51.1	50.0	49.6	48.4	47.7

KYRGYZ REPUBLIC

Summary Projection for 25-Year Periods

AGE GROUP	1990	2000	2025	2050	2075	2100	2125	2150
TOTAL M+F	4394	4938	6857	8335	9121	9441	9650	9745
MALES								
0-4	324	287	292	291	292	292	292	292
5-9	284	295	288	291	291	292	292	292
10-14	239	307	288	290	291	291	292	292
15-19	211	270	293	290	291	291	291	291
20-24	185	221	282	289	290	290	291	291
25-29	159	184	277	286	288	289	290	290
30-34	166	155	282	280	286	288	289	289
35-39	138	132	288	277	285	287	288	288
40-44	107	143	249	278	282	285	286	287
45-49	58	119	199	264	279	282	284	285
50-54	64	91	160	254	273	278	281	282
55-59	70	48	128	249	260	271	275	277
60-64	57	51	100	240	247	261	268	271
65-69	46	51	95	188	233	247	256	260
70-74	19	36	64	130	199	226	239	245
75+	21	32	54	143	334	436	514	549
TOTAL	2147	2421	3338	4040	4422	4605	4728	4782
FEMALES								
0-4	314	276	280	279	279	279	279	279
5-9	281	285	277	278	278	278	278	278
10-14	236	298	277	278	279	279	278	278
15-19	210	268	283	279	279	278	278	278
20-24	179	218	275	279	278	278	278	278
25-29	159	183	273	279	278	278	278	278
30-34	171	152	282	275	277	278	278	278
35-39	143	138	294	274	277	277	278	278
40-44	112	156	263	279	276	277	277	277
45-49	62	132	212	270	276	276	277	277
50-54	67	104	176	266	274	275	276	276
55-59	79	57	143	271	268	272	274	275
60-64	72	60	126	276	264	269	272	274
65-69	67	67	135	239	264	266	269	271
70-74	39	55	104	182	247	259	265	267
75+	54	70	120	289	605	716	786	820
TOTAL	2247	2517	3519	4294	4699	4836	4922	4964
BIRTH RATE		26.2	19.7	15.1	13.0	12.3	12.0	11.8
DEATH RATE		8.0	6.7	7.4	9.5	10.9	11.1	11.4
NET MIGRATION RATE		-6.5	.0	.0	.0	.0	.0	.0
GROWTH RATE		1.17	1.31	.78	.36	.14	.09	.04
TOTAL FERTILITY		3.467	2.326	2.084	2.065	2.060	2.058	2.057
e(0) - BOTH SEXES		66.58	71.21	75.98	80.57	82.80	84.65	85.32
IMR - BOTH SEXES		34.2	19.9	10.8	4.2	3.0	2.3	2.1

LAO PEOPLE'S DEM. REP.

Projection (thousands) with NRR=1 by 2040

AGE GROUP	1990	1995	2000	2005	2010	2015	2020	2025	2030	2035
TOTAL M+F	4140	4774	5500	6290	7172	8128	9088	10009	10912	11768
MALES										
0-4	401	434	490	532	587	635	649	640	640	628
5-9	288	376	412	470	515	570	618	634	626	629
10-14	238	281	369	405	463	508	563	612	628	621
15-19	205	233	276	362	399	456	501	556	605	621
20-24	176	199	227	268	353	389	446	491	546	596
25-29	152	169	192	219	260	342	379	435	480	536
30-34	133	146	163	185	212	251	332	369	425	471
35-39	110	127	140	157	178	204	243	323	359	415
40-44	91	104	121	134	150	171	197	235	313	349
45-49	78	86	99	114	127	142	163	188	226	301
50-54	64	73	80	92	107	119	134	154	178	215
55-59	47	58	66	73	84	98	109	124	142	166
60-64	39	42	51	58	64	74	87	98	111	129
65-69	27	32	34	42	48	54	63	74	83	95
70-74	17	20	24	26	32	37	41	49	58	66
75+	13	16	20	24	27	33	39	45	53	63
TOTAL	2078	2397	2762	3160	3604	4084	4565	5025	5475	5900
FEMALES										
0-4	390	421	474	514	566	613	626	617	618	606
5-9	283	368	402	457	499	552	599	614	606	609
10-14	234	277	361	396	451	494	546	593	609	602
15-19	203	230	272	355	390	445	488	541	588	604
20-24	174	198	224	266	348	383	438	481	534	581
25-29	151	169	192	218	259	340	375	430	473	526
30-34	131	146	163	186	212	252	331	367	422	465
35-39	109	125	141	157	180	205	245	323	359	413
40-44	89	104	120	135	151	173	199	238	315	350
45-49	75	85	99	115	129	145	167	192	230	306
50-54	63	71	80	94	109	123	139	160	184	222
55-59	52	59	66	74	87	102	115	131	151	175
60-64	42	47	53	59	67	79	93	106	121	141
65-69	30	35	40	45	51	58	69	82	94	108
70-74	20	23	27	31	35	40	47	56	67	78
75+	17	21	24	29	34	40	47	55	67	82
TOTAL	2062	2377	2738	3130	3569	4044	4523	4984	5437	5868
BIRTH RATE		43.7	41.9	39.0	37.0	35.1	31.7	28.0	25.4	22.9
DEATH RATE		15.1	13.6	12.1	10.8	10.1	9.3	8.7	8.2	7.8
RATE OF NAT. INC.		2.86	2.83	2.68	2.62	2.50	2.23	1.93	1.73	1.51
NET MIGRATION RATE		-.1	.0	.0	.0	.0	.0	.0	.0	.0
GROWTH RATE		2.85	2.83	2.68	2.63	2.50	2.23	1.93	1.73	1.51
TOTAL FERTILITY		6.690	6.390	5.790	5.190	4.590	3.990	3.390	2.987	2.631
NRR		2.416	2.398	2.261	2.106	1.899	1.676	1.448	1.296	1.159
e(0) - BOTH SEXES		50.95	52.68	54.65	56.79	58.12	59.49	60.91	62.39	63.91
e(15) - BOTH SEXES		47.84	47.96	48.37	49.06	49.96	50.88	51.85	52.84	53.86
IMR - BOTH SEXES		97.0	84.8	72.5	61.0	57.0	53.0	49.0	45.0	41.0
q(5) - BOTH SEXES		.1584	.1361	.1140	.0936	.0869	.0801	.0734	.0666	.0598
DEP. RATIO	89.6	93.2	94.8	89.5	85.7	80.8	75.4	68.5	61.4	55.2

Summary Projection for 25-Year Periods

LAO PEOPLE'S DEM. REP.

AGE GROUP	1990	2000	2025	2050	2075	2100	2125	2150
TOTAL M+F	4140	5500	10009	14102	17202	18798	19704	20172
MALES								
0-4	401	490	640	620	612	615	617	617
5-9	288	412	634	601	607	614	617	617
10-14	238	369	612	592	606	614	617	617
15-19	205	276	556	610	607	613	617	616
20-24	176	227	491	613	611	610	614	615
25-29	152	192	435	601	604	603	610	613
30-34	133	163	369	597	586	597	607	611
35-39	110	140	323	568	574	593	605	609
40-44	91	121	235	508	587	590	601	606
45-49	78	99	188	439	583	589	594	600
50-54	64	80	154	378	559	574	581	591
55-59	47	66	124	305	533	542	564	578
60-64	39	51	98	247	476	508	544	562
65-69	27	34	74	159	384	485	517	538
70-74	17	24	49	105	282	431	479	499
75+	13	20	45	103	314	691	924	1052
TOTAL	2078	2762	5025	7047	8525	9269	9708	9942
FEMALES								
0-4	390	474	617	598	589	588	588	588
5-9	283	402	614	582	586	588	588	588
10-14	234	361	593	574	586	589	589	588
15-19	203	272	541	593	589	590	588	588
20-24	174	224	481	598	595	589	587	587
25-29	151	192	430	589	591	585	586	587
30-34	131	163	367	587	575	581	585	587
35-39	109	141	323	562	565	581	585	586
40-44	89	120	238	504	581	582	585	585
45-49	75	99	192	441	580	584	582	583
50-54	63	80	160	386	563	575	576	579
55-59	52	66	131	320	549	552	567	575
60-64	42	53	106	268	507	531	560	570
65-69	30	40	82	182	429	527	551	563
70-74	20	27	56	127	339	497	537	548
75+	17	24	55	143	452	992	1340	1526
TOTAL	2062	2738	4984	7055	8677	9530	9996	10229
BIRTH RATE		42.8	33.5	21.0	15.6	13.5	12.6	12.1
DEATH RATE		14.3	10.0	7.5	7.7	9.9	10.7	11.2
NET MIGRATION RATE		-.1	.0	.0	.0	.0	.0	.0
GROWTH RATE		2.84	2.39	1.37	.79	.35	.19	.09
TOTAL FERTILITY		6.530	4.403	2.432	2.109	2.082	2.065	2.061
e(0) - BOTH SEXES		51.88	58.35	65.76	73.11	77.76	82.10	83.70
IMR - BOTH SEXES		90.6	58.0	37.2	19.8	10.4	3.4	2.6

LATVIA

Projection (thousands) with NRR=1 by 2030

AGE GROUP	1990	1995	2000	2005	2010	2015	2020	2025	2030	2035
TOTAL M+F	2671	2602	2564	2559	2563	2565	2563	2559	2554	2548
MALES										
0-4	96	78	76	78	82	83	81	79	79	80
5-9	105	93	77	76	78	82	82	80	78	79
10-14	95	103	92	76	76	78	81	82	80	78
15-19	88	93	101	91	76	75	78	81	82	80
20-24	94	83	90	100	90	75	75	77	80	81
25-29	95	88	79	88	99	89	75	74	76	80
30-34	103	89	84	77	87	98	88	74	73	76
35-39	97	98	86	83	76	86	96	87	73	73
40-44	87	92	94	84	81	75	84	95	86	72
45-49	72	82	88	91	81	79	73	82	93	84
50-54	79	67	77	84	87	78	76	70	80	90
55-59	72	72	62	72	78	81	73	72	67	76
60-64	63	63	64	55	64	71	74	67	66	62
65-69	46	52	53	54	47	56	62	65	60	59
70-74	26	35	40	41	42	37	45	50	54	50
75+	31	30	36	42	47	51	50	57	65	74
TOTAL	1249	1217	1197	1193	1192	1193	1194	1193	1193	1193
FEMALES										
0-4	93	75	73	75	78	79	77	75	75	76
5-9	102	89	74	73	75	78	79	77	75	75
10-14	92	99	88	73	73	75	78	79	77	75
15-19	86	89	98	88	73	73	75	78	79	77
20-24	91	81	86	98	88	73	73	75	78	79
25-29	92	85	78	86	97	88	73	72	75	78
30-34	104	87	82	77	86	97	88	73	72	74
35-39	101	101	85	82	77	86	97	87	73	72
40-44	93	98	100	85	82	77	85	97	87	73
45-49	80	91	97	99	84	81	76	85	96	87
50-54	91	78	89	95	98	83	80	76	84	95
55-59	89	88	76	87	94	96	82	79	75	83
60-64	84	84	84	73	85	91	94	80	77	73
65-69	84	77	79	80	70	81	88	90	77	75
70-74	58	73	69	72	74	65	76	83	86	74
75+	88	91	110	123	137	148	149	161	175	189
TOTAL	1422	1385	1367	1366	1370	1372	1370	1366	1361	1354
BIRTH RATE		12.1	11.9	12.2	12.7	12.8	12.4	12.1	12.2	12.4
DEATH RATE		12.8	12.5	12.6	12.4	12.6	12.6	12.4	12.6	12.8
RATE OF NAT. INC.		-.07	-.06	-.04	.03	.02	-.02	-.03	-.04	-.05
NET MIGRATION RATE		-4.6	-2.3	.0	.0	.0	.0	.0	.0	.0
GROWTH RATE		-.52	-.29	-.04	.03	.02	-.02	-.03	-.04	-.05
TOTAL FERTILITY		1.800	1.800	1.800	1.854	1.906	1.957	2.007	2.056	2.075
NRR		.856	.858	.860	.888	.914	.940	.965	.990	1.000
e(0) - BOTH SEXES	69.38	70.85	72.33	73.78	74.46	75.17	75.91	76.67	77.46	
e(15) - BOTH SEXES	56.14	57.52	58.82	60.08	60.69	61.32	61.97	62.64	63.35	
IMR - BOTH SEXES	17.4	16.0	13.9	11.7	10.8	10.0	9.2	8.3	7.5	
q(5) - BOTH SEXES	.0210	.0194	.0169	.0144	.0134	.0125	.0115	.0105	.0096	
DEP. RATIO	52.0	52.5	51.0	51.0	52.2	55.2	58.7	61.9	62.5	62.9

Summary Projection for 25-Year Periods

LATVIA

AGE GROUP	1990	2000	2025	2050	2075	2100	2125	2150
TOTAL M+F	2671	2564	2559	2548	2573	2621	2662	2681
MALES								
0-4	96	76	79	80	80	80	80	80
5-9	105	77	80	80	80	80	80	80
10-14	95	92	82	80	80	80	80	80
15-19	88	101	81	80	79	80	80	80
20-24	94	90	77	78	79	80	80	80
25-29	95	79	74	77	79	80	80	80
30-34	103	84	74	78	79	79	79	79
35-39	97	86	87	80	79	79	79	79
40-44	87	94	95	78	78	78	78	79
45-49	72	88	82	73	76	77	78	78
50-54	79	77	70	69	74	76	77	77
55-59	72	62	72	66	73	75	76	76
60-64	63	64	67	75	72	73	74	74
65-69	46	53	65	74	66	69	70	72
70-74	26	40	50	57	57	62	66	67
75+	31	36	57	81	107	128	145	153
TOTAL	1249	1197	1193	1207	1240	1276	1302	1315
FEMALES								
0-4	93	73	75	76	77	76	76	76
5-9	102	74	77	77	77	76	76	76
10-14	92	88	79	77	76	76	76	76
15-19	86	98	78	76	76	76	76	76
20-24	91	86	75	75	76	76	76	76
25-29	92	78	72	75	76	76	76	76
30-34	104	82	73	77	77	76	76	76
35-39	101	85	87	78	77	76	76	76
40-44	93	100	97	77	76	76	76	76
45-49	80	97	85	74	75	75	76	76
50-54	91	89	76	71	74	76	76	76
55-59	89	76	79	71	75	76	76	76
60-64	84	84	80	84	76	75	75	75
65-69	84	79	90	91	74	74	74	74
70-74	58	69	83	77	69	71	73	74
75+	88	110	161	186	203	213	224	230
TOTAL	1422	1367	1366	1341	1333	1345	1359	1367
BIRTH RATE		12.0	12.4	12.4	12.2	12.1	11.9	11.7
DEATH RATE		12.6	12.5	12.6	11.9	11.3	11.2	11.4
NET MIGRATION RATE		-3.5	.0	.0	.0	.0	.0	.0
GROWTH RATE		-.41	-.01	-.02	.04	.07	.06	.03
TOTAL FERTILITY		1.798	1.908	2.068	2.061	2.058	2.057	2.056
e(0) - BOTH SEXES		70.10	74.33	78.31	82.04	83.73	85.09	85.59
IMR - BOTH SEXES		16.7	11.1	6.7	3.4	2.7	2.2	2.1

LEBANON

Projection (thousands) with NRR=1 by 2005

AGE GROUP	1990	1995	2000	2005	2010	2015	2020	2025	2030	2035
TOTAL M+F	3635	4005	4345	4630	4903	5190	5485	5770	6027	6251
MALES										
0-4	230	259	248	222	219	231	240	241	235	230
5-9	206	228	257	246	221	218	230	239	240	235
10-14	192	206	227	256	246	221	218	229	239	240
15-19	205	191	204	226	255	244	220	217	228	238
20-24	199	203	189	202	224	253	243	218	215	227
25-29	143	196	200	186	200	221	250	240	216	214
30-34	96	140	193	197	184	197	219	248	238	214
35-39	84	94	138	189	194	181	195	216	245	235
40-44	69	82	92	135	185	190	178	192	213	242
45-49	53	66	79	89	131	180	185	174	187	209
50-54	56	51	63	76	85	125	173	179	168	182
55-59	57	52	47	59	71	80	118	164	170	160
60-64	52	51	46	42	53	64	73	108	151	158
65-69	36	44	43	39	36	46	56	64	96	135
70-74	19	28	34	33	31	29	37	46	53	80
75+	29	26	30	36	40	40	39	45	57	69
TOTAL	1727	1916	2090	2235	2374	2521	2673	2820	2952	3067
FEMALES										
0-4	232	249	238	214	210	221	230	231	225	220
5-9	210	230	248	237	213	210	221	229	230	225
10-14	198	209	230	247	237	213	209	220	229	230
15-19	210	197	208	229	247	236	212	209	220	229
20-24	202	208	195	207	228	246	235	211	208	219
25-29	168	199	206	193	206	226	244	234	210	207
30-34	145	166	197	204	192	204	224	243	233	209
35-39	110	142	163	194	201	190	202	223	241	231
40-44	80	107	140	160	192	199	188	200	220	239
45-49	66	78	105	137	157	188	195	185	197	218
50-54	64	64	75	101	133	153	183	191	181	193
55-59	64	60	61	72	97	127	147	177	185	176
60-64	57	59	56	57	67	91	120	140	169	177
65-69	42	50	52	50	51	61	83	110	129	157
70-74	23	34	41	43	42	43	52	72	97	115
75+	39	36	41	51	58	61	65	76	101	139
TOTAL	1908	2089	2256	2396	2529	2668	2812	2951	3075	3184
BIRTH RATE		27.6	24.1	20.0	18.4	18.3	18.0	17.1	15.9	14.9
DEATH RATE		8.2	7.8	7.3	7.0	6.9	6.9	6.9	7.2	7.6
RATE OF NAT. INC.		1.94	1.63	1.27	1.14	1.14	1.11	1.01	.87	.73
NET MIGRATION RATE		.0	.0	.0	.0	.0	.0	.0	.0	.0
GROWTH RATE		1.94	1.63	1.27	1.14	1.14	1.11	1.01	.87	.73
TOTAL FERTILITY		3.090	2.649	2.270	2.135	2.128	2.122	2.115	2.109	2.102
NRR		1.401	1.215	1.053	1.000	1.000	1.000	1.000	1.000	1.000
e(0) - BOTH SEXES		65.71	66.55	67.69	69.00	69.88	70.80	71.75	72.75	73.79
e(15) - BOTH SEXES		54.00	54.43	55.12	56.05	56.79	57.57	58.38	59.23	60.13
IMR - BOTH SEXES		34.0	29.9	25.2	20.7	19.0	17.4	15.8	14.1	12.5
q(5) - BOTH SEXES		.0417	.0362	.0301	.0248	.0229	.0210	.0191	.0173	.0154
DEP. RATIO	66.8	66.4	63.6	56.8	48.6	44.3	44.1	45.5	47.1	49.7

Summary Projection for 25-Year Periods

LEBANON

AGE GROUP	1990	2000	2025	2050	2075	2100	2125	2150
TOTAL M+F	3635	4345	5770	6786	7307	7554	7721	7796
MALES								
0-4	230	248	241	236	234	234	234	234
5-9	206	257	239	233	233	233	234	234
10-14	192	227	229	229	233	234	234	234
15-19	205	204	217	229	233	234	234	233
20-24	199	189	218	233	234	234	233	233
25-29	143	200	240	236	233	232	232	232
30-34	96	193	248	233	230	230	231	232
35-39	84	138	216	222	225	229	231	231
40-44	69	92	192	208	224	229	230	230
45-49	53	79	174	207	225	229	229	229
50-54	56	63	179	223	226	225	225	226
55-59	57	47	164	223	218	218	220	222
60-64	52	46	108	184	200	208	214	217
65-69	36	43	64	150	177	197	207	210
70-74	19	34	46	118	160	185	195	197
75+	29	30	45	179	319	378	425	447
TOTAL	1727	2090	2820	3344	3605	3728	3807	3840
FEMALES								
0-4	232	238	231	225	223	223	223	223
5-9	210	248	229	223	222	222	223	223
10-14	198	230	220	220	222	223	223	223
15-19	210	208	209	219	223	223	223	223
20-24	202	195	211	224	224	223	223	223
25-29	168	206	234	228	224	222	222	222
30-34	145	197	243	227	221	221	222	222
35-39	110	163	223	217	218	221	222	222
40-44	80	140	200	204	217	221	222	222
45-49	66	105	185	205	220	222	222	221
50-54	64	75	191	224	223	221	220	220
55-59	64	61	177	228	219	216	218	219
60-64	57	56	140	203	206	211	216	218
65-69	42	52	110	173	189	207	214	216
70-74	23	41	72	147	181	204	211	213
75+	39	41	76	277	468	547	612	645
TOTAL	1908	2256	2951	3443	3702	3826	3914	3956
BIRTH RATE		25.8	18.3	14.6	13.0	12.3	12.0	11.8
DEATH RATE		8.0	7.0	8.2	10.0	11.0	11.1	11.4
NET MIGRATION RATE		.0	.0	.0	.0	.0	.0	.0
GROWTH RATE		1.79	1.13	.65	.30	.13	.09	.04
TOTAL FERTILITY		2.851	2.152	2.096	2.071	2.064	2.060	2.058
e(0) - BOTH SEXES		66.15	69.94	75.01	80.06	82.46	84.46	85.19
IMR - BOTH SEXES		32.0	19.5	10.8	4.4	3.1	2.4	2.1

LESOTHO

Projection (thousands) with NRR=1 by 2025

AGE GROUP	1990	1995	2000	2005	2010	2015	2020	2025	2030	2035
TOTAL M+F	1768	1985	2229	2480	2729	2974	3202	3410	3613	3818
MALES										
0-4	139	149	164	170	170	171	167	159	161	166
5-9	128	136	146	162	168	168	170	165	158	160
10-14	107	126	135	145	161	167	167	169	165	158
15-19	90	106	125	133	144	160	166	166	168	164
20-24	76	87	103	122	130	141	157	163	164	166
25-29	63	73	84	100	119	128	138	154	161	161
30-34	53	61	70	81	97	116	125	136	152	158
35-39	43	51	58	67	79	95	113	122	133	149
40-44	39	41	49	56	65	77	92	110	119	130
45-49	34	37	39	46	54	63	74	89	107	116
50-54	28	32	34	37	44	51	60	71	86	103
55-59	21	25	29	32	34	41	48	56	67	81
60-64	16	19	23	26	29	31	37	44	52	62
65-69	12	14	16	19	22	25	27	33	39	46
70-74	8	9	11	13	15	18	20	22	27	32
75+	7	9	10	12	14	18	21	25	29	35
TOTAL	866	974	1095	1220	1345	1468	1582	1685	1786	1887
FEMALES										
0-4	135	146	161	166	166	167	163	156	157	162
5-9	126	132	144	159	165	165	166	162	155	156
10-14	106	125	131	143	159	164	164	166	161	155
15-19	89	105	124	130	142	157	163	163	165	161
20-24	75	87	103	122	129	140	156	162	162	164
25-29	67	73	85	101	120	127	138	154	160	161
30-34	57	65	71	84	99	118	125	136	152	159
35-39	49	55	63	70	82	97	116	123	135	150
40-44	43	47	54	62	68	80	95	114	121	133
45-49	37	42	46	52	60	66	78	93	111	118
50-54	31	35	40	44	50	58	64	76	90	108
55-59	26	29	33	38	42	48	55	61	73	87
60-64	20	24	27	31	35	39	44	52	58	69
65-69	16	18	21	24	27	31	35	40	47	53
70-74	11	13	14	17	20	23	26	30	35	42
75+	12	14	16	18	22	26	31	37	44	53
TOTAL	902	1012	1134	1260	1384	1506	1620	1725	1827	1930
BIRTH RATE		33.3	32.5	29.7	26.6	24.4	21.9	19.5	18.5	18.0
DEATH RATE		9.3	8.7	8.0	7.5	7.2	7.1	7.0	6.9	6.9
RATE OF NAT. INC.		2.40	2.38	2.17	1.91	1.72	1.48	1.26	1.16	1.10
NET MIGRATION RATE		-.9	-.6	-.3	.0	.0	.0	.0	.0	.0
GROWTH RATE		2.32	2.32	2.13	1.91	1.72	1.48	1.25	1.16	1.10
TOTAL FERTILITY		4.800	4.500	3.900	3.300	2.905	2.557	2.250	2.138	2.125
NRR		2.052	1.963	1.737	1.499	1.332	1.180	1.046	1.000	1.000
e(0) - BOTH SEXES		60.46	61.98	63.48	65.07	66.15	67.27	68.43	69.64	70.89
e(15) - BOTH SEXES		50.85	51.60	52.28	53.09	53.97	54.89	55.83	56.82	57.84
IMR - BOTH SEXES		46.0	39.9	33.5	27.3	25.1	23.0	20.8	18.7	16.5
q(5) - BOTH SEXES		.0673	.0564	.0451	.0352	.0325	.0297	.0270	.0242	.0214
DEP. RATIO	84.4	81.4	77.0	73.2	68.5	62.5	56.6	51.9	48.4	46.8

Summary Projection for 25-Year Periods

LESOTHO

AGE GROUP	1990	2000	2025	2050	2075	2100	2125	2150
TOTAL M+F	1768	2229	3410	4376	5007	5267	5428	5497
MALES								
0-4	139	164	159	164	165	164	164	164
5-9	128	146	165	165	165	164	164	164
10-14	107	135	169	166	164	164	164	164
15-19	90	125	166	164	163	163	163	164
20-24	76	103	163	158	161	163	163	163
25-29	63	84	154	154	161	163	163	163
30-34	53	70	136	159	163	163	162	162
35-39	43	58	122	160	163	162	161	162
40-44	39	49	110	155	160	159	160	161
45-49	34	39	89	151	152	157	159	160
50-54	28	34	71	139	147	155	158	159
55-59	21	29	56	118	147	153	155	156
60-64	16	23	44	101	142	149	150	152
65-69	12	16	33	83	128	138	143	145
70-74	8	11	22	58	111	121	132	137
75+	7	10	25	64	164	238	289	309
TOTAL	866	1095	1685	2160	2454	2576	2652	2683
FEMALES								
0-4	135	161	156	159	160	160	159	159
5-9	126	144	162	161	160	159	159	159
10-14	106	131	166	162	160	159	159	159
15-19	89	124	163	161	158	159	159	159
20-24	75	103	162	155	157	159	159	159
25-29	67	85	154	153	158	159	159	159
30-34	57	71	136	158	160	159	159	159
35-39	49	63	123	160	161	159	158	159
40-44	43	54	114	156	158	157	158	158
45-49	37	46	93	153	152	156	158	158
50-54	31	40	76	144	148	155	157	158
55-59	26	33	61	125	151	156	157	157
60-64	20	27	52	109	151	154	155	155
65-69	16	21	40	95	142	149	151	153
70-74	11	14	30	71	131	138	147	151
75+	12	16	37	95	245	354	422	452
TOTAL	902	1134	1725	2216	2553	2691	2776	2814
BIRTH RATE		32.9	24.0	16.9	13.8	12.6	12.1	11.9
DEATH RATE		9.0	7.3	7.0	8.4	10.6	10.9	11.4
NET MIGRATION RATE		-.7	-.1	.0	.0	.0	.0	.0
GROWTH RATE		2.32	1.70	1.00	.54	.20	.12	.05
TOTAL FERTILITY		4.642	2.888	2.111	2.058	2.047	2.041	2.039
e(0) - BOTH SEXES		61.26	66.28	72.38	78.32	81.33	83.94	84.88
IMR - BOTH SEXES		42.8	26.0	14.4	5.8	3.8	2.5	2.2

LIBERIA

Projection (thousands) with NRR=1 by 2035

AGE GROUP	1990	1995	2000	2005	2010	2015	2020	2025	2030	2035
TOTAL M+F	2365	2379	2713	3097	3526	3962	4372	4768	5146	5496
MALES										
0-4	221	200	217	247	272	281	272	269	264	256
5-9	176	193	188	206	236	262	271	264	262	258
10-14	145	162	190	186	204	234	259	269	262	260
15-19	121	132	160	188	184	202	232	257	267	260
20-24	102	101	130	158	185	181	200	229	255	264
25-29	85	76	99	129	156	183	179	197	227	252
30-34	71	63	75	98	127	154	181	177	195	225
35-39	57	53	62	74	96	125	152	179	175	193
40-44	51	44	52	60	72	94	123	149	176	172
45-49	43	43	43	51	59	70	92	119	146	171
50-54	35	38	41	41	48	56	67	88	115	140
55-59	27	31	35	38	38	45	53	63	83	109
60-64	20	23	28	32	35	35	41	48	58	76
65-69	15	17	20	24	27	30	30	35	42	50
70-74	10	11	13	15	19	21	23	24	28	33
75+	16	13	13	15	17	21	24	28	30	34
TOTAL	1193	1201	1368	1561	1776	1994	2199	2397	2584	2757
FEMALES										
0-4	215	199	216	245	270	278	269	265	260	251
5-9	172	187	187	205	235	260	268	261	258	254
10-14	142	158	184	185	203	232	257	266	259	256
15-19	119	127	156	182	183	201	230	255	264	257
20-24	100	94	125	154	180	181	199	228	253	262
25-29	83	71	93	124	152	178	179	197	226	251
30-34	67	60	69	91	122	150	175	177	195	224
35-39	54	52	59	68	89	120	148	173	174	192
40-44	49	45	51	58	67	88	117	145	170	172
45-49	41	43	44	49	56	65	85	115	142	167
50-54	34	38	42	42	47	54	63	83	111	138
55-59	28	31	36	39	40	45	52	60	79	107
60-64	21	25	29	33	36	37	42	48	56	75
65-69	16	18	22	25	29	32	33	37	43	51
70-74	12	12	15	18	21	24	27	27	32	37
75+	19	17	17	18	21	25	30	35	39	44
TOTAL	1172	1178	1345	1536	1750	1968	2173	2371	2562	2740
BIRTH RATE		42.0	40.5	39.5	37.4	33.6	28.9	25.7	23.0	20.5
DEATH RATE		15.5	14.2	13.0	11.5	10.3	9.2	8.4	7.8	7.3
RATE OF NAT. INC.		2.65	2.63	2.65	2.59	2.33	1.97	1.73	1.52	1.32
NET MIGRATION RATE		-25.3	.0	.0	.0	.0	.0	.0	.0	.0
GROWTH RATE		.12	2.63	2.65	2.59	2.33	1.97	1.73	1.52	1.32
TOTAL FERTILITY		6.200	5.900	5.300	4.700	4.100	3.500	3.069	2.691	2.360
NRR		2.257	2.192	2.022	1.864	1.660	1.445	1.293	1.156	1.034
e(0) - BOTH SEXES		52.97	53.99	55.25	57.49	58.98	60.52	62.09	63.71	65.38
e(15) - BOTH SEXES		54.16	54.05	53.78	54.19	54.78	55.38	55.99	56.62	57.27
IMR - BOTH SEXES		142.0	132.7	120.7	105.1	95.8	86.5	77.2	68.0	58.7
q(5) - BOTH SEXES		.2120	.1971	.1774	.1520	.1387	.1254	.1119	.0983	.0847
DEP. RATIO	95.9	99.9	89.7	81.3	78.8	75.1	67.7	59.6	52.8	48.2

Summary Projection for 25-Year Periods

LIBERIA

AGE GROUP	1990	2000	2025	2050	2075	2100	2125	2150
TOTAL M+F	2365	2713	4768	6499	7617	8169	8507	8661
MALES								
0-4	221	217	269	265	262	261	260	260
5-9	176	188	264	263	260	260	260	260
10-14	145	190	269	256	258	259	260	260
15-19	121	160	257	249	256	260	260	260
20-24	102	130	229	254	258	260	260	260
25-29	85	99	197	255	259	259	259	259
30-34	71	75	177	254	257	256	257	258
35-39	57	62	179	258	249	253	256	257
40-44	51	52	149	245	241	250	255	256
45-49	43	43	119	215	243	250	253	254
50-54	35	41	88	181	239	248	250	251
55-59	27	35	63	155	231	240	243	246
60-64	20	28	48	145	221	223	233	239
65-69	15	20	35	108	191	203	221	229
70-74	10	13	24	72	145	185	207	215
75+	16	13	28	65	180	336	427	468
TOTAL	1193	1368	2397	3240	3751	4001	4161	4232
FEMALES								
0-4	215	216	265	259	255	253	253	253
5-9	172	187	261	258	253	253	253	253
10-14	142	184	266	251	251	252	253	253
15-19	119	156	255	245	250	253	253	253
20-24	100	125	228	251	253	254	253	253
25-29	83	93	197	253	256	253	253	252
30-34	67	69	177	253	255	252	252	252
35-39	54	59	173	257	248	249	251	252
40-44	49	51	145	244	241	247	251	252
45-49	41	44	115	216	244	249	251	251
50-54	34	42	83	183	243	250	250	250
55-59	28	36	60	160	239	246	246	248
60-64	21	29	48	150	235	234	241	245
65-69	16	22	37	117	213	221	236	242
70-74	12	15	27	81	172	213	231	238
75+	19	17	35	82	257	488	620	683
TOTAL	1172	1345	2371	3259	3866	4168	4346	4430
BIRTH RATE		41.2	32.2	19.5	14.7	13.1	12.3	12.0
DEATH RATE		14.8	10.2	7.3	8.4	10.3	10.7	11.3
NET MIGRATION RATE		-12.2	.0	.0	.0	.0	.0	.0
GROWTH RATE		1.37	2.26	1.24	.64	.28	.16	.07
TOTAL FERTILITY		6.044	3.965	2.316	2.080	2.056	2.043	2.040
e(0) - BOTH SEXES		53.50	59.24	67.35	74.98	79.07	82.81	84.16
IMR - BOTH SEXES		137.3	97.0	49.5	13.0	6.7	3.0	2.5

LIBYA

Projection (thousands) with NRR=1 by 2040

AGE GROUP	1990	1995	2000	2005	2010	2015	2020	2025	2030	2035
TOTAL M+F	4545	5410	6401	7530	8796	10160	11575	13003	14393	15704
MALES										
0-4	423	489	565	642	718	780	819	840	837	814
5-9	350	417	484	560	638	713	776	815	837	834
10-14	290	349	416	483	558	636	711	774	814	835
15-19	246	288	347	414	481	556	634	709	772	812
20-24	197	245	286	344	411	478	553	630	705	768
25-29	154	198	243	284	341	408	474	549	626	701
30-34	140	155	196	240	281	339	405	471	545	622
35-39	131	140	153	194	238	279	336	402	467	541
40-44	118	130	138	151	191	235	276	332	398	463
45-49	98	115	127	135	148	188	231	271	327	392
50-54	78	94	111	122	130	143	182	224	263	318
55-59	61	73	88	104	115	123	136	173	214	252
60-64	42	55	66	80	95	105	113	126	161	200
65-69	28	36	47	57	70	83	93	101	113	146
70-74	16	22	28	37	46	57	69	78	85	96
75+	13	17	22	30	41	55	70	89	106	123
TOTAL	2387	2822	3315	3875	4502	5178	5878	6584	7271	7918
FEMALES										
0-4	405	473	544	618	690	749	786	806	802	779
5-9	336	401	469	541	615	686	746	783	803	800
10-14	279	335	400	468	540	614	685	745	782	802
15-19	237	278	334	399	467	539	613	684	744	781
20-24	188	235	277	333	398	466	537	611	683	742
25-29	144	187	234	276	332	396	464	536	610	681
30-34	125	143	185	233	275	331	395	463	534	608
35-39	108	123	141	184	232	273	329	393	461	532
40-44	87	106	122	140	183	230	272	327	391	458
45-49	68	85	104	120	138	181	227	269	324	387
50-54	54	66	83	102	118	136	177	224	265	320
55-59	42	51	63	80	99	115	132	173	219	259
60-64	32	39	48	60	76	95	110	128	167	212
65-69	24	28	35	44	55	71	89	103	120	159
70-74	16	19	23	30	38	49	63	80	94	110
75+	14	18	23	29	39	53	70	93	123	155
TOTAL	2158	2588	3086	3655	4294	4983	5697	6418	7122	7786
BIRTH RATE		41.8	40.0	38.1	36.0	33.5	30.6	27.6	24.6	21.7
DEATH RATE		7.7	6.6	5.6	4.9	4.7	4.5	4.4	4.3	4.2
RATE OF NAT. INC.		3.40	3.34	3.25	3.11	2.88	2.61	2.33	2.03	1.74
NET MIGRATION RATE		.8	.2	.0	.0	.0	.0	.0	.0	.0
GROWTH RATE		3.49	3.36	3.25	3.11	2.88	2.61	2.33	2.03	1.74
TOTAL FERTILITY		6.390	5.900	5.410	4.920	4.430	3.940	3.450	2.979	2.573
NRR		2.771	2.635	2.467	2.276	2.059	1.839	1.618	1.404	1.217
e(0) - BOTH SEXES		63.25	65.85	68.27	70.50	71.36	72.25	73.16	74.11	75.08
e(15) - BOTH SEXES		54.59	56.01	57.56	59.08	59.65	60.25	60.87	61.52	62.19
IMR - BOTH SEXES		68.0	56.0	45.8	37.2	33.8	30.5	27.2	23.9	20.5
q(5) - BOTH SEXES		.0834	.0668	.0543	.0441	.0402	.0364	.0325	.0286	.0248
DEP. RATIO	93.4	92.8	91.3	88.6	85.2	81.0	75.5	69.0	62.2	56.2

Summary Projection for 25-Year Periods

LIBYA

AGE GROUP	1990	2000	2025	2050	2075	2100	2125	2150
TOTAL M+F	4545	6401	13003	19249	23978	26106	26672	26912
MALES								
0-4	423	565	840	813	802	803	805	806
5-9	350	484	815	780	796	804	806	805
10-14	290	416	774	770	802	807	806	805
15-19	246	347	709	809	814	809	805	804
20-24	197	286	630	828	819	805	802	802
25-29	154	243	549	826	804	795	798	800
30-34	140	196	471	799	770	788	797	799
35-39	131	153	402	755	757	790	798	798
40-44	118	138	332	687	790	799	797	794
45-49	98	127	271	605	804	799	789	787
50-54	78	111	224	518	791	777	773	777
55-59	61	88	173	431	749	730	755	766
60-64	42	66	126	349	683	699	740	751
65-69	28	47	101	267	588	699	722	726
70-74	16	28	78	191	474	662	682	682
75+	13	22	89	230	683	1311	1463	1544
TOTAL	2387	3315	6584	9657	11926	12878	13138	13248
FEMALES								
0-4	405	544	806	776	764	766	768	768
5-9	336	469	783	746	759	766	768	768
10-14	279	400	745	737	764	770	769	768
15-19	237	334	684	776	777	772	768	767
20-24	188	277	611	797	783	769	766	767
25-29	144	234	536	798	773	762	764	766
30-34	125	185	463	777	742	757	765	767
35-39	108	141	393	737	732	761	768	767
40-44	87	122	327	674	769	772	769	766
45-49	68	104	269	599	787	776	765	762
50-54	54	83	224	520	783	762	755	759
55-59	42	63	173	442	754	727	747	756
60-64	32	48	128	367	705	711	746	755
65-69	24	35	103	294	631	735	749	750
70-74	16	23	80	226	539	733	741	737
75+	14	23	93	327	989	1888	2127	2241
TOTAL	2158	3086	6418	9593	12052	13228	13534	13664
BIRTH RATE		40.8	32.4	19.8	14.6	12.5	11.9	11.8
DEATH RATE		7.1	4.7	4.4	5.9	9.2	11.1	11.4
NET MIGRATION RATE		.5	.0	.0	.0	.0	.0	.0
GROWTH RATE		3.42	2.83	1.57	.88	.34	.09	.04
TOTAL FERTILITY		6.122	4.261	2.353	2.069	2.063	2.059	2.058
e(0) - BOTH SEXES		64.66	71.43	76.29	80.79	82.91	84.68	85.34
IMR - BOTH SEXES		61.6	34.3	17.3	4.4	3.0	2.3	2.1

LITHUANIA

Projection (thousands) with NRR=1 by 2030

AGE GROUP	1990	1995	2000	2005	2010	2015	2020	2025	2030	2035
TOTAL M+F	3738	3743	3771	3824	3880	3931	3973	4010	4038	4057
MALES										
0-4	142	131	127	128	131	132	130	129	129	130
5-9	150	139	129	126	128	130	131	130	128	129
10-14	138	148	137	129	126	127	130	131	130	128
15-19	132	135	146	137	128	125	127	130	131	129
20-24	145	127	132	145	136	127	125	126	129	130
25-29	144	138	123	131	144	135	126	124	125	128
30-34	157	138	135	122	130	142	134	125	123	125
35-39	136	151	134	133	121	128	141	133	124	122
40-44	117	131	147	132	131	119	127	139	131	123
45-49	97	112	126	143	129	128	116	124	137	129
50-54	100	92	107	121	138	124	124	113	121	133
55-59	91	93	86	100	115	131	118	118	108	116
60-64	81	82	84	78	92	105	121	110	110	101
65-69	61	69	70	72	67	80	93	107	98	100
70-74	37	47	54	55	58	55	66	77	91	84
75+	42	44	52	60	66	73	75	86	102	123
TOTAL	1774	1777	1788	1812	1838	1862	1884	1903	1917	1929
FEMALES										
0-4	136	125	121	123	125	126	125	123	123	124
5-9	144	133	124	121	122	125	126	124	123	123
10-14	134	142	132	124	121	122	125	126	124	123
15-19	130	132	140	132	123	121	122	125	125	124
20-24	138	125	129	140	131	123	121	122	125	125
25-29	139	132	122	129	140	131	123	120	122	124
30-34	156	135	130	122	128	140	131	123	120	122
35-39	139	153	133	129	122	128	139	131	123	120
40-44	124	137	151	132	129	121	128	139	130	122
45-49	107	122	135	150	131	128	120	127	138	130
50-54	115	105	120	133	148	130	127	119	126	137
55-59	113	112	103	118	131	146	128	125	118	124
60-64	110	108	108	100	115	128	143	125	123	116
65-69	102	103	102	103	96	111	124	138	122	119
70-74	71	90	93	94	97	90	105	117	132	116
75+	102	112	140	163	183	199	204	223	248	279
TOTAL	1964	1966	1983	2012	2043	2068	2089	2107	2120	2128
BIRTH RATE		14.1	13.5	13.4	13.5	13.3	13.0	12.8	12.6	12.6
DEATH RATE		10.6	10.5	10.6	10.5	10.7	10.9	10.9	11.3	11.6
RATE OF NAT. INC.		.35	.30	.28	.29	.26	.22	.18	.14	.10
NET MIGRATION RATE		-3.2	-1.6	.0	.0	.0	.0	.0	.0	.0
GROWTH RATE		.03	.15	.28	.29	.26	.22	.18	.14	.10
TOTAL FERTILITY		1.950	1.950	1.950	1.973	1.997	2.019	2.042	2.064	2.073
NRR		.929	.930	.933	.946	.958	.970	.982	.994	1.000
e(0) - BOTH SEXES	71.11	72.48	73.84	75.19	75.82	76.47	77.13	77.82	78.53	
e(15) - BOTH SEXES	57.80	59.08	60.27	61.45	62.00	62.56	63.14	63.75	64.37	
IMR - BOTH SEXES	16.4	15.1	13.1	11.1	10.3	9.5	8.7	7.9	7.1	
q(5) - BOTH SEXES	.0198	.0183	.0160	.0137	.0128	.0118	.0109	.0100	.0090	
DEP. RATIO	51.0	52.2	51.4	51.4	51.5	53.5	56.4	60.5	62.3	63.6

Summary Projection for 25-Year Periods

LITHUANIA

AGE GROUP	1990	2000	2025	2050	2075	2100	2125	2150
TOTAL M+F	3738	3771	4010	4103	4192	4266	4324	4351
MALES								
0-4	142	127	129	130	130	130	130	130
5-9	150	129	130	130	130	130	130	130
10-14	138	137	131	130	129	129	130	130
15-19	132	146	130	129	129	129	129	130
20-24	145	132	126	128	129	129	129	129
25-29	144	123	124	127	129	129	129	129
30-34	157	135	125	128	128	128	128	129
35-39	136	134	133	128	128	128	128	128
40-44	117	147	139	126	126	127	127	128
45-49	97	126	124	121	124	126	127	127
50-54	100	107	113	117	122	124	125	126
55-59	91	86	118	115	120	122	123	124
60-64	81	84	110	116	116	118	120	121
65-69	61	70	107	113	109	112	115	116
70-74	37	54	77	89	97	103	108	110
75+	42	52	86	142	188	217	240	251
TOTAL	1774	1788	1903	1966	2033	2083	2119	2135
FEMALES								
0-4	136	121	123	124	124	124	124	124
5-9	144	124	124	124	124	124	124	124
10-14	134	132	126	124	124	124	124	124
15-19	130	140	125	124	123	124	124	124
20-24	138	129	122	123	123	124	124	124
25-29	139	122	120	123	124	124	124	124
30-34	156	130	123	124	124	124	124	124
35-39	139	133	131	125	124	123	123	123
40-44	124	151	139	124	123	123	123	123
45-49	107	135	127	121	122	123	123	123
50-54	115	120	119	118	121	122	123	123
55-59	113	103	125	120	122	122	122	122
60-64	110	108	125	126	122	121	121	122
65-69	102	102	138	131	119	119	120	121
70-74	71	93	117	115	113	116	118	119
75+	102	140	223	294	328	347	364	373
TOTAL	1964	1983	2107	2138	2159	2183	2205	2216
BIRTH RATE		13.8	13.2	12.6	12.2	12.0	11.8	11.7
DEATH RATE		10.5	10.7	11.7	11.4	11.3	11.3	11.5
NET MIGRATION RATE		-2.4	.0	.0	.0	.0	.0	.0
GROWTH RATE		.09	.25	.09	.09	.07	.05	.03
TOTAL FERTILITY		1.950	1.997	2.068	2.060	2.058	2.057	2.056
e(0) - BOTH SEXES		71.80	75.71	79.30	82.62	84.09	85.26	85.70
IMR - BOTH SEXES		15.8	10.5	6.3	3.1	2.5	2.1	2.0

LUXEMBOURG

Projection (thousands) with NRR=1 by 2030

AGE GROUP	1990	1995	2000	2005	2010	2015	2020	2025	2030	2035
TOTAL M+F	382	406	420	421	422	422	422	420	418	413
MALES										
0-4	11	13	12	11	11	11	12	12	12	12
5-9	11	12	14	12	11	11	11	12	12	12
10-14	11	12	12	14	12	11	11	11	12	12
15-19	11	12	12	12	14	12	11	11	11	12
20-24	14	12	12	12	12	13	12	11	11	11
25-29	15	16	13	12	12	12	13	12	11	11
30-34	16	17	16	13	12	12	12	13	12	11
35-39	15	17	17	16	13	12	12	12	13	12
40-44	15	16	17	17	16	13	12	12	12	13
45-49	12	15	16	17	17	16	13	12	12	12
50-54	12	12	15	15	17	16	16	12	12	12
55-59	11	12	12	15	15	16	16	15	12	11
60-64	10	10	11	11	14	14	15	15	15	12
65-69	7	9	9	10	10	13	13	14	14	14
70-74	5	6	8	8	9	9	11	12	13	13
75+	8	8	8	10	12	13	14	17	19	21
TOTAL	187	199	206	207	207	206	206	205	203	200
FEMALES										
0-4	11	12	12	11	11	11	11	11	11	11
5-9	11	12	13	12	11	11	11	11	11	11
10-14	10	12	12	13	12	11	11	11	11	11
15-19	11	11	12	12	13	12	11	11	11	11
20-24	13	13	12	12	12	13	12	11	11	11
25-29	16	15	14	12	12	12	13	12	11	11
30-34	16	17	16	13	12	12	12	13	12	11
35-39	15	17	18	16	13	12	12	12	13	12
40-44	13	16	17	18	15	13	12	12	12	13
45-49	12	13	16	17	18	15	13	11	12	12
50-54	12	12	13	15	17	18	15	13	11	12
55-59	11	12	12	13	15	17	17	15	13	11
60-64	11	11	12	12	13	15	16	17	15	13
65-69	10	11	10	11	11	12	14	16	17	14
70-74	7	9	10	10	11	11	12	14	15	16
75+	15	15	17	19	20	22	24	26	29	33
TOTAL	195	207	214	215	215	216	216	216	215	213
BIRTH RATE		12.6	11.5	10.5	10.4	10.7	11.0	11.1	11.1	11.0
DEATH RATE		10.4	9.7	9.8	10.1	10.7	11.2	11.7	12.4	13.2
RATE OF NAT. INC.		.22	.19	.07	.03	.00	-.02	-.06	-.13	-.22
NET MIGRATION RATE		10.2	4.8	.0	.0	.0	.0	.0	.0	.0
GROWTH RATE		1.24	.67	.07	.03	.00	-.02	-.06	-.13	-.22
TOTAL FERTILITY		1.650	1.650	1.650	1.736	1.818	1.897	1.973	2.045	2.073
NRR		.789	.791	.792	.834	.875	.913	.950	.986	1.000
e(0) - BOTH SEXES		75.71	76.71	77.74	78.75	79.21	79.67	80.15	80.64	81.15
e(15) - BOTH SEXES		61.70	62.59	63.53	64.45	64.87	65.30	65.75	66.20	66.67
IMR - BOTH SEXES		8.5	7.4	6.5	5.7	5.4	5.1	4.8	4.4	4.1
q(5) - BOTH SEXES		.0107	.0095	.0084	.0075	.0071	.0068	.0064	.0060	.0056
DEP. RATIO	44.8	47.4	48.8	49.9	49.7	52.7	58.4	65.9	73.1	77.3

Summary Projection for 25-Year Periods **LUXEMBOURG**

AGE GROUP	1990	2000	2025	2050	2075	2100	2125	2150
TOTAL M+F	382	420	420	396	387	388	391	392
MALES								
0-4	11	12	12	12	12	12	12	12
5-9	11	14	12	12	12	12	12	12
10-14	11	12	11	12	12	12	12	12
15-19	11	12	11	12	12	12	12	12
20-24	14	12	11	12	12	12	12	12
25-29	15	13	12	12	12	12	12	12
30-34	16	16	13	12	12	12	12	12
35-39	15	17	12	11	11	12	12	12
40-44	15	17	12	11	11	12	12	12
45-49	12	16	12	11	12	12	11	11
50-54	12	15	12	12	11	11	11	11
55-59	11	12	15	13	11	11	11	11
60-64	10	11	15	11	10	11	11	11
65-69	7	9	14	10	10	10	11	11
70-74	5	8	12	10	9	10	10	10
75+	8	8	17	22	22	22	23	23
TOTAL	187	206	205	192	190	191	193	194
FEMALES								
0-4	11	12	11	11	11	11	11	11
5-9	11	13	11	11	11	11	11	11
10-14	10	12	11	11	11	11	11	11
15-19	11	12	11	11	11	11	11	11
20-24	13	12	11	11	11	11	11	11
25-29	16	14	12	11	11	11	11	11
30-34	16	16	13	11	11	11	11	11
35-39	15	18	12	11	11	11	11	11
40-44	13	17	12	10	11	11	11	11
45-49	12	16	11	10	11	11	11	11
50-54	12	13	13	12	11	11	11	11
55-59	11	12	15	13	11	11	11	11
60-64	11	12	17	12	11	11	11	11
65-69	10	10	16	11	10	11	11	11
70-74	7	10	14	11	10	11	11	11
75+	15	17	26	36	34	32	33	34
TOTAL	195	214	216	203	197	197	198	199
BIRTH RATE		12.1	10.7	11.2	11.7	11.8	11.7	11.7
DEATH RATE		10.0	10.7	13.6	12.7	11.7	11.4	11.5
NET MIGRATION RATE		7.4	.0	.0	.0	.0	.0	.0
GROWTH RATE		.95	.00	-.24	-.09	.01	.03	.02
TOTAL FERTILITY		1.651	1.810	2.066	2.066	2.065	2.063	2.063
e(0) - BOTH SEXES		76.22	79.11	81.66	83.92	84.89	85.64	85.94
IMR - BOTH SEXES		8.0	5.5	3.8	2.5	2.2	2.0	2.0

MACAO

Projection (thousands) with NRR=1 by 1990

AGE GROUP	1990	1995	2000	2005	2010	2015	2020	2025	2030	2035
TOTAL M+F	344	415	466	492	513	534	556	579	596	605
MALES										
0-4	16	23	22	19	17	18	20	21	20	19
5-9	16	18	24	22	19	17	18	20	21	20
10-14	11	17	19	24	22	19	17	18	20	21
15-19	12	13	18	19	24	22	19	17	18	20
20-24	13	14	14	18	19	24	22	19	17	18
25-29	17	16	16	14	18	19	23	22	19	17
30-34	21	20	17	16	14	18	18	23	22	19
35-39	18	23	21	17	16	14	17	18	23	22
40-44	13	19	23	21	17	16	14	17	18	23
45-49	7	13	19	23	20	17	16	14	17	18
50-54	6	7	13	18	22	20	17	15	13	17
55-59	5	5	7	13	18	22	19	16	15	13
60-64	5	5	5	7	12	17	21	18	15	14
65-69	4	4	4	5	6	11	16	19	17	14
70-74	3	3	3	4	4	5	10	14	17	15
75+	3	3	4	5	5	6	8	12	18	24
TOTAL	168	204	229	242	253	263	273	284	291	294
FEMALES										
0-4	15	22	21	18	16	17	19	20	19	18
5-9	12	17	23	21	18	16	17	19	20	19
10-14	11	13	18	23	21	18	16	17	19	20
15-19	13	13	14	18	23	21	18	16	17	19
20-24	19	16	14	14	18	23	21	18	16	17
25-29	22	23	18	14	14	18	23	21	18	16
30-34	21	24	24	18	14	14	18	23	21	18
35-39	16	23	25	24	18	14	14	18	23	21
40-44	10	17	23	25	24	18	14	14	18	22
45-49	6	11	17	23	25	24	18	14	14	17
50-54	5	6	11	16	23	25	24	18	14	14
55-59	6	5	6	10	16	22	24	24	18	14
60-64	6	5	5	6	10	16	22	24	23	17
65-69	5	5	5	5	6	10	15	21	23	22
70-74	4	4	5	5	4	5	9	14	20	22
75+	5	6	7	8	9	9	11	15	23	33
TOTAL	176	211	236	249	260	271	283	295	305	311
BIRTH RATE		22.6	19.3	15.7	13.4	13.3	14.3	14.6	13.7	12.5
DEATH RATE		6.2	5.3	5.0	5.0	5.4	5.9	6.6	7.9	9.4
RATE OF NAT. INC.		1.64	1.40	1.07	.85	.80	.84	.79	.58	.31
NET MIGRATION RATE		21.1	9.1	.0	.0	.0	.0	.0	.0	.0
GROWTH RATE		3.76	2.31	1.07	.85	.79	.84	.79	.58	.31
TOTAL FERTILITY		2.088	2.081	2.076	2.073	2.072	2.070	2.069	2.068	2.067
NRR		1.000	1.000	1.000	1.000	1.000	1.000	1.000	1.000	1.000
e(0) - BOTH SEXES		73.14	75.17	76.84	78.33	78.80	79.29	79.79	80.30	80.83
e(15) - BOTH SEXES		59.06	60.92	62.48	63.90	64.36	64.82	65.30	65.79	66.29
IMR - BOTH SEXES		8.0	6.2	5.3	4.7	4.5	4.3	4.0	3.8	3.6
q(5) - BOTH SEXES		.0102	.0081	.0070	.0063	.0061	.0058	.0055	.0053	.0050
DEP. RATIO	43.9	49.0	49.6	46.9	40.6	39.9	45.8	56.9	66.4	70.2

MACAO

Summary Projection for 25-Year Periods

AGE GROUP	1990	2000	2025	2050	2075	2100	2125	2150
TOTAL M+F	344	466	579	614	636	645	650	653
MALES								
0-4	16	22	21	20	19	19	19	19
5-9	16	24	20	19	19	19	19	19
10-14	11	19	18	18	19	19	19	19
15-19	12	18	17	19	20	20	19	19
20-24	13	14	19	20	20	20	19	19
25-29	17	16	22	21	20	19	19	19
30-34	21	17	23	20	19	19	19	19
35-39	18	21	18	17	18	19	19	19
40-44	13	23	17	17	19	19	19	19
45-49	7	19	14	18	20	20	19	19
50-54	6	13	15	21	20	19	19	19
55-59	5	7	16	22	19	18	18	18
60-64	5	5	18	17	16	17	18	18
65-69	4	4	19	15	15	17	18	18
70-74	3	3	14	11	15	17	17	17
75+	3	4	12	26	36	37	38	38
TOTAL	168	229	284	300	313	318	320	321
FEMALES								
0-4	15	21	20	19	18	18	18	19
5-9	12	23	19	18	18	18	19	19
10-14	11	18	17	18	18	19	19	19
15-19	13	14	16	18	19	19	19	18
20-24	19	14	18	19	19	19	18	18
25-29	22	18	21	20	19	18	18	18
30-34	21	24	23	19	18	18	18	18
35-39	16	25	18	17	17	18	19	19
40-44	10	23	14	16	18	19	19	19
45-49	6	17	14	18	19	19	19	18
50-54	5	11	18	21	20	19	18	18
55-59	6	6	24	22	18	18	18	18
60-64	6	5	24	17	16	17	18	18
65-69	5	5	21	13	16	18	18	18
70-74	4	5	14	13	17	18	18	18
75+	5	7	15	46	51	53	54	56
TOTAL	176	236	295	313	323	327	330	331
BIRTH RATE		20.8	14.2	12.6	12.2	11.9	11.8	11.7
DEATH RATE		5.7	5.6	10.3	10.7	11.4	11.4	11.5
NET MIGRATION RATE		14.6	.0	.0	.0	.0	.0	.0
GROWTH RATE		3.03	.87	.23	.14	.05	.03	.02
TOTAL FERTILITY		2.084	2.072	2.066	2.061	2.059	2.058	2.057
e(0) - BOTH SEXES		74.23	78.67	81.39	83.78	84.79	85.60	85.91
IMR - BOTH SEXES		7.1	4.5	3.4	2.6	2.3	2.0	2.0

MACEDONIA, FYR

Projection (thousands) with NRR=1 by 1995

AGE GROUP	1990	1995	2000	2005	2010	2015	2020	2025	2030	2035
TOTAL M+F	2132	2228	2322	2415	2503	2580	2645	2699	2747	2782
MALES										
0-4	95	89	88	89	90	91	91	90	89	90
5-9	98	94	88	88	89	90	91	90	90	89
10-14	92	98	94	88	88	88	90	91	90	89
15-19	85	91	98	94	88	87	88	90	90	90
20-24	92	85	91	97	94	87	87	88	89	90
25-29	95	91	84	91	97	93	87	87	87	89
30-34	95	95	91	84	90	96	93	87	86	87
35-39	92	94	94	90	83	90	96	92	86	86
40-44	69	91	94	93	89	83	89	95	92	86
45-49	49	68	90	92	92	88	82	88	94	91
50-54	59	48	66	88	90	90	87	80	86	93
55-59	52	57	46	64	85	87	87	84	78	84
60-64	43	49	53	43	60	80	83	83	81	75
65-69	26	38	44	49	40	56	75	77	78	75
70-74	13	22	33	38	42	35	49	66	69	70
75+	26	23	29	41	54	65	65	76	99	117
TOTAL	1082	1134	1182	1229	1271	1308	1339	1365	1386	1401
FEMALES										
0-4	88	84	83	84	85	85	85	84	84	84
5-9	88	87	83	83	83	85	85	85	84	84
10-14	85	88	87	83	83	83	85	85	85	84
15-19	78	84	87	87	83	83	83	85	85	85
20-24	81	78	84	87	87	83	82	83	84	85
25-29	85	81	78	84	87	87	83	82	83	84
30-34	88	84	81	78	84	87	87	83	82	83
35-39	85	87	84	81	78	84	87	86	82	82
40-44	66	84	87	83	80	77	83	86	86	82
45-49	53	65	83	86	83	80	77	83	86	86
50-54	60	52	64	82	85	82	79	76	82	85
55-59	53	58	51	63	81	84	81	78	75	81
60-64	47	51	56	49	61	78	82	79	76	73
65-69	34	43	48	53	47	59	76	79	76	74
70-74	19	30	39	43	49	44	55	71	74	73
75+	41	37	44	60	76	91	97	110	135	157
TOTAL	1050	1094	1139	1186	1232	1271	1306	1335	1361	1382
BIRTH RATE		16.3	15.4	14.8	14.5	14.1	13.6	13.2	12.9	12.7
DEATH RATE		7.5	7.2	7.0	7.3	8.1	8.6	9.1	9.4	10.1
RATE OF NAT. INC.		.88	.83	.79	.72	.60	.50	.41	.35	.26
NET MIGRATION RATE		.0	.0	.0	.0	.0	.0	.0	.0	.0
GROWTH RATE		.88	.83	.79	.72	.60	.50	.41	.35	.26
TOTAL FERTILITY		2.168	2.138	2.124	2.115	2.112	2.108	2.105	2.102	2.098
NRR		1.005	1.000	1.000	1.000	1.000	1.000	1.000	1.000	1.000
e(0) - BOTH SEXES		72.38	74.15	75.77	77.20	77.74	78.30	78.87	79.45	80.05
e(15) - BOTH SEXES		60.33	61.44	62.63	63.75	64.18	64.62	65.08	65.54	66.02
IMR - BOTH SEXES		29.1	22.2	17.4	13.9	12.8	11.7	10.6	9.5	8.3
q(5) - BOTH SEXES		.0351	.0266	.0210	.0170	.0157	.0144	.0131	.0118	.0105
DEP. RATIO	49.4	49.1	48.7	49.4	49.3	51.1	55.4	59.3	62.3	64.0

Summary Projection for 25-Year Periods

MACEDONIA, FYR

AGE GROUP	1990	2000	2025	2050	2075	2100	2125	2150
TOTAL M+F	2132	2322	2699	2841	2910	2954	2986	3000
MALES								
0-4	95	88	90	90	90	90	90	90
5-9	98	88	90	90	90	90	90	90
10-14	92	94	91	90	90	90	90	90
15-19	85	98	90	89	90	90	90	90
20-24	92	91	88	89	90	90	90	90
25-29	95	84	87	89	90	90	90	90
30-34	95	91	87	89	89	89	89	89
35-39	92	94	92	89	89	89	89	89
40-44	69	94	95	88	88	88	89	89
45-49	49	90	88	85	87	88	88	88
50-54	59	66	80	83	86	87	87	87
55-59	52	46	84	81	85	86	86	86
60-64	43	53	83	84	83	83	84	84
65-69	26	44	77	82	78	79	81	81
70-74	13	33	66	70	71	74	76	77
75+	26	29	76	133	153	166	175	180
TOTAL	1082	1182	1365	1422	1448	1469	1484	1491
FEMALES								
0-4	88	83	84	84	84	84	84	84
5-9	88	83	85	85	84	84	84	84
10-14	85	87	85	84	84	84	84	84
15-19	78	87	85	84	84	84	84	84
20-24	81	84	83	84	84	84	84	84
25-29	85	78	82	84	84	84	84	84
30-34	88	81	83	84	84	84	84	84
35-39	85	84	86	85	84	84	84	84
40-44	66	87	86	84	83	84	84	84
45-49	53	83	83	82	83	84	84	84
50-54	60	64	76	81	83	83	84	84
55-59	53	51	78	80	83	83	83	83
60-64	47	56	79	83	82	82	83	83
65-69	34	48	79	81	80	81	82	82
70-74	19	39	71	75	77	79	81	81
75+	41	44	110	180	216	235	248	254
TOTAL	1050	1139	1335	1419	1461	1485	1501	1509
BIRTH RATE		15.9	14.0	12.6	12.1	11.9	11.8	11.7
DEATH RATE		7.3	8.0	10.6	11.2	11.3	11.3	11.5
NET MIGRATION RATE		.0	.0	.0	.0	.0	.0	.0
GROWTH RATE		.85	.60	.20	.09	.06	.04	.02
TOTAL FERTILITY		2.151	2.113	2.095	2.082	2.080	2.078	2.077
e(0) - BOTH SEXES		73.28	77.62	80.69	83.37	84.54	85.46	85.82
IMR - BOTH SEXES		25.6	13.3	7.2	2.9	2.3	2.1	2.0

MADAGASCAR

Projection (thousands) with NRR=1 by 2035

AGE GROUP	1990	1995	2000	2005	2010	2015	2020	2025	2030	2035
TOTAL M+F	11672	13485	15500	17605	19797	22008	24129	26238	28237	30053
MALES										
0-4	1080	1222	1363	1448	1526	1562	1542	1562	1534	1467
5-9	872	1018	1159	1303	1396	1476	1516	1501	1526	1502
10-14	721	853	998	1138	1283	1377	1457	1498	1486	1512
15-19	600	706	837	979	1118	1262	1356	1438	1480	1470
20-24	508	583	687	813	951	1089	1232	1327	1410	1455
25-29	431	491	563	662	783	920	1056	1198	1294	1380
30-34	357	415	473	541	637	756	890	1025	1167	1265
35-39	289	343	398	453	519	612	729	862	995	1138
40-44	239	276	327	379	431	495	586	701	832	965
45-49	197	226	260	308	357	407	470	559	671	800
50-54	163	183	210	241	285	332	381	441	527	636
55-59	132	148	166	190	219	260	304	350	408	489
60-64	101	116	130	145	166	192	229	270	312	366
65-69	73	84	96	107	120	138	160	192	228	266
70-74	46	55	63	72	80	90	105	123	149	178
75+	36	46	55	64	73	83	95	111	132	161
TOTAL	5844	6764	7784	8844	9943	11050	12108	13159	14152	15049
FEMALES										
0-4	1047	1185	1321	1400	1473	1507	1488	1507	1480	1415
5-9	849	992	1129	1268	1357	1431	1469	1455	1477	1454
10-14	704	831	973	1111	1251	1340	1415	1454	1442	1466
15-19	590	690	816	956	1093	1233	1322	1399	1439	1429
20-24	505	576	673	797	934	1071	1210	1300	1378	1421
25-29	430	490	559	654	774	910	1045	1185	1276	1356
30-34	358	415	473	540	632	751	885	1020	1159	1253
35-39	291	343	399	454	519	610	727	861	995	1134
40-44	242	278	328	381	435	499	588	704	836	969
45-49	201	230	264	312	363	416	479	567	680	810
50-54	170	189	217	249	294	344	395	457	543	654
55-59	141	157	175	201	231	274	321	372	431	515
60-64	112	126	141	157	180	209	249	294	342	399
65-69	84	95	107	119	133	154	180	217	258	302
70-74	56	64	73	82	92	104	123	145	176	212
75+	48	59	70	80	92	105	122	145	174	214
TOTAL	5828	6721	7716	8761	9854	10958	12020	13079	14086	15005
BIRTH RATE		43.3	41.5	38.0	34.9	31.7	28.2	26.0	23.5	20.9
DEATH RATE		14.5	13.7	12.6	11.4	10.6	9.8	9.3	8.8	8.4
RATE OF NAT. INC.		2.89	2.79	2.55	2.35	2.12	1.84	1.68	1.47	1.25
NET MIGRATION RATE		.0	.0	.0	.0	.0	.0	.0	.0	.0
GROWTH RATE		2.89	2.79	2.55	2.35	2.12	1.84	1.68	1.47	1.25
TOTAL FERTILITY		6.100	5.800	5.200	4.600	4.000	3.400	3.015	2.673	2.370
NRR		2.253	2.187	2.015	1.839	1.629	1.408	1.271	1.145	1.032
e(0) - BOTH SEXES		51.42	52.32	53.50	55.07	56.48	57.94	59.45	61.03	62.66
e(15) - BOTH SEXES		47.76	47.79	47.68	47.82	48.78	49.77	50.80	51.86	52.97
IMR - BOTH SEXES		93.0	86.4	76.7	65.5	61.3	57.0	52.7	48.4	44.1
q(5) - BOTH SEXES		.1510	.1389	.1214	.1016	.0943	.0870	.0796	.0722	.0648
DEP. RATIO	92.7	93.2	91.5	87.1	81.3	74.1	66.9	60.7	55.3	51.0

Summary Projection for 25-Year Periods

MADAGASCAR

AGE GROUP	1990	2000	2025	2050	2075	2100	2125	2150
TOTAL M+F	11672	15500	26238	35284	41854	45242	47431	48553
MALES								
0-4	1080	1363	1562	1503	1484	1484	1486	1486
5-9	872	1159	1501	1480	1469	1478	1485	1485
10-14	721	998	1498	1443	1458	1476	1486	1485
15-19	600	837	1438	1423	1452	1476	1485	1485
20-24	508	687	1327	1464	1465	1472	1480	1481
25-29	431	563	1198	1460	1464	1461	1471	1476
30-34	357	473	1025	1407	1443	1444	1461	1471
35-39	289	398	862	1382	1399	1426	1453	1466
40-44	239	327	701	1301	1367	1411	1445	1460
45-49	197	260	559	1175	1388	1412	1433	1447
50-54	163	210	441	1030	1354	1388	1406	1424
55-59	132	166	350	838	1254	1330	1361	1391
60-64	101	130	270	650	1154	1234	1304	1348
65-69	73	96	192	466	979	1124	1231	1289
70-74	46	63	123	304	749	1019	1140	1198
75+	36	55	111	287	867	1689	2239	2531
TOTAL	5844	7784	13159	17613	20746	22324	23366	23923
FEMALES								
0-4	1047	1321	1507	1449	1426	1418	1417	1417
5-9	849	1129	1455	1431	1415	1414	1416	1416
10-14	704	973	1454	1398	1408	1415	1416	1416
15-19	590	816	1399	1382	1407	1418	1417	1416
20-24	505	673	1300	1427	1424	1420	1416	1415
25-29	430	559	1185	1431	1428	1416	1413	1413
30-34	358	473	1020	1385	1412	1405	1409	1412
35-39	291	399	861	1367	1374	1393	1406	1411
40-44	242	328	704	1294	1349	1387	1406	1409
45-49	201	264	567	1182	1380	1395	1403	1405
50-54	170	217	457	1053	1362	1387	1391	1395
55-59	141	175	372	878	1287	1351	1369	1383
60-64	112	141	294	704	1224	1285	1340	1368
65-69	84	107	217	528	1089	1216	1309	1350
70-74	56	73	145	366	892	1169	1276	1317
75+	48	70	145	395	1231	2430	3260	3687
TOTAL	5828	7716	13079	17671	21109	22918	24065	24630
BIRTH RATE		42.4	31.2	20.0	15.3	13.4	12.6	12.1
DEATH RATE		14.0	10.6	8.2	8.5	10.3	10.7	11.2
NET MIGRATION RATE		.0	.0	.0	.0	.0	.0	.0
GROWTH RATE		2.84	2.11	1.18	.68	.31	.19	.09
TOTAL FERTILITY		5.938	3.885	2.332	2.117	2.086	2.066	2.062
e(0) - BOTH SEXES		51.90	56.79	64.63	72.52	77.31	81.81	83.50
IMR - BOTH SEXES		89.5	62.5	39.9	21.2	11.1	3.6	2.7

MALAWI

Projection (thousands) with NRR=1 by 2045

AGE GROUP	1990	1995	2000	2005	2010	2015	2020	2025	2030	2035
TOTAL M+F	8507	9727	11092	12726	14696	16791	18995	21307	23684	25990
MALES										
0-4	854	895	1029	1213	1393	1482	1558	1635	1687	1670
5-9	635	773	812	945	1137	1313	1405	1486	1568	1627
10-14	509	614	747	787	922	1111	1286	1379	1462	1545
15-19	433	495	596	726	768	901	1088	1262	1355	1439
20-24	361	416	475	573	699	741	872	1057	1230	1325
25-29	291	343	395	452	546	669	712	841	1023	1195
30-34	237	276	325	375	429	521	641	685	812	992
35-39	190	224	260	306	354	407	496	614	659	785
40-44	170	178	209	243	287	333	385	471	586	632
45-49	137	158	165	192	224	266	311	361	445	556
50-54	109	126	144	149	174	204	244	287	335	415
55-59	85	98	111	126	131	155	182	219	259	305
60-64	63	74	83	93	106	111	132	157	191	227
65-69	44	51	58	65	73	84	89	107	128	157
70-74	31	32	36	40	45	52	61	65	79	96
75+	21	28	29	31	34	39	46	55	62	75
TOTAL	4169	4782	5477	6316	7322	8389	9508	10680	11880	13042
FEMALES										
0-4	843	892	1025	1205	1379	1465	1540	1614	1664	1646
5-9	630	767	813	946	1135	1306	1395	1474	1554	1611
10-14	504	609	741	788	922	1109	1279	1370	1451	1532
15-19	450	490	590	717	765	899	1083	1253	1345	1428
20-24	382	435	471	565	689	738	870	1052	1221	1315
25-29	312	367	414	447	538	658	708	838	1018	1187
30-34	257	298	347	390	421	510	627	678	806	985
35-39	211	244	279	323	364	396	482	596	648	776
40-44	184	199	227	258	299	339	371	455	567	620
45-49	151	173	184	208	237	277	317	349	430	539
50-54	122	140	158	167	189	217	256	294	326	404
55-59	97	111	125	139	148	169	196	232	269	300
60-64	75	85	95	105	117	126	146	170	204	239
65-69	54	61	67	73	81	93	101	119	141	171
70-74	39	40	43	45	50	57	66	74	88	107
75+	28	35	36	36	38	42	50	60	71	87
TOTAL	4338	4945	5615	6411	7373	8402	9486	10627	11803	12948
BIRTH RATE		47.4	47.6	48.0	46.2	42.4	38.8	35.8	32.8	29.1
DEATH RATE		20.1	21.0	20.5	17.4	15.7	14.1	12.8	11.6	10.5
RATE OF NAT. INC.		2.73	2.66	2.75	2.88	2.67	2.47	2.30	2.12	1.86
NET MIGRATION RATE		-.5	-.3	.0	.0	.0	.0	.0	.0	.0
GROWTH RATE		2.68	2.63	2.75	2.88	2.67	2.47	2.30	2.11	1.86
TOTAL FERTILITY		6.730	6.730	6.730	6.430	5.830	5.230	4.630	4.030	3.407
NRR		2.169	2.133	2.177	2.234	2.091	1.932	1.762	1.580	1.377
e(0) - BOTH SEXES		44.18	42.51	42.72	45.89	47.61	49.42	51.32	53.34	55.46
e(15) - BOTH SEXES		45.31	42.89	41.26	42.03	43.18	44.39	45.65	46.99	48.40
IMR - BOTH SEXES		134.1	132.8	120.1	99.0	92.7	86.3	80.0	73.7	67.4
q(5) - BOTH SEXES		.2268	.2245	.2018	.1621	.1506	.1391	.1275	.1158	.1041
DEP. RATIO	97.1	97.3	96.1	94.2	96.3	94.4	87.7	79.5	72.5	65.9

Summary Projection for 25-Year Periods

MALAWI

AGE GROUP	1990	2000	2025	2050	2075	2100	2125	2150
TOTAL M+F	8507	11092	21307	31968	40922	46046	48728	50280
MALES								
0-4	854	1029	1635	1511	1529	1542	1547	1545
5-9	635	812	1486	1466	1530	1544	1547	1544
10-14	509	747	1379	1552	1546	1545	1545	1542
15-19	433	596	1262	1588	1542	1535	1539	1540
20-24	361	475	1057	1567	1522	1515	1532	1538
25-29	291	395	841	1474	1454	1497	1526	1534
30-34	237	325	685	1357	1414	1496	1524	1530
35-39	190	260	614	1237	1486	1503	1518	1523
40-44	170	209	471	1104	1503	1488	1500	1510
45-49	137	165	361	900	1460	1453	1470	1495
50-54	109	144	287	690	1336	1363	1435	1474
55-59	85	111	219	528	1173	1283	1402	1446
60-64	63	83	157	431	992	1280	1360	1400
65-69	44	58	107	286	787	1193	1274	1324
70-74	31	36	65	175	532	1017	1137	1208
75+	21	29	55	148	492	1391	2019	2453
TOTAL	4169	5477	10680	16013	20298	22647	23873	24605
FEMALES								
0-4	843	1025	1614	1486	1496	1501	1503	1501
5-9	630	813	1474	1446	1501	1506	1503	1500
10-14	504	741	1370	1535	1521	1509	1501	1499
15-19	450	590	1253	1573	1521	1503	1496	1498
20-24	382	471	1052	1556	1506	1488	1494	1498
25-29	312	414	838	1466	1446	1478	1494	1498
30-34	257	347	678	1349	1411	1482	1498	1497
35-39	211	279	596	1228	1487	1495	1498	1493
40-44	184	227	455	1094	1509	1488	1487	1485
45-49	151	184	349	895	1473	1462	1467	1479
50-54	122	158	294	690	1360	1386	1446	1472
55-59	97	125	232	534	1214	1327	1435	1465
60-64	75	95	170	439	1053	1358	1424	1449
65-69	54	67	119	299	867	1314	1382	1414
70-74	39	43	74	188	619	1184	1300	1355
75+	28	36	60	177	639	1919	2928	3572
TOTAL	4338	5615	10627	15955	20624	23399	24855	25675
BIRTH RATE		47.5	41.4	25.4	17.4	14.2	12.9	12.3
DEATH RATE		20.6	15.6	9.5	7.6	9.5	10.6	11.1
NET MIGRATION RATE		-.4	.0	.0	.0	.0	.0	.0
GROWTH RATE		2.65	2.61	1.62	.99	.47	.23	.13
TOTAL FERTILITY		6.731	5.614	2.907	2.155	2.092	2.051	2.044
e(0) - BOTH SEXES		43.29	47.93	58.21	68.94	74.86	80.38	82.58
IMR - BOTH SEXES		133.4	94.5	61.6	33.4	16.8	4.5	3.1

MALAYSIA

Projection (thousands) with NRR=1 by 2010

AGE GROUP	1990	1995	2000	2005	2010	2015	2020	2025	2030	2035
TOTAL M+F	17763	19876	21868	23704	25413	27115	28843	30480	31955	33252
MALES										
0-4	1328	1312	1261	1194	1151	1190	1250	1257	1230	1204
5-9	1215	1322	1307	1257	1191	1149	1187	1247	1255	1228
10-14	930	1211	1319	1305	1255	1190	1147	1186	1246	1253
15-19	921	926	1206	1314	1301	1252	1187	1145	1183	1244
20-24	841	913	919	1199	1308	1295	1246	1182	1140	1179
25-29	758	832	905	913	1193	1301	1288	1240	1176	1134
30-34	635	749	824	899	907	1186	1293	1281	1234	1170
35-39	532	626	741	817	892	901	1178	1285	1273	1227
40-44	444	523	617	732	808	883	892	1167	1274	1263
45-49	338	433	511	605	719	795	869	879	1151	1257
50-54	304	325	417	495	588	700	774	848	859	1125
55-59	213	286	307	396	472	562	671	744	817	829
60-64	176	194	262	282	367	439	526	629	701	773
65-69	119	152	168	229	250	328	395	476	574	644
70-74	86	94	122	137	189	209	277	337	411	501
75+	97	104	115	143	172	228	280	362	463	585
TOTAL	8938	10002	11001	11918	12765	13607	14460	15265	15985	16615
FEMALES										
0-4	1262	1256	1205	1141	1099	1136	1193	1199	1173	1148
5-9	1152	1258	1253	1203	1139	1097	1134	1191	1198	1172
10-14	886	1150	1256	1251	1202	1138	1096	1133	1190	1197
15-19	888	884	1147	1254	1250	1201	1137	1095	1132	1189
20-24	812	883	880	1145	1251	1247	1199	1135	1094	1130
25-29	773	806	879	877	1142	1248	1244	1196	1133	1091
30-34	676	766	801	875	875	1138	1245	1241	1193	1130
35-39	549	669	761	796	871	871	1133	1240	1236	1189
40-44	434	542	662	754	791	865	865	1127	1233	1230
45-49	324	426	534	654	746	782	857	857	1117	1224
50-54	297	316	417	524	642	734	771	845	846	1104
55-59	226	286	305	404	510	627	717	754	828	831
60-64	186	213	271	291	388	491	604	694	731	805
65-69	134	168	194	250	272	364	462	572	660	699
70-74	102	114	144	169	222	243	328	421	526	611
75+	122	138	159	198	249	326	397	514	679	886
TOTAL	8825	9874	10867	11787	12648	13508	14383	15215	15970	16637
BIRTH RATE		27.7	24.0	20.7	18.5	17.9	17.6	16.7	15.5	14.5
DEATH RATE		5.1	4.8	4.6	4.6	4.9	5.3	5.7	6.1	6.6
RATE OF NAT. INC.		2.27	1.92	1.61	1.39	1.30	1.24	1.10	.95	.80
NET MIGRATION RATE		-.2	-.1	.0	.0	.0	.0	.0	.0	.0
GROWTH RATE		2.25	1.91	1.61	1.39	1.30	1.24	1.10	.95	.80
TOTAL FERTILITY		3.500	3.005	2.580	2.215	2.084	2.082	2.079	2.077	2.075
NRR		1.654	1.430	1.234	1.062	1.000	1.000	1.000	1.000	1.000
e(0) - BOTH SEXES	70.78	71.90	73.15	74.44	75.08	75.75	76.44	77.16	77.92	
e(15) - BOTH SEXES	57.25	58.16	59.22	60.37	60.96	61.58	62.22	62.89	63.59	
IMR - BOTH SEXES	14.0	11.5	9.6	8.1	7.6	7.1	6.6	6.1	5.6	
q(5) - BOTH SEXES	.0171	.0142	.0120	.0102	.0096	.0091	.0085	.0079	.0073	
DEP. RATIO	72.0	71.4	63.6	55.7	49.3	46.4	46.4	48.1	49.7	50.3

MALAYSIA

Summary Projection for 25-Year Periods

AGE GROUP	1990	2000	2025	2050	2075	2100	2125	2150
TOTAL M+F	17763	21868	30480	36442	39247	40065	40605	40862
MALES								
0-4	1328	1261	1257	1229	1219	1217	1218	1218
5-9	1215	1307	1247	1214	1213	1216	1218	1218
10-14	930	1319	1186	1199	1213	1218	1218	1218
15-19	921	1206	1145	1200	1218	1220	1218	1217
20-24	841	919	1182	1221	1224	1218	1215	1214
25-29	758	905	1240	1242	1219	1211	1210	1211
30-34	635	824	1281	1229	1201	1202	1206	1208
35-39	532	741	1285	1163	1181	1198	1204	1206
40-44	444	617	1167	1116	1176	1198	1202	1201
45-49	338	511	879	1143	1191	1198	1195	1194
50-54	304	417	848	1181	1197	1182	1179	1180
55-59	213	307	744	1189	1163	1146	1155	1162
60-64	176	262	629	1145	1069	1100	1127	1137
65-69	119	168	476	973	981	1055	1091	1101
70-74	86	122	337	660	935	1005	1034	1040
75+	97	115	362	1050	2002	2188	2323	2400
TOTAL	8938	11001	15265	18153	19403	19772	20013	20126
FEMALES								
0-4	1262	1205	1199	1171	1162	1161	1161	1162
5-9	1152	1253	1191	1158	1157	1160	1161	1161
10-14	886	1256	1133	1144	1156	1161	1162	1161
15-19	888	1147	1095	1146	1162	1163	1162	1161
20-24	812	880	1135	1170	1170	1163	1161	1160
25-29	773	879	1196	1193	1168	1159	1159	1159
30-34	676	801	1241	1184	1154	1154	1157	1159
35-39	549	761	1240	1123	1137	1152	1158	1159
40-44	434	662	1127	1082	1137	1156	1159	1158
45-49	324	534	857	1115	1157	1161	1157	1155
50-54	297	417	845	1165	1174	1155	1150	1151
55-59	226	305	754	1193	1155	1134	1140	1146
60-64	186	271	694	1168	1084	1109	1131	1141
65-69	134	194	572	1029	1026	1095	1126	1134
70-74	102	144	421	742	1027	1092	1114	1118
75+	122	159	514	1506	2819	3120	3336	3451
TOTAL	8825	10867	15215	18289	19844	20293	20593	20736
BIRTH RATE		25.8	18.2	14.2	12.5	12.1	11.8	11.7
DEATH RATE		4.9	5.0	7.1	9.6	11.2	11.3	11.5
NET MIGRATION RATE		-.2	.0	.0	.0	.0	.0	.0
GROWTH RATE		2.08	1.33	.71	.30	.08	.05	.03
TOTAL FERTILITY		3.237	2.190	2.073	2.064	2.061	2.058	2.058
e(0) - BOTH SEXES		71.37	75.08	78.79	82.35	83.91	85.17	85.65
IMR - BOTH SEXES		12.8	7.8	5.1	3.1	2.5	2.2	2.0

MALDIVES

Projection (thousands) with NRR=1 by 2035

AGE GROUP	1990	1995	2000	2005	2010	2015	2020	2025	2030	2035
TOTAL M+F	215	251	292	338	388	438	487	532	573	614
MALES										
0-4	20	21	24	27	29	30	29	28	27	27
5-9	18	20	21	24	27	29	30	29	28	27
10-14	14	18	20	21	24	27	29	30	29	28
15-19	11	14	18	20	21	24	27	29	30	29
20-24	9	11	13	17	20	21	24	27	29	29
25-29	8	9	11	13	17	19	20	23	26	29
30-34	6	8	9	11	13	17	19	20	23	26
35-39	4	6	8	9	10	13	17	19	20	23
40-44	3	4	6	7	9	10	13	16	19	20
45-49	4	3	4	6	7	9	10	12	16	18
50-54	4	4	3	4	5	7	8	10	12	16
55-59	3	3	3	3	4	5	6	8	9	11
60-64	3	3	3	3	2	3	5	6	7	8
65-69	2	2	2	2	2	2	3	4	5	6
70-74	1	1	2	2	2	2	2	2	3	4
75+	1	1	1	2	2	2	2	2	3	4
TOTAL	110	128	148	171	195	220	244	266	287	307
FEMALES										
0-4	20	21	23	26	28	29	28	27	26	26
5-9	17	19	20	23	26	28	29	28	27	26
10-14	13	17	19	20	23	26	28	29	28	27
15-19	11	13	17	19	20	23	26	28	29	28
20-24	10	11	13	17	19	20	23	26	28	29
25-29	8	10	11	13	17	19	20	23	26	28
30-34	6	8	10	11	13	17	19	20	23	26
35-39	4	6	8	10	11	12	17	19	20	23
40-44	3	4	6	8	10	11	12	17	19	20
45-49	4	3	4	6	7	10	11	12	16	18
50-54	3	3	3	4	6	7	9	10	12	16
55-59	2	3	3	3	4	5	7	9	10	12
60-64	2	2	3	3	2	3	5	7	9	10
65-69	1	2	2	2	3	2	3	5	6	8
70-74	1	1	1	1	2	2	2	3	4	6
75+	1	1	1	1	2	3	3	3	4	6
TOTAL	105	123	144	167	192	218	243	266	287	307
BIRTH RATE		38.3	37.1	35.3	32.9	29.4	25.7	22.4	19.5	18.4
DEATH RATE		8.0	6.9	6.0	5.3	4.9	4.7	4.6	4.5	4.7
RATE OF NAT. INC.		3.03	3.02	2.93	2.76	2.45	2.10	1.78	1.50	1.37
NET MIGRATION RATE		.0	.0	.0	.0	.0	.0	.0	.0	.0
GROWTH RATE		3.03	3.02	2.94	2.76	2.45	2.10	1.78	1.50	1.37
TOTAL FERTILITY		6.000	5.400	4.800	4.200	3.600	3.076	2.628	2.245	2.108
NRR		2.571	2.395	2.189	1.952	1.681	1.443	1.237	1.061	1.000
e(0) - BOTH SEXES		62.44	64.68	66.86	68.98	69.87	70.80	71.76	72.77	73.81
e(15) - BOTH SEXES		53.07	54.21	55.49	56.91	57.59	58.29	59.03	59.81	60.62
IMR - BOTH SEXES		55.0	45.2	36.8	29.8	27.3	24.7	22.2	19.6	17.1
q(5) - BOTH SEXES		.0731	.0579	.0455	.0360	.0330	.0300	.0270	.0240	.0210
DEP. RATIO	99.4	97.3	89.3	83.1	78.9	71.5	63.5	56.1	50.1	46.8

Summary Projection for 25-Year Periods

MALDIVES

AGE GROUP	1990	2000	2025	2050	2075	2100	2125	2150
TOTAL M+F	215	292	532	731	863	910	934	944
MALES								
0-4	20	24	28	29	29	28	28	28
5-9	18	21	29	29	28	28	28	28
10-14	14	20	30	29	28	28	28	28
15-19	11	18	29	27	28	28	28	28
20-24	9	13	27	27	28	28	28	28
25-29	8	11	23	28	28	28	28	28
30-34	6	9	20	29	29	28	28	28
35-39	4	8	19	29	28	28	28	28
40-44	3	6	16	28	27	27	28	28
45-49	4	4	12	25	26	27	28	28
50-54	4	3	10	22	26	27	27	27
55-59	3	3	8	18	27	27	27	27
60-64	3	3	6	16	26	26	26	26
65-69	2	2	4	13	23	23	25	25
70-74	1	2	2	8	19	21	23	24
75+	1	1	2	9	26	44	51	54
TOTAL	110	148	266	364	426	448	460	465
FEMALES								
0-4	20	23	27	27	27	27	27	27
5-9	17	20	28	28	27	27	27	27
10-14	13	19	29	27	27	27	27	27
15-19	11	17	28	26	27	27	27	27
20-24	10	13	26	26	27	27	27	27
25-29	8	11	23	27	27	27	27	27
30-34	6	10	20	28	28	27	27	27
35-39	4	8	19	28	27	27	27	27
40-44	3	6	17	28	26	26	27	27
45-49	4	4	12	25	25	26	27	27
50-54	3	3	10	22	26	27	27	27
55-59	2	3	9	19	27	27	27	27
60-64	2	3	7	17	27	26	26	26
65-69	1	2	5	15	26	25	26	26
70-74	1	1	3	10	23	23	25	26
75+	1	1	3	14	40	65	74	78
TOTAL	105	144	266	367	437	462	474	479
BIRTH RATE		37.7	28.3	17.7	13.8	12.5	12.0	11.8
DEATH RATE		7.4	5.0	5.1	7.3	10.3	11.0	11.4
NET MIGRATION RATE		.0	.0	.0	.0	.0	.0	.0
GROWTH RATE		3.03	2.41	1.27	.66	.21	.10	.04
TOTAL FERTILITY		5.663	3.493	2.123	2.070	2.063	2.059	2.058
e(0) - BOTH SEXES		63.64	69.93	75.09	80.03	82.43	84.45	85.19
IMR - BOTH SEXES		49.8	28.1	14.4	4.6	3.2	2.4	2.2

MALI

Projection (thousands) with NRR=1 by 2050

AGE GROUP	1990	1995	2000	2005	2010	2015	2020	2025	2030	2035
TOTAL M+F	8460	9833	11542	13593	15940	18501	21265	24154	27039	29756
MALES										
0-4	816	979	1145	1310	1454	1591	1723	1817	1848	1796
5-9	623	748	908	1075	1244	1387	1525	1659	1757	1795
10-14	511	602	727	887	1055	1223	1366	1504	1638	1738
15-19	433	495	586	712	873	1039	1206	1349	1486	1621
20-24	365	411	475	568	696	854	1019	1185	1327	1464
25-29	302	340	390	457	553	678	834	997	1161	1303
30-34	240	280	321	374	444	538	661	815	976	1139
35-39	189	223	264	308	362	431	523	644	796	955
40-44	149	174	209	252	296	349	417	507	626	775
45-49	121	137	163	198	240	283	335	401	489	605
50-54	99	111	127	152	186	227	268	318	381	466
55-59	80	90	101	116	141	172	210	249	296	356
60-64	61	70	79	89	104	126	155	189	225	268
65-69	44	51	58	66	76	89	107	132	162	193
70-74	28	33	38	45	52	59	69	84	104	128
75+	21	27	34	41	49	58	67	78	94	116
TOTAL	4083	4772	5626	6651	7825	9106	10487	11928	13367	14718
FEMALES										
0-4	840	974	1138	1300	1438	1572	1701	1793	1822	1770
5-9	646	775	909	1075	1242	1380	1515	1647	1742	1778
10-14	533	625	754	890	1058	1223	1361	1497	1629	1726
15-19	452	515	609	740	878	1044	1209	1347	1482	1615
20-24	384	430	497	594	727	864	1029	1193	1331	1467
25-29	322	360	410	481	582	714	849	1013	1176	1314
30-34	262	301	343	396	470	569	700	834	996	1159
35-39	210	246	286	330	386	458	556	685	818	979
40-44	170	197	234	275	320	374	446	542	669	801
45-49	141	160	187	224	265	309	362	432	527	652
50-54	118	132	151	178	214	254	297	349	417	509
55-59	97	110	123	141	168	202	240	281	331	397
60-64	76	87	99	112	130	154	186	222	261	308
65-69	57	65	75	86	98	114	136	164	197	232
70-74	37	44	51	60	69	79	93	111	135	163
75+	31	40	49	59	71	84	99	116	138	168
TOTAL	4377	5062	5916	6942	8115	9395	10778	12225	13672	15038
BIRTH RATE		50.9	50.0	47.7	44.1	41.0	38.1	34.9	31.2	27.1
DEATH RATE		17.5	16.1	14.1	12.2	11.2	10.2	9.4	8.6	7.9
RATE OF NAT. INC.		3.34	3.39	3.35	3.19	2.98	2.79	2.55	2.26	1.92
NET MIGRATION RATE		-3.3	-1.9	-.8	.0	.0	.0	.0	.0	.0
GROWTH RATE		3.01	3.20	3.27	3.19	2.98	2.78	2.55	2.26	1.91
TOTAL FERTILITY		7.055	7.055	6.755	6.155	5.555	4.955	4.355	3.755	3.155
NRR		2.472	2.560	2.550	2.410	2.217	2.016	1.805	1.586	1.358
e(0) - BOTH SEXES	48.44	50.36	52.80	55.28	56.57	57.90	59.25	60.64	62.06	
e(15) - BOTH SEXES	48.28	49.08	50.16	51.22	51.82	52.42	53.04	53.67	54.31	
IMR - BOTH SEXES	129.9	118.4	105.3	90.8	84.8	78.7	72.6	66.5	60.5	
q(5) - BOTH SEXES	.2011	.1829	.1616	.1399	.1298	.1197	.1095	.0992	.0889	
DEP. RATIO	98.0	101.9	104.1	103.0	98.4	91.9	84.9	78.2	71.4	63.9

MALI

Summary Projection for 25-Year Periods

AGE GROUP	1990	2000	2025	2050	2075	2100	2125	2150
TOTAL M+F	8460	11542	24154	36853	46509	51980	54768	56326
MALES								
0-4	816	1145	1817	1683	1697	1714	1720	1719
5-9	623	908	1659	1631	1693	1715	1720	1718
10-14	511	727	1504	1698	1711	1718	1720	1717
15-19	433	586	1349	1726	1718	1710	1714	1714
20-24	365	475	1185	1746	1700	1689	1705	1711
25-29	302	390	997	1681	1629	1666	1697	1707
30-34	240	321	815	1557	1581	1659	1694	1703
35-39	189	264	644	1398	1635	1668	1689	1696
40-44	149	209	507	1235	1646	1662	1673	1683
45-49	121	163	401	1064	1641	1630	1641	1665
50-54	99	127	318	869	1541	1534	1599	1640
55-59	80	101	249	676	1366	1444	1559	1609
60-64	61	79	189	493	1143	1423	1516	1563
65-69	44	58	132	342	902	1326	1435	1483
70-74	28	38	84	221	650	1169	1293	1359
75+	21	34	78	209	664	1734	2390	2829
TOTAL	4083	5626	11928	18227	22917	25460	26764	27515
FEMALES								
0-4	840	1138	1793	1656	1662	1669	1671	1670
5-9	646	909	1647	1611	1663	1673	1672	1669
10-14	533	754	1497	1681	1685	1679	1671	1668
15-19	452	609	1347	1715	1696	1675	1666	1667
20-24	384	497	1193	1742	1686	1660	1662	1666
25-29	322	410	1013	1687	1622	1646	1662	1667
30-34	262	343	834	1570	1580	1646	1665	1666
35-39	210	286	685	1417	1641	1662	1667	1663
40-44	170	234	542	1260	1661	1665	1659	1655
45-49	141	187	432	1099	1669	1644	1638	1647
50-54	118	151	349	913	1588	1564	1614	1639
55-59	97	123	281	726	1438	1498	1598	1631
60-64	76	99	222	565	1242	1514	1590	1617
65-69	57	75	164	409	1026	1468	1558	1584
70-74	37	51	111	279	789	1371	1480	1525
75+	31	49	116	297	942	2485	3529	4175
TOTAL	4377	5916	12225	18626	23592	26519	28004	28811
BIRTH RATE		50.4	40.2	24.0	16.7	13.9	12.7	12.2
DEATH RATE		16.7	11.1	7.5	7.5	9.5	10.6	11.1
NET MIGRATION RATE		-2.5	-.1	.0	.0	.0	.0	.0
GROWTH RATE		3.11	2.95	1.69	.93	.44	.21	.11
TOTAL FERTILITY		7.054	5.348	2.751	2.125	2.079	2.048	2.043
e(0) - BOTH SEXES		49.48	56.81	63.79	70.61	75.91	81.03	83.01
IMR - BOTH SEXES		123.7	85.3	54.8	28.2	14.3	4.1	2.9

MALTA

Projection (thousands) with NRR=1 by 2030

AGE GROUP	1990	1995	2000	2005	2010	2015	2020	2025	2030	2035
TOTAL M+F	354	367	380	392	403	413	422	428	433	436
MALES										
0-4	14	14	14	14	14	14	14	14	14	14
5-9	14	14	14	14	14	14	14	14	14	14
10-14	15	14	14	14	14	14	14	14	14	14
15-19	13	15	14	14	14	14	14	14	14	14
20-24	12	13	15	14	14	14	13	14	14	14
25-29	14	12	13	15	14	14	14	13	14	14
30-34	15	14	12	13	15	14	14	14	13	14
35-39	14	15	14	12	13	15	14	14	14	13
40-44	15	14	15	14	12	13	14	14	14	14
45-49	9	15	14	14	13	12	12	14	13	13
50-54	9	9	14	13	14	13	11	12	14	13
55-59	8	9	8	14	13	14	13	11	12	14
60-64	7	7	8	8	13	12	13	12	11	11
65-69	6	6	7	7	7	12	11	12	12	10
70-74	4	5	5	6	7	7	11	10	11	10
75+	6	6	7	8	9	11	11	16	18	20
TOTAL	174	181	187	193	199	204	209	212	215	216
FEMALES										
0-4	13	13	13	13	13	13	13	13	13	13
5-9	14	13	13	13	13	13	13	13	13	13
10-14	14	14	13	13	13	13	13	13	13	13
15-19	12	14	14	13	13	13	13	13	13	13
20-24	12	12	14	14	13	13	13	13	13	13
25-29	14	12	12	14	14	13	13	13	13	13
30-34	14	14	12	12	14	14	13	13	13	13
35-39	14	14	14	12	12	14	14	13	13	13
40-44	15	14	14	14	12	12	14	14	13	13
45-49	10	15	14	14	14	12	12	14	14	13
50-54	10	10	15	14	14	14	12	12	14	14
55-59	9	10	10	14	13	13	13	12	12	14
60-64	8	9	10	9	14	13	13	13	11	11
65-69	7	8	8	9	9	14	13	13	13	11
70-74	5	6	7	8	8	8	13	12	12	12
75+	8	9	11	13	15	17	18	23	26	28
TOTAL	180	187	193	198	204	209	213	216	218	220
BIRTH RATE		15.2	14.2	14.0	13.9	13.5	13.1	12.7	12.6	12.5
DEATH RATE		7.7	7.7	7.8	8.1	8.6	9.1	9.6	10.2	11.2
RATE OF NAT. INC.		.75	.65	.62	.58	.50	.40	.31	.23	.13
NET MIGRATION RATE		.0	.0	.0	.0	.0	.0	.0	.0	.0
GROWTH RATE		.75	.65	.62	.58	.50	.40	.31	.23	.13
TOTAL FERTILITY		2.070	2.070	2.070	2.073	2.077	2.080	2.084	2.087	2.089
NRR		.982	.984	.986	.989	.992	.994	.996	.999	1.000
e(0) - BOTH SEXES		75.81	76.71	77.62	78.55	79.02	79.49	79.98	80.48	80.99
e(15) - BOTH SEXES		61.84	62.62	63.43	64.27	64.70	65.14	65.58	66.04	66.52
IMR - BOTH SEXES		8.9	7.8	6.7	5.9	5.5	5.2	4.9	4.5	4.2
q(5) - BOTH SEXES		.0112	.0099	.0087	.0077	.0073	.0069	.0065	.0061	.0057
DEP. RATIO	51.3	49.9	49.4	50.3	50.9	56.9	60.8	64.1	66.2	65.4

Summary Projection for 25-Year Periods

MALTA

AGE GROUP	1990	2000	2025	2050	2075	2100	2125	2150
TOTAL M+F	354	380	428	443	454	460	464	466
MALES								
0-4	14	14	14	14	14	14	14	14
5-9	14	14	14	14	14	14	14	14
10-14	15	14	14	14	14	14	14	14
15-19	13	14	14	14	14	14	14	14
20-24	12	15	14	14	14	14	14	14
25-29	14	13	13	14	14	14	14	14
30-34	15	12	14	14	14	14	14	14
35-39	14	14	14	14	14	14	14	14
40-44	15	15	14	14	14	14	14	14
45-49	9	14	14	13	14	14	14	14
50-54	9	14	12	13	13	14	14	14
55-59	8	8	11	13	13	13	13	13
60-64	7	8	12	12	13	13	13	13
65-69	6	7	12	12	12	12	13	13
70-74	4	5	10	12	11	12	12	12
75+	6	7	16	20	24	26	28	28
TOTAL	174	187	212	220	226	229	231	232
FEMALES								
0-4	13	13	13	13	13	13	13	13
5-9	14	13	13	13	13	13	13	13
10-14	14	13	13	13	13	13	13	13
15-19	12	14	13	13	13	13	13	13
20-24	12	14	13	13	13	13	13	13
25-29	14	12	13	13	13	13	13	13
30-34	14	12	13	13	13	13	13	13
35-39	14	14	13	13	13	13	13	13
40-44	15	14	14	13	13	13	13	13
45-49	10	14	14	13	13	13	13	13
50-54	10	15	12	12	13	13	13	13
55-59	9	10	12	13	13	13	13	13
60-64	8	10	13	12	13	13	13	13
65-69	7	8	13	13	13	13	13	13
70-74	5	7	12	13	12	12	13	13
75+	8	11	23	29	34	37	39	40
TOTAL	180	193	216	223	228	231	233	234
BIRTH RATE		14.7	13.4	12.5	12.1	11.9	11.7	11.7
DEATH RATE		7.7	8.7	11.1	11.1	11.4	11.4	11.5
NET MIGRATION RATE		.0	.0	.0	.0	.0	.0	.0
GROWTH RATE		.70	.48	.14	.10	.05	.03	.02
TOTAL FERTILITY		2.073	2.074	2.087	2.081	2.079	2.078	2.077
e(0) - BOTH SEXES		76.27	78.96	81.53	83.83	84.83	85.61	85.92
IMR - BOTH SEXES		8.3	5.6	3.9	2.6	2.2	2.0	2.0

MARTINIQUE

Projection (thousands) with NRR=1 by 2030

AGE GROUP	1990	1995	2000	2005	2010	2015	2020	2025	2030	2035
TOTAL M+F	360	376	393	408	422	435	447	458	469	477
MALES										
0-4	16	16	16	15	15	15	15	15	15	15
5-9	15	16	16	16	15	15	15	15	15	15
10-14	15	15	16	16	16	15	15	15	15	15
15-19	18	15	15	16	16	16	15	15	15	15
20-24	17	18	15	15	15	16	16	15	15	15
25-29	16	17	17	14	14	15	15	15	15	14
30-34	14	16	16	17	14	14	15	15	15	15
35-39	11	14	15	16	17	14	14	15	15	15
40-44	10	11	14	15	16	17	14	14	15	15
45-49	8	10	11	13	15	16	17	14	14	15
50-54	8	8	9	10	13	15	16	16	14	14
55-59	7	8	7	9	10	13	14	15	16	13
60-64	6	7	7	7	9	9	12	14	14	15
65-69	5	5	6	7	6	8	9	11	13	14
70-74	4	4	5	5	6	6	7	8	10	12
75+	6	6	6	7	8	9	10	11	13	16
TOTAL	175	183	191	198	205	212	218	223	228	232
FEMALES										
0-4	15	15	15	15	14	14	14	14	14	14
5-9	14	15	15	15	14	14	14	14	14	14
10-14	14	14	15	15	15	14	14	14	14	14
15-19	17	14	14	15	15	15	14	14	14	14
20-24	17	17	14	14	15	15	15	14	14	14
25-29	17	17	17	14	14	14	15	15	14	14
30-34	14	17	17	16	13	13	14	15	15	14
35-39	13	14	17	16	16	13	13	14	15	15
40-44	11	13	14	17	16	16	13	13	14	15
45-49	9	11	13	14	16	16	16	13	13	14
50-54	9	9	11	13	14	16	16	16	13	13
55-59	8	9	9	11	12	13	16	16	16	13
60-64	7	8	9	9	10	12	13	16	16	16
65-69	6	7	7	8	8	10	12	13	16	15
70-74	5	6	6	7	8	8	10	12	12	15
75+	9	10	11	13	15	17	19	21	25	29
TOTAL	185	193	202	209	217	223	229	235	240	244
BIRTH RATE		17.2	16.4	15.0	14.0	13.5	13.3	13.1	12.8	12.4
DEATH RATE		7.3	6.8	6.6	6.6	7.0	7.5	7.9	8.3	9.0
RATE OF NAT. INC.		.99	.96	.84	.74	.65	.59	.52	.45	.34
NET MIGRATION RATE		-1.1	-1.0	-.8	-.7	-.5	-.3	-.2	.0	.0
GROWTH RATE		.88	.85	.76	.67	.60	.56	.50	.45	.34
TOTAL FERTILITY		1.990	1.990	1.990	2.005	2.019	2.033	2.048	2.062	2.067
NRR		.953	.955	.957	.966	.974	.981	.989	.997	1.000
e(0) - BOTH SEXES		76.08	77.34	78.51	79.58	79.99	80.42	80.86	81.30	81.75
e(15) - BOTH SEXES		62.20	63.35	64.41	65.38	65.75	66.13	66.52	66.91	67.32
IMR - BOTH SEXES		10.0	8.8	7.5	6.5	6.1	5.7	5.3	4.9	4.5
q(5) - BOTH SEXES		.0125	.0110	.0096	.0084	.0079	.0075	.0070	.0065	.0060
DEP. RATIO	52.3	51.5	51.7	51.1	49.8	49.9	51.8	55.4	60.8	65.6

Summary Projection for 25-Year Periods

MARTINIQUE

AGE GROUP	1990	2000	2025	2050	2075	2100	2125	2150
TOTAL M+F	360	393	458	488	493	497	501	503
MALES								
0-4	16	16	15	15	15	15	15	15
5-9	15	16	15	15	15	15	15	15
10-14	15	16	15	15	15	15	15	15
15-19	18	15	15	15	15	15	15	15
20-24	17	15	15	15	15	15	15	15
25-29	16	17	15	15	15	15	15	15
30-34	14	16	15	15	15	15	15	15
35-39	11	15	15	14	15	15	15	15
40-44	10	14	14	14	15	15	15	15
45-49	8	11	14	15	15	15	15	15
50-54	8	9	16	15	14	14	14	14
55-59	7	7	15	14	14	14	14	14
60-64	6	7	14	14	13	14	14	14
65-69	5	6	11	12	13	13	13	14
70-74	4	5	8	11	12	13	13	13
75+	6	6	11	25	27	28	29	30
TOTAL	175	191	223	238	242	244	246	247
FEMALES								
0-4	15	15	14	14	14	14	14	14
5-9	14	15	14	14	14	14	14	14
10-14	14	15	14	14	14	14	14	14
15-19	17	14	14	14	14	14	14	14
20-24	17	14	14	14	14	14	14	14
25-29	17	17	15	14	14	14	14	14
30-34	14	17	15	14	14	14	14	14
35-39	13	17	14	14	14	14	14	14
40-44	11	14	13	14	14	14	14	14
45-49	9	13	13	14	14	14	14	14
50-54	9	11	16	15	14	14	14	14
55-59	8	9	16	14	14	14	14	14
60-64	7	9	16	14	14	14	14	14
65-69	6	7	13	13	13	14	14	14
70-74	5	6	12	12	13	14	14	14
75+	9	11	21	40	41	41	43	43
TOTAL	185	202	235	250	251	253	255	255
BIRTH RATE		16.8	13.8	12.3	11.9	11.8	11.7	11.6
DEATH RATE		7.1	7.1	9.8	11.5	11.5	11.4	11.5
NET MIGRATION RATE		-1.1	-.5	.0	.0	.0	.0	.0
GROWTH RATE		.87	.62	.25	.04	.03	.03	.01
TOTAL FERTILITY		1.990	2.019	2.064	2.060	2.058	2.057	2.057
e(0) - BOTH SEXES		76.72	79.91	82.23	84.24	85.08	85.74	86.01
IMR - BOTH SEXES		9.4	6.2	4.1	2.5	2.2	2.0	1.9

MAURITANIA

Projection (thousands) with NRR=1 by 2045

AGE GROUP	1990	1995	2000	2005	2010	2015	2020	2025	2030	2035
TOTAL M+F	1969	2255	2609	3023	3479	3974	4500	5044	5577	6099
MALES										
0-4	188	211	246	279	305	330	351	364	364	363
5-9	136	172	196	231	265	291	316	338	352	354
10-14	120	132	168	191	227	260	287	312	333	348
15-19	107	117	129	164	187	223	256	282	307	329
20-24	89	102	112	125	159	182	217	250	276	302
25-29	68	83	97	108	120	154	177	211	244	270
30-34	51	63	79	94	104	116	149	171	205	238
35-39	44	47	60	76	90	100	112	144	166	200
40-44	40	41	45	57	72	85	96	107	139	161
45-49	35	37	38	42	54	68	81	91	102	133
50-54	31	32	34	35	39	50	63	76	86	97
55-59	26	28	29	31	32	35	45	58	70	79
60-64	20	23	24	25	27	28	31	40	52	62
65-69	14	16	19	20	21	22	23	26	34	44
70-74	8	10	12	14	15	16	17	18	20	26
75+	7	8	10	12	14	15	16	18	19	22
TOTAL	985	1124	1298	1504	1730	1975	2236	2505	2769	3026
FEMALES										
0-4	188	209	244	276	301	326	346	359	359	358
5-9	131	173	195	231	263	289	314	335	349	350
10-14	114	127	169	191	226	259	285	310	331	346
15-19	100	111	124	165	188	223	255	281	306	328
20-24	86	97	108	121	162	184	219	251	277	302
25-29	70	82	93	105	118	157	179	214	246	272
30-34	54	67	79	90	101	114	153	175	209	242
35-39	48	51	64	76	87	98	111	149	171	205
40-44	42	46	49	61	73	83	94	107	145	166
45-49	36	40	43	47	58	70	80	91	104	140
50-54	31	34	38	41	44	55	66	76	87	99
55-59	26	29	31	35	38	41	52	62	72	82
60-64	21	23	26	28	31	34	37	47	57	66
65-69	16	18	20	22	24	27	30	32	41	50
70-74	11	12	14	15	17	19	21	24	26	34
75+	9	11	13	15	17	19	22	25	28	32
TOTAL	984	1131	1310	1519	1749	1999	2264	2539	2809	3074
BIRTH RATE		46.9	46.7	44.8	41.7	39.0	36.1	33.1	29.4	26.5
DEATH RATE		17.9	16.8	15.3	13.6	12.4	11.3	10.2	9.3	8.6
RATE OF NAT. INC.		2.90	3.00	2.95	2.81	2.66	2.49	2.28	2.01	1.79
NET MIGRATION RATE		-1.9	-.8	.0	.0	.0	.0	.0	.0	.0
GROWTH RATE		2.71	2.91	2.95	2.81	2.66	2.49	2.28	2.01	1.79
TOTAL FERTILITY		6.800	6.800	6.500	5.900	5.300	4.700	4.100	3.500	3.053
NRR		2.371	2.441	2.414	2.274	2.087	1.890	1.684	1.468	1.308
e(0) - BOTH SEXES	48.05	49.34	50.83	52.65	54.12	55.65	57.23	58.86	60.56	
e(15) - BOTH SEXES	47.62	47.64	47.58	47.74	48.62	49.53	50.47	51.43	52.43	
IMR - BOTH SEXES	117.1	107.7	96.3	83.6	78.2	72.7	67.3	61.8	56.4	
q(5) - BOTH SEXES	.1963	.1785	.1571	.1339	.1242	.1146	.1048	.0950	.0852	
DEP. RATIO	91.9	95.4	100.1	98.0	95.0	89.1	81.9	74.9	68.0	61.7

MAURITANIA

Summary Projection for 25-Year Periods

AGE GROUP	1990	2000	2025	2050	2075	2100	2125	2150
TOTAL M+F	1969	2609	5044	7468	9368	10425	10995	11313
MALES								
0-4	188	246	364	338	341	345	346	346
5-9	136	196	338	330	340	345	346	345
10-14	120	168	312	343	343	344	346	345
15-19	107	129	282	348	342	343	345	345
20-24	89	112	250	343	339	339	343	344
25-29	68	97	211	335	327	335	341	343
30-34	51	79	171	313	319	333	340	342
35-39	44	60	144	285	330	334	339	341
40-44	40	45	107	253	332	331	335	338
45-49	35	38	91	219	322	325	329	335
50-54	31	34	76	179	306	308	321	330
55-59	26	29	58	138	274	291	313	323
60-64	20	24	40	106	232	287	303	313
65-69	14	19	26	69	184	267	285	297
70-74	8	12	18	48	133	228	257	272
75+	7	10	18	44	132	335	470	559
TOTAL	985	1298	2505	3692	4598	5088	5359	5519
FEMALES								
0-4	188	244	359	333	335	336	336	336
5-9	131	195	335	326	335	337	336	336
10-14	114	169	310	340	339	337	336	336
15-19	100	124	281	347	340	336	335	335
20-24	86	108	251	343	338	334	335	335
25-29	70	93	214	337	327	332	335	335
30-34	54	79	175	317	321	332	335	335
35-39	48	64	149	290	333	335	335	334
40-44	42	49	107	259	337	334	333	333
45-49	36	43	91	227	329	330	330	332
50-54	31	38	76	189	318	316	326	330
55-59	26	31	62	150	291	305	323	328
60-64	21	26	47	121	256	309	321	325
65-69	16	20	32	79	213	300	313	319
70-74	11	14	24	57	166	273	298	308
75+	9	13	25	61	193	492	709	837
TOTAL	984	1310	2539	3776	4770	5337	5636	5795
BIRTH RATE		46.8	38.2	23.5	16.6	13.9	12.8	12.3
DEATH RATE		17.3	12.2	8.1	7.6	9.7	10.6	11.1
NET MIGRATION RATE		-1.3	.0	.0	.0	.0	.0	.0
GROWTH RATE		2.81	2.64	1.57	.91	.43	.21	.11
TOTAL FERTILITY		6.801	5.104	2.685	2.115	2.074	2.047	2.042
e(0) - BOTH SEXES		48.74	54.51	62.65	70.83	76.12	81.13	83.08
IMR - BOTH SEXES		112.1	78.8	51.2	27.2	13.9	4.0	2.9

MAURITIUS

Projection (thousands) with NRR=1 by 2030

AGE GROUP	1990	1995	2000	2005	2010	2015	2020	2025	2030	2035
TOTAL M+F	1075	1133	1192	1251	1309	1362	1410	1452	1488	1518
MALES										
0-4	50	50	51	51	51	51	50	50	50	51
5-9	54	49	49	50	51	51	50	50	50	50
10-14	58	53	49	49	50	51	51	50	50	50
15-19	49	57	53	49	49	50	51	51	50	50
20-24	54	48	56	52	48	49	50	51	51	50
25-29	56	52	47	56	52	48	48	49	50	50
30-34	48	54	51	46	55	52	48	48	49	50
35-39	41	47	53	51	46	55	51	47	48	49
40-44	29	40	46	52	50	45	54	50	47	47
45-49	22	28	39	45	51	49	44	53	50	46
50-54	19	21	27	37	43	50	47	43	51	48
55-59	16	18	20	25	35	41	47	45	41	49
60-64	15	14	16	18	23	32	37	44	42	38
65-69	12	13	12	14	15	20	28	33	39	38
70-74	6	9	10	10	11	13	17	24	28	34
75+	6	7	9	11	12	14	16	21	29	38
TOTAL	533	560	588	616	643	668	690	709	726	739
FEMALES										
0-4	49	48	49	50	50	49	49	49	49	49
5-9	52	49	48	49	50	50	49	49	49	49
10-14	56	52	48	48	49	50	50	49	49	49
15-19	48	56	52	48	48	49	50	50	49	49
20-24	53	48	55	51	48	48	49	50	50	49
25-29	55	52	47	55	51	48	48	49	50	49
30-34	47	54	52	47	55	51	48	48	49	49
35-39	40	47	54	52	46	55	51	48	47	49
40-44	31	40	46	53	51	46	54	50	47	47
45-49	24	31	39	45	53	51	46	54	50	47
50-54	20	24	30	38	45	52	50	45	53	49
55-59	17	19	23	29	37	43	51	49	44	52
60-64	16	16	18	22	28	36	42	49	47	43
65-69	13	15	15	17	20	26	33	39	46	45
70-74	8	11	13	13	15	18	23	30	36	43
75+	11	12	14	18	20	23	28	36	48	61
TOTAL	542	572	604	635	666	694	720	742	762	779
BIRTH RATE		18.2	17.6	16.8	16.0	15.1	14.4	13.9	13.7	13.4
DEATH RATE		6.5	6.5	6.6	6.8	7.2	7.5	8.1	8.7	9.4
RATE OF NAT. INC.		1.17	1.10	1.02	.91	.79	.68	.59	.50	.40
NET MIGRATION RATE		-1.3	-.9	-.5	.0	.0	.0	.0	.0	.0
GROWTH RATE		1.04	1.02	.97	.91	.79	.68	.59	.50	.40
TOTAL FERTILITY		2.000	2.000	2.000	2.011	2.022	2.032	2.043	2.053	2.058
NRR		.954	.958	.962	.971	.977	.984	.990	.997	1.000
e(0) - BOTH SEXES	69.98	71.06	72.05	73.01	73.73	74.48	75.27	76.09	76.95	
e(15) - BOTH SEXES	56.83	57.63	58.38	59.11	59.77	60.46	61.18	61.93	62.72	
IMR - BOTH SEXES	18.0	14.8	12.3	9.9	9.2	8.6	7.9	7.2	6.6	
q(5) - BOTH SEXES	.0222	.0182	.0152	.0124	.0116	.0108	.0100	.0092	.0085	
DEP. RATIO	53.6	48.0	44.7	43.6	43.2	43.8	46.1	49.4	54.3	57.9

Summary Projection for 25-Year Periods

MAURITIUS

AGE GROUP	1990	2000	2025	2050	2075	2100	2125	2150
TOTAL M+F	1075	1192	1452	1573	1634	1669	1695	1707
MALES								
0-4	50	51	50	50	50	50	50	50
5-9	54	49	50	50	50	50	50	50
10-14	58	49	50	51	50	50	50	50
15-19	49	53	51	51	50	50	50	50
20-24	54	56	51	50	50	50	50	50
25-29	56	47	49	49	50	50	50	50
30-34	48	51	48	49	50	50	50	50
35-39	41	53	47	49	50	50	50	50
40-44	29	46	50	49	50	50	50	50
45-49	22	39	53	49	49	49	49	49
50-54	19	27	43	47	47	48	49	49
55-59	16	20	45	44	46	47	48	48
60-64	15	16	44	41	45	46	47	47
65-69	12	12	33	41	43	44	45	45
70-74	6	10	24	38	39	41	42	43
75+	6	9	21	56	75	87	95	99
TOTAL	533	588	709	765	796	814	826	832
FEMALES								
0-4	49	49	49	49	49	49	49	49
5-9	52	48	49	49	49	49	49	49
10-14	56	48	49	49	49	49	49	49
15-19	48	52	50	49	49	49	49	49
20-24	53	55	50	49	49	49	49	49
25-29	55	47	49	48	49	49	49	49
30-34	47	52	48	48	49	49	49	49
35-39	40	54	48	49	49	49	49	49
40-44	31	46	50	49	49	49	49	49
45-49	24	39	54	49	48	48	49	49
50-54	20	30	45	48	48	48	49	49
55-59	17	23	49	46	47	48	48	48
60-64	16	18	49	45	47	48	48	48
65-69	13	15	39	46	46	47	47	48
70-74	8	13	30	46	45	46	47	47
75+	11	14	36	90	116	130	141	146
TOTAL	542	604	742	809	838	855	869	875
BIRTH RATE		17.9	15.2	13.2	12.4	12.1	11.8	11.7
DEATH RATE		6.5	7.3	10.0	10.9	11.2	11.2	11.4
NET MIGRATION RATE		-1.1	-.1	.0	.0	.0	.0	.0
GROWTH RATE		1.03	.79	.32	.15	.09	.06	.03
TOTAL FERTILITY		2.000	2.022	2.054	2.044	2.041	2.038	2.038
e(0) - BOTH SEXES		70.53	73.77	77.92	82.05	83.76	85.12	85.63
IMR - BOTH SEXES		16.4	9.6	5.9	3.3	2.6	2.2	2.0

MAYOTTE

Projection (thousands) with NRR=1 by 2040

AGE GROUP	1990	1995	2000	2005	2010	2015	2020	2025	2030	2035
TOTAL M+F	73	88	106	124	143	164	186	207	228	248
MALES										
0-4	7	9	10	11	12	13	13	13	14	13
5-9	6	7	9	10	11	11	12	13	13	13
10-14	5	6	7	8	10	11	11	12	13	13
15-19	4	5	6	6	8	10	10	11	12	13
20-24	3	4	5	6	6	8	9	10	11	12
25-29	3	3	4	5	6	6	8	9	10	11
30-34	2	3	3	4	5	5	6	8	9	10
35-39	2	2	3	3	4	4	5	6	8	9
40-44	1	2	2	3	3	4	4	5	6	8
45-49	1	1	2	2	3	3	3	4	5	6
50-54	1	1	1	2	2	3	2	3	4	5
55-59	1	1	1	1	2	2	2	2	3	4
60-64	0	1	1	1	1	1	1	2	2	3
65-69	0	0	1	1	1	1	1	1	2	2
70-74	0	0	0	1	1	1	1	1	1	2
75+	0	0	0	0	1	1	1	1	1	1
TOTAL	37	45	53	62	72	82	93	103	114	123
FEMALES										
0-4	7	9	10	11	12	12	13	13	13	13
5-9	5	7	9	10	11	11	12	13	13	13
10-14	5	5	7	8	10	10	11	12	13	13
15-19	4	5	5	6	8	10	10	11	12	13
20-24	3	4	5	5	6	8	9	10	11	12
25-29	3	3	4	5	5	6	8	9	10	11
30-34	2	3	3	4	5	5	6	8	9	10
35-39	2	2	3	3	4	5	5	6	8	9
40-44	1	2	2	3	3	4	5	4	6	8
45-49	1	1	2	2	3	3	4	4	4	6
50-54	1	1	1	2	2	3	3	3	4	4
55-59	1	1	1	1	2	2	3	2	3	4
60-64	0	1	1	1	1	2	2	2	2	3
65-69	0	0	1	1	1	1	1	1	2	2
70-74	0	0	0	1	1	1	1	1	1	2
75+	0	0	0	0	1	1	1	1	1	2
TOTAL	36	44	52	62	71	82	93	104	115	125
BIRTH RATE		49.8	46.7	41.6	37.7	34.9	32.2	28.8	25.8	22.7
DEATH RATE		12.0	11.0	9.7	8.5	8.0	7.4	6.9	6.5	6.3
RATE OF NAT. INC.		3.79	3.57	3.19	2.92	2.69	2.48	2.19	1.94	1.64
NET MIGRATION RATE		.0	.0	.0	.0	.0	.0	.0	.0	.0
GROWTH RATE		3.79	3.58	3.20	2.93	2.69	2.48	2.19	1.94	1.64
TOTAL FERTILITY		6.700	6.400	5.800	5.200	4.600	4.000	3.400	2.970	2.594
NRR		2.628	2.571	2.396	2.211	1.981	1.745	1.504	1.332	1.178
e(0) - BOTH SEXES		56.17	57.48	59.06	60.88	62.14	63.44	64.77	66.14	67.54
e(15) - BOTH SEXES		52.43	52.70	52.93	53.32	54.03	54.77	55.53	56.30	57.10
IMR - BOTH SEXES		87.2	79.6	69.9	59.4	54.6	49.7	44.8	40.0	35.1
q(5) - BOTH SEXES		.1404	.1268	.1093	.0909	.0833	.0756	.0680	.0603	.0525
DEP. RATIO	98.9	97.2	101.6	99.3	89.8	79.8	73.9	67.4	62.1	55.7

Summary Projection for 25-Year Periods

MAYOTTE

AGE GROUP	1990	2000	2025	2050	2075	2100	2125	2150
TOTAL M+F	73	106	207	300	368	402	418	426
MALES								
0-4	7	10	13	13	13	13	13	13
5-9	6	9	13	12	13	13	13	13
10-14	5	7	12	12	13	13	13	13
15-19	4	6	11	13	13	13	13	13
20-24	3	5	10	13	13	13	13	13
25-29	3	4	9	13	13	13	13	13
30-34	2	3	8	12	12	12	13	13
35-39	2	3	6	11	12	12	13	13
40-44	1	2	5	10	12	12	13	13
45-49	1	2	4	9	12	12	12	12
50-54	1	1	3	8	12	12	12	12
55-59	1	1	2	7	11	11	12	12
60-64	0	1	2	5	10	11	11	12
65-69	0	1	1	4	8	10	11	11
70-74	0	0	1	3	6	9	10	11
75+	0	0	1	2	7	16	20	23
TOTAL	37	53	103	148	180	196	204	208
FEMALES								
0-4	7	10	13	13	12	12	12	12
5-9	5	9	13	12	12	12	12	12
10-14	5	7	12	12	12	12	12	12
15-19	4	5	11	13	13	13	12	12
20-24	3	5	10	13	13	12	12	12
25-29	3	4	9	13	13	12	12	12
30-34	2	3	8	12	12	12	12	12
35-39	2	3	6	12	12	12	12	12
40-44	1	2	4	11	12	12	12	12
45-49	1	2	4	10	13	12	12	12
50-54	1	1	3	9	12	12	12	12
55-59	1	1	2	7	12	12	12	12
60-64	0	1	2	5	11	11	12	12
65-69	0	1	1	4	9	11	12	12
70-74	0	0	1	3	8	11	12	12
75+	0	0	1	4	12	24	30	34
TOTAL	36	52	104	152	188	206	214	218
BIRTH RATE		48.1	34.2	20.7	15.2	13.2	12.3	12.0
DEATH RATE		11.4	7.9	6.2	7.1	9.7	10.7	11.3
NET MIGRATION RATE		.0	.0	.0	.0	.0	.0	.0
GROWTH RATE		3.68	2.70	1.48	.82	.35	.16	.07
TOTAL FERTILITY		6.537	4.392	2.389	2.069	2.052	2.042	2.040
e(0) - BOTH SEXES		56.88	62.43	69.25	75.79	79.60	83.06	84.32
IMR - BOTH SEXES		83.2	55.1	30.5	10.9	6.0	2.9	2.4

MEXICO

Projection (thousands) with NRR=1 by 2010

AGE GROUP	1990	1995	2000	2005	2010	2015	2020	2025	2030	2035
TOTAL M+F	81724	90464	98787	106719	114020	121174	128455	135610	142334	148314
MALES										
0-4	5613	5873	5722	5526	5230	5248	5436	5509	5469	5380
5-9	5277	5516	5784	5650	5467	5183	5211	5408	5492	5454
10-14	4874	5225	5466	5741	5615	5439	5162	5197	5400	5485
15-19	4978	4816	5168	5417	5699	5581	5412	5143	5185	5389
20-24	4192	4867	4709	5075	5339	5634	5530	5376	5122	5165
25-29	3402	4055	4728	4592	4978	5258	5570	5484	5349	5097
30-34	2724	3283	3933	4621	4505	4904	5199	5525	5456	5323
35-39	2196	2628	3184	3844	4542	4440	4849	5155	5491	5424
40-44	1828	2118	2547	3108	3772	4472	4381	4796	5108	5444
45-49	1442	1760	2047	2476	3037	3697	4394	4312	4728	5041
50-54	1109	1378	1689	1973	2398	2948	3597	4284	4211	4623
55-59	999	1041	1299	1600	1879	2290	2824	3454	4124	4062
60-64	728	910	952	1195	1482	1748	2139	2649	3254	3900
65-69	529	630	792	836	1060	1323	1571	1936	2412	2982
70-74	359	422	506	645	690	884	1116	1339	1667	2098
75+	471	466	514	613	778	914	1140	1465	1843	2338
TOTAL	40720	44989	49043	52912	56471	59964	63531	67031	70311	73205
FEMALES										
0-4	5423	5651	5500	5305	5016	5030	5207	5275	5233	5145
5-9	5119	5339	5575	5438	5255	4977	5001	5187	5264	5223
10-14	4750	5074	5296	5539	5409	5233	4961	4991	5183	5260
15-19	4883	4705	5030	5259	5508	5385	5215	4950	4986	5178
20-24	4160	4807	4631	4967	5207	5467	5355	5196	4942	4979
25-29	3434	4075	4720	4558	4906	5159	5431	5332	5187	4933
30-34	2796	3365	4004	4658	4507	4865	5127	5408	5320	5175
35-39	2263	2743	3310	3954	4614	4471	4835	5103	5391	5304
40-44	1873	2223	2702	3270	3916	4577	4440	4807	5079	5368
45-49	1500	1840	2187	2664	3232	3876	4535	4403	4772	5045
50-54	1195	1467	1802	2148	2622	3185	3823	4479	4353	4721
55-59	1099	1158	1425	1756	2099	2566	3121	3752	4401	4283
60-64	818	1049	1108	1369	1695	2030	2488	3033	3654	4295
65-69	622	757	976	1038	1293	1606	1931	2375	2906	3515
70-74	439	544	669	872	940	1178	1473	1783	2208	2719
75+	628	679	809	1011	1331	1605	1981	2505	3144	3966
TOTAL	41004	45476	49744	53807	57550	61210	64924	68579	72023	75108
BIRTH RATE		28.0	24.7	21.8	19.1	17.9	17.4	16.6	15.6	14.7
DEATH RATE		5.3	4.9	4.7	4.6	4.9	5.2	5.5	6.0	6.4
RATE OF NAT. INC.		2.27	1.97	1.71	1.45	1.30	1.22	1.11	.97	.82
NET MIGRATION RATE		-2.3	-2.1	-1.6	-1.2	-.9	-.5	-.3	.0	.0
GROWTH RATE		2.03	1.76	1.54	1.32	1.22	1.17	1.08	.97	.82
TOTAL FERTILITY		3.160	2.804	2.489	2.209	2.106	2.101	2.096	2.092	2.087
NRR		1.465	1.311	1.172	1.047	1.000	1.000	1.000	1.000	1.000
e(0) - BOTH SEXES	70.27	71.45	72.74	74.06	74.75	75.46	76.19	76.95	77.73	
e(15) - BOTH SEXES	58.83	59.44	60.22	61.13	61.67	62.22	62.79	63.38	63.99	
IMR - BOTH SEXES	35.0	29.6	24.4	19.9	18.3	16.6	14.9	13.2	11.6	
q(5) - BOTH SEXES	.0430	.0358	.0292	.0239	.0220	.0201	.0181	.0162	.0142	
DEP. RATIO	71.6	66.6	61.5	55.8	50.2	46.8	45.5	46.4	48.1	50.2

Summary Projection for 25-Year Periods

MEXICO

AGE GROUP	1990	2000	2025	2050	2075	2100	2125	2150
TOTAL M+F	81724	98787	135610	162356	173588	177320	179904	181109
MALES								
0-4	5613	5722	5509	5415	5398	5399	5402	5403
5-9	5277	5784	5408	5357	5383	5396	5400	5400
10-14	4874	5466	5197	5324	5390	5402	5401	5399
15-19	4978	5168	5143	5355	5411	5405	5397	5395
20-24	4192	4709	5376	5422	5412	5390	5384	5385
25-29	3402	4728	5484	5432	5368	5359	5366	5371
30-34	2724	3933	5525	5322	5296	5332	5351	5358
35-39	2196	3184	5155	5092	5242	5321	5342	5345
40-44	1828	2547	4796	5010	5245	5318	5326	5324
45-49	1442	2047	4312	5195	5278	5292	5288	5289
50-54	1109	1689	4284	5218	5228	5199	5215	5230
55-59	999	1299	3454	5117	5021	5046	5116	5150
60-64	728	952	2649	4575	4661	4871	4998	5040
65-69	529	792	1936	3979	4375	4687	4830	4868
70-74	359	506	1339	3209	4205	4426	4551	4592
75+	471	514	1465	4898	8400	9376	10147	10557
TOTAL	40720	49043	67031	79920	85311	87219	88516	89105
FEMALES								
0-4	5423	5500	5275	5169	5146	5147	5150	5151
5-9	5119	5575	5187	5119	5133	5146	5149	5149
10-14	4750	5296	4991	5093	5141	5152	5151	5149
15-19	4883	5030	4950	5131	5163	5157	5150	5147
20-24	4160	4631	5196	5211	5177	5151	5144	5145
25-29	3434	4720	5332	5242	5153	5135	5138	5143
30-34	2796	4004	5408	5154	5100	5120	5136	5141
35-39	2263	3310	5103	4950	5066	5122	5139	5139
40-44	1873	2702	4807	4895	5093	5136	5138	5133
45-49	1500	2187	4403	5116	5157	5138	5124	5122
50-54	1195	1802	4479	5209	5161	5096	5094	5104
55-59	1099	1425	3752	5219	5035	5016	5060	5085
60-64	818	1108	3033	4838	4782	4943	5033	5064
65-69	622	976	2375	4431	4650	4910	5005	5027
70-74	439	669	1783	3869	4727	4875	4937	4955
75+	628	809	2505	7790	12591	13856	14839	15349
TOTAL	41004	49744	68579	82437	88276	90101	91388	92003
BIRTH RATE		26.2	18.4	14.2	12.5	12.1	11.8	11.7
DEATH RATE		5.1	5.0	7.1	9.9	11.2	11.3	11.5
NET MIGRATION RATE		-2.2	-.9	.0	.0	.0	.0	.0
GROWTH RATE		1.90	1.27	.72	.27	.09	.06	.03
TOTAL FERTILITY		2.981	2.192	2.082	2.064	2.061	2.058	2.058
e(0) - BOTH SEXES		70.89	74.74	78.62	82.21	83.82	85.12	85.62
IMR - BOTH SEXES		32.3	18.8	9.9	3.4	2.6	2.2	2.0

MICRONESIA, FEDERATED STATES OF

Projection (thousands) with NRR=1 by 2020

AGE GROUP	1990	1995	2000	2005	2010	2015	2020	2025	2030	2035
TOTAL M+F	103	115	130	147	165	184	201	218	233	247
MALES										
0-4	9	9	10	11	11	12	11	11	10	11
5-9	7	9	9	10	11	11	11	11	11	10
10-14	8	7	9	9	10	10	11	11	11	11
15-19	7	8	7	9	9	10	10	11	11	11
20-24	5	7	8	7	8	8	10	10	11	11
25-29	4	5	6	7	7	8	8	9	10	11
30-34	3	4	4	6	7	6	8	8	9	10
35-39	3	3	4	4	6	7	6	8	8	9
40-44	2	3	3	3	4	6	7	6	8	8
45-49	1	2	3	3	3	4	6	7	6	8
50-54	2	1	2	3	2	3	4	6	7	6
55-59	1	2	1	2	2	2	3	4	5	6
60-64	1	1	2	1	1	2	2	3	3	5
65-69	0	1	1	1	1	1	2	2	2	3
70-74	0	0	1	1	1	0	1	1	1	2
75+	0	0	0	1	1	1	1	1	2	2
TOTAL	53	59	67	75	84	94	102	110	118	125
FEMALES										
0-4	8	9	10	10	11	11	11	11	10	10
5-9	6	8	8	10	10	11	11	11	11	10
10-14	7	6	8	8	10	10	11	11	11	11
15-19	6	7	6	8	8	10	10	11	11	11
20-24	5	6	7	6	8	8	9	10	11	11
25-29	4	5	5	6	6	7	8	9	10	11
30-34	3	4	4	5	6	6	7	8	9	10
35-39	3	3	4	4	5	6	5	7	8	9
40-44	2	3	3	3	4	5	6	5	7	8
45-49	1	2	3	3	3	4	5	6	5	7
50-54	1	1	2	3	3	3	4	5	6	5
55-59	1	1	1	2	2	2	3	4	5	6
60-64	1	1	1	1	2	2	2	3	4	5
65-69	1	1	1	1	1	1	2	2	3	3
70-74	1	1	1	1	1	1	1	2	2	2
75+	1	1	1	1	1	1	1	1	2	3
TOTAL	50	56	63	71	80	90	99	107	115	122
BIRTH RATE		33.1	32.9	31.1	28.7	26.7	23.7	21.1	18.6	17.7
DEATH RATE		7.7	7.0	6.2	5.5	5.3	5.2	5.2	5.5	5.8
RATE OF NAT. INC.		2.55	2.59	2.49	2.32	2.14	1.85	1.59	1.32	1.19
NET MIGRATION RATE		-3.7	-1.6	.0	.0	.0	.0	.0	.0	.0
GROWTH RATE		2.18	2.42	2.49	2.32	2.14	1.85	1.59	1.32	1.19
TOTAL FERTILITY		4.800	4.450	4.100	3.750	3.400	2.946	2.553	2.212	2.089
NRR		2.132	2.016	1.892	1.759	1.604	1.396	1.214	1.055	1.000
e(0) - BOTH SEXES		63.45	64.77	66.29	67.94	68.85	69.81	70.81	71.85	72.94
e(15) - BOTH SEXES		51.88	52.58	53.61	54.87	55.66	56.49	57.36	58.28	59.24
IMR - BOTH SEXES		36.0	29.6	24.1	19.6	18.1	16.6	15.1	13.6	12.1
q(5) - BOTH SEXES		.0443	.0357	.0289	.0235	.0218	.0201	.0183	.0166	.0149
DEP. RATIO	87.5	78.0	78.0	73.0	67.6	63.1	58.9	53.8	49.2	46.7

MICRONESIA, FEDERATED STATES OF

Summary Projection for 25-Year Periods

AGE GROUP	1990	2000	2025	2050	2075	2100	2125	2150
TOTAL M+F	103	130	218	288	334	353	362	366
MALES								
0-4	9	10	11	11	11	11	11	11
5-9	7	9	11	11	11	11	11	11
10-14	8	9	11	11	11	11	11	11
15-19	7	7	11	11	11	11	11	11
20-24	5	8	10	10	11	11	11	11
25-29	4	6	9	11	11	11	11	11
30-34	3	4	8	11	11	11	11	11
35-39	3	4	8	11	11	11	11	11
40-44	2	3	6	10	10	11	11	11
45-49	1	3	7	10	10	11	11	11
50-54	2	2	6	9	10	11	11	11
55-59	1	1	4	7	10	10	10	10
60-64	1	2	3	7	10	10	10	10
65-69	0	1	2	5	9	9	10	10
70-74	0	1	1	5	7	8	9	9
75+	0	0	1	5	11	17	20	21
TOTAL	53	67	110	144	165	173	177	179
FEMALES								
0-4	8	10	11	11	11	11	11	11
5-9	6	8	11	11	11	11	11	11
10-14	7	8	11	11	11	11	11	11
15-19	6	6	11	10	10	11	11	11
20-24	5	7	10	10	11	11	11	11
25-29	4	5	9	11	11	11	11	11
30-34	3	4	8	11	11	11	11	11
35-39	3	4	7	11	11	10	11	11
40-44	2	3	5	10	10	10	11	11
45-49	1	3	6	10	10	10	11	11
50-54	1	2	5	9	10	11	11	10
55-59	1	1	4	8	10	11	10	10
60-64	1	1	3	7	10	10	10	10
65-69	1	1	2	5	10	10	10	10
70-74	1	1	2	5	9	9	10	10
75+	1	1	1	6	15	24	28	30
TOTAL	50	63	107	144	170	180	185	187
BIRTH RATE		33.0	25.7	17.1	13.8	12.5	12.0	11.8
DEATH RATE		7.3	5.4	6.1	7.8	10.4	11.0	11.4
NET MIGRATION RATE		-2.6	.0	.0	.0	.0	.0	.0
GROWTH RATE		2.30	2.08	1.11	.60	.21	.11	.05
TOTAL FERTILITY		4.606	3.252	2.103	2.053	2.045	2.040	2.038
e(0) - BOTH SEXES		64.15	68.96	74.28	79.58	82.15	84.32	85.13
IMR - BOTH SEXES		32.6	18.6	10.6	4.7	3.3	2.4	2.2

MOLDOVA

Projection (thousands) with NRR=1 by 1995

AGE GROUP	1990	1995	2000	2005	2010	2015	2020	2025	2030	2035
TOTAL M+F	4368	4357	4428	4558	4700	4837	4956	5063	5158	5236
MALES										
0-4	221	177	166	174	182	184	180	176	175	177
5-9	209	213	174	165	173	181	183	180	175	175
10-14	191	203	210	174	165	173	181	183	179	175
15-19	174	184	200	209	173	164	172	180	182	179
20-24	142	162	179	198	208	172	163	171	179	181
25-29	171	127	156	177	196	206	170	162	170	178
30-34	182	157	122	154	175	194	204	169	161	168
35-39	169	170	152	120	152	173	192	202	167	159
40-44	111	159	164	149	118	150	171	189	199	165
45-49	99	104	153	160	145	115	146	167	186	196
50-54	108	93	99	146	153	140	111	141	162	180
55-59	91	100	86	92	137	145	132	105	135	155
60-64	83	81	89	78	84	125	133	122	98	126
65-69	59	70	69	76	67	73	110	117	109	88
70-74	30	46	54	54	60	54	59	90	98	92
75+	43	39	48	58	64	72	73	79	107	130
TOTAL	2083	2085	2121	2184	2252	2320	2380	2434	2482	2524
FEMALES										
0-4	184	170	159	167	174	176	172	168	168	170
5-9	204	176	167	159	166	174	176	172	168	167
10-14	187	198	174	167	159	166	174	176	172	168
15-19	169	180	196	174	167	159	166	174	175	172
20-24	148	156	176	195	173	167	158	166	173	175
25-29	183	134	151	175	195	173	166	158	165	173
30-34	193	171	130	151	175	194	173	166	158	165
35-39	180	184	167	129	150	174	194	172	165	157
40-44	122	173	181	166	128	149	173	193	171	165
45-49	116	118	170	179	165	127	148	172	191	170
50-54	130	112	115	168	176	162	125	146	170	189
55-59	115	125	108	112	164	173	159	123	144	167
60-64	115	108	119	104	108	159	168	155	120	140
65-69	94	104	99	111	98	103	151	160	149	116
70-74	51	79	90	88	100	90	95	140	149	139
75+	94	84	104	129	148	171	178	188	237	278
TOTAL	2285	2272	2307	2374	2448	2517	2576	2629	2675	2711
BIRTH RATE		16.7	15.3	15.4	15.7	15.3	14.6	13.9	13.6	13.5
DEATH RATE		10.3	9.8	9.7	9.5	9.6	9.7	9.7	9.8	10.5
RATE OF NAT. INC.		.64	.55	.58	.61	.57	.49	.43	.37	.30
NET MIGRATION RATE		-6.9	-2.3	.0	.0	.0	.0	.0	.0	.0
GROWTH RATE		-.05	.32	.58	.61	.57	.49	.42	.37	.30
TOTAL FERTILITY		2.250	2.116	2.104	2.096	2.093	2.089	2.086	2.083	2.079
NRR		1.058	1.000	1.000	1.000	1.000	1.000	1.000	1.000	1.000
e(0) - BOTH SEXES		68.39	70.00	71.61	73.16	73.88	74.62	75.39	76.18	77.01
e(15) - BOTH SEXES		55.64	57.03	58.39	59.69	60.30	60.94	61.61	62.30	63.01
IMR - BOTH SEXES		23.0	20.3	17.2	14.3	13.2	12.1	11.0	9.9	8.8
q(5) - BOTH SEXES		.0275	.0244	.0207	.0174	.0161	.0149	.0136	.0124	.0111
DEP. RATIO	55.9	55.7	52.0	50.2	49.6	50.2	53.7	56.6	57.6	55.7

Summary Projection for 25-Year Periods **MOLDOVA**

AGE GROUP	1990	2000	2025	2050	2075	2100	2125	2150
TOTAL M+F	4368	4428	5063	5457	5685	5824	5923	5969
MALES								
0-4	221	166	176	178	179	178	178	178
5-9	209	174	180	179	178	178	178	178
10-14	191	210	183	179	178	178	178	178
15-19	174	200	180	176	177	178	178	178
20-24	142	179	171	173	176	178	178	178
25-29	171	156	162	173	177	177	177	177
30-34	182	122	169	176	177	177	177	177
35-39	169	152	202	178	176	175	176	176
40-44	111	164	189	174	173	174	175	175
45-49	99	153	167	163	168	172	174	174
50-54	108	99	141	152	166	171	172	173
55-59	91	86	105	153	165	168	169	170
60-64	83	89	122	174	162	163	164	166
65-69	59	69	117	151	150	153	157	160
70-74	30	54	90	117	129	139	147	151
75+	43	48	79	153	243	292	327	344
TOTAL	2083	2121	2434	2651	2774	2851	2906	2932
FEMALES								
0-4	184	159	168	171	171	170	170	170
5-9	204	167	172	172	170	170	170	170
10-14	187	174	176	171	170	170	170	170
15-19	169	196	174	169	169	170	170	170
20-24	148	176	166	167	169	170	170	170
25-29	183	151	158	167	170	170	170	170
30-34	193	130	166	171	171	170	170	170
35-39	180	167	172	174	171	169	169	170
40-44	122	181	193	172	168	168	169	169
45-49	116	170	172	163	165	168	169	169
50-54	130	115	146	155	165	168	169	169
55-59	115	108	123	160	167	168	168	168
60-64	115	119	155	163	169	167	166	167
65-69	94	99	160	178	164	162	164	166
70-74	51	90	140	151	151	157	162	164
75+	94	104	188	301	401	455	490	506
TOTAL	2285	2307	2629	2806	2911	2973	3016	3037
BIRTH RATE		16.0	15.0	13.3	12.5	12.1	11.9	11.7
DEATH RATE		10.1	9.6	10.4	10.9	11.2	11.2	11.4
NET MIGRATION RATE		-4.6	.0	.0	.0	.0	.0	.0
GROWTH RATE		.14	.54	.30	.16	.10	.07	.03
TOTAL FERTILITY		2.165	2.094	2.076	2.063	2.059	2.057	2.056
e(0) - BOTH SEXES		69.20	73.78	77.92	81.83	83.60	85.03	85.56
IMR - BOTH SEXES		21.7	13.6	7.7	3.5	2.7	2.2	2.1

MONGOLIA

Projection (thousands) with NRR=1 by 2025

AGE GROUP	1990	1995	2000	2005	2010	2015	2020	2025	2030	2035
TOTAL M+F	2190	2497	2840	3182	3507	3829	4137	4421	4693	4959
MALES										
0-4	174	188	209	210	204	207	206	200	201	205
5-9	152	171	186	206	208	202	206	205	199	200
10-14	135	151	170	185	205	208	202	205	204	199
15-19	120	134	150	169	184	205	207	201	205	204
20-24	102	119	133	149	168	183	204	206	200	204
25-29	87	101	118	132	148	167	182	202	205	199
30-34	72	86	100	117	131	147	166	181	201	203
35-39	60	71	85	99	116	130	146	164	179	200
40-44	50	59	70	84	98	114	128	144	163	178
45-49	41	49	57	68	82	96	112	126	142	160
50-54	33	39	47	55	66	80	93	109	123	139
55-59	26	31	37	44	53	63	76	89	105	118
60-64	20	23	28	34	41	49	59	71	84	99
65-69	14	17	20	24	30	36	43	53	64	76
70-74	9	11	14	16	20	24	30	37	45	55
75+	8	10	12	15	19	24	31	39	49	61
TOTAL	1103	1259	1434	1607	1772	1935	2090	2233	2369	2500
FEMALES										
0-4	167	182	201	202	196	199	198	192	193	197
5-9	146	164	180	199	201	195	198	197	191	192
10-14	129	145	163	179	199	201	195	198	197	191
15-19	116	128	144	163	179	198	200	194	198	196
20-24	99	115	127	143	162	178	198	200	194	197
25-29	85	98	114	126	143	161	177	197	199	193
30-34	71	84	97	113	125	142	160	176	196	198
35-39	60	70	83	96	112	124	141	159	175	195
40-44	50	59	69	82	95	111	123	140	158	174
45-49	42	49	57	67	80	93	109	122	138	156
50-54	34	40	47	56	66	78	91	107	119	136
55-59	28	32	39	45	54	63	76	89	104	116
60-64	22	26	30	36	43	51	60	72	85	100
65-69	16	19	23	27	33	39	47	56	67	79
70-74	11	13	16	19	23	28	34	41	49	60
75+	12	14	16	20	25	31	39	49	61	77
TOTAL	1087	1238	1406	1574	1735	1894	2047	2188	2325	2458
BIRTH RATE		34.0	32.6	28.8	24.9	23.0	21.0	18.9	17.7	17.0
DEATH RATE		7.7	6.9	6.1	5.4	5.4	5.5	5.6	5.8	6.0
RATE OF NAT. INC.		2.62	2.57	2.27	1.95	1.76	1.55	1.33	1.20	1.10
NET MIGRATION RATE		.0	.0	.0	.0	.0	.0	.0	.0	.0
GROWTH RATE		2.62	2.57	2.27	1.95	1.76	1.55	1.33	1.20	1.10
TOTAL FERTILITY		4.640	4.340	3.740	3.140	2.800	2.497	2.227	2.128	2.118
NRR		2.004	1.921	1.694	1.448	1.298	1.163	1.042	1.000	1.000
e(0) - BOTH SEXES	63.61	65.73	67.82	69.84	70.72	71.63	72.57	73.54	74.55	
e(15) - BOTH SEXES	54.97	56.07	57.18	58.37	58.97	59.59	60.24	60.92	61.63	
IMR - BOTH SEXES	60.0	51.1	42.4	34.8	31.7	28.6	25.6	22.5	19.4	
q(5) - BOTH SEXES	.0809	.0669	.0537	.0427	.0390	.0353	.0316	.0279	.0242	
DEP. RATIO	79.9	76.9	74.2	69.5	63.6	57.3	52.7	49.8	47.9	47.3

MONGOLIA

Summary Projection for 25-Year Periods

AGE GROUP	1990	2000	2025	2050	2075	2100	2125	2150
TOTAL M+F	2190	2840	4421	5651	6376	6609	6752	6815
MALES								
0-4	174	209	200	204	205	204	204	204
5-9	152	186	205	205	205	204	204	204
10-14	135	170	205	205	204	204	204	204
15-19	120	150	201	204	203	204	204	204
20-24	102	133	206	199	202	203	204	204
25-29	87	118	202	196	202	203	203	203
30-34	72	100	181	201	202	203	202	202
35-39	60	85	164	201	202	202	202	202
40-44	50	70	144	195	199	200	201	201
45-49	41	57	126	198	193	197	199	200
50-54	33	47	109	192	188	195	197	198
55-59	26	37	89	166	189	192	194	195
60-64	20	28	71	144	182	187	189	190
65-69	14	20	53	117	168	177	181	183
70-74	9	14	37	91	156	160	169	172
75+	8	12	39	119	268	336	377	395
TOTAL	1103	1434	2233	2837	3169	3270	3333	3360
FEMALES								
0-4	167	201	192	195	195	195	195	195
5-9	146	180	197	196	195	195	194	194
10-14	129	163	198	197	195	194	194	194
15-19	116	144	194	196	194	194	194	194
20-24	99	127	200	191	193	194	194	194
25-29	85	114	197	190	194	194	194	194
30-34	71	97	176	195	195	194	194	194
35-39	60	83	159	195	195	194	194	194
40-44	50	69	140	191	193	193	193	194
45-49	42	57	122	194	189	191	193	193
50-54	34	47	107	190	186	191	193	193
55-59	28	39	89	167	189	190	192	192
60-64	22	30	72	146	186	189	190	190
65-69	16	23	56	123	177	184	186	188
70-74	11	16	41	99	172	174	182	185
75+	12	16	49	151	359	472	536	564
TOTAL	1087	1406	2188	2814	3206	3339	3419	3455
BIRTH RATE		33.3	22.9	16.1	13.2	12.3	12.0	11.8
DEATH RATE		7.3	5.6	6.4	8.5	10.9	11.1	11.4
NET MIGRATION RATE		.0	.0	.0	.0	.0	.0	.0
GROWTH RATE		2.60	1.77	.98	.48	.14	.09	.04
TOTAL FERTILITY		4.478	2.799	2.108	2.071	2.064	2.060	2.058
e(0) - BOTH SEXES		64.74	70.71	75.74	80.46	82.69	84.56	85.26
IMR - BOTH SEXES		55.4	32.7	16.4	4.5	3.0	2.3	2.1

MONTSERRAT

Projection (thousands) with NRR=1 by 2000

AGE GROUP	1990	1995	2000	2005	2010	2015	2020	2025	2030	2035
TOTAL M+F	12	12	12	13	13	14	15	15	16	16
MALES										
0-4	1	1	1	1	1	1	1	1	1	1
5-9	0	1	1	1	1	1	1	1	1	1
10-14	1	0	1	1	1	1	1	1	1	1
15-19	1	1	0	1	1	1	1	1	1	1
20-24	1	1	1	0	1	1	1	1	1	1
25-29	1	1	1	1	0	1	1	1	1	1
30-34	0	1	1	1	1	0	1	1	1	1
35-39	0	0	1	1	1	1	0	1	1	1
40-44	0	0	0	0	1	1	1	0	1	1
45-49	0	0	0	0	0	1	1	1	0	1
50-54	0	0	0	0	0	0	0	1	1	0
55-59	0	0	0	0	0	0	0	0	1	1
60-64	0	0	0	0	0	0	0	0	0	0
65-69	0	0	0	0	0	0	0	0	0	0
70-74	0	0	0	0	0	0	0	0	0	0
75+	0	0	0	0	0	0	0	0	0	0
TOTAL	6	6	6	6	7	7	7	8	8	8
FEMALES										
0-4	1	1	1	1	1	1	1	1	1	1
5-9	0	1	1	1	1	1	1	1	1	1
10-14	1	0	1	1	1	1	1	1	1	1
15-19	1	1	0	1	1	1	1	1	1	1
20-24	1	1	1	0	1	1	1	1	1	1
25-29	1	1	1	1	0	1	1	1	1	1
30-34	0	1	1	1	1	0	1	1	1	1
35-39	0	0	1	1	1	1	0	1	1	1
40-44	0	0	0	1	1	1	1	0	1	1
45-49	0	0	0	0	1	1	1	1	0	1
50-54	0	0	0	0	0	1	1	1	1	0
55-59	0	0	0	0	0	0	0	0	1	1
60-64	0	0	0	0	0	0	0	0	0	1
65-69	0	0	0	0	0	0	0	0	0	0
70-74	0	0	0	0	0	0	0	0	0	0
75+	0	0	0	0	0	0	0	0	1	1
TOTAL	6	6	6	7	7	7	7	8	8	8
BIRTH RATE		21.1	19.4	17.4	16.0	15.5	15.2	14.8	14.1	13.5
DEATH RATE		9.8	9.0	7.7	6.9	6.6	6.4	6.7	7.2	8.0
RATE OF NAT. INC.		1.13	1.03	.97	.92	.90	.88	.81	.69	.55
NET MIGRATION RATE		-9.9	-6.5	-3.2	.0	.0	.0	.0	.0	.0
GROWTH RATE		.15	.38	.65	.92	.90	.88	.81	.69	.55
TOTAL FERTILITY		2.402	2.189	2.110	2.099	2.096	2.092	2.088	2.084	2.080
NRR		1.123	1.031	1.000	1.000	1.000	1.000	1.000	1.000	1.000
e(0) - BOTH SEXES		71.79	73.36	74.86	76.27	76.85	77.46	78.08	78.71	79.37
e(15) - BOTH SEXES		59.55	60.70	61.82	62.91	63.38	63.86	64.36	64.87	65.39
IMR - BOTH SEXES		27.5	22.9	18.7	15.3	14.1	12.8	11.6	10.3	9.1
q(5) - BOTH SEXES		.0338	.0281	.0229	.0187	.0172	.0158	.0143	.0128	.0114
DEP. RATIO	65.8	59.3	59.6	52.7	47.1	45.0	46.2	49.0	53.9	57.5

MONTSERRAT

Summary Projection for 25-Year Periods

AGE GROUP	1990	2000	2025	2050	2075	2100	2125	2150
TOTAL M+F	12	12	15	17	18	18	18	18
MALES								
0-4	1	1	1	1	1	1	1	1
5-9	0	1	1	1	1	1	1	1
10-14	1	1	1	1	1	1	1	1
15-19	1	0	1	1	1	1	1	1
20-24	1	1	1	1	1	1	1	1
25-29	1	1	1	1	1	1	1	1
30-34	0	1	1	1	1	1	1	1
35-39	0	1	1	1	1	1	1	1
40-44	0	0	0	1	1	1	1	1
45-49	0	0	1	1	1	1	1	1
50-54	0	0	1	1	1	1	1	1
55-59	0	0	0	1	1	1	1	1
60-64	0	0	0	1	0	0	1	1
65-69	0	0	0	0	0	0	0	0
70-74	0	0	0	0	0	0	0	0
75+	0	0	0	1	1	1	1	1
TOTAL	6	6	8	8	9	9	9	9
FEMALES								
0-4	1	1	1	1	1	1	1	1
5-9	0	1	1	1	1	1	1	1
10-14	1	1	1	1	1	1	1	1
15-19	1	0	1	1	1	1	1	1
20-24	1	1	1	1	1	1	1	1
25-29	1	1	1	1	1	1	1	1
30-34	0	1	1	1	1	1	1	1
35-39	0	1	1	1	1	1	1	1
40-44	0	0	0	0	1	1	1	1
45-49	0	0	1	1	1	1	1	1
50-54	0	0	1	1	1	1	1	1
55-59	0	0	0	1	1	1	1	1
60-64	0	0	0	1	0	1	1	1
65-69	0	0	0	0	0	1	1	1
70-74	0	0	0	1	0	0	1	1
75+	0	0	0	1	1	1	2	2
TOTAL	6	6	8	9	9	9	9	9
BIRTH RATE		20.2	15.7	13.2	12.3	12.0	11.8	11.7
DEATH RATE		9.4	6.8	8.8	10.8	11.3	11.3	11.5
NET MIGRATION RATE		-8.2	-.6	.0	.0	.0	.0	.0
GROWTH RATE		.26	.83	.45	.16	.07	.05	.02
TOTAL FERTILITY		2.304	2.097	2.077	2.062	2.059	2.058	2.057
e(0) - BOTH SEXES		72.58	76.77	80.08	83.03	84.34	85.39	85.78
IMR - BOTH SEXES		25.3	14.5	7.8	3.0	2.4	2.1	2.0

MOROCCO

Projection (thousands) with NRR=1 by 2015

AGE GROUP	1990	1995	2000	2005	2010	2015	2020	2025	2030	2035
TOTAL M+F	25091	27724	30355	33199	35948	38419	40752	43036	45237	47270
MALES										
0-4	1925	1762	1781	1910	1883	1788	1766	1805	1836	1842
5-9	1689	1889	1736	1762	1895	1869	1776	1756	1797	1828
10-14	1561	1677	1878	1728	1755	1888	1864	1771	1752	1793
15-19	1385	1548	1665	1866	1719	1747	1880	1856	1765	1747
20-24	1203	1367	1529	1648	1850	1706	1735	1868	1845	1755
25-29	993	1183	1347	1510	1631	1833	1691	1721	1854	1833
30-34	896	975	1165	1329	1494	1615	1816	1676	1707	1841
35-39	699	878	957	1147	1312	1476	1597	1798	1661	1693
40-44	504	681	858	938	1127	1291	1454	1575	1775	1641
45-49	347	487	660	833	915	1100	1262	1424	1545	1743
50-54	341	331	465	632	801	881	1062	1221	1381	1501
55-59	292	317	308	435	594	756	834	1009	1164	1320
60-64	265	262	285	279	396	543	694	770	936	1085
65-69	171	225	223	244	240	344	476	614	686	840
70-74	144	133	175	175	194	193	280	392	511	578
75+	138	159	163	193	213	238	256	331	465	637
TOTAL	12554	13873	15195	16630	18020	19269	20444	21589	22681	23679
FEMALES										
0-4	1854	1701	1718	1840	1811	1718	1696	1732	1760	1764
5-9	1632	1824	1681	1704	1829	1802	1710	1689	1725	1754
10-14	1502	1621	1815	1675	1699	1825	1798	1706	1686	1723
15-19	1333	1491	1611	1806	1669	1693	1819	1793	1702	1682
20-24	1161	1318	1477	1599	1796	1660	1686	1812	1787	1697
25-29	1032	1145	1302	1462	1587	1784	1650	1676	1803	1779
30-34	905	1015	1129	1287	1449	1574	1771	1639	1667	1794
35-39	697	889	999	1113	1273	1435	1560	1756	1627	1656
40-44	520	682	872	982	1098	1257	1418	1543	1739	1613
45-49	398	506	665	852	963	1078	1236	1396	1521	1717
50-54	428	383	488	644	828	937	1051	1207	1367	1492
55-59	315	405	364	466	617	795	903	1015	1170	1328
60-64	309	290	376	339	436	580	751	856	967	1119
65-69	164	273	257	335	304	395	529	690	792	901
70-74	140	134	224	213	280	258	338	459	606	704
75+	147	172	181	252	290	360	394	477	638	869
TOTAL	12537	13851	15160	16569	17929	19150	20308	21447	22556	23591
BIRTH RATE		28.1	25.5	24.7	22.2	19.5	18.0	17.3	16.7	15.9
DEATH RATE		7.9	7.2	6.7	6.1	6.1	6.2	6.4	6.7	7.1
RATE OF NAT. INC.		2.02	1.83	1.80	1.60	1.34	1.18	1.09	1.00	.88
NET MIGRATION RATE		-.2	-.2	-.1	-.1	-.1	-.0	-.0	.0	.0
GROWTH RATE		2.00	1.81	1.79	1.59	1.33	1.18	1.09	1.00	.88
TOTAL FERTILITY		3.825	3.253	2.879	2.548	2.255	2.148	2.138	2.128	2.119
NRR		1.648	1.436	1.306	1.176	1.045	1.000	1.000	1.000	1.000
e(0) - BOTH SEXES		63.24	64.95	66.75	68.57	69.49	70.45	71.43	72.46	73.53
e(15) - BOTH SEXES		54.24	54.86	55.71	56.76	57.44	58.15	58.89	59.66	60.47
IMR - BOTH SEXES		57.4	48.1	39.5	32.2	29.4	26.6	23.9	21.1	18.3
q(5) - BOTH SEXES		.0768	.0622	.0494	.0393	.0359	.0326	.0293	.0260	.0227
DEP. RATIO	78.9	71.6	63.9	56.8	52.6	49.3	46.2	45.3	46.0	47.5

Summary Projection for 25-Year Periods

MOROCCO

AGE GROUP	1990	2000	2025	2050	2075	2100	2125	2150
TOTAL M+F	25091	30355	43036	52100	56680	58613	59998	60614
MALES								
0-4	1925	1781	1805	1807	1818	1819	1819	1818
5-9	1689	1736	1756	1806	1820	1819	1817	1817
10-14	1561	1878	1771	1819	1825	1819	1816	1816
15-19	1385	1665	1856	1829	1821	1815	1814	1815
20-24	1203	1529	1868	1813	1806	1809	1811	1812
25-29	993	1347	1721	1770	1788	1803	1807	1808
30-34	896	1165	1676	1718	1781	1801	1803	1803
35-39	699	957	1798	1722	1786	1798	1797	1797
40-44	504	858	1575	1791	1786	1786	1787	1788
45-49	347	660	1424	1784	1758	1762	1772	1777
50-54	341	465	1221	1612	1693	1726	1751	1759
55-59	292	308	1009	1519	1606	1688	1723	1732
60-64	265	285	770	1546	1553	1646	1682	1691
65-69	171	223	614	1245	1523	1573	1612	1627
70-74	144	175	392	984	1380	1440	1500	1529
75+	138	163	331	1231	2335	2872	3295	3485
TOTAL	12554	15195	21589	25997	28079	28976	29607	29875
FEMALES								
0-4	1854	1718	1732	1725	1732	1734	1734	1733
5-9	1632	1681	1689	1726	1735	1734	1733	1732
10-14	1502	1815	1706	1741	1739	1734	1732	1732
15-19	1333	1611	1793	1755	1736	1732	1731	1732
20-24	1161	1477	1812	1745	1727	1728	1730	1731
25-29	1032	1302	1676	1711	1716	1726	1730	1731
30-34	905	1129	1639	1667	1716	1728	1730	1730
35-39	697	999	1756	1677	1728	1730	1728	1727
40-44	520	872	1543	1752	1736	1723	1723	1724
45-49	398	665	1396	1756	1718	1709	1716	1721
50-54	428	488	1207	1604	1672	1690	1709	1716
55-59	315	364	1015	1538	1610	1677	1702	1709
60-64	309	376	856	1597	1591	1669	1691	1698
65-69	164	257	690	1335	1616	1647	1667	1678
70-74	140	224	459	1109	1545	1583	1623	1647
75+	147	181	477	1664	3282	4093	4711	4998
TOTAL	12537	15160	21447	26103	28601	29637	30390	30739
BIRTH RATE		26.7	20.1	15.2	13.1	12.4	12.0	11.8
DEATH RATE		7.5	6.3	7.6	9.7	11.0	11.1	11.4
NET MIGRATION RATE		-.2	-.1	.0	.0	.0	.0	.0
GROWTH RATE		1.90	1.40	.76	.34	.13	.09	.04
TOTAL FERTILITY		3.514	2.371	2.110	2.073	2.065	2.060	2.058
e(0) - BOTH SEXES		64.14	69.49	74.78	79.87	82.33	84.39	85.15
IMR - BOTH SEXES		52.8	30.5	15.6	4.7	3.2	2.4	2.2

MOZAMBIQUE

Projection (thousands) with NRR=1 by 2050

AGE GROUP	1990	1995	2000	2005	2010	2015	2020	2025	2030	2035
TOTAL M+F	15707	17732	20289	23547	27360	31396	35647	40171	44912	49645
MALES										
0-4	1407	1495	1812	2226	2537	2698	2849	3033	3193	3240
5-9	1131	1274	1362	1670	2081	2387	2553	2712	2904	3075
10-14	923	1107	1248	1338	1645	2052	2356	2523	2683	2876
15-19	768	906	1087	1226	1316	1620	2024	2326	2493	2654
20-24	675	747	880	1056	1194	1284	1584	1982	2282	2450
25-29	565	652	721	849	1022	1158	1248	1543	1935	2234
30-34	468	545	629	695	821	990	1125	1215	1505	1893
35-39	379	450	524	604	670	793	958	1091	1182	1468
40-44	331	362	430	500	578	642	763	924	1055	1146
45-49	273	313	342	406	473	549	612	728	885	1013
50-54	226	254	291	318	378	442	514	575	686	836
55-59	184	205	229	263	288	344	404	471	529	633
60-64	142	159	178	198	228	251	302	356	417	469
65-69	102	115	128	143	161	186	206	249	295	348
70-74	67	74	82	92	103	117	137	153	186	223
75+	56	60	66	72	82	94	109	129	151	183
TOTAL	7698	8719	10009	11655	13578	15609	17744	20011	22382	24742
FEMALES										
0-4	1416	1478	1791	2198	2503	2661	2810	2991	3148	3194
5-9	1148	1281	1347	1651	2058	2358	2523	2681	2872	3040
10-14	941	1122	1254	1321	1626	2029	2328	2493	2653	2845
15-19	783	922	1100	1229	1298	1600	2000	2297	2464	2626
20-24	692	763	897	1069	1199	1269	1566	1962	2258	2427
25-29	585	672	739	868	1037	1165	1236	1530	1920	2217
30-34	491	567	649	713	839	1005	1132	1205	1495	1881
35-39	401	474	546	624	688	812	975	1101	1174	1461
40-44	353	386	455	524	600	663	785	945	1070	1144
45-49	295	338	369	435	502	577	639	758	914	1038
50-54	248	280	321	349	413	477	550	610	726	878
55-59	206	231	260	297	325	385	447	516	574	685
60-64	165	185	206	231	266	292	348	405	471	526
65-69	122	138	154	171	194	224	248	298	350	409
70-74	83	92	103	114	128	147	172	192	234	277
75+	79	83	89	96	108	125	147	176	207	253
TOTAL	8009	9014	10280	11892	13782	15788	17903	20160	22530	24903
BIRTH RATE		45.3	47.8	49.9	47.7	43.2	39.4	36.6	33.8	30.4
DEATH RATE		21.0	20.9	20.1	17.6	15.7	14.0	12.7	11.5	10.4
RATE OF NAT. INC.		2.43	2.69	2.98	3.00	2.75	2.54	2.39	2.23	2.00
NET MIGRATION RATE		-.1	.0	.0	.0	.0	.0	.0	.0	.0
GROWTH RATE		2.43	2.69	2.98	3.00	2.75	2.54	2.39	2.23	2.00
TOTAL FERTILITY		6.520	6.740	6.960	6.660	6.060	5.460	4.860	4.260	3.660
NRR		2.047	2.148	2.295	2.327	2.186	2.028	1.858	1.677	1.483
e(0) - BOTH SEXES	43.98	44.34	45.63	48.35	50.01	51.73	53.51	55.36	57.27	
e(15) - BOTH SEXES	47.83	47.24	47.01	47.82	48.58	49.37	50.19	51.02	51.89	
IMR - BOTH SEXES	162.1	156.8	146.7	132.1	122.6	113.0	103.5	93.9	84.4	
q(5) - BOTH SEXES	.2762	.2646	.2429	.2119	.1959	.1798	.1636	.1471	.1306	
DEP. RATIO	90.9	88.4	86.9	89.1	93.6	92.4	85.6	78.2	72.5	67.3

Summary Projection for 25-Year Periods

MOZAMBIQUE

AGE GROUP	1990	2000	2025	2050	2075	2100	2125	2150
TOTAL M+F	15707	20289	40171	62194	79506	90002	95411	98524
MALES								
0-4	1407	1812	3033	2899	2999	3028	3030	3024
5-9	1131	1362	2712	3015	3024	3027	3025	3019
10-14	923	1248	2523	3105	3035	3010	3016	3017
15-19	768	1087	2326	3091	2972	2973	3005	3015
20-24	675	880	1982	2986	2867	2939	2999	3012
25-29	565	721	1543	2769	2785	2934	2995	3005
30-34	468	629	1215	2530	2906	2954	2986	2993
35-39	379	524	1091	2319	2969	2947	2956	2973
40-44	331	430	924	2096	2921	2863	2904	2948
45-49	273	342	728	1746	2776	2733	2851	2925
50-54	226	291	575	1314	2503	2604	2809	2891
55-59	184	229	471	978	2181	2628	2764	2830
60-64	142	178	356	802	1853	2547	2660	2723
65-69	102	128	249	589	1486	2304	2441	2557
70-74	67	82	153	370	1025	1916	2123	2333
75+	56	66	129	327	944	2644	3975	4818
TOTAL	7698	10009	20011	30937	39246	44051	46540	48082
FEMALES								
0-4	1416	1791	2991	2858	2944	2950	2944	2938
5-9	1148	1347	2681	2982	2980	2956	2940	2935
10-14	941	1254	2493	3074	3000	2946	2932	2932
15-19	783	1100	2297	3065	2949	2919	2923	2932
20-24	692	897	1962	2968	2856	2899	2927	2934
25-29	585	739	1530	2758	2784	2909	2936	2935
30-34	491	649	1205	2524	2914	2943	2941	2930
35-39	401	546	1101	2317	2984	2951	2925	2917
40-44	353	455	945	2101	2947	2886	2890	2903
45-49	295	369	758	1764	2818	2773	2857	2898
50-54	248	321	610	1346	2570	2671	2848	2894
55-59	206	260	516	1024	2283	2744	2851	2877
60-64	165	206	405	882	1999	2730	2813	2830
65-69	122	154	298	683	1677	2573	2683	2749
70-74	83	103	192	457	1232	2272	2470	2643
75+	79	89	176	455	1323	3830	5992	7195
TOTAL	8009	10280	20160	31257	40260	45951	48872	50442
BIRTH RATE		46.6	42.4	26.5	17.5	14.3	12.9	12.3
DEATH RATE		20.9	15.5	9.4	7.7	9.3	10.5	11.0
NET MIGRATION RATE		-.0	.0	.0	.0	.0	.0	.0
GROWTH RATE		2.56	2.73	1.75	.98	.50	.23	.13
TOTAL FERTILITY		6.638	5.847	3.119	2.150	2.090	2.050	2.044
e(0) - BOTH SEXES		44.17	50.36	59.69	68.90	74.77	80.32	82.55
IMR - BOTH SEXES		159.2	122.4	75.6	34.7	17.1	4.6	3.1

MYANMAR

Projection (thousands) with NRR=1 by 2020

AGE GROUP	1990	1995	2000	2005	2010	2015	2020	2025	2030	2035
TOTAL M+F	41825	46759	51919	56502	60945	65155	69073	72934	76729	80279
MALES										
0-4	3056	3351	3550	3334	3332	3281	3209	3264	3332	3328
5-9	2592	2978	3274	3483	3285	3287	3242	3175	3234	3305
10-14	2383	2570	2954	3250	3462	3267	3271	3227	3162	3222
15-19	2341	2358	2543	2926	3222	3434	3243	3249	3207	3145
20-24	1969	2304	2321	2505	2885	3180	3392	3206	3215	3177
25-29	1712	1930	2259	2278	2460	2837	3131	3344	3165	3178
30-34	1451	1675	1890	2213	2233	2415	2789	3082	3297	3125
35-39	1126	1414	1633	1844	2162	2185	2368	2738	3032	3248
40-44	874	1090	1370	1583	1789	2102	2129	2312	2680	2973
45-49	742	837	1045	1314	1521	1723	2030	2061	2244	2607
50-54	707	699	789	985	1241	1442	1639	1936	1973	2154
55-59	627	649	642	725	908	1149	1339	1529	1814	1856
60-64	465	553	573	567	643	809	1030	1208	1387	1655
65-69	355	386	460	477	474	541	687	881	1042	1206
70-74	205	269	293	349	364	365	422	541	702	839
75+	201	223	272	312	367	409	434	491	612	800
TOTAL	20809	23286	25867	28146	30347	32426	34354	36246	38097	39818
FEMALES										
0-4	2964	3241	3432	3220	3214	3162	3090	3139	3201	3194
5-9	2519	2896	3176	3376	3181	3179	3131	3062	3115	3179
10-14	2340	2499	2875	3156	3360	3167	3166	3120	3053	3106
15-19	2248	2318	2477	2854	3137	3341	3151	3151	3107	3042
20-24	2024	2218	2290	2451	2827	3109	3315	3128	3131	3089
25-29	1787	1991	2185	2259	2421	2796	3078	3285	3103	3110
30-34	1488	1753	1956	2150	2227	2389	2763	3046	3254	3078
35-39	1150	1455	1718	1920	2115	2193	2356	2728	3011	3221
40-44	878	1120	1420	1679	1881	2075	2155	2319	2689	2973
45-49	799	850	1087	1380	1635	1835	2028	2110	2275	2642
50-54	743	765	816	1045	1330	1580	1777	1968	2053	2219
55-59	675	699	722	771	991	1266	1509	1703	1892	1981
60-64	497	617	641	664	712	920	1181	1414	1604	1792
65-69	402	433	539	563	586	634	825	1067	1288	1472
70-74	241	323	350	438	460	485	531	699	916	1119
75+	260	295	367	428	522	600	667	750	941	1245
TOTAL	21016	23473	26051	28355	30598	32729	34720	36688	38632	40461
BIRTH RATE		32.5	30.7	25.9	23.6	21.6	19.7	18.8	18.1	17.2
DEATH RATE		10.2	9.7	9.0	8.5	8.2	8.0	7.9	8.0	8.1
RATE OF NAT. INC.		2.23	2.10	1.69	1.52	1.34	1.17	1.09	1.01	.90
NET MIGRATION RATE		-.0	-.0	-.0	-.0	.0	.0	.0	.0	.0
GROWTH RATE		2.23	2.09	1.69	1.51	1.34	1.17	1.09	1.01	.90
TOTAL FERTILITY		4.160	3.860	3.260	2.906	2.590	2.309	2.205	2.187	2.169
NRR		1.730	1.632	1.407	1.285	1.155	1.038	1.000	1.000	1.000
e(0) - BOTH SEXES	59.50	60.47	61.79	63.34	64.47	65.64	66.85	68.10	69.40	
e(15) - BOTH SEXES	52.02	52.44	52.84	53.38	54.14	54.93	55.75	56.61	57.50	
IMR - BOTH SEXES	72.0	66.9	58.7	49.9	45.6	41.3	37.1	32.8	28.6	
q(5) - BOTH SEXES	.0997	.0916	.0789	.0650	.0594	.0539	.0484	.0428	.0373	
DEP. RATIO	72.1	71.3	70.9	65.6	59.0	52.3	48.9	47.3	47.2	47.9

MYANMAR

Summary Projection for 25-Year Periods

AGE GROUP	1990	2000	2025	2050	2075	2100	2125	2150
TOTAL M+F	41825	51919	72934	89017	98717	103427	106955	108539
MALES								
0-4	3056	3550	3264	3260	3274	3278	3278	3277
5-9	2592	3274	3175	3246	3276	3277	3276	3275
10-14	2383	2954	3227	3265	3281	3276	3274	3274
15-19	2341	2543	3249	3284	3270	3268	3270	3271
20-24	1969	2321	3206	3259	3245	3254	3263	3266
25-29	1712	2259	3344	3157	3208	3239	3254	3257
30-34	1451	1890	3082	3063	3186	3231	3245	3247
35-39	1126	1633	2738	3082	3188	3222	3232	3236
40-44	874	1370	2312	3064	3185	3196	3211	3220
45-49	742	1045	2061	2976	3130	3150	3180	3198
50-54	707	789	1936	3025	2979	3073	3135	3161
55-59	627	642	1529	2669	2802	2984	3075	3107
60-64	465	573	1208	2211	2680	2882	2989	3026
65-69	355	460	881	1672	2455	2721	2847	2901
70-74	205	293	541	1251	2088	2440	2630	2712
75+	201	272	491	1520	3269	4407	5523	6019
TOTAL	20809	25867	36246	44004	48515	50897	52682	53447
FEMALES								
0-4	2964	3432	3139	3118	3124	3126	3125	3124
5-9	2519	3176	3062	3111	3127	3126	3124	3122
10-14	2340	2875	3120	3135	3134	3126	3123	3122
15-19	2248	2477	3151	3163	3128	3122	3120	3121
20-24	2024	2290	3128	3153	3116	3115	3119	3121
25-29	1787	2185	3285	3072	3095	3111	3118	3119
30-34	1488	1956	3046	2997	3087	3112	3117	3117
35-39	1150	1718	2728	3034	3103	3113	3113	3113
40-44	878	1420	2319	3039	3119	3100	3104	3106
45-49	799	1087	2110	2986	3091	3076	3089	3099
50-54	743	816	1968	3087	2982	3036	3073	3089
55-59	675	722	1703	2796	2867	2999	3055	3074
60-64	497	641	1414	2412	2835	2971	3030	3050
65-69	402	539	1067	1929	2736	2918	2978	3010
70-74	241	350	699	1580	2519	2783	2891	2947
75+	260	367	750	2400	5138	6697	8094	8757
TOTAL	21016	26051	36688	45012	50201	52530	54273	55093
BIRTH RATE		31.5	21.7	16.3	13.7	12.7	12.2	11.9
DEATH RATE		9.9	8.3	8.4	9.6	10.9	10.8	11.3
NET MIGRATION RATE		-.0	.0	.0	.0	.0	.0	.0
GROWTH RATE		2.16	1.36	.80	.41	.19	.13	.06
TOTAL FERTILITY		3.997	2.609	2.151	2.082	2.069	2.061	2.059
e(0) - BOTH SEXES		60.01	64.59	70.91	77.12	80.52	83.54	84.61
IMR - BOTH SEXES		69.4	46.7	24.4	7.6	4.5	2.7	2.3

NAMIBIA

Projection (thousands) with NRR=1 by 2030

AGE GROUP	1990	1995	2000	2005	2010	2015	2020	2025	2030	2035
TOTAL M+F	1439	1647	1881	2124	2378	2624	2865	3093	3302	3507
MALES										
0-4	130	134	151	161	168	167	167	164	157	159
5-9	106	126	131	149	159	166	165	166	163	156
10-14	88	105	125	130	147	157	165	164	165	162
15-19	74	87	103	123	128	146	156	164	163	164
20-24	61	73	85	101	120	126	143	153	161	161
25-29	51	60	71	82	98	117	123	140	150	159
30-34	44	50	58	68	80	95	114	120	137	148
35-39	36	42	48	56	66	78	93	112	117	135
40-44	29	34	41	46	54	64	75	90	109	115
45-49	23	27	33	39	44	51	61	72	87	105
50-54	20	21	26	31	36	42	49	58	69	84
55-59	16	18	20	24	28	34	39	46	55	65
60-64	13	14	16	18	21	25	30	35	42	50
65-69	10	11	12	14	15	18	22	26	31	37
70-74	6	8	8	9	11	12	14	18	21	25
75+	6	7	8	9	10	12	14	17	21	26
TOTAL	712	817	935	1058	1186	1310	1431	1545	1649	1750
FEMALES										
0-4	128	132	149	157	165	164	163	160	154	155
5-9	104	125	129	146	156	163	162	162	159	153
10-14	87	103	123	128	145	155	162	161	162	158
15-19	73	86	102	122	127	144	154	161	160	161
20-24	62	72	84	100	120	125	142	152	159	159
25-29	52	60	70	82	98	117	122	139	149	157
30-34	44	50	59	68	80	95	115	120	137	147
35-39	37	42	49	57	66	78	93	112	118	135
40-44	31	35	41	47	55	64	76	91	109	115
45-49	26	30	34	39	45	53	62	73	88	107
50-54	22	25	29	32	37	43	51	59	71	85
55-59	18	21	23	27	30	35	41	48	56	68
60-64	15	17	19	21	24	27	32	38	45	53
65-69	11	13	14	16	18	21	24	29	34	41
70-74	8	9	10	11	13	15	17	20	24	29
75+	8	10	11	12	13	16	19	23	28	34
TOTAL	727	830	945	1066	1191	1314	1434	1548	1653	1757
BIRTH RATE		37.1	36.2	33.5	30.7	27.4	24.9	22.4	19.9	18.8
DEATH RATE		10.0	9.7	9.2	8.1	7.7	7.3	7.0	6.9	6.8
RATE OF NAT. INC.		2.70	2.65	2.43	2.26	1.97	1.76	1.53	1.31	1.21
NET MIGRATION RATE		.0	.0	.0	.0	.0	.0	.0	.0	.0
GROWTH RATE		2.70	2.65	2.43	2.26	1.97	1.76	1.53	1.31	1.21
TOTAL FERTILITY		5.400	5.100	4.500	3.900	3.300	2.911	2.568	2.266	2.155
NRR		2.235	2.145	1.925	1.722	1.476	1.314	1.170	1.042	1.000
e(0) - BOTH SEXES		58.73	59.15	59.84	61.96	63.23	64.56	65.94	67.39	68.91
e(15) - BOTH SEXES		50.53	49.95	49.75	50.57	51.60	52.67	53.80	54.98	56.22
IMR - BOTH SEXES		56.5	49.4	42.7	32.3	29.7	27.0	24.4	21.8	19.2
q(5) - BOTH SEXES		.0858	.0733	.0615	.0433	.0398	.0362	.0327	.0292	.0256
DEP. RATIO	92.7	90.3	86.5	79.8	75.2	68.4	61.9	56.0	51.2	47.8

NAMIBIA

Summary Projection for 25-Year Periods

AGE GROUP	1990	2000	2025	2050	2075	2100	2125	2150
TOTAL M+F	1439	1881	3093	4108	4844	5155	5320	5388
MALES								
0-4	130	151	164	162	162	161	161	161
5-9	106	131	166	163	161	161	160	161
10-14	88	125	164	162	160	160	160	161
15-19	74	103	164	157	159	160	160	161
20-24	61	85	153	154	159	160	160	160
25-29	51	71	140	158	160	160	160	160
30-34	44	58	120	158	161	159	159	159
35-39	36	48	112	155	158	158	158	159
40-44	29	41	90	152	152	155	158	158
45-49	23	33	72	140	148	155	157	157
50-54	20	26	58	125	150	154	155	155
55-59	16	20	46	103	146	151	152	153
60-64	13	16	35	91	137	144	147	148
65-69	10	12	26	67	125	132	139	143
70-74	6	8	18	46	103	118	130	135
75+	6	8	17	50	145	237	284	302
TOTAL	712	935	1545	2043	2386	2526	2602	2631
FEMALES								
0-4	128	149	160	158	157	156	156	156
5-9	104	129	162	159	157	156	156	156
10-14	87	123	161	158	156	156	156	156
15-19	73	102	161	153	154	156	156	156
20-24	62	84	152	151	155	156	156	156
25-29	52	70	139	156	157	157	156	156
30-34	44	59	120	157	158	156	156	156
35-39	37	49	112	154	156	155	155	155
40-44	31	41	91	152	151	153	155	155
45-49	26	34	73	141	148	153	155	155
50-54	22	29	59	128	151	154	155	155
55-59	18	23	48	107	150	154	153	153
60-64	15	19	38	97	144	150	151	152
65-69	11	14	29	73	137	142	147	150
70-74	8	10	20	54	120	134	144	148
75+	8	11	23	68	207	343	411	440
TOTAL	727	945	1548	2065	2458	2629	2718	2757
BIRTH RATE		36.6	27.2	18.0	14.1	12.7	12.1	11.9
DEATH RATE		9.8	7.8	6.7	7.6	10.2	10.9	11.4
NET MIGRATION RATE		.0	.0	.0	.0	.0	.0	.0
GROWTH RATE		2.68	1.99	1.14	.66	.25	.13	.05
TOTAL FERTILITY		5.240	3.305	2.152	2.061	2.048	2.041	2.039
e(0) - BOTH SEXES		58.95	63.40	70.76	78.00	81.15	83.84	84.81
IMR - BOTH SEXES		52.8	31.2	16.5	6.1	3.9	2.6	2.3

NEPAL

Projection (thousands) with NRR=1 by 2030

AGE GROUP	1990	1995	2000	2005	2010	2015	2020	2025	2030	2035
TOTAL M+F	18916	21406	24151	27046	30055	32929	35731	38368	40770	43121
MALES										
0-4	1630	1703	1867	1978	2067	2042	2048	2008	1934	1955
5-9	1470	1565	1645	1816	1935	2026	2006	2016	1981	1911
10-14	1123	1453	1549	1630	1802	1922	2013	1994	2005	1972
15-19	974	1108	1436	1532	1615	1786	1906	1998	1980	1993
20-24	814	957	1090	1414	1511	1594	1764	1885	1977	1961
25-29	673	797	938	1070	1390	1487	1570	1740	1861	1955
30-34	575	657	779	919	1049	1365	1463	1547	1716	1838
35-39	506	560	640	761	898	1028	1339	1437	1522	1691
40-44	437	489	541	621	739	874	1002	1309	1407	1493
45-49	374	418	468	519	597	712	845	971	1270	1369
50-54	314	351	393	441	491	567	678	807	930	1220
55-59	253	288	322	361	407	455	527	633	756	874
60-64	193	222	253	285	321	364	408	475	574	688
65-69	137	159	184	211	238	271	309	349	409	497
70-74	86	103	120	140	161	184	211	243	277	328
75+	71	87	105	125	148	175	205	241	283	332
TOTAL	9630	10916	12332	13823	15371	16851	18294	19651	20882	22078
FEMALES										
0-4	1558	1652	1810	1915	1998	1970	1972	1931	1856	1873
5-9	1386	1500	1601	1765	1878	1963	1939	1945	1908	1836
10-14	1051	1368	1482	1585	1751	1865	1950	1928	1935	1899
15-19	908	1033	1346	1462	1567	1732	1847	1933	1913	1922
20-24	747	884	1008	1317	1434	1539	1704	1821	1909	1892
25-29	656	723	857	979	1284	1401	1507	1673	1791	1882
30-34	597	632	698	830	951	1250	1368	1475	1642	1762
35-39	545	572	607	673	803	923	1216	1334	1444	1611
40-44	461	520	547	583	648	776	895	1182	1301	1412
45-49	377	437	494	522	558	622	747	865	1146	1265
50-54	305	353	410	465	493	530	593	715	830	1105
55-59	239	279	324	378	431	459	495	557	675	788
60-64	177	210	247	288	339	389	417	453	513	625
65-69	127	147	176	208	245	290	336	364	399	456
70-74	83	96	112	135	162	193	231	272	298	330
75+	69	84	100	119	145	178	219	270	330	385
TOTAL	9286	10490	11819	13223	14684	16078	17437	18717	19888	21044
BIRTH RATE		37.7	36.0	33.4	30.8	27.3	25.0	22.5	20.2	19.1
DEATH RATE		12.9	11.9	10.7	9.7	9.1	8.6	8.3	8.0	7.9
RATE OF NAT. INC.		2.47	2.41	2.26	2.11	1.83	1.63	1.42	1.21	1.12
NET MIGRATION RATE		.0	.0	.0	.0	.0	.0	.0	.0	.0
GROWTH RATE		2.47	2.41	2.26	2.11	1.83	1.63	1.42	1.21	1.12
TOTAL FERTILITY		5.470	5.170	4.570	3.970	3.370	2.991	2.655	2.357	2.247
NRR		2.065	2.013	1.838	1.650	1.421	1.279	1.151	1.035	1.000
e(0) - BOTH SEXES	53.51	55.23	57.17	59.27	60.54	61.86	63.22	64.62	66.08	
e(15) - BOTH SEXES	48.69	49.26	49.98	50.85	51.67	52.52	53.39	54.31	55.25	
IMR - BOTH SEXES	99.0	88.0	76.2	64.6	59.4	54.1	48.9	43.7	38.4	
q(5) - BOTH SEXES	.1423	.1248	.1062	.0880	.0808	.0736	.0664	.0591	.0518	
DEP. RATIO	86.8	86.3	80.2	75.4	71.5	65.9	60.3	54.7	50.1	46.9

Summary Projection for 25-Year Periods

NEPAL

AGE GROUP	1990	2000	2025	2050	2075	2100	2125	2150
TOTAL M+F	18916	24151	38368	49797	57373	61083	63614	64747
MALES								
0-4	1630	1867	2008	1993	1986	1972	1967	1966
5-9	1470	1645	2016	1998	1980	1967	1964	1964
10-14	1123	1549	1994	1979	1965	1963	1964	1964
15-19	974	1436	1998	1921	1947	1962	1964	1964
20-24	814	1090	1885	1881	1947	1964	1963	1961
25-29	673	938	1740	1930	1957	1963	1957	1954
30-34	575	779	1547	1941	1958	1952	1947	1947
35-39	506	640	1437	1903	1930	1929	1936	1940
40-44	437	541	1309	1885	1860	1900	1927	1933
45-49	374	468	971	1750	1804	1888	1918	1923
50-54	314	393	807	1574	1817	1871	1898	1900
55-59	253	322	633	1337	1767	1829	1854	1862
60-64	193	253	475	1155	1641	1736	1784	1810
65-69	137	184	349	938	1489	1577	1687	1737
70-74	86	120	243	580	1200	1388	1568	1631
75+	71	105	241	608	1602	2625	3298	3594
TOTAL	9630	12332	19651	25375	28851	30486	31596	32049
FEMALES								
0-4	1558	1810	1931	1900	1888	1878	1874	1874
5-9	1386	1601	1945	1909	1883	1873	1872	1872
10-14	1051	1482	1928	1895	1868	1869	1872	1873
15-19	908	1346	1933	1844	1853	1869	1873	1873
20-24	747	1008	1821	1811	1861	1874	1874	1872
25-29	656	857	1673	1861	1879	1877	1872	1870
30-34	597	698	1475	1870	1888	1870	1866	1867
35-39	545	607	1334	1830	1868	1851	1859	1864
40-44	461	547	1182	1808	1806	1829	1855	1862
45-49	377	494	865	1675	1758	1828	1853	1859
50-54	305	410	715	1507	1782	1829	1847	1850
55-59	239	324	557	1288	1752	1814	1825	1834
60-64	177	247	453	1108	1657	1757	1786	1811
65-69	127	176	364	903	1548	1645	1735	1785
70-74	83	112	272	571	1300	1514	1684	1748
75+	69	100	270	643	1932	3421	4471	4983
TOTAL	9286	11819	18717	24423	28522	30597	32017	32698
BIRTH RATE		36.8	27.3	18.2	14.5	13.1	12.3	12.0
DEATH RATE		12.4	9.2	7.9	8.9	10.6	10.7	11.3
NET MIGRATION RATE		.0	.0	.0	.0	.0	.0	.0
GROWTH RATE		2.44	1.85	1.04	.57	.25	.16	.07
TOTAL FERTILITY		5.312	3.387	2.232	2.105	2.080	2.064	2.061
e(0) - BOTH SEXES		54.42	60.68	67.81	74.78	78.88	82.68	84.07
IMR - BOTH SEXES		93.3	60.7	33.2	12.2	6.7	3.1	2.5

NETHERLANDS

Projection (thousands) with NRR=1 by 2030

AGE GROUP	1990	1995	2000	2005	2010	2015	2020	2025	2030	2035
TOTAL M+F	14952	15446	15794	15939	15999	16039	16064	16039	15912	15716
MALES										
0-4	480	502	472	419	405	417	435	445	442	431
5-9	407	489	507	473	418	404	416	435	444	442
10-14	461	413	492	508	473	418	404	416	435	444
15-19	529	466	417	492	507	472	418	403	415	434
20-24	639	542	474	418	491	506	471	416	402	414
25-29	665	657	552	476	416	489	503	469	415	401
30-34	632	680	665	554	474	415	486	501	467	413
35-39	597	642	685	664	551	472	413	484	499	465
40-44	628	601	642	681	659	547	468	410	481	496
45-49	476	624	596	636	674	652	541	464	406	477
50-54	409	467	612	585	624	661	641	532	456	400
55-59	364	395	452	593	568	606	643	624	519	445
60-64	329	344	375	430	567	543	581	618	601	500
65-69	290	300	315	346	400	529	509	546	582	567
70-74	216	249	260	277	308	358	476	460	495	531
75+	299	323	367	407	451	504	580	727	803	884
TOTAL	7421	7694	7883	7959	7984	7992	7986	7949	7862	7744
FEMALES										
0-4	457	479	450	400	386	397	415	424	422	411
5-9	391	466	484	452	399	385	397	415	424	422
10-14	439	397	470	486	451	399	385	397	415	423
15-19	506	445	400	471	485	451	399	385	396	414
20-24	610	517	451	402	470	485	451	399	385	396
25-29	635	622	524	453	402	469	484	450	398	384
30-34	605	644	627	525	452	401	469	483	449	397
35-39	569	610	646	627	524	451	400	468	482	448
40-44	592	570	610	644	625	522	450	399	466	481
45-49	446	589	567	606	641	621	519	447	397	464
50-54	393	442	584	562	601	635	616	515	444	394
55-59	367	386	434	575	554	593	627	609	510	440
60-64	356	357	377	425	563	543	582	617	599	502
65-69	344	341	343	363	411	546	528	567	602	586
70-74	282	319	318	322	344	390	520	505	544	579
75+	541	568	625	667	707	757	836	1012	1118	1230
TOTAL	7531	7752	7911	7980	8015	8047	8078	8090	8050	7972
BIRTH RATE		12.9	11.8	10.4	10.0	10.2	10.7	10.9	10.9	10.7
DEATH RATE		9.0	8.9	9.0	9.2	9.7	10.3	11.2	12.5	13.2
RATE OF NAT. INC.		.39	.29	.13	.08	.05	.03	-.03	-.16	-.25
NET MIGRATION RATE		2.6	1.5	.5	.0	.0	.0	.0	.0	.0
GROWTH RATE		.65	.44	.18	.08	.05	.03	-.03	-.16	-.25
TOTAL FERTILITY		1.600	1.600	1.600	1.695	1.786	1.873	1.956	2.035	2.065
NRR		.770	.771	.772	.819	.863	.906	.946	.985	1.000
e(0) - BOTH SEXES	77.33	78.14	78.97	79.79	80.20	80.61	81.03	81.45	81.89	
e(15) - BOTH SEXES	63.09	63.81	64.57	65.35	65.73	66.12	66.51	66.92	67.33	
IMR - BOTH SEXES	6.3	5.5	4.9	4.4	4.2	4.0	3.8	3.6	3.4	
q(5) - BOTH SEXES	.0082	.0073	.0066	.0060	.0058	.0055	.0053	.0050	.0048	
DEP. RATIO	44.5	45.7	47.7	47.3	47.5	52.3	58.1	65.5	73.2	79.3

NETHERLANDS

Summary Projection for 25-Year Periods

AGE GROUP	1990	2000	2025	2050	2075	2100	2125	2150
TOTAL M+F	14952	15794	16039	14939	14419	14411	14493	14542
MALES								
0-4	480	472	445	434	431	431	432	432
5-9	407	507	435	427	429	431	432	432
10-14	461	492	416	423	430	432	432	432
15-19	529	417	403	430	434	433	432	431
20-24	639	474	416	440	435	431	430	430
25-29	665	552	469	441	431	428	429	429
30-34	632	665	501	430	423	426	428	428
35-39	597	685	484	410	418	426	428	428
40-44	628	642	410	396	423	427	427	426
45-49	476	596	464	406	431	427	424	423
50-54	409	612	532	452	428	419	418	419
55-59	364	452	624	475	411	406	410	413
60-64	329	375	618	445	383	393	402	405
65-69	290	315	546	360	356	385	392	392
70-74	216	260	460	378	345	372	372	371
75+	299	367	727	980	877	829	850	868
TOTAL	7421	7883	7949	7326	7084	7096	7136	7159
FEMALES								
0-4	457	450	424	413	411	411	412	412
5-9	391	484	415	407	409	411	412	412
10-14	439	470	397	404	411	412	412	412
15-19	506	400	385	410	414	413	412	411
20-24	610	451	399	421	415	412	411	411
25-29	635	524	450	423	412	410	410	411
30-34	605	627	483	413	406	409	411	411
35-39	569	646	468	395	402	409	411	411
40-44	592	610	399	382	408	412	411	411
45-49	446	567	447	394	418	413	410	410
50-54	393	584	515	443	418	409	407	408
55-59	367	434	609	472	407	401	405	407
60-64	356	377	617	452	386	395	404	406
65-69	344	343	567	379	370	398	404	404
70-74	282	318	505	413	374	401	400	399
75+	541	625	1012	1390	1273	1198	1226	1249
TOTAL	7531	7911	8090	7613	7335	7315	7357	7383
BIRTH RATE		12.3	10.4	10.9	11.6	11.8	11.7	11.6
DEATH RATE		8.9	9.9	13.7	13.0	11.8	11.5	11.5
NET MIGRATION RATE		2.1	.1	.0	.0	.0	.0	.0
GROWTH RATE		.55	.06	-.28	-.14	-.00	.02	.01
TOTAL FERTILITY		1.598	1.782	2.058	2.060	2.058	2.057	2.057
e(0) - BOTH SEXES		77.74	80.12	82.33	84.28	85.12	85.77	86.03
IMR - BOTH SEXES		5.9	4.3	3.2	2.4	2.2	2.0	1.9

NETHERLANDS ANTILLES

Projection (thousands) with NRR=1 by 1995

AGE GROUP	1990	1995	2000	2005	2010	2015	2020	2025	2030	2035
TOTAL M+F	189	200	211	222	231	240	248	255	262	268
MALES										
0-4	9	9	9	9	9	8	8	9	9	9
5-9	8	9	9	9	9	9	8	8	9	9
10-14	9	8	9	9	9	9	9	8	8	9
15-19	10	9	8	9	9	9	9	9	8	8
20-24	10	10	9	8	9	9	9	9	8	8
25-29	8	10	10	9	8	9	9	9	9	8
30-34	7	8	10	10	9	8	8	8	9	9
35-39	6	7	8	10	9	8	7	8	8	9
40-44	5	6	7	8	9	9	8	7	8	8
45-49	4	5	6	7	8	9	9	8	7	8
50-54	4	4	5	6	7	7	9	9	8	7
55-59	3	4	4	5	6	6	7	9	9	8
60-64	3	3	4	4	4	5	6	7	9	9
65-69	2	3	3	3	3	4	5	6	6	8
70-74	1	2	2	2	3	3	4	4	5	6
75+	2	2	2	3	4	5	5	6	7	9
TOTAL	92	98	103	109	113	117	121	125	129	132
FEMALES										
0-4	8	9	9	9	8	8	8	8	8	8
5-9	8	8	8	9	9	8	8	8	8	8
10-14	9	8	8	8	9	8	8	8	8	8
15-19	9	9	8	8	8	9	8	8	8	8
20-24	10	9	9	8	8	8	9	8	8	8
25-29	8	10	9	9	8	8	8	9	8	8
30-34	8	8	10	9	9	8	8	8	8	8
35-39	7	8	8	10	9	8	8	8	8	8
40-44	6	7	8	8	10	8	8	7	7	8
45-49	5	6	7	8	8	10	8	8	7	7
50-54	4	5	6	7	8	8	9	8	8	7
55-59	4	4	5	6	7	8	8	9	8	8
60-64	3	4	4	5	6	7	8	7	9	8
65-69	2	3	4	4	5	6	6	7	7	9
70-74	2	2	3	4	4	4	5	6	7	7
75+	3	4	4	5	6	7	9	11	13	15
TOTAL	97	102	108	113	118	122	126	130	133	136

	1990	1995	2000	2005	2010	2015	2020	2025	2030	2035
BIRTH RATE		18.5	17.9	16.5	15.1	14.1	13.7	13.5	13.2	12.8
DEATH RATE		5.2	5.0	5.1	5.5	6.0	6.6	7.2	7.9	8.7
RATE OF NAT. INC.		1.33	1.28	1.14	.96	.81	.71	.63	.53	.42
NET MIGRATION RATE		-2.1	-1.9	-1.5	-1.2	-.8	-.5	-.3	.0	.0
GROWTH RATE		1.12	1.09	.99	.84	.72	.66	.60	.53	.42
TOTAL FERTILITY		2.093	2.087	2.082	2.078	2.076	2.074	2.072	2.070	2.069
NRR		.999	1.000	1.000	1.000	1.000	1.000	1.000	1.000	1.000
e(0) - BOTH SEXES		76.65	77.90	79.02	80.05	80.44	80.84	81.25	81.67	82.09
e(15) - BOTH SEXES		62.99	64.08	65.04	65.95	66.29	66.63	66.98	67.34	67.70
IMR - BOTH SEXES		12.2	10.4	8.8	7.4	6.9	6.4	5.9	5.4	4.9
q(5) - BOTH SEXES		.0150	.0129	.0110	.0095	.0089	.0083	.0077	.0071	.0065
DEP. RATIO	50.8	48.3	49.4	49.8	49.6	49.7	51.3	54.5	58.0	63.8

Summary Projection for 25-Year Periods

NETHERLANDS ANTILLES

AGE GROUP	1990	2000	2025	2050	2075	2100	2125	2150
TOTAL M+F	189	211	255	276	282	285	287	288
MALES								
0-4	9	9	9	9	9	9	9	9
5-9	8	9	8	8	9	9	9	9
10-14	9	9	8	9	9	9	9	9
15-19	10	8	9	9	9	9	9	9
20-24	10	9	9	9	9	9	9	9
25-29	8	10	9	9	8	8	9	9
30-34	7	10	8	8	8	8	8	8
35-39	6	8	8	8	8	8	8	8
40-44	5	7	7	8	8	8	8	8
45-49	4	6	8	9	8	8	8	8
50-54	4	5	9	9	8	8	8	8
55-59	3	4	9	8	8	8	8	8
60-64	3	4	7	8	8	8	8	8
65-69	2	3	6	7	8	8	8	8
70-74	1	2	4	7	7	7	7	7
75+	2	2	6	14	15	16	17	17
TOTAL	92	103	125	136	139	140	141	142
FEMALES								
0-4	8	9	8	8	8	8	8	8
5-9	8	8	8	8	8	8	8	8
10-14	9	8	8	8	8	8	8	8
15-19	9	8	8	8	8	8	8	8
20-24	10	9	8	8	8	8	8	8
25-29	8	9	9	8	8	8	8	8
30-34	8	10	8	8	8	8	8	8
35-39	7	8	8	8	8	8	8	8
40-44	6	8	7	8	8	8	8	8
45-49	5	7	8	8	8	8	8	8
50-54	4	6	8	8	8	8	8	8
55-59	4	5	9	8	8	8	8	8
60-64	3	4	7	7	8	8	8	8
65-69	2	4	7	7	8	8	8	8
70-74	2	3	6	8	8	8	8	8
75+	3	4	11	20	22	23	24	25
TOTAL	97	108	130	140	143	145	146	146
BIRTH RATE		18.2	14.5	12.6	12.0	11.8	11.7	11.6
DEATH RATE		5.1	6.1	9.4	11.1	11.4	11.4	11.5
NET MIGRATION RATE		-2.0	-.9	.0	.0	.0	.0	.0
GROWTH RATE		1.10	.76	.32	.09	.04	.03	.01
TOTAL FERTILITY		2.087	2.076	2.067	2.060	2.058	2.057	2.057
e(0) - BOTH SEXES		77.30	80.36	82.54	84.38	85.17	85.79	86.03
IMR - BOTH SEXES		11.3	7.1	4.4	2.4	2.2	2.0	1.9

NEW CALEDONIA

Projection (thousands) with NRR=1 by 2000

AGE GROUP	1990	1995	2000	2005	2010	2015	2020	2025	2030	2035
TOTAL M+F	168	182	194	206	219	231	242	253	262	270
MALES										
0-4	9	10	9	9	10	10	10	9	9	9
5-9	9	9	10	9	9	9	10	10	9	9
10-14	9	9	9	10	9	9	9	10	9	9
15-19	9	9	9	9	10	9	9	9	10	9
20-24	8	9	9	9	9	10	9	9	9	10
25-29	7	8	9	9	9	9	9	9	9	9
30-34	6	7	8	9	9	9	9	9	9	9
35-39	5	6	7	8	9	9	9	9	9	9
40-44	5	5	6	7	8	9	9	9	9	9
45-49	4	5	5	6	7	8	9	9	9	9
50-54	4	4	5	5	6	7	8	8	8	8
55-59	3	4	4	5	5	5	6	7	8	8
60-64	2	3	4	3	4	4	5	6	7	8
65-69	2	2	2	3	3	4	4	5	6	6
70-74	2	2	1	2	3	3	3	3	4	5
75+	1	2	2	2	3	3	4	5	5	6
TOTAL	86	93	98	104	110	116	121	126	130	134
FEMALES										
0-4	9	9	9	9	9	9	9	9	9	9
5-9	9	9	9	9	9	9	9	9	9	9
10-14	9	9	9	9	9	9	9	9	9	9
15-19	9	9	9	9	9	9	9	9	9	9
20-24	8	9	9	9	9	9	9	9	9	9
25-29	6	8	9	9	9	9	9	9	9	9
30-34	5	6	8	9	9	9	9	9	9	9
35-39	5	5	6	8	9	9	9	9	9	9
40-44	4	5	5	6	8	9	9	9	9	9
45-49	4	4	5	5	6	8	9	9	9	9
50-54	3	4	4	5	5	6	8	9	9	9
55-59	3	3	4	4	5	5	6	8	9	9
60-64	2	3	3	4	4	5	5	6	8	9
65-69	2	2	3	3	4	4	4	4	5	7
70-74	1	2	2	2	2	3	3	4	4	5
75+	1	1	2	2	3	4	5	6	7	8
TOTAL	82	89	96	102	109	115	121	127	132	136
BIRTH RATE		22.0	19.2	18.2	17.7	16.8	15.9	15.0	14.3	13.9
DEATH RATE		6.3	6.1	5.8	5.6	6.1	6.4	6.8	7.2	7.6
RATE OF NAT. INC.		1.57	1.31	1.24	1.21	1.08	.94	.82	.71	.63
NET MIGRATION RATE		.0	.0	.0	.0	.0	.0	.0	.0	.0
GROWTH RATE		1.57	1.31	1.24	1.20	1.08	.94	.82	.71	.63
TOTAL FERTILITY		2.650	2.239	2.093	2.087	2.084	2.082	2.079	2.077	2.075
NRR		1.248	1.064	1.000	1.000	1.000	1.000	1.000	1.000	1.000
e(0) - BOTH SEXES		70.44	72.39	74.20	75.77	76.37	76.98	77.62	78.28	78.95
e(15) - BOTH SEXES		57.17	58.86	60.46	61.85	62.38	62.93	63.50	64.08	64.69
IMR - BOTH SEXES		17.0	13.9	11.3	9.4	8.7	8.1	7.5	6.8	6.2
q(5) - BOTH SEXES		.0205	.0169	.0140	.0118	.0110	.0102	.0095	.0087	.0080
DEP. RATIO	61.8	56.4	52.6	50.2	48.6	48.7	48.9	48.8	49.6	52.3

Summary Projection for 25-Year Periods

NEW CALEDONIA

AGE GROUP	1990	2000	2025	2050	2075	2100	2125	2150
TOTAL M+F	168	194	253	290	304	311	315	316
MALES								
0-4	9	9	9	9	9	9	9	9
5-9	9	10	10	9	9	9	9	9
10-14	9	9	10	9	9	9	9	9
15-19	9	9	9	9	9	9	9	9
20-24	8	9	9	9	9	9	9	9
25-29	7	9	9	9	9	9	9	9
30-34	6	8	9	9	9	9	9	9
35-39	5	7	9	9	9	9	9	9
40-44	5	6	9	9	9	9	9	9
45-49	4	5	9	9	9	9	9	9
50-54	4	5	8	9	9	9	9	9
55-59	3	4	7	9	9	9	9	9
60-64	2	4	6	8	9	9	9	9
65-69	2	2	5	7	8	8	8	9
70-74	2	1	3	7	7	8	8	8
75+	1	2	5	10	15	17	18	19
TOTAL	86	98	126	143	150	153	155	156
FEMALES								
0-4	9	9	9	9	9	9	9	9
5-9	9	9	9	9	9	9	9	9
10-14	9	9	9	9	9	9	9	9
15-19	9	9	9	9	9	9	9	9
20-24	8	9	9	9	9	9	9	9
25-29	6	9	9	9	9	9	9	9
30-34	5	8	9	9	9	9	9	9
35-39	5	6	9	9	9	9	9	9
40-44	4	5	9	9	9	9	9	9
45-49	4	5	9	9	9	9	9	9
50-54	3	4	9	8	9	9	9	9
55-59	3	4	8	9	9	9	9	9
60-64	2	3	6	9	9	9	9	9
65-69	2	3	4	8	9	9	9	9
70-74	1	2	4	8	8	8	9	9
75+	1	2	6	15	22	24	26	27
TOTAL	82	96	127	147	154	157	160	161
BIRTH RATE		20.6	16.6	13.6	12.4	12.0	11.8	11.7
DEATH RATE		6.2	6.2	8.1	10.5	11.2	11.3	11.5
NET MIGRATION RATE		.0	.0	.0	.0	.0	.0	.0
GROWTH RATE		1.44	1.06	.55	.19	.08	.05	.02
TOTAL FERTILITY		2.441	2.085	2.072	2.063	2.060	2.058	2.057
e(0) - BOTH SEXES		71.45	76.27	79.72	82.84	84.22	85.32	85.74
IMR - BOTH SEXES		15.5	9.0	5.5	3.0	2.4	2.1	2.0

NEW ZEALAND

Projection (thousands) with NRR=1 by 1995

AGE GROUP	1990	1995	2000	2005	2010	2015	2020	2025	2030	2035
TOTAL M+F	3363	3531	3679	3804	3920	4031	4135	4228	4300	4355
MALES										
0-4	136	149	145	140	136	137	141	142	142	140
5-9	127	137	150	145	140	136	137	140	142	141
10-14	129	128	137	149	144	140	136	137	140	142
15-19	149	129	128	136	149	144	139	136	137	140
20-24	152	149	129	127	136	149	144	139	135	137
25-29	141	152	149	129	126	135	148	143	138	135
30-34	131	141	152	148	128	126	135	147	142	138
35-39	120	131	141	151	148	127	125	134	147	142
40-44	118	120	130	140	150	146	126	124	133	146
45-49	95	117	118	128	138	148	145	125	123	132
50-54	82	92	114	115	126	135	145	142	123	121
55-59	70	78	89	110	112	122	131	141	138	120
60-64	71	65	73	84	104	106	116	125	135	133
65-69	60	63	59	67	77	96	98	108	117	127
70-74	43	50	54	51	58	68	85	88	97	106
75+	56	60	69	78	82	91	105	128	144	163
TOTAL	1679	1763	1836	1898	1955	2007	2057	2100	2134	2160
FEMALES										
0-4	130	142	138	133	129	130	133	135	134	133
5-9	119	131	142	137	133	129	130	133	135	134
10-14	122	120	131	142	137	133	129	130	133	135
15-19	140	123	120	131	142	137	132	129	130	133
20-24	143	141	123	120	131	142	137	132	129	130
25-29	136	144	142	123	120	130	142	137	132	129
30-34	130	137	145	141	123	119	130	141	137	132
35-39	122	130	137	144	141	122	119	130	141	136
40-44	118	122	130	136	144	140	122	119	129	141
45-49	93	117	121	129	135	143	140	121	118	129
50-54	80	92	116	120	128	134	141	138	120	117
55-59	68	79	90	114	118	126	132	139	137	119
60-64	69	66	76	88	111	115	123	129	137	134
65-69	66	66	63	73	84	107	111	119	126	133
70-74	56	60	60	58	68	79	101	105	113	120
75+	91	99	109	118	123	136	156	189	215	241
TOTAL	1684	1768	1843	1906	1966	2023	2078	2128	2166	2196
BIRTH RATE		17.0	15.8	14.7	13.8	13.6	13.5	13.3	13.0	12.6
DEATH RATE		8.4	8.1	8.0	7.8	8.0	8.4	8.9	9.6	10.1
RATE OF NAT. INC.		.86	.77	.67	.60	.56	.51	.44	.34	.26
NET MIGRATION RATE		1.2	.6	.0	.0	.0	.0	.0	.0	.0
GROWTH RATE		.98	.82	.67	.60	.56	.51	.44	.34	.26
TOTAL FERTILITY		2.120	2.084	2.080	2.078	2.077	2.075	2.074	2.073	2.072
NRR		1.017	1.000	1.000	1.000	1.000	1.000	1.000	1.000	1.000
e(0) - BOTH SEXES		75.65	76.58	77.56	78.54	79.00	79.48	79.97	80.47	80.98
e(15) - BOTH SEXES		61.51	62.33	63.22	64.14	64.58	65.03	65.49	65.96	66.44
IMR - BOTH SEXES		7.3	6.2	5.4	4.8	4.6	4.4	4.2	3.9	3.7
q(5) - BOTH SEXES		.0093	.0081	.0071	.0065	.0062	.0059	.0057	.0054	.0051
DEP. RATIO	51.0	51.7	51.8	51.3	50.3	52.2	54.7	58.2	61.6	64.9

NEW ZEALAND

Summary Projection for 25-Year Periods

AGE GROUP	1990	2000	2025	2050	2075	2100	2125	2150
TOTAL M+F	3363	3679	4228	4453	4575	4636	4677	4698
MALES								
0-4	136	145	142	140	140	140	140	140
5-9	127	150	140	139	140	140	140	140
10-14	129	137	137	139	140	140	140	140
15-19	149	128	136	139	140	140	140	140
20-24	152	129	139	141	140	140	140	140
25-29	141	149	143	141	139	139	139	139
30-34	131	152	147	139	138	138	139	139
35-39	120	141	134	135	137	138	139	139
40-44	118	130	124	133	137	138	138	138
45-49	95	118	125	135	138	138	138	137
50-54	82	114	142	138	137	137	137	137
55-59	70	89	141	139	132	132	133	134
60-64	71	73	125	122	126	128	130	131
65-69	60	59	108	108	119	124	126	127
70-74	43	54	88	100	114	118	119	120
75+	56	69	128	217	247	261	273	280
TOTAL	1679	1836	2100	2205	2263	2290	2309	2318
FEMALES								
0-4	130	138	135	133	133	133	133	133
5-9	119	142	133	132	132	133	133	133
10-14	122	131	130	132	133	133	133	133
15-19	140	120	129	132	133	133	133	133
20-24	143	123	132	134	133	133	133	133
25-29	136	142	137	135	133	132	133	133
30-34	130	145	141	133	132	132	133	133
35-39	122	137	130	129	131	132	133	133
40-44	118	130	119	128	132	133	133	132
45-49	93	121	121	131	133	133	132	132
50-54	80	116	138	134	133	132	132	132
55-59	68	90	139	138	130	130	131	131
60-64	69	76	129	125	126	129	130	131
65-69	66	63	119	112	123	128	130	130
70-74	56	60	105	111	123	127	128	128
75+	91	109	189	310	351	374	392	401
TOTAL	1684	1843	2128	2249	2312	2346	2368	2379
BIRTH RATE		16.4	13.8	12.6	12.1	11.9	11.7	11.7
DEATH RATE		8.2	8.2	10.5	11.0	11.4	11.4	11.5
NET MIGRATION RATE		.9	.0	.0	.0	.0	.0	.0
GROWTH RATE		.90	.56	.21	.11	.05	.04	.02
TOTAL FERTILITY		2.112	2.077	2.071	2.066	2.064	2.063	2.062
e(0) - BOTH SEXES		76.13	78.94	81.52	83.83	84.83	85.62	85.93
IMR - BOTH SEXES		6.8	4.7	3.5	2.5	2.2	2.0	2.0

NICARAGUA

Projection (thousands) with NRR=1 by 2020

AGE GROUP	1990	1995	2000	2005	2010	2015	2020	2025	2030	2035
TOTAL M+F	3676	4212	4816	5426	6036	6614	7139	7652	8171	8674
MALES										
0-4	366	324	360	364	365	355	334	337	350	355
5-9	313	360	320	356	361	362	353	333	335	348
10-14	255	311	358	319	355	359	361	352	332	335
15-19	181	253	310	356	317	353	358	361	351	332
20-24	129	179	250	307	354	315	351	357	359	350
25-29	122	126	176	247	304	351	313	349	355	357
30-34	102	119	124	174	245	302	349	311	348	353
35-39	87	99	117	122	172	243	300	347	309	346
40-44	68	85	97	115	120	170	241	297	344	307
45-49	56	66	83	95	113	118	168	237	293	340
50-54	47	53	64	80	93	110	116	164	232	287
55-59	38	44	50	61	77	89	106	112	158	225
60-64	29	34	41	47	57	72	84	100	106	151
65-69	22	26	30	36	42	52	66	77	93	98
70-74	15	18	21	25	31	36	45	58	68	82
75+	14	16	20	26	33	42	52	64	82	102
TOTAL	1842	2114	2421	2731	3040	3332	3597	3855	4116	4369
FEMALES										
0-4	322	311	345	348	349	340	320	322	334	339
5-9	278	317	307	341	345	347	338	318	320	333
10-14	232	277	316	306	340	344	346	337	318	320
15-19	200	231	275	314	305	339	344	346	337	318
20-24	172	197	228	273	313	303	338	343	345	336
25-29	140	169	194	226	271	311	302	337	342	344
30-34	108	138	167	192	224	269	309	301	336	341
35-39	90	106	136	165	191	222	268	308	300	335
40-44	67	88	104	134	163	189	221	266	306	298
45-49	54	66	87	103	133	161	187	219	264	304
50-54	44	52	64	85	101	131	159	185	216	261
55-59	36	42	50	62	83	99	128	156	181	212
60-64	32	34	40	48	60	80	95	123	151	176
65-69	24	29	32	37	45	56	75	90	117	144
70-74	16	20	25	28	33	40	51	68	82	108
75+	19	21	26	33	41	50	62	79	106	137
TOTAL	1834	2098	2395	2696	2996	3282	3542	3797	4055	4305
BIRTH RATE		34.5	33.1	29.2	25.9	22.8	19.7	18.3	17.7	16.9
DEATH RATE		6.2	5.4	4.7	4.2	4.1	4.2	4.3	4.6	4.9
RATE OF NAT. INC.		2.82	2.77	2.45	2.18	1.86	1.55	1.40	1.31	1.19
NET MIGRATION RATE		-1.0	-.9	-.6	-.5	-.3	-.2	-.1	.0	.0
GROWTH RATE		2.72	2.68	2.39	2.13	1.83	1.53	1.39	1.31	1.19
TOTAL FERTILITY		4.400	4.100	3.500	3.024	2.613	2.257	2.129	2.120	2.111
NRR		1.956	1.852	1.603	1.402	1.217	1.056	1.000	1.000	1.000
e(0) - BOTH SEXES	66.59	68.80	70.86	72.76	73.53	74.31	75.12	75.95	76.80	
e(15) - BOTH SEXES	57.13	58.64	59.96	61.17	61.65	62.16	62.68	63.21	63.77	
IMR - BOTH SEXES	56.1	48.7	40.9	33.5	30.5	27.5	24.5	21.5	18.5	
q(5) - BOTH SEXES	.0718	.0616	.0511	.0416	.0379	.0342	.0306	.0269	.0232	
DEP. RATIO	104.2	93.1	81.3	69.2	63.4	56.4	50.7	46.7	45.0	45.2

Summary Projection for 25-Year Periods

NICARAGUA

AGE GROUP	1990	2000	2025	2050	2075	2100	2125	2150
TOTAL M+F	3676	4816	7652	9934	11064	11347	11541	11629
MALES								
0-4	366	360	337	344	347	348	348	347
5-9	313	320	333	346	349	348	347	347
10-14	255	358	352	352	350	347	347	347
15-19	181	310	361	353	348	346	346	347
20-24	129	250	357	347	344	345	346	346
25-29	122	176	349	332	341	345	346	346
30-34	102	124	311	328	342	345	345	345
35-39	87	117	347	345	346	345	344	343
40-44	68	97	297	352	346	342	341	342
45-49	56	83	237	345	337	336	339	340
50-54	47	64	164	333	319	330	336	337
55-59	38	50	112	290	309	326	332	332
60-64	29	41	100	311	317	322	324	324
65-69	22	30	77	250	308	310	311	312
70-74	15	21	58	181	281	284	290	294
75+	14	20	64	189	521	594	656	683
TOTAL	1842	2421	3855	4998	5504	5615	5697	5733
FEMALES								
0-4	322	345	322	328	331	331	331	331
5-9	278	307	318	330	332	332	331	331
10-14	232	316	337	336	333	331	331	331
15-19	200	275	346	338	331	330	331	331
20-24	172	228	343	332	328	330	331	331
25-29	140	194	337	319	327	330	331	331
30-34	108	167	301	316	329	331	331	330
35-39	90	136	308	334	334	332	330	330
40-44	67	104	266	341	335	329	329	329
45-49	54	87	219	336	328	326	328	329
50-54	44	64	185	327	313	322	327	328
55-59	36	50	156	288	307	323	327	327
60-64	32	40	123	289	320	324	325	325
65-69	24	32	90	241	320	321	320	321
70-74	16	25	68	187	305	307	311	316
75+	19	26	79	294	686	834	932	975
TOTAL	1834	2395	3797	4937	5560	5732	5845	5896
BIRTH RATE		33.7	22.7	15.7	12.9	12.1	11.9	11.7
DEATH RATE		5.8	4.3	5.4	8.6	11.1	11.2	11.4
NET MIGRATION RATE		-.9	-.3	.0	.0	.0	.0	.0
GROWTH RATE		2.70	1.85	1.04	.43	.10	.07	.03
TOTAL FERTILITY		4.237	2.633	2.102	2.068	2.062	2.059	2.058
e(0) - BOTH SEXES		67.77	73.50	77.80	81.67	83.47	84.95	85.51
IMR - BOTH SEXES		52.2	31.6	15.5	3.9	2.7	2.2	2.1

NIGER

Projection (thousands) with NRR=1 by 2055

AGE GROUP	1990	1995	2000	2005	2010	2015	2020	2025	2030	2035
TOTAL M+F	7666	9037	10662	12633	14955	17530	20396	23556	26950	30449
MALES										
0-4	761	919	1082	1294	1504	1661	1836	2014	2162	2243
5-9	578	697	847	1009	1220	1426	1582	1757	1936	2087
10-14	468	561	677	825	986	1195	1398	1554	1729	1909
15-19	376	456	546	660	805	964	1170	1372	1527	1703
20-24	320	363	440	526	635	778	933	1136	1336	1492
25-29	268	306	347	419	501	607	746	899	1099	1296
30-34	224	256	292	330	398	478	581	717	867	1064
35-39	186	213	243	276	312	378	455	556	689	836
40-44	154	175	200	227	258	293	357	432	530	660
45-49	126	143	163	185	210	240	273	334	407	502
50-54	101	115	131	148	168	191	219	251	310	379
55-59	79	90	102	115	130	148	170	197	227	281
60-64	60	68	77	87	97	110	127	147	171	198
65-69	42	48	54	61	68	77	88	102	119	140
70-74	26	30	34	38	42	48	55	64	75	88
75+	20	23	27	30	33	37	43	50	59	71
TOTAL	3789	4465	5263	6230	7368	8630	10034	11582	13242	14950
FEMALES										
0-4	758	913	1074	1282	1487	1643	1819	1997	2145	2228
5-9	581	697	846	1006	1216	1417	1574	1751	1932	2085
10-14	472	564	678	826	986	1193	1394	1551	1728	1910
15-19	384	461	551	664	810	968	1174	1374	1531	1709
20-24	326	374	449	537	648	792	949	1153	1351	1509
25-29	275	316	363	435	521	630	772	927	1130	1328
30-34	231	265	305	350	420	505	612	752	906	1107
35-39	191	222	255	293	336	405	488	594	732	884
40-44	158	182	212	243	280	322	390	471	575	712
45-49	131	150	173	201	231	267	308	374	454	556
50-54	108	123	141	163	189	218	253	293	358	435
55-59	87	100	114	130	150	175	203	237	276	337
60-64	68	78	89	101	116	135	159	185	216	253
65-69	50	57	65	75	86	99	116	137	161	189
70-74	32	38	44	50	58	67	78	92	110	130
75+	26	32	39	46	53	62	73	87	104	126
TOTAL	3877	4573	5399	6403	7587	8900	10362	11974	13708	15499
BIRTH RATE		52.1	51.4	51.0	49.0	45.6	42.9	40.3	37.3	33.8
DEATH RATE		19.2	18.3	17.1	15.3	13.9	12.6	11.5	10.4	9.4
RATE OF NAT. INC.		3.29	3.31	3.39	3.38	3.18	3.03	2.88	2.69	2.44
NET MIGRATION RATE		.0	.0	.0	.0	.0	.0	.0	.0	.0
GROWTH RATE		3.29	3.31	3.39	3.37	3.18	3.03	2.88	2.69	2.44
TOTAL FERTILITY		7.400	7.400	7.400	7.100	6.500	5.900	5.300	4.700	4.100
NRR		2.534	2.590	2.671	2.663	2.493	2.315	2.129	1.932	1.724
e(0) - BOTH SEXES		46.14	46.92	47.97	49.68	51.20	52.78	54.42	56.13	57.91
e(15) - BOTH SEXES		46.13	45.91	45.47	45.50	46.45	47.44	48.46	49.52	50.61
IMR - BOTH SEXES		122.9	115.5	104.8	91.8	86.3	80.9	75.4	70.0	64.6
q(5) - BOTH SEXES		.2071	.1933	.1730	.1488	.1388	.1288	.1187	.1086	.0984
DEP. RATIO	99.0	102.8	105.3	107.4	107.2	103.7	97.2	90.0	83.5	76.6

NIGER

Summary Projection for 25-Year Periods

AGE GROUP	1990	2000	2025	2050	2075	2100	2125	2150
TOTAL M+F	7666	10662	23556	40370	54127	62971	67360	69775
MALES								
0-4	761	1082	2014	2141	2140	2151	2152	2148
5-9	578	847	1757	2165	2137	2135	2145	2145
10-14	468	677	1554	2159	2101	2109	2139	2144
15-19	376	546	1372	2132	2012	2085	2137	2144
20-24	320	440	1136	2007	1973	2078	2135	2142
25-29	268	347	899	1815	2046	2087	2126	2133
30-34	224	292	717	1598	2076	2082	2104	2120
35-39	186	243	556	1386	2050	2033	2069	2120
40-44	154	200	432	1191	1998	1931	2034	2107
45-49	126	163	334	958	1848	1871	2012	2095
50-54	101	131	251	729	1623	1902	1993	2081
55-59	79	102	197	547	1361	1864	1941	2049
60-64	60	77	147	385	1091	1742	1825	1990
65-69	42	54	102	257	828	1554	1630	1899
70-74	26	34	64	158	549	1248	1429	1781
75+	20	27	50	127	481	1539	2637	3234
TOTAL	3789	5263	11582	19756	26312	30411	32508	33844
FEMALES								
0-4	758	1074	1997	2134	2120	2103	2092	2088
5-9	581	846	1751	2171	2133	2096	2086	2085
10-14	472	678	1551	2168	2109	2079	2081	2085
15-19	384	551	1374	2147	2033	2066	2081	2085
20-24	326	449	1153	2033	2002	2074	2089	2087
25-29	275	363	927	1854	2088	2099	2094	2086
30-34	231	305	752	1647	2129	2111	2086	2079
35-39	191	255	594	1444	2114	2080	2065	2071
40-44	158	212	471	1258	2077	1995	2046	2068
45-49	131	173	374	1036	1945	1952	2046	2070
50-54	108	141	293	813	1742	2013	2058	2065
55-59	87	114	237	636	1505	2017	2049	2043
60-64	68	89	185	474	1262	1950	1989	2002
65-69	50	65	137	342	1022	1834	1866	1953
70-74	32	44	92	230	742	1595	1756	1903
75+	26	39	87	224	791	2498	4367	5157
TOTAL	3877	5399	11974	20613	27814	32560	34851	35931
BIRTH RATE		51.7	44.9	29.4	18.4	14.6	13.0	12.4
DEATH RATE		18.7	13.6	8.4	6.8	8.6	10.3	11.0
NET MIGRATION RATE		.0	.0	.0	.0	.0	.0	.0
GROWTH RATE		3.30	3.17	2.15	1.17	.61	.27	.14
TOTAL FERTILITY		7.399	6.244	3.440	2.142	2.080	2.049	2.043
e(0) - BOTH SEXES		46.56	51.71	60.24	68.96	74.77	80.29	82.53
IMR - BOTH SEXES		118.9	86.5	59.2	34.4	17.4	4.6	3.1

NIGERIA

Projection (thousands) with NRR=1 by 2035

AGE GROUP	1990	1995	2000	2005	2010	2015	2020	2025	2030	2035
TOTAL M+F	96203	111273	127806	145646	164073	181649	199509	216900	233256	247927
MALES										
0-4	8809	9853	10802	11614	11981	11783	12142	12165	11919	11379
5-9	7523	8044	9067	10032	10900	11312	11192	11603	11694	11525
10-14	6237	7336	7862	8888	9866	10735	11157	11055	11477	11584
15-19	5166	6134	7224	7756	8787	9763	10631	11059	10966	11394
20-24	4250	5048	6004	7086	7629	8653	9625	10493	10927	10848
25-29	3369	4133	4919	5865	6945	7488	8505	9474	10344	10788
30-34	2742	3271	4021	4799	5742	6810	7353	8365	9333	10205
35-39	2206	2654	3174	3913	4688	5619	6674	7218	8225	9191
40-44	1809	2124	2562	3074	3807	4569	5485	6526	7070	8070
45-49	1483	1727	2033	2463	2971	3686	4431	5328	6351	6892
50-54	1172	1396	1632	1931	2353	2843	3533	4255	5125	6119
55-59	892	1082	1294	1521	1812	2213	2678	3333	4021	4852
60-64	649	798	972	1172	1390	1659	2028	2458	3064	3702
65-69	439	550	681	838	1022	1214	1452	1778	2159	2697
70-74	264	341	432	542	678	828	987	1182	1451	1766
75+	194	264	353	464	608	775	966	1173	1418	1734
TOTAL	47204	54755	63032	71959	81180	89949	98839	107467	115544	122744
FEMALES										
0-4	8731	9735	10659	11439	11775	11578	11930	11951	11708	11176
5-9	7490	8015	9005	9948	10786	11168	11045	11447	11532	11361
10-14	6300	7314	7845	8840	9798	10638	11031	10925	11338	11439
15-19	5348	6208	7217	7756	8759	9717	10558	10956	10859	11278
20-24	4381	5255	6109	7117	7667	8667	9623	10466	10871	10785
25-29	3507	4290	5155	6007	7018	7568	8565	9521	10367	10780
30-34	2872	3424	4197	5057	5912	6915	7467	8461	9417	10267
35-39	2339	2794	3338	4105	4965	5812	6807	7361	8353	9309
40-44	1935	2265	2712	3251	4015	4863	5701	6688	7243	8231
45-49	1627	1864	2187	2628	3165	3914	4748	5576	6551	7106
50-54	1331	1554	1785	2102	2538	3061	3793	4609	5422	6382
55-59	1057	1251	1466	1691	2004	2424	2930	3638	4431	5224
60-64	807	967	1151	1356	1577	1874	2273	2756	3431	4190
65-69	577	704	849	1019	1214	1418	1691	2061	2508	3136
70-74	373	465	572	699	851	1020	1199	1439	1763	2159
75+	324	414	528	671	851	1063	1307	1579	1917	2360
TOTAL	48999	56518	64774	73686	82893	91700	100670	109434	117712	125183
BIRTH RATE		43.3	40.7	37.7	33.7	29.5	27.3	24.9	22.4	19.8
DEATH RATE		14.2	13.0	11.6	9.9	9.1	8.6	8.2	7.8	7.6
RATE OF NAT. INC.		2.91	2.77	2.61	2.38	2.04	1.88	1.67	1.45	1.22
NET MIGRATION RATE		.0	.0	.0	.0	.0	.0	.0	.0	.0
GROWTH RATE		2.91	2.77	2.61	2.38	2.04	1.88	1.67	1.45	1.22
TOTAL FERTILITY		5.855	5.310	4.765	4.165	3.565	3.243	2.904	2.600	2.328
NRR		2.140	1.993	1.848	1.679	1.464	1.357	1.237	1.127	1.027
e(0) - BOTH SEXES	51.79	53.52	55.89	58.88	60.20	61.56	62.95	64.37	65.82	
e(15) - BOTH SEXES	51.04	51.86	53.04	54.56	55.10	55.65	56.21	56.79	57.37	
IMR - BOTH SEXES	84.0	77.2	67.8	56.5	52.6	48.7	44.8	40.9	37.0	
q(5) - BOTH SEXES	.1834	.1694	.1517	.1306	.1199	.1092	.0984	.0875	.0766	
DEP. RATIO	96.6	91.1	84.8	80.6	75.0	68.0	61.7	56.6	53.1	49.7

NIGERIA

Summary Projection for 25-Year Periods

AGE GROUP	1990	2000	2025	2050	2075	2100	2125	2150
TOTAL M+F	96203	127806	216900	287860	332129	355011	370381	378352
MALES								
0-4	8809	10802	12165	11586	11404	11410	11431	11432
5-9	7523	9067	11603	11362	11290	11367	11423	11425
10-14	6237	7862	11055	11071	11214	11357	11429	11427
15-19	5166	7224	11059	10941	11199	11364	11428	11419
20-24	4250	6004	10493	11286	11321	11340	11389	11392
25-29	3369	4919	9474	11316	11295	11249	11315	11352
30-34	2742	4021	8365	11074	11113	11115	11243	11316
35-39	2206	3174	7218	10503	10785	10995	11190	11285
40-44	1809	2562	6526	10385	10582	10918	11141	11237
45-49	1483	2033	5328	9709	10796	10952	11053	11142
50-54	1172	1632	4255	8558	10605	10765	10845	10968
55-59	892	1294	3333	7248	10007	10317	10514	10725
60-64	649	972	2458	5842	8937	9610	10106	10417
65-69	439	681	1778	4740	8031	8835	9598	9983
70-74	264	432	1182	3252	6439	8114	8958	9308
75+	194	353	1173	3237	7831	13728	17656	19767
TOTAL	47204	63032	107467	142109	162848	173436	180719	184595
FEMALES								
0-4	8731	10659	11951	11377	11164	11111	11108	11109
5-9	7490	9005	11447	11189	11081	11087	11102	11106
10-14	6300	7845	10925	10921	11029	11095	11110	11108
15-19	5348	7217	10956	10816	11046	11125	11114	11106
20-24	4381	6109	10466	11198	11198	11140	11106	11096
25-29	3507	5155	9521	11275	11213	11099	11077	11083
30-34	2872	4197	8461	11078	11064	11009	11047	11073
35-39	2339	3338	7361	10552	10771	10933	11036	11068
40-44	1935	2712	6688	10489	10613	10913	11042	11054
45-49	1627	2187	5576	9902	10900	11009	11024	11022
50-54	1331	1785	4609	8855	10831	10930	10928	10953
55-59	1057	1466	3638	7666	10425	10644	10756	10862
60-64	807	1151	2756	6397	9613	10159	10563	10764
65-69	577	849	2061	5421	9061	9703	10370	10641
70-74	373	572	1439	3999	7797	9449	10174	10413
75+	324	528	1579	4617	11476	20169	26104	29298
TOTAL	48999	64774	109434	145751	169280	181575	189662	193757
BIRTH RATE		41.9	30.0	18.9	14.7	13.2	12.5	12.1
DEATH RATE		13.6	9.3	7.8	9.0	10.6	10.8	11.2
NET MIGRATION RATE		.0	.0	.0	.0	.0	.0	.0
GROWTH RATE		2.84	2.12	1.13	.57	.27	.17	.09
TOTAL FERTILITY		5.559	3.609	2.292	2.083	2.058	2.044	2.041
e(0) - BOTH SEXES		52.72	60.25	67.51	74.24	78.50	82.44	83.92
IMR - BOTH SEXES		80.5	54.1	33.2	16.6	8.8	3.2	2.5

NORWAY

Projection (thousands) with NRR=1 by 2030

AGE GROUP	1990	1995	2000	2005	2010	2015	2020	2025	2030	2035
TOTAL M+F	4242	4353	4443	4497	4547	4596	4650	4698	4726	4727
MALES										
0-4	143	153	150	140	136	136	140	143	143	141
5-9	133	144	153	149	140	135	136	140	143	143
10-14	139	134	145	153	149	140	135	136	140	142
15-19	164	140	134	145	153	149	140	135	136	140
20-24	175	166	141	134	144	152	149	139	135	136
25-29	167	178	167	140	133	143	152	148	139	134
30-34	164	170	179	167	139	132	143	151	147	138
35-39	159	165	170	178	166	139	132	142	151	147
40-44	164	159	165	169	177	165	138	131	141	150
45-49	125	162	158	163	167	175	163	136	130	140
50-54	97	122	159	155	160	164	172	160	134	128
55-59	94	94	118	154	150	156	160	168	156	131
60-64	97	89	89	112	148	144	150	154	162	151
65-69	101	88	82	82	105	138	135	141	145	153
70-74	78	87	77	72	74	94	125	123	128	133
75+	110	119	133	137	136	138	157	198	224	242
TOTAL	2109	2170	2220	2250	2276	2302	2326	2345	2353	2347
FEMALES										
0-4	134	145	142	133	129	129	133	135	135	133
5-9	125	136	146	142	133	129	129	133	135	135
10-14	130	126	136	146	142	133	129	129	133	135
15-19	156	131	127	136	146	142	133	129	129	133
20-24	164	158	132	127	136	145	142	132	128	129
25-29	156	166	159	132	127	136	145	141	132	128
30-34	154	158	167	159	132	126	136	145	141	132
35-39	148	155	158	167	158	131	126	136	145	141
40-44	152	148	155	157	166	158	131	126	135	144
45-49	118	151	147	154	156	165	157	130	125	135
50-54	96	117	150	146	152	155	164	156	129	124
55-59	94	95	115	147	144	150	153	162	154	128
60-64	102	92	92	113	145	141	148	151	159	152
65-69	115	98	88	89	109	140	137	144	147	156
70-74	100	107	91	83	84	104	134	131	138	142
75+	187	200	217	218	212	210	228	273	306	332
TOTAL	2133	2183	2223	2248	2270	2295	2324	2353	2374	2380
BIRTH RATE		13.8	13.3	12.3	11.8	11.7	11.9	12.0	11.9	11.6
DEATH RATE		10.5	10.1	9.8	9.6	9.5	9.5	9.9	10.7	11.6
RATE OF NAT. INC.		.33	.32	.24	.22	.22	.23	.21	.12	.00
NET MIGRATION RATE		1.9	.9	.0	.0	.0	.0	.0	.0	.0
GROWTH RATE		.52	.41	.24	.22	.22	.23	.21	.12	.00
TOTAL FERTILITY		1.880	1.880	1.880	1.917	1.952	1.988	2.022	2.056	2.070
NRR		.903	.904	.905	.924	.942	.959	.976	.993	1.000
e(0) - BOTH SEXES	77.21	78.22	79.16	80.09	80.47	80.86	81.26	81.67	82.09	
e(15) - BOTH SEXES	62.96	63.87	64.74	65.62	65.98	66.35	66.73	67.12	67.51	
IMR - BOTH SEXES	6.2	5.3	4.7	4.3	4.1	3.9	3.7	3.5	3.3	
q(5) - BOTH SEXES	.0081	.0070	.0063	.0058	.0056	.0054	.0051	.0049	.0047	
DEP. RATIO	54.5	54.5	54.1	52.3	51.6	54.8	58.7	63.6	68.2	72.5

Summary Projection for 25-Year Periods

NORWAY

AGE GROUP	1990	2000	2025	2050	2075	2100	2125	2150
TOTAL M+F	4242	4443	4698	4674	4647	4669	4699	4714
MALES								
0-4	143	150	143	140	140	140	140	140
5-9	133	153	140	139	140	140	140	140
10-14	139	145	136	139	140	140	140	140
15-19	164	134	135	140	141	140	140	140
20-24	175	141	139	142	141	140	140	140
25-29	167	167	148	142	139	139	139	139
30-34	164	179	151	138	138	139	139	139
35-39	159	170	142	134	137	139	139	139
40-44	164	165	131	133	138	139	138	138
45-49	125	158	136	136	139	138	138	137
50-54	97	159	160	143	137	136	136	136
55-59	94	118	168	143	132	132	134	134
60-64	97	89	154	131	125	129	131	132
65-69	101	82	141	115	120	126	127	127
70-74	78	77	123	112	115	120	120	121
75+	110	133	198	281	271	269	277	283
TOTAL	2109	2220	2345	2309	2294	2305	2319	2326
FEMALES								
0-4	134	142	135	133	133	133	133	133
5-9	125	146	133	132	133	133	133	133
10-14	130	136	129	132	133	133	133	133
15-19	156	127	129	133	134	133	133	133
20-24	164	132	132	135	134	133	133	133
25-29	156	159	141	135	133	133	133	133
30-34	154	167	145	132	132	132	133	133
35-39	148	158	136	129	131	133	133	133
40-44	152	155	126	128	133	133	133	133
45-49	118	147	130	131	134	133	132	132
50-54	96	150	156	139	134	132	132	132
55-59	94	115	162	142	130	130	131	132
60-64	102	92	151	131	126	129	131	131
65-69	115	88	144	120	123	129	130	130
70-74	100	91	131	121	125	129	129	129
75+	187	217	273	393	387	385	398	406
TOTAL	2133	2223	2353	2365	2352	2363	2380	2388
BIRTH RATE		13.6	11.9	11.7	11.8	11.8	11.7	11.6
DEATH RATE		10.3	9.7	11.9	12.0	11.6	11.4	11.5
NET MIGRATION RATE		1.4	.0	.0	.0	.0	.0	.0
GROWTH RATE		.46	.22	-.02	-.02	.02	.03	.01
TOTAL FERTILITY		1.879	1.952	2.066	2.065	2.063	2.062	2.062
e(0) - BOTH SEXES		77.72	80.38	82.52	84.37	85.17	85.80	86.04
IMR - BOTH SEXES		5.7	4.1	3.1	2.4	2.2	2.0	1.9

OMAN

Projection (thousands) with NRR=1 by 2045

AGE GROUP	1990	1995	2000	2005	2010	2015	2020	2025	2030	2035
TOTAL M+F	1524	1881	2296	2759	3287	3875	4506	5159	5803	6439
MALES										
0-4	147	184	223	257	293	327	354	371	372	375
5-9	119	148	184	222	256	292	327	353	370	372
10-14	95	120	148	183	222	256	291	326	353	370
15-19	73	96	120	147	183	221	255	291	325	352
20-24	59	75	96	119	147	182	220	254	290	324
25-29	55	63	77	96	118	146	181	219	253	288
30-34	59	58	64	76	95	117	145	180	217	251
35-39	57	61	59	63	75	94	117	144	179	216
40-44	44	58	61	58	62	75	93	115	142	177
45-49	30	44	57	60	57	61	73	92	114	141
50-54	22	29	42	55	58	55	60	72	90	111
55-59	16	21	28	40	52	55	53	57	69	86
60-64	12	15	19	25	37	49	51	50	54	65
65-69	9	10	13	17	22	33	44	46	45	49
70-74	6	7	8	10	14	19	28	37	40	39
75+	5	7	8	10	12	16	22	33	47	58
TOTAL	809	995	1206	1439	1704	1999	2314	2640	2960	3275
FEMALES										
0-4	141	176	214	246	280	313	338	355	356	358
5-9	116	142	177	213	246	279	312	338	354	355
10-14	93	117	142	176	213	245	279	312	338	354
15-19	71	93	117	142	176	213	245	279	312	337
20-24	56	72	94	116	142	176	212	245	278	311
25-29	46	57	72	93	116	141	175	212	244	278
30-34	39	47	57	72	93	116	141	175	211	243
35-39	34	39	47	57	72	93	115	140	174	210
40-44	28	34	39	46	57	71	92	114	139	173
45-49	23	28	34	39	46	56	70	91	113	138
50-54	19	22	27	33	38	45	55	69	90	112
55-59	16	18	22	26	32	37	44	54	68	88
60-64	12	15	17	21	25	31	36	42	52	66
65-69	9	11	14	16	19	23	29	34	40	50
70-74	6	8	9	12	14	17	21	26	31	37
75+	6	8	10	12	16	21	26	33	42	53
TOTAL	715	887	1090	1321	1584	1876	2191	2519	2843	3165
BIRTH RATE		43.2	42.6	40.5	38.4	36.2	33.5	30.4	26.8	24.2
DEATH RATE		4.6	4.2	3.8	3.4	3.4	3.3	3.3	3.3	3.3
RATE OF NAT. INC.		3.86	3.84	3.67	3.50	3.29	3.02	2.71	2.35	2.08
NET MIGRATION RATE		3.5	1.4	.0	.0	.0	.0	.0	.0	.0
GROWTH RATE		4.21	3.99	3.67	3.50	3.29	3.02	2.71	2.35	2.08
TOTAL FERTILITY		7.200	6.900	6.300	5.700	5.100	4.500	3.900	3.300	2.877
NRR		3.369	3.257	2.994	2.722	2.439	2.155	1.871	1.585	1.384
e(0) - BOTH SEXES		69.67	70.94	72.29	73.69	74.37	75.07	75.80	76.57	77.36
e(15) - BOTH SEXES		56.66	57.59	58.69	59.89	60.49	61.12	61.78	62.46	63.18
IMR - BOTH SEXES		20.0	16.1	13.1	10.8	10.0	9.3	8.5	7.8	7.0
q(5) - BOTH SEXES		.0240	.0195	.0161	.0133	.0125	.0116	.0107	.0098	.0090
DEP. RATIO	97.5	99.0	100.1	99.3	95.6	90.6	85.1	78.3	69.9	62.2

Summary Projection for 25-Year Periods

OMAN

AGE GROUP	1990	2000	2025	2050	2075	2100	2125	2150
TOTAL M+F	1524	2296	5159	8165	10613	11804	12051	12143
MALES								
0-4	147	223	371	353	359	362	363	363
5-9	119	184	353	350	361	363	363	362
10-14	95	148	326	367	366	364	362	362
15-19	73	120	291	374	368	363	361	362
20-24	59	96	254	370	363	359	360	361
25-29	55	77	219	366	350	357	360	361
30-34	59	64	180	348	346	358	360	360
35-39	57	59	144	319	361	361	360	359
40-44	44	61	115	283	366	362	357	357
45-49	30	57	92	245	360	355	353	354
50-54	22	42	72	208	353	339	347	351
55-59	16	28	57	166	328	330	343	347
60-64	12	19	50	127	293	336	340	340
65-69	9	13	46	96	248	328	329	327
70-74	6	8	37	68	199	303	306	307
75+	5	8	33	84	288	602	675	710
TOTAL	809	1206	2640	4124	5310	5842	5940	5980
FEMALES								
0-4	141	214	355	336	342	345	346	346
5-9	116	177	338	334	344	346	346	345
10-14	93	142	312	350	349	347	346	345
15-19	71	117	279	357	351	346	345	345
20-24	56	94	245	354	347	343	344	345
25-29	46	72	212	353	335	342	344	345
30-34	39	57	175	336	333	343	346	345
35-39	34	47	140	309	348	348	346	345
40-44	28	39	114	275	354	349	345	344
45-49	23	34	91	240	350	344	341	343
50-54	19	27	69	206	347	331	339	342
55-59	16	22	54	168	327	327	339	342
60-64	12	17	42	132	298	339	341	341
65-69	9	14	34	104	260	341	340	337
70-74	6	9	26	78	220	330	330	330
75+	6	10	33	108	396	841	973	1024
TOTAL	715	1090	2519	4041	5303	5963	6111	6163
BIRTH RATE		42.8	35.0	21.3	15.1	12.6	11.9	11.7
DEATH RATE		4.4	3.4	3.4	4.7	8.4	11.0	11.4
NET MIGRATION RATE		2.4	.0	.0	.0	.0	.0	.0
GROWTH RATE		4.10	3.24	1.84	1.05	.43	.08	.03
TOTAL FERTILITY		7.036	4.854	2.522	2.065	2.061	2.059	2.058
e(0) - BOTH SEXES		70.37	74.51	78.38	82.08	83.74	85.08	85.59
IMR - BOTH SEXES		17.9	10.1	6.3	3.3	2.6	2.2	2.0

OTHER EUROPE

Projection (thousands) with NRR=1 by 1990

AGE GROUP	1990	1995	2000	2005	2010	2015	2020	2025	2030	2035
TOTAL M+F	284	290	295	301	305	310	316	321	326	329
MALES										
0-4	11	11	11	11	10	10	11	11	11	10
5-9	11	11	11	11	11	10	10	11	11	11
10-14	9	11	11	11	11	11	10	10	11	11
15-19	11	10	11	11	11	11	11	10	10	11
20-24	12	11	9	10	11	11	11	11	10	10
25-29	11	12	11	9	10	10	11	11	10	10
30-34	9	11	12	10	9	10	10	11	11	10
35-39	11	10	11	12	10	9	10	10	11	11
40-44	9	10	9	10	11	10	9	10	10	11
45-49	8	9	10	9	10	11	10	9	10	10
50-54	7	8	9	10	9	10	11	10	9	10
55-59	7	7	8	9	10	9	10	11	10	9
60-64	7	7	7	7	8	9	8	9	10	9
65-69	6	7	6	6	7	8	9	8	9	10
70-74	5	5	6	5	5	6	7	8	7	8
75+	7	7	8	8	9	9	10	11	12	13
TOTAL	142	145	148	150	153	155	158	160	162	163
FEMALES										
0-4	9	10	10	10	10	10	10	10	10	10
5-9	9	9	10	10	10	10	10	10	10	10
10-14	9	9	9	10	10	10	10	10	10	10
15-19	10	9	9	9	10	10	10	10	10	10
20-24	10	11	9	9	9	10	10	10	10	10
25-29	10	11	11	9	9	9	10	10	10	10
30-34	9	11	11	11	9	9	9	10	10	10
35-39	9	9	11	11	11	9	9	9	10	10
40-44	8	9	9	10	11	10	9	9	9	10
45-49	7	8	9	9	10	10	10	9	9	9
50-54	6	7	8	9	9	10	10	10	9	9
55-59	7	6	7	8	9	9	10	10	10	9
60-64	7	7	6	7	8	9	9	10	10	10
65-69	7	7	7	6	7	8	9	9	10	10
70-74	7	7	6	6	5	6	7	8	8	9
75+	13	13	14	14	14	14	14	16	18	19
TOTAL	142	145	148	150	153	155	158	161	164	166
BIRTH RATE	15.0	14.7	13.9	13.3	13.1	13.2	13.2	12.9	12.5	
DEATH RATE	12.0	11.2	10.5	10.0	9.9	9.7	9.9	10.2	10.6	
RATE OF NAT. INC.	.30	.35	.34	.33	.32	.35	.33	.27	.19	
NET MIGRATION RATE	1.4	.0	.0	.0	.0	.0	.0	.0	.0	
GROWTH RATE	.44	.35	.34	.33	.32	.35	.33	.27	.19	
TOTAL FERTILITY	2.095	2.091	2.087	2.084	2.083	2.081	2.080	2.078	2.077	
NRR	1.000	1.000	1.000	1.000	1.000	1.000	1.000	1.000	1.000	
e(0) - BOTH SEXES	75.36	76.44	77.55	78.62	79.09	79.56	80.05	80.54	81.05	
e(15) - BOTH SEXES	61.39	62.35	63.33	64.32	64.75	65.19	65.64	66.10	66.57	
IMR - BOTH SEXES	9.0	7.6	6.5	5.7	5.4	5.1	4.7	4.4	4.1	
q(5) - BOTH SEXES	.0113	.0097	.0084	.0075	.0071	.0067	.0063	.0060	.0056	
DEP. RATIO	58.5	59.0	58.4	56.7	55.1	55.2	57.6	59.7	62.8	65.6

Summary Projection for 25-Year Periods

OTHER EUROPE

AGE GROUP	1990	2000	2025	2050	2075	2100	2125	2150
TOTAL M+F	284	295	321	335	344	348	351	352
MALES								
0-4	11	11	11	11	11	11	11	11
5-9	11	11	11	10	10	10	11	11
10-14	9	11	10	10	10	11	11	11
15-19	11	11	10	10	11	11	11	11
20-24	12	9	11	11	11	11	11	10
25-29	11	11	11	11	11	10	10	10
30-34	9	12	11	10	10	10	10	10
35-39	11	11	10	10	10	10	10	10
40-44	9	9	10	10	10	10	10	10
45-49	8	10	9	10	10	10	10	10
50-54	7	9	10	10	10	10	10	10
55-59	7	8	11	10	10	10	10	10
60-64	7	7	9	9	9	10	10	10
65-69	6	6	8	9	9	9	9	10
70-74	5	6	8	7	9	9	9	9
75+	7	8	11	16	19	20	20	21
TOTAL	142	148	160	166	170	172	174	174
FEMALES								
0-4	9	10	10	10	10	10	10	10
5-9	9	10	10	10	10	10	10	10
10-14	9	9	10	10	10	10	10	10
15-19	10	9	10	10	10	10	10	10
20-24	10	9	10	10	10	10	10	10
25-29	10	11	10	10	10	10	10	10
30-34	9	11	10	10	10	10	10	10
35-39	9	11	9	10	10	10	10	10
40-44	8	9	9	10	10	10	10	10
45-49	7	9	9	10	10	10	10	10
50-54	6	8	10	10	10	10	10	10
55-59	7	7	10	10	10	10	10	10
60-64	7	6	10	9	9	10	10	10
65-69	7	7	9	9	9	10	10	10
70-74	7	6	8	9	9	10	10	10
75+	13	14	16	24	27	28	29	30
TOTAL	142	148	161	169	174	176	177	178
BIRTH RATE		14.9	13.3	12.5	12.1	11.9	11.7	11.7
DEATH RATE		11.6	10.0	10.8	11.1	11.4	11.4	11.5
NET MIGRATION RATE		.7	.0	.0	.0	.0	.0	.0
GROWTH RATE		.40	.33	.17	.10	.05	.03	.02
TOTAL FERTILITY		2.093	2.083	2.076	2.070	2.069	2.067	2.067
e(0) - BOTH SEXES		75.91	78.99	81.59	83.88	84.85	85.62	85.92
IMR - BOTH SEXES		8.3	5.5	3.8	2.6	2.2	2.0	2.0

OTHER LATIN AMERICA AND CARIBBEAN

Projection (thousands) with NRR=1 by 2005

AGE GROUP	1990	1995	2000	2005	2010	2015	2020	2025	2030	2035
TOTAL M+F	237	281	316	339	361	381	401	420	437	452
MALES										
0-4	14	17	17	16	15	16	16	16	16	16
5-9	12	15	17	17	16	15	16	16	16	16
10-14	14	13	16	17	17	16	15	16	16	16
15-19	12	15	13	16	17	17	16	15	16	16
20-24	12	13	16	13	15	17	17	16	15	15
25-29	11	14	14	15	13	15	17	17	16	15
30-34	9	12	14	14	15	13	15	17	17	16
35-39	7	10	13	14	14	15	13	15	17	17
40-44	6	7	10	13	14	14	15	13	15	16
45-49	6	6	7	10	12	14	13	15	12	15
50-54	6	6	6	7	9	12	13	13	14	12
55-59	3	5	5	5	7	9	11	13	12	14
60-64	3	3	5	5	5	6	8	11	12	12
65-69	1	3	3	4	4	4	5	7	10	11
70-74	1	1	2	2	3	3	4	5	6	8
75+	2	2	1	2	3	4	4	5	6	8
TOTAL	120	142	159	170	181	190	200	209	217	224
FEMALES										
0-4	13	16	17	15	15	15	15	16	16	15
5-9	12	14	16	17	15	15	15	15	16	16
10-14	14	13	15	16	17	15	15	15	15	16
15-19	12	15	13	15	16	17	15	15	15	15
20-24	12	14	16	13	15	16	17	15	15	15
25-29	11	14	15	16	13	15	16	17	15	15
30-34	9	12	15	15	16	13	14	16	16	15
35-39	7	10	13	14	14	16	13	14	16	16
40-44	6	7	10	13	14	14	16	13	14	16
45-49	6	6	7	10	13	14	14	16	13	14
50-54	3	6	6	7	10	12	14	14	15	13
55-59	3	3	5	5	7	9	12	14	14	15
60-64	3	3	3	5	5	6	9	12	13	13
65-69	1	3	3	3	5	5	6	8	11	13
70-74	1	1	3	2	2	4	4	5	8	10
75+	2	2	2	3	3	4	5	7	8	11
TOTAL	117	139	157	169	180	191	201	211	220	228
BIRTH RATE		25.0	22.9	19.5	17.4	16.7	16.3	15.8	15.1	14.2
DEATH RATE		6.7	5.7	5.3	5.3	5.7	6.1	6.5	7.0	7.5
RATE OF NAT. INC.		1.83	1.72	1.42	1.21	1.10	1.03	.93	.81	.67
NET MIGRATION RATE		15.5	6.7	.0	.0	.0	.0	.0	.0	.0
GROWTH RATE		3.38	2.39	1.42	1.21	1.10	1.03	.93	.81	.67
TOTAL FERTILITY		2.800	2.481	2.197	2.094	2.091	2.088	2.085	2.082	2.080
NRR		1.305	1.170	1.044	1.000	1.000	1.000	1.000	1.000	1.000
e(0) - BOTH SEXES		68.17	69.78	71.44	73.09	73.78	74.51	75.27	76.06	76.88
e(15) - BOTH SEXES		55.14	56.44	57.85	59.29	59.92	60.57	61.25	61.97	62.71
IMR - BOTH SEXES		20.0	16.3	13.3	10.9	10.2	9.4	8.6	7.9	7.1
q(5) - BOTH SEXES		.0240	.0197	.0162	.0135	.0126	.0117	.0109	.0100	.0091
DEP. RATIO	61.4	54.9	54.1	51.3	47.3	43.8	43.3	45.6	49.3	52.9

Summary Projection for 25-Year Periods

OTHER LATIN AMERICA AND CARIBBEAN

AGE GROUP	1990	2000	2025	2050	2075	2100	2125	2150
TOTAL M+F	237	316	420	484	513	526	534	539
MALES								
0-4	14	17	16	16	16	16	16	16
5-9	12	17	16	16	16	16	16	16
10-14	14	16	16	16	16	16	16	16
15-19	12	13	15	16	16	16	16	16
20-24	12	16	16	16	16	16	16	16
25-29	11	14	17	16	16	16	16	16
30-34	9	14	17	16	16	16	16	16
35-39	7	13	15	15	16	16	16	16
40-44	6	10	13	15	16	16	16	16
45-49	6	7	15	15	16	16	16	16
50-54	6	6	13	16	16	15	16	16
55-59	3	5	13	15	15	15	15	15
60-64	3	5	11	13	14	15	15	15
65-69	1	3	7	10	13	14	14	15
70-74	1	2	5	11	12	13	14	14
75+	2	1	5	15	24	28	30	31
TOTAL	120	159	209	239	254	260	264	265
FEMALES								
0-4	13	17	16	15	15	15	15	15
5-9	12	16	15	15	15	15	15	15
10-14	14	15	15	15	15	15	15	15
15-19	12	13	15	15	15	15	15	15
20-24	12	16	15	16	15	15	15	15
25-29	11	15	17	16	15	15	15	15
30-34	9	15	16	15	15	15	15	15
35-39	7	13	14	15	15	15	15	15
40-44	6	10	13	14	15	15	15	15
45-49	6	7	16	15	15	15	15	15
50-54	3	6	14	16	15	15	15	15
55-59	3	5	14	16	15	15	15	15
60-64	3	3	12	13	14	15	15	15
65-69	1	3	8	12	14	15	15	15
70-74	1	3	5	13	14	14	15	15
75+	2	2	7	23	35	39	43	45
TOTAL	117	157	211	245	260	266	271	273
BIRTH RATE		23.9	17.1	13.9	12.6	12.1	11.9	11.7
DEATH RATE		6.2	5.8	8.3	10.3	11.2	11.2	11.4
NET MIGRATION RATE		10.8	.0	.0	.0	.0	.0	.0
GROWTH RATE		2.88	1.14	.56	.24	.10	.06	.03
TOTAL FERTILITY		2.625	2.110	2.077	2.065	2.062	2.059	2.058
e(0) - BOTH SEXES		69.03	73.72	77.83	81.77	83.55	84.99	85.53
IMR - BOTH SEXES		18.1	10.5	6.4	3.4	2.7	2.2	2.1

OTHER MICRONESIA

Projection (thousands) with NRR=1 by 2015

AGE GROUP	1990	1995	2000	2005	2010	2015	2020	2025	2030	2035
TOTAL M+F	100	113	125	138	150	160	171	181	191	200
MALES										
0-4	7	8	8	8	8	7	7	8	8	8
5-9	6	7	8	8	8	8	7	7	8	8
10-14	6	6	7	8	8	8	8	7	7	8
15-19	5	6	6	7	8	8	8	8	7	7
20-24	4	5	6	6	7	8	8	8	8	7
25-29	4	4	5	6	6	7	8	8	8	8
30-34	3	4	4	5	6	6	7	8	8	8
35-39	3	3	4	4	5	6	6	7	8	8
40-44	2	3	3	4	4	5	6	6	7	7
45-49	2	2	3	3	4	4	5	6	6	7
50-54	2	2	2	3	3	4	4	5	6	6
55-59	1	2	2	2	3	3	4	4	4	5
60-64	1	1	2	2	2	2	2	3	3	4
65-69	0	1	1	2	1	1	2	2	3	3
70-74	0	0	1	1	1	1	1	2	2	3
75+	0	0	0	1	1	1	1	2	2	3
TOTAL	49	56	62	69	75	80	85	90	95	99
FEMALES										
0-4	7	8	8	8	8	7	7	7	8	8
5-9	6	7	8	8	8	8	7	7	7	8
10-14	6	6	7	7	8	8	7	7	7	7
15-19	5	6	6	7	7	8	8	7	7	7
20-24	4	5	6	6	7	7	8	8	7	7
25-29	4	4	5	6	6	7	7	8	8	7
30-34	3	4	4	5	6	6	7	7	8	8
35-39	3	3	4	4	5	6	6	7	7	8
40-44	2	3	3	4	4	5	6	6	7	7
45-49	2	2	3	3	4	4	5	6	6	7
50-54	2	2	2	3	3	4	4	5	6	6
55-59	1	2	2	2	3	3	4	4	5	6
60-64	1	1	2	2	2	3	3	4	4	5
65-69	1	1	1	2	2	2	3	3	3	4
70-74	1	1	1	1	1	1	2	2	2	3
75+	1	1	1	1	1	2	2	2	3	4
TOTAL	51	57	63	69	75	81	86	91	96	101

	1990	1995	2000	2005	2010	2015	2020	2025	2030	2035
BIRTH RATE		29.9	27.3	24.8	21.8	19.1	18.0	17.6	16.9	15.9
DEATH RATE		6.2	5.9	5.5	5.3	5.4	5.7	5.9	6.1	6.5
RATE OF NAT. INC.		2.37	2.14	1.93	1.65	1.37	1.23	1.17	1.08	.94
NET MIGRATION RATE		.0	.0	.0	.0	.0	.0	.0	.0	.0
GROWTH RATE		2.37	2.14	1.93	1.65	1.37	1.23	1.17	1.08	.94
TOTAL FERTILITY		4.000	3.500	3.012	2.592	2.230	2.100	2.096	2.092	2.087
NRR		1.849	1.633	1.418	1.229	1.060	1.000	1.000	1.000	1.000
e(0) - BOTH SEXES	68.41	69.39	70.58	71.92	72.68	73.47	74.29	75.15	76.04	
e(15) - BOTH SEXES	56.34	56.91	57.72	58.72	59.35	60.02	60.71	61.44	62.20	
IMR - BOTH SEXES	30.0	25.7	21.4	17.6	16.2	14.8	13.4	12.0	10.6	
q(5) - BOTH SEXES	.0363	.0308	.0257	.0212	.0196	.0179	.0163	.0147	.0131	
DEP. RATIO	77.8	71.7	67.3	63.3	57.8	51.6	48.3	46.4	47.5	47.9

OTHER MICRONESIA

Summary Projection for 25-Year Periods

AGE GROUP	1990	2000	2025	2050	2075	2100	2125	2150
TOTAL M+F	100	125	181	223	245	252	257	259
MALES								
0-4	7	8	8	8	8	8	8	8
5-9	6	8	7	8	8	8	8	8
10-14	6	7	7	8	8	8	8	8
15-19	5	6	8	8	8	8	8	8
20-24	4	6	8	8	8	8	8	8
25-29	4	5	8	8	8	8	8	8
30-34	3	4	8	7	8	8	8	8
35-39	3	4	7	7	8	8	8	8
40-44	2	3	6	8	8	8	8	8
45-49	2	3	6	8	8	8	8	8
50-54	2	2	5	7	7	7	7	8
55-59	1	2	4	7	7	7	7	7
60-64	1	2	3	6	7	7	7	7
65-69	0	1	2	5	7	7	7	7
70-74	0	1	2	4	6	6	6	7
75+	0	0	2	5	11	13	14	15
TOTAL	49	62	90	110	121	124	127	128
FEMALES								
0-4	7	8	7	7	7	7	7	7
5-9	6	8	7	7	7	7	7	7
10-14	6	7	7	7	7	7	7	7
15-19	5	6	7	7	7	7	7	7
20-24	4	6	8	8	7	7	7	7
25-29	4	5	8	7	7	7	7	7
30-34	3	4	7	7	7	7	7	7
35-39	3	4	7	7	7	7	7	7
40-44	2	3	6	7	7	7	7	7
45-49	2	3	6	8	7	7	7	7
50-54	2	2	5	7	7	7	7	7
55-59	1	2	4	7	7	7	7	7
60-64	1	2	4	7	7	7	7	7
65-69	1	1	3	5	7	7	7	7
70-74	1	1	2	5	7	7	7	7
75+	1	1	2	7	16	19	21	22
TOTAL	51	63	91	113	124	128	130	132
BIRTH RATE		28.6	20.0	15.1	12.9	12.2	11.9	11.8
DEATH RATE		6.1	5.6	6.8	9.2	11.0	11.2	11.4
NET MIGRATION RATE		.0	.0	.0	.0	.0	.0	.0
GROWTH RATE		2.26	1.47	.84	.38	.12	.07	.03
TOTAL FERTILITY		3.731	2.367	2.083	2.066	2.062	2.059	2.058
e(0) - BOTH SEXES		68.93	72.72	77.09	81.33	83.26	84.85	85.45
IMR - BOTH SEXES		27.8	16.7	9.2	3.7	2.8	2.2	2.1

OTHER NORTH AFRICA

Projection (thousands) with NRR=1 by 2035

AGE GROUP	1990	1995	2000	2005	2010	2015	2020	2025	2030	2035
TOTAL M+F	179	207	238	271	306	342	379	416	450	479
MALES										
0-4	16	20	22	23	24	25	26	26	25	23
5-9	11	15	18	20	22	23	24	25	25	24
10-14	11	11	15	18	20	21	23	24	25	25
15-19	10	10	11	14	18	20	21	22	24	25
20-24	8	9	10	11	14	17	19	21	22	23
25-29	7	7	9	10	10	14	17	19	20	22
30-34	5	6	7	9	9	10	13	16	18	20
35-39	5	5	6	7	8	9	10	13	16	18
40-44	4	5	4	6	7	8	9	9	12	15
45-49	3	4	4	4	6	6	8	8	9	12
50-54	3	3	3	4	4	5	6	7	8	8
55-59	3	3	2	3	4	4	5	5	7	7
60-64	2	3	2	2	3	3	3	4	5	6
65-69	2	2	2	2	2	2	3	3	4	4
70-74	1	1	1	2	1	1	2	2	2	3
75+	1	1	1	1	2	2	2	2	2	2
TOTAL	90	104	119	135	152	170	189	207	223	238
FEMALES										
0-4	16	19	21	22	24	25	26	26	25	23
5-9	12	15	18	20	22	23	24	25	25	24
10-14	11	11	15	18	20	21	23	24	25	25
15-19	9	10	11	15	18	20	21	22	24	24
20-24	8	8	10	11	14	17	19	21	22	23
25-29	7	8	8	10	11	14	17	19	20	22
30-34	5	7	7	8	10	10	14	16	19	20
35-39	5	5	6	7	8	9	10	13	16	18
40-44	4	5	4	6	7	7	9	10	13	16
45-49	3	4	4	4	6	6	7	9	9	13
50-54	3	3	3	4	4	5	6	7	8	9
55-59	2	3	3	3	4	4	5	6	6	8
60-64	2	2	2	2	3	4	3	5	5	6
65-69	2	2	1	2	2	3	3	3	4	5
70-74	1	2	1	1	2	2	2	2	2	3
75+	1	1	1	2	1	2	2	2	3	3
TOTAL	89	103	119	136	153	172	191	209	226	242

	1990	1995	2000	2005	2010	2015	2020	2025	2030	2035
BIRTH RATE		46.8	44.0	39.9	36.7	34.1	31.2	28.1	24.7	21.4
DEATH RATE		17.4	16.0	14.3	12.6	11.5	10.6	9.8	9.1	8.6
RATE OF NAT. INC.		2.94	2.80	2.56	2.41	2.25	2.06	1.83	1.56	1.28
NET MIGRATION RATE		.0	.0	.0	.0	.0	.0	.0	.0	.0
GROWTH RATE		2.94	2.80	2.56	2.41	2.25	2.06	1.83	1.56	1.28
TOTAL FERTILITY		6.500	6.200	5.600	5.000	4.400	3.800	3.264	2.803	2.408
NRR		2.337	2.288	2.133	1.969	1.766	1.554	1.362	1.193	1.043
e(0) - BOTH SEXES	49.46	50.72	52.30	54.15	55.58	57.06	58.59	60.17	61.81	
e(15) - BOTH SEXES	48.17	48.25	48.36	48.67	49.52	50.40	51.31	52.24	53.21	
IMR - BOTH SEXES	109.9	101.2	90.2	78.3	73.1	67.8	62.6	57.4	52.1	
q(5) - BOTH SEXES	.1828	.1663	.1459	.1244	.1153	.1061	.0969	.0876	.0783	
DEP. RATIO	89.8	93.4	97.8	93.5	85.2	77.7	71.6	64.9	58.8	52.6

Summary Projection for 25-Year Periods

OTHER NORTH AFRICA

AGE GROUP	1990	2000	2025	2050	2075	2100	2125	2150
TOTAL M+F	179	238	416	567	678	734	772	792
MALES								
0-4	16	22	26	25	24	24	24	24
5-9	11	18	25	24	24	24	24	24
10-14	11	15	24	23	24	24	24	24
15-19	10	11	22	23	23	24	24	24
20-24	8	10	21	24	24	24	24	24
25-29	7	9	19	24	24	24	24	24
30-34	5	7	16	23	23	23	24	24
35-39	5	6	13	22	22	23	24	24
40-44	4	4	9	20	22	23	23	24
45-49	3	4	8	18	22	23	23	23
50-54	3	3	7	16	22	23	23	23
55-59	3	2	5	13	21	21	22	22
60-64	2	2	4	10	18	20	21	22
65-69	2	2	3	6	15	18	20	21
70-74	1	1	2	4	11	16	18	19
75+	1	1	2	4	12	26	35	40
TOTAL	90	119	207	280	332	359	377	387
FEMALES								
0-4	16	21	26	24	24	23	23	23
5-9	12	18	25	24	23	23	23	23
10-14	11	15	24	23	23	23	23	23
15-19	9	11	22	22	23	23	23	23
20-24	8	10	21	24	24	24	23	23
25-29	7	8	19	24	24	23	23	23
30-34	5	7	16	24	23	23	23	23
35-39	5	6	13	22	22	23	23	23
40-44	4	4	10	21	22	23	23	23
45-49	3	4	9	19	23	23	23	23
50-54	3	3	7	17	23	23	23	23
55-59	2	3	6	14	22	22	23	23
60-64	2	2	5	11	20	21	22	23
65-69	2	1	3	7	17	20	22	22
70-74	1	1	2	6	14	19	21	22
75+	1	1	2	6	18	38	51	59
TOTAL	89	119	209	287	345	376	395	406
BIRTH RATE		45.3	33.3	20.7	15.5	13.6	12.7	12.2
DEATH RATE		16.7	11.5	8.4	8.5	10.4	10.7	11.2
NET MIGRATION RATE		.0	.0	.0	.0	.0	.0	.0
GROWTH RATE		2.87	2.22	1.24	.71	.32	.20	.10
TOTAL FERTILITY		6.340	4.233	2.361	2.107	2.070	2.047	2.042
e(0) - BOTH SEXES		50.13	55.88	63.78	71.66	76.70	81.46	83.29
IMR - BOTH SEXES		105.4	74.1	47.0	24.3	12.5	3.8	2.8

OTHER NORTHERN AMERICA

Projection (thousands) with NRR=1 by 2000

AGE GROUP	1990	1995	2000	2005	2010	2015	2020	2025	2030	2035
TOTAL M+F	123	131	136	141	144	148	152	155	157	159
MALES										
0-4	5	7	6	5	5	5	5	6	5	5
5-9	5	5	7	6	5	5	5	5	6	5
10-14	4	5	5	7	6	5	5	5	5	6
15-19	5	4	5	5	7	6	5	5	5	5
20-24	6	5	4	5	5	6	6	5	5	5
25-29	6	6	5	4	5	5	6	5	5	5
30-34	6	6	6	5	4	5	5	6	5	5
35-39	5	6	6	6	5	4	5	5	6	5
40-44	5	5	6	6	6	5	4	5	5	6
45-49	4	5	5	6	6	6	5	4	5	5
50-54	3	4	5	5	6	6	6	5	4	5
55-59	3	3	4	5	4	5	5	5	4	4
60-64	2	3	3	3	4	4	5	5	5	4
65-69	1	2	2	2	3	4	4	5	5	5
70-74	1	1	1	2	2	2	3	3	4	4
75+	1	1	1	1	2	2	3	4	5	6
TOTAL	63	67	70	72	74	75	77	78	79	79
FEMALES										
0-4	5	6	5	5	5	5	5	5	5	5
5-9	4	5	6	5	5	5	5	5	5	5
10-14	4	4	5	6	5	5	5	5	5	5
15-19	5	4	4	5	6	5	5	5	5	5
20-24	6	5	4	4	5	6	5	5	5	5
25-29	5	6	5	4	4	5	6	5	5	5
30-34	5	5	6	5	4	4	5	6	5	5
35-39	5	5	5	6	5	4	4	5	6	5
40-44	4	5	5	5	6	5	4	4	5	6
45-49	3	4	5	5	5	6	5	4	4	5
50-54	3	3	4	5	5	5	6	5	4	4
55-59	3	3	3	4	5	5	5	6	5	4
60-64	2	3	3	3	4	4	5	5	5	5
65-69	2	2	3	3	3	3	4	4	4	5
70-74	1	2	2	2	2	2	3	4	4	4
75+	2	2	2	2	3	3	4	5	6	7
TOTAL	60	64	66	69	71	73	75	77	78	79
BIRTH RATE		20.9	16.8	14.3	13.5	13.9	14.5	14.3	13.6	13.0
DEATH RATE		8.8	8.3	8.1	8.2	9.0	9.4	9.9	10.6	11.1
RATE OF NAT. INC.		1.20	.85	.62	.53	.49	.50	.44	.30	.19
NET MIGRATION RATE		.0	.0	.0	.0	.0	.0	.0	.0	.0
GROWTH RATE		1.20	.85	.62	.53	.49	.50	.44	.30	.19
TOTAL FERTILITY		2.500	2.211	2.105	2.095	2.092	2.089	2.086	2.083	2.080
NRR		1.172	1.043	1.000	1.000	1.000	1.000	1.000	1.000	1.000
e(0) - BOTH SEXES		68.92	70.52	72.13	73.74	74.41	75.12	75.84	76.60	77.39
e(15) - BOTH SEXES		56.08	57.31	58.65	60.03	60.62	61.24	61.88	62.56	63.26
IMR - BOTH SEXES		22.0	17.7	14.4	11.7	10.9	10.0	9.2	8.3	7.5
q(5) - BOTH SEXES		.0264	.0213	.0175	.0145	.0135	.0125	.0115	.0105	.0095
DEP. RATIO	40.7	45.9	49.3	49.0	45.0	46.3	50.7	56.4	60.2	63.3

OTHER NORTHERN AMERICA

Summary Projection for 25-Year Periods

AGE GROUP	1990	2000	2025	2050	2075	2100	2125	2150
TOTAL M+F	123	136	155	162	170	173	176	177
MALES								
0-4	5	6	6	5	5	5	5	5
5-9	5	7	5	5	5	5	5	5
10-14	4	5	5	5	5	5	5	5
15-19	5	5	5	5	5	5	5	5
20-24	6	4	5	5	5	5	5	5
25-29	6	5	5	5	5	5	5	5
30-34	6	6	6	5	5	5	5	5
35-39	5	6	5	5	5	5	5	5
40-44	5	6	5	5	5	5	5	5
45-49	4	5	4	5	5	5	5	5
50-54	3	5	5	5	5	5	5	5
55-59	3	4	5	6	5	5	5	5
60-64	2	3	5	4	5	5	5	5
65-69	1	2	5	4	4	5	5	5
70-74	1	1	3	3	4	4	5	5
75+	1	1	4	7	9	9	10	10
TOTAL	63	70	78	81	84	86	87	87
FEMALES								
0-4	5	5	5	5	5	5	5	5
5-9	4	6	5	5	5	5	5	5
10-14	4	5	5	5	5	5	5	5
15-19	5	4	5	5	5	5	5	5
20-24	6	4	5	5	5	5	5	5
25-29	5	5	5	5	5	5	5	5
30-34	5	6	6	5	5	5	5	5
35-39	5	5	5	5	5	5	5	5
40-44	4	5	4	5	5	5	5	5
45-49	3	5	4	5	5	5	5	5
50-54	3	4	5	5	5	5	5	5
55-59	3	3	6	6	5	5	5	5
60-64	2	3	5	5	5	5	5	5
65-69	2	3	4	4	4	5	5	5
70-74	1	2	4	3	4	5	5	5
75+	2	2	5	9	12	13	14	15
TOTAL	60	66	77	82	86	88	89	90
BIRTH RATE		18.8	14.1	13.1	12.5	12.1	11.9	11.7
DEATH RATE		8.5	9.0	11.2	10.8	11.2	11.3	11.4
NET MIGRATION RATE		.0	.0	.0	.0	.0	.0	.0
GROWTH RATE		1.03	.52	.18	.17	.09	.06	.03
TOTAL FERTILITY		2.376	2.093	2.077	2.065	2.061	2.059	2.058
e(0) - BOTH SEXES		69.74	74.29	78.26	82.02	83.71	85.08	85.59
IMR - BOTH SEXES		20.1	11.2	6.6	3.3	2.6	2.2	2.0

OTHER POLYNESIA

Projection (thousands) with NRR=1 by 2025

AGE GROUP	1990	1995	2000	2005	2010	2015	2020	2025	2030	2035
TOTAL M+F	87	98	111	126	140	153	166	178	190	201
MALES										
0-4	6	8	8	9	9	8	8	8	8	8
5-9	6	6	8	8	9	9	8	8	8	8
10-14	6	6	6	8	8	9	9	8	8	8
15-19	6	6	6	6	8	8	9	9	8	8
20-24	5	6	6	6	6	7	8	9	9	8
25-29	2	5	6	6	6	6	7	8	9	8
30-34	2	2	5	6	6	6	6	7	8	8
35-39	2	2	2	5	6	6	6	6	7	8
40-44	2	2	2	2	5	6	6	6	6	7
45-49	1	2	2	2	2	5	6	6	6	6
50-54	2	1	2	2	2	2	4	5	5	6
55-59	1	2	1	2	2	2	2	4	5	5
60-64	1	1	2	1	2	2	2	2	4	5
65-69	0	1	1	2	1	1	1	1	1	4
70-74	0	0	1	1	1	1	1	1	1	1
75+	0	0	0	1	1	1	1	1	2	2
TOTAL	44	50	56	64	71	77	83	89	95	101
FEMALES										
0-4	5	7	8	8	8	8	8	8	8	8
5-9	6	5	7	8	8	8	8	8	8	8
10-14	5	6	5	7	8	8	8	8	8	8
15-19	5	5	6	5	7	8	8	8	8	8
20-24	4	5	5	6	5	7	8	8	8	8
25-29	3	4	5	5	6	5	7	8	8	8
30-34	3	3	4	5	5	6	5	7	8	8
35-39	2	3	3	4	5	5	6	5	7	8
40-44	2	2	3	3	4	5	5	6	5	7
45-49	1	2	2	3	3	4	5	5	6	5
50-54	1	1	2	2	3	3	4	5	5	6
55-59	1	1	1	2	2	3	3	4	5	5
60-64	1	1	1	1	2	2	3	3	4	5
65-69	1	1	1	1	1	2	2	3	3	3
70-74	0	1	1	1	1	1	2	2	2	2
75+	1	1	1	1	1	1	1	2	3	4
TOTAL	43	48	55	62	69	76	82	89	94	100
BIRTH RATE		33.4	31.7	29.1	25.8	22.5	20.3	18.3	17.5	16.9
DEATH RATE		5.1	4.6	4.6	4.4	4.3	4.4	4.4	4.7	5.0
RATE OF NAT. INC.		2.83	2.71	2.45	2.14	1.82	1.59	1.39	1.27	1.19
NET MIGRATION RATE		-4.3	-1.9	.0	.0	.0	.0	.0	.0	.0
GROWTH RATE		2.40	2.52	2.45	2.14	1.82	1.59	1.39	1.27	1.19
TOTAL FERTILITY		4.300	3.950	3.600	3.250	2.851	2.501	2.194	2.082	2.079
NRR		2.028	1.873	1.713	1.552	1.364	1.198	1.052	1.000	1.000
e(0) - BOTH SEXES		70.92	71.71	72.73	73.85	74.53	75.23	75.96	76.72	77.51
e(15) - BOTH SEXES		57.93	58.48	59.26	60.17	60.77	61.38	62.03	62.69	63.39
IMR - BOTH SEXES		20.0	17.3	14.5	12.0	11.2	10.3	9.4	8.5	7.6
q(5) - BOTH SEXES		.0240	.0208	.0176	.0148	.0138	.0128	.0117	.0107	.0097
DEP. RATIO	78.7	76.1	72.5	74.5	66.1	59.7	53.1	48.5	45.4	46.6

OTHER POLYNESIA

Summary Projection for 25-Year Periods

AGE GROUP	1990	2000	2025	2050	2075	2100	2125	2150
TOTAL M+F	87	111	178	231	261	269	274	276
MALES								
0-4	6	8	8	8	8	8	8	8
5-9	6	8	8	8	8	8	8	8
10-14	6	6	8	8	8	8	8	8
15-19	6	6	9	8	8	8	8	8
20-24	5	6	9	8	8	8	8	8
25-29	2	6	8	8	8	8	8	8
30-34	2	5	7	8	8	8	8	8
35-39	2	2	6	8	8	8	8	8
40-44	2	2	6	8	8	8	8	8
45-49	1	2	6	8	8	8	8	8
50-54	2	2	5	8	8	8	8	8
55-59	1	1	4	7	8	8	8	8
60-64	1	2	2	5	7	8	8	8
65-69	0	1	1	5	7	7	7	7
70-74	0	1	1	4	7	7	7	7
75+	0	0	1	5	11	14	15	16
TOTAL	44	56	89	115	129	133	135	136
FEMALES								
0-4	5	8	8	8	8	8	8	8
5-9	6	7	8	8	8	8	8	8
10-14	5	5	8	8	8	8	8	8
15-19	5	6	8	8	8	8	8	8
20-24	4	5	8	8	8	8	8	8
25-29	3	5	8	8	8	8	8	8
30-34	3	4	7	8	8	8	8	8
35-39	2	3	5	8	8	8	8	8
40-44	2	3	6	8	8	8	8	8
45-49	1	2	5	8	8	8	8	8
50-54	1	2	5	8	7	8	8	8
55-59	1	1	4	7	8	8	8	8
60-64	1	1	3	5	8	8	8	8
65-69	1	1	3	6	8	8	8	8
70-74	0	1	2	4	7	7	7	8
75+	1	1	2	7	16	20	22	23
TOTAL	43	55	89	115	132	137	139	140
BIRTH RATE		32.5	22.7	15.8	13.1	12.2	11.9	11.7
DEATH RATE		4.9	4.4	5.5	8.2	10.9	11.2	11.4
NET MIGRATION RATE		-3.0	.0	.0	.0	.0	.0	.0
GROWTH RATE		2.46	1.88	1.04	.49	.13	.07	.03
TOTAL FERTILITY		4.110	2.807	2.076	2.064	2.061	2.058	2.058
e(0) - BOTH SEXES		71.34	74.60	78.44	82.11	83.76	85.09	85.60
IMR - BOTH SEXES		18.6	11.5	6.8	3.3	2.6	2.2	2.0

OTHER WEST AFRICA

Projection (thousands) with NRR=1 by 2005

AGE GROUP	1990	1995	2000	2005	2010	2015	2020	2025	2030	2035
TOTAL M+F	5	6	6	6	7	7	7	8	8	8
MALES										
0-4	0	0	0	0	0	0	0	0	0	0
5-9	0	0	0	0	0	0	0	0	0	0
10-14	0	0	0	0	0	0	0	0	0	0
15-19	0	0	0	0	0	0	0	0	0	0
20-24	0	0	0	0	0	0	0	0	0	0
25-29	0	0	0	0	0	0	0	0	0	0
30-34	0	0	0	0	0	0	0	0	0	0
35-39	0	0	0	0	0	0	0	0	0	0
40-44	0	0	0	0	0	0	0	0	0	0
45-49	0	0	0	0	0	0	0	0	0	0
50-54	0	0	0	0	0	0	0	0	0	0
55-59	0	0	0	0	0	0	0	0	0	0
60-64	0	0	0	0	0	0	0	0	0	0
65-69	0	0	0	0	0	0	0	0	0	0
70-74	0	0	0	0	0	0	0	0	0	0
75+	0	0	0	0	0	0	0	0	0	0
TOTAL	3	3	3	3	3	3	4	4	4	4
FEMALES										
0-4	0	0	0	0	0	0	0	0	0	0
5-9	0	0	0	0	0	0	0	0	0	0
10-14	0	0	0	0	0	0	0	0	0	0
15-19	0	0	0	0	0	0	0	0	0	0
20-24	0	0	0	0	0	0	0	0	0	0
25-29	0	0	0	0	0	0	0	0	0	0
30-34	0	0	0	0	0	0	0	0	0	0
35-39	0	0	0	0	0	0	0	0	0	0
40-44	0	0	0	0	0	0	0	0	0	0
45-49	0	0	0	0	0	0	0	0	0	0
50-54	0	0	0	0	0	0	0	0	0	0
55-59	0	0	0	0	0	0	0	0	0	0
60-64	0	0	0	0	0	0	0	0	0	0
65-69	0	0	0	0	0	0	0	0	0	0
70-74	0	0	0	0	0	0	0	0	0	0
75+	0	0	0	0	0	0	0	0	0	0
TOTAL	3	3	3	3	3	4	4	4	4	4
BIRTH RATE		17.6	18.9	18.9	17.8	16.3	15.0	14.4	14.2	14.0
DEATH RATE		7.9	7.6	7.2	6.8	6.8	6.8	7.0	7.3	7.8
RATE OF NAT. INC.		.97	1.13	1.17	1.10	.95	.82	.73	.69	.62
NET MIGRATION RATE		.0	.0	.0	.0	.0	.0	.0	.0	.0
GROWTH RATE		.96	1.13	1.17	1.10	.95	.82	.73	.69	.62
TOTAL FERTILITY		2.000	2.000	2.000	2.012	2.024	2.036	2.048	2.060	2.064
NRR		.945	.949	.954	.965	.973	.980	.988	.996	1.000
e(0) - BOTH SEXES	71.47	72.30	73.32	74.46	75.13	75.82	76.53	77.26	78.02	
e(15) - BOTH SEXES	59.41	59.94	60.61	61.39	61.92	62.46	63.02	63.61	64.21	
IMR - BOTH SEXES	29.1	26.1	22.3	18.4	16.9	15.3	13.8	12.3	10.8	
q(5) - BOTH SEXES	.0351	.0313	.0267	.0221	.0204	.0186	.0168	.0151	.0133	
DEP. RATIO	70.5	56.4	52.2	48.7	49.6	47.8	46.9	46.2	46.7	51.7

Summary Projection for 25-Year Periods

OTHER WEST AFRICA

AGE GROUP	1990	2000	2025	2050	2075	2100	2125	2150
TOTAL M+F	5	6	8	9	9	9	9	9
MALES								
0-4	0	0	0	0	0	0	0	0
5-9	0	0	0	0	0	0	0	0
10-14	0	0	0	0	0	0	0	0
15-19	0	0	0	0	0	0	0	0
20-24	0	0	0	0	0	0	0	0
25-29	0	0	0	0	0	0	0	0
30-34	0	0	0	0	0	0	0	0
35-39	0	0	0	0	0	0	0	0
40-44	0	0	0	0	0	0	0	0
45-49	0	0	0	0	0	0	0	0
50-54	0	0	0	0	0	0	0	0
55-59	0	0	0	0	0	0	0	0
60-64	0	0	0	0	0	0	0	0
65-69	0	0	0	0	0	0	0	0
70-74	0	0	0	0	0	0	0	0
75+	0	0	0	0	0	0	1	1
TOTAL	3	3	4	4	4	4	5	5
FEMALES								
0-4	0	0	0	0	0	0	0	0
5-9	0	0	0	0	0	0	0	0
10-14	0	0	0	0	0	0	0	0
15-19	0	0	0	0	0	0	0	0
20-24	0	0	0	0	0	0	0	0
25-29	0	0	0	0	0	0	0	0
30-34	0	0	0	0	0	0	0	0
35-39	0	0	0	0	0	0	0	0
40-44	0	0	0	0	0	0	0	0
45-49	0	0	0	0	0	0	0	0
50-54	0	0	0	0	0	0	0	0
55-59	0	0	0	0	0	0	0	0
60-64	0	0	0	0	0	0	0	0
65-69	0	0	0	0	0	0	0	0
70-74	0	0	0	0	0	0	0	0
75+	0	0	0	1	1	1	1	1
TOTAL	3	3	4	4	5	5	5	5
BIRTH RATE		18.3	16.4	13.5	12.4	12.1	11.8	11.7
DEATH RATE		7.8	6.9	8.4	11.0	11.3	11.2	11.4
NET MIGRATION RATE		.0	.0	.0	.0	.0	.0	.0
GROWTH RATE		1.05	.95	.51	.14	.08	.06	.03
TOTAL FERTILITY		2.009	2.023	2.058	2.044	2.040	2.038	2.037
e(0) - BOTH SEXES		71.90	75.13	78.86	82.33	83.92	85.20	85.68
IMR - BOTH SEXES		27.5	17.4	9.2	3.3	2.5	2.2	2.0

PAKISTAN

Projection (thousands) with NRR=1 by 2030

AGE GROUP	1990	1995	2000	2005	2010	2015	2020	2025	2030	2035
TOTAL M+F	112351	129704	148012	167121	186773	205820	224826	242811	259039	274395
MALES										
0-4	10117	10861	11428	11931	12348	12265	12502	12315	11814	11854
5-9	8279	9750	10549	11180	11734	12166	12107	12360	12194	11716
10-14	7238	8202	9681	10492	11130	11688	12124	12069	12326	12164
15-19	6291	7168	8138	9621	10439	11079	11639	12077	12026	12285
20-24	5546	6190	7076	8056	9550	10369	11011	11571	12010	11963
25-29	4639	5428	6085	6984	7982	9471	10291	10932	11492	11931
30-34	3859	4531	5328	5996	6910	7906	9388	10206	10847	11407
35-39	3213	3763	4439	5239	5918	6828	7820	9293	10109	10750
40-44	2164	3125	3674	4348	5149	5824	6727	7712	9172	9985
45-49	1768	2090	3031	3574	4241	5029	5696	6588	7560	9002
50-54	1543	1691	2003	2912	3441	4091	4860	5514	6387	7342
55-59	1279	1449	1590	1887	2748	3255	3880	4620	5255	6102
60-64	1014	1166	1323	1454	1728	2525	3002	3591	4292	4898
65-69	721	881	1015	1153	1270	1517	2229	2664	3203	3848
70-74	488	575	705	814	928	1030	1241	1839	2216	2687
75+	451	529	626	760	902	1062	1228	1479	2060	2659
TOTAL	58609	67399	76691	86401	96416	106105	115746	124829	132962	140594
FEMALES										
0-4	9829	10474	11001	11463	11848	11758	11974	11784	11294	11322
5-9	7747	9503	10198	10779	11288	11687	11618	11848	11676	11206
10-14	6467	7676	9437	10145	10734	11246	11649	11583	11817	11649
15-19	5598	6392	7604	9367	10080	10673	11190	11596	11537	11774
20-24	4980	5488	6289	7507	9263	9981	10581	11104	11516	11467
25-29	4167	4854	5372	6183	7395	9142	9867	10473	11002	11425
30-34	3436	4056	4746	5273	6081	7288	9025	9754	10366	10904
35-39	2859	3342	3961	4651	5179	5984	7183	8908	9640	10258
40-44	1915	2777	3257	3872	4556	5082	5882	7072	8782	9517
45-49	1655	1854	2696	3170	3777	4453	4976	5768	6945	8638
50-54	1428	1590	1786	2604	3069	3664	4328	4845	5626	6788
55-59	1182	1352	1510	1700	2487	2939	3518	4165	4675	5442
60-64	1007	1088	1249	1400	1583	2326	2759	3316	3941	4440
65-69	658	879	955	1102	1245	1418	2096	2503	3028	3622
70-74	435	524	705	772	902	1030	1186	1774	2142	2619
75+	379	455	554	730	868	1045	1246	1490	2090	2729
TOTAL	53742	62306	71320	80720	90357	99716	109080	117982	126077	133800
BIRTH RATE		39.8	35.9	32.5	29.5	26.2	24.2	21.8	19.3	18.1
DEATH RATE		10.2	9.1	8.0	7.2	6.8	6.5	6.4	6.4	6.6
RATE OF NAT. INC.		2.95	2.69	2.45	2.24	1.95	1.77	1.54	1.29	1.15
NET MIGRATION RATE		-.8	-.5	-.2	-.1	-.1	.0	.0	.0	.0
GROWTH RATE		2.87	2.64	2.43	2.22	1.94	1.77	1.54	1.29	1.15
TOTAL FERTILITY		5.600	5.000	4.400	3.800	3.200	2.865	2.565	2.297	2.197
NRR		2.237	2.047	1.848	1.638	1.395	1.263	1.143	1.034	1.000
e(0) - BOTH SEXES	58.98	60.57	62.37	64.32	65.44	66.60	67.79	69.01	70.28	
e(15) - BOTH SEXES	54.00	54.43	54.96	55.71	56.32	56.96	57.62	58.31	59.02	
IMR - BOTH SEXES	95.0	86.6	76.2	65.0	59.2	53.3	47.5	41.6	35.7	
q(5) - BOTH SEXES	.1355	.1192	.1015	.0844	.0769	.0694	.0618	.0543	.0467	
DEP. RATIO	88.7	86.9	82.4	74.4	67.4	60.9	56.5	52.6	49.6	47.3

PAKISTAN

Summary Projection for 25-Year Periods

AGE GROUP	1990	2000	2025	2050	2075	2100	2125	2150
TOTAL M+F	112351	148012	242811	316429	361207	379932	391880	397417
MALES								
0-4	10117	11428	12315	12164	12087	12017	11997	11993
5-9	8279	10549	12360	12169	12045	11991	11983	11985
10-14	7238	9681	12069	12027	11972	11978	11983	11986
15-19	6291	8138	12077	11722	11912	11985	11984	11982
20-24	5546	7076	11571	11608	11945	11997	11974	11961
25-29	4639	6085	10932	12004	12003	11977	11934	11922
30-34	3859	5328	10206	12079	11978	11901	11880	11882
35-39	3213	4439	9293	11729	11783	11782	11828	11848
40-44	2164	3674	7712	11645	11418	11666	11787	11807
45-49	1768	3031	6588	11026	11215	11626	11741	11744
50-54	1543	2003	5514	10204	11425	11549	11614	11610
55-59	1279	1590	4620	9199	11200	11297	11360	11395
60-64	1014	1323	3591	7921	10424	10771	10979	11104
65-69	721	1015	2664	6011	9666	9930	10470	10695
70-74	488	705	1839	4445	8190	8996	9818	10082
75+	451	626	1479	5085	12196	17953	21085	22540
TOTAL	58609	76691	124829	161036	181458	189415	194417	196536
FEMALES								
0-4	9829	11001	11784	11586	11501	11448	11434	11432
5-9	7747	10198	11848	11603	11458	11421	11423	11426
10-14	6467	9437	11583	11480	11385	11406	11423	11428
15-19	5598	7604	11596	11204	11332	11416	11429	11429
20-24	4980	6289	11104	11115	11394	11443	11434	11424
25-29	4167	5372	10473	11510	11492	11449	11418	11412
30-34	3436	4746	9754	11587	11508	11398	11387	11397
35-39	2859	3961	8908	11243	11355	11304	11356	11386
40-44	1915	3257	7072	11155	11035	11222	11345	11376
45-49	1655	2696	5768	10573	10878	11239	11343	11359
50-54	1428	1786	4845	9835	11149	11259	11301	11308
55-59	1182	1510	4165	8963	11043	11156	11179	11222
60-64	1007	1249	3316	7899	10450	10836	10985	11115
65-69	658	955	2503	5901	9956	10276	10755	10989
70-74	435	705	1774	4317	8794	9714	10525	10799
75+	379	554	1490	5421	15016	23531	28724	31380
TOTAL	53742	71320	117982	155393	179749	190518	197463	200881
BIRTH RATE		37.7	26.3	17.3	13.9	12.7	12.2	11.9
DEATH RATE		9.6	6.9	6.8	8.6	10.7	10.9	11.3
NET MIGRATION RATE		-.6	-.1	.0	.0	.0	.0	.0
GROWTH RATE		2.76	1.98	1.06	.53	.20	.12	.06
TOTAL FERTILITY		5.276	3.245	2.188	2.086	2.071	2.062	2.060
e(0) - BOTH SEXES		59.83	65.56	71.78	77.71	80.87	83.65	84.68
IMR - BOTH SEXES		90.8	60.2	29.9	7.2	4.2	2.6	2.3

PANAMA

Projection (thousands) with NRR=1 by 2005

AGE GROUP	1990	1995	2000	2005	2010	2015	2020	2025	2030	2035
TOTAL M+F	2418	2660	2880	3076	3267	3461	3651	3828	3986	4123
MALES										
0-4	153	158	149	139	139	144	148	147	144	142
5-9	142	152	157	148	138	138	144	147	147	144
10-14	137	141	151	156	148	138	138	144	147	147
15-19	135	136	141	150	155	147	138	137	143	147
20-24	122	134	135	139	149	154	146	137	137	143
25-29	106	120	132	133	138	148	153	145	136	136
30-34	92	105	119	131	132	137	147	152	145	136
35-39	74	91	103	118	130	131	136	146	152	144
40-44	62	73	89	102	116	128	130	135	145	151
45-49	50	61	71	88	100	115	126	128	133	143
50-54	40	48	59	69	86	98	112	124	126	131
55-59	33	38	46	56	67	82	94	108	120	122
60-64	27	31	35	43	53	63	78	90	103	114
65-69	22	24	27	32	39	48	57	72	83	96
70-74	17	18	20	23	27	34	42	50	63	73
75+	19	22	24	28	32	38	47	60	74	94
TOTAL	1231	1351	1460	1556	1650	1744	1837	1922	1998	2062
FEMALES										
0-4	146	151	142	133	132	138	141	140	138	136
5-9	136	145	150	142	132	132	138	141	140	138
10-14	131	135	144	149	141	132	132	137	141	140
15-19	130	130	135	144	149	141	132	132	137	141
20-24	121	129	129	134	143	148	140	131	131	137
25-29	105	120	127	128	133	142	148	140	131	131
30-34	87	104	118	126	127	132	142	147	140	131
35-39	70	86	103	117	126	126	131	141	147	139
40-44	59	69	85	102	117	125	126	131	140	146
45-49	48	58	68	84	101	116	124	125	130	140
50-54	39	47	57	67	83	99	114	122	123	129
55-59	32	38	46	56	66	81	98	112	120	121
60-64	27	31	36	44	54	64	79	95	109	117
65-69	21	25	29	34	42	51	61	75	91	105
70-74	16	18	22	26	31	38	47	56	70	85
75+	20	23	28	34	41	51	63	80	99	126
TOTAL	1187	1309	1420	1520	1617	1716	1814	1905	1988	2061
BIRTH RATE		24.9	21.5	18.6	17.4	17.0	16.5	15.6	14.6	13.9
DEATH RATE		5.0	4.9	4.9	4.9	5.2	5.6	6.0	6.5	7.1
RATE OF NAT. INC.		1.99	1.66	1.38	1.25	1.18	1.09	.96	.81	.68
NET MIGRATION RATE		-.8	-.7	-.6	-.4	-.3	-.2	-.1	.0	.0
GROWTH RATE		1.91	1.59	1.32	1.20	1.15	1.07	.95	.81	.68
TOTAL FERTILITY		2.870	2.518	2.209	2.096	2.093	2.089	2.086	2.083	2.080
NRR		1.353	1.192	1.050	1.000	1.000	1.000	1.000	1.000	1.000
e(0) - BOTH SEXES	72.81	73.60	74.56	75.60	76.21	76.84	77.48	78.15	78.84	
e(15) - BOTH SEXES	59.94	60.47	61.16	61.97	62.48	63.02	63.57	64.14	64.73	
IMR - BOTH SEXES	21.0	18.2	15.2	12.6	11.7	10.7	9.7	8.8	7.8	
q(5) - BOTH SEXES	.0257	.0222	.0185	.0155	.0144	.0133	.0121	.0110	.0099	
DEP. RATIO	65.8	61.5	56.8	51.3	46.9	45.5	46.4	48.5	50.5	52.8

PANAMA

Summary Projection for 25-Year Periods

AGE GROUP	1990	2000	2025	2050	2075	2100	2125	2150
TOTAL M+F	2418	2880	3828	4439	4671	4755	4812	4839
MALES								
0-4	153	149	147	145	144	144	144	144
5-9	142	157	147	144	144	144	144	144
10-14	137	151	144	143	144	144	144	144
15-19	135	141	137	142	144	144	144	144
20-24	122	135	137	143	144	144	144	144
25-29	106	132	145	145	144	143	143	143
30-34	92	119	152	145	143	143	143	143
35-39	74	103	146	141	141	142	142	143
40-44	62	89	135	134	139	142	142	142
45-49	50	71	128	133	140	141	141	141
50-54	40	59	124	139	140	140	140	140
55-59	33	46	108	143	138	136	137	138
60-64	27	35	90	132	130	131	134	135
65-69	22	27	72	115	119	126	129	130
70-74	17	20	50	99	110	119	122	123
75+	19	24	60	164	246	264	278	286
TOTAL	1231	1460	1922	2208	2310	2347	2372	2384
FEMALES								
0-4	146	142	140	139	138	137	137	137
5-9	136	150	141	138	137	137	137	137
10-14	131	144	137	136	137	137	137	137
15-19	130	135	132	136	137	138	137	137
20-24	121	129	131	137	138	138	137	137
25-29	105	127	140	140	138	137	137	137
30-34	87	118	147	140	137	137	137	137
35-39	70	103	141	136	135	136	137	137
40-44	59	85	131	130	135	137	137	137
45-49	48	68	125	129	136	137	137	137
50-54	39	57	122	137	138	137	136	136
55-59	32	46	112	142	137	135	135	136
60-64	27	36	95	134	132	132	134	135
65-69	21	29	75	121	124	130	133	134
70-74	16	22	56	110	120	129	132	132
75+	20	28	80	228	344	375	399	410
TOTAL	1187	1420	1905	2232	2362	2408	2441	2456
BIRTH RATE		23.2	16.9	13.6	12.3	12.0	11.8	11.7
DEATH RATE		5.0	5.3	7.7	10.3	11.3	11.3	11.5
NET MIGRATION RATE		-.8	-.3	.0	.0	.0	.0	.0
GROWTH RATE		1.75	1.14	.59	.20	.07	.05	.02
TOTAL FERTILITY		2.692	2.113	2.076	2.064	2.060	2.058	2.057
e(0) - BOTH SEXES		73.22	76.22	79.62	82.80	84.19	85.30	85.73
IMR - BOTH SEXES		19.6	11.9	6.8	3.0	2.5	2.1	2.0

PAPUA NEW GUINEA

Projection (thousands) with NRR=1 by 2025

AGE GROUP	1990	1995	2000	2005	2010	2015	2020	2025	2030	2035
TOTAL M+F	3875	4345	4862	5371	5855	6329	6777	7185	7582	7978
MALES										
0-4	299	327	362	367	360	363	358	346	349	357
5-9	266	294	323	359	364	357	361	356	344	347
10-14	242	264	292	321	357	363	356	359	354	343
15-19	225	239	261	289	318	354	359	353	357	352
20-24	201	220	233	255	283	312	348	354	348	353
25-29	162	194	213	226	248	276	305	341	348	343
30-34	130	156	188	206	220	242	269	298	334	341
35-39	108	124	150	180	198	213	235	262	291	327
40-44	100	102	118	143	173	191	205	227	255	283
45-49	71	94	96	111	135	164	182	196	218	246
50-54	67	65	86	89	103	126	154	171	186	207
55-59	48	60	58	77	80	94	115	141	159	173
60-64	43	41	51	50	67	70	83	102	126	143
65-69	26	34	33	41	41	55	58	69	86	108
70-74	16	19	25	24	30	30	42	44	54	68
75+	5	12	17	22	24	30	33	42	50	61
TOTAL	2009	2245	2504	2759	3001	3238	3461	3663	3858	4051
FEMALES										
0-4	283	316	349	353	346	349	344	332	334	342
5-9	254	279	312	347	352	344	347	342	330	333
10-14	224	252	277	311	345	350	343	346	341	330
15-19	208	221	249	274	307	342	347	340	344	339
20-24	181	203	215	243	268	302	336	342	336	340
25-29	133	175	196	208	236	262	295	329	336	331
30-34	118	128	168	189	202	229	255	288	323	330
35-39	102	113	122	161	182	195	223	248	281	316
40-44	100	97	107	117	155	175	189	216	242	275
45-49	67	94	92	102	111	148	168	182	209	235
50-54	63	62	88	86	96	105	141	161	175	201
55-59	46	57	57	81	79	89	98	132	152	166
60-64	41	40	50	50	72	71	81	90	121	141
65-69	26	34	33	42	42	61	61	70	79	108
70-74	14	19	25	25	32	33	49	49	58	66
75+	5	11	18	24	28	35	40	54	63	75
TOTAL	1866	2100	2358	2612	2854	3091	3316	3522	3724	3927
BIRTH RATE		33.3	32.6	29.4	26.1	24.2	22.1	20.0	19.0	18.4
DEATH RATE		10.4	10.1	9.5	8.8	8.6	8.4	8.3	8.2	8.2
RATE OF NAT. INC.		2.29	2.25	1.99	1.72	1.56	1.37	1.17	1.08	1.02
NET MIGRATION RATE		.0	.0	.0	.0	.0	.0	.0	.0	.0
GROWTH RATE		2.29	2.25	1.99	1.72	1.56	1.37	1.17	1.08	1.02
TOTAL FERTILITY		4.860	4.560	3.960	3.360	2.967	2.620	2.314	2.201	2.183
NRR		1.958	1.886	1.684	1.468	1.314	1.170	1.042	1.000	1.000
e(0) - BOTH SEXES	55.93	57.22	58.81	60.63	61.79	63.01	64.29	65.62	67.01	
e(15) - BOTH SEXES	46.01	46.56	47.43	48.60	49.61	50.67	51.78	52.94	54.16	
IMR - BOTH SEXES	54.0	46.8	39.2	32.2	30.0	27.8	25.6	23.4	21.2	
q(5) - BOTH SEXES	.0714	.0601	.0490	.0393	.0366	.0340	.0313	.0286	.0260	
DEP. RATIO	75.0	74.9	73.9	71.3	65.7	59.9	54.5	50.5	47.5	46.6

PAPUA NEW GUINEA

Summary Projection for 25-Year Periods

AGE GROUP	1990	2000	2025	2050	2075	2100	2125	2150
TOTAL M+F	3875	4862	7185	9053	10355	10983	11416	11610
MALES								
0-4	299	362	346	351	353	353	352	352
5-9	266	323	356	354	354	352	352	352
10-14	242	292	359	356	352	351	351	352
15-19	225	261	353	353	349	350	351	351
20-24	201	233	354	342	346	350	351	351
25-29	162	213	341	334	346	349	350	350
30-34	130	188	298	341	347	349	349	349
35-39	108	150	262	339	347	346	347	347
40-44	100	118	227	327	341	341	344	346
45-49	71	96	196	321	327	336	341	344
50-54	67	86	171	300	315	331	338	340
55-59	48	58	141	250	310	324	331	333
60-64	43	51	102	204	292	312	320	324
65-69	26	33	69	156	258	290	303	310
70-74	16	25	44	112	221	252	279	290
75+	5	17	42	123	301	461	588	642
TOTAL	2009	2504	3663	4563	5160	5447	5646	5732
FEMALES								
0-4	283	349	332	336	337	336	336	335
5-9	254	312	342	339	337	336	335	335
10-14	224	277	346	341	336	335	335	335
15-19	208	249	340	339	333	334	335	335
20-24	181	215	342	329	332	334	335	335
25-29	133	196	329	323	333	335	335	335
30-34	118	168	288	330	335	335	335	334
35-39	102	122	248	328	337	334	333	334
40-44	100	107	216	317	332	330	332	333
45-49	67	92	182	314	320	327	331	333
50-54	63	88	161	296	311	325	330	332
55-59	46	57	132	251	311	324	328	329
60-64	41	50	90	207	301	319	323	326
65-69	26	33	70	166	277	306	314	321
70-74	14	25	49	123	252	281	304	314
75+	5	18	54	152	410	645	828	912
TOTAL	1866	2358	3522	4490	5195	5536	5770	5879
BIRTH RATE		33.0	24.0	17.4	14.3	13.0	12.3	12.0
DEATH RATE		10.3	8.7	8.2	8.9	10.6	10.7	11.3
NET MIGRATION RATE		.0	.0	.0	.0	.0	.0	.0
GROWTH RATE		2.27	1.56	.92	.54	.24	.15	.07
TOTAL FERTILITY		4.702	2.953	2.164	2.093	2.075	2.063	2.060
e(0) - BOTH SEXES		56.61	61.91	68.68	75.59	79.47	82.99	84.27
IMR - BOTH SEXES		50.2	31.1	19.0	9.8	5.8	2.9	2.4

PARAGUAY

Projection (thousands) with NRR=1 by 2035

AGE GROUP	1990	1995	2000	2005	2010	2015	2020	2025	2030	2035
TOTAL M+F	4277	4940	5639	6372	7147	7963	8791	9581	10309	10960
MALES										
0-4	335	393	419	444	473	503	521	515	499	477
5-9	294	332	390	416	442	471	501	519	513	497
10-14	251	293	331	389	415	441	470	500	518	513
15-19	224	250	291	330	387	413	439	468	498	516
20-24	203	222	248	289	327	384	411	437	466	495
25-29	183	201	220	245	286	324	381	408	433	463
30-34	162	181	199	218	243	284	321	378	404	430
35-39	144	160	179	196	215	240	281	318	375	401
40-44	92	141	157	175	193	212	236	277	314	370
45-49	71	89	137	153	171	189	207	232	272	309
50-54	59	68	86	132	147	165	182	200	225	264
55-59	43	55	64	80	124	139	156	173	191	215
60-64	36	39	50	58	73	113	127	144	161	178
65-69	29	31	33	43	50	64	99	113	129	145
70-74	20	23	24	26	34	40	52	82	94	109
75+	19	22	26	29	31	39	48	63	94	123
TOTAL	2165	2501	2854	3222	3612	4020	4434	4826	5186	5506
FEMALES										
0-4	322	378	403	427	454	482	499	494	478	456
5-9	283	320	376	401	425	453	481	498	492	477
10-14	242	282	319	375	400	425	452	480	497	492
15-19	215	241	281	319	375	400	424	451	479	497
20-24	195	214	240	280	317	373	398	423	450	478
25-29	176	194	213	239	279	316	372	397	421	449
30-34	155	175	192	211	237	277	314	370	395	419
35-39	134	153	173	190	209	235	275	312	368	393
40-44	87	132	151	170	188	207	233	273	310	365
45-49	70	85	129	148	168	185	204	230	269	306
50-54	59	68	83	126	145	164	181	200	226	265
55-59	47	56	65	79	121	140	159	176	195	220
60-64	42	44	53	61	75	115	133	151	168	187
65-69	34	38	39	47	55	68	105	123	141	158
70-74	24	28	31	33	40	47	59	93	109	127
75+	27	31	36	42	46	55	67	85	124	166
TOTAL	2112	2440	2786	3149	3535	3942	4357	4754	5123	5454
BIRTH RATE		34.8	32.2	29.9	28.2	26.7	24.9	22.4	20.0	17.8
DEATH RATE		6.2	5.9	5.5	5.2	5.1	5.1	5.2	5.3	5.6
RATE OF NAT. INC.		2.86	2.63	2.44	2.30	2.16	1.98	1.72	1.47	1.23
NET MIGRATION RATE		.2	.1	.0	.0	.0	.0	.0	.0	.0
GROWTH RATE		2.88	2.65	2.44	2.30	2.16	1.98	1.72	1.46	1.23
TOTAL FERTILITY		4.600	4.300	4.000	3.700	3.400	3.100	2.762	2.461	2.193
NRR		2.098	1.976	1.857	1.735	1.600	1.463	1.308	1.168	1.044
e(0) - BOTH SEXES	67.24	67.91	68.90	70.10	70.94	71.82	72.73	73.68	74.67	
e(15) - BOTH SEXES	55.73	56.08	56.58	57.37	58.05	58.76	59.50	60.28	61.10	
IMR - BOTH SEXES	35.5	32.2	27.6	22.9	21.0	19.1	17.2	15.3	13.4	
q(5) - BOTH SEXES	.0436	.0393	.0331	.0274	.0252	.0231	.0209	.0187	.0165	
DEP. RATIO	78.4	78.4	75.7	72.3	67.0	63.3	61.7	59.2	55.7	51.8

Summary Projection for 25-Year Periods

PARAGUAY

AGE GROUP	1990	2000	2025	2050	2075	2100	2125	2150
TOTAL M+F	4277	5639	9581	12829	15152	16079	16419	16565
MALES								
0-4	335	419	515	507	498	496	496	496
5-9	294	390	519	499	493	494	495	496
10-14	251	331	500	481	490	495	496	496
15-19	224	291	468	474	493	497	496	495
20-24	203	248	437	494	499	497	495	494
25-29	183	220	408	506	501	494	492	493
30-34	162	199	378	508	493	488	490	491
35-39	144	179	318	486	473	484	489	491
40-44	92	157	277	452	463	484	489	489
45-49	71	137	232	417	479	487	487	486
50-54	59	86	200	382	485	484	480	480
55-59	43	64	173	343	476	468	468	471
60-64	36	50	144	275	440	436	453	460
65-69	29	33	113	220	388	410	437	446
70-74	20	24	82	162	327	395	416	421
75+	19	26	63	215	527	829	915	955
TOTAL	2165	2854	4826	6422	7527	7938	8095	8160
FEMALES								
0-4	322	403	494	483	475	472	472	473
5-9	283	376	498	477	470	471	472	473
10-14	242	319	480	460	468	472	473	473
15-19	215	281	451	454	470	474	473	473
20-24	195	240	423	475	478	475	473	472
25-29	176	213	397	489	481	473	472	472
30-34	155	192	370	493	475	469	470	471
35-39	134	173	312	474	457	465	470	472
40-44	87	151	273	443	450	467	472	472
45-49	70	129	230	412	468	473	472	470
50-54	59	83	200	382	479	475	469	468
55-59	47	65	176	350	478	465	462	465
60-64	42	53	151	287	452	443	456	462
65-69	34	39	123	240	413	429	453	460
70-74	24	31	93	187	368	435	451	454
75+	27	36	85	300	745	1183	1315	1375
TOTAL	2112	2786	4754	6407	7626	8141	8324	8404
BIRTH RATE		33.4	26.0	17.4	13.8	12.4	12.0	11.8
DEATH RATE		6.0	5.2	5.8	7.2	10.0	11.1	11.4
NET MIGRATION RATE		.2	.0	.0	.0	.0	.0	.0
GROWTH RATE		2.77	2.12	1.17	.67	.24	.08	.04
TOTAL FERTILITY		4.438	3.319	2.175	2.069	2.063	2.059	2.058
e(0) - BOTH SEXES		67.60	71.10	75.87	80.59	82.78	84.61	85.30
IMR - BOTH SEXES		33.8	21.4	11.5	4.2	3.0	2.3	2.1

PERU

Projection (thousands) with NRR=1 by 2010

AGE GROUP	1990	1995	2000	2005	2010	2015	2020	2025	2030	2035
TOTAL M+F	21512	23681	25916	28057	30033	31920	33791	35591	37257	38743
MALES										
0-4	1433	1451	1496	1459	1388	1388	1431	1453	1448	1430
5-9	1346	1410	1433	1482	1449	1380	1381	1424	1447	1443
10-14	1291	1338	1402	1427	1477	1445	1376	1377	1422	1444
15-19	1176	1281	1329	1395	1421	1472	1440	1372	1374	1418
20-24	1045	1162	1269	1319	1387	1413	1464	1433	1365	1368
25-29	906	1030	1149	1258	1310	1377	1404	1455	1425	1358
30-34	747	892	1018	1138	1248	1301	1368	1395	1447	1417
35-39	622	734	879	1007	1128	1238	1291	1359	1386	1438
40-44	502	608	720	866	994	1115	1225	1277	1345	1373
45-49	412	487	591	704	850	977	1096	1205	1258	1326
50-54	349	393	467	571	683	826	950	1068	1175	1229
55-59	287	326	369	441	543	651	790	910	1025	1132
60-64	220	258	295	337	407	504	607	738	855	967
65-69	159	187	222	257	297	362	450	546	668	779
70-74	108	124	148	178	210	246	302	380	466	577
75+	102	120	141	171	214	263	319	397	506	642
TOTAL	10706	11799	12929	14012	15008	15956	16893	17790	18613	19341
FEMALES										
0-4	1412	1400	1442	1405	1334	1333	1373	1393	1387	1369
5-9	1332	1393	1386	1432	1398	1328	1328	1368	1389	1384
10-14	1279	1325	1387	1382	1429	1395	1326	1326	1367	1387
15-19	1166	1271	1318	1382	1378	1425	1392	1323	1324	1365
20-24	1040	1155	1261	1311	1376	1373	1421	1388	1320	1321
25-29	903	1027	1144	1253	1305	1370	1368	1416	1384	1317
30-34	751	891	1016	1135	1245	1298	1364	1362	1410	1379
35-39	629	739	880	1006	1126	1237	1290	1356	1355	1404
40-44	511	617	727	869	996	1116	1227	1280	1347	1346
45-49	422	498	604	715	856	983	1102	1212	1266	1333
50-54	363	408	483	588	699	838	964	1082	1192	1247
55-59	306	346	390	464	568	677	814	938	1055	1165
60-64	242	284	323	366	440	541	646	780	901	1018
65-69	183	215	254	292	335	405	501	602	731	850
70-74	130	151	179	214	251	291	356	444	539	661
75+	137	163	192	233	287	352	428	531	676	858
TOTAL	10806	11881	12987	14046	15025	15964	16898	17801	18644	19402
BIRTH RATE		26.8	24.9	22.1	19.4	18.1	17.5	16.8	15.9	15.0
DEATH RATE		7.4	6.7	6.1	5.7	5.8	6.1	6.4	6.8	7.2
RATE OF NAT. INC.		1.94	1.82	1.60	1.37	1.23	1.14	1.04	.92	.78
NET MIGRATION RATE		-.2	-.2	-.1	-.1	-.1	-.0	-.0	.0	.0
GROWTH RATE		1.92	1.80	1.59	1.36	1.22	1.14	1.04	.91	.78
TOTAL FERTILITY		3.300	2.903	2.555	2.248	2.135	2.128	2.120	2.113	2.105
NRR		1.455	1.312	1.176	1.049	1.000	1.000	1.000	1.000	1.000
e(0) - BOTH SEXES	64.55	66.84	69.02	71.08	71.89	72.74	73.61	74.52	75.46	
e(15) - BOTH SEXES	54.94	56.24	57.58	58.97	59.56	60.18	60.82	61.50	62.20	
IMR - BOTH SEXES	52.0	43.2	35.5	28.8	26.3	23.8	21.3	18.8	16.3	
q(5) - BOTH SEXES	.0684	.0549	.0436	.0348	.0318	.0289	.0259	.0230	.0200	
DEP. RATIO	70.7	64.4	59.7	54.8	50.4	46.9	45.5	46.2	47.8	49.5

PERU

Summary Projection for 25-Year Periods

AGE GROUP	1990	2000	2025	2050	2075	2100	2125	2150
TOTAL M+F	21512	25916	35591	42247	45313	46560	47444	47847
MALES								
0-4	1433	1496	1453	1433	1431	1431	1431	1431
5-9	1346	1433	1424	1420	1428	1430	1431	1430
10-14	1291	1402	1377	1414	1430	1432	1431	1430
15-19	1176	1329	1372	1422	1434	1432	1430	1429
20-24	1045	1269	1433	1433	1432	1428	1426	1427
25-29	906	1149	1455	1429	1420	1420	1422	1423
30-34	747	1018	1395	1399	1403	1414	1418	1419
35-39	622	879	1359	1347	1391	1411	1415	1416
40-44	502	720	1277	1333	1391	1409	1410	1410
45-49	412	591	1205	1381	1394	1399	1400	1401
50-54	349	467	1068	1380	1373	1373	1381	1385
55-59	287	369	910	1286	1316	1334	1356	1364
60-64	220	295	738	1197	1227	1289	1324	1334
65-69	159	222	546	1047	1154	1237	1277	1288
70-74	108	148	380	879	1101	1160	1199	1214
75+	102	141	397	1218	2110	2414	2658	2781
TOTAL	10706	12929	17790	21019	22435	23013	23409	23582
FEMALES								
0-4	1412	1442	1393	1368	1364	1364	1364	1364
5-9	1332	1386	1368	1357	1361	1364	1364	1364
10-14	1279	1387	1326	1353	1363	1365	1364	1364
15-19	1166	1318	1323	1363	1367	1366	1364	1363
20-24	1040	1261	1388	1379	1369	1364	1363	1363
25-29	903	1144	1416	1380	1362	1360	1361	1362
30-34	751	1016	1362	1356	1350	1357	1361	1362
35-39	629	880	1356	1309	1344	1357	1361	1361
40-44	511	727	1280	1301	1350	1358	1359	1359
45-49	422	604	1212	1356	1360	1356	1355	1356
50-54	363	483	1082	1369	1353	1343	1347	1351
55-59	306	390	938	1295	1315	1323	1338	1345
60-64	242	323	780	1256	1251	1303	1329	1338
65-69	183	254	602	1137	1215	1289	1318	1326
70-74	130	179	444	1003	1217	1266	1294	1305
75+	137	192	531	1645	2936	3413	3794	3983
TOTAL	10806	12987	17801	21229	22878	23547	24036	24266
BIRTH RATE		25.8	18.6	14.5	12.8	12.2	11.9	11.8
DEATH RATE		7.1	6.0	7.7	10.0	11.1	11.2	11.4
NET MIGRATION RATE		-.2	-.1	.0	.0	.0	.0	.0
GROWTH RATE		1.86	1.27	.69	.28	.11	.08	.03
TOTAL FERTILITY		3.086	2.228	2.098	2.069	2.063	2.059	2.058
e(0) - BOTH SEXES		65.75	71.80	76.55	80.99	83.05	84.74	85.38
IMR - BOTH SEXES		47.6	27.2	13.8	4.1	2.9	2.3	2.1

PHILIPPINES

Projection (thousands) with NRR=1 by 2020

AGE GROUP	1990	1995	2000	2005	2010	2015	2020	2025	2030	2035
TOTAL M+F	61480	69209	77268	85599	93774	101404	108236	114842	121448	127755
MALES										
0-4	4561	5003	5203	5371	5332	5155	4908	4969	5170	5235
5-9	4219	4498	4951	5164	5340	5307	5133	4889	4951	5153
10-14	3647	4186	4470	4929	5147	5326	5294	5122	4880	4943
15-19	3329	3609	4151	4442	4905	5126	5306	5276	5105	4866
20-24	2896	3271	3558	4108	4406	4871	5092	5273	5245	5078
25-29	2631	2829	3212	3511	4066	4367	4830	5052	5234	5209
30-34	2296	2567	2775	3166	3472	4028	4328	4790	5013	5197
35-39	1886	2236	2512	2729	3124	3432	3984	4285	4745	4970
40-44	1414	1827	2178	2459	2681	3075	3381	3929	4229	4689
45-49	1073	1358	1764	2113	2396	2618	3007	3311	3853	4154
50-54	883	1016	1292	1687	2030	2308	2527	2909	3210	3743
55-59	732	817	945	1208	1586	1914	2184	2399	2771	3069
60-64	530	653	733	852	1097	1448	1758	2016	2227	2586
65-69	407	446	554	626	734	953	1269	1553	1797	2001
70-74	258	314	347	434	496	590	776	1046	1296	1518
75+	234	278	338	393	484	585	714	930	1268	1668
TOTAL	30997	34908	38984	43192	47298	51103	54491	57748	60995	64080
FEMALES										
0-4	4391	4819	5007	5162	5118	4944	4704	4759	4948	5007
5-9	4069	4339	4779	4978	5141	5102	4930	4692	4747	4937
10-14	3517	4041	4318	4764	4967	5132	5094	4923	4686	4742
15-19	3207	3480	4010	4294	4747	4956	5121	5084	4915	4679
20-24	2853	3145	3429	3969	4267	4729	4938	5104	5069	4901
25-29	2552	2780	3083	3381	3936	4244	4705	4915	5083	5050
30-34	2247	2486	2723	3037	3349	3909	4218	4679	4890	5060
35-39	1852	2189	2435	2680	3004	3320	3879	4188	4648	4862
40-44	1406	1802	2141	2391	2644	2970	3285	3841	4151	4611
45-49	1088	1363	1755	2093	2347	2601	2925	3239	3792	4103
50-54	899	1046	1315	1700	2037	2289	2541	2862	3176	3724
55-59	788	851	994	1256	1633	1962	2211	2461	2779	3091
60-64	579	727	789	927	1180	1541	1859	2104	2351	2667
65-69	454	510	645	706	838	1074	1412	1716	1955	2201
70-74	296	370	420	536	595	715	927	1234	1517	1749
75+	283	351	442	532	673	813	996	1292	1744	2290
TOTAL	30483	34301	38284	42407	46476	50300	53746	57093	60453	63675
BIRTH RATE		31.5	29.0	26.7	23.9	21.2	18.7	17.8	17.4	16.7
DEATH RATE		6.8	6.3	5.9	5.5	5.5	5.7	5.9	6.2	6.6
RATE OF NAT. INC.		2.48	2.27	2.08	1.84	1.56	1.30	1.19	1.12	1.01
NET MIGRATION RATE		-1.1	-.7	-.4	-.2	.0	.0	.0	.0	.0
GROWTH RATE		2.37	2.20	2.05	1.82	1.56	1.30	1.18	1.12	1.01
TOTAL FERTILITY		4.050	3.725	3.400	2.957	2.572	2.237	2.115	2.109	2.102
NRR		1.814	1.696	1.572	1.385	1.208	1.054	1.000	1.000	1.000
e(0) - BOTH SEXES	64.99	66.49	68.10	69.77	70.63	71.51	72.44	73.40	74.41	
e(15) - BOTH SEXES	53.93	54.80	55.82	57.03	57.73	58.45	59.21	60.01	60.84	
IMR - BOTH SEXES	40.0	33.9	28.1	22.9	21.0	19.1	17.2	15.4	13.5	
q(5) - BOTH SEXES	.0502	.0416	.0337	.0274	.0253	.0231	.0209	.0187	.0165	
DEP. RATIO	74.9	72.8	68.7	64.6	59.2	54.3	50.2	47.8	47.2	48.0

Summary Projection for 25-Year Periods

PHILIPPINES

AGE GROUP	1990	2000	2025	2050	2075	2100	2125	2150
TOTAL M+F	61480	77268	114842	143446	160342	165715	169351	170954
MALES								
0-4	4561	5203	4969	5064	5117	5125	5124	5121
5-9	4219	4951	4889	5088	5136	5128	5120	5117
10-14	3647	4470	5122	5167	5153	5124	5115	5115
15-19	3329	4151	5276	5205	5129	5108	5108	5112
20-24	2896	3558	5273	5114	5068	5086	5100	5105
25-29	2631	3212	5052	4882	5013	5076	5092	5093
30-34	2296	2775	4790	4787	5021	5083	5083	5078
35-39	1886	2512	4285	4983	5077	5080	5064	5060
40-44	1414	2178	3929	5092	5086	5034	5029	5036
45-49	1073	1764	3311	5036	4963	4946	4985	5007
50-54	883	1292	2909	4734	4677	4843	4932	4960
55-59	732	945	2399	4345	4485	4765	4867	4885
60-64	530	733	2016	3691	4508	4688	4757	4768
65-69	407	554	1553	3118	4357	4497	4550	4583
70-74	258	347	1046	2305	3938	4089	4222	4309
75+	234	338	930	3026	6677	8176	9367	9877
TOTAL	30997	38984	57748	71637	79405	81848	83517	84227
FEMALES								
0-4	4391	5007	4759	4833	4876	4886	4884	4882
5-9	4069	4779	4692	4861	4896	4889	4882	4879
10-14	3517	4318	4923	4943	4912	4886	4878	4878
15-19	3207	4010	5084	4988	4892	4872	4873	4877
20-24	2853	3429	5104	4918	4846	4860	4873	4877
25-29	2552	3083	4915	4715	4811	4862	4876	4877
30-34	2247	2723	4679	4640	4836	4879	4878	4873
35-39	1852	2435	4188	4850	4907	4888	4870	4865
40-44	1406	2141	3841	4980	4938	4859	4850	4855
45-49	1088	1755	3239	4962	4847	4799	4828	4847
50-54	899	1315	2862	4722	4615	4742	4815	4838
55-59	788	994	2461	4413	4494	4732	4809	4822
60-64	579	789	2104	3838	4622	4751	4784	4787
65-69	454	645	1716	3361	4628	4703	4707	4728
70-74	296	420	1234	2618	4417	4493	4570	4643
75+	283	442	1292	4169	9399	11767	13457	14199
TOTAL	30483	38284	57093	71809	80937	83867	85835	86727
BIRTH RATE		30.2	21.3	15.7	13.2	12.3	12.0	11.8
DEATH RATE		6.5	5.7	6.9	8.7	11.0	11.1	11.4
NET MIGRATION RATE		-.9	-.1	.0	.0	.0	.0	.0
GROWTH RATE		2.29	1.59	.89	.45	.13	.09	.04
TOTAL FERTILITY		3.877	2.593	2.096	2.070	2.064	2.059	2.058
e(0) - BOTH SEXES		65.78	70.65	75.60	80.42	82.69	84.57	85.27
IMR - BOTH SEXES		36.9	21.8	11.6	4.3	3.0	2.3	2.1

POLAND

Projection (thousands) with NRR=1 by 2030

AGE GROUP	1990	1995	2000	2005	2010	2015	2020	2025	2030	2035
TOTAL M+F	38119	38492	38945	39554	40208	40801	41272	41657	42024	42313
MALES										
0-4	1553	1293	1331	1405	1452	1441	1387	1356	1370	1398
5-9	1746	1540	1283	1323	1398	1446	1436	1384	1353	1368
10-14	1653	1736	1532	1277	1318	1393	1442	1433	1382	1352
15-19	1442	1639	1723	1521	1269	1310	1386	1436	1429	1378
20-24	1267	1418	1615	1701	1505	1256	1299	1376	1428	1421
25-29	1396	1238	1391	1588	1678	1486	1242	1286	1365	1417
30-34	1687	1365	1212	1366	1566	1657	1469	1229	1276	1355
35-39	1629	1648	1335	1189	1344	1543	1636	1452	1217	1264
40-44	1278	1584	1606	1304	1164	1319	1517	1611	1432	1202
45-49	879	1231	1531	1557	1268	1134	1288	1484	1579	1406
50-54	957	835	1172	1462	1492	1219	1093	1244	1437	1533
55-59	948	888	776	1094	1371	1404	1151	1036	1184	1373
60-64	811	848	796	699	991	1249	1287	1061	961	1105
65-69	595	684	718	678	600	858	1092	1136	945	863
70-74	306	460	531	561	535	480	696	898	947	799
75+	530	438	494	589	661	690	677	839	1110	1319
TOTAL	18677	18846	19048	19314	19610	19885	20098	20262	20416	20553
FEMALES										
0-4	1464	1219	1254	1322	1366	1355	1305	1275	1288	1314
5-9	1656	1454	1211	1247	1317	1361	1352	1302	1273	1287
10-14	1564	1649	1449	1206	1244	1313	1358	1350	1301	1273
15-19	1363	1555	1641	1442	1201	1239	1310	1356	1349	1300
20-24	1196	1347	1541	1629	1432	1194	1234	1306	1354	1347
25-29	1340	1178	1331	1526	1617	1423	1187	1229	1304	1352
30-34	1631	1324	1164	1319	1516	1608	1416	1182	1226	1301
35-39	1600	1615	1310	1153	1309	1506	1599	1410	1178	1222
40-44	1277	1583	1599	1298	1143	1299	1496	1590	1403	1173
45-49	907	1258	1562	1579	1284	1131	1287	1484	1578	1393
50-54	1023	888	1234	1535	1554	1264	1115	1270	1466	1560
55-59	1050	992	863	1201	1497	1519	1237	1093	1246	1441
60-64	1010	1001	948	827	1156	1445	1469	1200	1063	1215
65-69	836	933	928	884	777	1091	1369	1398	1146	1020
70-74	476	728	818	822	793	702	993	1256	1292	1068
75+	1047	922	1045	1248	1395	1467	1447	1694	2141	2497
TOTAL	19442	19646	19898	20240	20599	20917	21174	21395	21608	21761
BIRTH RATE		13.4	13.6	14.1	14.3	14.0	13.3	12.8	12.8	13.0
DEATH RATE		10.7	10.6	10.5	10.6	10.7	10.8	10.9	11.1	11.6
RATE OF NAT. INC.		.27	.29	.36	.37	.32	.25	.20	.18	.14
NET MIGRATION RATE		-.7	-.6	-.5	-.4	-.3	-.2	-.1	.0	.0
GROWTH RATE		.19	.23	.31	.33	.29	.23	.19	.18	.14
TOTAL FERTILITY		1.920	1.920	1.920	1.953	1.985	2.017	2.048	2.079	2.091
NRR		.908	.910	.911	.929	.945	.961	.977	.993	1.000
e(0) - BOTH SEXES	70.44	71.06	71.95	72.99	73.70	74.44	75.20	76.00	76.84	
e(15) - BOTH SEXES	56.94	57.41	58.12	59.01	59.66	60.35	61.06	61.80	62.58	
IMR - BOTH SEXES	14.2	12.5	10.6	9.0	8.4	7.9	7.3	6.7	6.2	
q(5) - BOTH SEXES	.0173	.0153	.0132	.0113	.0106	.0100	.0093	.0087	.0080	
DEP. RATIO	54.4	51.3	47.8	46.5	47.0	50.0	54.5	58.2	58.7	58.1

POLAND

Summary Projection for 25-Year Periods

AGE GROUP	1990	2000	2025	2050	2075	2100	2125	2150
TOTAL M+F	38119	38945	41657	43057	44167	45145	45886	46216
MALES								
0-4	1553	1331	1356	1386	1393	1392	1391	1390
5-9	1746	1283	1384	1399	1394	1390	1389	1389
10-14	1653	1532	1433	1406	1391	1388	1388	1389
15-19	1442	1723	1436	1392	1382	1385	1388	1388
20-24	1267	1615	1376	1358	1373	1383	1386	1386
25-29	1396	1391	1286	1335	1373	1382	1383	1383
30-34	1687	1212	1229	1355	1382	1380	1378	1378
35-39	1629	1335	1452	1394	1382	1372	1372	1374
40-44	1278	1606	1611	1385	1361	1357	1364	1368
45-49	879	1531	1484	1312	1319	1341	1356	1361
50-54	957	1172	1244	1204	1280	1328	1344	1348
55-59	948	776	1036	1114	1272	1313	1323	1325
60-64	811	796	1061	1250	1265	1279	1286	1293
65-69	595	718	1136	1280	1193	1208	1229	1244
70-74	306	531	898	1038	1038	1093	1148	1174
75+	530	494	839	1407	1920	2305	2583	2696
TOTAL	18677	19048	20262	21013	21719	22298	22709	22888
FEMALES								
0-4	1464	1254	1275	1303	1309	1307	1306	1306
5-9	1656	1211	1302	1316	1311	1306	1305	1305
10-14	1564	1449	1350	1323	1308	1304	1304	1305
15-19	1363	1641	1356	1312	1300	1302	1304	1305
20-24	1196	1541	1306	1284	1295	1303	1305	1305
25-29	1340	1331	1229	1268	1299	1306	1305	1304
30-34	1631	1164	1182	1294	1311	1307	1304	1303
35-39	1600	1310	1410	1339	1316	1303	1301	1301
40-44	1277	1599	1590	1341	1302	1293	1297	1300
45-49	907	1562	1484	1285	1271	1285	1296	1299
50-54	1023	1234	1270	1200	1249	1285	1295	1297
55-59	1050	863	1093	1140	1265	1289	1292	1291
60-64	1010	948	1200	1334	1294	1284	1281	1282
65-69	836	928	1398	1461	1274	1256	1261	1270
70-74	476	818	1256	1297	1188	1202	1235	1253
75+	1047	1045	1694	2549	3157	3513	3785	3903
TOTAL	19442	19898	21395	22044	22448	22847	23177	23329
BIRTH RATE		13.5	13.7	12.8	12.4	12.1	11.9	11.7
DEATH RATE		10.7	10.7	11.5	11.4	11.2	11.2	11.5
NET MIGRATION RATE		-.7	-.3	.0	.0	.0	.0	.0
GROWTH RATE		.21	.27	.13	.10	.09	.07	.03
TOTAL FERTILITY		1.917	1.989	2.086	2.080	2.077	2.074	2.074
e(0) - BOTH SEXES		70.76	73.68	77.76	81.78	83.56	84.99	85.52
IMR - BOTH SEXES		13.3	8.6	5.6	3.4	2.7	2.2	2.1

PORTUGAL

Projection (thousands) with NRR=1 by 2030

AGE GROUP	1990	1995	2000	2005	2010	2015	2020	2025	2030	2035
TOTAL M+F	9868	9869	9875	9861	9861	9855	9839	9819	9792	9744
MALES										
0-4	301	295	294	281	282	277	274	276	282	283
5-9	352	298	293	292	280	282	277	274	276	282
10-14	396	350	297	292	291	279	282	276	273	276
15-19	422	394	347	295	291	291	279	281	276	273
20-24	418	417	389	344	293	289	289	277	280	275
25-29	413	411	411	385	341	291	288	288	276	278
30-34	362	406	406	406	381	339	290	286	286	275
35-39	319	356	400	401	403	379	337	288	285	285
40-44	289	313	350	395	396	398	375	333	285	282
45-49	250	281	306	343	388	390	392	369	329	282
50-54	253	241	272	296	333	377	380	383	361	322
55-59	247	238	228	258	282	318	361	365	368	348
60-64	226	226	219	210	239	263	297	339	344	349
65-69	195	196	197	192	186	213	236	269	309	315
70-74	137	157	158	160	158	155	180	201	232	269
75+	180	180	195	206	218	226	232	258	293	342
TOTAL	4760	4759	4761	4756	4762	4768	4768	4765	4756	4735
FEMALES										
0-4	284	278	276	264	266	261	258	260	265	266
5-9	331	282	276	275	263	265	260	257	259	265
10-14	379	329	280	275	274	263	265	260	257	259
15-19	407	377	327	279	275	274	263	265	260	257
20-24	407	403	374	325	278	274	274	262	265	260
25-29	410	402	400	372	324	278	274	273	262	264
30-34	364	406	399	397	370	323	277	273	273	261
35-39	328	361	403	397	396	369	322	276	272	272
40-44	308	325	358	400	395	394	367	321	275	271
45-49	279	304	321	354	397	391	391	365	319	273
50-54	286	275	299	316	349	392	387	386	361	316
55-59	286	279	268	293	310	343	385	381	380	356
60-64	274	275	269	259	284	301	334	375	372	372
65-69	246	257	259	254	246	271	288	321	362	359
70-74	188	220	231	235	233	227	251	269	301	341
75+	333	339	373	408	439	462	476	511	554	616
TOTAL	5108	5110	5114	5104	5099	5088	5071	5055	5037	5010

BIRTH RATE		11.8	11.7	11.2	11.2	11.0	10.9	11.0	11.2	11.3
DEATH RATE		11.0	11.0	11.0	11.0	11.1	11.2	11.4	11.8	12.3
RATE OF NAT. INC.		.08	.07	.01	.02	-.01	-.03	-.04	-.06	-.10
NET MIGRATION RATE		-.8	-.6	-.4	-.2	.0	.0	.0	.0	.0
GROWTH RATE		.00	.01	-.03	.00	-.01	-.03	-.04	-.06	-.10
TOTAL FERTILITY		1.480	1.480	1.480	1.608	1.729	1.842	1.948	2.048	2.086
NRR		.704	.705	.706	.768	.826	.881	.932	.981	1.000
e(0) - BOTH SEXES	73.65	74.17	74.94	75.83	76.41	77.02	77.65	78.30	78.97	
e(15) - BOTH SEXES	59.71	60.13	60.80	61.59	62.14	62.71	63.30	63.91	64.54	
IMR - BOTH SEXES	9.3	8.3	7.3	6.4	6.0	5.7	5.3	5.0	4.7	
q(5) - BOTH SEXES	.0117	.0105	.0093	.0083	.0079	.0075	.0071	.0066	.0062	
DEP. RATIO	50.7	47.5	46.4	46.6	46.7	47.7	50.0	53.7	59.8	66.0

Summary Projection for 25-Year Periods

PORTUGAL

AGE GROUP	1990	2000	2025	2050	2075	2100	2125	2150
TOTAL M+F	9868	9875	9819	9435	9090	9138	9239	9294
MALES								
0-4	301	294	276	277	278	279	279	279
5-9	352	293	274	277	279	279	279	279
10-14	396	297	276	279	280	279	279	279
15-19	422	347	281	282	279	279	278	278
20-24	418	389	277	280	278	278	278	278
25-29	413	411	288	273	275	277	277	277
30-34	362	406	286	270	274	276	277	277
35-39	319	400	288	271	275	276	276	276
40-44	289	350	333	274	277	275	275	275
45-49	250	306	369	268	273	272	272	273
50-54	253	272	383	274	263	267	269	270
55-59	247	228	365	266	255	262	265	266
60-64	226	219	339	256	249	256	260	261
65-69	195	197	269	278	241	248	250	251
70-74	137	158	201	277	220	231	235	237
75+	180	195	258	493	481	490	528	549
TOTAL	4760	4761	4765	4597	4478	4523	4577	4605
FEMALES								
0-4	284	276	260	261	262	262	262	262
5-9	331	276	257	261	262	262	262	262
10-14	379	280	260	262	263	262	262	262
15-19	407	327	265	266	263	262	262	262
20-24	407	374	262	265	262	262	262	262
25-29	410	400	273	259	260	261	262	262
30-34	364	399	273	256	260	262	262	262
35-39	328	403	276	258	261	262	262	262
40-44	308	358	321	262	264	262	261	261
45-49	279	321	365	259	262	260	260	261
50-54	286	299	386	268	255	258	259	260
55-59	286	268	381	265	251	256	259	259
60-64	274	269	375	264	251	256	258	258
65-69	246	259	321	299	251	256	256	256
70-74	188	231	269	326	242	250	251	252
75+	333	373	511	809	744	724	763	785
TOTAL	5108	5114	5055	4838	4612	4615	4662	4688
BIRTH RATE		11.7	11.0	11.3	11.8	11.9	11.8	11.7
DEATH RATE		11.0	11.1	12.9	13.3	11.7	11.4	11.5
NET MIGRATION RATE		-.7	-.1	.0	.0	.0	.0	.0
GROWTH RATE		.01	-.02	-.16	-.15	.02	.04	.02
TOTAL FERTILITY		1.481	1.704	2.076	2.077	2.075	2.073	2.072
e(0) - BOTH SEXES		73.91	76.37	79.68	82.83	84.21	85.30	85.73
IMR - BOTH SEXES		8.8	6.2	4.3	2.9	2.4	2.1	2.0

PUERTO RICO

Projection (thousands) with NRR=1 by 1995

AGE GROUP	1990	1995	2000	2005	2010	2015	2020	2025	2030	2035
TOTAL M+F	3530	3659	3783	3913	4044	4169	4287	4397	4498	4583
MALES										
0-4	167	160	156	154	152	151	149	148	149	149
5-9	168	164	157	153	152	151	150	149	148	148
10-14	167	165	161	155	152	151	150	149	148	148
15-19	162	164	163	159	153	150	150	149	149	148
20-24	165	158	160	160	156	151	149	149	149	148
25-29	161	160	153	156	156	154	149	147	148	148
30-34	122	156	156	150	153	154	152	148	147	147
35-39	104	118	153	152	147	151	152	150	147	146
40-44	100	101	115	150	150	145	149	150	149	146
45-49	84	97	98	112	147	147	142	147	148	148
50-54	71	81	94	95	109	143	143	139	144	145
55-59	60	67	77	89	91	105	137	138	134	139
60-64	52	55	62	72	84	85	99	130	132	128
65-69	45	46	49	56	64	76	78	91	120	122
70-74	37	37	38	41	47	55	65	68	80	106
75+	56	52	51	54	59	67	80	96	108	126
TOTAL	1719	1782	1843	1907	1973	2035	2094	2149	2200	2244
FEMALES										
0-4	159	153	149	147	145	144	142	142	142	142
5-9	160	156	150	146	145	144	143	142	141	142
10-14	161	158	154	148	145	144	143	142	142	141
15-19	156	158	155	151	146	143	143	142	142	142
20-24	160	150	152	150	147	143	141	142	142	142
25-29	162	153	144	147	145	144	141	140	142	142
30-34	137	157	148	139	143	143	142	140	140	141
35-39	120	133	153	145	137	141	141	141	139	140
40-44	117	117	131	150	143	135	140	140	141	139
45-49	97	115	115	129	149	142	134	139	140	140
50-54	82	95	113	114	127	147	140	133	138	139
55-59	71	80	93	111	112	125	145	138	131	137
60-64	62	68	78	91	109	110	123	143	136	129
65-69	54	58	65	74	88	105	106	120	139	133
70-74	44	49	54	61	70	83	100	102	114	134
75+	69	76	88	102	120	141	167	202	228	257
TOTAL	1811	1877	1940	2005	2071	2134	2193	2248	2298	2339
BIRTH RATE		17.8	16.8	16.0	15.2	14.6	14.0	13.5	13.1	12.9
DEATH RATE		7.4	7.0	6.7	6.7	7.0	7.5	8.0	8.6	9.2
RATE OF NAT. INC.		1.04	.98	.93	.86	.75	.65	.55	.46	.37
NET MIGRATION RATE		-3.2	-3.1	-2.5	-1.9	-1.4	-.9	-.4	.0	.0
GROWTH RATE		.72	.67	.67	.66	.61	.56	.50	.46	.37
TOTAL FERTILITY		2.100	2.091	2.085	2.081	2.079	2.077	2.075	2.073	2.071
NRR		1.003	1.000	1.000	1.000	1.000	1.000	1.000	1.000	1.000
e(0) - BOTH SEXES	74.22	75.40	76.59	77.70	78.21	78.74	79.28	79.83	80.40	
e(15) - BOTH SEXES	60.61	61.65	62.68	63.66	64.11	64.58	65.06	65.56	66.06	
IMR - BOTH SEXES	13.0	11.3	9.6	8.2	7.6	7.1	6.5	6.0	5.4	
q(5) - BOTH SEXES	.0160	.0140	.0120	.0104	.0097	.0091	.0084	.0078	.0071	
DEP. RATIO	57.3	53.4	50.6	49.3	49.6	51.2	52.4	54.4	58.5	61.7

Summary Projection for 25-Year Periods

PUERTO RICO

AGE GROUP	1990	2000	2025	2050	2075	2100	2125	2150
TOTAL M+F	3530	3783	4397	4746	4869	4933	4981	5004
MALES								
0-4	167	156	148	149	149	149	149	149
5-9	168	157	149	149	149	149	149	149
10-14	167	161	149	149	149	149	149	149
15-19	162	163	149	148	148	148	149	149
20-24	165	160	149	148	148	148	148	148
25-29	161	153	147	147	148	148	148	148
30-34	122	156	148	147	147	147	147	148
35-39	104	153	150	146	147	147	147	147
40-44	100	115	150	146	146	146	146	147
45-49	84	98	147	144	144	145	146	146
50-54	71	94	139	141	142	143	144	144
55-59	60	77	138	138	139	141	142	142
60-64	52	62	130	136	135	137	138	139
65-69	45	49	91	128	129	131	133	134
70-74	37	38	68	114	119	122	126	127
75+	56	51	96	201	250	270	287	295
TOTAL	1719	1843	2149	2328	2389	2421	2447	2460
FEMALES								
0-4	159	149	142	142	142	142	142	142
5-9	160	150	142	142	142	142	142	142
10-14	161	154	142	142	142	142	142	142
15-19	156	155	142	142	142	142	142	142
20-24	160	152	142	141	142	142	142	142
25-29	162	144	140	141	142	142	142	142
30-34	137	148	140	141	142	142	142	142
35-39	120	153	141	142	142	141	141	141
40-44	117	131	140	141	141	141	141	141
45-49	97	115	139	140	140	141	141	141
50-54	82	113	133	138	140	140	141	141
55-59	71	93	138	136	139	140	140	140
60-64	62	78	143	136	138	139	139	140
65-69	54	65	120	133	136	137	138	139
70-74	44	54	102	128	133	135	136	137
75+	69	88	202	331	379	406	424	431
TOTAL	1811	1940	2248	2417	2480	2512	2534	2544
BIRTH RATE		17.3	14.6	12.7	12.1	11.9	11.7	11.7
DEATH RATE		7.2	7.2	9.7	11.1	11.4	11.4	11.5
NET MIGRATION RATE		-3.2	-1.4	.0	.0	.0	.0	.0
GROWTH RATE		.69	.60	.31	.10	.05	.04	.02
TOTAL FERTILITY		2.101	2.079	2.069	2.061	2.059	2.057	2.057
e(0) - BOTH SEXES		74.82	78.14	81.02	83.60	84.70	85.57	85.90
IMR - BOTH SEXES		12.2	7.8	4.9	2.7	2.3	2.1	2.0

QATAR

Projection (thousands) with NRR=1 by 2020

AGE GROUP	1990	1995	2000	2005	2010	2015	2020	2025	2030	2035
TOTAL M+F	486	544	598	646	693	736	769	795	815	831
MALES										
0-4	28	29	29	29	32	32	30	30	30	31
5-9	23	29	29	29	29	32	32	30	30	30
10-14	20	23	29	29	29	29	32	32	30	29
15-19	15	20	23	29	29	29	29	32	32	30
20-24	14	16	20	23	29	29	29	29	32	32
25-29	28	15	17	21	23	28	29	29	28	31
30-34	49	29	16	17	21	23	28	28	29	28
35-39	47	49	30	16	17	21	23	28	28	28
40-44	34	47	49	30	16	17	20	23	28	28
45-49	21	33	46	48	29	16	17	20	23	27
50-54	13	20	32	45	47	28	16	16	20	22
55-59	8	12	19	31	43	45	27	15	16	19
60-64	3	7	11	18	29	40	43	26	14	15
65-69	2	3	6	10	16	26	37	39	24	13
70-74	1	2	2	5	9	14	23	32	34	21
75+	0	1	2	2	5	9	15	26	39	49
TOTAL	305	334	361	383	403	419	429	435	436	435
FEMALES										
0-4	31	28	28	28	31	31	29	28	29	29
5-9	25	32	28	28	28	30	31	29	28	29
10-14	21	25	32	28	28	28	30	31	29	28
15-19	15	21	25	32	28	28	28	30	31	29
20-24	12	15	22	25	32	28	28	28	30	31
25-29	14	13	16	22	25	32	28	28	27	30
30-34	15	14	13	16	22	25	31	28	28	27
35-39	17	15	14	13	16	22	25	31	28	28
40-44	12	17	15	14	13	16	21	25	31	27
45-49	7	12	17	15	14	13	15	21	25	31
50-54	5	7	12	17	15	14	13	15	21	25
55-59	2	5	7	12	17	14	13	13	15	21
60-64	1	2	5	7	11	16	14	13	12	15
65-69	0	1	2	4	6	11	15	13	12	12
70-74	0	0	1	2	4	6	10	14	12	12
75+	1	1	0	1	2	5	8	13	20	23
TOTAL	181	209	237	263	290	317	340	360	379	396
BIRTH RATE		22.3	20.3	18.5	19.0	18.0	16.1	15.0	14.7	14.7
DEATH RATE		3.7	3.9	4.3	4.9	6.0	7.2	8.4	9.7	10.8
RATE OF NAT. INC.		1.86	1.64	1.42	1.40	1.20	.89	.66	.50	.39
NET MIGRATION RATE		3.9	2.5	1.3	.0	.0	.0	.0	.0	.0
GROWTH RATE		2.25	1.89	1.55	1.40	1.20	.89	.66	.50	.39
TOTAL FERTILITY		4.000	3.700	3.100	2.760	2.457	2.187	2.088	2.085	2.081
NRR		1.869	1.744	1.470	1.315	1.173	1.046	1.000	1.000	1.000
e(0) - BOTH SEXES		70.79	72.22	73.65	74.99	75.63	76.29	76.97	77.68	78.40
e(15) - BOTH SEXES		58.37	59.42	60.51	61.57	62.10	62.65	63.21	63.80	64.40
IMR - BOTH SEXES		26.0	21.7	17.9	14.7	13.5	12.3	11.2	10.0	8.8
q(5) - BOTH SEXES		.0311	.0260	.0215	.0178	.0165	.0151	.0138	.0124	.0111
DEP. RATIO	45.7	46.1	45.7	43.4	45.9	52.1	61.2	66.5	63.9	58.2

QATAR

Summary Projection for 25-Year Periods

AGE GROUP	1990	2000	2025	2050	2075	2100	2125	2150
TOTAL M+F	486	598	795	890	975	1002	1017	1024
MALES								
0-4	28	29	30	31	31	31	31	31
5-9	23	29	30	31	31	31	31	31
10-14	20	29	32	31	31	30	30	31
15-19	15	23	32	30	30	30	30	31
20-24	14	20	29	30	30	30	30	30
25-29	28	17	29	29	30	30	30	30
30-34	49	16	28	30	30	30	30	30
35-39	47	30	28	32	30	30	30	30
40-44	34	49	23	31	30	30	30	30
45-49	21	46	20	28	29	30	30	30
50-54	13	32	16	27	28	29	30	30
55-59	8	19	15	27	28	29	29	29
60-64	3	11	26	25	29	28	28	28
65-69	2	6	39	19	27	27	27	27
70-74	1	2	32	15	23	25	26	26
75+	0	2	26	30	44	53	58	60
TOTAL	305	361	435	446	482	495	501	504
FEMALES								
0-4	31	28	28	29	29	29	29	29
5-9	25	28	29	29	29	29	29	29
10-14	21	32	31	30	29	29	29	29
15-19	15	25	30	29	29	29	29	29
20-24	12	22	28	29	29	29	29	29
25-29	14	16	28	28	29	29	29	29
30-34	15	13	28	29	29	29	29	29
35-39	17	14	31	31	29	29	29	29
40-44	12	15	25	30	29	29	29	29
45-49	7	17	21	27	28	29	29	29
50-54	5	12	15	27	28	29	29	29
55-59	2	7	13	27	28	29	29	29
60-64	1	5	13	30	30	29	29	29
65-69	0	2	13	23	29	28	28	28
70-74	0	1	14	19	25	27	28	28
75+	1	0	13	28	63	76	83	86
TOTAL	181	237	360	444	492	507	516	520
BIRTH RATE		21.3	17.2	14.4	12.7	12.1	11.8	11.7
DEATH RATE		3.8	6.3	9.8	9.1	11.0	11.2	11.4
NET MIGRATION RATE		3.1	.2	.0	.0	.0	.0	.0
GROWTH RATE		2.07	1.14	.45	.37	.11	.06	.03
TOTAL FERTILITY		3.851	2.462	2.078	2.064	2.061	2.058	2.058
e(0) - BOTH SEXES		71.54	75.60	79.20	82.55	84.03	85.22	85.68
IMR - BOTH SEXES		23.8	13.9	7.7	3.2	2.5	2.1	2.0

REUNION

Projection (thousands) with NRR=1 by 1995

AGE GROUP	1990	1995	2000	2005	2010	2015	2020	2025	2030	2035
TOTAL M+F	593	640	681	723	765	804	840	872	901	927
MALES										
0-4	32	32	29	30	31	31	31	31	30	30
5-9	31	32	32	29	30	30	31	31	31	30
10-14	31	31	32	32	29	30	30	31	31	31
15-19	31	31	31	32	32	29	30	30	31	31
20-24	29	31	31	31	32	32	29	30	30	31
25-29	28	29	31	30	31	31	32	29	30	30
30-34	23	28	28	30	30	30	31	32	29	29
35-39	20	23	27	28	30	30	30	31	31	29
40-44	16	20	22	27	28	30	30	30	31	31
45-49	13	16	19	22	27	28	29	29	29	30
50-54	12	13	15	19	21	26	27	29	29	29
55-59	9	11	12	14	18	21	25	26	28	28
60-64	8	8	10	11	13	17	19	24	25	26
65-69	6	7	7	9	10	12	15	18	22	23
70-74	3	5	6	6	8	8	10	13	15	19
75+	4	4	5	7	8	10	12	14	18	23
TOTAL	296	319	338	358	377	395	412	427	440	451
FEMALES										
0-4	31	31	29	29	30	30	30	30	30	30
5-9	30	31	31	28	29	30	30	30	30	30
10-14	29	30	31	31	28	29	30	30	30	30
15-19	29	29	30	31	31	28	29	30	30	30
20-24	30	29	29	30	31	31	28	29	30	30
25-29	28	30	29	29	30	31	31	28	29	30
30-34	22	28	30	29	29	30	31	31	28	29
35-39	20	22	28	30	29	29	30	31	31	28
40-44	12	20	22	28	30	29	29	30	30	31
45-49	15	11	20	22	28	29	28	28	29	30
50-54	13	15	11	20	22	27	29	28	28	29
55-59	12	12	15	11	19	21	27	29	28	28
60-64	8	11	12	15	11	19	21	26	28	27
65-69	7	7	11	11	14	11	19	20	26	28
70-74	5	6	7	10	11	13	10	18	20	25
75+	8	8	10	13	17	21	26	27	34	41
TOTAL	297	322	343	365	388	409	428	445	461	476
BIRTH RATE		20.8	17.6	17.0	16.3	15.7	15.0	14.2	13.6	13.2
DEATH RATE		5.5	5.1	5.1	5.2	5.6	6.2	6.7	7.2	7.6
RATE OF NAT. INC.		1.53	1.25	1.19	1.11	1.01	.88	.75	.64	.56
NET MIGRATION RATE		.0	.0	.0	.0	.0	.0	.0	.0	.0
GROWTH RATE		1.53	1.25	1.19	1.11	1.01	.88	.75	.64	.56
TOTAL FERTILITY		2.320	2.058	2.054	2.051	2.050	2.049	2.048	2.047	2.046
NRR		1.126	1.000	1.000	1.000	1.000	1.000	1.000	1.000	1.000
e(0) - BOTH SEXES		73.66	75.22	76.65	77.95	78.44	78.95	79.47	80.01	80.57
e(15) - BOTH SEXES		59.48	60.95	62.31	63.55	64.02	64.50	65.00	65.51	66.04
IMR - BOTH SEXES		7.0	6.1	5.4	4.8	4.6	4.4	4.2	4.0	3.7
q(5) - BOTH SEXES		.0090	.0080	.0071	.0065	.0062	.0060	.0057	.0054	.0052
DEP. RATIO	57.3	53.9	50.8	48.4	47.0	46.7	48.5	50.5	54.0	57.7

REUNION

Summary Projection for 25-Year Periods

AGE GROUP	1990	2000	2025	2050	2075	2100	2125	2150
TOTAL M+F	593	681	872	978	1011	1026	1035	1040
MALES								
0-4	32	29	31	31	31	31	31	31
5-9	31	32	31	31	31	31	31	31
10-14	31	32	31	31	31	31	31	31
15-19	31	31	30	30	30	31	31	31
20-24	29	31	30	30	30	31	31	31
25-29	28	31	29	30	30	30	30	30
30-34	23	28	32	31	30	30	30	30
35-39	20	27	31	30	30	30	30	30
40-44	16	22	30	30	30	30	30	30
45-49	13	19	29	29	30	30	30	30
50-54	12	15	29	28	29	30	30	30
55-59	9	12	26	29	29	29	29	29
60-64	8	10	24	28	28	28	28	29
65-69	6	7	18	25	26	27	27	28
70-74	3	6	13	22	24	25	26	26
75+	4	5	14	38	50	56	59	61
TOTAL	296	338	427	473	490	498	503	506
FEMALES								
0-4	31	29	30	30	30	30	30	30
5-9	30	31	30	30	30	30	30	30
10-14	29	31	30	30	30	30	30	30
15-19	29	30	30	30	30	30	30	30
20-24	30	29	29	30	30	30	30	30
25-29	28	29	28	30	30	30	30	30
30-34	22	30	31	30	30	30	30	30
35-39	20	28	31	30	30	30	30	30
40-44	12	22	30	29	29	30	30	30
45-49	15	20	28	29	29	30	30	30
50-54	13	11	28	28	29	30	30	30
55-59	12	15	29	30	30	29	29	29
60-64	8	12	26	30	29	29	29	29
65-69	7	11	20	28	28	29	29	29
70-74	5	7	18	26	27	28	29	29
75+	8	10	27	66	81	86	89	91
TOTAL	297	343	445	505	522	528	532	534
BIRTH RATE		19.2	15.6	13.0	12.1	11.9	11.7	11.7
DEATH RATE		5.3	5.8	8.4	10.8	11.3	11.4	11.5
NET MIGRATION RATE		.0	.0	.0	.0	.0	.0	.0
GROWTH RATE		1.39	.99	.46	.13	.06	.04	.02
TOTAL FERTILITY		2.195	2.050	2.044	2.040	2.038	2.037	2.037
e(0) - BOTH SEXES		74.47	78.36	81.18	83.71	84.78	85.62	85.95
IMR - BOTH SEXES		6.6	4.7	3.5	2.6	2.3	2.0	2.0

ROMANIA

Projection (thousands) with NRR=1 by 2030

AGE GROUP	1990	1995	2000	2005	2010	2015	2020	2025	2030	2035
TOTAL M+F	23200	22805	22714	22727	22804	22854	22843	22791	22754	22703
MALES										
0-4	918	636	651	655	700	704	680	662	669	681
5-9	865	894	629	648	653	697	702	678	660	667
10-14	1002	848	888	627	647	652	696	701	677	659
15-19	957	982	841	885	625	645	650	694	700	676
20-24	1003	924	969	835	880	622	642	647	691	697
25-29	712	959	907	961	830	874	618	638	643	687
30-34	865	675	943	899	954	824	868	614	634	639
35-39	864	832	661	933	891	946	818	862	610	630
40-44	718	833	814	652	921	881	936	809	853	604
45-49	587	689	810	796	639	904	865	920	796	841
50-54	697	558	661	782	771	620	879	842	897	778
55-59	652	651	524	625	743	735	592	841	808	863
60-64	572	589	591	480	575	687	683	553	789	762
65-69	429	490	508	514	421	509	612	613	500	719
70-74	196	337	389	407	417	346	424	516	522	431
75+	377	307	366	450	511	557	537	588	707	794
TOTAL	11412	11205	11152	11149	11179	11203	11201	11178	11157	11127
FEMALES										
0-4	886	605	619	623	664	668	645	627	634	645
5-9	832	864	599	617	621	662	667	644	626	633
10-14	963	816	859	598	617	621	662	666	643	626
15-19	921	944	811	858	597	616	620	661	666	643
20-24	970	887	934	809	856	596	615	619	660	665
25-29	683	929	874	931	806	854	594	613	618	659
30-34	843	650	918	871	928	804	851	593	612	616
35-39	855	818	641	913	867	924	801	848	591	610
40-44	719	835	808	637	906	861	918	796	844	588
45-49	610	702	823	798	630	897	853	910	789	837
50-54	744	593	687	807	784	620	884	841	898	780
55-59	702	717	573	667	786	765	605	865	824	882
60-64	648	663	680	547	640	756	738	586	839	802
65-69	552	589	608	630	512	601	714	700	557	802
70-74	292	471	509	532	560	459	543	650	643	516
75+	567	516	620	742	850	946	931	993	1153	1273
TOTAL	11788	11600	11562	11579	11625	11650	11641	11612	11597	11576
BIRTH RATE		11.3	11.5	11.5	12.2	12.2	11.8	11.4	11.6	11.8
DEATH RATE		11.2	11.4	11.4	11.5	11.8	11.9	11.9	11.9	12.2
RATE OF NAT. INC.		.00	.01	.01	.07	.04	-.01	-.05	-.03	-.05
NET MIGRATION RATE		-3.5	-.9	.0	.0	.0	.0	.0	.0	.0
GROWTH RATE		-.34	-.08	.01	.07	.04	-.01	-.05	-.03	-.04
TOTAL FERTILITY		1.500	1.500	1.500	1.625	1.742	1.852	1.956	2.053	2.091
NRR		.703	.706	.710	.771	.828	.882	.932	.981	1.000
e(0) - BOTH SEXES	69.90	70.94	72.13	73.43	74.12	74.85	75.60	76.38	77.19	
e(15) - BOTH SEXES	57.20	57.97	58.88	59.93	60.52	61.14	61.79	62.46	63.17	
IMR - BOTH SEXES	23.3	20.2	16.9	14.0	12.9	11.9	10.8	9.7	8.6	
q(5) - BOTH SEXES	.0279	.0243	.0204	.0171	.0158	.0146	.0133	.0121	.0109	
DEP. RATIO	51.4	47.8	46.8	44.9	45.9	48.1	52.0	54.5	54.1	59.2

ROMANIA

Summary Projection for 25-Year Periods

AGE GROUP	1990	2000	2025	2050	2075	2100	2125	2150
TOTAL M+F	23200	22714	22791	22470	21835	22140	22483	22639
MALES								
0-4	918	651	662	678	680	679	679	679
5-9	865	629	678	683	681	679	678	678
10-14	1002	888	701	684	679	678	678	678
15-19	957	841	694	678	675	676	677	678
20-24	1003	969	647	663	672	676	677	677
25-29	712	907	638	653	672	675	675	675
30-34	865	943	614	667	675	674	673	673
35-39	864	661	862	686	673	670	670	671
40-44	718	814	809	674	664	663	667	668
45-49	587	810	920	623	645	657	663	665
50-54	697	661	842	605	628	651	657	658
55-59	652	524	841	566	628	643	647	647
60-64	572	591	553	760	627	625	629	632
65-69	429	508	613	664	588	592	602	609
70-74	196	389	516	674	502	540	564	576
75+	377	366	588	1044	1066	1165	1279	1328
TOTAL	11412	11152	11178	11001	10754	10943	11114	11190
FEMALES								
0-4	886	619	627	641	643	642	642	641
5-9	832	599	644	646	643	642	641	641
10-14	963	859	666	648	642	641	641	641
15-19	921	811	661	643	639	640	641	641
20-24	970	934	619	631	637	640	641	641
25-29	683	874	613	624	639	641	641	641
30-34	843	918	593	639	644	642	640	640
35-39	855	641	848	661	644	639	639	639
40-44	719	808	796	653	638	635	637	639
45-49	610	823	910	608	624	632	637	638
50-54	744	687	841	598	614	632	636	637
55-59	702	573	865	570	624	633	634	634
60-64	648	680	586	799	637	628	628	629
65-69	552	608	700	727	618	614	618	623
70-74	292	509	650	787	559	589	606	615
75+	567	620	993	1594	1636	1708	1846	1908
TOTAL	11788	11562	11612	11469	11081	11197	11369	11449
BIRTH RATE		11.4	11.8	11.8	12.0	12.1	11.9	11.7
DEATH RATE		11.3	11.7	12.3	13.1	11.5	11.2	11.5
NET MIGRATION RATE		-2.2	.0	.0	.0	.0	.0	.0
GROWTH RATE		-.21	.01	-.06	-.11	.06	.06	.03
TOTAL FERTILITY		1.501	1.724	2.079	2.074	2.070	2.068	2.067
e(0) - BOTH SEXES		70.42	74.03	78.06	81.94	83.66	85.04	85.56
IMR - BOTH SEXES		21.8	13.3	7.6	3.4	2.6	2.2	2.1

RUSSIAN FEDERATION

Projection (thousands) with NRR=1 by 2030

AGE GROUP	1990	1995	2000	2005	2010	2015	2020	2025	2030	2035
TOTAL M+F	148263	148940	149844	150690	151671	152659	153060	153498	153498	153107
MALES										
0-4	5920	4514	4491	4591	4844	4927	4800	4667	4669	4736
5-9	5984	5901	4500	4475	4576	4829	4913	4787	4655	4659
10-14	5495	5971	5887	4488	4464	4566	4819	4904	4780	4649
15-19	5217	5466	5938	5855	4466	4444	4547	4801	4887	4765
20-24	4915	5160	5404	5873	5800	4427	4408	4513	4768	4856
25-29	5998	4843	5083	5327	5803	5735	4381	4365	4472	4729
30-34	6570	5893	4763	5004	5258	5733	5670	4335	4323	4434
35-39	6037	6427	5773	4674	4926	5182	5656	5600	4287	4279
40-44	4788	5865	6255	5634	4579	4832	5090	5563	5516	4228
45-49	2940	4602	5650	6047	5469	4453	4709	4970	5442	5406
50-54	4863	2779	4362	5378	5784	5245	4282	4540	4804	5274
55-59	3458	4478	2569	4053	5026	5426	4941	4050	4310	4579
60-64	3606	3062	3984	2300	3653	4558	4952	4537	3742	4007
65-69	1644	3009	2570	3369	1962	3146	3963	4346	4019	3345
70-74	940	1252	2308	1990	2637	1558	2534	3236	3599	3374
75+	1392	1212	1353	2138	2308	2889	2468	3024	3882	4671
TOTAL	69768	70433	70891	71195	71554	71950	72133	72238	72155	71990
FEMALES										
0-4	5630	4335	4308	4399	4636	4715	4593	4465	4466	4529
5-9	5743	5623	4328	4298	4390	4628	4707	4586	4458	4460
10-14	5292	5743	5620	4323	4294	4386	4624	4703	4583	4455
15-19	4998	5291	5739	5612	4318	4289	4381	4620	4700	4579
20-24	4639	5001	5288	5728	5603	4311	4283	4375	4614	4694
25-29	5761	4642	4997	5276	5717	5593	4304	4276	4369	4607
30-34	6420	5751	4634	4983	5263	5703	5581	4295	4267	4361
35-39	6022	6393	5730	4616	4967	5247	5687	5565	4284	4257
40-44	4893	5977	6352	5697	4593	4944	5224	5664	5544	4269
45-49	3205	4832	5914	6294	5653	4560	4910	5191	5630	5513
50-54	5586	3141	4752	5831	6219	5589	4511	4861	5141	5580
55-59	4275	5414	3062	4651	5725	6112	5498	4442	4792	5073
60-64	5202	4070	5200	2960	4521	5575	5962	5372	4348	4697
65-69	3656	4794	3808	4923	2829	4333	5358	5746	5192	4214
70-74	2331	3173	4270	3463	4552	2629	4047	5029	5421	4922
75+	4841	4327	4953	6440	6836	8095	7258	8071	9537	10907
TOTAL	78495	78506	78953	79495	80117	80709	80927	81260	81343	81117
BIRTH RATE		12.2	12.0	12.2	12.7	12.8	12.4	12.0	12.0	12.2
DEATH RATE		11.5	10.9	11.0	11.4	11.5	11.9	11.5	12.0	12.7
RATE OF NAT. INC.		.06	.11	.11	.13	.13	.05	.06	.00	-.05
NET MIGRATION RATE		.3	.1	.0	.0	.0	.0	.0	.0	.0
GROWTH RATE		.09	.12	.11	.13	.13	.05	.06	.00	-.05
TOTAL FERTILITY		1.730	1.730	1.730	1.799	1.865	1.929	1.991	2.051	2.075
NRR		.820	.823	.826	.861	.894	.926	.957	.987	1.000
e(0) - BOTH SEXES	69.12	70.63	72.14	73.60	74.29	75.01	75.75	76.53	77.32	
e(15) - BOTH SEXES	56.11	57.37	58.64	59.90	60.52	61.15	61.81	62.50	63.21	
IMR - BOTH SEXES	20.0	16.9	14.1	11.7	10.8	10.0	9.2	8.4	7.5	
q(5) - BOTH SEXES	.0240	.0204	.0171	.0144	.0134	.0125	.0115	.0105	.0096	
DEP. RATIO	49.2	50.3	47.7	48.0	46.8	49.7	54.6	60.0	62.9	62.6

RUSSIAN FEDERATION

Summary Projection for 25-Year Periods

AGE GROUP	1990	2000	2025	2050	2075	2100	2125	2150
TOTAL M+F	148263	149844	153498	152271	152740	155481	157934	159115
MALES								
0-4	5920	4491	4667	4752	4758	4753	4750	4749
5-9	5984	4500	4787	4780	4755	4745	4745	4746
10-14	5495	5887	4904	4771	4738	4737	4743	4745
15-19	5217	5938	4801	4712	4712	4731	4741	4743
20-24	4915	5404	4513	4622	4697	4727	4735	4735
25-29	5998	5083	4365	4585	4705	4721	4722	4722
30-34	6570	4763	4335	4677	4717	4705	4703	4706
35-39	6037	5773	5600	4753	4688	4671	4682	4692
40-44	4788	6255	5563	4609	4603	4624	4658	4674
45-49	2940	5650	4970	4282	4483	4584	4632	4648
50-54	4863	4362	4540	4061	4391	4544	4586	4599
55-59	3458	2569	4050	3900	4379	4476	4504	4520
60-64	3606	3984	4537	4777	4296	4326	4372	4407
65-69	1644	2570	4346	4362	3939	4067	4178	4244
70-74	940	2308	3236	3407	3342	3690	3911	4003
75+	1392	1353	3024	5106	6426	7615	8635	9100
TOTAL	69768	70891	72238	72158	73629	75715	77298	78033
FEMALES								
0-4	5630	4308	4465	4542	4545	4537	4534	4533
5-9	5743	4328	4586	4573	4544	4532	4530	4530
10-14	5292	5620	4703	4568	4530	4526	4529	4530
15-19	4998	5739	4620	4520	4510	4524	4529	4531
20-24	4639	5288	4375	4452	4507	4529	4531	4530
25-29	5761	4997	4276	4443	4530	4536	4530	4527
30-34	6420	4634	4295	4562	4559	4534	4524	4523
35-39	6022	5730	5565	4671	4548	4515	4515	4519
40-44	4893	6352	5664	4577	4492	4489	4508	4516
45-49	3205	5914	5191	4319	4413	4478	4507	4512
50-54	5586	4752	4861	4193	4385	4487	4504	4502
55-59	4275	3062	4442	4171	4473	4493	4486	4482
60-64	5202	5200	5372	5326	4538	4452	4444	4453
65-69	3656	3808	5746	5298	4384	4352	4385	4417
70-74	2331	4270	5029	4671	4042	4203	4318	4367
75+	4841	4953	8071	11228	12112	12580	13263	13608
TOTAL	78495	78953	81260	80113	79110	79765	80636	81082
BIRTH RATE		12.1	12.4	12.2	12.2	12.1	11.9	11.7
DEATH RATE		11.2	11.5	12.6	12.1	11.4	11.2	11.4
NET MIGRATION RATE		.2	.0	.0	.0	.0	.0	.0
GROWTH RATE		.11	.10	-.03	.01	.07	.06	.03
TOTAL FERTILITY		1.728	1.863	2.067	2.061	2.059	2.057	2.056
e(0) - BOTH SEXES		69.88	74.17	78.18	81.97	83.68	85.06	85.58
IMR - BOTH SEXES		18.5	11.1	6.7	3.4	2.7	2.2	2.1

RWANDA

Projection (thousands) with NRR=1 by 2025

AGE GROUP	1990	1995	2000	2005	2010	2015	2020	2025	2030	2035
TOTAL M+F	6950	7794	8652	9524	10431	11320	12121	12816	13511	14230
MALES										
0-4	705	630	679	722	743	744	708	662	669	690
5-9	548	649	583	635	688	710	715	683	641	651
10-14	440	532	631	568	622	675	698	704	674	634
15-19	356	429	518	614	554	608	661	685	692	664
20-24	293	344	412	496	590	534	588	642	667	676
25-29	234	281	327	390	471	562	512	566	620	647
30-34	183	223	266	308	369	447	537	491	545	600
35-39	142	174	210	250	290	349	425	513	471	526
40-44	126	134	162	195	232	271	329	403	489	451
45-49	102	117	123	148	179	214	252	307	379	463
50-54	81	93	106	110	133	162	196	232	284	353
55-59	64	72	82	92	96	117	144	175	209	258
60-64	48	54	61	68	77	81	100	123	151	182
65-69	34	38	42	46	52	60	64	80	100	124
70-74	22	25	27	29	32	36	43	46	58	74
75+	19	20	21	22	24	27	32	38	44	55
TOTAL	3395	3817	4250	4693	5152	5600	6003	6350	6695	7050
FEMALES										
0-4	720	626	673	715	733	734	699	653	660	680
5-9	564	666	582	633	685	704	708	677	635	645
10-14	456	548	648	567	621	672	693	698	669	629
15-19	369	445	533	629	553	607	659	680	687	659
20-24	304	358	429	513	607	535	589	641	665	673
25-29	245	293	343	408	489	581	514	569	622	648
30-34	194	235	279	323	386	465	556	494	549	604
35-39	152	185	221	260	303	365	441	530	474	530
40-44	134	144	173	205	242	284	344	419	506	456
45-49	109	126	134	159	190	226	266	324	398	484
50-54	89	102	116	122	146	175	209	249	305	376
55-59	71	81	91	103	109	131	159	191	229	283
60-64	55	63	70	77	88	94	114	139	170	206
65-69	40	45	50	54	61	70	76	94	117	144
70-74	27	30	32	34	38	43	51	56	71	90
75+	25	28	28	28	30	34	40	49	58	74
TOTAL	3555	3977	4402	4831	5279	5720	6118	6466	6816	7180
BIRTH RATE		40.1	38.4	36.2	32.9	30.0	26.3	22.9	21.8	21.2
DEATH RATE		17.1	17.5	17.0	14.7	13.6	12.6	11.8	11.2	10.8
RATE OF NAT. INC.		2.29	2.09	1.92	1.82	1.64	1.37	1.12	1.06	1.04
NET MIGRATION RATE		.0	.0	.0	.0	.0	.0	.0	.0	.0
GROWTH RATE		2.29	2.09	1.92	1.82	1.64	1.37	1.11	1.06	1.04
TOTAL FERTILITY		6.200	5.400	4.600	3.800	3.335	2.927	2.569	2.438	2.381
NRR		2.089	1.806	1.583	1.405	1.270	1.145	1.029	1.000	1.000
e(0) - BOTH SEXES		46.23	44.64	44.95	48.09	49.76	51.52	53.38	55.34	57.42
e(15) - BOTH SEXES		45.26	42.61	41.12	42.04	43.26	44.54	45.89	47.32	48.82
IMR - BOTH SEXES		116.9	112.9	100.6	80.7	75.5	70.4	65.3	60.2	55.1
q(5) - BOTH SEXES		.1959	.1885	.1651	.1286	.1195	.1104	.1012	.0920	.0827
DEP. RATIO	107.4	97.1	85.8	74.1	70.9	66.2	59.6	53.0	48.3	46.1

RWANDA

Summary Projection for 25-Year Periods

AGE GROUP	1990	2000	2025	2050	2075	2100	2125	2150
TOTAL M+F	6950	8652	12816	16239	18771	20255	21371	21974
MALES								
0-4	705	679	662	667	670	671	671	670
5-9	548	583	683	673	668	668	670	669
10-14	440	631	704	677	661	664	669	669
15-19	356	518	685	662	647	660	668	669
20-24	293	412	642	629	644	658	667	668
25-29	234	327	566	605	645	658	664	666
30-34	183	266	491	626	652	655	659	663
35-39	142	210	513	631	651	644	653	659
40-44	126	162	403	598	630	626	645	656
45-49	102	123	307	544	589	617	639	651
50-54	81	106	232	462	552	607	631	642
55-59	64	82	175	378	547	595	615	626
60-64	48	61	123	359	513	566	585	603
65-69	34	42	80	244	434	506	540	572
70-74	22	27	46	148	330	418	488	529
75+	19	21	38	121	368	672	948	1104
TOTAL	3395	4250	6350	8022	9201	9885	10412	10716
FEMALES								
0-4	720	673	653	657	658	654	652	651
5-9	564	582	677	666	658	652	651	651
10-14	456	648	698	671	653	650	650	651
15-19	369	533	680	657	642	648	650	651
20-24	304	429	641	627	641	649	651	651
25-29	245	343	569	605	645	652	651	650
30-34	194	279	494	628	655	652	649	649
35-39	152	221	530	634	656	645	645	647
40-44	134	173	419	603	637	631	642	646
45-49	109	134	324	554	600	626	640	645
50-54	89	116	249	478	570	623	639	642
55-59	71	91	191	399	575	622	633	636
60-64	55	70	139	402	557	607	618	626
65-69	40	50	94	285	493	566	591	614
70-74	27	32	56	184	400	496	565	597
75+	25	28	49	166	530	999	1430	1652
TOTAL	3555	4402	6466	8217	9570	10371	10959	11258
BIRTH RATE		39.2	29.1	19.8	15.4	13.7	12.7	12.2
DEATH RATE		17.3	13.7	10.3	9.7	10.7	10.6	11.1
NET MIGRATION RATE		.0	.0	.0	.0	.0	.0	.0
GROWTH RATE		2.19	1.57	.95	.58	.30	.21	.11
TOTAL FERTILITY		5.768	3.328	2.326	2.119	2.075	2.048	2.043
e(0) - BOTH SEXES		45.39	49.86	59.97	70.52	76.01	81.09	83.05
IMR - BOTH SEXES		114.8	79.0	50.1	27.5	14.1	4.1	2.9

SAO TOME AND PRINCIPE

Projection (thousands) with NRR=1 by 2025

AGE GROUP	1990	1995	2000	2005	2010	2015	2020	2025	2030	2035
TOTAL M+F	115	132	151	170	189	207	224	240	256	271
MALES										
0-4	9	10	11	12	12	11	11	11	11	11
5-9	8	8	10	11	12	11	11	11	11	11
10-14	7	8	8	10	11	11	11	11	11	11
15-19	6	7	8	8	10	11	11	11	11	11
20-24	5	6	7	8	8	10	11	11	11	11
25-29	4	5	6	7	7	8	10	11	11	11
30-34	4	4	5	6	7	7	8	10	11	11
35-39	3	4	4	5	6	6	7	8	10	11
40-44	3	3	4	4	5	5	6	7	8	10
45-49	3	3	3	4	4	5	5	6	7	8
50-54	2	3	3	3	4	4	4	5	6	7
55-59	2	2	3	3	3	3	3	4	5	6
60-64	2	2	2	2	2	2	3	3	4	5
65-69	1	2	2	1	2	2	2	3	3	4
70-74	1	1	1	1	1	2	2	2	2	2
75+	1	1	1	1	2	2	2	2	3	3
TOTAL	58	66	76	85	94	103	111	119	126	134
FEMALES										
0-4	8	10	11	11	11	11	11	11	11	11
5-9	7	8	10	11	11	11	11	11	11	11
10-14	7	7	8	10	11	11	11	11	11	11
15-19	6	7	7	8	10	11	11	11	11	11
20-24	5	6	7	7	8	10	11	11	11	11
25-29	4	5	6	6	7	8	10	11	11	11
30-34	4	4	5	6	6	7	8	10	11	11
35-39	3	4	4	5	6	6	7	8	10	11
40-44	3	3	4	4	5	6	6	7	8	10
45-49	3	3	3	4	4	5	5	6	7	8
50-54	2	3	3	3	4	4	5	5	6	7
55-59	2	2	3	3	3	4	4	4	5	6
60-64	2	2	2	3	3	3	3	3	4	5
65-69	1	2	2	2	2	2	3	3	3	4
70-74	1	1	2	2	2	2	2	2	3	3
75+	1	1	1	2	3	3	4	4	5	6
TOTAL	57	66	75	85	95	104	113	121	129	137
BIRTH RATE		35.6	33.9	30.2	26.4	23.8	21.5	19.1	18.0	17.4
DEATH RATE		7.9	7.1	6.2	5.8	5.5	5.4	5.4	5.4	5.5
RATE OF NAT. INC.		2.77	2.68	2.39	2.07	1.82	1.62	1.37	1.26	1.19
NET MIGRATION RATE		.0	.0	.0	.0	.0	.0	.0	.0	.0
GROWTH RATE		2.77	2.68	2.39	2.07	1.82	1.62	1.37	1.26	1.19
TOTAL FERTILITY		4.950	4.650	4.050	3.450	2.983	2.579	2.229	2.103	2.093
NRR		2.206	2.109	1.864	1.609	1.398	1.214	1.055	1.000	1.000
e(0) - BOTH SEXES		67.73	69.65	71.46	73.15	73.92	74.70	75.50	76.32	77.16
e(15) - BOTH SEXES		59.44	60.36	61.23	62.06	62.50	62.95	63.42	63.90	64.39
IMR - BOTH SEXES		65.4	55.6	46.4	38.1	34.6	31.1	27.7	24.2	20.7
q(5) - BOTH SEXES		.0850	.0711	.0585	.0473	.0431	.0389	.0346	.0304	.0261
DEP. RATIO	79.4	81.9	81.7	78.5	72.6	64.7	57.8	53.3	49.5	48.0

Summary Projection for 25-Year Periods

SAO TOME AND PRINCIPE

AGE GROUP	1990	2000	2025	2050	2075	2100	2125	2150
TOTAL M+F	115	151	240	313	357	369	376	379
MALES								
0-4	9	11	11	11	11	11	11	11
5-9	8	10	11	11	11	11	11	11
10-14	7	8	11	11	11	11	11	11
15-19	6	8	11	11	11	11	11	11
20-24	5	7	11	11	11	11	11	11
25-29	4	6	11	11	11	11	11	11
30-34	4	5	10	11	11	11	11	11
35-39	3	4	8	11	11	11	11	11
40-44	3	4	7	11	11	11	11	11
45-49	3	3	6	11	11	11	11	11
50-54	2	3	5	11	10	11	11	11
55-59	2	3	4	9	10	11	11	11
60-64	2	2	3	7	10	10	10	10
65-69	1	2	3	6	10	10	10	10
70-74	1	1	2	5	9	9	9	9
75+	1	1	2	6	14	18	21	22
TOTAL	58	76	119	154	174	180	183	184
FEMALES								
0-4	8	11	11	11	11	11	11	11
5-9	7	10	11	11	11	11	11	11
10-14	7	8	11	11	11	11	11	11
15-19	6	7	11	11	11	11	11	11
20-24	5	7	11	11	11	11	11	11
25-29	4	6	11	11	11	11	11	11
30-34	4	5	10	11	11	11	11	11
35-39	3	4	8	11	11	11	11	11
40-44	3	4	7	11	11	11	11	11
45-49	3	3	6	11	11	11	11	11
50-54	2	3	5	11	10	11	11	11
55-59	2	3	4	10	11	11	11	11
60-64	2	2	3	8	11	11	11	11
65-69	1	2	3	7	10	11	11	11
70-74	1	2	2	6	10	10	10	10
75+	1	1	4	10	22	28	31	32
TOTAL	57	75	121	159	183	189	193	194
BIRTH RATE		34.7	23.7	16.3	13.1	12.2	11.9	11.7
DEATH RATE		7.5	5.6	5.8	8.0	10.8	11.2	11.4
NET MIGRATION RATE		.0	.0	.0	.0	.0	.0	.0
GROWTH RATE		2.73	1.85	1.06	.52	.14	.07	.03
TOTAL FERTILITY		4.790	2.942	2.083	2.045	2.041	2.038	2.037
e(0) - BOTH SEXES		68.76	73.92	78.13	81.87	83.61	85.05	85.58
IMR - BOTH SEXES		60.3	35.7	17.3	3.9	2.7	2.2	2.1

SAUDI ARABIA

Projection (thousands) with NRR=1 by 2040

AGE GROUP	1990	1995	2000	2005	2010	2015	2020	2025	2030	2035
TOTAL M+F	15803	18613	21979	25812	30011	34427	38780	42927	47074	51087
MALES										
0-4	1492	1500	1837	2130	2385	2540	2558	2511	2575	2574
5-9	1251	1491	1498	1832	2122	2376	2532	2550	2504	2569
10-14	1043	1252	1491	1497	1828	2118	2372	2528	2547	2502
15-19	799	1046	1252	1489	1493	1823	2112	2366	2522	2542
20-24	663	815	1053	1252	1481	1485	1815	2103	2357	2513
25-29	616	688	829	1056	1244	1473	1477	1805	2092	2345
30-34	704	637	700	832	1050	1237	1465	1470	1796	2083
35-39	676	716	644	701	826	1043	1229	1456	1461	1786
40-44	487	680	716	641	694	817	1033	1218	1443	1449
45-49	338	483	671	705	630	683	805	1018	1202	1425
50-54	246	329	470	652	686	614	666	786	995	1176
55-59	183	233	313	448	623	657	589	641	758	962
60-64	132	168	215	290	416	582	616	555	605	719
65-69	94	115	147	190	258	374	526	560	507	557
70-74	58	75	93	120	158	217	317	450	485	443
75+	54	66	85	108	142	190	263	382	556	685
TOTAL	8836	10295	12012	13941	16036	18229	20375	22399	24406	26328
FEMALES										
0-4	1334	1442	1763	2043	2284	2432	2447	2401	2461	2459
5-9	1118	1336	1443	1762	2038	2279	2426	2443	2397	2457
10-14	935	1120	1337	1443	1760	2036	2276	2424	2441	2395
15-19	711	935	1120	1337	1441	1757	2033	2273	2421	2438
20-24	571	714	936	1120	1333	1437	1753	2028	2269	2417
25-29	463	574	716	937	1116	1328	1432	1748	2023	2263
30-34	377	465	575	715	932	1111	1323	1427	1741	2016
35-39	323	377	463	573	711	927	1105	1316	1420	1734
40-44	273	320	374	460	568	705	920	1097	1307	1412
45-49	222	268	315	369	454	560	696	910	1085	1295
50-54	179	216	261	308	361	445	550	684	895	1070
55-59	144	171	207	252	298	350	432	536	668	875
60-64	112	135	161	195	239	284	335	415	516	645
65-69	86	100	122	146	179	221	264	313	390	488
70-74	58	72	84	103	126	156	195	235	282	355
75+	61	72	89	108	135	170	217	278	352	441
TOTAL	6967	8318	9966	11871	13975	16198	18405	20528	22668	24759
BIRTH RATE		35.2	36.4	35.7	34.1	31.4	27.8	24.4	22.7	20.7
DEATH RATE		4.8	4.5	4.2	3.9	3.9	4.0	4.1	4.2	4.4
RATE OF NAT. INC.		3.04	3.19	3.15	3.01	2.75	2.38	2.03	1.84	1.64
NET MIGRATION RATE		2.3	1.4	.7	.0	.0	.0	.0	.0	.0
GROWTH RATE		3.27	3.32	3.22	3.01	2.75	2.38	2.03	1.84	1.64
TOTAL FERTILITY		6.400	6.100	5.500	4.900	4.300	3.700	3.100	2.756	2.451
NRR		2.948	2.841	2.587	2.323	2.044	1.762	1.480	1.318	1.174
e(0) - BOTH SEXES		69.20	70.34	71.66	73.02	73.73	74.47	75.23	76.03	76.85
e(15) - BOTH SEXES		56.94	57.64	58.59	59.65	60.25	60.87	61.52	62.20	62.91
IMR - BOTH SEXES		28.0	23.2	19.0	15.5	14.3	13.1	11.9	10.7	9.5
q(5) - BOTH SEXES		.0336	.0278	.0228	.0188	.0174	.0160	.0146	.0132	.0118
DEP. RATIO	92.3	86.7	83.3	80.1	80.8	78.2	73.2	66.1	59.2	54.0

SAUDI ARABIA

Summary Projection for 25-Year Periods

AGE GROUP	1990	2000	2025	2050	2075	2100	2125	2150
TOTAL M+F	15803	21979	42927	61963	76129	81960	83728	84425
MALES								
0-4	1492	1837	2511	2527	2517	2521	2523	2523
5-9	1251	1498	2550	2474	2512	2522	2523	2522
10-14	1043	1491	2528	2476	2524	2527	2523	2521
15-19	799	1252	2366	2563	2540	2528	2520	2519
20-24	663	1053	2103	2555	2537	2517	2513	2514
25-29	616	829	1805	2478	2506	2500	2505	2509
30-34	704	700	1470	2511	2446	2489	2501	2503
35-39	676	644	1456	2478	2440	2492	2499	2497
40-44	487	716	1218	2306	2512	2497	2491	2486
45-49	338	671	1018	2034	2489	2482	2470	2469
50-54	246	470	786	1721	2388	2429	2433	2443
55-59	183	313	641	1365	2373	2334	2390	2408
60-64	132	215	555	1298	2275	2271	2343	2359
65-69	94	147	560	1019	2024	2251	2271	2279
70-74	58	93	450	767	1659	2096	2139	2148
75+	54	85	382	947	2426	4231	4730	4941
TOTAL	8836	12012	22399	31519	38169	40686	41376	41642
FEMALES								
0-4	1334	1763	2401	2410	2398	2402	2405	2405
5-9	1118	1443	2443	2361	2394	2404	2405	2405
10-14	935	1337	2424	2366	2405	2409	2406	2404
15-19	711	1120	2273	2452	2421	2410	2404	2403
20-24	571	936	2028	2450	2424	2403	2401	2402
25-29	463	716	1748	2385	2401	2392	2398	2401
30-34	377	575	1427	2423	2350	2387	2399	2401
35-39	323	463	1316	2397	2351	2394	2402	2400
40-44	273	374	1097	2239	2430	2406	2400	2396
45-49	222	315	910	1985	2420	2403	2389	2389
50-54	179	261	684	1693	2341	2370	2371	2381
55-59	144	207	536	1361	2356	2306	2355	2373
60-64	112	161	415	1225	2299	2284	2348	2364
65-69	86	122	313	982	2102	2329	2337	2344
70-74	58	84	235	761	1799	2264	2298	2303
75+	61	89	278	954	3068	5711	6634	7011
TOTAL	6967	9966	20528	30444	37960	41274	42353	42782
BIRTH RATE		35.8	29.9	18.9	14.2	12.4	11.9	11.7
DEATH RATE		4.7	4.0	4.5	6.1	9.5	11.1	11.4
NET MIGRATION RATE		1.8	.1	.0	.0	.0	.0	.0
GROWTH RATE		3.30	2.68	1.47	.82	.30	.09	.03
TOTAL FERTILITY		6.238	4.085	2.283	2.067	2.062	2.059	2.058
e(0) - BOTH SEXES		69.82	73.85	77.88	81.76	83.53	84.97	85.52
IMR - BOTH SEXES		25.4	14.6	8.3	3.5	2.7	2.2	2.1

SENEGAL

Projection (thousands) with NRR=1 by 2030

AGE GROUP	1990	1995	2000	2005	2010	2015	2020	2025	2030	2035
TOTAL M+F	7404	8468	9686	10983	12373	13764	15089	16317	17414	18508
MALES										
0-4	698	744	845	910	967	984	969	937	886	898
5-9	576	673	722	826	895	952	970	956	925	876
10-14	466	567	663	713	817	886	943	962	949	919
15-19	392	456	554	649	699	802	872	930	950	938
20-24	310	379	440	534	627	677	779	849	908	931
25-29	259	298	362	417	508	600	651	752	823	884
30-34	217	248	283	342	397	485	575	627	728	800
35-39	181	206	234	267	324	377	463	552	604	705
40-44	148	170	193	218	250	305	357	441	528	581
45-49	120	136	156	177	202	232	285	336	418	503
50-54	97	108	123	140	160	184	213	264	313	392
55-59	77	85	94	107	124	143	165	193	240	287
60-64	58	64	70	79	91	106	123	143	169	212
65-69	41	45	49	55	62	72	85	100	118	141
70-74	27	28	31	34	38	44	52	63	75	90
75+	19	21	23	25	29	34	40	48	60	74
TOTAL	3686	4228	4843	5493	6189	6883	7542	8152	8693	9232
FEMALES										
0-4	689	732	831	893	948	965	950	918	869	881
5-9	569	667	714	815	881	936	954	940	910	861
10-14	461	560	658	705	806	873	928	947	934	904
15-19	397	450	548	644	692	793	860	916	936	924
20-24	316	384	435	529	625	673	773	841	898	920
25-29	262	303	367	416	508	602	651	751	819	879
30-34	217	249	287	348	397	487	579	629	728	799
35-39	181	204	234	270	329	377	465	556	607	707
40-44	149	169	190	218	254	311	359	444	534	587
45-49	123	138	156	177	204	239	294	341	425	514
50-54	99	112	126	144	163	190	223	277	323	404
55-59	82	88	100	113	130	149	174	206	258	302
60-64	65	70	75	86	98	114	131	155	186	234
65-69	48	51	55	60	70	80	94	111	133	161
70-74	35	33	36	39	43	51	61	72	86	106
75+	26	29	30	32	36	41	50	61	76	94
TOTAL	3718	4240	4843	5489	6185	6881	7547	8165	8721	9276
BIRTH RATE		40.6	39.7	37.1	34.4	31.2	27.7	24.6	21.6	20.5
DEATH RATE		14.5	13.2	11.9	10.5	9.9	9.4	8.9	8.6	8.3
RATE OF NAT. INC.		2.61	2.66	2.51	2.38	2.13	1.84	1.57	1.30	1.22
NET MIGRATION RATE		.8	.3	.0	.0	.0	.0	.0	.0	.0
GROWTH RATE		2.69	2.69	2.51	2.38	2.13	1.84	1.56	1.30	1.22
TOTAL FERTILITY		5.900	5.600	5.000	4.400	3.800	3.252	2.783	2.381	2.237
NRR		2.220	2.175	2.004	1.830	1.608	1.396	1.211	1.050	1.000
e(0) - BOTH SEXES	49.29	50.73	52.29	54.58	55.95	57.39	58.91	60.51	62.20	
e(15) - BOTH SEXES	41.71	42.02	42.52	43.74	44.96	46.23	47.58	48.99	50.49	
IMR - BOTH SEXES	67.9	57.9	48.5	38.7	37.0	35.3	33.5	31.8	30.1	
q(5) - BOTH SEXES	.1058	.0883	.0718	.0544	.0515	.0487	.0458	.0429	.0401	
DEP. RATIO	97.5	96.2	92.6	86.9	82.4	75.4	67.8	59.9	52.8	48.0

SENEGAL

Summary Projection for 25-Year Periods

AGE GROUP	1990	2000	2025	2050	2075	2100	2125	2150
TOTAL M+F	7404	9686	16317	21817	26030	28064	29409	30114
MALES								
0-4	698	845	937	922	918	915	914	913
5-9	576	722	956	929	912	910	912	912
10-14	466	663	962	918	900	906	912	913
15-19	392	554	930	879	886	904	912	913
20-24	310	440	849	854	890	905	911	911
25-29	259	362	752	884	901	904	907	907
30-34	217	283	627	891	908	897	900	903
35-39	181	234	552	876	892	881	892	900
40-44	148	193	441	825	846	862	886	897
45-49	120	156	336	735	812	859	881	891
50-54	97	123	264	630	822	856	871	878
55-59	77	94	193	497	797	839	847	857
60-64	58	70	143	402	736	790	807	829
65-69	41	49	100	281	626	700	754	791
70-74	27	31	63	174	475	602	697	739
75+	19	23	48	150	526	1044	1384	1562
TOTAL	3686	4843	8152	10849	12847	13774	14386	14717
FEMALES								
0-4	689	831	918	904	897	890	888	887
5-9	569	714	940	913	894	887	886	887
10-14	461	658	947	903	884	884	886	887
15-19	397	548	916	866	872	884	887	887
20-24	316	435	841	845	878	888	888	887
25-29	262	367	751	877	893	891	887	886
30-34	217	287	629	887	902	887	883	884
35-39	181	234	556	875	888	875	879	882
40-44	149	190	444	827	846	860	877	882
45-49	123	156	341	742	816	861	878	881
50-54	99	126	277	646	835	867	876	876
55-59	82	100	206	522	824	862	864	867
60-64	65	75	155	437	782	830	842	855
65-69	48	55	111	318	695	763	812	842
70-74	35	36	72	207	560	692	788	824
75+	26	30	61	200	718	1468	2002	2283
TOTAL	3718	4843	8165	10968	13182	14289	15023	15397
BIRTH RATE		40.1	30.3	19.6	15.2	13.4	12.6	12.1
DEATH RATE		13.8	10.0	8.1	8.2	10.4	10.7	11.2
NET MIGRATION RATE		.5	.0	.0	.0	.0	.0	.0
GROWTH RATE		2.69	2.09	1.16	.71	.30	.19	.09
TOTAL FERTILITY		5.740	3.685	2.227	2.095	2.065	2.045	2.041
e(0) - BOTH SEXES		50.06	56.16	64.30	72.86	77.57	81.92	83.60
IMR - BOTH SEXES		62.6	38.6	28.3	19.5	10.5	3.5	2.7

SEYCHELLES

Projection (thousands) with NRR=1 by 2005

AGE GROUP	1990	1995	2000	2005	2010	2015	2020	2025	2030	2035
TOTAL M+F	68	71	74	78	82	87	92	97	101	105
MALES										
0-4	4	4	4	4	4	4	4	4	4	4
5-9	4	4	4	4	4	4	4	4	4	4
10-14	4	4	4	4	4	4	4	4	4	4
15-19	4	4	4	4	4	4	4	4	4	4
20-24	4	4	4	4	4	4	4	4	4	4
25-29	4	4	3	3	3	3	4	4	4	4
30-34	3	4	3	3	3	3	3	4	4	4
35-39	2	3	4	3	3	3	3	3	4	4
40-44	1	2	3	3	3	3	3	3	3	4
45-49	1	1	2	3	3	3	3	3	3	3
50-54	1	1	1	2	2	3	3	3	3	3
55-59	1	1	1	1	2	2	3	3	3	3
60-64	1	1	1	1	1	1	2	3	3	3
65-69	1	1	1	1	1	1	1	2	3	3
70-74	0	1	1	1	1	1	1	1	2	2
75+	1	0	1	1	1	1	1	1	1	2
TOTAL	35	36	38	40	42	44	47	49	51	52
FEMALES										
0-4	4	4	4	4	3	4	4	4	4	4
5-9	4	4	4	4	3	3	3	4	4	4
10-14	4	4	4	4	4	3	3	3	4	4
15-19	4	4	4	4	4	4	3	3	3	4
20-24	4	4	4	4	4	4	4	3	3	3
25-29	3	4	3	3	3	4	4	4	3	3
30-34	2	3	3	3	3	3	4	4	4	3
35-39	1	2	3	3	3	3	3	3	4	4
40-44	1	1	2	3	3	3	3	3	3	3
45-49	1	1	1	2	3	3	3	3	3	3
50-54	1	1	1	1	2	2	3	3	3	3
55-59	1	1	1	1	1	2	2	3	3	3
60-64	1	1	1	1	1	1	2	2	3	3
65-69	1	1	1	1	1	1	1	2	2	3
70-74	1	1	1	1	1	1	1	1	1	2
75+	1	1	1	1	2	2	2	2	2	2
TOTAL	33	34	36	38	40	43	45	48	50	53
BIRTH RATE	22.9	21.8	19.4	17.9	17.1	16.3	15.6	14.8	14.1	
DEATH RATE	7.2	6.3	6.0	5.6	5.5	5.5	5.6	5.9	6.4	
RATE OF NAT. INC.	1.57	1.55	1.34	1.24	1.16	1.08	.99	.89	.76	
NET MIGRATION RATE	-7.5	-5.5	-3.7	-2.0	-.5	.0	.0	.0	.0	
GROWTH RATE	.82	.99	.98	1.04	1.11	1.08	.99	.89	.76	
TOTAL FERTILITY	2.696	2.422	2.176	2.085	2.082	2.080	2.078	2.075	2.073	
NRR	1.278	1.154	1.041	1.000	1.000	1.000	1.000	1.000	1.000	
e(0) - BOTH SEXES	71.43	72.99	74.50	75.89	76.49	77.10	77.73	78.39	79.06	
e(15) - BOTH SEXES	58.13	59.48	60.79	62.00	62.52	63.07	63.63	64.21	64.81	
IMR - BOTH SEXES	16.2	13.7	11.5	9.6	8.9	8.2	7.6	6.9	6.2	
q(5) - BOTH SEXES	.0200	.0170	.0142	.0120	.0112	.0104	.0096	.0088	.0081	
DEP. RATIO	70.7	64.4	59.2	53.9	48.9	44.2	42.5	44.2	48.3	53.0

Summary Projection for 25-Year Periods

SEYCHELLES

AGE GROUP	1990	2000	2025	2050	2075	2100	2125	2150
TOTAL M+F	68	74	97	113	119	121	123	124
MALES								
0-4	4	4	4	4	4	4	4	4
5-9	4	4	4	4	4	4	4	4
10-14	4	4	4	4	4	4	4	4
15-19	4	4	4	4	4	4	4	4
20-24	4	4	4	4	4	4	4	4
25-29	4	3	4	4	4	4	4	4
30-34	3	3	4	4	4	4	4	4
35-39	2	4	3	4	4	4	4	4
40-44	1	3	3	3	4	4	4	4
45-49	1	2	3	3	4	4	4	4
50-54	1	1	3	4	4	4	4	4
55-59	1	1	3	3	3	3	3	4
60-64	1	1	3	3	3	3	3	3
65-69	1	1	2	3	3	3	3	3
70-74	0	1	1	2	3	3	3	3
75+	1	1	1	4	6	6	7	7
TOTAL	35	38	49	55	58	60	60	61
FEMALES								
0-4	4	4	4	4	4	4	4	4
5-9	4	4	4	4	4	4	4	4
10-14	4	4	3	3	4	4	4	4
15-19	4	4	3	4	4	4	4	4
20-24	4	4	3	4	4	4	4	4
25-29	3	3	4	4	4	4	4	4
30-34	2	3	4	4	3	4	4	4
35-39	1	3	3	3	3	3	4	4
40-44	1	2	3	3	3	4	4	4
45-49	1	1	3	3	3	3	3	3
50-54	1	1	3	4	3	3	3	3
55-59	1	1	3	3	3	3	3	3
60-64	1	1	2	3	3	3	3	3
65-69	1	1	2	3	3	3	3	3
70-74	1	1	1	3	3	3	3	3
75+	1	1	2	6	9	10	10	11
TOTAL	33	36	48	58	61	62	63	63
BIRTH RATE		22.3	17.2	13.7	12.4	12.0	11.8	11.7
DEATH RATE		6.8	5.6	7.5	10.3	11.2	11.3	11.5
NET MIGRATION RATE		-6.5	-1.1	.0	.0	.0	.0	.0
GROWTH RATE		.91	1.04	.62	.21	.08	.05	.02
TOTAL FERTILITY		2.552	2.100	2.071	2.062	2.059	2.058	2.057
e(0) - BOTH SEXES		72.23	76.42	79.82	82.89	84.26	85.34	85.76
IMR - BOTH SEXES		15.0	9.2	5.6	2.9	2.4	2.1	2.0

SIERRA LEONE

Projection (thousands) with NRR=1 by 2045

AGE GROUP	1990	1995	2000	2005	2010	2015	2020	2025	2030	2035
TOTAL M+F	4136	4707	5369	6153	7055	8003	9007	10053	11103	12124
MALES										
0-4	376	430	490	566	636	671	710	742	753	747
5-9	282	338	390	449	527	596	633	673	707	723
10-14	241	272	327	378	438	515	583	620	662	697
15-19	205	234	265	319	369	428	505	572	610	652
20-24	173	198	226	256	308	358	416	491	558	597
25-29	146	166	189	216	245	296	345	402	477	544
30-34	126	139	158	181	207	235	285	333	390	463
35-39	112	120	132	150	172	197	225	274	321	377
40-44	96	105	113	125	142	163	188	215	262	309
45-49	80	89	98	105	116	133	153	177	204	250
50-54	66	73	82	90	96	107	123	142	165	191
55-59	53	59	65	73	80	86	96	111	129	151
60-64	40	45	50	56	62	69	75	84	97	114
65-69	28	32	36	40	45	51	56	61	69	81
70-74	18	20	23	26	29	33	37	42	46	52
75+	12	15	18	21	24	27	31	36	41	47
TOTAL	2054	2336	2662	3051	3497	3965	4460	4976	5493	5994
FEMALES										
0-4	377	429	488	563	630	665	703	734	746	740
5-9	280	341	391	450	527	593	630	671	704	720
10-14	238	270	330	380	439	515	582	619	660	695
15-19	205	232	263	322	372	430	506	572	610	652
20-24	174	199	225	256	313	362	420	495	562	600
25-29	148	168	192	217	248	304	352	410	484	551
30-34	129	142	161	185	209	239	294	342	399	473
35-39	112	123	136	154	177	201	230	285	332	389
40-44	96	106	117	129	147	169	192	222	275	322
45-49	81	91	100	110	122	139	161	184	213	265
50-54	69	76	85	94	103	115	131	152	175	203
55-59	57	63	69	77	86	95	106	122	142	164
60-64	45	50	56	61	69	77	85	96	111	130
65-69	33	37	42	46	51	58	65	73	82	96
70-74	21	25	28	31	35	39	45	51	58	66
75+	16	20	24	28	32	37	42	49	57	66
TOTAL	2082	2371	2706	3103	3559	4038	4546	5077	5610	6130
BIRTH RATE		47.5	46.7	46.3	44.3	40.6	37.6	34.7	31.5	28.1
DEATH RATE		21.6	20.4	19.0	16.9	15.4	14.0	12.7	11.6	10.5
RATE OF NAT. INC.		2.59	2.63	2.73	2.74	2.52	2.36	2.20	1.99	1.76
NET MIGRATION RATE		.0	.0	.0	.0	.0	.0	.0	.0	.0
GROWTH RATE		2.59	2.63	2.73	2.74	2.52	2.36	2.20	1.99	1.76
TOTAL FERTILITY		6.500	6.500	6.500	6.200	5.600	5.000	4.400	3.800	3.265
NRR		2.096	2.154	2.228	2.225	2.060	1.888	1.706	1.513	1.335
e(0) - BOTH SEXES	42.98	44.30	45.84	48.18	49.76	51.40	53.10	54.87	56.71	
e(15) - BOTH SEXES	45.01	45.27	45.34	45.87	46.76	47.67	48.61	49.59	50.59	
IMR - BOTH SEXES	142.7	132.8	120.5	105.7	99.2	92.7	86.1	79.6	73.1	
q(5) - BOTH SEXES	.2413	.2245	.2025	.1747	.1627	.1506	.1384	.1262	.1138	
DEP. RATIO	86.9	90.0	93.0	93.9	93.7	90.4	84.2	76.9	70.4	64.0

Summary Projection for 25-Year Periods

SIERRA LEONE

AGE GROUP	1990	2000	2025	2050	2075	2100	2125	2150
TOTAL M+F	4136	5369	10053	14762	18495	20641	21887	22661
MALES								
0-4	376	490	742	683	689	697	700	700
5-9	282	390	673	661	686	697	700	699
10-14	241	327	620	693	691	696	699	698
15-19	205	265	572	706	689	691	697	697
20-24	173	226	491	695	680	681	693	696
25-29	146	189	402	664	652	672	689	694
30-34	126	158	333	614	633	668	687	692
35-39	112	132	274	558	658	669	683	689
40-44	96	113	215	503	662	662	674	683
45-49	80	98	177	420	641	646	660	675
50-54	66	82	142	332	594	606	642	664
55-59	53	65	111	259	524	569	623	649
60-64	40	50	84	194	440	559	601	627
65-69	28	36	61	132	350	515	558	590
70-74	18	23	42	87	241	433	493	535
75+	12	18	36	76	225	586	844	1053
TOTAL	2054	2662	4976	7276	9056	10048	10643	11042
FEMALES								
0-4	377	488	734	677	679	680	680	680
5-9	280	391	671	658	679	682	681	679
10-14	238	330	619	691	687	683	680	679
15-19	205	263	572	706	689	681	678	678
20-24	174	225	495	698	683	675	677	678
25-29	148	192	410	671	658	670	677	678
30-34	129	161	342	624	641	671	678	678
35-39	112	136	285	570	669	675	678	676
40-44	96	117	222	518	678	673	674	673
45-49	81	100	184	439	661	662	665	670
50-54	69	85	152	354	623	630	655	667
55-59	57	69	122	284	562	602	649	663
60-64	45	56	96	222	488	610	643	656
65-69	33	42	73	156	410	589	624	640
70-74	21	28	51	109	303	529	588	614
75+	16	24	49	109	330	882	1318	1610
TOTAL	2082	2706	5077	7486	9439	10594	11244	11620
BIRTH RATE		47.1	39.9	24.8	17.3	14.3	13.0	12.4
DEATH RATE		21.0	15.2	9.7	8.3	10.0	10.7	11.0
NET MIGRATION RATE		.0	.0	.0	.0	.0	.0	.0
GROWTH RATE		2.61	2.51	1.54	.90	.44	.23	.14
TOTAL FERTILITY		6.500	5.375	2.833	2.158	2.094	2.051	2.044
e(0) - BOTH SEXES		43.68	50.10	58.99	68.04	74.12	79.91	82.27
IMR - BOTH SEXES		137.5	100.0	67.1	37.5	18.8	4.9	3.2

SINGAPORE

Projection (thousands) with NRR=1 by 2030

AGE GROUP	1990	1995	2000	2005	2010	2015	2020	2025	2030	2035
TOTAL M+F	2705	2943	3164	3352	3524	3679	3812	3914	3971	3998
MALES										
0-4	124	122	116	110	114	121	125	126	124	122
5-9	107	128	125	119	113	116	122	126	126	124
10-14	98	110	130	128	121	114	117	122	126	125
15-19	113	101	112	133	129	122	115	117	122	125
20-24	120	118	105	116	135	131	123	115	117	122
25-29	146	125	124	110	120	138	133	124	115	116
30-34	149	150	130	128	113	122	139	133	123	114
35-39	127	152	154	133	130	115	123	139	132	123
40-44	104	128	154	155	134	130	115	122	138	131
45-49	66	104	128	153	154	133	129	114	121	137
50-54	61	65	102	125	150	151	130	127	111	119
55-59	49	59	62	98	121	145	146	126	123	108
60-64	40	45	55	58	93	114	137	138	120	117
65-69	28	35	40	49	53	85	105	127	128	112
70-74	20	23	29	34	42	46	74	92	112	115
75+	21	24	29	36	45	57	67	95	128	163
TOTAL	1371	1488	1595	1685	1767	1839	1900	1944	1966	1973
FEMALES										
0-4	118	116	111	105	109	115	119	120	118	116
5-9	100	122	120	114	108	111	116	120	120	118
10-14	91	103	125	122	116	109	111	117	120	120
15-19	107	94	106	127	124	117	110	112	117	120
20-24	116	113	100	111	131	127	119	111	112	116
25-29	141	123	120	106	116	135	129	120	111	112
30-34	142	146	129	125	110	119	136	130	120	111
35-39	123	146	149	131	127	112	120	137	130	120
40-44	101	124	147	150	132	128	112	119	136	129
45-49	64	101	124	147	150	132	127	111	119	135
50-54	61	63	100	123	145	148	131	126	110	118
55-59	48	60	62	98	120	143	146	129	124	109
60-64	40	46	58	60	95	117	139	143	126	122
65-69	29	37	43	55	58	91	113	134	138	122
70-74	23	26	34	40	51	54	85	106	126	131
75+	31	35	41	52	65	83	98	136	179	227
TOTAL	1334	1456	1569	1667	1757	1840	1912	1970	2005	2025
BIRTH RATE		16.6	14.7	13.1	12.9	13.0	13.0	12.7	12.3	12.0
DEATH RATE		5.4	5.5	5.6	6.0	6.6	7.4	8.1	9.4	10.6
RATE OF NAT. INC.		1.12	.92	.75	.69	.64	.57	.46	.29	.14
NET MIGRATION RATE		5.7	5.2	4.1	3.1	2.2	1.4	.7	.0	.0
GROWTH RATE		1.69	1.44	1.16	1.00	.86	.71	.53	.29	.14
TOTAL FERTILITY		1.800	1.800	1.800	1.852	1.903	1.952	2.001	2.048	2.066
NRR		.866	.867	.868	.894	.919	.944	.967	.991	1.000
e(0) - BOTH SEXES	74.58	75.52	76.51	77.53	78.04	78.56	79.10	79.66	80.23	
e(15) - BOTH SEXES	60.19	61.07	62.01	63.00	63.50	64.01	64.54	65.08	65.64	
IMR - BOTH SEXES	5.0	4.5	4.1	3.8	3.7	3.6	3.5	3.4	3.3	
q(5) - BOTH SEXES	.0067	.0061	.0057	.0053	.0052	.0050	.0049	.0048	.0046	
DEP. RATIO	41.1	42.6	42.4	40.4	39.3	42.7	48.9	56.9	63.6	66.3

Summary Projection for 25-Year Periods

SINGAPORE

AGE GROUP	1990	2000	2025	2050	2075	2100	2125	2150
TOTAL M+F	2705	3164	3914	4001	4032	4077	4116	4136
MALES								
0-4	124	116	126	124	123	123	123	123
5-9	107	125	126	123	123	123	123	123
10-14	98	130	122	121	123	123	123	123
15-19	113	112	117	122	123	123	123	123
20-24	120	105	115	123	123	123	123	123
25-29	146	124	124	124	123	122	122	122
30-34	149	130	133	124	122	122	122	122
35-39	127	154	139	120	120	121	122	122
40-44	104	154	122	114	119	121	122	122
45-49	66	128	114	112	120	121	121	121
50-54	61	102	127	119	120	121	121	121
55-59	49	62	126	125	118	120	119	119
60-64	40	55	138	126	111	112	117	117
65-69	28	40	127	105	102	108	114	115
70-74	20	29	92	89	94	103	111	111
75+	21	29	95	196	220	228	105	105
TOTAL	1371	1595	1944	1968	1985	2009	239	245
							2027	2036
FEMALES								
0-4	118	111	120	118	117	117	117	117
5-9	100	120	120	117	117	117	117	117
10-14	91	125	117	116	117	117	117	117
15-19	107	106	112	116	117	117	117	117
20-24	116	100	111	118	118	117	117	117
25-29	141	120	120	119	118	117	117	117
30-34	142	129	130	119	117	117	117	117
35-39	123	149	137	116	115	116	117	117
40-44	101	147	119	111	115	117	117	117
45-49	64	124	111	110	117	117	117	117
50-54	61	100	126	118	118	117	116	116
55-59	48	62	129	126	117	115	115	116
60-64	40	58	143	131	113	113	115	115
65-69	29	43	134	112	106	112	114	115
70-74	23	34	106	100	103	111	113	113
75+	31	41	136	285	322	329	344	353
TOTAL	1334	1569	1970	2033	2047	2068	2089	2100
BIRTH RATE		15.6	13.0	12.1	12.0	11.9	11.8	11.7
DEATH RATE		5.4	6.8	11.2	11.7	11.5	11.4	11.5
NET MIGRATION RATE		5.5	2.2	.0	.0	.0	.0	.0
GROWTH RATE		1.57	.85	.09	.03	.04	.04	.02
TOTAL FERTILITY		1.801	1.903	2.061	2.061	2.059	2.058	2.057
e(0) - BOTH SEXES		75.07	78.00	80.84	83.48	84.62	85.52	85.87
IMR - BOTH SEXES		4.7	3.8	3.2	2.6	2.3	2.1	2.0

SLOVAK REPUBLIC

Projection (thousands) with NRR=1 by 2030

AGE GROUP	1990	1995	2000	2005	2010	2015	2020	2025	2030	2035
TOTAL M+F	5298	5414	5551	5705	5851	5985	6103	6210	6306	6389
MALES										
0-4	213	200	211	218	219	216	211	210	213	215
5-9	230	213	200	211	218	218	215	211	210	213
10-14	244	230	212	199	210	217	218	215	210	210
15-19	216	243	229	211	199	210	217	217	214	210
20-24	191	214	241	227	210	197	208	215	216	213
25-29	203	189	212	238	225	208	196	207	214	215
30-34	217	200	186	209	236	223	206	194	205	212
35-39	215	214	197	184	207	233	220	204	192	204
40-44	166	211	209	194	181	203	230	217	202	190
45-49	134	161	204	204	189	177	199	225	213	198
50-54	116	128	154	196	196	182	171	193	219	208
55-59	117	108	120	144	184	185	173	162	184	209
60-64	106	105	98	108	131	169	170	160	151	172
65-69	93	90	90	84	93	114	148	151	143	136
70-74	42	73	71	71	66	75	93	123	127	122
75+	83	66	77	85	88	89	98	118	154	181
TOTAL	2591	2645	2710	2782	2852	2917	2973	3023	3067	3107
FEMALES										
0-4	204	191	201	207	208	205	200	199	202	204
5-9	220	204	190	201	207	207	204	200	199	202
10-14	235	220	204	190	200	207	207	204	200	199
15-19	208	235	220	203	190	200	207	207	204	200
20-24	184	208	235	219	203	189	200	206	207	204
25-29	195	184	207	234	219	203	189	199	206	206
30-34	210	195	183	207	233	218	202	189	199	205
35-39	211	209	194	182	206	232	217	201	188	198
40-44	169	210	208	192	181	204	231	216	200	187
45-49	144	167	207	205	190	179	203	229	215	199
50-54	130	141	164	204	202	187	177	200	226	212
55-59	135	126	137	160	199	198	183	173	196	222
60-64	131	129	121	132	154	192	191	178	168	191
65-69	125	121	119	113	124	145	182	182	170	162
70-74	58	109	106	106	101	112	132	167	168	158
75+	143	120	146	169	184	190	205	236	290	332
TOTAL	2707	2769	2841	2923	3000	3069	3130	3187	3239	3282
BIRTH RATE		14.8	15.2	15.3	14.9	14.3	13.7	13.4	13.4	13.3
DEATH RATE		10.5	10.2	9.8	9.8	9.8	9.8	10.0	10.3	10.7
RATE OF NAT. INC.		.43	.50	.55	.51	.45	.39	.35	.31	.26
NET MIGRATION RATE		.0	.0	.0	.0	.0	.0	.0	.0	.0
GROWTH RATE		.43	.50	.55	.51	.45	.39	.35	.31	.26
TOTAL FERTILITY		2.000	2.000	2.000	2.015	2.030	2.045	2.060	2.074	2.080
NRR		.953	.954	.956	.964	.972	.980	.988	.996	1.000
e(0) - BOTH SEXES	70.93	71.56	72.44	73.48	74.17	74.88	75.62	76.40	77.21	
e(15) - BOTH SEXES	57.28	57.77	58.51	59.41	60.05	60.71	61.41	62.13	62.89	
IMR - BOTH SEXES	12.6	11.0	9.4	8.0	7.5	7.1	6.6	6.1	5.7	
q(5) - BOTH SEXES	.0155	.0137	.0118	.0102	.0096	.0091	.0085	.0080	.0074	
DEP. RATIO	55.6	51.3	49.0	48.1	48.8	50.0	53.0	55.5	56.9	57.5

Summary Projection for 25-Year Periods

SLOVAK REPUBLIC

AGE GROUP	1990	2000	2025	2050	2075	2100	2125	2150
TOTAL M+F	5298	5551	6210	6584	6821	6970	7079	7128
MALES								
0-4	213	211	210	212	213	213	213	213
5-9	230	200	211	213	214	213	213	213
10-14	244	212	215	215	214	213	213	213
15-19	216	229	217	214	213	213	213	213
20-24	191	241	215	211	211	212	213	213
25-29	203	212	207	207	211	212	212	212
30-34	217	186	194	207	211	211	212	212
35-39	215	197	204	209	211	211	211	211
40-44	166	209	217	210	210	209	210	210
45-49	134	204	225	206	205	207	208	209
50-54	116	154	193	194	199	204	206	207
55-59	117	120	162	177	194	201	203	203
60-64	106	98	160	177	191	196	198	199
65-69	93	90	151	175	182	187	190	191
70-74	42	71	123	160	164	171	177	180
75+	83	77	118	221	304	359	398	415
TOTAL	2591	2710	3023	3210	3347	3431	3489	3515
FEMALES								
0-4	204	201	199	202	202	202	202	202
5-9	220	190	200	202	203	202	202	202
10-14	235	204	204	204	203	202	202	202
15-19	208	220	207	204	202	202	202	202
20-24	184	235	206	201	201	202	202	202
25-29	195	207	199	198	201	202	202	202
30-34	210	183	189	199	202	202	202	202
35-39	211	194	201	202	203	202	202	202
40-44	169	208	216	205	202	201	201	201
45-49	144	207	229	203	199	200	201	201
50-54	130	164	200	195	195	199	200	201
55-59	135	137	173	182	194	198	200	200
60-64	131	121	178	191	196	198	198	199
65-69	125	119	182	199	195	195	196	197
70-74	58	106	167	200	188	189	192	194
75+	143	146	236	388	488	543	586	605
TOTAL	2707	2841	3187	3375	3474	3539	3590	3614
BIRTH RATE		15.0	14.3	13.1	12.4	12.1	11.8	11.7
DEATH RATE		10.3	9.8	10.7	11.0	11.2	11.2	11.5
NET MIGRATION RATE		.0	.0	.0	.0	.0	.0	.0
GROWTH RATE		.47	.45	.23	.14	.09	.06	.03
TOTAL FERTILITY		1.997	2.036	2.077	2.070	2.067	2.064	2.064
e(0) - BOTH SEXES		71.25	74.15	78.11	81.99	83.69	85.07	85.58
IMR - BOTH SEXES		11.8	7.8	5.2	3.3	2.6	2.2	2.1

SLOVENIA

Projection (thousands) with NRR=1 by 2030

AGE GROUP	1990	1995	2000	2005	2010	2015	2020	2025	2030	2035
TOTAL M+F	2000	2007	2020	2027	2034	2033	2025	2012	1995	1972
MALES										
0-4	64	57	56	55	57	57	56	55	56	56
5-9	72	64	57	56	55	57	56	56	55	56
10-14	78	72	64	57	56	55	57	56	55	55
15-19	74	78	72	63	57	56	55	57	56	55
20-24	75	73	77	71	63	57	56	54	56	56
25-29	78	74	73	77	71	63	57	55	54	56
30-34	83	77	73	72	76	70	62	56	55	54
35-39	86	82	76	73	72	76	70	62	56	55
40-44	68	85	81	75	72	71	75	69	62	55
45-49	63	66	83	79	74	71	70	74	68	61
50-54	58	61	64	80	77	72	69	69	72	67
55-59	55	55	57	61	77	74	70	67	66	70
60-64	42	50	50	53	57	72	70	66	63	63
65-69	29	36	44	44	48	52	66	64	60	59
70-74	14	23	29	36	37	40	44	57	56	53
75+	30	24	27	35	44	51	58	65	80	89
TOTAL	970	976	984	989	994	994	990	982	973	961
FEMALES										
0-4	60	54	53	51	53	53	52	52	52	53
5-9	69	59	54	52	51	53	53	52	51	52
10-14	74	68	59	54	52	51	53	53	52	51
15-19	71	73	68	59	54	52	51	53	53	52
20-24	76	70	73	68	59	54	52	51	53	53
25-29	78	75	70	73	68	59	53	52	51	53
30-34	80	77	75	70	73	68	59	53	52	51
35-39	81	79	77	75	70	73	68	59	53	52
40-44	64	80	79	76	74	69	72	68	59	53
45-49	61	63	79	78	76	74	69	72	67	58
50-54	59	60	62	78	77	75	73	68	71	67
55-59	62	57	58	61	77	76	74	72	67	70
60-64	57	59	55	57	59	75	74	72	70	66
65-69	50	53	56	53	54	57	72	71	70	68
70-74	25	44	48	51	49	51	53	68	68	66
75+	68	58	70	82	94	100	106	114	133	146
TOTAL	1030	1031	1036	1038	1040	1039	1035	1030	1023	1012
BIRTH RATE		11.2	10.9	10.6	10.9	10.8	10.7	10.6	10.8	11.0
DEATH RATE		10.2	9.6	9.9	10.2	11.0	11.4	11.9	12.5	13.4
RATE OF NAT. INC.		.11	.13	.07	.07	-.01	-.08	-.13	-.16	-.23
NET MIGRATION RATE		-.4	.0	.0	.0	.0	.0	.0	.0	.0
GROWTH RATE		.07	.13	.07	.07	-.01	-.08	-.13	-.16	-.23
TOTAL FERTILITY		1.500	1.500	1.500	1.624	1.741	1.850	1.954	2.051	2.088
NRR		.713	.714	.715	.775	.832	.885	.935	.982	1.000
e(0) - BOTH SEXES	73.23	74.52	75.80	77.00	77.53	78.09	78.66	79.24	79.85	
e(15) - BOTH SEXES	59.20	60.33	61.50	62.62	63.13	63.66	64.20	64.76	65.34	
IMR - BOTH SEXES		8.4	6.8	5.8	5.1	4.9	4.6	4.4	4.2	3.9
q(5) - BOTH SEXES		.0106	.0088	.0076	.0068	.0065	.0062	.0059	.0057	.0054
DEP. RATIO	46.2	43.9	43.9	44.7	47.0	49.8	55.9	61.0	65.3	68.9

Summary Projection for 25-Year Periods

SLOVENIA

AGE GROUP	1990	2000	2025	2050	2075	2100	2125	2150
TOTAL M+F	2000	2020	2012	1898	1824	1831	1848	1857
MALES								
0-4	64	56	55	56	56	56	56	56
5-9	72	57	56	56	56	56	56	56
10-14	78	64	56	56	56	56	56	56
15-19	74	72	57	56	56	56	56	56
20-24	75	77	54	56	55	56	56	56
25-29	78	73	55	55	55	55	56	56
30-34	83	73	56	55	55	55	55	55
35-39	86	76	62	55	55	55	55	55
40-44	68	81	69	55	55	55	55	55
45-49	63	83	74	53	54	54	55	55
50-54	58	64	69	53	53	54	54	54
55-59	55	57	67	52	52	53	53	53
60-64	42	50	66	56	51	52	52	52
65-69	29	44	64	59	49	50	50	50
70-74	14	29	57	57	44	46	47	48
75+	30	27	65	99	99	100	107	111
TOTAL	970	984	982	927	901	908	918	923
FEMALES								
0-4	60	53	52	52	52	52	52	52
5-9	69	54	52	52	52	52	52	52
10-14	74	59	53	52	52	52	52	52
15-19	71	68	53	53	52	52	52	52
20-24	76	73	51	52	52	52	52	52
25-29	78	70	52	51	52	52	52	52
30-34	80	75	53	52	52	52	52	52
35-39	81	77	59	53	52	52	52	52
40-44	64	79	68	53	52	52	52	52
45-49	61	79	72	50	52	52	52	52
50-54	59	62	68	51	51	52	52	52
55-59	62	58	72	52	51	51	52	52
60-64	57	55	72	56	51	51	51	51
65-69	50	56	71	63	50	51	51	51
70-74	25	48	68	65	47	49	50	50
75+	68	70	114	162	152	147	154	157
TOTAL	1030	1036	1030	970	924	923	930	935
BIRTH RATE		11.1	10.7	11.1	11.7	11.9	11.8	11.7
DEATH RATE		9.9	10.9	13.4	13.3	11.7	11.4	11.5
NET MIGRATION RATE		-.2	.0	.0	.0	.0	.0	.0
GROWTH RATE		.10	-.02	-.23	-.16	.01	.04	.02
TOTAL FERTILITY		1.500	1.721	2.079	2.081	2.079	2.078	2.077
e(0) - BOTH SEXES		73.88	77.41	80.48	83.28	84.48	85.43	85.80
IMR - BOTH SEXES		7.6	5.0	3.7	2.7	2.4	2.1	2.0

SOLOMON ISLANDS

Projection (thousands) with NRR=1 by 2030

AGE GROUP	1990	1995	2000	2005	2010	2015	2020	2025	2030	2035
TOTAL M+F	316	371	436	506	579	651	720	787	848	907
MALES										
0-4	26	33	39	42	44	44	44	43	41	42
5-9	24	26	33	39	42	44	44	44	43	41
10-14	24	24	26	33	39	42	44	44	44	43
15-19	20	24	24	26	32	38	42	43	44	43
20-24	14	20	24	24	25	32	38	41	43	43
25-29	11	14	19	23	23	25	32	37	41	43
30-34	9	11	14	19	23	23	24	31	37	40
35-39	7	9	11	13	19	22	22	24	31	37
40-44	6	7	9	10	13	18	22	22	24	30
45-49	5	6	7	8	10	12	18	21	21	23
50-54	4	5	5	6	8	9	12	17	20	21
55-59	4	4	4	5	6	7	9	11	16	19
60-64	3	4	3	4	4	5	7	8	10	15
65-69	2	3	3	3	3	4	4	6	7	9
70-74	2	2	2	2	2	3	3	4	5	6
75+	1	2	2	2	2	2	3	3	4	5
TOTAL	163	191	223	259	295	331	367	400	430	460
FEMALES										
0-4	25	32	38	41	42	42	42	42	40	40
5-9	24	25	32	37	41	42	42	42	41	39
10-14	22	24	25	31	37	41	42	42	42	41
15-19	17	22	24	24	31	37	40	42	42	42
20-24	13	17	21	23	24	31	37	40	42	42
25-29	11	13	16	21	23	24	31	36	40	41
30-34	9	11	12	16	21	23	24	30	36	39
35-39	7	9	10	12	16	20	22	23	30	36
40-44	6	7	8	10	12	15	20	22	23	29
45-49	5	6	7	8	10	12	15	19	21	22
50-54	4	5	5	6	8	9	11	15	19	21
55-59	3	4	4	5	6	7	9	11	14	18
60-64	3	3	3	4	5	5	7	8	10	13
65-69	2	3	2	3	4	4	5	6	8	9
70-74	1	2	2	2	2	3	3	4	5	7
75+	1	1	2	2	2	3	4	4	5	7
TOTAL	153	180	213	248	284	319	354	387	417	447
BIRTH RATE		39.8	39.7	36.7	32.8	28.9	25.8	23.0	20.2	18.9
DEATH RATE		7.8	7.4	6.7	5.9	5.6	5.4	5.3	5.3	5.4
RATE OF NAT. INC.		3.19	3.23	3.00	2.68	2.33	2.04	1.77	1.49	1.35
NET MIGRATION RATE		.0	.0	.0	.0	.0	.0	.0	.0	.0
GROWTH RATE		3.19	3.23	3.00	2.68	2.33	2.04	1.77	1.49	1.35
TOTAL FERTILITY		5.800	5.500	4.900	4.300	3.700	3.147	2.676	2.276	2.133
NRR		2.516	2.425	2.197	1.960	1.698	1.452	1.242	1.061	1.000
e(0) - BOTH SEXES		61.91	62.89	64.17	65.68	66.69	67.74	68.84	69.98	71.18
e(15) - BOTH SEXES		51.16	51.55	52.24	53.20	54.05	54.93	55.86	56.82	57.84
IMR - BOTH SEXES		43.8	38.3	32.2	26.5	24.4	22.3	20.2	18.1	16.0
q(5) - BOTH SEXES		.0558	.0477	.0393	.0317	.0293	.0269	.0244	.0220	.0196
DEP. RATIO	95.7	88.8	87.9	88.2	82.0	72.6	63.6	56.4	50.7	46.9

Summary Projection for 25-Year Periods

SOLOMON ISLANDS

AGE GROUP	1990	2000	2025	2050	2075	2100	2125	2150
TOTAL M+F	316	436	787	1077	1279	1356	1397	1416
MALES								
0-4	26	39	43	43	43	43	43	43
5-9	24	33	44	43	43	43	43	43
10-14	24	26	44	43	42	43	43	43
15-19	20	24	43	41	42	43	43	43
20-24	14	24	41	41	42	43	43	43
25-29	11	19	37	42	43	43	42	42
30-34	9	14	31	42	43	42	42	42
35-39	7	11	24	42	42	42	42	42
40-44	6	9	22	41	40	41	42	42
45-49	5	7	21	39	39	41	42	42
50-54	4	5	17	34	40	41	41	41
55-59	4	4	11	27	39	40	40	41
60-64	3	3	8	20	37	39	39	39
65-69	2	3	6	16	34	35	37	38
70-74	2	2	4	14	29	32	35	36
75+	1	2	3	13	38	63	75	80
TOTAL	163	223	400	543	638	672	691	699
FEMALES								
0-4	25	38	42	41	41	41	41	41
5-9	24	32	42	41	41	41	41	41
10-14	22	25	42	41	40	41	41	41
15-19	17	24	42	40	40	41	41	41
20-24	13	21	40	39	40	41	41	41
25-29	11	16	36	41	41	41	41	41
30-34	9	12	30	41	41	41	41	41
35-39	7	10	23	41	41	40	40	40
40-44	6	8	22	40	39	40	40	40
45-49	5	7	19	38	38	40	40	40
50-54	4	5	15	34	40	40	40	40
55-59	3	4	11	28	39	40	40	40
60-64	3	3	8	20	38	39	39	40
65-69	2	2	6	18	36	37	38	39
70-74	1	2	4	15	32	35	38	39
75+	1	2	4	16	51	88	106	114
TOTAL	153	213	387	534	641	684	706	717
BIRTH RATE		39.7	28.6	18.1	14.1	12.7	12.1	11.9
DEATH RATE		7.6	5.7	5.7	7.3	10.3	10.9	11.3
NET MIGRATION RATE		.0	.0	.0	.0	.0	.0	.0
GROWTH RATE		3.21	2.36	1.26	.68	.23	.12	.05
TOTAL FERTILITY		5.637	3.574	2.145	2.078	2.068	2.061	2.059
e(0) - BOTH SEXES		62.44	66.89	72.65	78.45	81.38	83.92	84.87
IMR - BOTH SEXES		40.9	25.1	13.9	5.6	3.8	2.5	2.2

SOMALIA

Projection (thousands) with NRR=1 by 2045

AGE GROUP	1990	1995	2000	2005	2010	2015	2020	2025	2030	2035
TOTAL M+F	7805	8994	10459	12207	14132	16203	18392	20636	22828	24975
MALES										
0-4	738	847	982	1125	1238	1334	1416	1467	1464	1466
5-9	584	691	799	935	1078	1190	1287	1371	1426	1428
10-14	478	570	678	787	922	1064	1176	1273	1358	1414
15-19	385	466	559	666	775	909	1050	1162	1259	1344
20-24	321	369	451	545	651	758	890	1030	1142	1239
25-29	280	303	353	437	529	633	738	869	1008	1120
30-34	234	263	289	341	423	513	615	719	849	987
35-39	191	219	250	277	328	407	495	596	699	827
40-44	161	178	206	238	264	314	391	477	575	677
45-49	133	149	166	194	224	249	297	372	455	551
50-54	109	121	136	153	179	207	232	278	349	429
55-59	89	97	108	122	137	161	188	212	254	321
60-64	67	76	83	93	105	118	140	164	186	225
65-69	49	53	61	66	75	85	97	115	136	155
70-74	31	35	39	44	48	55	63	72	87	104
75+	26	29	33	37	42	47	54	63	73	89
TOTAL	3875	4465	5193	6061	7016	8043	9129	10239	11321	12378
FEMALES										
0-4	735	842	975	1115	1225	1320	1400	1450	1447	1449
5-9	585	688	794	929	1070	1181	1276	1360	1414	1416
10-14	473	571	675	782	916	1057	1168	1264	1348	1403
15-19	383	460	559	664	771	904	1044	1155	1252	1336
20-24	329	366	446	547	651	757	889	1029	1139	1237
25-29	282	310	352	434	534	636	741	873	1012	1123
30-34	236	266	298	341	422	520	622	726	856	995
35-39	198	223	254	288	331	410	507	607	710	840
40-44	165	187	213	245	278	320	398	492	591	694
45-49	138	156	178	204	235	267	308	384	477	575
50-54	114	129	147	168	193	223	254	295	369	459
55-59	94	105	119	136	156	180	209	239	278	349
60-64	74	83	93	107	122	141	163	190	219	256
65-69	55	62	70	79	91	105	122	142	166	193
70-74	36	42	48	55	62	72	83	98	115	136
75+	33	38	44	51	59	69	80	95	113	135
TOTAL	3930	4529	5266	6146	7116	8159	9263	10397	11506	12597
BIRTH RATE		47.9	47.5	45.9	42.7	39.5	36.4	33.1	29.4	26.5
DEATH RATE		17.2	16.2	15.0	13.4	12.2	11.0	10.1	9.2	8.5
RATE OF NAT. INC.		3.07	3.12	3.09	2.93	2.74	2.54	2.30	2.02	1.80
NET MIGRATION RATE		-2.4	-1.0	.0	.0	.0	.0	.0	.0	.0
GROWTH RATE		2.84	3.02	3.09	2.93	2.74	2.53	2.30	2.02	1.80
TOTAL FERTILITY		6.772	6.772	6.472	5.872	5.272	4.672	4.072	3.472	3.035
NRR		2.431	2.475	2.426	2.269	2.079	1.880	1.674	1.458	1.301
e(0) - BOTH SEXES	48.76	49.82	51.15	52.75	54.22	55.74	57.32	58.95	60.63	
e(15) - BOTH SEXES	47.33	47.84	48.12	48.46	49.28	50.12	50.99	51.88	52.81	
IMR - BOTH SEXES	131.8	125.9	116.1	104.2	96.7	89.2	81.7	74.2	66.7	
q(5) - BOTH SEXES	.1957	.1859	.1698	.1506	.1394	.1281	.1167	.1053	.0938	
DEP. RATIO	96.0	98.8	98.8	96.8	93.4	87.8	80.8	73.9	66.9	60.2

Summary Projection for 25-Year Periods

SOMALIA

AGE GROUP	1990	2000	2025	2050	2075	2100	2125	2150
TOTAL M+F	7805	10459	20636	30614	38232	42416	44715	46016
MALES								
0-4	738	982	1467	1372	1386	1401	1407	1406
5-9	584	799	1371	1340	1383	1401	1407	1405
10-14	478	678	1273	1395	1392	1400	1406	1404
15-19	385	559	1162	1416	1390	1392	1402	1402
20-24	321	451	1030	1391	1374	1376	1394	1400
25-29	280	353	869	1366	1328	1360	1388	1396
30-34	234	289	719	1288	1299	1355	1383	1392
35-39	191	250	596	1178	1342	1356	1377	1386
40-44	161	206	477	1054	1349	1344	1361	1376
45-49	133	166	372	912	1306	1316	1337	1361
50-54	109	136	278	742	1249	1249	1305	1341
55-59	89	108	212	579	1126	1185	1272	1314
60-64	67	83	164	437	959	1165	1231	1273
65-69	49	61	115	304	765	1083	1158	1206
70-74	31	39	72	190	553	925	1041	1105
75+	26	33	63	158	547	1366	1902	2265
TOTAL	3875	5193	10239	15123	18748	20676	21771	22433
FEMALES								
0-4	735	975	1450	1355	1362	1366	1367	1367
5-9	585	794	1360	1329	1365	1369	1367	1366
10-14	473	675	1264	1385	1378	1372	1367	1365
15-19	383	559	1155	1409	1381	1368	1363	1364
20-24	329	446	1029	1390	1372	1359	1361	1364
25-29	282	352	873	1370	1332	1351	1361	1364
30-34	236	298	726	1297	1307	1352	1363	1363
35-39	198	254	607	1193	1356	1361	1363	1360
40-44	165	213	492	1075	1369	1359	1356	1355
45-49	138	178	384	942	1336	1340	1341	1349
50-54	114	147	295	781	1296	1288	1325	1343
55-59	94	119	239	627	1195	1243	1315	1336
60-64	74	93	190	495	1054	1258	1305	1323
65-69	55	70	142	366	886	1220	1275	1297
70-74	36	48	98	243	688	1111	1214	1253
75+	33	44	95	237	806	2025	2898	3413
TOTAL	3930	5266	10397	15491	19483	21740	22944	23582
BIRTH RATE		47.7	38.7	23.4	16.5	13.9	12.8	12.3
DEATH RATE		16.7	12.0	8.0	7.7	9.8	10.6	11.1
NET MIGRATION RATE		-1.7	.0	.0	.0	.0	.0	.0
GROWTH RATE		2.93	2.72	1.58	.89	.42	.21	.11
TOTAL FERTILITY		6.771	5.069	2.675	2.114	2.073	2.047	2.042
e(0) - BOTH SEXES		49.33	54.65	62.72	70.83	76.12	81.14	83.08
IMR - BOTH SEXES		128.7	96.7	59.7	27.7	13.9	4.0	2.9

SOUTH AFRICA

Projection (thousands) with NRR=1 by 2020

AGE GROUP	1990	1995	2000	2005	2010	2015	2020	2025	2030	2035
TOTAL M+F	37959	42505	47270	52107	56867	61270	65214	69030	72858	76542
MALES										
0-4	2711	2968	3086	3157	3158	3057	2915	2948	3059	3097
5-9	2480	2667	2929	3055	3134	3137	3038	2899	2933	3046
10-14	2227	2464	2652	2915	3043	3123	3127	3029	2891	2927
15-19	2007	2207	2444	2634	2898	3026	3107	3112	3017	2881
20-24	1644	1977	2178	2415	2607	2870	3000	3082	3089	2996
25-29	1549	1612	1944	2146	2384	2575	2838	2968	3052	3062
30-34	1342	1516	1583	1913	2116	2353	2544	2806	2938	3024
35-39	1160	1309	1484	1553	1881	2083	2319	2511	2772	2906
40-44	909	1124	1273	1447	1519	1843	2043	2279	2470	2732
45-49	746	872	1082	1229	1402	1475	1793	1992	2227	2418
50-54	599	704	826	1029	1174	1343	1416	1726	1923	2155
55-59	491	550	650	766	959	1099	1262	1336	1636	1829
60-64	380	433	489	581	689	868	1000	1156	1231	1516
65-69	265	316	363	413	494	591	751	874	1019	1095
70-74	180	201	242	281	322	390	473	610	719	849
75+	172	192	218	260	309	368	452	564	733	919
TOTAL	18861	21110	23443	25792	28088	30200	32079	33892	35709	37453
FEMALES										
0-4	2659	2920	3034	3101	3097	2995	2853	2883	2990	3024
5-9	2440	2623	2889	3010	3084	3081	2981	2842	2873	2981
10-14	2194	2427	2612	2880	3003	3078	3076	2976	2838	2869
15-19	1986	2180	2416	2604	2873	2996	3071	3070	2971	2833
20-24	1624	1968	2167	2405	2595	2864	2988	3063	3062	2965
25-29	1524	1606	1953	2155	2396	2585	2854	2978	3054	3054
30-34	1314	1504	1591	1939	2144	2384	2574	2842	2967	3043
35-39	1130	1293	1487	1577	1926	2130	2370	2560	2828	2954
40-44	946	1108	1274	1469	1562	1909	2113	2352	2542	2810
45-49	802	922	1085	1252	1448	1541	1885	2088	2327	2517
50-54	660	773	894	1057	1225	1418	1511	1851	2054	2292
55-59	533	626	740	860	1022	1186	1377	1470	1805	2007
60-64	413	494	585	696	815	972	1132	1319	1414	1742
65-69	321	366	442	529	637	750	901	1056	1237	1335
70-74	243	264	305	373	454	552	658	799	947	1122
75+	309	321	353	407	500	627	791	988	1240	1542
TOTAL	19098	21395	23827	26314	28779	31069	33135	35138	37149	39090
BIRTH RATE		31.2	28.8	26.3	23.8	21.2	18.8	17.8	17.5	16.7
DEATH RATE		8.5	7.5	6.9	6.3	6.3	6.3	6.5	6.7	6.9
RATE OF NAT. INC.		2.26	2.13	1.95	1.75	1.49	1.25	1.14	1.08	.99
NET MIGRATION RATE		.0	.0	.0	.0	.0	.0	.0	.0	.0
GROWTH RATE		2.26	2.12	1.95	1.75	1.49	1.25	1.14	1.08	.99
TOTAL FERTILITY		4.090	3.695	3.300	2.892	2.534	2.220	2.106	2.097	2.089
NRR		1.810	1.673	1.522	1.356	1.193	1.050	1.000	1.000	1.000
e(0) - BOTH SEXES		62.91	65.02	66.85	68.78	69.73	70.72	71.74	72.81	73.93
e(15) - BOTH SEXES		53.30	54.74	55.79	56.93	57.64	58.38	59.16	59.98	60.83
IMR - BOTH SEXES		52.9	46.6	39.4	31.8	29.0	26.2	23.5	20.7	17.9
q(5) - BOTH SEXES		.0698	.0599	.0492	.0387	.0354	.0321	.0288	.0255	.0222
DEP. RATIO	74.5	71.5	68.0	64.2	59.6	55.0	51.0	48.3	47.5	48.0

SOUTH AFRICA

Summary Projection for 25-Year Periods

AGE GROUP	1990	2000	2025	2050	2075	2100	2125	2150
TOTAL M+F	37959	47270	69030	85859	95908	99227	101430	102400
MALES								
0-4	2711	3086	2948	3002	3032	3038	3038	3037
5-9	2480	2929	2899	3014	3042	3039	3035	3034
10-14	2227	2652	3029	3056	3050	3036	3033	3033
15-19	2007	2444	3112	3074	3036	3027	3029	3031
20-24	1644	2178	3082	3018	3000	3014	3024	3027
25-29	1549	1944	2968	2883	2968	3007	3018	3020
30-34	1342	1583	2806	2824	2971	3009	3012	3011
35-39	1160	1484	2511	2928	2999	3005	3000	3000
40-44	909	1273	2279	2979	2999	2977	2979	2985
45-49	746	1082	1992	2914	2922	2925	2952	2967
50-54	599	826	1726	2750	2754	2863	2919	2938
55-59	491	650	1336	2510	2634	2813	2877	2892
60-64	380	489	1156	2123	2630	2758	2808	2821
65-69	265	363	874	1763	2518	2634	2683	2710
70-74	180	242	610	1337	2231	2381	2485	2545
75+	172	218	564	1641	3675	4654	5456	5798
TOTAL	18861	23443	33892	41814	46461	48178	49347	49849
FEMALES								
0-4	2659	3034	2883	2924	2948	2953	2953	2951
5-9	2440	2889	2842	2940	2959	2955	2951	2949
10-14	2194	2612	2976	2986	2968	2953	2949	2949
15-19	1986	2416	3070	3011	2957	2946	2946	2948
20-24	1624	2167	3063	2970	2931	2939	2946	2948
25-29	1524	1953	2978	2855	2912	2940	2948	2948
30-34	1314	1591	2842	2815	2926	2950	2949	2946
35-39	1130	1487	2560	2940	2967	2955	2944	2942
40-44	946	1274	2352	3020	2984	2938	2933	2936
45-49	802	1085	2088	2994	2932	2905	2921	2932
50-54	660	894	1851	2881	2802	2874	2914	2927
55-59	533	740	1470	2705	2736	2869	2911	2917
60-64	413	585	1319	2376	2818	2882	2897	2897
65-69	321	442	1056	2097	2832	2857	2854	2864
70-74	243	305	799	1738	2708	2740	2777	2816
75+	309	353	988	2792	6069	7392	8289	8680
TOTAL	19098	23827	35138	44045	49447	51049	52083	52551
BIRTH RATE		29.9	21.3	15.7	13.2	12.3	11.9	11.8
DEATH RATE		8.0	6.4	7.1	8.8	10.9	11.1	11.4
NET MIGRATION RATE		.0	.0	.0	.0	.0	.0	.0
GROWTH RATE		2.19	1.51	.87	.44	.14	.09	.04
TOTAL FERTILITY		3.880	2.555	2.081	2.048	2.042	2.039	2.038
e(0) - BOTH SEXES		64.02	69.74	75.24	80.51	82.78	84.65	85.33
IMR - BOTH SEXES		49.7	30.2	15.2	4.4	3.0	2.3	2.1

SPAIN

Projection (thousands) with NRR=1 by 2030

AGE GROUP	1990	1995	2000	2005	2010	2015	2020	2025	2030	2035
TOTAL M+F	38959	39144	39237	39149	39058	38838	38543	38178	37753	37249
MALES										
0-4	1084	970	982	938	974	959	935	932	955	964
5-9	1292	1087	969	980	937	972	958	934	930	954
10-14	1598	1294	1086	968	980	936	972	957	933	930
15-19	1692	1598	1292	1084	966	978	935	970	956	932
20-24	1690	1691	1592	1286	1079	962	974	931	967	953
25-29	1627	1689	1683	1583	1280	1074	958	970	927	963
30-34	1438	1625	1681	1674	1575	1273	1069	953	966	923
35-39	1261	1434	1615	1671	1664	1567	1267	1064	949	961
40-44	1213	1253	1421	1601	1657	1651	1555	1258	1056	943
45-49	1076	1197	1234	1401	1581	1637	1632	1537	1244	1045
50-54	992	1050	1168	1206	1372	1548	1604	1601	1509	1222
55-59	1091	952	1009	1125	1166	1327	1500	1557	1556	1469
60-64	978	1022	895	953	1067	1108	1265	1433	1491	1493
65-69	805	881	925	816	875	984	1026	1176	1338	1397
70-74	544	680	750	797	711	767	869	912	1052	1205
75+	762	797	930	1071	1203	1219	1287	1421	1547	1751
TOTAL	19145	19218	19234	19156	19085	18964	18805	18606	18376	18106
FEMALES										
0-4	1016	908	920	878	911	898	875	872	894	902
5-9	1212	1019	908	918	877	910	897	874	871	893
10-14	1506	1215	1019	907	918	877	910	896	874	871
15-19	1597	1509	1214	1018	907	917	876	909	896	874
20-24	1612	1602	1508	1213	1017	906	917	876	909	895
25-29	1581	1618	1601	1506	1211	1016	905	915	875	908
30-34	1423	1584	1616	1598	1503	1209	1014	903	914	873
35-39	1249	1423	1581	1612	1595	1500	1207	1012	902	913
40-44	1216	1246	1418	1575	1607	1590	1495	1203	1010	900
45-49	1084	1208	1238	1410	1567	1599	1583	1489	1198	1006
50-54	1032	1072	1196	1227	1398	1555	1587	1571	1479	1191
55-59	1159	1014	1056	1180	1212	1382	1538	1571	1556	1466
60-64	1082	1128	991	1034	1159	1191	1360	1515	1549	1536
65-69	950	1036	1087	960	1007	1130	1163	1329	1483	1519
70-74	754	881	972	1029	916	964	1084	1119	1283	1434
75+	1341	1461	1679	1927	2167	2230	2328	2515	2685	2964
TOTAL	19814	19926	20003	19993	19972	19874	19738	19572	19377	19143
BIRTH RATE		9.7	9.8	9.3	9.7	9.6	9.4	9.5	9.8	10.0
DEATH RATE		9.3	9.4	9.8	10.2	10.7	10.9	11.4	12.0	12.7
RATE OF NAT. INC.		.04	.04	-.05	-.05	-.11	-.15	-.19	-.22	-.27
NET MIGRATION RATE		.5	.1	.0	.0	.0	.0	.0	.0	.0
GROWTH RATE		.09	.05	-.05	-.05	-.11	-.15	-.19	-.22	-.27
TOTAL FERTILITY		1.230	1.230	1.230	1.424	1.601	1.760	1.905	2.037	2.086
NRR		.585	.586	.587	.681	.765	.842	.912	.976	1.000
e(0) - BOTH SEXES	76.79	77.66	78.56	79.44	79.86	80.29	80.73	81.18	81.63	
e(15) - BOTH SEXES	62.72	63.49	64.30	65.10	65.49	65.88	66.29	66.70	67.13	
IMR - BOTH SEXES	7.9	6.9	6.0	5.3	5.0	4.8	4.5	4.2	3.9	
q(5) - BOTH SEXES	.0101	.0088	.0079	.0071	.0067	.0064	.0060	.0057	.0054	
DEP. RATIO	49.3	45.4	45.3	45.2	46.9	49.4	52.7	57.5	64.8	73.5

Summary Projection for 25-Year Periods

SPAIN

AGE GROUP	1990	2000	2025	2050	2075	2100	2125	2150
TOTAL M+F	38959	39237	38178	34879	31719	31407	31576	31687
MALES								
0-4	1084	982	932	945	949	951	951	950
5-9	1292	969	934	947	951	950	950	950
10-14	1598	1086	957	954	952	950	949	949
15-19	1692	1292	970	961	950	948	948	949
20-24	1690	1592	931	950	944	945	947	947
25-29	1627	1683	970	923	938	943	945	945
30-34	1438	1681	953	922	938	943	943	943
35-39	1261	1615	1064	942	942	942	940	940
40-44	1213	1421	1258	950	945	936	935	936
45-49	1076	1234	1537	906	929	926	929	931
50-54	992	1168	1601	932	894	912	920	922
55-59	1091	1009	1557	898	879	899	908	909
60-64	978	895	1433	970	876	884	889	889
65-69	805	925	1176	1090	849	856	856	859
70-74	544	750	912	1226	761	796	805	812
75+	762	930	1421	2406	1880	1766	1851	1899
TOTAL	19145	19234	18606	16921	15579	15548	15665	15731
FEMALES								
0-4	1016	920	872	884	888	889	889	889
5-9	1212	908	874	886	890	889	889	889
10-14	1506	1019	896	893	892	889	888	888
15-19	1597	1214	909	901	890	888	888	888
20-24	1612	1508	876	892	886	887	888	888
25-29	1581	1601	915	869	882	887	888	888
30-34	1423	1616	903	871	884	888	888	888
35-39	1249	1581	1012	892	891	889	887	887
40-44	1216	1418	1203	904	897	887	885	886
45-49	1084	1238	1489	868	886	881	883	885
50-54	1032	1196	1571	903	861	876	881	883
55-59	1159	1056	1571	885	859	874	880	881
60-64	1082	991	1515	982	873	876	877	876
65-69	950	1087	1329	1150	876	875	869	869
70-74	754	972	1119	1388	827	853	854	858
75+	1341	1679	2515	3790	2960	2631	2674	2712
TOTAL	19814	20003	19572	17958	16141	15859	15910	15956
BIRTH RATE		9.7	9.5	10.1	11.2	11.7	11.7	11.7
DEATH RATE		9.3	10.6	13.7	15.0	12.1	11.5	11.5
NET MIGRATION RATE		.3	.0	.0	.0	.0	.0	.0
GROWTH RATE		.07	-.11	-.36	-.38	-.04	.02	.01
TOTAL FERTILITY		1.230	1.546	2.074	2.080	2.078	2.077	2.077
e(0) - BOTH SEXES		77.23	79.77	82.09	84.15	85.03	85.71	85.97
IMR - BOTH SEXES		7.4	5.1	3.6	2.5	2.2	2.0	2.0

SRI LANKA

Projection (thousands) with NRR=1 by 2000

AGE GROUP	1990	1995	2000	2005	2010	2015	2020	2025	2030	2035
TOTAL M+F	16993	18079	19035	20008	21026	22009	22923	23749	24493	25136
MALES										
0-4	889	906	849	850	874	879	869	855	850	855
5-9	983	877	894	840	842	868	874	866	853	849
10-14	910	974	869	888	835	838	865	872	865	853
15-19	820	900	965	861	881	829	834	862	870	863
20-24	807	801	883	949	849	871	822	828	859	867
25-29	736	782	779	863	933	836	861	815	824	855
30-34	666	714	762	762	849	921	827	854	811	820
35-39	561	647	697	747	750	838	911	820	849	806
40-44	502	545	632	684	735	739	828	902	813	843
45-49	370	487	530	618	670	722	727	816	891	804
50-54	315	355	469	514	601	653	704	710	799	873
55-59	266	296	335	447	492	577	628	679	687	774
60-64	238	242	271	311	418	462	544	594	644	654
65-69	172	207	213	241	280	378	420	497	546	596
70-74	126	139	170	176	203	238	325	364	435	482
75+	189	186	190	220	249	287	339	442	542	660
TOTAL	8549	9059	9510	9972	10461	10935	11378	11778	12140	12454
FEMALES										
0-4	851	867	812	812	835	839	830	816	812	816
5-9	943	840	856	804	805	830	835	827	815	811
10-14	869	936	833	850	799	802	827	834	827	815
15-19	795	862	928	827	845	795	799	825	833	826
20-24	782	781	848	916	818	838	790	796	824	832
25-29	743	766	765	835	905	809	832	786	794	823
30-34	703	730	752	754	825	898	804	828	784	792
35-39	585	691	718	743	746	819	892	800	825	782
40-44	507	576	682	710	735	740	813	887	796	821
45-49	381	498	567	672	701	727	733	806	880	790
50-54	309	372	487	556	661	691	717	723	796	870
55-59	272	298	361	474	543	646	676	703	710	782
60-64	229	258	284	345	457	524	625	656	684	692
65-69	168	210	238	265	325	431	497	595	627	656
70-74	118	144	182	210	238	294	393	456	551	585
75+	189	193	210	263	327	392	483	633	796	990
TOTAL	8444	9020	9525	10036	10566	11074	11545	11971	12353	12682

	1990	1995	2000	2005	2010	2015	2020	2025	2030	2035
BIRTH RATE		20.7	18.3	17.3	16.9	16.2	15.3	14.5	13.9	13.6
DEATH RATE		6.3	6.2	5.9	5.9	6.3	6.7	7.1	7.7	8.4
RATE OF NAT. INC.		1.45	1.21	1.14	1.10	.99	.86	.73	.62	.52
NET MIGRATION RATE		-2.1	-1.8	-1.5	-1.1	-.8	-.5	-.2	.0	.0
GROWTH RATE		1.24	1.03	1.00	.99	.91	.81	.71	.62	.52
TOTAL FERTILITY		2.480	2.198	2.095	2.088	2.086	2.083	2.081	2.078	2.076
NRR		1.171	1.045	1.000	1.000	1.000	1.000	1.000	1.000	1.000
e(0) - BOTH SEXES	71.57	72.75	74.03	75.30	75.91	76.55	77.21	77.89	78.59	
e(15) - BOTH SEXES	58.41	59.28	60.32	61.40	61.94	62.51	63.10	63.71	64.34	
IMR - BOTH SEXES	17.6	14.2	11.6	9.6	9.0	8.3	7.6	7.0	6.3	
q(5) - BOTH SEXES	.0216	.0176	.0143	.0120	.0112	.0105	.0097	.0089	.0081	
DEP. RATIO	60.5	55.8	49.7	47.2	45.9	47.4	49.2	51.4	53.3	55.5

SRI LANKA

Summary Projection for 25-Year Periods

AGE GROUP	1990	2000	2025	2050	2075	2100	2125	2150
TOTAL M+F	16993	19035	23749	26581	27738	28277	28644	28809
MALES								
0-4	889	849	855	861	860	859	858	858
5-9	983	894	866	862	859	858	858	858
10-14	910	869	872	860	857	857	858	858
15-19	820	965	862	852	855	857	857	857
20-24	807	883	828	844	854	856	856	856
25-29	736	779	815	845	854	855	854	854
30-34	666	762	854	853	853	852	851	851
35-39	561	697	820	856	848	847	848	849
40-44	502	632	902	841	836	841	845	846
45-49	370	530	816	802	824	836	840	841
50-54	315	469	710	779	816	829	832	833
55-59	266	335	679	797	809	816	818	820
60-64	238	271	594	737	789	791	797	801
65-69	172	213	497	763	744	752	767	774
70-74	126	170	364	626	662	698	723	732
75+	189	190	442	984	1387	1549	1652	1700
TOTAL	8549	9510	11778	13164	13708	13953	14115	14187
FEMALES								
0-4	851	812	816	821	820	819	818	818
5-9	943	856	827	823	819	818	818	818
10-14	869	833	834	821	817	817	818	818
15-19	795	928	825	814	815	817	818	818
20-24	782	848	796	809	816	818	818	818
25-29	743	765	786	812	818	818	817	817
30-34	703	752	828	822	820	817	816	817
35-39	585	718	800	827	817	814	815	816
40-44	507	682	887	816	808	811	814	815
45-49	381	567	806	783	801	810	814	814
50-54	309	487	723	767	800	810	812	812
55-59	272	361	703	798	804	807	808	808
60-64	229	284	656	757	799	797	800	803
65-69	168	238	595	815	776	780	791	797
70-74	118	182	456	705	724	757	779	787
75+	189	210	633	1426	1976	2214	2373	2445
TOTAL	8444	9525	11971	13417	14030	14324	14529	14622
BIRTH RATE		19.5	16.0	13.3	12.3	12.0	11.8	11.7
DEATH RATE		6.2	6.4	8.9	10.6	11.2	11.3	11.5
NET MIGRATION RATE		-1.9	-.8	.0	.0	.0	.0	.0
GROWTH RATE		1.13	.89	.45	.17	.08	.05	.02
TOTAL FERTILITY		2.334	2.086	2.073	2.064	2.060	2.058	2.058
e(0) - BOTH SEXES		72.18	75.87	79.38	82.67	84.12	85.27	85.71
IMR - BOTH SEXES		16.0	9.2	5.6	3.0	2.5	2.1	2.0

ST. KITTS AND NEVIS

Projection (thousands) with NRR=1 by 2000

AGE GROUP	1990	1995	2000	2005	2010	2015	2020	2025	2030	2035
TOTAL M+F	42	41	41	41	42	44	46	48	50	52
MALES										
0-4	2	2	2	2	2	2	2	2	2	2
5-9	2	2	2	2	2	2	2	2	2	2
10-14	2	2	2	2	2	2	2	2	2	2
15-19	2	2	2	2	2	2	2	2	2	2
20-24	2	2	2	2	2	2	2	2	2	2
25-29	2	2	2	2	2	2	2	2	2	2
30-34	1	2	2	2	2	2	2	2	2	2
35-39	1	1	2	2	2	2	2	2	2	2
40-44	1	1	1	2	2	2	2	2	2	2
45-49	1	1	1	1	1	1	2	2	2	2
50-54	1	1	1	1	1	1	1	1	2	2
55-59	1	0	1	1	1	1	1	1	1	2
60-64	1	1	0	0	1	1	1	1	1	1
65-69	1	1	0	0	0	1	1	1	1	1
70-74	0	0	0	0	0	0	0	1	1	1
75+	1	1	1	1	1	0	0	1	1	1
TOTAL	21	21	20	21	21	22	23	24	25	26
FEMALES										
0-4	2	2	2	2	2	2	2	2	2	2
5-9	2	2	2	2	2	2	2	2	2	2
10-14	2	2	2	2	2	2	2	2	2	2
15-19	2	2	2	2	2	2	2	2	2	2
20-24	2	2	2	2	2	2	2	2	2	2
25-29	2	2	2	2	2	2	2	2	2	2
30-34	1	1	2	2	2	2	2	2	2	2
35-39	1	1	1	1	2	2	2	2	2	2
40-44	1	1	1	1	1	2	2	2	2	2
45-49	1	1	1	1	1	1	2	2	2	2
50-54	1	1	1	1	1	1	1	2	2	2
55-59	1	1	1	1	1	1	1	1	1	2
60-64	1	1	1	1	1	1	1	1	1	1
65-69	1	1	1	1	1	1	1	1	1	1
70-74	1	1	1	1	0	0	1	1	1	1
75+	1	1	1	1	1	1	1	1	1	2
TOTAL	21	21	20	21	21	22	23	24	25	26
BIRTH RATE		21.5	18.7	18.3	18.3	17.7	16.5	15.3	14.4	14.0
DEATH RATE		10.5	9.2	8.1	7.2	6.9	6.7	6.7	6.9	7.4
RATE OF NAT. INC.		1.10	.96	1.02	1.11	1.08	.98	.86	.75	.67
NET MIGRATION RATE		-14.4	-11.7	-8.8	-5.8	-2.8	.0	.0	.0	.0
GROWTH RATE		-.35	-.21	.14	.53	.80	.98	.86	.75	.67
TOTAL FERTILITY		2.600	2.248	2.121	2.107	2.103	2.099	2.094	2.090	2.086
NRR		1.197	1.049	1.000	1.000	1.000	1.000	1.000	1.000	1.000
e(0) - BOTH SEXES		67.93	70.06	72.04	73.85	74.54	75.26	76.00	76.77	77.56
e(15) - BOTH SEXES		56.29	57.84	59.36	60.79	61.34	61.91	62.51	63.12	63.76
IMR - BOTH SEXES		34.0	28.2	23.0	18.7	17.1	15.6	14.0	12.5	10.9
q(5) - BOTH SEXES		.0417	.0339	.0275	.0224	.0207	.0189	.0171	.0153	.0135
DEP. RATIO	75.9	69.1	60.0	51.7	47.8	47.1	47.2	47.7	49.0	51.2

ST. KITTS AND NEVIS

Summary Projection for 25-Year Periods

AGE GROUP	1990	2000	2025	2050	2075	2100	2125	2150
TOTAL M+F	42	41	48	56	59	60	61	61
MALES								
0-4	2	2	2	2	2	2	2	2
5-9	2	2	2	2	2	2	2	2
10-14	2	2	2	2	2	2	2	2
15-19	2	2	2	2	2	2	2	2
20-24	2	2	2	2	2	2	2	2
25-29	2	2	2	2	2	2	2	2
30-34	1	2	2	2	2	2	2	2
35-39	1	2	2	2	2	2	2	2
40-44	1	1	2	2	2	2	2	2
45-49	1	1	2	2	2	2	2	2
50-54	1	1	1	2	2	2	2	2
55-59	1	1	1	2	2	2	2	2
60-64	1	0	1	2	2	2	2	2
65-69	1	0	1	2	2	2	2	2
70-74	0	0	1	1	1	1	2	2
75+	1	1	1	2	3	3	3	4
TOTAL	21	20	24	27	29	29	30	30
FEMALES								
0-4	2	2	2	2	2	2	2	2
5-9	2	2	2	2	2	2	2	2
10-14	2	2	2	2	2	2	2	2
15-19	2	2	2	2	2	2	2	2
20-24	2	2	2	2	2	2	2	2
25-29	2	2	2	2	2	2	2	2
30-34	1	2	2	2	2	2	2	2
35-39	1	1	2	2	2	2	2	2
40-44	1	1	2	2	2	2	2	2
45-49	1	1	2	2	2	2	2	2
50-54	1	1	2	2	2	2	2	2
55-59	1	1	1	2	2	2	2	2
60-64	1	1	1	2	2	2	2	2
65-69	1	1	1	2	2	2	2	2
70-74	1	1	1	1	1	2	2	2
75+	1	1	1	3	4	5	5	5
TOTAL	21	20	24	28	30	30	31	31
BIRTH RATE		20.1	17.1	13.8	12.5	12.1	11.8	11.7
DEATH RATE		9.8	7.1	8.0	10.5	11.2	11.2	11.5
NET MIGRATION RATE		-13.1	-3.3	.0	.0	.0	.0	.0
GROWTH RATE		-.28	.66	.58	.20	.09	.06	.03
TOTAL FERTILITY		2.425	2.105	2.081	2.064	2.061	2.058	2.058
e(0) - BOTH SEXES		68.99	74.40	78.46	82.14	83.78	85.11	85.60
IMR - BOTH SEXES		31.3	17.7	9.4	3.4	2.6	2.2	2.0

ST. LUCIA

Projection (thousands) with NRR=1 by 2010

AGE GROUP	1990	1995	2000	2005	2010	2015	2020	2025	2030	2035
TOTAL M+F	150	163	176	191	205	220	234	249	263	276
MALES										
0-4	12	10	10	11	11	10	10	10	10	10
5-9	11	12	10	10	11	11	10	10	10	10
10-14	11	11	11	10	10	11	11	10	10	10
15-19	9	11	11	11	10	10	11	10	10	10
20-24	7	9	10	11	11	10	10	11	10	10
25-29	5	7	9	10	10	11	10	10	10	10
30-34	3	4	6	9	10	10	11	10	10	10
35-39	2	3	4	6	9	10	10	11	10	10
40-44	2	2	3	4	6	8	10	10	11	9
45-49	2	2	2	3	4	6	8	9	10	10
50-54	2	2	2	2	3	4	6	8	9	10
55-59	2	2	2	2	2	2	4	5	8	9
60-64	2	2	2	2	2	2	2	3	5	7
65-69	1	1	1	1	1	1	2	2	3	5
70-74	1	1	1	1	1	1	1	1	2	3
75+	1	1	1	1	1	1	2	2	2	2
TOTAL	73	80	86	94	101	109	116	123	130	137
FEMALES										
0-4	11	10	10	10	10	10	10	10	10	10
5-9	11	11	10	10	10	10	10	10	10	10
10-14	11	11	11	10	10	10	10	10	10	10
15-19	9	10	11	11	9	10	10	10	10	10
20-24	7	9	10	11	11	9	9	10	10	10
25-29	5	7	9	10	11	11	9	9	10	10
30-34	4	4	6	8	10	10	10	9	9	10
35-39	3	4	4	6	8	10	10	10	9	9
40-44	3	3	3	4	6	8	10	10	10	9
45-49	3	3	3	3	4	6	8	10	10	10
50-54	2	2	2	3	3	4	6	8	9	10
55-59	2	2	2	2	3	3	4	6	8	9
60-64	2	2	2	2	2	3	3	4	6	8
65-69	2	2	2	2	2	2	2	3	4	5
70-74	1	1	2	2	2	2	2	2	3	3
75+	2	2	2	2	3	3	4	4	4	5
TOTAL	77	83	89	97	104	111	118	125	132	139
BIRTH RATE		26.4	24.3	23.6	21.4	19.6	18.1	16.8	15.9	15.2
DEATH RATE		6.6	5.7	5.1	4.6	4.6	4.6	4.7	4.9	5.1
RATE OF NAT. INC.		1.99	1.86	1.85	1.68	1.50	1.35	1.21	1.10	1.00
NET MIGRATION RATE		-3.6	-3.1	-2.4	-1.8	-1.3	-.7	-.3	.0	.0
GROWTH RATE		1.63	1.55	1.61	1.49	1.37	1.28	1.18	1.10	1.00
TOTAL FERTILITY		3.150	2.792	2.474	2.193	2.089	2.086	2.083	2.081	2.078
NRR		1.479	1.321	1.178	1.048	1.000	1.000	1.000	1.000	1.000
e(0) - BOTH SEXES		69.94	71.34	72.77	74.18	74.84	75.52	76.23	76.97	77.73
e(15) - BOTH SEXES		56.80	57.94	59.14	60.37	60.95	61.56	62.19	62.85	63.54
IMR - BOTH SEXES		18.5	15.6	13.0	10.8	10.0	9.3	8.5	7.8	7.0
q(5) - BOTH SEXES		.0226	.0191	.0160	.0134	.0125	.0116	.0107	.0098	.0090
DEP. RATIO	100.4	82.3	68.2	58.7	54.1	50.1	45.7	43.0	42.0	43.7

ST. LUCIA

Summary Projection for 25-Year Periods

AGE GROUP	1990	2000	2025	2050	2075	2100	2125	2150
TOTAL M+F	150	176	249	310	332	340	345	347
MALES								
0-4	12	10	10	10	10	10	10	10
5-9	11	10	10	10	10	10	10	10
10-14	11	11	10	10	10	10	10	10
15-19	9	11	10	10	10	10	10	10
20-24	7	10	11	10	10	10	10	10
25-29	5	9	10	10	10	10	10	10
30-34	3	6	10	10	10	10	10	10
35-39	2	4	11	10	10	10	10	10
40-44	2	3	10	10	10	10	10	10
45-49	2	2	9	10	10	10	10	10
50-54	2	2	8	9	10	10	10	10
55-59	2	2	5	9	10	10	10	10
60-64	2	2	3	9	9	10	10	10
65-69	1	1	2	8	9	9	9	9
70-74	1	1	1	7	8	8	9	9
75+	1	1	2	8	15	18	20	20
TOTAL	73	86	123	153	164	167	170	171
FEMALES								
0-4	11	10	10	10	10	10	10	10
5-9	11	10	10	10	10	10	10	10
10-14	11	11	10	10	10	10	10	10
15-19	9	11	10	10	10	10	10	10
20-24	7	10	10	10	10	10	10	10
25-29	5	9	9	10	10	10	10	10
30-34	4	6	9	10	10	10	10	10
35-39	3	4	10	10	10	10	10	10
40-44	3	3	10	10	10	10	10	10
45-49	3	3	10	10	10	10	10	10
50-54	2	2	8	9	10	10	10	10
55-59	2	2	6	9	10	10	10	10
60-64	2	2	4	10	10	10	10	10
65-69	2	2	3	10	9	9	10	10
70-74	1	2	2	8	9	9	9	9
75+	2	2	4	12	23	27	29	29
TOTAL	77	89	125	157	169	173	175	176
BIRTH RATE		25.3	19.7	14.5	12.5	12.1	11.8	11.7
DEATH RATE		6.1	4.7	5.8	9.7	11.2	11.3	11.5
NET MIGRATION RATE		-3.3	-1.2	.0	.0	.0	.0	.0
GROWTH RATE		1.59	1.39	.88	.28	.09	.06	.03
TOTAL FERTILITY		2.968	2.177	2.075	2.064	2.060	2.058	2.058
e(0) - BOTH SEXES		70.67	74.82	78.64	82.25	83.85	85.14	85.63
IMR - BOTH SEXES		17.1	10.4	6.2	3.2	2.6	2.2	2.0

ST. VINCENT AND THE GRENADINES

Projection (thousands) with NRR=1 by 2000

AGE GROUP	1990	1995	2000	2005	2010	2015	2020	2025	2030	2035
TOTAL M+F	107	111	116	124	134	144	153	162	170	178
MALES										
0-4	8	5	6	6	7	7	6	6	6	6
5-9	8	8	5	6	6	7	7	6	6	6
10-14	8	8	8	5	6	6	7	7	6	6
15-19	7	8	8	7	5	6	6	7	7	6
20-24	5	7	7	8	7	5	6	6	7	7
25-29	3	5	6	7	8	7	5	6	6	7
30-34	2	3	4	6	7	8	7	5	6	6
35-39	2	2	3	4	6	7	7	7	5	5
40-44	2	1	2	2	4	6	7	7	7	5
45-49	1	1	1	2	2	4	6	7	7	7
50-54	1	1	1	1	2	2	4	6	7	7
55-59	1	1	1	1	1	2	2	4	6	6
60-64	1	1	1	1	1	1	2	2	4	5
65-69	1	1	1	1	1	1	1	1	2	3
70-74	1	1	1	1	1	1	1	1	1	2
75+	1	1	1	1	1	1	1	1	1	2
TOTAL	52	54	57	60	65	71	75	80	84	88
FEMALES										
0-4	8	5	6	6	7	7	6	6	6	6
5-9	8	7	5	5	6	7	7	6	6	6
10-14	7	8	7	5	5	6	7	7	6	6
15-19	7	7	8	7	5	5	6	7	7	6
20-24	5	7	7	7	7	5	5	6	7	7
25-29	3	5	6	7	7	7	5	5	6	7
30-34	2	3	5	6	7	7	7	5	5	6
35-39	2	2	3	5	6	7	7	7	5	5
40-44	2	2	2	3	5	6	7	7	7	5
45-49	2	2	2	2	3	5	6	7	7	7
50-54	2	2	2	2	2	3	5	6	7	7
55-59	1	2	2	2	2	2	3	5	6	6
60-64	2	1	2	2	2	2	2	3	4	6
65-69	1	1	1	1	2	2	2	2	3	4
70-74	1	1	1	1	1	1	2	1	2	3
75+	2	1	2	2	2	3	3	3	3	4
TOTAL	55	57	60	63	68	73	78	82	86	90
BIRTH RATE		19.9	20.6	21.5	21.5	19.6	17.0	15.4	14.8	14.6
DEATH RATE		6.0	5.5	5.1	4.8	4.6	4.6	4.7	4.9	5.2
RATE OF NAT. INC.		1.39	1.51	1.64	1.68	1.50	1.24	1.07	.99	.94
NET MIGRATION RATE		-7.4	-5.3	-3.3	-1.6	.0	.0	.0	.0	.0
GROWTH RATE		.66	.98	1.31	1.52	1.50	1.24	1.07	.99	.94
TOTAL FERTILITY		2.455	2.193	2.097	2.089	2.086	2.084	2.081	2.078	2.075
NRR		1.156	1.041	1.000	1.000	1.000	1.000	1.000	1.000	1.000
e(0) - BOTH SEXES		71.27	72.92	74.46	75.84	76.44	77.05	77.69	78.34	79.01
e(15) - BOTH SEXES		58.30	59.60	60.87	62.04	62.56	63.10	63.65	64.22	64.81
IMR - BOTH SEXES		20.1	16.2	13.2	10.8	10.0	9.2	8.4	7.7	6.9
q(5) - BOTH SEXES		.0247	.0198	.0162	.0134	.0125	.0116	.0106	.0097	.0088
DEP. RATIO	98.1	76.6	58.9	49.3	50.8	50.0	46.3	42.1	40.2	43.2

ST. VINCENT AND THE GRENADINES

Summary Projection for 25-Year Periods

AGE GROUP	1990	2000	2025	2050	2075	2100	2125	2150
TOTAL M+F	107	116	162	198	207	211	214	216
MALES								
0-4	8	6	6	6	6	6	6	6
5-9	8	5	6	7	6	6	6	6
10-14	8	8	7	7	6	6	6	6
15-19	7	8	7	6	6	6	6	6
20-24	5	7	6	6	6	6	6	6
25-29	3	6	6	6	6	6	6	6
30-34	2	4	5	6	6	6	6	6
35-39	2	3	7	7	6	6	6	6
40-44	2	2	7	7	6	6	6	6
45-49	1	1	7	6	6	6	6	6
50-54	1	1	6	5	6	6	6	6
55-59	1	1	4	5	6	6	6	6
60-64	1	1	2	6	6	6	6	6
65-69	1	1	1	6	6	6	6	6
70-74	1	1	1	5	5	5	5	5
75+	1	1	1	6	9	11	12	13
TOTAL	52	57	80	97	102	104	105	106
FEMALES								
0-4	8	6	6	6	6	6	6	6
5-9	8	5	6	6	6	6	6	6
10-14	7	7	7	6	6	6	6	6
15-19	7	8	7	6	6	6	6	6
20-24	5	7	6	6	6	6	6	6
25-29	3	6	5	6	6	6	6	6
30-34	2	5	5	6	6	6	6	6
35-39	2	3	7	7	6	6	6	6
40-44	2	2	7	7	6	6	6	6
45-49	2	2	7	6	6	6	6	6
50-54	2	2	6	5	6	6	6	6
55-59	1	2	5	5	6	6	6	6
60-64	2	2	3	7	6	6	6	6
65-69	1	1	2	7	6	6	6	6
70-74	1	1	1	6	6	6	6	6
75+	2	2	3	9	14	17	18	18
TOTAL	55	60	82	101	106	108	109	110
BIRTH RATE		20.3	18.8	14.0	12.4	12.0	11.8	11.7
DEATH RATE		5.7	4.7	6.1	10.5	11.2	11.3	11.5
NET MIGRATION RATE		-6.3	-.9	.0	.0	.0	.0	.0
GROWTH RATE		.82	1.33	.80	.19	.08	.05	.02
TOTAL FERTILITY		2.322	2.087	2.073	2.062	2.059	2.058	2.057
e(0) - BOTH SEXES		72.11	76.40	79.79	82.86	84.23	85.32	85.74
IMR - BOTH SEXES		18.1	10.4	6.1	3.0	2.4	2.1	2.0

SUDAN

Projection (thousands) with NRR=1 by 2035

AGE GROUP	1990	1995	2000	2005	2010	2015	2020	2025	2030	2035
TOTAL M+F	25118	28776	33048	37708	42669	47676	52502	57264	61794	65911
MALES										
0-4	2314	2486	2861	3127	3324	3408	3376	3403	3345	3195
5-9	1894	2168	2355	2740	3026	3226	3317	3295	3331	3285
10-14	1603	1851	2125	2315	2702	2988	3189	3284	3266	3305
15-19	1321	1572	1816	2088	2279	2664	2949	3152	3249	3235
20-24	1100	1286	1530	1769	2037	2228	2609	2895	3100	3202
25-29	923	1063	1243	1480	1715	1980	2171	2549	2835	3043
30-34	775	890	1026	1200	1432	1664	1926	2118	2493	2781
35-39	648	745	856	988	1158	1385	1614	1874	2066	2440
40-44	538	620	713	819	946	1113	1336	1562	1819	2013
45-49	441	511	588	676	778	902	1064	1282	1504	1758
50-54	356	412	477	549	632	731	851	1008	1219	1436
55-59	281	326	377	436	503	582	676	790	940	1141
60-64	213	249	289	334	387	448	521	608	714	853
65-69	152	179	208	241	280	326	380	445	522	617
70-74	98	116	137	159	185	216	254	299	352	417
75+	82	102	122	144	169	200	237	284	340	408
TOTAL	12739	14575	16723	19065	21553	24061	26472	28846	31096	33130
FEMALES										
0-4	2203	2425	2786	3038	3222	3302	3268	3292	3235	3088
5-9	1806	2074	2309	2680	2952	3139	3226	3201	3234	3186
10-14	1530	1766	2035	2273	2647	2919	3108	3197	3176	3212
15-19	1256	1500	1734	2001	2240	2613	2885	3076	3168	3152
20-24	1055	1226	1466	1696	1962	2200	2570	2843	3036	3133
25-29	894	1025	1192	1425	1653	1917	2154	2522	2797	2994
30-34	757	865	992	1154	1384	1610	1871	2108	2475	2752
35-39	636	729	833	956	1116	1342	1565	1825	2062	2428
40-44	532	609	699	799	920	1077	1299	1520	1778	2016
45-49	442	508	581	667	765	883	1037	1256	1474	1729
50-54	364	418	480	550	633	728	843	994	1208	1423
55-59	293	339	388	446	512	592	685	797	943	1151
60-64	229	264	305	350	403	466	542	630	738	879
65-69	170	196	225	260	301	349	407	478	560	661
70-74	113	133	153	176	205	240	282	333	395	469
75+	100	123	147	171	201	239	286	346	419	511
TOTAL	12379	14201	16325	18643	21115	23615	26029	28418	30698	32781
BIRTH RATE		41.6	41.0	38.4	35.2	31.9	28.3	25.9	23.3	20.6
DEATH RATE		14.2	13.2	12.0	10.5	9.7	9.0	8.5	8.1	7.7
RATE OF NAT. INC.		2.74	2.78	2.64	2.47	2.22	1.93	1.74	1.52	1.29
NET MIGRATION RATE		-.2	-.1	-.1	.0	.0	.0	.0	.0	.0
GROWTH RATE		2.72	2.77	2.64	2.47	2.22	1.93	1.74	1.52	1.29
TOTAL FERTILITY		6.050	5.833	5.315	4.715	4.115	3.515	3.073	2.687	2.349
NRR		2.221	2.214	2.087	1.925	1.709	1.483	1.319	1.171	1.039
e(0) - BOTH SEXES		51.77	53.25	54.88	57.14	58.55	60.01	61.52	63.08	64.71
e(15) - BOTH SEXES		49.11	48.93	48.91	49.50	50.43	51.39	52.39	53.43	54.50
IMR - BOTH SEXES		98.7	86.7	74.4	61.3	56.8	52.2	47.6	43.1	38.5
q(5) - BOTH SEXES		.1616	.1395	.1174	.0942	.0868	.0794	.0719	.0644	.0569
DEP. RATIO	92.4	89.8	87.9	85.0	81.9	75.8	68.4	61.7	56.0	51.3

SUDAN

Summary Projection for 25-Year Periods

AGE GROUP	1990	2000	2025	2050	2075	2100	2125	2150
TOTAL M+F	25118	33048	57264	77867	93055	100545	104876	106929
MALES								
0-4	2314	2861	3403	3294	3250	3243	3246	3245
5-9	1894	2355	3295	3248	3221	3232	3243	3244
10-14	1603	2125	3284	3158	3198	3229	3244	3244
15-19	1321	1816	3152	3112	3190	3232	3245	3242
20-24	1100	1530	2895	3212	3221	3229	3236	3235
25-29	923	1243	2549	3209	3224	3208	3217	3223
30-34	775	1026	2118	3118	3180	3172	3197	3213
35-39	648	856	1874	3068	3077	3136	3183	3204
40-44	538	713	1562	2898	3009	3112	3170	3191
45-49	441	588	1282	2613	3073	3119	3149	3167
50-54	356	477	1008	2241	3009	3076	3095	3120
55-59	281	377	790	1780	2821	2958	3004	3052
60-64	213	289	608	1464	2619	2750	2888	2966
65-69	152	208	445	1089	2252	2524	2743	2846
70-74	98	137	299	745	1747	2325	2562	2659
75+	82	122	284	728	2066	4051	5203	5740
TOTAL	12739	16723	28846	38976	46157	49597	51625	52593
FEMALES								
0-4	2203	2786	3292	3178	3127	3110	3108	3109
5-9	1806	2309	3201	3143	3104	3103	3106	3107
10-14	1530	2035	3197	3061	3086	3103	3108	3108
15-19	1256	1734	3076	3023	3086	3111	3110	3108
20-24	1055	1466	2843	3133	3126	3117	3108	3105
25-29	894	1192	2522	3144	3141	3108	3101	3102
30-34	757	992	2108	3066	3108	3084	3091	3098
35-39	636	833	1825	3030	3018	3059	3087	3096
40-44	532	699	1520	2875	2964	3048	3088	3093
45-49	442	581	1256	2616	3046	3073	3085	3085
50-54	364	480	994	2275	3016	3062	3061	3066
55-59	293	388	797	1846	2881	2990	3013	3040
60-64	229	305	630	1526	2755	2846	2956	3011
65-69	170	225	478	1178	2478	2709	2897	2976
70-74	113	153	333	850	2054	2639	2840	2914
75+	100	147	346	946	2910	5785	7493	8319
TOTAL	12379	16325	28418	38891	46898	50949	53251	54336
BIRTH RATE		41.3	31.3	19.7	15.0	13.2	12.4	12.0
DEATH RATE		13.7	9.8	7.6	7.9	10.1	10.7	11.3
NET MIGRATION RATE		-.2	.0	.0	.0	.0	.0	.0
GROWTH RATE		2.74	2.20	1.23	.71	.31	.17	.08
TOTAL FERTILITY		5.934	3.983	2.310	2.097	2.073	2.059	2.056
e(0) - BOTH SEXES		52.57	58.77	66.67	74.39	78.64	82.54	83.98
IMR - BOTH SEXES		92.3	58.3	34.0	15.0	8.1	3.2	2.5

SURINAME

Projection (thousands) with NRR=1 by 2005

AGE GROUP	1990	1995	2000	2005	2010	2015	2020	2025	2030	2035
TOTAL M+F	405	410	418	430	457	485	514	540	562	582
MALES										
0-4	27	25	21	19	20	21	22	21	21	20
5-9	24	25	24	21	19	19	21	22	21	21
10-14	19	22	24	23	20	19	19	21	22	21
15-19	23	18	21	23	23	20	19	19	21	22
20-24	23	20	16	20	23	23	20	19	19	21
25-29	22	19	17	14	20	23	23	20	18	19
30-34	15	19	17	16	14	20	23	23	20	18
35-39	10	13	17	16	16	14	20	22	23	20
40-44	8	9	11	16	16	16	14	19	22	23
45-49	7	6	8	11	16	15	15	13	19	22
50-54	7	6	6	7	10	15	15	15	13	19
55-59	6	6	5	6	7	10	14	14	14	12
60-64	5	5	5	5	5	6	9	13	13	13
65-69	3	4	4	5	4	4	6	8	12	12
70-74	2	2	3	3	4	4	4	5	7	10
75+	2	2	3	3	4	5	5	5	6	9
TOTAL	200	201	203	208	221	234	248	261	273	282
FEMALES										
0-4	26	24	20	18	19	20	21	20	20	19
5-9	23	24	23	20	18	19	20	21	20	20
10-14	19	22	23	22	20	18	19	20	21	20
15-19	22	18	21	23	22	20	18	19	20	21
20-24	23	19	16	20	23	22	20	18	19	20
25-29	22	20	17	15	20	22	22	20	18	19
30-34	15	20	18	17	15	20	22	22	20	18
35-39	11	14	19	18	17	15	20	22	22	19
40-44	9	10	13	18	18	16	15	20	22	22
45-49	8	8	9	13	18	18	16	15	20	22
50-54	7	7	8	9	13	18	17	16	15	19
55-59	7	6	7	8	9	12	17	17	16	14
60-64	5	6	6	7	7	8	12	17	17	16
65-69	4	4	6	6	6	7	8	11	16	16
70-74	2	3	4	5	5	6	6	8	11	15
75+	4	3	4	6	8	9	11	12	14	19
TOTAL	205	209	214	223	236	251	265	278	290	300
BIRTH RATE		26.4	21.6	18.3	17.6	17.9	17.4	16.2	14.9	14.0
DEATH RATE		6.3	5.8	5.6	5.6	5.9	6.1	6.3	6.6	7.0
RATE OF NAT. INC.		2.01	1.58	1.27	1.20	1.20	1.13	.99	.83	.70
NET MIGRATION RATE		-17.7	-12.1	-6.6	.0	.0	.0	.0	.0	.0
GROWTH RATE		.24	.37	.61	1.20	1.20	1.13	.99	.83	.70
TOTAL FERTILITY		2.800	2.489	2.213	2.111	2.106	2.101	2.096	2.092	2.087
NRR		1.292	1.161	1.041	1.000	1.000	1.000	1.000	1.000	1.000
e(0) - BOTH SEXES		68.60	70.40	72.14	73.78	74.48	75.21	75.96	76.73	77.53
e(15) - BOTH SEXES		57.26	58.47	59.67	60.90	61.44	62.01	62.59	63.20	63.83
IMR - BOTH SEXES		36.5	30.6	25.1	20.4	18.7	17.0	15.3	13.6	11.8
q(5) - BOTH SEXES		.0450	.0371	.0300	.0245	.0225	.0206	.0186	.0166	.0146
DEP. RATIO	61.0	65.0	61.6	54.1	47.4	45.2	46.0	48.2	51.7	53.6

SURINAME

Summary Projection for 25-Year Periods

AGE GROUP	1990	2000	2025	2050	2075	2100	2125	2150
TOTAL M+F	405	418	540	629	668	683	693	698
MALES								
0-4	27	21	21	21	21	21	21	21
5-9	24	24	22	21	21	21	21	21
10-14	19	24	21	20	21	21	21	21
15-19	23	21	19	20	21	21	21	21
20-24	23	16	19	20	21	21	21	21
25-29	22	17	20	21	21	21	21	21
30-34	15	17	23	21	21	21	21	21
35-39	10	17	22	20	20	20	21	21
40-44	8	11	19	19	20	20	21	21
45-49	7	8	13	18	20	20	20	20
50-54	7	6	15	19	20	20	20	20
55-59	6	5	14	21	20	20	20	20
60-64	5	5	13	20	19	19	19	19
65-69	3	4	8	16	16	18	18	19
70-74	2	3	5	10	14	17	17	18
75+	2	3	5	18	32	36	39	40
TOTAL	200	203	261	306	326	335	341	343
FEMALES								
0-4	26	20	20	20	20	20	20	20
5-9	23	23	21	20	20	20	20	20
10-14	19	23	20	20	20	20	20	20
15-19	22	21	19	19	20	20	20	20
20-24	23	16	18	20	20	20	20	20
25-29	22	17	20	20	20	20	20	20
30-34	15	18	22	21	20	20	20	20
35-39	11	19	22	20	19	20	20	20
40-44	9	13	20	18	19	20	20	20
45-49	8	9	15	18	19	20	20	20
50-54	7	8	16	19	20	20	20	20
55-59	7	7	17	22	20	20	20	20
60-64	5	6	17	21	19	19	19	19
65-69	4	6	11	18	18	19	19	19
70-74	2	4	8	13	16	18	19	19
75+	4	4	12	34	51	55	58	59
TOTAL	205	214	278	323	342	348	353	355
BIRTH RATE		24.0	17.4	13.9	12.5	12.1	11.8	11.7
DEATH RATE		6.1	5.9	7.8	10.1	11.2	11.3	11.5
NET MIGRATION RATE		-14.9	-1.2	.0	.0	.0	.0	.0
GROWTH RATE		.30	1.03	.62	.24	.09	.06	.03
TOTAL FERTILITY		2.658	2.123	2.082	2.064	2.060	2.058	2.057
e(0) - BOTH SEXES		69.51	74.41	78.43	82.12	83.77	85.10	85.60
IMR - BOTH SEXES		33.8	19.2	10.1	3.5	2.6	2.2	2.1

SWAZILAND

Projection (thousands) with NRR=1 by 2040

AGE GROUP	1990	1995	2000	2005	2010	2015	2020	2025	2030	2035
TOTAL M+F	797	946	1121	1317	1533	1759	1985	2203	2420	2627
MALES										
0-4	78	88	103	116	128	134	137	135	137	136
5-9	64	74	84	100	113	125	132	135	133	136
10-14	51	63	74	84	99	112	124	131	134	133
15-19	40	50	63	73	83	98	112	124	131	133
20-24	33	39	50	62	72	82	97	111	122	130
25-29	28	32	39	49	61	71	81	96	109	121
30-34	22	27	32	38	48	60	70	80	95	108
35-39	17	22	27	31	37	47	59	69	79	93
40-44	15	17	21	26	30	36	46	58	68	77
45-49	11	14	16	20	25	29	35	45	56	66
50-54	11	10	14	15	19	24	28	34	43	54
55-59	7	10	10	13	14	18	23	27	32	41
60-64	7	6	9	9	12	13	16	21	24	29
65-69	4	6	5	8	8	10	11	14	18	21
70-74	3	3	5	4	6	6	8	9	12	15
75+	2	3	3	4	5	6	7	8	10	13
TOTAL	392	466	554	652	761	874	987	1096	1204	1307
FEMALES										
0-4	78	86	101	114	125	132	134	132	134	133
5-9	67	75	83	98	111	123	129	132	131	133
10-14	52	66	74	83	98	111	122	129	131	130
15-19	40	51	66	73	82	97	110	122	128	131
20-24	34	39	51	65	73	81	96	109	121	128
25-29	28	33	39	50	64	72	81	95	108	120
30-34	24	28	33	38	49	63	71	80	95	108
35-39	19	24	27	32	38	49	62	70	79	94
40-44	17	19	23	27	32	37	48	61	69	78
45-49	11	17	18	23	26	31	36	47	60	68
50-54	11	11	16	18	22	25	30	35	46	59
55-59	8	10	10	15	17	21	24	29	34	44
60-64	7	7	10	9	14	16	20	23	28	32
65-69	4	6	7	9	8	13	14	18	21	25
70-74	3	3	5	5	7	7	11	12	15	18
75+	3	3	4	5	6	8	9	12	15	20
TOTAL	405	479	567	665	773	886	998	1108	1216	1320
BIRTH RATE		46.0	45.0	42.2	39.0	35.3	31.3	27.4	25.0	22.5
DEATH RATE		11.9	11.0	9.9	8.7	7.8	7.1	6.6	6.2	6.0
RATE OF NAT. INC.		3.42	3.40	3.23	3.04	2.75	2.42	2.09	1.88	1.65
NET MIGRATION RATE		.0	.0	.0	.0	.0	.0	.0	.0	.0
GROWTH RATE		3.42	3.40	3.23	3.04	2.75	2.42	2.08	1.88	1.65
TOTAL FERTILITY		6.570	6.270	5.670	5.070	4.470	3.870	3.270	2.889	2.553
NRR		2.589	2.518	2.338	2.150	1.922	1.686	1.445	1.294	1.159
e(0) - BOTH SEXES	57.21	58.31	59.59	61.35	62.63	63.94	65.30	66.70	68.14	
e(15) - BOTH SEXES	54.33	54.45	54.16	54.30	54.96	55.64	56.34	57.07	57.83	
IMR - BOTH SEXES	108.2	101.8	91.9	79.9	72.7	65.6	58.4	51.3	44.1	
q(5) - BOTH SEXES	.1623	.1493	.1292	.1073	.0978	.0882	.0786	.0690	.0594	
DEP. RATIO	104.9	101.9	95.7	91.6	87.1	81.0	73.1	65.1	58.5	53.2

SWAZILAND

Summary Projection for 25-Year Periods

AGE GROUP	1990	2000	2025	2050	2075	2100	2125	2150
TOTAL M+F	797	1121	2203	3179	3876	4200	4358	4430
MALES								
0-4	78	103	135	134	133	133	133	133
5-9	64	84	135	130	132	133	133	133
10-14	51	74	131	129	132	133	133	133
15-19	40	63	124	134	133	133	133	133
20-24	33	50	111	134	133	132	132	132
25-29	28	39	96	130	131	131	132	132
30-34	22	32	80	130	128	130	131	132
35-39	17	27	69	126	126	130	131	131
40-44	15	21	58	117	130	130	131	131
45-49	11	16	45	103	129	129	129	130
50-54	11	14	34	87	123	126	127	128
55-59	7	10	27	70	119	120	124	126
60-64	7	9	21	56	109	114	121	123
65-69	4	5	14	42	93	111	116	118
70-74	3	5	9	28	72	100	108	110
75+	2	3	8	26	85	173	219	241
TOTAL	392	554	1096	1578	1909	2058	2132	2164
FEMALES								
0-4	78	101	132	130	129	129	129	129
5-9	67	83	132	127	128	129	129	129
10-14	52	74	129	126	129	129	129	129
15-19	40	66	122	131	130	129	129	129
20-24	34	51	109	132	130	129	129	129
25-29	28	39	95	129	129	128	129	129
30-34	24	33	80	129	126	128	129	129
35-39	19	27	70	125	125	128	129	129
40-44	17	23	61	117	129	128	129	128
45-49	11	18	47	104	129	128	128	128
50-54	11	16	35	90	125	126	127	127
55-59	8	10	29	73	123	122	125	127
60-64	7	10	23	62	116	119	124	126
65-69	4	7	18	51	104	120	123	125
70-74	3	5	12	35	86	115	120	122
75+	3	4	12	39	128	254	320	352
TOTAL	405	567	1108	1601	1966	2143	2227	2266
BIRTH RATE		45.5	34.1	20.4	14.9	13.0	12.3	11.9
DEATH RATE		11.4	7.8	6.0	7.1	9.8	10.8	11.3
NET MIGRATION RATE		.0	.0	.0	.0	.0	.0	.0
GROWTH RATE		3.41	2.70	1.47	.79	.32	.15	.07
TOTAL FERTILITY		6.405	4.272	2.366	2.068	2.051	2.042	2.040
e(0) - BOTH SEXES		57.81	62.94	69.89	76.59	80.16	83.34	84.50
IMR - BOTH SEXES		104.8	73.3	37.2	9.1	5.0	2.8	2.4

SWEDEN

Projection (thousands) with NRR=1 by 1995

AGE GROUP	1990	1995	2000	2005	2010	2015	2020	2025	2030	2035
TOTAL M+F	8559	8785	8947	9039	9117	9198	9287	9362	9397	9394
MALES										
0-4	280	313	304	289	279	282	291	296	294	289
5-9	250	284	315	304	288	279	282	291	296	293
10-14	258	254	285	315	303	288	279	282	291	296
15-19	293	261	255	285	315	303	288	278	282	291
20-24	318	298	264	254	284	314	302	287	278	281
25-29	308	324	300	262	253	283	312	301	286	277
30-34	299	313	326	299	261	252	282	311	300	285
35-39	305	302	314	325	297	260	251	280	310	299
40-44	344	306	302	312	322	295	258	249	279	308
45-49	298	342	303	298	308	319	293	256	247	276
50-54	232	292	335	297	293	303	314	288	252	243
55-59	208	225	283	325	289	285	295	306	281	246
60-64	209	197	214	270	311	277	274	284	295	271
65-69	218	191	182	198	253	292	261	258	269	279
70-74	172	189	168	161	178	228	264	237	236	246
75+	262	277	302	306	306	321	376	447	469	476
TOTAL	4253	4369	4452	4501	4542	4581	4622	4652	4662	4656
FEMALES										
0-4	262	296	287	273	264	267	275	280	277	273
5-9	235	267	298	287	272	263	266	275	279	277
10-14	242	238	268	298	287	272	263	266	275	279
15-19	276	247	240	268	298	287	272	263	266	275
20-24	297	284	250	240	268	298	286	272	263	266
25-29	287	306	288	250	239	268	297	286	272	263
30-34	281	294	309	287	249	239	267	297	286	271
35-39	288	285	295	308	287	249	238	267	296	285
40-44	327	290	285	294	307	286	248	238	266	296
45-49	280	326	288	284	293	305	284	247	237	265
50-54	226	278	323	286	281	290	303	282	245	235
55-59	213	222	274	318	282	278	287	300	279	243
60-64	223	207	217	268	312	277	273	282	295	276
65-69	243	213	200	210	260	304	270	267	276	289
70-74	207	226	200	189	200	248	291	259	257	267
75+	418	438	472	480	476	486	542	630	665	678
TOTAL	4306	4416	4494	4538	4575	4616	4665	4710	4735	4738
BIRTH RATE		14.0	13.4	12.6	12.0	12.1	12.3	12.4	12.2	12.0
DEATH RATE		11.1	10.8	10.5	10.3	10.3	10.4	10.8	11.5	12.1
RATE OF NAT. INC.		.29	.25	.21	.17	.18	.19	.16	.07	-.01
NET MIGRATION RATE		2.3	1.1	.0	.0	.0	.0	.0	.0	.0
GROWTH RATE		.52	.37	.21	.17	.18	.19	.16	.07	-.01
TOTAL FERTILITY		2.090	2.083	2.081	2.079	2.078	2.077	2.076	2.075	2.074
NRR		1.002	1.000	1.000	1.000	1.000	1.000	1.000	1.000	1.000
e(0) - BOTH SEXES		77.91	78.75	79.58	80.42	80.78	81.16	81.54	81.93	82.32
e(15) - BOTH SEXES		63.56	64.34	65.13	65.93	66.28	66.63	66.99	67.36	67.73
IMR - BOTH SEXES		5.3	4.9	4.5	4.1	3.9	3.8	3.6	3.4	3.2
q(5) - BOTH SEXES		.0070	.0065	.0061	.0057	.0054	.0052	.0050	.0048	.0046
DEP. RATIO	55.3	56.9	57.9	57.7	58.5	62.3	65.1	68.0	70.4	72.3

SWEDEN

Summary Projection for 25-Year Periods

AGE GROUP	1990	2000	2025	2050	2075	2100	2125	2150
TOTAL M+F	8559	8947	9362	9398	9551	9630	9690	9719
MALES								
0-4	280	304	296	291	289	290	290	290
5-9	250	315	291	288	289	289	290	290
10-14	258	285	282	286	289	290	290	290
15-19	293	255	278	288	290	290	289	289
20-24	318	264	287	292	291	289	289	289
25-29	308	300	301	294	289	288	288	288
30-34	299	326	311	288	285	286	287	287
35-39	305	314	280	278	283	286	287	287
40-44	344	302	249	273	284	286	286	286
45-49	298	303	256	280	287	285	284	284
50-54	232	335	288	291	285	281	281	281
55-59	208	283	306	295	276	274	276	277
60-64	209	214	284	259	260	266	270	272
65-69	218	182	258	220	247	259	262	263
70-74	172	168	237	210	238	248	249	249
75+	262	302	447	518	548	559	575	585
TOTAL	4253	4452	4652	4651	4729	4766	4793	4806
FEMALES								
0-4	262	287	280	274	273	273	274	274
5-9	235	298	275	272	273	273	274	274
10-14	242	268	266	270	273	274	274	274
15-19	276	240	263	273	274	274	274	273
20-24	297	250	272	277	275	274	273	273
25-29	287	288	286	279	274	273	273	273
30-34	281	309	297	274	271	272	273	273
35-39	288	295	267	265	270	272	273	273
40-44	327	285	238	261	271	273	273	273
45-49	280	288	247	269	275	274	273	272
50-54	226	323	282	282	276	272	271	271
55-59	213	274	300	291	270	268	270	271
60-64	223	217	282	258	259	265	269	270
65-69	243	200	267	227	253	265	268	268
70-74	207	200	259	229	256	265	265	265
75+	418	472	630	744	777	798	822	835
TOTAL	4306	4494	4710	4746	4822	4864	4897	4912
BIRTH RATE		13.7	12.3	12.0	12.0	11.8	11.7	11.6
DEATH RATE		11.0	10.5	11.9	11.3	11.5	11.4	11.5
NET MIGRATION RATE		1.7	.0	.0	.0	.0	.0	.0
GROWTH RATE		.44	.18	.02	.06	.03	.02	.01
TOTAL FERTILITY		2.081	2.078	2.073	2.070	2.068	2.067	2.067
e(0) - BOTH SEXES		78.33	80.70	82.73	84.48	85.24	85.83	86.05
IMR - BOTH SEXES		5.1	4.0	3.1	2.3	2.1	2.0	1.9

SWITZERLAND

Projection (thousands) with NRR=1 by 2030

AGE GROUP	1990	1995	2000	2005	2010	2015	2020	2025	2030	2035
TOTAL M+F	6712	7071	7268	7324	7353	7361	7357	7336	7282	7195
MALES										
0-4	182	230	217	194	187	189	197	202	202	198
5-9	196	193	234	217	194	186	189	197	202	202
10-14	193	205	197	234	217	194	186	189	197	202
15-19	216	201	208	196	233	217	194	186	189	197
20-24	254	231	207	207	196	233	216	193	186	188
25-29	281	273	238	206	206	195	232	215	192	185
30-34	270	297	279	237	205	205	194	231	214	191
35-39	255	282	301	277	235	204	204	193	230	213
40-44	261	262	283	299	275	234	203	203	192	228
45-49	243	263	261	280	296	273	231	201	201	190
50-54	199	240	259	256	275	290	268	228	198	198
55-59	181	193	233	251	249	267	283	261	222	193
60-64	156	171	183	222	240	239	257	272	252	214
65-69	134	142	158	170	207	225	224	242	257	238
70-74	102	116	125	140	152	186	203	203	220	235
75+	169	171	185	204	232	260	307	353	381	412
TOTAL	3290	3471	3567	3590	3599	3597	3587	3568	3534	3486
FEMALES										
0-4	172	217	206	183	176	179	186	191	191	187
5-9	185	184	222	205	183	176	179	186	191	191
10-14	183	194	188	222	205	183	176	178	186	191
15-19	203	194	198	187	222	205	183	176	178	186
20-24	248	223	202	198	187	221	205	183	176	178
25-29	274	271	232	201	198	187	221	205	183	176
30-34	260	291	278	231	201	198	187	221	205	183
35-39	246	271	295	277	231	201	197	187	221	204
40-44	252	252	273	295	276	230	200	197	186	220
45-49	234	254	252	272	293	275	229	200	196	186
50-54	198	234	253	250	270	292	274	228	198	195
55-59	186	196	231	250	248	268	289	271	226	197
60-64	175	183	193	227	246	245	265	286	268	224
65-69	165	170	178	188	223	242	240	260	281	264
70-74	133	156	162	171	182	216	235	234	253	274
75+	305	310	340	375	411	447	504	566	608	653
TOTAL	3422	3600	3701	3734	3754	3764	3770	3768	3748	3709
BIRTH RATE		12.7	11.7	10.4	9.9	10.1	10.5	10.8	10.8	10.7
DEATH RATE		9.5	9.0	8.9	9.2	9.8	10.6	11.3	12.3	13.1
RATE OF NAT. INC.		.32	.27	.15	.08	.02	-.01	-.06	-.15	-.24
NET MIGRATION RATE		7.3	2.8	.0	.0	.0	.0	.0	.0	.0
GROWTH RATE		1.04	.55	.15	.08	.02	-.01	-.06	-.15	-.24
TOTAL FERTILITY		1.650	1.650	1.650	1.736	1.818	1.897	1.973	2.045	2.073
NRR		.791	.792	.793	.835	.875	.914	.951	.986	1.000
e(0) - BOTH SEXES	78.41	79.46	80.38	81.24	81.56	81.89	82.22	82.56	82.90	
e(15) - BOTH SEXES	64.15	65.12	65.98	66.79	67.09	67.39	67.70	68.02	68.33	
IMR - BOTH SEXES	6.0	5.3	4.8	4.4	4.2	4.0	3.7	3.5	3.3	
q(5) - BOTH SEXES	.0078	.0071	.0064	.0060	.0057	.0054	.0052	.0049	.0047	
DEP. RATIO	46.2	47.8	49.6	51.9	53.7	57.4	62.4	69.2	77.1	82.2

Summary Projection for 25-Year Periods

SWITZERLAND

AGE GROUP	1990	2000	2025	2050	2075	2100	2125	2150
TOTAL M+F	6712	7268	7336	6849	6592	6571	6602	6619
MALES								
0-4	182	217	202	198	197	197	197	197
5-9	196	234	197	195	196	197	197	197
10-14	193	197	189	194	197	197	197	197
15-19	216	208	186	197	198	198	197	197
20-24	254	207	193	202	198	197	197	197
25-29	281	238	215	201	196	195	196	196
30-34	270	279	231	195	193	195	195	196
35-39	255	301	193	186	191	195	195	195
40-44	261	283	203	183	194	195	195	195
45-49	243	261	201	188	197	195	193	193
50-54	199	259	228	208	195	191	191	191
55-59	181	233	261	219	186	185	187	189
60-64	156	183	272	178	174	180	184	185
65-69	134	158	242	179	165	177	179	179
70-74	102	125	203	165	160	170	170	170
75+	169	185	353	436	399	379	389	397
TOTAL	3290	3567	3568	3321	3238	3242	3261	3271
FEMALES								
0-4	172	206	191	187	186	186	186	186
5-9	185	222	186	184	185	186	186	186
10-14	183	188	178	183	186	186	186	186
15-19	203	198	176	186	187	187	186	186
20-24	248	202	183	191	188	186	186	186
25-29	274	232	205	191	186	185	186	186
30-34	260	278	221	186	183	185	186	186
35-39	246	295	187	178	182	186	186	186
40-44	252	273	197	175	186	187	186	186
45-49	234	252	200	182	190	187	186	185
50-54	198	253	228	203	189	185	184	185
55-59	186	231	271	217	183	182	183	184
60-64	175	193	286	182	175	180	183	184
65-69	165	178	260	190	170	182	183	183
70-74	133	162	234	189	174	183	182	181
75+	305	340	566	706	603	556	565	572
TOTAL	3422	3701	3768	3528	3355	3329	3341	3348
BIRTH RATE		12.2	10.3	10.8	11.5	11.7	11.7	11.6
DEATH RATE		9.3	10.0	13.6	13.1	11.9	11.5	11.5
NET MIGRATION RATE		5.0	.0	.0	.0	.0	.0	.0
GROWTH RATE		.80	.04	-.27	-.15	-.01	.02	.01
TOTAL FERTILITY		1.649	1.814	2.066	2.069	2.068	2.067	2.067
e(0) - BOTH SEXES		78.95	81.46	83.25	84.77	85.41	85.91	86.10
IMR - BOTH SEXES		5.7	4.2	3.1	2.3	2.1	2.0	1.9

SYRIAN ARAB REP.

Projection (thousands) with NRR=1 by 2035

AGE GROUP	1990	1995	2000	2005	2010	2015	2020	2025	2030	2035
TOTAL M+F	12116	14284	16934	19948	23331	26864	30375	33850	37154	40168
MALES										
0-4	1181	1356	1582	1749	1903	2004	2020	2034	1986	1888
5-9	991	1160	1339	1569	1741	1895	1997	2013	2028	1981
10-14	809	980	1151	1333	1565	1737	1891	1993	2010	2025
15-19	664	796	969	1143	1328	1560	1731	1886	1988	2005
20-24	580	640	776	954	1136	1321	1552	1723	1877	1979
25-29	477	549	615	757	947	1129	1312	1542	1713	1866
30-34	343	450	527	598	752	941	1121	1304	1533	1703
35-39	248	322	432	513	593	745	933	1113	1294	1523
40-44	195	233	309	420	506	586	737	923	1101	1282
45-49	145	183	222	298	412	497	575	724	908	1085
50-54	136	136	174	213	289	399	482	560	706	886
55-59	122	126	126	163	202	275	381	462	537	679
60-64	104	110	114	115	150	186	255	355	432	505
65-69	67	88	94	98	101	133	166	229	321	393
70-74	47	52	69	75	80	83	110	139	194	276
75+	45	53	61	77	91	103	113	141	182	251
TOTAL	6155	7233	8560	10075	11795	13593	15377	17140	18810	20327
FEMALES										
0-4	1128	1293	1506	1663	1808	1903	1917	1929	1882	1788
5-9	954	1109	1279	1496	1658	1803	1898	1913	1925	1879
10-14	777	944	1102	1274	1494	1656	1801	1896	1911	1923
15-19	635	767	937	1097	1272	1492	1653	1798	1894	1909
20-24	539	618	755	929	1094	1268	1488	1650	1795	1890
25-29	449	519	604	746	926	1090	1264	1484	1645	1790
30-34	337	432	507	596	743	922	1086	1260	1479	1640
35-39	248	324	423	501	592	739	917	1081	1254	1473
40-44	200	239	317	417	496	588	733	910	1074	1247
45-49	155	193	233	311	411	490	581	725	901	1064
50-54	144	149	187	227	305	403	481	571	714	888
55-59	127	137	143	180	220	296	392	469	557	698
60-64	104	118	129	135	171	210	283	376	452	539
65-69	64	93	106	117	124	158	195	265	354	428
70-74	51	53	78	90	101	108	140	174	239	322
75+	49	61	71	95	121	147	169	210	269	365
TOTAL	5961	7051	8374	9873	11536	13272	14998	16710	18344	19841
BIRTH RATE		42.0	41.1	38.1	35.1	31.8	28.0	25.1	22.1	19.3
DEATH RATE		5.7	5.0	4.3	3.8	3.6	3.5	3.4	3.5	3.7
RATE OF NAT. INC.		3.63	3.61	3.38	3.13	2.82	2.46	2.17	1.86	1.56
NET MIGRATION RATE		-3.4	-2.1	-1.0	.0	.0	.0	.0	.0	.0
GROWTH RATE		3.29	3.40	3.28	3.13	2.82	2.46	2.17	1.86	1.56
TOTAL FERTILITY		6.150	5.850	5.250	4.650	4.050	3.450	2.980	2.574	2.223
NRR		2.786	2.691	2.445	2.186	1.909	1.630	1.412	1.222	1.058
e(0) - BOTH SEXES	67.13	68.66	70.29	71.93	72.69	73.48	74.31	75.16	76.06	
e(15) - BOTH SEXES	55.69	56.57	57.67	58.92	59.54	60.18	60.86	61.57	62.31	
IMR - BOTH SEXES	36.1	29.6	24.1	19.5	17.9	16.3	14.7	13.2	11.6	
q(5) - BOTH SEXES	.0444	.0358	.0288	.0235	.0216	.0198	.0179	.0161	.0142	
DEP. RATIO	103.5	102.8	99.3	93.4	86.0	77.5	69.1	61.9	55.8	50.7

Summary Projection for 25-Year Periods

SYRIAN ARAB REP.

AGE GROUP	1990	2000	2025	2050	2075	2100	2125	2150
TOTAL M+F	12116	16934	33850	48870	59606	63586	64779	65271
MALES								
0-4	1181	1582	2034	2000	1967	1958	1959	1960
5-9	991	1339	2013	1971	1949	1953	1958	1959
10-14	809	1151	1993	1897	1939	1956	1960	1959
15-19	664	969	1886	1879	1951	1963	1961	1958
20-24	580	776	1723	1968	1975	1965	1956	1954
25-29	477	615	1542	2004	1981	1953	1946	1947
30-34	343	527	1304	1978	1947	1930	1937	1942
35-39	248	432	1113	1948	1867	1914	1934	1939
40-44	195	309	923	1831	1839	1916	1934	1934
45-49	145	222	724	1658	1914	1930	1927	1921
50-54	136	174	560	1460	1926	1917	1899	1897
55-59	122	126	462	1199	1862	1853	1851	1863
60-64	104	114	355	978	1777	1731	1796	1823
65-69	67	94	229	754	1589	1638	1738	1766
70-74	47	69	139	526	1328	1597	1657	1672
75+	45	61	141	613	2012	3383	3679	3812
TOTAL	6155	8560	17140	24664	29823	31559	32092	32307
FEMALES								
0-4	1128	1506	1929	1890	1857	1849	1850	1851
5-9	954	1279	1913	1865	1841	1845	1849	1850
10-14	777	1102	1896	1797	1831	1847	1851	1851
15-19	635	937	1798	1783	1843	1855	1853	1851
20-24	539	755	1650	1873	1870	1860	1851	1849
25-29	449	604	1484	1915	1883	1852	1846	1847
30-34	337	507	1260	1897	1856	1835	1841	1846
35-39	248	423	1081	1876	1786	1823	1842	1847
40-44	200	317	910	1771	1767	1831	1847	1846
45-49	155	233	725	1615	1850	1854	1849	1842
50-54	144	187	571	1438	1879	1858	1836	1832
55-59	127	143	469	1202	1844	1820	1811	1821
60-64	104	129	376	1006	1798	1735	1788	1813
65-69	64	106	265	815	1662	1692	1779	1804
70-74	51	78	174	607	1462	1730	1773	1782
75+	49	71	210	856	2754	4739	5222	5432
TOTAL	5961	8374	16710	24206	29783	32027	32687	32964
BIRTH RATE		41.5	30.7	18.5	14.0	12.3	11.9	11.8
DEATH RATE		5.3	3.7	4.0	6.1	9.8	11.2	11.4
NET MIGRATION RATE		-2.7	-.2	.0	.0	.0	.0	.0
GROWTH RATE		3.35	2.77	1.47	.79	.26	.07	.03
TOTAL FERTILITY		5.984	3.878	2.201	2.077	2.072	2.069	2.068
e(0) - BOTH SEXES		67.96	72.80	77.16	81.37	83.28	84.85	85.44
IMR - BOTH SEXES		32.6	18.4	10.0	3.8	2.8	2.2	2.1

TAIWAN, CHINA

Projection (thousands) with NRR=1 by 2030

AGE GROUP	1990	1995	2000	2005	2010	2015	2020	2025	2030	2035
TOTAL M+F	20242	21137	21960	22766	23571	24301	24919	25440	25860	26115
MALES										
0-4	877	789	782	799	821	814	791	778	787	798
5-9	1057	871	783	777	794	818	811	789	777	786
10-14	997	1053	866	780	774	792	816	810	789	776
15-19	904	990	1047	862	776	771	790	814	809	788
20-24	951	893	979	1037	854	770	767	786	812	807
25-29	980	937	880	967	1026	846	764	762	783	809
30-34	934	967	924	869	958	1018	839	759	758	779
35-39	843	922	955	914	860	950	1010	834	755	755
40-44	570	831	909	943	904	852	941	1002	828	750
45-49	437	558	816	894	929	892	841	930	992	820
50-54	420	425	543	796	874	910	874	825	913	974
55-59	399	401	407	523	768	846	881	848	801	889
60-64	422	371	375	383	495	730	806	842	812	769
65-69	312	376	334	341	352	457	676	749	786	761
70-74	188	259	317	286	297	308	403	600	670	707
75+	169	223	309	406	443	476	509	610	836	1030
TOTAL	10459	10865	11227	11577	11927	12248	12519	12738	12907	12998
FEMALES										
0-4	838	753	746	761	783	776	754	741	750	761
5-9	1013	832	747	741	757	780	773	752	741	749
10-14	933	1009	828	744	739	755	778	772	752	740
15-19	853	927	1004	824	740	736	753	777	772	752
20-24	898	843	918	995	817	735	732	751	776	771
25-29	938	886	832	908	987	811	731	730	750	775
30-34	900	927	876	824	901	982	807	728	728	749
35-39	813	891	919	869	818	896	977	804	727	726
40-44	546	805	882	911	863	813	891	973	801	724
45-49	420	539	795	874	904	856	807	885	967	797
50-54	411	413	530	784	863	893	847	799	877	959
55-59	354	401	403	519	770	848	879	834	788	866
60-64	299	339	386	390	505	750	828	859	817	773
65-69	229	279	319	367	373	484	722	799	831	793
70-74	156	204	252	292	339	347	453	679	755	789
75+	182	226	296	386	484	590	668	817	1121	1394
TOTAL	9783	10273	10733	11189	11644	12052	12400	12701	12953	13118
BIRTH RATE		15.1	14.3	14.1	14.0	13.4	12.6	12.1	12.0	12.1
DEATH RATE		5.4	5.8	6.1	6.4	6.9	7.3	7.9	8.8	10.1
RATE OF NAT. INC.		.96	.86	.80	.75	.65	.53	.43	.33	.20
NET MIGRATION RATE		-1.0	-.9	-.7	-.6	-.4	-.3	-.1	.0	.0
GROWTH RATE		.87	.76	.72	.70	.61	.50	.41	.33	.20
TOTAL FERTILITY		1.750	1.750	1.750	1.813	1.873	1.932	1.990	2.045	2.067
NRR		.842	.843	.844	.875	.905	.934	.962	.989	1.000
e(0) - BOTH SEXES	74.95	75.98	77.04	78.10	78.58	79.08	79.59	80.11	80.65	
e(15) - BOTH SEXES	60.67	61.60	62.60	63.62	64.09	64.56	65.06	65.56	66.08	
IMR - BOTH SEXES	6.0	5.2	4.6	4.2	4.1	3.9	3.7	3.6	3.4	
q(5) - BOTH SEXES	.0078	.0069	.0063	.0058	.0056	.0054	.0052	.0050	.0048	
DEP. RATIO	52.3	48.2	42.8	41.5	41.9	43.8	48.6	53.8	59.0	62.9

Summary Projection for 25-Year Periods

TAIWAN, CHINA

AGE GROUP	1990	2000	2025	2050	2075	2100	2125	2150
TOTAL M+F	20242	21960	25440	26263	26085	26287	26526	26650
MALES								
0-4	877	782	778	791	794	793	793	793
5-9	1057	783	789	796	794	793	792	792
10-14	997	866	810	799	794	792	792	792
15-19	904	1047	814	796	790	790	791	791
20-24	951	979	786	783	786	789	790	790
25-29	980	880	762	771	785	789	789	788
30-34	934	924	759	780	788	788	786	786
35-39	843	955	834	797	789	785	784	784
40-44	570	909	1002	797	783	778	780	781
45-49	437	816	930	765	766	771	775	777
50-54	420	543	825	732	747	764	769	770
55-59	399	407	848	715	743	756	758	758
60-64	422	375	842	761	741	740	740	741
65-69	312	334	749	869	714	709	712	716
70-74	188	317	600	742	643	656	670	678
75+	169	309	610	1308	1417	1472	1548	1587
TOTAL	10459	11227	12738	12999	12872	12964	13070	13125
FEMALES								
0-4	838	746	741	754	756	756	756	756
5-9	1013	747	752	759	757	756	755	755
10-14	933	828	772	762	757	755	755	755
15-19	853	1004	777	760	754	754	755	755
20-24	898	918	751	748	751	754	755	755
25-29	938	832	730	739	752	755	755	755
30-34	900	876	728	749	756	756	755	754
35-39	813	919	804	768	759	754	753	753
40-44	546	882	973	770	755	750	752	753
45-49	420	795	885	742	742	746	751	752
50-54	411	530	799	716	730	745	750	750
55-59	354	403	834	708	735	746	748	748
60-64	299	386	859	771	747	744	743	743
65-69	229	319	799	912	740	733	734	737
70-74	156	252	679	800	697	708	721	728
75+	182	296	817	1807	2025	2109	2221	2276
TOTAL	9783	10733	12701	13264	13213	13322	13456	13524
BIRTH RATE		14.7	13.2	12.0	11.9	11.9	11.7	11.7
DEATH RATE		5.6	6.9	10.7	12.1	11.6	11.4	11.5
NET MIGRATION RATE		-.9	-.4	.0	.0	.0	.0	.0
GROWTH RATE		.81	.59	.13	-.03	.03	.04	.02
TOTAL FERTILITY		1.752	1.869	2.061	2.061	2.059	2.058	2.057
e(0) - BOTH SEXES		75.48	78.51	81.22	83.67	84.74	85.58	85.91
IMR - BOTH SEXES		5.6	4.1	3.3	2.6	2.3	2.0	2.0

TAJIKISTAN

Projection (thousands) with NRR=1 by 2025

AGE GROUP	1990	1995	2000	2005	2010	2015	2020	2025	2030	2035
TOTAL M+F	5303	6002	6774	7666	8618	9573	10470	11270	12034	12802
MALES										
0-4	493	488	495	529	566	576	554	515	516	540
5-9	400	479	478	491	525	562	573	551	512	513
10-14	312	392	474	476	489	524	561	572	550	511
15-19	261	305	388	472	474	487	522	559	570	548
20-24	227	250	298	386	469	472	485	519	556	568
25-29	192	213	242	296	383	466	469	482	517	554
30-34	186	180	206	241	295	381	464	467	480	514
35-39	137	176	174	205	239	292	378	461	464	477
40-44	100	130	171	172	203	236	289	375	456	460
45-49	60	95	126	168	169	199	232	285	369	450
50-54	68	57	91	122	164	165	194	227	278	361
55-59	69	64	53	87	116	156	158	186	218	268
60-64	56	63	59	49	80	108	146	148	175	206
65-69	44	49	56	52	44	72	97	132	134	160
70-74	19	36	40	46	43	36	60	82	113	116
75+	22	24	38	47	56	60	57	75	103	143
TOTAL	2645	3001	3390	3839	4315	4793	5240	5635	6011	6388
FEMALES										
0-4	472	471	478	510	545	554	532	494	495	517
5-9	389	459	463	474	507	542	552	530	493	493
10-14	305	382	455	461	473	506	541	551	530	492
15-19	255	297	378	454	460	472	505	540	550	529
20-24	225	242	291	377	453	459	472	505	540	550
25-29	199	210	235	290	376	452	458	471	504	539
30-34	189	187	204	234	289	375	451	457	469	502
35-39	140	181	183	203	233	288	373	449	456	468
40-44	104	135	177	182	202	232	287	372	447	454
45-49	58	101	132	176	180	200	230	284	369	444
50-54	62	56	98	130	173	178	198	227	281	365
55-59	72	60	54	96	127	169	174	194	223	276
60-64	63	68	57	52	93	123	164	169	189	218
65-69	53	58	64	54	49	88	117	157	162	182
70-74	33	46	52	57	49	45	81	108	146	152
75+	40	47	63	78	92	95	94	126	171	233
TOTAL	2658	3001	3383	3828	4303	4780	5231	5636	6024	6413
BIRTH RATE		36.2	32.2	30.0	28.3	25.7	22.3	19.1	17.7	17.4
DEATH RATE		6.1	5.6	5.3	4.9	4.6	4.4	4.3	4.6	5.0
RATE OF NAT. INC.		3.01	2.66	2.48	2.34	2.10	1.79	1.47	1.31	1.24
NET MIGRATION RATE		-5.3	-2.4	.0	.0	.0	.0	.0	.0	.0
GROWTH RATE		2.48	2.42	2.48	2.34	2.10	1.79	1.47	1.31	1.24
TOTAL FERTILITY		5.050	4.525	4.000	3.475	3.001	2.591	2.237	2.110	2.102
NRR		2.283	2.066	1.848	1.623	1.406	1.219	1.057	1.000	1.000
e(0) - BOTH SEXES		69.32	70.38	71.58	72.89	73.65	74.43	75.24	76.06	76.91
e(15) - BOTH SEXES		59.63	60.11	60.54	61.14	61.64	62.15	62.69	63.23	63.80
IMR - BOTH SEXES		49.0	44.1	37.7	31.3	28.5	25.7	23.0	20.2	17.4
q(5) - BOTH SEXES		.0637	.0562	.0468	.0381	.0348	.0315	.0281	.0248	.0215
DEP. RATIO	94.8	95.5	87.2	74.6	66.4	61.9	57.4	52.8	48.4	46.3

Summary Projection for 25-Year Periods

TAJIKISTAN

AGE GROUP	1990	2000	2025	2050	2075	2100	2125	2150
TOTAL M+F	5303	6774	11270	14877	16967	17596	17936	18086
MALES								
0-4	493	495	515	540	543	542	540	540
5-9	400	478	551	549	544	540	540	540
10-14	312	474	572	551	540	538	539	540
15-19	261	388	559	536	534	537	539	540
20-24	227	298	519	510	530	538	539	539
25-29	192	242	482	506	535	539	538	537
30-34	186	206	467	541	543	539	536	535
35-39	137	174	461	559	542	533	532	533
40-44	100	171	375	544	525	524	529	532
45-49	60	126	285	501	496	518	527	529
50-54	68	91	227	458	486	517	524	524
55-59	69	53	186	431	509	516	516	515
60-64	56	59	148	407	510	502	500	502
65-69	44	56	132	308	471	467	475	483
70-74	19	40	82	209	400	413	444	457
75+	22	38	75	249	664	891	1002	1049
TOTAL	2645	3390	5635	7401	8372	8654	8822	8895
FEMALES								
0-4	472	478	494	516	518	517	516	515
5-9	389	463	530	526	519	516	515	515
10-14	305	455	551	528	516	514	515	515
15-19	255	378	540	515	510	513	515	515
20-24	225	291	505	492	508	514	516	515
25-29	199	235	471	490	514	517	516	515
30-34	189	204	457	526	524	518	515	514
35-39	140	183	449	546	525	514	513	513
40-44	104	177	372	534	511	507	511	513
45-49	58	132	284	497	486	504	512	513
50-54	62	98	227	459	482	508	513	512
55-59	72	54	194	441	513	515	512	510
60-64	63	57	169	425	527	512	505	505
65-69	53	64	157	342	506	492	494	500
70-74	33	52	108	249	456	458	484	494
75+	40	63	126	388	979	1323	1466	1524
TOTAL	2658	3383	5636	7476	8596	8942	9115	9190
BIRTH RATE		34.1	24.5	16.4	13.2	12.2	11.9	11.8
DEATH RATE		5.9	4.7	5.4	8.0	10.8	11.1	11.4
NET MIGRATION RATE		-3.7	.0	.0	.0	.0	.0	.0
GROWTH RATE		2.45	2.04	1.11	.53	.15	.08	.03
TOTAL FERTILITY		4.773	2.942	2.094	2.065	2.060	2.057	2.057
e(0) - BOTH SEXES		69.89	73.74	77.90	81.73	83.51	84.97	85.52
IMR - BOTH SEXES		46.6	29.3	14.5	3.8	2.7	2.2	2.1

TANZANIA

Projection (thousands) with NRR=1 by 2035

AGE GROUP	1990	1995	2000	2005	2010	2015	2020	2025	2030	2035
TOTAL M+F	24470	28463	32855	37597	42816	48165	53438	58595	63470	67887
MALES										
0-4	2293	2654	3029	3331	3577	3697	3718	3709	3616	3422
5-9	1878	2164	2513	2896	3230	3478	3604	3634	3635	3553
10-14	1467	1838	2117	2466	2854	3187	3436	3564	3598	3604
15-19	1239	1437	1796	2069	2416	2802	3134	3384	3517	3556
20-24	1102	1201	1386	1730	1999	2341	2723	3055	3308	3448
25-29	708	1061	1148	1320	1653	1918	2255	2633	2966	3225
30-34	660	680	1010	1089	1258	1582	1843	2177	2552	2886
35-39	447	631	644	954	1033	1198	1514	1772	2102	2476
40-44	493	424	593	602	896	976	1138	1445	1700	2027
45-49	368	463	393	546	559	836	916	1074	1372	1623
50-54	349	340	421	356	498	513	772	851	1004	1291
55-59	213	315	302	371	316	445	462	700	777	924
60-64	218	185	268	254	316	271	386	403	617	690
65-69	140	178	147	210	202	254	221	317	335	518
70-74	93	103	126	102	150	146	186	164	240	257
75+	101	99	98	107	101	129	142	176	180	235
TOTAL	11768	13772	15992	18404	21058	23774	26448	29058	31518	33734
FEMALES										
0-4	2276	2624	2992	3284	3516	3634	3654	3646	3554	3363
5-9	1968	2159	2497	2875	3198	3432	3556	3585	3585	3504
10-14	1553	1928	2114	2452	2836	3158	3394	3521	3554	3558
15-19	1270	1522	1884	2065	2402	2784	3106	3345	3476	3515
20-24	1218	1237	1475	1820	2002	2336	2714	3037	3280	3419
25-29	778	1180	1189	1411	1748	1930	2260	2636	2962	3210
30-34	788	750	1126	1129	1346	1675	1857	2185	2560	2888
35-39	584	755	710	1061	1069	1281	1602	1785	2111	2485
40-44	626	556	710	664	998	1011	1218	1532	1716	2040
45-49	421	593	521	661	621	938	956	1158	1465	1651
50-54	392	395	549	479	611	578	879	901	1098	1397
55-59	229	361	358	493	433	557	531	813	839	1030
60-64	215	203	314	307	428	380	493	475	734	766
65-69	177	180	165	250	249	352	317	417	407	639
70-74	100	135	131	117	182	184	266	244	328	327
75+	110	112	126	125	120	163	187	258	282	361
TOTAL	12702	14691	16863	19193	21758	24392	26991	29537	31952	34153
BIRTH RATE		45.0	44.1	41.5	38.0	34.5	30.9	27.8	24.8	21.7
DEATH RATE		14.9	15.4	14.5	12.0	11.0	10.1	9.4	8.8	8.2
RATE OF NAT. INC.		3.02	2.87	2.70	2.60	2.35	2.08	1.84	1.60	1.35
NET MIGRATION RATE		.1	.0	.0	.0	.0	.0	.0	.0	.0
GROWTH RATE		3.02	2.87	2.70	2.60	2.35	2.08	1.84	1.60	1.35
TOTAL FERTILITY		6.250	6.060	5.570	4.970	4.370	3.770	3.234	2.775	2.381
NRR		2.322	2.231	2.095	1.976	1.775	1.561	1.367	1.195	1.044
e(0) - BOTH SEXES		50.76	49.01	49.43	52.64	54.21	55.87	57.61	59.45	61.40
e(15) - BOTH SEXES		46.75	44.08	42.94	44.17	45.39	46.67	48.03	49.46	50.97
IMR - BOTH SEXES		91.6	87.5	76.0	58.4	54.5	50.6	46.6	42.7	38.8
q(5) - BOTH SEXES		.1484	.1410	.1202	.0891	.0826	.0761	.0695	.0629	.0564
DEP. RATIO	98.7	99.2	95.6	94.0	89.4	82.8	73.7	65.7	58.1	52.4

Summary Projection for 25-Year Periods

TANZANIA

AGE GROUP	1990	2000	2025	2050	2075	2100	2125	2150
TOTAL M+F	24470	32855	58595	81211	99320	108181	113264	115830
MALES								
0-4	2293	3029	3709	3557	3501	3498	3503	3503
5-9	1878	2513	3634	3505	3461	3481	3500	3501
10-14	1467	2117	3564	3390	3426	3475	3502	3502
15-19	1239	1796	3384	3327	3412	3478	3503	3500
20-24	1102	1386	3055	3459	3459	3476	3492	3492
25-29	708	1148	2633	3470	3474	3451	3468	3479
30-34	660	1010	2177	3385	3424	3405	3443	3467
35-39	447	644	1772	3256	3293	3356	3423	3458
40-44	493	593	1445	3020	3205	3322	3409	3444
45-49	368	393	1074	2661	3292	3342	3387	3416
50-54	349	421	851	2222	3232	3306	3326	3361
55-59	213	302	700	1743	3037	3172	3219	3283
60-64	218	268	403	1305	2744	2925	3082	3185
65-69	140	147	317	935	2305	2664	2917	3053
70-74	93	126	164	567	1732	2457	2728	2850
75+	101	98	176	509	1858	4067	5367	6029
TOTAL	11768	15992	29058	40311	48855	52874	55268	56525
FEMALES								
0-4	2276	2992	3646	3496	3429	3407	3404	3404
5-9	1968	2497	3585	3455	3400	3396	3401	3403
10-14	1553	2114	3521	3346	3373	3396	3404	3404
15-19	1270	1884	3345	3290	3370	3407	3407	3404
20-24	1218	1475	3037	3430	3427	3418	3406	3401
25-29	778	1189	2636	3453	3455	3409	3396	3396
30-34	788	1126	2185	3378	3415	3377	3384	3392
35-39	584	710	1785	3255	3294	3343	3378	3391
40-44	626	710	1532	3028	3219	3328	3381	3388
45-49	421	521	1158	2692	3326	3367	3381	3379
50-54	392	549	901	2280	3302	3365	3355	3357
55-59	229	358	813	1825	3160	3281	3297	3326
60-64	215	314	475	1415	2943	3101	3226	3293
65-69	177	165	417	1112	2590	2933	3157	3256
70-74	100	131	244	721	2089	2868	3105	3189
75+	110	126	258	725	2673	5911	7914	8920
TOTAL	12702	16863	29537	40900	50466	55306	57996	59305
BIRTH RATE		44.5	33.8	20.8	15.4	13.4	12.5	12.1
DEATH RATE		15.2	11.1	7.8	7.5	10.0	10.7	11.2
NET MIGRATION RATE		.0	.0	.0	.0	.0	.0	.0
GROWTH RATE		2.95	2.31	1.31	.81	.34	.18	.09
TOTAL FERTILITY		6.151	4.210	2.333	2.086	2.060	2.044	2.041
e(0) - BOTH SEXES		49.82	54.40	63.86	73.57	78.17	82.31	83.85
IMR - BOTH SEXES		89.4	57.0	34.9	18.0	9.5	3.3	2.6

THAILAND

Projection (thousands) with NRR=1 by 1995

AGE GROUP	1990	1995	2000	2005	2010	2015	2020	2025	2030	2035
TOTAL M+F	56303	60460	64543	68422	71957	75183	78091	80787	83314	85626
MALES										
0-4	3038	2896	3043	3176	3191	3116	3051	3046	3084	3115
5-9	3268	3019	2879	3027	3163	3178	3106	3041	3038	3076
10-14	3185	3257	3009	2870	3017	3154	3171	3099	3036	3033
15-19	3158	3169	3239	2991	2853	3002	3139	3158	3088	3026
20-24	3074	3130	3137	3203	2958	2824	2974	3113	3134	3067
25-29	2623	3039	3090	3092	3157	2918	2789	2941	3082	3106
30-34	2232	2591	2998	3042	3044	3111	2880	2756	2909	3052
35-39	1815	2200	2550	2944	2986	2992	3063	2839	2721	2877
40-44	1393	1781	2154	2490	2874	2921	2931	3006	2792	2680
45-49	1115	1355	1729	2084	2408	2786	2838	2856	2936	2733
50-54	978	1069	1296	1647	1985	2301	2671	2730	2756	2843
55-59	779	916	999	1206	1532	1855	2161	2520	2589	2626
60-64	606	705	826	896	1080	1383	1687	1980	2327	2409
65-69	415	520	602	700	758	925	1198	1479	1756	2087
70-74	270	327	407	467	543	599	743	979	1229	1484
75+	263	304	359	432	504	604	707	882	1167	1533
TOTAL	28213	30277	32318	34268	36052	37668	39109	40426	41644	42748
FEMALES										
0-4	2921	2782	2922	3048	3056	2984	2919	2913	2948	2976
5-9	3150	2908	2771	2911	3039	3048	2977	2913	2908	2943
10-14	3083	3143	2902	2764	2905	3034	3043	2973	2910	2905
15-19	3045	3073	3132	2889	2752	2893	3023	3034	2965	2904
20-24	2972	3030	3054	3106	2864	2731	2873	3005	3019	2952
25-29	2566	2952	3004	3019	3069	2833	2704	2849	2983	2999
30-34	2238	2547	2923	2965	2977	3030	2801	2677	2824	2961
35-39	1832	2217	2516	2878	2917	2933	2990	2768	2649	2799
40-44	1387	1809	2183	2469	2821	2864	2885	2946	2732	2620
45-49	1131	1363	1771	2129	2405	2755	2803	2830	2896	2691
50-54	1047	1102	1322	1711	2054	2327	2673	2727	2761	2834
55-59	858	1007	1053	1257	1624	1958	2228	2570	2633	2677
60-64	671	807	940	976	1162	1512	1835	2101	2439	2515
65-69	472	607	723	834	863	1039	1365	1674	1937	2271
70-74	333	398	506	594	683	720	881	1178	1468	1726
75+	384	438	505	604	712	853	980	1203	1598	2105
TOTAL	28090	30183	32226	34154	35904	37514	38981	40361	41670	42879
BIRTH RATE		20.0	19.6	19.2	18.1	16.9	15.8	15.2	14.9	14.6
DEATH RATE		5.7	6.4	7.4	8.0	8.0	8.2	8.4	8.7	9.1
RATE OF NAT. INC.		1.44	1.32	1.18	1.01	.88	.76	.68	.62	.55
NET MIGRATION RATE		-.1	-.1	-.1	-.1	-.0	-.0	-.0	.0	.0
GROWTH RATE		1.42	1.31	1.17	1.01	.88	.76	.68	.62	.55
TOTAL FERTILITY		2.210	2.147	2.156	2.145	2.137	2.129	2.120	2.112	2.104
NRR		1.031	1.000	1.000	1.000	1.000	1.000	1.000	1.000	1.000
e(0) - BOTH SEXES		69.25	68.53	67.56	67.83	68.89	70.02	71.21	72.47	73.81
e(15) - BOTH SEXES		56.79	55.87	54.70	54.44	55.39	56.41	57.49	58.64	59.86
IMR - BOTH SEXES		26.0	24.0	21.9	15.8	14.6	13.3	12.0	10.8	9.5
q(5) - BOTH SEXES		.0311	.0287	.0262	.0192	.0177	.0162	.0148	.0133	.0118
DEP. RATIO	58.5	51.7	47.0	45.6	45.3	44.8	44.8	45.8	48.2	51.9

THAILAND
Summary Projection for 25-Year Periods

AGE GROUP	1990	2000	2025	2050	2075	2100	2125	2150
TOTAL M+F	56303	64543	80787	91095	97734	100844	102579	103351
MALES								
0-4	3038	3043	3046	3072	3088	3088	3086	3085
5-9	3268	2879	3041	3085	3092	3086	3083	3083
10-14	3185	3009	3099	3105	3092	3083	3082	3082
15-19	3158	3239	3158	3100	3078	3077	3079	3081
20-24	3074	3137	3113	3052	3059	3071	3075	3076
25-29	2623	3090	2941	2991	3046	3066	3069	3068
30-34	2232	2998	2756	2969	3051	3063	3061	3059
35-39	1815	2550	2839	2999	3058	3053	3049	3050
40-44	1393	2154	3006	3024	3035	3026	3033	3038
45-49	1115	1729	2856	2946	2970	2992	3013	3021
50-54	978	1296	2730	2730	2878	2952	2984	2992
55-59	779	999	2520	2478	2801	2909	2941	2946
60-64	606	826	1980	2429	2746	2844	2869	2878
65-69	415	602	1479	2382	2643	2717	2751	2774
70-74	270	407	979	2003	2390	2497	2577	2620
75+	263	359	882	2925	4310	5233	5797	6046
TOTAL	28213	32318	40426	45291	48337	49756	50550	50900
FEMALES								
0-4	2921	2922	2913	2931	2943	2944	2942	2941
5-9	3150	2771	2913	2947	2948	2943	2940	2939
10-14	3083	2902	2973	2968	2948	2940	2939	2939
15-19	3045	3132	3034	2967	2936	2936	2938	2939
20-24	2972	3054	3005	2930	2925	2934	2938	2939
25-29	2566	3004	2849	2882	2922	2937	2939	2938
30-34	2238	2923	2677	2869	2935	2940	2937	2935
35-39	1832	2516	2768	2907	2951	2937	2932	2932
40-44	1387	2183	2946	2944	2942	2920	2925	2928
45-49	1131	1771	2830	2890	2895	2902	2918	2925
50-54	1047	1322	2727	2707	2832	2889	2913	2919
55-59	858	1053	2570	2498	2796	2885	2905	2907
60-64	671	940	2101	2513	2800	2877	2885	2888
65-69	472	723	1674	2560	2786	2833	2844	2861
70-74	333	506	1178	2285	2655	2731	2786	2820
75+	384	505	1203	4005	6181	7541	8348	8699
TOTAL	28090	32226	40361	45804	49397	51088	52029	52451
BIRTH RATE		19.8	17.0	14.1	12.8	12.2	11.9	11.7
DEATH RATE		6.1	8.0	9.4	10.0	10.9	11.2	11.4
NET MIGRATION RATE		-.1	-.0	.0	.0	.0	.0	.0
GROWTH RATE		1.37	.90	.48	.28	.13	.07	.03
TOTAL FERTILITY		2.176	2.137	2.096	2.065	2.061	2.058	2.058
e(0) - BOTH SEXES		68.88	69.18	75.40	81.95	83.78	85.11	85.61
IMR - BOTH SEXES		25.0	15.6	8.2	3.3	2.6	2.2	2.0

TOGO

Projection (thousands) with NRR=1 by 2040

AGE GROUP	1990	1995	2000	2005	2010	2015	2020	2025	2030	2035
TOTAL M+F	3638	4266	5001	5815	6721	7680	8636	9548	10458	11335
MALES										
0-4	375	396	460	509	563	599	606	594	602	597
5-9	282	356	380	444	497	550	587	596	585	594
10-14	211	277	350	374	439	492	545	582	591	594
15-19	180	208	272	345	369	434	486	539	577	586
20-24	150	176	203	266	337	361	426	478	531	569
25-29	112	146	171	197	258	328	353	416	468	522
30-34	83	109	141	165	190	251	320	344	408	460
35-39	65	80	105	136	160	185	244	311	337	399
40-44	61	63	77	101	131	154	178	236	303	328
45-49	61	58	59	73	96	125	148	172	228	293
50-54	51	57	55	56	69	90	118	140	164	218
55-59	40	47	53	50	51	64	84	110	131	154
60-64	32	36	42	47	45	46	57	76	100	120
65-69	25	27	30	35	40	38	39	49	66	87
70-74	18	19	21	23	27	31	30	31	39	53
75+	16	19	21	23	26	30	35	36	39	46
TOTAL	1763	2074	2439	2845	3297	3777	4255	4712	5168	5607
FEMALES										
0-4	371	391	453	501	552	587	594	582	589	583
5-9	281	354	377	440	491	542	577	585	574	583
10-14	228	276	349	372	436	486	538	573	582	571
15-19	192	225	272	344	368	431	482	533	569	578
20-24	160	189	221	268	339	362	425	476	527	564
25-29	133	157	184	216	262	332	356	419	470	521
30-34	111	130	153	180	210	256	326	349	412	463
35-39	91	108	126	148	175	205	250	319	343	406
40-44	75	88	104	122	143	169	200	244	312	337
45-49	61	72	85	100	117	138	164	194	238	305
50-54	49	58	69	81	96	112	133	158	187	231
55-59	39	46	55	64	76	90	106	126	151	180
60-64	31	36	42	50	59	70	83	99	118	142
65-69	22	27	31	36	43	52	62	74	89	107
70-74	15	18	22	25	29	35	43	51	63	76
75+	14	17	20	24	29	35	43	53	66	83
TOTAL	1875	2192	2562	2970	3423	3903	4381	4836	5290	5728
BIRTH RATE		44.6	43.4	40.5	37.9	34.9	31.0	27.1	24.9	22.5
DEATH RATE		12.8	11.6	10.4	9.0	8.2	7.6	7.0	6.7	6.4
RATE OF NAT. INC.		3.18	3.18	3.01	2.90	2.67	2.35	2.01	1.82	1.61
NET MIGRATION RATE		.0	.0	.0	.0	.0	.0	.0	.0	.0
GROWTH RATE		3.18	3.18	3.02	2.90	2.67	2.35	2.01	1.82	1.61
TOTAL FERTILITY		6.500	6.200	5.600	5.000	4.400	3.800	3.200	2.844	2.528
NRR		2.517	2.471	2.298	2.127	1.901	1.663	1.420	1.278	1.151
e(0) - BOTH SEXES		54.96	56.15	57.53	59.72	61.05	62.44	63.87	65.36	66.91
e(15) - BOTH SEXES		50.64	50.28	50.14	50.75	51.67	52.62	53.61	54.64	55.71
IMR - BOTH SEXES		85.0	74.0	62.8	50.7	46.6	42.5	38.4	34.3	30.1
q(5) - BOTH SEXES		.1364	.1166	.0968	.0757	.0694	.0631	.0567	.0504	.0440
DEP. RATIO	104.6	104.4	101.0	93.4	89.3	82.7	74.9	66.3	59.1	53.7

Summary Projection for 25-Year Periods

TOGO

AGE GROUP	1990	2000	2025	2050	2075	2100	2125	2150
TOTAL M+F	3638	5001	9548	13713	16838	18341	19079	19417
MALES								
0-4	375	460	594	587	582	582	583	583
5-9	282	380	596	573	579	582	583	583
10-14	211	350	582	568	580	582	583	583
15-19	180	272	539	584	581	582	582	582
20-24	150	203	478	582	582	580	581	581
25-29	112	171	416	565	576	575	578	579
30-34	83	141	344	566	562	571	576	578
35-39	65	105	311	546	553	569	575	576
40-44	61	77	236	498	565	567	572	573
45-49	61	59	172	433	558	565	566	569
50-54	51	55	140	368	531	551	556	561
55-59	40	53	110	292	515	524	543	551
60-64	32	42	76	247	470	498	526	537
65-69	25	30	49	168	393	479	504	516
70-74	18	21	31	103	297	429	469	481
75+	16	21	36	103	348	731	947	1048
TOTAL	1763	2439	4712	6783	8273	8969	9322	9479
FEMALES								
0-4	371	453	582	572	567	566	566	567
5-9	281	377	585	560	564	566	566	566
10-14	228	349	573	556	565	567	567	566
15-19	192	272	533	574	568	568	566	566
20-24	160	221	476	575	571	567	566	566
25-29	133	184	419	561	567	564	565	565
30-34	111	153	349	565	555	561	564	565
35-39	91	126	319	548	550	561	564	565
40-44	75	104	244	504	565	562	564	564
45-49	61	85	194	444	562	563	561	562
50-54	49	69	158	384	542	555	556	559
55-59	39	55	126	312	537	538	550	556
60-64	31	42	99	274	507	523	545	552
65-69	22	31	74	196	446	524	538	546
70-74	15	22	51	139	365	499	526	534
75+	14	20	53	164	534	1089	1392	1540
TOTAL	1875	2562	4836	6930	8565	9372	9757	9937
BIRTH RATE		43.9	33.4	20.5	15.1	13.1	12.3	12.0
DEATH RATE		12.1	8.2	6.3	7.0	9.7	10.7	11.3
NET MIGRATION RATE		.0	.0	.0	.0	.0	.0	.0
GROWTH RATE		3.18	2.59	1.45	.82	.34	.16	.07
TOTAL FERTILITY		6.338	4.207	2.351	2.069	2.052	2.042	2.040
e(0) - BOTH SEXES		55.60	61.32	68.82	76.12	79.86	83.19	84.41
IMR - BOTH SEXES		79.1	47.8	26.1	9.5	5.5	2.8	2.4

TONGA

Projection (thousands) with NRR=1 by 2010

AGE GROUP	1990	1995	2000	2005	2010	2015	2020	2025	2030	2035
TOTAL M+F	91	95	99	102	105	108	113	119	125	130
MALES										
0-4	6	6	6	5	5	5	5	5	5	5
5-9	5	6	6	6	5	4	5	5	5	5
10-14	5	5	6	6	6	5	4	5	5	5
15-19	6	5	5	6	6	5	5	4	4	5
20-24	5	6	5	5	5	6	5	5	4	4
25-29	4	5	5	4	4	5	5	5	5	4
30-34	3	4	4	5	4	4	5	5	5	5
35-39	2	2	4	4	5	4	4	5	5	5
40-44	1	2	2	3	4	5	4	4	5	5
45-49	2	1	1	2	3	4	4	4	4	5
50-54	2	2	1	1	2	3	4	4	4	4
55-59	2	2	1	1	1	2	3	3	4	3
60-64	1	2	1	1	1	1	2	3	3	4
65-69	1	1	1	1	1	0	1	1	2	3
70-74	0	1	1	1	1	1	0	1	1	2
75+	0	0	1	1	1	1	1	1	1	2
TOTAL	46	48	50	52	53	55	57	60	63	66
FEMALES										
0-4	6	6	6	5	4	4	5	5	5	5
5-9	5	6	6	5	5	4	4	5	5	5
10-14	4	5	6	6	5	5	4	4	5	5
15-19	5	4	5	5	6	5	5	4	4	5
20-24	5	5	4	4	5	5	5	4	4	4
25-29	4	5	4	3	4	5	5	5	4	4
30-34	3	3	4	4	3	4	5	5	5	4
35-39	2	2	3	4	4	3	4	5	5	5
40-44	2	2	2	3	4	4	3	4	5	5
45-49	2	2	1	2	3	4	4	3	4	5
50-54	2	2	2	1	2	3	4	4	3	4
55-59	2	2	2	2	1	2	2	4	4	3
60-64	1	2	2	2	1	1	2	2	4	3
65-69	1	1	1	1	1	1	1	2	2	3
70-74	1	1	1	1	1	1	1	1	2	2
75+	1	1	1	1	2	2	2	2	2	3
TOTAL	45	47	49	50	52	54	56	59	62	65
BIRTH RATE	28.3	25.0	20.7	17.8	17.4	17.8	17.2	15.8	14.6	
DEATH RATE	7.1	6.4	5.9	5.6	6.0	6.1	6.1	6.0	6.3	
RATE OF NAT. INC.	2.12	1.85	1.48	1.23	1.14	1.17	1.11	.99	.83	
NET MIGRATION RATE	-12.9	-10.3	-8.4	-6.6	-4.9	-2.9	-1.4	.0	.0	
GROWTH RATE	.83	.82	.64	.57	.65	.88	.97	.99	.83	
TOTAL FERTILITY	3.600	3.067	2.614	2.227	2.089	2.086	2.083	2.081	2.078	
NRR	1.669	1.448	1.244	1.065	1.000	1.000	1.000	1.000	1.000	
e(0) - BOTH SEXES	67.86	69.95	71.95	73.77	74.45	75.16	75.89	76.65	77.44	
e(15) - BOTH SEXES	54.92	56.65	58.38	60.00	60.60	61.23	61.88	62.56	63.27	
IMR - BOTH SEXES	21.0	16.7	13.4	11.0	10.2	9.4	8.7	7.9	7.1	
q(5) - BOTH SEXES	.0252	.0202	.0164	.0136	.0127	.0118	.0109	.0100	.0091	
DEP. RATIO	68.9	69.4	70.2	63.6	54.6	46.5	43.6	44.5	47.1	50.3

TONGA
Summary Projection for 25-Year Periods

AGE GROUP	1990	2000	2025	2050	2075	2100	2125	2150
TOTAL M+F	91	99	119	142	153	157	159	160
MALES								
0-4	6	6	5	5	5	5	5	5
5-9	5	6	5	5	5	5	5	5
10-14	5	6	5	5	5	5	5	5
15-19	6	5	4	5	5	5	5	5
20-24	5	5	5	5	5	5	5	5
25-29	4	5	5	5	5	5	5	5
30-34	3	4	5	5	5	5	5	5
35-39	2	4	5	4	5	5	5	5
40-44	1	2	4	4	5	5	5	5
45-49	2	1	4	5	5	5	5	5
50-54	2	1	4	5	5	5	5	5
55-59	2	1	3	5	5	4	5	5
60-64	1	1	3	4	4	4	4	4
65-69	1	1	1	3	4	4	4	4
70-74	0	1	1	3	4	4	4	4
75+	0	1	1	4	8	8	9	9
TOTAL	46	50	60	71	75	77	78	79
FEMALES								
0-4	6	6	5	5	5	5	5	5
5-9	5	6	5	5	5	5	5	5
10-14	4	6	4	4	5	5	5	5
15-19	5	5	4	4	5	5	5	5
20-24	5	4	4	5	5	5	5	5
25-29	4	4	5	5	5	5	5	5
30-34	3	4	5	5	4	5	5	5
35-39	2	3	5	4	4	5	5	5
40-44	2	2	4	4	4	5	5	5
45-49	2	1	3	4	5	5	5	5
50-54	2	2	4	5	5	5	5	5
55-59	2	2	4	5	5	4	4	4
60-64	1	2	2	5	4	4	4	4
65-69	1	1	2	4	4	4	4	4
70-74	1	1	1	2	4	4	4	4
75+	1	1	2	6	11	12	13	13
TOTAL	45	49	59	71	77	79	81	81
BIRTH RATE		26.6	18.1	14.2	12.6	12.1	11.9	11.7
DEATH RATE		6.7	5.9	7.1	9.8	11.2	11.3	11.5
NET MIGRATION RATE		-11.6	-4.7	.0	.0	.0	.0	.0
GROWTH RATE		.82	.74	.72	.29	.10	.06	.03
TOTAL FERTILITY		3.301	2.208	2.075	2.064	2.061	2.058	2.058
e(0) - BOTH SEXES		68.93	74.31	78.35	82.07	83.73	85.08	85.59
IMR - BOTH SEXES		18.9	10.6	6.3	3.3	2.6	2.2	2.1

TRINIDAD AND TOBAGO

Projection (thousands) with NRR=1 by 2000

AGE GROUP	1990	1995	2000	2005	2010	2015	2020	2025	2030	2035
TOTAL M+F	1236	1305	1359	1419	1497	1587	1671	1746	1809	1866
MALES										
0-4	76	73	61	60	64	68	68	65	63	64
5-9	76	73	72	60	59	64	68	68	65	63
10-14	64	74	72	71	59	59	64	68	68	65
15-19	59	62	73	71	70	59	59	64	67	67
20-24	56	55	59	71	70	70	59	59	64	67
25-29	59	51	51	57	69	70	70	59	58	63
30-34	48	54	48	49	55	69	69	69	58	58
35-39	38	44	52	46	48	55	69	69	69	58
40-44	31	35	42	50	45	48	55	68	68	68
45-49	24	29	34	41	49	44	47	54	67	68
50-54	20	22	28	32	40	48	43	46	53	66
55-59	16	19	21	26	31	38	46	42	44	51
60-64	15	14	17	19	24	29	36	43	39	42
65-69	12	13	13	15	17	22	26	33	40	36
70-74	9	9	10	10	12	15	19	23	28	35
75+	10	11	12	13	14	17	20	25	32	41
TOTAL	610	641	664	692	730	774	817	853	885	913
FEMALES										
0-4	74	71	59	58	62	66	66	63	61	62
5-9	74	72	70	58	57	62	66	66	63	61
10-14	62	73	71	69	58	57	62	65	66	63
15-19	58	61	72	70	68	58	57	62	65	65
20-24	56	56	59	70	69	68	58	57	62	65
25-29	60	53	53	57	70	69	68	57	57	62
30-34	49	58	51	52	57	69	69	68	57	57
35-39	39	47	56	50	51	56	69	69	68	57
40-44	32	38	46	55	50	51	56	69	69	67
45-49	26	31	37	46	55	49	51	56	68	68
50-54	22	25	30	36	45	54	49	50	55	67
55-59	18	21	24	30	35	44	53	48	49	54
60-64	16	17	20	23	28	34	42	51	46	48
65-69	13	15	16	19	22	27	32	40	49	44
70-74	10	11	13	14	17	20	24	30	37	46
75+	16	16	17	19	23	27	33	41	52	66
TOTAL	626	664	694	727	767	812	855	892	925	953
BIRTH RATE		23.5	18.6	17.3	17.6	17.5	16.5	15.2	14.2	13.7
DEATH RATE		6.3	6.0	5.7	5.6	5.8	6.1	6.5	7.0	7.6
RATE OF NAT. INC.		1.72	1.26	1.16	1.20	1.16	1.04	.87	.72	.62
NET MIGRATION RATE		-6.3	-4.5	-2.9	-1.4	.0	.0	.0	.0	.0
GROWTH RATE		1.09	.81	.87	1.06	1.16	1.04	.87	.72	.62
TOTAL FERTILITY		2.750	2.249	2.075	2.070	2.068	2.066	2.063	2.061	2.059
NRR		1.315	1.080	1.000	1.000	1.000	1.000	1.000	1.000	1.000
e(0) - BOTH SEXES		71.35	72.56	73.87	75.14	75.76	76.40	77.07	77.76	78.48
e(15) - BOTH SEXES		57.91	58.86	59.97	61.09	61.65	62.24	62.85	63.49	64.15
IMR - BOTH SEXES		15.0	11.9	9.8	8.2	7.7	7.2	6.6	6.1	5.6
q(5) - BOTH SEXES		.0182	.0147	.0122	.0104	.0098	.0091	.0085	.0079	.0073
DEP. RATIO	66.8	64.5	55.4	48.8	45.1	46.4	48.7	50.6	52.7	52.9

Summary Projection for 25-Year Periods

TRINIDAD AND TOBAGO

AGE GROUP	1990	2000	2025	2050	2075	2100	2125	2150
TOTAL M+F	1236	1359	1746	2003	2113	2156	2183	2196
MALES								
0-4	76	61	65	66	65	65	65	65
5-9	76	72	68	66	65	65	65	65
10-14	64	72	68	65	65	65	65	65
15-19	59	73	64	63	64	65	65	65
20-24	56	59	59	63	65	65	65	65
25-29	59	51	59	65	65	65	65	65
30-34	48	48	69	67	65	64	64	64
35-39	38	52	69	66	64	64	64	64
40-44	31	42	68	62	62	63	64	64
45-49	24	34	54	57	61	63	64	64
50-54	20	28	46	56	62	63	63	63
55-59	16	21	42	64	63	62	62	62
60-64	15	17	43	62	61	60	60	61
65-69	12	13	33	57	55	56	58	59
70-74	9	10	23	41	47	52	55	56
75+	10	12	25	62	105	118	125	128
TOTAL	610	664	853	982	1035	1055	1068	1073
FEMALES								
0-4	74	59	63	64	63	63	63	63
5-9	74	70	66	64	63	63	63	63
10-14	62	71	65	63	62	63	63	63
15-19	58	72	62	61	62	63	63	63
20-24	56	59	57	61	63	63	63	63
25-29	60	53	57	63	63	63	63	63
30-34	49	51	68	65	63	63	63	63
35-39	39	56	69	65	62	62	62	63
40-44	32	46	69	61	61	62	63	63
45-49	26	37	56	56	61	62	63	63
50-54	22	30	50	56	62	63	62	62
55-59	18	24	48	66	64	62	62	62
60-64	16	20	51	65	63	61	61	62
65-69	13	16	40	63	58	59	60	61
70-74	10	13	30	49	52	57	60	61
75+	16	17	41	100	155	172	183	188
TOTAL	626	694	892	1022	1078	1100	1115	1122
BIRTH RATE		21.0	16.8	13.6	12.4	12.0	11.8	11.7
DEATH RATE		6.1	6.0	8.1	10.2	11.2	11.3	11.5
NET MIGRATION RATE		-5.4	-.8	.0	.0	.0	.0	.0
GROWTH RATE		.95	1.00	.55	.21	.08	.05	.02
TOTAL FERTILITY		2.493	2.068	2.057	2.048	2.045	2.043	2.042
e(0) - BOTH SEXES		71.97	75.73	79.29	82.65	84.11	85.28	85.73
IMR - BOTH SEXES		13.6	7.8	5.1	3.0	2.5	2.1	2.0

TUNISIA

Projection (thousands) with NRR=1 by 2015

AGE GROUP	1990	1995	2000	2005	2010	2015	2020	2025	2030	2035
TOTAL M+F	8074	9031	10006	10971	11860	12655	13434	14224	14987	15674
MALES										
0-4	532	615	614	618	589	557	567	592	602	595
5-9	529	526	611	610	614	586	555	565	590	600
10-14	484	526	524	609	609	613	585	554	564	590
15-19	437	481	524	522	607	607	611	583	552	562
20-24	408	430	478	521	519	604	604	609	581	550
25-29	367	399	427	475	518	516	601	601	605	578
30-34	312	359	396	425	472	515	514	597	598	603
35-39	230	305	356	393	422	469	512	511	594	595
40-44	143	225	302	352	390	418	465	508	506	589
45-49	116	139	221	297	347	384	412	458	501	500
50-54	132	112	135	214	289	338	375	402	448	491
55-59	119	124	106	128	205	278	325	361	388	434
60-64	96	109	114	98	120	193	261	307	342	369
65-69	69	84	96	102	88	108	175	239	282	315
70-74	48	56	69	79	86	75	93	151	208	248
75+	54	62	72	87	106	121	123	137	195	280
TOTAL	4078	4552	5044	5531	5981	6382	6776	7175	7557	7897
FEMALES										
0-4	510	592	591	593	565	534	543	567	575	568
5-9	506	504	589	588	591	563	532	541	565	574
10-14	464	503	503	588	587	590	562	532	541	565
15-19	421	461	502	502	587	586	589	561	531	540
20-24	393	417	459	500	500	585	584	588	560	530
25-29	350	389	415	457	498	499	583	583	586	558
30-34	301	346	386	413	455	496	497	581	581	584
35-39	238	297	343	383	410	453	494	494	579	579
40-44	163	234	293	339	380	407	449	490	491	575
45-49	130	159	230	289	335	375	403	444	486	487
50-54	143	127	155	225	283	329	369	396	438	479
55-59	124	138	122	150	218	275	320	360	387	428
60-64	98	116	130	116	143	209	264	308	347	374
65-69	68	88	105	118	106	132	194	247	290	329
70-74	44	56	74	89	102	93	117	174	223	264
75+	42	52	66	89	118	147	157	184	252	343
TOTAL	3996	4479	4962	5439	5880	6273	6658	7050	7431	7778
BIRTH RATE		29.8	26.5	24.0	20.8	18.3	17.4	17.1	16.4	15.4
DEATH RATE		6.5	6.0	5.5	5.2	5.3	5.5	5.7	6.0	6.5
RATE OF NAT. INC.		2.34	2.05	1.84	1.56	1.30	1.20	1.14	1.05	.90
NET MIGRATION RATE		-1.0	.0	.0	.0	.0	.0	.0	.0	.0
GROWTH RATE		2.24	2.05	1.84	1.56	1.30	1.19	1.14	1.05	.90
TOTAL FERTILITY		3.800	3.300	2.898	2.545	2.235	2.122	2.115	2.108	2.101
NRR		1.712	1.510	1.344	1.192	1.050	1.000	1.000	1.000	1.000
e(0) - BOTH SEXES		67.74	69.26	70.84	72.43	73.19	73.97	74.78	75.62	76.49
e(15) - BOTH SEXES		57.23	58.07	59.05	60.12	60.67	61.24	61.83	62.45	63.09
IMR - BOTH SEXES		48.0	40.2	33.1	26.9	24.5	22.2	19.8	17.5	15.2
q(5) - BOTH SEXES		.0570	.0476	.0394	.0322	.0294	.0267	.0240	.0213	.0185
DEP. RATIO	70.9	68.3	64.2	61.3	54.0	48.3	45.5	46.0	48.4	50.6

TUNISIA

Summary Projection for 25-Year Periods

AGE GROUP	1990	2000	2025	2050	2075	2100	2125	2150
TOTAL M+F	8074	10006	14224	17225	18693	19142	19471	19622
MALES								
0-4	532	614	592	583	585	586	586	586
5-9	529	611	565	578	585	586	586	586
10-14	484	524	554	581	588	587	586	586
15-19	437	524	583	592	590	587	585	585
20-24	408	478	609	596	587	584	584	584
25-29	367	427	601	584	578	581	582	583
30-34	312	396	597	556	571	580	582	582
35-39	230	356	511	543	573	581	581	580
40-44	143	302	508	568	580	580	578	577
45-49	116	221	458	589	581	574	573	574
50-54	132	135	402	573	562	560	565	568
55-59	119	106	361	555	524	544	556	560
60-64	96	114	307	456	497	533	546	548
65-69	69	96	239	426	498	519	528	529
70-74	48	69	151	347	478	488	494	498
75+	54	72	137	512	912	1010	1103	1151
TOTAL	4078	5044	7175	8639	9289	9478	9615	9676
FEMALES								
0-4	510	591	567	556	557	558	559	559
5-9	506	589	541	551	557	559	559	559
10-14	464	503	532	556	560	560	559	558
15-19	421	502	561	566	562	559	558	558
20-24	393	459	588	572	560	557	558	558
25-29	350	415	583	562	554	556	557	558
30-34	301	386	581	537	549	556	558	558
35-39	238	343	494	526	552	558	558	557
40-44	163	293	490	553	561	559	557	556
45-49	130	230	444	575	565	555	554	555
50-54	143	155	396	565	552	546	551	553
55-59	124	122	360	555	521	538	548	552
60-64	98	130	308	461	503	536	547	549
65-69	68	105	247	440	518	537	543	544
70-74	44	74	174	373	519	527	530	534
75+	42	66	184	639	1212	1402	1560	1637
TOTAL	3996	4962	7050	8586	9404	9664	9856	9946
BIRTH RATE		28.1	19.3	14.7	12.8	12.2	11.9	11.7
DEATH RATE		6.2	5.5	7.1	9.5	11.2	11.2	11.4
NET MIGRATION RATE		-.5	.0	.0	.0	.0	.0	.0
GROWTH RATE		2.15	1.41	.77	.33	.10	.07	.03
TOTAL FERTILITY		3.531	2.356	2.095	2.068	2.063	2.059	2.058
e(0) - BOTH SEXES		68.54	73.17	77.49	81.53	83.39	84.92	85.49
IMR - BOTH SEXES		44.1	25.4	12.9	3.8	2.7	2.2	2.1

TURKEY

Projection (thousands) with NRR=1 by 2005

AGE GROUP	1990	1995	2000	2005	2010	2015	2020	2025	2030	2035
TOTAL M+F	56098	61284	66130	70562	74897	79251	83442	87312	90761	93802
MALES										
0-4	3667	3464	3348	3212	3258	3394	3431	3391	3330	3308
5-9	3060	3621	3428	3319	3190	3238	3375	3414	3376	3317
10-14	3438	3049	3610	3418	3311	3183	3231	3369	3408	3371
15-19	3191	3421	3036	3597	3407	3301	3174	3223	3361	3401
20-24	2714	3166	3399	3020	3580	3392	3287	3161	3210	3348
25-29	2396	2688	3141	3376	3002	3560	3373	3270	3145	3194
30-34	2022	2369	2662	3115	3353	2983	3537	3353	3251	3127
35-39	1694	1994	2341	2634	3087	3323	2958	3509	3328	3228
40-44	1385	1663	1962	2306	2599	3048	3284	2925	3472	3295
45-49	1067	1349	1623	1918	2259	2548	2992	3227	2876	3419
50-54	954	1026	1300	1567	1855	2188	2473	2907	3141	2804
55-59	983	899	968	1229	1486	1764	2086	2364	2786	3017
60-64	749	899	823	889	1133	1375	1639	1946	2215	2621
65-69	484	653	786	722	785	1006	1229	1475	1762	2017
70-74	249	388	526	637	592	650	842	1039	1259	1518
75+	363	331	407	557	724	785	861	1064	1350	1699
TOTAL	28415	30982	33360	35517	37622	39740	41774	43635	45269	46686
FEMALES										
0-4	3662	3320	3206	3074	3117	3246	3280	3241	3182	3159
5-9	2906	3621	3289	3182	3056	3101	3231	3267	3229	3171
10-14	3242	2899	3613	3282	3177	3052	3097	3227	3263	3226
15-19	2943	3233	2892	3605	3277	3172	3047	3093	3223	3259
20-24	2622	2931	3222	2884	3597	3269	3165	3041	3087	3218
25-29	2310	2609	2919	3210	2875	3586	3260	3157	3034	3080
30-34	1949	2296	2595	2906	3199	2865	3575	3250	3148	3025
35-39	1619	1934	2281	2581	2892	3183	2852	3560	3238	3136
40-44	1343	1602	1917	2262	2562	2872	3163	2835	3540	3221
45-49	1080	1324	1581	1894	2238	2536	2844	3134	2811	3511
50-54	982	1057	1298	1553	1862	2202	2497	2804	3092	2776
55-59	954	951	1026	1262	1513	1817	2152	2444	2747	3034
60-64	768	907	907	982	1212	1456	1753	2081	2368	2669
65-69	517	705	838	842	917	1137	1372	1659	1977	2259
70-74	306	444	612	734	746	819	1024	1245	1516	1821
75+	482	470	576	792	1036	1197	1355	1641	2039	2551
TOTAL	27683	30302	32770	35046	37276	39512	41668	43677	45492	47116
BIRTH RATE		24.6	21.7	19.3	18.2	17.8	17.0	16.0	15.0	14.3
DEATH RATE		6.9	6.5	6.3	6.3	6.5	6.7	6.9	7.2	7.7
RATE OF NAT. INC.		1.77	1.52	1.30	1.19	1.13	1.03	.91	.78	.66
NET MIGRATION RATE		.0	.0	.0	.0	.0	.0	.0	.0	.0
GROWTH RATE		1.77	1.52	1.30	1.19	1.13	1.03	.91	.77	.66
TOTAL FERTILITY		2.900	2.563	2.266	2.156	2.147	2.138	2.129	2.120	2.111
NRR		1.301	1.161	1.039	1.000	1.000	1.000	1.000	1.000	1.000
e(0) - BOTH SEXES		67.25	68.52	69.93	71.42	72.23	73.07	73.94	74.83	75.76
e(15) - BOTH SEXES		57.60	58.25	58.94	59.76	60.31	60.88	61.47	62.09	62.73
IMR - BOTH SEXES		54.0	47.7	40.4	33.4	30.5	27.5	24.5	21.5	18.6
q(5) - BOTH SEXES		.0689	.0603	.0505	.0414	.0378	.0342	.0306	.0270	.0233
DEP. RATIO		66.3	59.9	57.9	50.8	46.9	45.6	46.1	47.3	48.6	50.4

TURKEY

Summary Projection for 25-Year Periods

AGE GROUP	1990	2000	2025	2050	2075	2100	2125	2150
TOTAL M+F	56098	66130	87312	100888	106238	108972	110938	111827
MALES								
0-4	3667	3348	3391	3370	3352	3344	3343	3344
5-9	3060	3428	3414	3355	3340	3339	3341	3341
10-14	3438	3610	3369	3319	3330	3339	3341	3341
15-19	3191	3036	3223	3289	3330	3341	3341	3340
20-24	2714	3399	3161	3296	3338	3339	3335	3333
25-29	2396	3141	3270	3337	3337	3326	3323	3324
30-34	2022	2662	3353	3356	3313	3306	3310	3314
35-39	1694	2341	3509	3297	3264	3285	3300	3306
40-44	1385	1962	2925	3132	3217	3270	3290	3294
45-49	1067	1623	3227	3042	3203	3260	3273	3274
50-54	954	1300	2907	3091	3203	3227	3234	3237
55-59	983	968	2364	3075	3152	3148	3168	3183
60-64	749	823	1946	3071	2995	3020	3079	3109
65-69	484	786	1475	2377	2700	2855	2961	3002
70-74	249	526	1039	2331	2408	2656	2790	2834
75+	363	407	1064	3179	4879	5653	6214	6477
TOTAL	28415	33360	43635	49917	52359	53706	54643	55054
FEMALES								
0-4	3662	3206	3241	3215	3195	3188	3187	3188
5-9	2906	3289	3267	3203	3184	3184	3186	3186
10-14	3242	3613	3227	3171	3176	3184	3186	3187
15-19	2943	2892	3093	3146	3177	3188	3187	3186
20-24	2622	3222	3041	3162	3192	3191	3186	3185
25-29	2310	2919	3157	3212	3202	3187	3182	3182
30-34	1949	2595	3250	3241	3188	3175	3177	3180
35-39	1619	2281	3560	3195	3151	3162	3174	3179
40-44	1343	1917	2835	3050	3118	3158	3174	3176
45-49	1080	1581	3134	2983	3123	3164	3172	3171
50-54	982	1298	2804	3069	3153	3161	3159	3159
55-59	954	1026	2444	3116	3151	3127	3133	3143
60-64	768	907	2081	3340	3063	3061	3100	3124
65-69	517	838	1659	2570	2864	2986	3067	3100
70-74	306	612	1245	2676	2702	2920	3026	3057
75+	482	576	1641	4622	7239	8233	8998	9371
TOTAL	27683	32770	43677	50971	53879	55266	56295	56774
BIRTH RATE		23.1	17.6	14.0	12.6	12.2	11.9	11.8
DEATH RATE		6.7	6.6	8.3	10.6	11.2	11.2	11.4
NET MIGRATION RATE		.0	.0	.0	.0	.0	.0	.0
GROWTH RATE		1.65	1.11	.58	.21	.10	.07	.03
TOTAL FERTILITY		2.727	2.165	2.102	2.068	2.062	2.059	2.058
e(0) - BOTH SEXES		67.91	72.22	76.81	81.14	83.15	84.80	85.41
IMR - BOTH SEXES		50.9	31.2	15.6	4.1	2.8	2.3	2.1

TURKMENISTAN

Projection (thousands) with NRR=1 by 2020

AGE GROUP	1990	1995	2000	2005	2010	2015	2020	2025	2030	2035
TOTAL M+F	3670	4124	4578	5034	5511	5977	6403	6806	7191	7552
MALES										
0-4	303	296	293	292	306	307	294	291	296	299
5-9	253	297	292	290	290	304	305	292	289	294
10-14	211	250	295	291	289	289	303	305	292	289
15-19	184	208	248	293	289	288	288	302	303	291
20-24	166	180	205	246	290	287	286	286	300	302
25-29	140	162	177	203	243	288	284	283	283	298
30-34	138	136	158	175	201	241	285	282	281	281
35-39	108	134	133	156	172	198	238	282	279	278
40-44	79	105	131	130	153	169	195	234	278	275
45-49	45	76	101	127	127	149	165	191	230	273
50-54	47	43	73	97	122	122	144	160	185	223
55-59	48	44	40	68	91	115	115	136	152	176
60-64	38	43	39	36	61	83	105	106	126	141
65-69	29	32	37	34	31	53	72	93	94	113
70-74	12	23	25	29	27	25	43	59	77	79
75+	14	14	22	27	32	33	33	47	67	92
TOTAL	1815	2044	2269	2493	2726	2952	3157	3349	3532	3705
FEMALES										
0-4	293	286	283	281	295	295	282	279	284	287
5-9	247	287	283	281	280	293	294	281	278	283
10-14	207	245	286	282	280	279	293	294	281	278
15-19	182	205	243	285	281	280	279	292	293	281
20-24	157	179	203	243	285	281	279	278	292	293
25-29	144	154	177	203	242	284	280	279	278	291
30-34	144	141	152	176	202	241	283	280	278	277
35-39	114	142	140	151	176	201	241	282	279	277
40-44	84	112	140	139	150	175	200	239	281	277
45-49	47	82	110	138	137	149	173	198	238	279
50-54	48	46	81	109	136	135	147	171	196	235
55-59	51	46	44	79	106	133	133	144	168	193
60-64	44	48	44	43	76	103	129	129	140	164
65-69	39	40	45	41	40	72	97	123	123	135
70-74	24	33	35	40	37	36	66	90	114	115
75+	30	33	44	52	62	67	70	98	137	183
TOTAL	1855	2080	2309	2541	2786	3025	3246	3457	3659	3847
BIRTH RATE		32.0	27.9	24.9	23.6	21.6	19.1	17.7	16.9	16.2
DEATH RATE		7.1	6.3	5.9	5.5	5.4	5.4	5.5	5.9	6.4
RATE OF NAT. INC.		2.49	2.16	1.90	1.81	1.62	1.38	1.22	1.10	.98
NET MIGRATION RATE		-1.5	-.7	.0	.0	.0	.0	.0	.0	.0
GROWTH RATE		2.33	2.09	1.90	1.81	1.62	1.38	1.22	1.10	.98
TOTAL FERTILITY		4.170	3.655	3.140	2.796	2.489	2.216	2.115	2.108	2.100
NRR		1.861	1.664	1.452	1.308	1.168	1.044	1.000	1.000	1.000
e(0) - BOTH SEXES		66.20	67.88	69.60	71.29	72.11	72.95	73.82	74.73	75.66
e(15) - BOTH SEXES		56.97	57.58	58.38	59.34	59.92	60.52	61.15	61.80	62.48
IMR - BOTH SEXES		54.0	45.0	37.0	30.1	27.5	24.8	22.2	19.6	16.9
q(5) - BOTH SEXES		.0714	.0576	.0457	.0364	.0333	.0302	.0271	.0240	.0209
DEP. RATIO	82.8	80.4	73.4	62.6	55.6	52.4	50.7	49.4	48.0	47.9

TURKMENISTAN

Summary Projection for 25-Year Periods

AGE GROUP	1990	2000	2025	2050	2075	2100	2125	2150
TOTAL M+F	3670	4578	6806	8468	9350	9664	9865	9957
MALES								
0-4	303	293	291	297	298	298	298	298
5-9	253	292	292	298	298	298	298	298
10-14	211	295	305	299	298	297	298	298
15-19	184	248	302	297	296	297	297	297
20-24	166	205	286	292	294	296	297	297
25-29	140	177	283	285	293	296	296	296
30-34	138	158	282	286	294	295	295	295
35-39	108	133	282	296	294	294	294	294
40-44	79	131	234	291	290	291	292	293
45-49	45	101	191	272	283	287	290	291
50-54	47	73	160	265	272	283	287	288
55-59	48	40	136	254	267	278	282	284
60-64	38	39	106	241	266	270	275	276
65-69	29	37	93	184	247	255	262	266
70-74	12	25	59	130	209	231	244	250
75+	14	22	47	157	361	460	534	567
TOTAL	1815	2269	3349	4142	4561	4727	4839	4889
FEMALES								
0-4	293	283	279	284	285	285	284	284
5-9	247	283	281	285	285	284	284	284
10-14	207	286	294	287	285	284	284	284
15-19	182	243	292	286	284	284	284	284
20-24	157	203	278	282	283	284	284	284
25-29	144	177	279	277	283	284	284	284
30-34	144	152	280	279	284	284	284	284
35-39	114	140	282	291	286	284	283	283
40-44	84	140	239	289	284	282	283	283
45-49	47	110	198	274	279	280	282	283
50-54	48	81	171	272	272	279	282	282
55-59	51	44	144	269	272	279	281	281
60-64	44	44	129	267	280	278	279	279
65-69	39	45	123	220	273	273	274	276
70-74	24	35	90	173	251	263	269	272
75+	30	44	98	291	604	730	805	839
TOTAL	1855	2309	3457	4326	4789	4937	5026	5067
BIRTH RATE		29.8	21.1	15.4	13.0	12.3	11.9	11.8
DEATH RATE		6.7	5.5	6.8	9.1	10.9	11.1	11.4
NET MIGRATION RATE		-1.1	.0	.0	.0	.0	.0	.0
GROWTH RATE		2.21	1.59	.87	.40	.13	.08	.04
TOTAL FERTILITY		3.900	2.498	2.093	2.065	2.060	2.058	2.057
e(0) - BOTH SEXES		67.09	72.11	76.73	81.03	83.08	84.77	85.40
IMR - BOTH SEXES		49.6	28.4	14.3	4.1	2.9	2.3	2.1

UGANDA

Projection (thousands) with NRR=1 by 2050

AGE GROUP	1990	1995	2000	2005	2010	2015	2020	2025	2030	2035
TOTAL M+F	16330	19156	22261	25760	29895	34359	39273	44624	50242	55839
MALES										
0-4	1513	2012	2310	2641	2969	3178	3458	3734	3923	3959
5-9	1219	1387	1842	2139	2500	2823	3036	3318	3599	3799
10-14	1113	1182	1342	1787	2089	2446	2767	2981	3265	3549
15-19	838	1082	1145	1298	1734	2032	2385	2705	2922	3207
20-24	692	806	1033	1087	1235	1657	1949	2298	2617	2838
25-29	599	659	759	964	1017	1163	1569	1856	2200	2520
30-34	452	568	618	705	899	954	1097	1489	1772	2114
35-39	327	427	530	570	652	837	894	1035	1414	1694
40-44	254	306	393	482	520	600	775	835	973	1339
45-49	222	234	277	350	431	470	547	713	774	910
50-54	207	201	207	241	307	381	419	492	648	709
55-59	133	182	172	174	204	262	329	366	434	577
60-64	135	112	148	137	139	165	215	273	308	370
65-69	86	106	84	107	100	103	125	165	214	245
70-74	80	60	69	52	68	65	69	85	115	152
75+	119	88	59	50	40	47	49	54	67	92
TOTAL	7990	9410	10988	12785	14904	17182	19683	22399	25245	28073
FEMALES										
0-4	1546	2000	2297	2621	2933	3138	3412	3682	3867	3900
5-9	1239	1424	1840	2137	2494	2803	3011	3289	3564	3759
10-14	1076	1200	1377	1783	2085	2438	2746	2957	3236	3515
15-19	923	1044	1159	1324	1720	2019	2368	2676	2891	3174
20-24	806	889	996	1095	1255	1639	1932	2278	2586	2807
25-29	662	770	837	926	1021	1178	1548	1836	2179	2489
30-34	465	627	717	768	853	948	1101	1458	1743	2083
35-39	343	437	577	649	698	782	876	1027	1372	1654
40-44	274	320	399	517	584	634	717	811	959	1293
45-49	231	254	290	354	462	526	577	659	752	898
50-54	221	211	227	254	312	410	473	524	603	696
55-59	123	197	183	192	216	268	357	417	467	545
60-64	154	105	161	144	153	175	221	299	354	404
65-69	84	121	78	114	103	112	131	169	235	285
70-74	87	59	78	46	69	64	72	88	118	169
75+	107	89	58	49	34	43	47	55	70	96
TOTAL	8340	9746	11273	12975	14991	17176	19590	22224	24996	27766
BIRTH RATE		53.5	52.8	51.1	47.6	43.8	41.3	38.8	35.8	32.1
DEATH RATE		21.7	22.8	21.9	17.9	16.0	14.6	13.3	12.1	11.0
RATE OF NAT. INC.		3.19	3.00	2.92	2.98	2.78	2.67	2.55	2.37	2.11
NET MIGRATION RATE		.0	.0	.0	.0	.0	.0	.0	.0	.0
GROWTH RATE		3.19	3.01	2.92	2.98	2.78	2.67	2.55	2.37	2.11
TOTAL FERTILITY		7.100	7.100	7.100	6.800	6.200	5.600	5.000	4.400	3.800
NRR		2.340	2.251	2.254	2.321	2.180	2.030	1.871	1.699	1.514
e(0) - BOTH SEXES		43.33	40.67	40.03	43.14	44.85	46.67	48.63	50.72	52.98
e(15) - BOTH SEXES		42.32	39.05	36.61	37.23	38.57	40.01	41.54	43.19	44.96
IMR - BOTH SEXES		122.0	123.2	111.6	87.9	83.0	78.1	73.2	68.3	63.4
q(5) - BOTH SEXES		.2052	.2075	.1859	.1417	.1326	.1234	.1142	.1050	.0957
DEP. RATIO	102.6	103.2	105.6	110.6	107.4	100.9	93.0	85.6	79.6	72.8

UGANDA

Summary Projection for 25-Year Periods

AGE GROUP	1990	2000	2025	2050	2075	2100	2125	2150
TOTAL M+F	16330	22261	44624	70927	94095	107953	114681	118580
MALES								
0-4	1513	2310	3734	3514	3636	3661	3661	3653
5-9	1219	1842	3318	3651	3668	3662	3655	3647
10-14	1113	1342	2981	3755	3684	3643	3644	3644
15-19	838	1145	2705	3771	3603	3600	3631	3642
20-24	692	1033	2298	3643	3482	3560	3624	3639
25-29	599	759	1856	3351	3374	3555	3622	3631
30-34	452	618	1489	2978	3514	3582	3612	3616
35-39	327	530	1035	2602	3583	3576	3578	3591
40-44	254	393	835	2282	3551	3469	3515	3561
45-49	222	277	713	1872	3371	3316	3452	3535
50-54	207	207	492	1447	3015	3152	3402	3495
55-59	133	172	366	1084	2554	3175	3350	3422
60-64	135	148	273	678	2066	3069	3225	3294
65-69	86	84	165	465	1605	2796	2953	3093
70-74	80	69	85	309	1089	2320	2571	2821
75+	119	59	54	211	965	2988	4669	5726
TOTAL	7990	10988	22399	35613	46760	53125	56165	58011
FEMALES								
0-4	1546	2297	3682	3456	3561	3565	3557	3550
5-9	1239	1840	3289	3605	3603	3572	3552	3545
10-14	1076	1377	2957	3714	3627	3560	3542	3542
15-19	923	1159	2676	3732	3558	3526	3530	3542
20-24	806	996	2278	3611	3451	3500	3535	3545
25-29	662	837	1836	3325	3358	3512	3547	3546
30-34	465	717	1458	2949	3508	3553	3552	3539
35-39	343	577	1027	2566	3584	3562	3532	3523
40-44	274	399	811	2240	3563	3473	3488	3504
45-49	231	290	659	1841	3399	3341	3448	3499
50-54	221	227	524	1429	3064	3211	3435	3493
55-59	123	183	417	1078	2633	3290	3436	3472
60-64	154	161	299	703	2180	3261	3386	3413
65-69	84	78	169	488	1755	3086	3215	3312
70-74	87	78	88	317	1257	2708	2956	3177
75+	107	58	55	260	1236	4109	6804	8370
TOTAL	8340	11273	22224	35314	47336	54828	58516	60570
BIRTH RATE		53.1	43.7	27.8	18.2	14.5	13.0	12.4
DEATH RATE		22.2	16.2	9.8	7.0	9.0	10.5	11.0
NET MIGRATION RATE		.0	.0	.0	.0	.0	.0	.0
GROWTH RATE		3.10	2.78	1.85	1.13	.55	.24	.13
TOTAL FERTILITY		7.100	5.973	3.194	2.167	2.097	2.052	2.044
e(0) - BOTH SEXES		41.90	45.23	56.07	68.17	74.37	80.07	82.38
IMR - BOTH SEXES		122.6	85.5	58.8	35.7	18.1	4.7	3.2

UKRAINE

Projection (thousands) with NRR=1 by 2030

AGE GROUP	1990	1995	2000	2005	2010	2015	2020	2025	2030	2035
TOTAL M+F	51857	51932	52043	52056	52249	52374	52482	52606	52632	52626
MALES										
0-4	1882	1594	1613	1630	1677	1682	1650	1628	1638	1654
5-9	1913	1884	1592	1608	1625	1673	1678	1646	1624	1635
10-14	1860	1915	1882	1588	1604	1622	1670	1675	1644	1622
15-19	1812	1857	1908	1873	1582	1598	1616	1664	1670	1640
20-24	1782	1804	1843	1891	1859	1571	1588	1606	1655	1661
25-29	1659	1771	1788	1822	1873	1843	1558	1575	1594	1643
30-34	1936	1646	1752	1765	1804	1855	1826	1545	1563	1583
35-39	1885	1909	1622	1726	1743	1783	1835	1808	1530	1550
40-44	1780	1845	1869	1590	1697	1715	1756	1810	1785	1512
45-49	1251	1723	1788	1815	1550	1657	1677	1720	1775	1753
50-54	1427	1191	1643	1711	1744	1493	1599	1623	1667	1725
55-59	1596	1324	1109	1537	1608	1645	1412	1519	1547	1595
60-64	1174	1426	1188	1001	1396	1469	1511	1305	1411	1445
65-69	1076	990	1209	1015	862	1213	1288	1337	1165	1270
70-74	512	830	769	948	804	692	988	1063	1118	988
75+	574	592	820	891	1061	1064	1010	1221	1410	1578
TOTAL	24120	24299	24398	24411	24488	24573	24661	24744	24796	24854
FEMALES										
0-4	1802	1529	1546	1561	1605	1609	1579	1557	1566	1581
5-9	1839	1807	1530	1543	1558	1602	1606	1576	1555	1564
10-14	1799	1844	1808	1529	1542	1556	1601	1605	1575	1554
15-19	1767	1805	1845	1806	1527	1540	1555	1599	1604	1574
20-24	1730	1778	1809	1842	1803	1525	1538	1553	1597	1602
25-29	1658	1743	1783	1805	1839	1800	1522	1535	1550	1595
30-34	1969	1666	1745	1778	1801	1834	1796	1519	1532	1548
35-39	1951	1968	1663	1738	1773	1795	1829	1791	1515	1529
40-44	1886	1941	1957	1654	1730	1765	1788	1822	1784	1510
45-49	1383	1865	1922	1940	1641	1718	1753	1776	1811	1775
50-54	1670	1357	1835	1896	1918	1623	1700	1736	1760	1796
55-59	1906	1621	1324	1798	1862	1886	1598	1675	1712	1737
60-64	1554	1817	1559	1282	1749	1815	1841	1562	1640	1679
65-69	1804	1436	1704	1479	1227	1679	1747	1777	1512	1591
70-74	1185	1572	1284	1556	1371	1143	1572	1644	1679	1436
75+	1836	1886	2329	2439	2816	2911	2798	3136	3442	3701
TOTAL	27737	27633	27646	27645	27761	27802	27821	27863	27836	27772
BIRTH RATE		12.2	12.4	12.4	12.7	12.7	12.4	12.2	12.3	12.4
DEATH RATE		12.7	12.3	12.4	12.0	12.2	12.0	11.8	12.2	12.4
RATE OF NAT. INC.		-.05	.00	.00	.07	.05	.04	.05	.01	-.00
NET MIGRATION RATE		.8	.4	.0	.0	.0	.0	.0	.0	.0
GROWTH RATE		.03	.04	.00	.07	.05	.04	.05	.01	-.00
TOTAL FERTILITY		1.800	1.800	1.800	1.854	1.906	1.957	2.006	2.055	2.074
NRR		.856	.859	.861	.888	.915	.940	.965	.990	1.000
e(0) - BOTH SEXES		70.14	71.59	73.04	74.44	75.10	75.78	76.48	77.21	77.96
e(15) - BOTH SEXES		56.92	58.18	59.44	60.65	61.23	61.84	62.46	63.11	63.79
IMR - BOTH SEXES		17.5	15.2	12.8	10.6	9.9	9.2	8.4	7.7	6.9
q(5) - BOTH SEXES		.0211	.0184	.0156	.0132	.0123	.0115	.0106	.0097	.0089
DEP. RATIO	53.5	52.5	53.3	51.9	51.5	54.4	57.6	60.7	60.9	62.2

UKRAINE

Summary Projection for 25-Year Periods

AGE GROUP	1990	2000	2025	2050	2075	2100	2125	2150
TOTAL M+F	51857	52043	52606	52807	53284	54169	54948	55328
MALES								
0-4	1882	1613	1628	1647	1651	1651	1650	1650
5-9	1913	1592	1646	1653	1651	1649	1649	1649
10-14	1860	1882	1675	1655	1648	1647	1648	1649
15-19	1812	1908	1664	1646	1642	1645	1647	1648
20-24	1782	1843	1606	1623	1636	1642	1645	1645
25-29	1659	1788	1575	1603	1632	1639	1640	1641
30-34	1936	1752	1545	1614	1632	1634	1635	1636
35-39	1885	1622	1808	1631	1627	1626	1628	1631
40-44	1780	1869	1810	1607	1610	1613	1620	1624
45-49	1251	1788	1720	1535	1577	1597	1610	1615
50-54	1427	1643	1623	1478	1538	1578	1593	1598
55-59	1596	1109	1519	1404	1516	1552	1566	1572
60-64	1174	1188	1305	1563	1482	1506	1524	1534
65-69	1076	1209	1337	1445	1386	1430	1461	1479
70-74	512	769	1063	1211	1216	1309	1368	1395
75+	574	820	1221	1860	2352	2717	3036	3188
TOTAL	24120	24398	24744	25174	25797	26434	26920	27152
FEMALES								
0-4	1802	1546	1557	1574	1577	1576	1575	1575
5-9	1839	1530	1576	1580	1577	1575	1574	1574
10-14	1799	1808	1605	1583	1575	1573	1574	1574
15-19	1767	1845	1599	1578	1571	1572	1573	1574
20-24	1730	1809	1553	1561	1568	1572	1574	1574
25-29	1658	1783	1535	1550	1570	1574	1573	1573
30-34	1969	1745	1519	1568	1576	1574	1572	1572
35-39	1951	1663	1791	1595	1577	1570	1570	1570
40-44	1886	1957	1822	1585	1568	1564	1567	1569
45-49	1383	1922	1776	1533	1548	1558	1565	1567
50-54	1670	1835	1736	1507	1530	1555	1563	1564
55-59	1906	1324	1675	1476	1539	1554	1557	1558
60-64	1554	1559	1562	1716	1550	1544	1546	1548
65-69	1804	1704	1777	1708	1520	1521	1528	1536
70-74	1185	1284	1644	1604	1438	1476	1504	1517
75+	1836	2329	3136	3914	4203	4377	4613	4733
TOTAL	27737	27646	27863	27633	27487	27735	28028	28176
BIRTH RATE		12.3	12.5	12.4	12.2	12.0	11.8	11.7
DEATH RATE		12.5	12.1	12.2	11.8	11.4	11.3	11.4
NET MIGRATION RATE		.6	.0	.0	.0	.0	.0	.0
GROWTH RATE		.04	.04	.02	.04	.07	.06	.03
TOTAL FERTILITY		1.798	1.906	2.067	2.061	2.058	2.057	2.056
e(0) - BOTH SEXES		70.87	74.97	78.78	82.33	83.91	85.17	85.65
IMR - BOTH SEXES		16.3	10.2	6.2	3.2	2.6	2.2	2.0

UNITED ARAB EMIRATES

Projection (thousands) with NRR=1 by 2025

AGE GROUP	1990	1995	2000	2005	2010	2015	2020	2025	2030	2035
TOTAL M+F	1589	1788	1978	2159	2341	2503	2636	2739	2829	2916
MALES										
0-4	84	93	104	115	121	118	112	106	108	113
5-9	84	86	94	103	115	121	118	112	105	108
10-14	79	85	87	94	103	114	120	118	111	105
15-19	61	81	86	86	93	103	114	120	118	111
20-24	59	66	83	85	86	93	102	114	120	117
25-29	74	66	69	82	85	86	92	102	113	119
30-34	131	80	68	68	82	84	85	92	101	113
35-39	169	134	81	68	68	81	84	85	91	101
40-44	127	169	134	81	67	67	80	83	84	91
45-49	81	126	167	132	79	66	66	79	82	83
50-54	51	79	123	163	129	78	65	65	78	81
55-59	29	48	76	117	156	124	75	63	63	75
60-64	16	26	45	71	110	147	117	71	60	60
65-69	7	14	23	40	64	100	135	108	65	55
70-74	5	6	12	20	34	55	87	117	95	58
75+	5	6	7	12	22	39	65	107	157	170
TOTAL	1063	1166	1258	1337	1414	1476	1518	1540	1551	1560
FEMALES										
0-4	83	89	99	110	116	113	107	101	103	108
5-9	83	85	90	99	110	115	113	107	101	103
10-14	75	84	86	90	99	110	115	113	107	101
15-19	53	76	85	86	90	99	110	115	113	107
20-24	34	55	77	84	85	90	99	109	115	113
25-29	32	37	56	77	84	85	89	98	109	115
30-34	41	34	38	56	76	84	85	89	98	109
35-39	42	42	35	37	55	76	84	85	89	98
40-44	27	42	42	34	37	55	76	83	84	88
45-49	18	27	42	41	34	37	55	75	83	84
50-54	11	18	27	41	41	34	36	54	74	82
55-59	8	11	18	26	40	40	33	36	53	73
60-64	7	8	10	17	25	39	38	32	35	52
65-69	4	7	7	10	16	24	37	37	31	33
70-74	3	4	6	6	9	14	22	34	34	29
75+	4	4	5	8	10	13	20	32	50	63
TOTAL	526	622	720	822	927	1027	1118	1199	1278	1356
BIRTH RATE		21.7	21.8	22.1	21.3	19.4	17.2	15.5	15.3	15.6
DEATH RATE		4.0	4.3	4.6	5.1	5.9	6.9	7.9	8.8	9.5
RATE OF NAT. INC.		1.77	1.75	1.75	1.62	1.34	1.04	.77	.65	.61
NET MIGRATION RATE		5.9	2.7	.0	.0	.0	.0	.0	.0	.0
GROWTH RATE		2.36	2.02	1.75	1.62	1.34	1.04	.77	.65	.61
TOTAL FERTILITY		4.500	4.090	3.680	3.270	2.863	2.506	2.194	2.080	2.077
NRR		2.119	1.938	1.752	1.563	1.371	1.202	1.053	1.000	1.000
e(0) - BOTH SEXES		71.86	73.01	74.26	75.49	76.10	76.73	77.39	78.06	78.76
e(15) - BOTH SEXES		58.92	59.76	60.74	61.74	62.27	62.82	63.39	63.98	64.59
IMR - BOTH SEXES		20.0	16.4	13.5	11.1	10.3	9.5	8.7	7.9	7.0
q(5) - BOTH SEXES		.0244	.0203	.0167	.0138	.0128	.0119	.0109	.0100	.0090
DEP. RATIO		48.2	46.0	45.6	48.6	53.6	59.8	66.3	66.0	60.5	55.9

UNITED ARAB EMIRATES

Summary Projection for 25-Year Periods

AGE GROUP	1990	2000	2025	2050	2075	2100	2125	2150
TOTAL M+F	1589	1978	2739	3186	3574	3684	3735	3757
MALES								
0-4	84	104	106	111	112	112	112	112
5-9	84	94	112	114	113	112	112	112
10-14	79	87	118	115	112	112	112	112
15-19	61	86	120	113	111	111	112	112
20-24	59	83	114	107	110	111	112	112
25-29	74	69	102	104	110	112	112	111
30-34	131	68	92	110	112	112	111	111
35-39	169	81	85	116	114	111	110	111
40-44	127	134	83	117	111	109	110	110
45-49	81	167	79	110	104	107	109	110
50-54	51	123	65	97	101	107	109	109
55-59	29	76	63	86	104	107	108	107
60-64	16	45	71	76	107	106	105	104
65-69	7	23	108	71	104	100	100	101
70-74	5	12	117	61	91	89	93	95
75+	5	7	107	108	157	200	216	223
TOTAL	1063	1258	1540	1617	1774	1818	1841	1851
FEMALES								
0-4	83	99	101	106	107	107	107	107
5-9	83	90	107	108	108	107	107	107
10-14	75	86	113	110	107	106	107	107
15-19	53	85	115	108	106	106	107	107
20-24	34	77	109	103	105	106	107	107
25-29	32	56	98	100	106	107	107	107
30-34	41	38	89	106	108	107	107	106
35-39	42	35	85	112	109	107	106	106
40-44	27	42	83	114	107	105	106	106
45-49	18	42	75	108	102	104	106	106
50-54	11	27	54	96	99	104	106	106
55-59	8	18	36	86	104	106	106	106
60-64	7	10	32	80	108	107	105	105
65-69	4	7	37	77	108	104	103	103
70-74	3	6	34	66	100	96	100	102
75+	4	5	32	88	217	285	310	320
TOTAL	526	720	1199	1568	1800	1866	1894	1907
BIRTH RATE		21.8	18.9	14.9	12.9	12.0	11.8	11.7
DEATH RATE		4.2	6.2	8.9	8.3	10.8	11.2	11.5
NET MIGRATION RATE		4.2	.0	.0	.0	.0	.0	.0
GROWTH RATE		2.19	1.30	.60	.46	.12	.06	.02
TOTAL FERTILITY		4.281	2.818	2.075	2.064	2.060	2.058	2.058
e(0) - BOTH SEXES		72.47	76.09	79.55	82.77	84.16	85.29	85.73
IMR - BOTH SEXES		18.1	10.7	6.2	3.0	2.5	2.1	2.0

UNITED KINGDOM

Projection (thousands) with NRR=1 by 2030

AGE GROUP	1990	1995	2000	2005	2010	2015	2020	2025	2030	2035
TOTAL M+F	57411	58288	58882	59199	59568	59949	60315	60562	60570	60464
MALES										
0-4	1963	1962	1857	1731	1727	1763	1804	1813	1801	1778
5-9	1854	1972	1962	1854	1728	1725	1761	1802	1811	1799
10-14	1749	1862	1972	1960	1853	1727	1724	1760	1801	1810
15-19	1998	1754	1860	1968	1957	1850	1725	1721	1758	1799
20-24	2327	2006	1751	1853	1962	1951	1844	1720	1716	1753
25-29	2412	2335	2000	1742	1844	1953	1942	1836	1713	1710
30-34	2074	2416	2326	1990	1734	1836	1944	1934	1829	1706
35-39	1895	2074	2405	2313	1979	1725	1827	1935	1925	1821
40-44	2061	1887	2058	2386	2296	1965	1713	1815	1923	1914
45-49	1698	2035	1862	2032	2358	2271	1944	1696	1797	1905
50-54	1547	1659	1989	1823	1993	2314	2230	1911	1668	1768
55-59	1447	1487	1598	1923	1768	1935	2250	2171	1862	1627
60-64	1400	1357	1403	1517	1835	1691	1854	2159	2087	1794
65-69	1331	1263	1236	1291	1409	1710	1580	1737	2031	1969
70-74	955	1126	1086	1080	1144	1256	1532	1423	1573	1848
75+	1375	1425	1621	1732	1827	1948	2125	2473	2602	2826
TOTAL	28089	28619	28986	29196	29415	29619	29799	29906	29897	29825
FEMALES										
0-4	1873	1869	1768	1647	1643	1678	1717	1725	1714	1692
5-9	1766	1882	1870	1766	1646	1642	1676	1715	1724	1713
10-14	1658	1774	1883	1869	1765	1645	1641	1676	1714	1723
15-19	1896	1667	1774	1882	1867	1764	1644	1640	1675	1714
20-24	2222	1913	1669	1772	1879	1865	1762	1642	1639	1674
25-29	2346	2241	1914	1666	1769	1876	1862	1759	1640	1637
30-34	2037	2358	2240	1910	1662	1765	1872	1859	1757	1638
35-39	1872	2041	2353	2233	1905	1658	1761	1868	1855	1753
40-44	2061	1868	2033	2342	2223	1897	1652	1755	1862	1849
45-49	1688	2046	1854	2018	2327	2210	1886	1643	1746	1853
50-54	1559	1666	2021	1833	1997	2304	2190	1870	1630	1733
55-59	1491	1527	1634	1986	1805	1969	2273	2162	1848	1612
60-64	1516	1443	1483	1592	1941	1766	1929	2230	2124	1818
65-69	1554	1437	1376	1421	1534	1875	1710	1872	2169	2070
70-74	1252	1416	1323	1280	1335	1447	1775	1625	1786	2077
75+	2533	2520	2703	2788	2854	2969	3166	3613	3791	4084
TOTAL	29322	29669	29896	30003	30154	30330	30517	30656	30674	30638
BIRTH RATE		13.3	12.5	11.5	11.4	11.6	11.8	11.8	11.7	11.5
DEATH RATE		11.2	10.6	10.4	10.2	10.3	10.6	11.0	11.6	11.9
RATE OF NAT. INC.		.21	.18	.11	.12	.13	.12	.08	.00	-.04
NET MIGRATION RATE		.9	.2	.0	.0	.0	.0	.0	.0	.0
GROWTH RATE		.30	.20	.11	.12	.13	.12	.08	.00	-.04
TOTAL FERTILITY		1.800	1.800	1.800	1.852	1.904	1.953	2.002	2.049	2.068
NRR		.864	.866	.867	.893	.919	.943	.967	.990	1.000
e(0) - BOTH SEXES		76.20	77.24	78.28	79.27	79.70	80.13	80.58	81.04	81.50
e(15) - BOTH SEXES		62.03	62.95	63.91	64.83	65.24	65.65	66.08	66.51	66.95
IMR - BOTH SEXES		7.0	5.9	5.1	4.6	4.4	4.1	3.9	3.7	3.5
q(5) - BOTH SEXES		.0090	.0077	.0068	.0062	.0059	.0057	.0054	.0052	.0049
DEP. RATIO		52.9	54.3	54.0	52.7	52.3	55.4	58.3	62.2	68.0	72.4

Summary Projection for 25-Year Periods

UNITED KINGDOM

AGE GROUP	1990	2000	2025	2050	2075	2100	2125	2150
TOTAL M+F	57411	58882	60562	59434	58988	59335	59764	59991
MALES								
0-4	1963	1857	1813	1791	1783	1783	1784	1784
5-9	1854	1962	1802	1777	1779	1782	1783	1783
10-14	1749	1972	1760	1765	1780	1783	1783	1783
15-19	1998	1860	1721	1774	1785	1784	1782	1782
20-24	2327	1751	1720	1793	1788	1781	1779	1779
25-29	2412	2000	1836	1797	1779	1773	1773	1774
30-34	2074	2326	1934	1781	1760	1764	1768	1770
35-39	1895	2405	1935	1734	1744	1760	1765	1766
40-44	2061	2058	1815	1687	1745	1759	1761	1760
45-49	1698	1862	1696	1676	1755	1754	1750	1749
50-54	1547	1989	1911	1770	1744	1731	1729	1731
55-59	1447	1598	2171	1829	1702	1690	1699	1706
60-64	1400	1403	2159	1777	1618	1639	1662	1671
65-69	1331	1236	1737	1590	1518	1586	1611	1618
70-74	955	1086	1423	1377	1420	1511	1528	1532
75+	1375	1621	2473	3372	3398	3396	3510	3581
TOTAL	28089	28986	29906	29291	29096	29276	29468	29568
FEMALES								
0-4	1873	1768	1725	1704	1697	1697	1697	1698
5-9	1766	1870	1715	1691	1693	1696	1697	1697
10-14	1658	1883	1676	1680	1694	1697	1697	1697
15-19	1896	1774	1640	1689	1700	1699	1697	1697
20-24	2222	1669	1642	1710	1705	1698	1696	1696
25-29	2346	1914	1759	1720	1701	1694	1694	1695
30-34	2037	2240	1859	1708	1687	1689	1693	1695
35-39	1872	2353	1868	1667	1674	1689	1694	1694
40-44	2061	2033	1755	1628	1681	1693	1694	1693
45-49	1688	1854	1643	1624	1698	1695	1691	1689
50-54	1559	2021	1870	1731	1701	1686	1683	1684
55-59	1491	1634	2162	1814	1680	1665	1673	1678
60-64	1516	1483	2230	1801	1626	1643	1664	1672
65-69	1554	1376	1872	1660	1569	1635	1657	1662
70-74	1252	1323	1625	1506	1536	1627	1639	1641
75+	2533	2703	3613	4810	4854	4856	5030	5136
TOTAL	29322	29896	30656	30143	29893	30058	30296	30423
BIRTH RATE		12.9	11.6	11.6	11.8	11.8	11.7	11.7
DEATH RATE		10.9	10.5	12.4	12.1	11.6	11.4	11.5
NET MIGRATION RATE		.6	.0	.0	.0	.0	.0	.0
GROWTH RATE		.25	.11	-.08	-.03	.02	.03	.02
TOTAL FERTILITY		1.801	1.900	2.063	2.062	2.061	2.059	2.059
e(0) - BOTH SEXES		76.73	79.60	81.99	84.09	84.99	85.70	85.98
IMR - BOTH SEXES		6.4	4.4	3.3	2.5	2.2	2.0	2.0

UNITED STATES OF AMERICA

Projection (thousands) with NRR=1 by 1995

AGE GROUP	1990	1995	2000	2005	2010	2015	2020	2025	2030	2035
TOTAL M+F	250372	263119	275636	286981	297205	306560	315268	322675	327987	331296
MALES										
0-4	9476	10515	10255	9990	9957	10161	10413	10493	10402	10291
5-9	9345	9610	10651	10366	10061	10003	10187	10419	10479	10389
10-14	8846	9445	9712	10732	10419	10096	10025	10195	10413	10474
15-19	9184	8939	9540	9788	10778	10447	10112	10027	10182	10401
20-24	9762	9366	9127	9693	9886	10835	10474	10111	9999	10155
25-29	10791	10006	9617	9333	9823	9965	10867	10470	10071	9961
30-34	10974	10990	10214	9788	9444	9888	9991	10857	10429	10034
35-39	9991	11096	11120	10323	9853	9479	9893	9973	10811	10387
40-44	8769	10031	11138	11150	10328	9841	9452	9848	9912	10749
45-49	6871	8717	9978	11075	11078	10255	9765	9373	9758	9825
50-54	5564	6739	8565	9816	10897	10900	10092	9611	9225	9611
55-59	5079	5361	6524	8318	9552	10611	10621	9842	9379	9012
60-64	4991	4771	5082	6225	7977	9173	10204	10229	9492	9060
65-69	4572	4509	4374	4712	5827	7484	8627	9620	9667	8993
70-74	3440	3876	3914	3867	4234	5256	6778	7844	8782	8861
75+	4665	5043	5797	6438	6904	7486	8753	10922	13275	15539
TOTAL	122320	129012	135608	141612	147020	151882	156254	159833	162279	163742
FEMALES										
0-4	9003	10009	9755	9498	9464	9656	9894	9969	9882	9776
5-9	8877	9147	10153	9872	9576	9515	9687	9905	9960	9873
10-14	8386	8982	9253	10237	9928	9613	9539	9697	9901	9957
15-19	8690	8500	9097	9344	10295	9967	9639	9550	9692	9897
20-24	9387	8906	8718	9269	9454	10367	10015	9659	9542	9685
25-29	10665	9639	9161	8919	9397	9539	10422	10036	9647	9531
30-34	11036	10848	9826	9308	9012	9456	9575	10432	10021	9634
35-39	10107	11140	10956	9912	9360	9043	9472	9574	10412	10004
40-44	8964	10137	11172	10978	9920	9359	9035	9454	9548	10385
45-49	7094	8934	10107	11136	10940	9884	9324	8999	9414	9510
50-54	5862	7026	8856	10025	11049	10857	9812	9258	8937	9353
55-59	5522	5761	6919	8735	9901	10918	10734	9707	9163	8852
60-64	5695	5369	5622	6774	8574	9727	10736	10566	9564	9038
65-69	5605	5439	5162	5436	6581	8342	9479	10479	10329	9365
70-74	4607	5173	5080	4871	5175	6281	7985	9098	10086	9969
75+	8551	9097	10189	11056	11558	12154	13666	16460	19611	22727
TOTAL	128052	134107	140027	145369	150185	154678	159013	162842	165708	167554
BIRTH RATE		16.0	14.9	13.9	13.3	13.2	13.1	12.9	12.5	12.2
DEATH RATE		8.6	8.0	7.7	7.6	7.8	8.0	8.5	9.3	10.2
RATE OF NAT. INC.		.74	.69	.62	.58	.54	.51	.44	.33	.20
NET MIGRATION RATE		2.5	2.4	1.9	1.2	.8	.5	.3	.0	.0
GROWTH RATE		.99	.93	.81	.70	.62	.56	.46	.33	.20
TOTAL FERTILITY		2.095	2.084	2.080	2.077	2.076	2.074	2.073	2.072	2.070
NRR		1.004	1.000	1.000	1.000	1.000	1.000	1.000	1.000	1.000
e(0) - BOTH SEXES	76.58	77.97	79.15	80.25	80.63	81.01	81.40	81.80	82.21	
e(15) - BOTH SEXES	62.59	63.84	64.92	65.93	66.28	66.62	66.98	67.34	67.71	
IMR - BOTH SEXES		8.6	7.3	6.3	5.5	5.2	4.9	4.6	4.2	3.9
q(5) - BOTH SEXES		.0108	.0093	.0081	.0073	.0069	.0065	.0061	.0058	.0054
DEP. RATIO	51.7	52.7	52.0	51.1	50.5	52.9	57.4	63.3	68.0	69.8

Summary Projection for 25-Year Periods

UNITED STATES OF AMERICA

AGE GROUP	1990	2000	2025	2050	2075	2100	2125	2150
TOTAL M+F	250372	275636	322675	334581	341097	344290	346553	347642
MALES								
0-4	9476	10255	10493	10373	10335	10332	10336	10337
5-9	9345	10651	10419	10306	10310	10324	10330	10331
10-14	8846	9712	10195	10250	10311	10331	10332	10330
15-19	9184	9540	10027	10267	10333	10334	10327	10323
20-24	9762	9127	10111	10351	10344	10316	10306	10305
25-29	10791	9617	10470	10403	10304	10273	10274	10279
30-34	10974	10214	10857	10303	10214	10226	10246	10255
35-39	9991	11120	9973	10047	10128	10199	10226	10231
40-44	8769	11138	9848	9837	10105	10186	10198	10195
45-49	6871	9978	9373	9865	10140	10153	10140	10135
50-54	5564	8565	9611	10109	10101	10033	10023	10032
55-59	5079	6524	9842	10295	9856	9812	9854	9886
60-64	4991	5082	10229	9196	9392	9529	9640	9684
65-69	4572	4374	9620	8691	8870	9200	9338	9377
70-74	3440	3914	7844	7701	8391	8752	8858	8887
75+	4665	5797	10922	17294	19241	19873	20481	20842
TOTAL	122320	135608	159833	165288	168376	169874	170910	171430
FEMALES								
0-4	9003	9755	9969	9852	9816	9813	9816	9817
5-9	8877	10153	9905	9792	9794	9807	9813	9813
10-14	8386	9253	9697	9741	9796	9814	9815	9813
15-19	8690	9097	9550	9763	9821	9822	9814	9811
20-24	9387	8718	9659	9861	9847	9819	9808	9807
25-29	10665	9161	10036	9937	9832	9799	9799	9803
30-34	11036	9826	10432	9869	9769	9776	9793	9800
35-39	10107	10956	9574	9649	9708	9770	9794	9797
40-44	8964	11172	9454	9485	9717	9785	9793	9788
45-49	7094	10107	8999	9567	9795	9796	9778	9771
50-54	5862	8856	9258	9894	9839	9756	9738	9743
55-59	5522	6919	9707	10211	9723	9655	9685	9710
60-64	5695	5622	10566	9275	9439	9542	9635	9671
65-69	5605	5162	10479	9015	9181	9472	9586	9613
70-74	4607	5080	9098	8355	9098	9417	9490	9501
75+	8551	10189	16460	25029	27548	28573	29485	29952
TOTAL	128052	140027	162842	169293	172722	174415	175643	176212
BIRTH RATE		15.4	13.3	12.2	12.0	11.8	11.7	11.6
DEATH RATE		8.3	7.9	10.8	11.2	11.4	11.4	11.5
NET MIGRATION RATE		2.5	.9	.0	.0	.0	.0	.0
GROWTH RATE		.96	.63	.14	.08	.04	.03	.01
TOTAL FERTILITY		2.091	2.076	2.069	2.064	2.062	2.061	2.061
e(0) - BOTH SEXES		77.29	80.52	82.63	84.42	85.20	85.81	86.05
IMR - BOTH SEXES		7.9	5.3	3.6	2.4	2.1	2.0	1.9

URUGUAY

Projection (thousands) with NRR=1 by 1995

AGE GROUP	1990	1995	2000	2005	2010	2015	2020	2025	2030	2035
TOTAL M+F	3094	3179	3264	3372	3484	3588	3683	3773	3856	3933
MALES										
0-4	133	133	126	131	133	133	132	130	130	131
5-9	133	131	132	125	130	132	132	131	130	130
10-14	142	132	131	132	125	130	132	132	131	130
15-19	133	141	131	130	132	125	130	132	132	131
20-24	114	131	139	130	130	131	124	129	131	132
25-29	111	111	129	138	130	129	130	123	129	131
30-34	105	108	109	128	137	129	128	130	123	128
35-39	95	103	107	109	127	137	128	127	129	122
40-44	87	93	101	106	108	126	135	127	126	128
45-49	81	85	91	99	104	106	124	133	125	125
50-54	76	78	82	88	97	101	103	121	130	123
55-59	78	72	74	78	84	93	97	100	117	126
60-64	71	71	66	69	73	79	87	92	94	111
65-69	57	62	63	59	61	65	71	79	84	87
70-74	40	46	50	52	49	52	56	62	69	74
75+	54	54	58	65	72	74	78	85	95	108
TOTAL	1508	1549	1588	1638	1691	1741	1789	1834	1876	1915
FEMALES										
0-4	127	128	120	125	127	127	126	124	125	125
5-9	127	126	127	120	125	127	127	125	124	124
10-14	137	126	125	127	120	125	127	127	125	124
15-19	127	136	126	125	127	120	125	127	127	125
20-24	113	125	135	125	125	127	120	124	126	126
25-29	114	111	124	135	125	125	126	119	124	126
30-34	110	112	110	124	135	125	124	126	119	124
35-39	97	109	111	110	124	134	125	124	126	119
40-44	92	96	108	111	109	123	134	124	124	125
45-49	86	91	95	107	110	109	122	133	123	123
50-54	83	84	89	94	106	109	108	121	132	122
55-59	84	81	82	88	92	104	107	106	120	130
60-64	80	80	78	80	85	90	102	105	104	118
65-69	67	74	76	74	77	82	87	99	102	101
70-74	52	59	67	70	69	72	78	82	94	97
75+	90	91	101	120	138	149	158	171	185	206
TOTAL	1586	1629	1676	1734	1793	1847	1894	1939	1980	2018
BIRTH RATE		17.1	15.6	15.7	15.4	14.9	14.3	13.8	13.5	13.3
DEATH RATE		10.4	9.7	9.2	8.8	9.0	9.0	9.0	9.1	9.3
RATE OF NAT. INC.		.67	.59	.65	.65	.59	.53	.48	.44	.40
NET MIGRATION RATE		-1.3	-.6	.0	.0	.0	.0	.0	.0	.0
GROWTH RATE		.54	.53	.65	.65	.59	.53	.48	.44	.40
TOTAL FERTILITY		2.330	2.102	2.094	2.088	2.085	2.082	2.080	2.077	2.074
NRR		1.103	1.000	1.000	1.000	1.000	1.000	1.000	1.000	1.000
e(0) - BOTH SEXES		72.42	73.86	75.24	76.55	77.12	77.71	78.31	78.93	79.57
e(15) - BOTH SEXES		59.46	60.59	61.73	62.82	63.31	63.81	64.32	64.85	65.40
IMR - BOTH SEXES		20.0	16.5	13.5	11.1	10.3	9.5	8.6	7.8	7.0
q(5) - BOTH SEXES		.0240	.0199	.0165	.0138	.0128	.0118	.0109	.0099	.0089
DEP. RATIO	59.8	57.6	56.4	55.2	54.3	54.7	54.8	55.6	56.7	57.7

URUGUAY

Summary Projection for 25-Year Periods

AGE GROUP	1990	2000	2025	2050	2075	2100	2125	2150
TOTAL M+F	3094	3264	3773	4118	4265	4337	4387	4409
MALES								
0-4	133	126	130	131	131	131	131	131
5-9	133	132	131	131	131	131	131	131
10-14	142	131	132	131	131	131	131	131
15-19	133	131	132	131	131	131	131	131
20-24	114	139	129	129	130	131	131	131
25-29	111	129	123	129	130	130	130	130
30-34	105	109	130	129	130	130	130	130
35-39	95	107	127	130	130	129	130	130
40-44	87	101	127	129	128	129	129	129
45-49	81	91	133	125	126	128	128	129
50-54	76	82	121	118	124	126	127	127
55-59	78	74	100	121	122	124	125	125
60-64	71	66	92	114	119	121	122	122
65-69	57	63	79	107	113	115	117	118
70-74	40	50	62	101	103	107	110	112
75+	54	58	85	154	207	233	251	259
TOTAL	1508	1588	1834	2010	2088	2128	2155	2168
FEMALES								
0-4	127	120	124	125	125	125	125	125
5-9	127	127	125	126	125	125	125	125
10-14	137	125	127	126	125	125	125	125
15-19	127	126	127	125	125	125	125	125
20-24	113	135	124	124	125	125	125	125
25-29	114	124	119	124	125	125	125	125
30-34	110	110	126	125	125	125	125	125
35-39	97	111	124	126	125	125	125	125
40-44	92	108	124	125	124	124	125	125
45-49	86	95	133	123	123	124	124	125
50-54	83	89	121	117	122	124	124	124
55-59	84	82	106	123	123	123	124	124
60-64	80	78	105	119	123	123	123	123
65-69	67	76	99	117	121	121	122	122
70-74	52	67	82	121	116	118	120	121
75+	90	101	171	262	325	353	371	379
TOTAL	1586	1676	1939	2108	2176	2209	2231	2242
BIRTH RATE		16.3	14.8	13.0	12.2	11.9	11.8	11.7
DEATH RATE		10.0	9.0	9.6	10.8	11.3	11.3	11.5
NET MIGRATION RATE		-.9	.0	.0	.0	.0	.0	.0
GROWTH RATE		.53	.58	.35	.14	.07	.05	.02
TOTAL FERTILITY		2.214	2.086	2.072	2.061	2.059	2.058	2.057
e(0) - BOTH SEXES		73.15	77.03	80.27	83.17	84.43	85.43	85.81
IMR - BOTH SEXES		18.3	10.6	6.1	2.9	2.4	2.1	2.0

UZBEKISTAN

Projection (thousands) with NRR=1 by 2020

AGE GROUP	1990	1995	2000	2005	2010	2015	2020	2025	2030	2035
TOTAL M+F	20515	23028	25617	28333	31101	33805	36293	38669	40955	43105
MALES										
0-4	1676	1675	1661	1683	1733	1736	1661	1648	1682	1703
5-9	1455	1643	1654	1651	1674	1725	1729	1655	1642	1677
10-14	1182	1438	1632	1648	1647	1670	1721	1726	1652	1640
15-19	1016	1165	1426	1625	1642	1641	1665	1716	1721	1648
20-24	881	990	1147	1416	1615	1633	1632	1656	1708	1713
25-29	789	849	969	1138	1406	1604	1622	1622	1646	1698
30-34	774	761	831	961	1129	1396	1593	1612	1612	1637
35-39	604	750	744	822	952	1119	1385	1581	1600	1601
40-44	436	584	733	734	812	941	1106	1369	1565	1585
45-49	245	419	567	717	719	796	924	1088	1348	1541
50-54	273	233	402	547	694	697	773	899	1059	1315
55-59	272	256	219	380	519	660	665	739	861	1018
60-64	216	247	233	200	350	479	612	620	692	810
65-69	166	187	214	203	175	308	426	548	559	628
70-74	69	133	149	172	164	143	255	357	465	479
75+	84	87	132	166	201	216	212	298	424	581
TOTAL	10139	11415	12713	14063	15432	16766	17982	19133	20236	21274
FEMALES										
0-4	1624	1615	1600	1618	1665	1667	1594	1580	1612	1631
5-9	1427	1596	1598	1593	1613	1659	1662	1590	1576	1608
10-14	1167	1411	1587	1595	1591	1611	1657	1661	1588	1575
15-19	1005	1151	1402	1584	1593	1589	1609	1656	1659	1587
20-24	885	978	1136	1399	1581	1590	1586	1606	1653	1657
25-29	806	855	962	1134	1396	1578	1587	1583	1603	1650
30-34	788	782	841	959	1131	1392	1574	1583	1580	1600
35-39	616	769	771	838	955	1127	1388	1569	1579	1576
40-44	452	602	760	766	833	951	1121	1382	1563	1573
45-49	253	442	594	753	760	827	944	1114	1373	1553
50-54	273	246	434	585	743	750	817	933	1102	1359
55-59	289	264	239	424	573	729	737	804	919	1086
60-64	255	275	253	231	411	557	709	719	785	899
65-69	223	235	256	238	219	392	533	681	692	758
70-74	133	194	208	232	219	202	364	497	639	652
75+	180	198	264	323	387	418	428	579	797	1066
TOTAL	10376	11612	12904	14270	15669	17039	18310	19536	20719	21831
BIRTH RATE		31.9	28.0	25.3	23.5	21.5	19.0	17.6	16.8	16.1
DEATH RATE		6.0	5.4	5.1	4.8	4.8	4.8	4.9	5.3	5.9
RATE OF NAT. INC.		2.59	2.26	2.02	1.86	1.67	1.42	1.27	1.15	1.02
NET MIGRATION RATE		-2.8	-1.2	.0	.0	.0	.0	.0	.0	.0
GROWTH RATE		2.31	2.13	2.02	1.86	1.67	1.42	1.27	1.15	1.02
TOTAL FERTILITY		4.070	3.605	3.140	2.789	2.478	2.201	2.099	2.094	2.088
NRR		1.865	1.675	1.474	1.319	1.174	1.046	1.000	1.000	1.000
e(0) - BOTH SEXES	69.18	70.72	72.23	73.73	74.44	75.17	75.92	76.70	77.49	
e(15) - BOTH SEXES	58.57	59.23	60.07	61.06	61.59	62.14	62.71	63.30	63.91	
IMR - BOTH SEXES	42.0	34.4	28.0	22.6	20.7	18.8	16.8	14.9	13.0	
q(5) - BOTH SEXES	.0531	.0422	.0336	.0271	.0249	.0226	.0204	.0181	.0159	
DEP. RATIO	84.4	82.5	74.7	64.6	57.0	53.3	50.9	49.6	48.2	48.1

UZBEKISTAN

Summary Projection for 25-Year Periods

AGE GROUP	1990	2000	2025	2050	2075	2100	2125	2150
TOTAL M+F	20515	25617	38669	48552	53701	55275	56214	56644
MALES								
0-4	1676	1661	1648	1681	1691	1692	1691	1691
5-9	1455	1654	1655	1690	1694	1691	1689	1689
10-14	1182	1632	1726	1700	1693	1689	1688	1689
15-19	1016	1426	1716	1694	1685	1685	1687	1688
20-24	881	1147	1656	1665	1673	1681	1685	1685
25-29	789	969	1622	1622	1666	1679	1681	1681
30-34	774	831	1612	1625	1669	1677	1676	1676
35-39	604	744	1581	1686	1673	1670	1669	1671
40-44	436	733	1369	1665	1657	1655	1660	1664
45-49	245	567	1088	1593	1619	1634	1648	1654
50-54	273	402	899	1535	1558	1611	1632	1638
55-59	272	219	739	1481	1528	1588	1608	1612
60-64	216	233	620	1387	1535	1550	1567	1573
65-69	166	214	548	1116	1442	1474	1500	1515
70-74	69	149	357	786	1270	1347	1401	1429
75+	84	132	298	973	2270	2779	3119	3275
TOTAL	10139	12713	19133	23900	26322	27101	27602	27831
FEMALES								
0-4	1624	1600	1580	1607	1615	1615	1614	1613
5-9	1427	1598	1590	1617	1617	1614	1613	1612
10-14	1167	1587	1661	1630	1617	1612	1612	1612
15-19	1005	1402	1656	1626	1611	1610	1611	1612
20-24	885	1136	1606	1605	1603	1609	1612	1612
25-29	806	962	1583	1570	1602	1611	1612	1611
30-34	788	841	1583	1580	1612	1614	1611	1610
35-39	616	771	1569	1648	1621	1611	1608	1608
40-44	452	760	1382	1639	1615	1602	1604	1606
45-49	253	594	1114	1583	1589	1592	1601	1605
50-54	273	434	933	1550	1547	1586	1599	1602
55-59	289	239	804	1533	1546	1586	1595	1596
60-64	255	253	719	1495	1595	1584	1584	1585
65-69	223	256	681	1283	1561	1560	1563	1571
70-74	133	208	497	991	1470	1506	1532	1549
75+	180	264	579	1696	3559	4262	4641	4806
TOTAL	10376	12904	19536	24652	27379	28175	28612	28812
BIRTH RATE		29.8	21.0	15.3	12.9	12.1	11.9	11.7
DEATH RATE		5.7	4.9	6.3	8.9	11.0	11.2	11.4
NET MIGRATION RATE		-2.0	.0	.0	.0	.0	.0	.0
GROWTH RATE		2.22	1.65	.91	.40	.12	.07	.03
TOTAL FERTILITY		3.825	2.490	2.083	2.063	2.059	2.057	2.056
e(0) - BOTH SEXES		69.99	74.44	78.42	82.07	83.73	85.09	85.59
IMR - BOTH SEXES		38.3	21.4	11.0	3.5	2.6	2.2	2.1

VANUATU

Projection (thousands) with NRR=1 by 2030

AGE GROUP	1990	1995	2000	2005	2010	2015	2020	2025	2030	2035
TOTAL M+F	148	169	192	217	242	267	291	312	332	352
MALES										
0-4	13	14	15	15	16	16	15	15	15	15
5-9	12	12	14	15	15	16	16	15	15	15
10-14	11	11	12	14	15	15	16	16	15	14
15-19	9	10	11	12	14	14	15	15	16	15
20-24	7	8	10	11	12	14	14	15	15	15
25-29	6	6	8	10	11	12	13	14	15	15
30-34	5	6	6	8	10	11	12	13	14	15
35-39	4	5	5	6	8	10	11	12	13	14
40-44	4	4	4	5	6	8	10	11	11	13
45-49	3	4	4	4	5	6	8	9	10	11
50-54	2	3	3	3	4	5	6	7	9	10
55-59	2	2	3	3	3	4	5	5	7	9
60-64	2	2	2	2	3	3	4	4	5	7
65-69	1	2	1	1	2	3	2	3	4	4
70-74	1	1	1	1	1	2	2	2	3	3
75+	1	1	1	1	1	1	2	2	3	3
TOTAL	80	90	101	113	126	138	150	160	170	180
FEMALES										
0-4	11	13	14	15	15	15	15	14	14	15
5-9	10	11	13	14	15	15	15	15	14	14
10-14	9	9	11	13	14	15	15	15	15	14
15-19	8	8	9	11	13	14	15	15	15	15
20-24	7	7	8	9	11	13	14	14	15	15
25-29	6	6	7	8	9	11	13	14	14	15
30-34	5	5	6	7	8	9	11	13	14	14
35-39	4	5	5	6	7	8	9	11	13	14
40-44	3	4	4	5	6	7	8	9	11	13
45-49	2	3	4	4	5	6	7	8	9	11
50-54	2	2	3	3	4	5	6	7	8	9
55-59	1	2	2	2	3	4	5	6	6	7
60-64	1	1	2	2	2	3	4	4	5	6
65-69	0	1	1	1	1	2	3	3	4	5
70-74	0	0	1	1	1	1	2	2	3	4
75+	0	0	0	1	1	1	2	2	3	4
TOTAL	68	79	91	104	117	129	141	152	162	173
BIRTH RATE		36.5	33.4	30.3	27.5	24.8	22.1	19.3	18.1	17.7
DEATH RATE		7.7	6.7	5.8	5.3	5.2	5.3	5.4	5.6	5.8
RATE OF NAT. INC.		2.88	2.68	2.44	2.21	1.96	1.69	1.39	1.25	1.19
NET MIGRATION RATE		-2.5	-1.1	.0	.0	.0	.0	.0	.0	.0
GROWTH RATE		2.63	2.57	2.44	2.21	1.96	1.69	1.39	1.25	1.19
TOTAL FERTILITY		5.300	4.750	4.200	3.650	3.111	2.652	2.260	2.120	2.112
NRR		2.302	2.117	1.913	1.693	1.450	1.241	1.062	1.000	1.000
e(0) - BOTH SEXES		62.69	64.59	66.54	68.48	69.39	70.32	71.30	72.33	73.39
e(15) - BOTH SEXES		52.11	53.12	54.39	55.81	56.56	57.33	58.14	59.00	59.89
IMR - BOTH SEXES		45.0	36.6	29.6	23.9	22.0	20.0	18.1	16.1	14.2
q(5) - BOTH SEXES		.0576	.0452	.0358	.0286	.0264	.0241	.0219	.0196	.0174
DEP. RATIO		85.6	83.1	78.9	73.6	66.5	60.8	55.5	50.6	47.1	45.6

Summary Projection for 25-Year Periods

VANUATU

AGE GROUP	1990	2000	2025	2050	2075	2100	2125	2150
TOTAL M+F	148	192	312	406	465	485	498	503
MALES								
0-4	13	15	15	15	15	15	15	15
5-9	12	14	15	15	15	15	15	15
10-14	11	12	16	15	15	15	15	15
15-19	9	11	15	15	15	15	15	15
20-24	7	10	15	14	15	15	15	15
25-29	6	8	14	14	15	15	15	15
30-34	5	6	13	15	15	15	15	15
35-39	4	5	12	15	15	15	15	15
40-44	4	4	11	15	15	15	15	15
45-49	3	4	9	14	14	15	15	15
50-54	2	3	7	13	14	14	15	15
55-59	2	3	5	12	14	14	14	14
60-64	2	2	4	10	14	14	14	14
65-69	1	1	3	8	13	13	13	13
70-74	1	1	2	6	11	12	12	13
75+	1	1	2	7	17	24	27	29
TOTAL	80	101	160	206	232	240	246	248
FEMALES								
0-4	11	14	14	14	14	14	14	14
5-9	10	13	15	15	14	14	14	14
10-14	9	11	15	15	14	14	14	14
15-19	8	9	15	14	14	14	14	14
20-24	7	8	14	14	14	14	14	14
25-29	6	7	14	14	14	14	14	14
30-34	5	6	13	15	15	14	14	14
35-39	4	5	11	15	15	14	14	14
40-44	3	4	9	15	14	14	14	14
45-49	2	4	8	14	14	14	14	14
50-54	2	3	7	13	13	14	14	14
55-59	1	2	6	12	14	14	14	14
60-64	1	2	4	10	14	14	14	14
65-69	0	1	3	8	13	14	14	14
70-74	0	1	2	6	12	13	13	14
75+	0	0	2	8	23	33	39	41
TOTAL	68	91	152	201	233	245	252	255
BIRTH RATE		34.9	24.3	16.6	13.5	12.4	12.0	11.8
DEATH RATE		7.1	5.4	6.1	8.2	10.7	11.0	11.4
NET MIGRATION RATE		-1.8	.0	.0	.0	.0	.0	.0
GROWTH RATE		2.60	1.94	1.06	.54	.17	.10	.04
TOTAL FERTILITY		5.001	3.045	2.104	2.073	2.065	2.060	2.058
e(0) - BOTH SEXES		63.70	69.43	74.68	79.82	82.29	84.38	85.15
IMR - BOTH SEXES		40.7	22.8	12.2	4.6	3.2	2.4	2.2

VENEZUELA

Projection (thousands) with NRR=1 by 2005

AGE GROUP	1990	1995	2000	2005	2010	2015	2020	2025	2030	2035
TOTAL M+F	19325	21883	24238	26353	28197	29985	31830	33621	35244	36646
MALES										
0-4	1277	1506	1437	1353	1257	1277	1358	1390	1371	1334
5-9	1232	1271	1499	1430	1347	1252	1272	1353	1386	1368
10-14	1156	1230	1269	1496	1427	1344	1249	1270	1351	1384
15-19	1018	1152	1226	1265	1491	1422	1340	1245	1266	1348
20-24	946	1015	1147	1220	1258	1482	1415	1333	1240	1261
25-29	846	943	1010	1141	1212	1249	1473	1406	1325	1233
30-34	721	843	938	1004	1133	1204	1241	1463	1398	1318
35-39	622	717	837	931	996	1124	1194	1232	1453	1389
40-44	507	615	708	827	920	985	1112	1182	1220	1440
45-49	373	497	603	695	811	904	968	1094	1164	1203
50-54	291	360	480	583	673	787	878	942	1066	1136
55-59	243	274	339	453	552	639	750	839	902	1024
60-64	195	221	250	310	416	509	592	699	785	849
65-69	139	169	192	218	272	368	454	532	632	715
70-74	91	111	136	156	179	226	309	385	456	547
75+	98	108	129	161	195	233	291	392	515	646
TOTAL	9756	11032	12199	13240	14139	15005	15896	16758	17532	18195
FEMALES										
0-4	1224	1446	1378	1297	1203	1222	1299	1329	1311	1275
5-9	1183	1221	1442	1374	1293	1200	1219	1296	1326	1309
10-14	1112	1182	1220	1440	1372	1291	1198	1218	1295	1325
15-19	982	1112	1181	1218	1438	1371	1289	1197	1216	1294
20-24	917	983	1111	1180	1216	1435	1368	1287	1195	1215
25-29	825	918	982	1109	1177	1213	1432	1365	1284	1193
30-34	706	825	917	980	1106	1174	1210	1428	1362	1282
35-39	610	704	822	913	976	1102	1169	1205	1423	1358
40-44	498	607	700	817	907	970	1095	1163	1199	1417
45-49	372	492	600	692	808	898	961	1086	1154	1191
50-54	295	365	483	590	682	796	886	949	1073	1141
55-59	249	286	355	471	576	666	780	868	931	1054
60-64	204	237	274	340	453	556	645	756	844	907
65-69	152	188	220	256	320	428	527	613	722	809
70-74	107	132	165	196	230	289	390	483	567	672
75+	134	154	189	241	302	370	466	619	808	1011
TOTAL	9569	10851	12038	13113	14058	14981	15934	16863	17712	18452
BIRTH RATE		29.7	25.2	21.5	18.5	17.6	17.5	16.9	15.8	14.7
DEATH RATE		5.3	5.1	5.0	5.0	5.3	5.6	6.0	6.4	6.9
RATE OF NAT. INC.		2.44	2.01	1.66	1.35	1.23	1.19	1.10	.94	.78
NET MIGRATION RATE		.5	.3	.2	.0	.0	.0	.0	.0	.0
GROWTH RATE		2.49	2.04	1.67	1.35	1.23	1.19	1.10	.94	.78
TOTAL FERTILITY		3.600	3.077	2.630	2.248	2.111	2.106	2.101	2.095	2.090
NRR		1.674	1.438	1.236	1.062	1.000	1.000	1.000	1.000	1.000
e(0) - BOTH SEXES	70.30	71.09	72.11	73.23	73.96	74.71	75.49	76.29	77.12	
e(15) - BOTH SEXES	58.47	58.96	59.62	60.39	60.96	61.54	62.15	62.79	63.45	
IMR - BOTH SEXES	33.0	29.5	25.0	20.8	19.0	17.3	15.5	13.8	12.1	
q(5) - BOTH SEXES	.0392	.0351	.0301	.0253	.0232	.0212	.0191	.0171	.0150	
DEP. RATIO	69.2	66.2	62.0	57.5	50.0	46.4	46.0	47.9	50.0	51.1

Summary Projection for 25-Year Periods

VENEZUELA

AGE GROUP	1990	2000	2025	2050	2075	2100	2125	2150
TOTAL M+F	19325	24238	33621	40000	43044	43997	44670	44987
MALES								
0-4	1277	1437	1390	1349	1340	1341	1342	1343
5-9	1232	1499	1353	1327	1335	1341	1342	1342
10-14	1156	1269	1270	1314	1338	1343	1343	1342
15-19	1018	1226	1245	1328	1347	1345	1342	1341
20-24	946	1147	1333	1359	1351	1341	1338	1338
25-29	846	1010	1406	1369	1337	1331	1333	1335
30-34	721	938	1463	1330	1311	1322	1329	1332
35-39	622	837	1232	1242	1293	1320	1328	1329
40-44	507	708	1182	1210	1300	1324	1325	1323
45-49	373	603	1094	1284	1322	1320	1315	1314
50-54	291	480	942	1333	1317	1294	1295	1299
55-59	243	339	839	1348	1253	1249	1268	1279
60-64	195	250	699	1084	1134	1200	1240	1253
65-69	139	192	532	968	1052	1159	1201	1211
70-74	91	136	385	799	1032	1105	1134	1141
75+	98	129	392	1122	2100	2314	2508	2616
TOTAL	9756	12199	16758	19764	21162	21648	21983	22137
FEMALES								
0-4	1224	1378	1329	1287	1278	1278	1280	1280
5-9	1183	1442	1296	1267	1273	1278	1280	1280
10-14	1112	1220	1218	1256	1276	1281	1281	1280
15-19	982	1181	1197	1272	1286	1283	1280	1279
20-24	917	1111	1287	1305	1292	1281	1278	1278
25-29	825	982	1365	1321	1283	1275	1276	1278
30-34	706	917	1428	1287	1263	1270	1276	1278
35-39	610	822	1205	1207	1249	1271	1278	1278
40-44	498	700	1163	1183	1262	1279	1278	1276
45-49	372	600	1086	1266	1291	1282	1274	1273
50-54	295	483	949	1332	1299	1268	1265	1268
55-59	249	355	868	1375	1256	1241	1254	1263
60-64	204	274	756	1139	1164	1217	1249	1259
65-69	152	220	613	1066	1121	1214	1245	1250
70-74	107	165	483	946	1165	1217	1230	1231
75+	134	189	619	1726	3125	3412	3662	3800
TOTAL	9569	12038	16863	20235	21882	22350	22687	22850
BIRTH RATE		27.3	18.3	14.3	12.6	12.1	11.9	11.7
DEATH RATE		5.2	5.4	7.4	9.7	11.2	11.3	11.4
NET MIGRATION RATE		.4	.0	.0	.0	.0	.0	.0
GROWTH RATE		2.27	1.31	.69	.29	.09	.06	.03
TOTAL FERTILITY		3.323	2.223	2.085	2.065	2.061	2.058	2.058
e(0) - BOTH SEXES		70.71	74.00	78.07	81.92	83.64	85.04	85.57
IMR - BOTH SEXES		31.3	19.5	10.3	3.5	2.6	2.2	2.1

VIET NAM

Projection (thousands) with NRR=1 by 2015

AGE GROUP	1990	1995	2000	2005	2010	2015	2020	2025	2030	2035
TOTAL M+F	66233	74109	82014	89784	97059	103678	110202	116830	123210	129006
MALES										
0-4	4674	5068	5152	5144	4947	4709	4777	4974	5039	4987
5-9	4430	4632	5032	5123	5119	4925	4689	4760	4957	5024
10-14	3900	4412	4616	5016	5109	5106	4914	4680	4751	4949
15-19	3616	3876	4388	4593	4996	5089	5088	4898	4666	4738
20-24	3333	3581	3841	4352	4561	4962	5057	5058	4871	4642
25-29	2863	3292	3540	3802	4314	4523	4923	5020	5023	4839
30-34	2278	2825	3252	3501	3766	4276	4485	4885	4983	4989
35-39	1560	2242	2783	3208	3461	3725	4232	4443	4842	4943
40-44	1045	1528	2198	2733	3158	3409	3673	4177	4389	4787
45-49	887	1014	1485	2140	2669	3088	3338	3601	4100	4314
50-54	870	848	971	1424	2060	2575	2985	3233	3495	3988
55-59	928	813	793	911	1342	1947	2441	2839	3086	3346
60-64	719	836	734	719	830	1229	1793	2260	2642	2886
65-69	541	613	714	630	622	724	1081	1590	2020	2380
70-74	328	423	481	564	502	502	592	894	1332	1714
75+	355	385	463	548	652	673	689	778	1073	1602
TOTAL	32327	36387	40442	44408	48106	51462	54759	58089	61269	64129
FEMALES										
0-4	4474	4879	4955	4941	4747	4515	4578	4763	4822	4769
5-9	4282	4445	4854	4935	4925	4732	4503	4566	4752	4812
10-14	3743	4269	4434	4845	4928	4918	4726	4498	4562	4748
15-19	3531	3728	4255	4423	4835	4919	4910	4719	4491	4556
20-24	3199	3509	3709	4238	4409	4821	4905	4898	4708	4482
25-29	3046	3173	3485	3689	4220	4392	4804	4889	4882	4695
30-34	2531	3016	3147	3462	3670	4200	4372	4784	4870	4865
35-39	1819	2501	2985	3120	3438	3646	4175	4348	4760	4848
40-44	1226	1791	2467	2949	3089	3407	3615	4142	4317	4728
45-49	1111	1200	1756	2425	2907	3047	3363	3573	4097	4274
50-54	1104	1077	1166	1711	2371	2846	2988	3302	3513	4034
55-59	1071	1055	1031	1121	1653	2295	2761	2905	3218	3431
60-64	883	999	987	970	1062	1572	2190	2644	2792	3104
65-69	718	789	897	893	887	977	1455	2039	2478	2632
70-74	493	597	660	758	766	769	856	1288	1825	2241
75+	675	694	783	895	1047	1160	1243	1383	1854	2657
TOTAL	33906	37722	41573	45376	48953	52216	55444	58741	61941	64877
BIRTH RATE		29.5	26.8	24.2	21.2	18.8	17.8	17.5	16.7	15.7
DEATH RATE		7.1	6.5	6.1	5.7	5.6	5.6	5.8	6.1	6.5
RATE OF NAT. INC.		2.25	2.03	1.81	1.56	1.32	1.22	1.17	1.06	.92
NET MIGRATION RATE		.0	.0	.0	.0	.0	.0	.0	.0	.0
GROWTH RATE		2.25	2.03	1.81	1.56	1.32	1.22	1.17	1.06	.92
TOTAL FERTILITY		3.670	3.278	2.880	2.531	2.224	2.111	2.106	2.100	2.095
NRR		1.671	1.511	1.345	1.192	1.050	1.000	1.000	1.000	1.000
e(0) - BOTH SEXES	67.08	68.13	69.41	70.81	71.61	72.46	73.33	74.24	75.20	
e(15) - BOTH SEXES	55.64	56.18	56.93	57.93	58.59	59.27	59.99	60.75	61.54	
IMR - BOTH SEXES	36.0	31.0	25.8	21.2	19.5	17.7	16.0	14.3	12.5	
q(5) - BOTH SEXES	.0444	.0377	.0309	.0254	.0234	.0214	.0194	.0174	.0154	
DEP. RATIO	76.1	72.7	67.5	61.8	54.5	48.2	44.8	44.9	47.1	49.2

VIET NAM

Summary Projection for 25-Year Periods

AGE GROUP	1990	2000	2025	2050	2075	2100	2125	2150
TOTAL M+F	66233	82014	116830	142409	155619	160088	163245	164686
MALES								
0-4	4674	5152	4974	4901	4915	4925	4929	4928
5-9	4430	5032	4760	4859	4917	4928	4927	4925
10-14	3900	4616	4680	4886	4940	4934	4926	4923
15-19	3616	4388	4898	4960	4952	4928	4919	4919
20-24	3333	3841	5058	4988	4922	4905	4907	4911
25-29	2863	3540	5020	4891	4853	4877	4894	4900
30-34	2278	3252	4885	4665	4797	4866	4886	4888
35-39	1560	2783	4443	4559	4803	4871	4877	4873
40-44	1045	2198	4177	4734	4849	4861	4853	4850
45-49	887	1485	3601	4840	4843	4805	4808	4818
50-54	870	971	3233	4717	4689	4690	4740	4767
55-59	928	793	2839	4447	4376	4557	4662	4697
60-64	719	734	2260	3847	4134	4440	4564	4593
65-69	541	714	1590	3340	4067	4295	4398	4425
70-74	328	481	894	2535	3810	4004	4108	4160
75+	355	463	778	3476	6904	8047	9037	9516
TOTAL	32327	40442	58089	70644	76770	78933	80433	81095
FEMALES								
0-4	4474	4955	4763	4678	4685	4695	4699	4698
5-9	4282	4854	4566	4643	4688	4699	4698	4696
10-14	3743	4434	4498	4674	4710	4705	4698	4695
15-19	3531	4255	4719	4754	4724	4701	4693	4693
20-24	3199	3709	4898	4797	4708	4687	4688	4692
25-29	3046	3485	4889	4725	4659	4673	4687	4691
30-34	2531	3147	4784	4526	4621	4673	4689	4690
35-39	1819	2985	4348	4443	4643	4688	4690	4686
40-44	1226	2467	4142	4641	4709	4694	4681	4677
45-49	1111	1756	3573	4785	4734	4665	4658	4665
50-54	1104	1166	3302	4726	4633	4596	4630	4652
55-59	1071	1031	2905	4548	4394	4529	4609	4637
60-64	883	987	2644	4029	4251	4505	4594	4614
65-69	718	897	2039	3683	4341	4502	4555	4568
70-74	493	660	1288	2958	4307	4413	4454	4487
75+	675	783	1383	5155	10041	11730	13088	13750
TOTAL	33906	41573	58741	71764	78849	81155	82813	83591
BIRTH RATE		28.1	19.7	14.9	12.9	12.2	11.9	11.8
DEATH RATE		6.8	5.7	7.1	9.4	11.1	11.1	11.4
NET MIGRATION RATE		.0	.0	.0	.0	.0	.0	.0
GROWTH RATE		2.14	1.42	.79	.35	.11	.08	.04
TOTAL FERTILITY		3.458	2.343	2.090	2.068	2.063	2.059	2.058
e(0) - BOTH SEXES		67.64	71.65	76.31	80.87	82.97	84.71	85.36
IMR - BOTH SEXES		33.5	20.1	10.8	4.0	2.9	2.3	2.1

VIRGIN ISLANDS (U.S.)

Projection (thousands) with NRR=1 by 2000

AGE GROUP	1990	1995	2000	2005	2010	2015	2020	2025	2030	2035
TOTAL M+F	102	99	95	92	91	90	90	90	92	94
MALES										
0-4	6	5	4	4	4	4	3	3	3	3
5-9	6	5	5	4	3	4	3	3	3	3
10-14	7	6	5	4	3	3	3	3	3	3
15-19	5	6	5	4	4	3	3	3	3	3
20-24	3	5	6	5	4	4	3	3	3	3
25-29	3	2	4	5	4	4	4	3	3	3
30-34	4	2	1	3	4	4	3	3	3	3
35-39	4	3	2	1	3	4	4	3	3	3
40-44	3	3	3	1	1	2	4	3	3	3
45-49	2	2	3	3	1	0	2	4	3	3
50-54	2	2	2	3	3	1	0	2	4	3
55-59	2	2	2	2	3	2	1	0	2	4
60-64	1	1	1	2	2	2	2	1	0	2
65-69	1	1	1	1	2	2	2	2	1	0
70-74	1	1	1	1	1	1	2	2	2	1
75+	1	1	1	1	2	2	2	2	3	3
TOTAL	49	47	45	44	43	42	42	43	44	45
FEMALES										
0-4	6	5	4	4	4	3	3	3	3	3
5-9	6	5	4	3	3	3	3	3	3	3
10-14	7	6	5	4	3	3	3	3	3	3
15-19	5	6	5	4	4	3	3	3	3	3
20-24	4	5	5	5	4	3	3	3	3	3
25-29	4	3	4	5	4	3	3	2	3	3
30-34	5	3	2	3	4	4	3	3	2	3
35-39	4	4	3	2	3	4	3	3	3	2
40-44	3	4	4	2	1	3	4	3	3	3
45-49	2	3	3	4	2	1	2	4	3	3
50-54	2	2	3	3	4	2	1	2	4	3
55-59	2	2	2	3	3	4	2	1	2	4
60-64	1	2	2	2	3	3	3	2	1	2
65-69	1	1	2	2	2	2	3	3	2	1
70-74	1	1	1	1	2	2	2	3	3	2
75+	1	1	2	2	3	3	4	5	6	7
TOTAL	53	52	50	48	48	47	47	48	48	49
BIRTH RATE		22.0	17.3	17.0	17.2	16.4	14.9	13.5	13.0	13.2
DEATH RATE		4.5	4.8	5.3	5.9	6.8	7.6	8.3	9.2	10.0
RATE OF NAT. INC.		1.76	1.26	1.17	1.13	.96	.73	.51	.39	.32
NET MIGRATION RATE		-23.9	-20.7	-18.0	-14.5	-11.1	-7.6	-3.6	.0	.0
GROWTH RATE		-.64	-.81	-.63	-.32	-.15	-.03	.16	.38	.32
TOTAL FERTILITY		2.600	2.231	2.099	2.092	2.089	2.085	2.082	2.079	2.076
NRR		1.231	1.059	1.000	1.000	1.000	1.000	1.000	1.000	1.000
e(0) - BOTH SEXES		74.86	76.32	77.67	78.86	79.33	79.80	80.28	80.77	81.27
e(15) - BOTH SEXES		61.95	63.26	64.38	65.34	65.69	66.05	66.42	66.80	67.18
IMR - BOTH SEXES		20.0	18.3	15.8	13.2	12.1	11.1	10.0	8.9	7.9
q(5) - BOTH SEXES		.0245	.0223	.0192	.0162	.0149	.0137	.0124	.0112	.0099
DEP. RATIO	68.5	61.1	55.0	52.4	52.1	57.6	64.3	67.7	61.5	53.2

Summary Projection for 25-Year Periods

VIRGIN ISLANDS (U.S.)

AGE GROUP	1990	2000	2025	2050	2075	2100	2125	2150
TOTAL M+F	102	95	90	99	103	104	105	105
MALES								
0-4	6	4	3	3	3	3	3	3
5-9	6	5	3	3	3	3	3	3
10-14	7	5	3	3	3	3	3	3
15-19	5	5	3	3	3	3	3	3
20-24	3	6	3	3	3	3	3	3
25-29	3	4	3	3	3	3	3	3
30-34	4	1	3	3	3	3	3	3
35-39	4	2	3	3	3	3	3	3
40-44	3	3	3	3	3	3	3	3
45-49	2	3	4	3	3	3	3	3
50-54	2	2	2	3	3	3	3	3
55-59	2	2	0	3	3	3	3	3
60-64	1	1	1	3	3	3	3	3
65-69	1	1	2	3	3	3	3	3
70-74	1	1	2	3	2	2	3	3
75+	1	1	2	3	5	6	6	6
TOTAL	49	45	43	49	51	51	52	52
FEMALES								
0-4	6	4	3	3	3	3	3	3
5-9	6	4	3	3	3	3	3	3
10-14	7	5	3	3	3	3	3	3
15-19	5	5	3	3	3	3	3	3
20-24	4	5	3	3	3	3	3	3
25-29	4	4	2	3	3	3	3	3
30-34	5	2	3	3	3	3	3	3
35-39	4	3	3	3	3	3	3	3
40-44	3	4	3	3	3	3	3	3
45-49	2	3	4	3	3	3	3	3
50-54	2	3	2	2	3	3	3	3
55-59	2	2	1	3	3	3	3	3
60-64	1	2	2	3	3	3	3	3
65-69	1	2	3	3	3	3	3	3
70-74	1	1	3	3	3	3	3	3
75+	1	2	5	6	8	9	9	9
TOTAL	53	50	48	51	52	53	53	53
BIRTH RATE		19.7	15.8	13.0	12.1	11.8	11.7	11.7
DEATH RATE		4.6	6.8	9.3	10.7	11.4	11.4	11.5
NET MIGRATION RATE		-22.3	-11.0	.0	.0	.0	.0	.0
GROWTH RATE		-.72	-.19	.37	.13	.05	.04	.02
TOTAL FERTILITY		2.406	2.090	2.073	2.060	2.058	2.057	2.057
e(0) - BOTH SEXES		75.57	79.18	81.80	83.99	84.92	85.66	85.96
IMR - BOTH SEXES		19.3	12.6	6.8	2.7	2.2	2.0	2.0

WEST BANK

Projection (thousands) with NRR=1 by 2030

AGE GROUP	1990	1995	2000	2005	2010	2015	2020	2025	2030	2035
TOTAL M+F	916	1149	1371	1603	1836	2068	2299	2522	2723	2916
MALES										
0-4	77	104	124	130	132	135	137	136	128	128
5-9	68	78	103	124	130	132	134	136	135	128
10-14	62	70	78	103	123	129	132	134	136	135
15-19	56	64	69	78	103	123	129	131	133	136
20-24	47	58	63	69	77	102	122	128	131	133
25-29	40	51	58	63	69	77	101	122	128	130
30-34	38	44	51	58	63	68	76	101	121	127
35-39	19	40	43	50	57	62	68	76	100	121
40-44	17	21	40	43	50	57	62	67	75	100
45-49	15	18	21	39	42	49	56	61	66	74
50-54	13	15	17	20	38	41	48	55	60	65
55-59	10	12	14	16	19	37	40	46	53	58
60-64	8	9	11	13	15	18	34	37	44	50
65-69	4	7	8	10	12	14	16	31	34	40
70-74	3	3	5	7	8	10	12	14	27	30
75+	3	4	4	6	8	11	13	16	20	33
TOTAL	480	598	711	829	947	1064	1180	1292	1393	1488
FEMALES										
0-4	74	100	120	125	127	129	131	130	123	123
5-9	66	76	100	119	125	127	129	131	130	123
10-14	57	67	76	99	119	125	127	128	131	130
15-19	51	59	67	76	99	119	124	126	128	130
20-24	44	54	59	67	75	99	118	124	126	128
25-29	34	48	54	59	67	75	99	118	124	126
30-34	25	37	48	53	58	66	75	98	117	123
35-39	17	27	37	47	53	58	66	74	98	117
40-44	15	18	27	36	47	53	57	65	74	97
45-49	13	16	18	27	36	46	52	57	64	73
50-54	13	13	15	17	26	35	45	51	56	63
55-59	8	12	13	14	17	25	34	44	50	54
60-64	7	7	11	12	14	16	24	32	42	48
65-69	5	6	6	10	11	13	14	22	30	40
70-74	3	4	5	5	9	9	11	13	20	27
75+	4	5	5	6	7	11	13	16	19	27
TOTAL	436	551	660	774	889	1004	1118	1229	1331	1428
BIRTH RATE		40.9	40.2	35.4	31.0	27.6	25.1	22.5	19.5	18.1
DEATH RATE		5.5	4.9	4.3	3.9	3.8	3.9	4.0	4.1	4.4
RATE OF NAT. INC.		3.55	3.54	3.12	2.71	2.38	2.12	1.85	1.54	1.37
NET MIGRATION RATE		9.7	.0	.0	.0	.0	.0	.0	.0	.0
GROWTH RATE		4.53	3.54	3.12	2.71	2.38	2.12	1.85	1.54	1.37
TOTAL FERTILITY		5.750	5.450	4.850	4.250	3.650	3.101	2.635	2.239	2.097
NRR		2.603	2.502	2.255	1.997	1.721	1.466	1.249	1.064	1.000
e(0) - BOTH SEXES		67.95	69.32	70.78	72.26	73.01	73.78	74.59	75.43	76.29
e(15) - BOTH SEXES		57.02	57.65	58.49	59.49	60.08	60.69	61.32	61.98	62.67
IMR - BOTH SEXES		40.0	33.3	27.3	22.1	20.3	18.4	16.5	14.7	12.8
q(5) - BOTH SEXES		.0502	.0407	.0327	.0265	.0244	.0222	.0201	.0179	.0158
DEP. RATIO	87.4	83.9	86.3	86.9	79.3	68.8	60.7	56.2	52.2	49.4

Summary Projection for 25-Year Periods

WEST BANK

AGE GROUP	1990	2000	2025	2050	2075	2100	2125	2150
TOTAL M+F	916	1371	2522	3459	4097	4302	4389	4427
MALES								
0-4	77	124	136	134	133	133	132	132
5-9	68	103	136	134	133	132	132	132
10-14	62	78	134	132	132	132	132	132
15-19	56	69	131	128	131	132	132	132
20-24	47	63	128	127	132	132	132	132
25-29	40	58	122	134	133	132	132	132
30-34	38	51	101	134	133	131	131	131
35-39	19	43	76	131	130	130	131	131
40-44	17	40	67	128	125	129	130	131
45-49	15	21	61	124	124	129	130	130
50-54	13	17	55	116	129	129	129	128
55-59	10	14	46	94	127	127	126	126
60-64	8	11	37	68	120	121	122	123
65-69	4	8	31	57	112	112	117	119
70-74	3	5	14	46	101	104	111	113
75+	3	4	16	64	157	231	251	260
TOTAL	480	711	1292	1752	2052	2137	2171	2185
FEMALES								
0-4	74	120	130	128	127	126	126	126
5-9	66	100	131	128	126	126	126	126
10-14	57	76	128	126	125	126	126	126
15-19	51	67	126	122	125	126	126	126
20-24	44	59	124	122	126	126	126	126
25-29	34	54	118	129	127	127	126	126
30-34	25	48	98	130	128	126	126	126
35-39	17	37	74	127	126	125	125	126
40-44	15	27	65	124	121	124	125	126
45-49	13	18	57	121	121	125	126	126
50-54	13	15	51	114	126	126	125	125
55-59	8	13	44	93	126	125	124	124
60-64	7	11	32	69	121	122	122	123
65-69	5	6	22	58	116	116	120	122
70-74	3	5	13	47	109	112	119	121
75+	4	5	16	69	195	308	348	366
TOTAL	436	660	1229	1707	2045	2165	2218	2241
BIRTH RATE		40.5	27.6	17.3	13.6	12.3	11.9	11.8
DEATH RATE		5.1	3.9	4.9	6.9	10.4	11.1	11.4
NET MIGRATION RATE		4.4	.0	.0	.0	.0	.0	.0
GROWTH RATE		4.03	2.44	1.26	.68	.20	.08	.03
TOTAL FERTILITY		5.578	3.530	2.116	2.069	2.063	2.059	2.058
e(0) - BOTH SEXES		68.71	73.10	77.35	81.43	83.31	84.87	85.46
IMR - BOTH SEXES		36.3	20.9	10.9	3.8	2.8	2.2	2.1

WESTERN SAMOA

Projection (thousands) with NRR=1 by 2020

AGE GROUP	1990	1995	2000	2005	2010	2015	2020	2025	2030	2035
TOTAL M+F	160	164	172	184	200	217	232	247	261	275
MALES										
0-4	12	13	12	11	11	11	11	11	11	11
5-9	11	12	12	11	11	11	11	11	11	11
10-14	10	10	11	12	11	11	11	11	11	11
15-19	10	10	9	11	12	11	11	11	11	11
20-24	10	9	9	9	11	12	11	11	11	11
25-29	7	9	8	9	9	11	12	11	11	11
30-34	5	5	8	8	9	9	11	12	11	11
35-39	4	4	5	8	8	8	9	10	11	11
40-44	3	3	3	5	8	8	8	9	10	11
45-49	3	2	3	3	4	7	7	8	8	10
50-54	2	3	2	3	3	4	7	7	8	8
55-59	2	2	2	2	2	3	4	7	7	7
60-64	2	2	1	2	2	2	3	4	6	6
65-69	2	2	1	1	2	2	2	2	3	5
70-74	1	1	1	1	1	1	1	2	2	3
75+	1	1	1	1	1	1	2	2	2	2
TOTAL	85	87	91	97	105	113	120	127	134	141
FEMALES										
0-4	11	12	11	10	11	11	10	10	11	11
5-9	9	11	12	11	10	11	11	10	10	11
10-14	9	8	10	11	11	10	11	11	10	10
15-19	9	8	8	10	11	11	10	11	11	10
20-24	9	7	7	7	10	11	11	10	10	11
25-29	6	7	6	7	7	10	11	11	10	10
30-34	5	4	6	6	6	7	10	11	11	10
35-39	4	4	4	6	6	6	7	10	11	11
40-44	3	3	4	4	6	6	6	7	10	11
45-49	3	3	3	3	4	6	6	6	7	10
50-54	3	3	2	3	3	4	6	6	6	7
55-59	2	3	2	2	3	3	3	5	5	6
60-64	2	2	2	2	2	3	3	3	5	5
65-69	1	2	2	2	2	2	2	3	3	5
70-74	1	1	1	1	2	2	2	2	2	3
75+	1	1	1	1	2	2	3	3	3	4
TOTAL	75	77	81	88	96	104	112	119	127	134
BIRTH RATE	32.5	28.2	24.6	22.8	21.4	19.4	18.1	17.4	16.4	
DEATH RATE	7.4	7.0	6.5	6.1	5.8	5.8	5.8	5.9	6.1	
RATE OF NAT. INC.	2.51	2.12	1.81	1.67	1.55	1.36	1.23	1.15	1.03	
NET MIGRATION RATE	-19.7	-11.9	-4.5	.0	.0	.0	.0	.0	.0	
GROWTH RATE	.53	.93	1.36	1.67	1.55	1.36	1.23	1.15	1.03	
TOTAL FERTILITY	4.500	4.000	3.500	3.011	2.591	2.229	2.099	2.095	2.090	
NRR	2.045	1.846	1.638	1.426	1.229	1.060	1.000	1.000	1.000	
e(0) - BOTH SEXES	65.44	66.74	68.20	69.76	70.59	71.47	72.38	73.33	74.34	
e(15) - BOTH SEXES	52.82	53.74	54.88	56.19	56.94	57.73	58.55	59.42	60.33	
IMR - BOTH SEXES	25.0	20.5	16.7	13.6	12.7	11.7	10.8	9.8	8.9	
q(5) - BOTH SEXES	.0299	.0246	.0202	.0166	.0155	.0144	.0133	.0122	.0111	
DEP. RATIO	75.1	78.8	78.5	69.5	59.3	52.8	48.9	46.0	44.3	46.1

WESTERN SAMOA

Summary Projection for 25-Year Periods

AGE GROUP	1990	2000	2025	2050	2075	2100	2125	2150
TOTAL M+F	160	172	247	310	344	357	365	369
MALES								
0-4	12	12	11	11	11	11	11	11
5-9	11	12	11	11	11	11	11	11
10-14	10	11	11	11	11	11	11	11
15-19	10	9	11	11	11	11	11	11
20-24	10	9	11	11	11	11	11	11
25-29	7	8	11	11	11	11	11	11
30-34	5	8	12	11	11	11	11	11
35-39	4	5	10	11	11	11	11	11
40-44	3	3	9	10	11	11	11	11
45-49	3	3	8	10	11	11	11	11
50-54	2	2	7	10	10	11	11	11
55-59	2	2	7	10	10	10	10	11
60-64	2	1	4	9	10	10	10	10
65-69	2	1	2	7	9	10	10	10
70-74	1	1	2	5	8	9	9	9
75+	1	1	2	7	14	17	20	21
TOTAL	85	91	127	156	170	176	180	182
FEMALES								
0-4	11	11	10	11	11	11	11	11
5-9	9	12	10	11	11	11	11	11
10-14	9	10	11	11	11	11	11	11
15-19	9	8	11	11	11	11	11	11
20-24	9	7	10	11	11	11	11	11
25-29	6	6	11	10	10	11	11	11
30-34	5	6	11	10	10	11	11	11
35-39	4	4	10	11	10	11	11	11
40-44	3	4	7	10	10	10	10	10
45-49	3	3	6	10	10	10	10	10
50-54	3	2	6	10	10	10	10	10
55-59	2	2	5	11	10	10	10	10
60-64	2	2	3	9	10	10	10	10
65-69	1	2	3	6	10	10	10	10
70-74	1	1	2	5	9	10	10	10
75+	1	1	3	8	20	25	29	31
TOTAL	75	81	119	153	174	181	185	187
BIRTH RATE		30.3	21.0	15.6	13.2	12.3	12.0	11.8
DEATH RATE		7.2	6.0	6.6	8.9	10.9	11.1	11.4
NET MIGRATION RATE		-15.7	-.8	.0	.0	.0	.0	.0
GROWTH RATE		.73	1.44	.91	.43	.14	.09	.04
TOTAL FERTILITY		4.247	2.594	2.086	2.069	2.063	2.059	2.058
e(0) - BOTH SEXES		66.10	70.63	75.54	80.41	82.69	84.57	85.27
IMR - BOTH SEXES		22.9	13.1	7.9	4.1	3.0	2.3	2.1

YEMEN, REP. OF

Projection (thousands) with NRR=1 by 2045

AGE GROUP	1990	1995	2000	2005	2010	2015	2020	2025	2030	2035
TOTAL M+F	11282	14244	16988	20088	23626	27599	31904	36416	40926	45290
MALES										
0-4	1180	1435	1693	1899	2144	2399	2605	2751	2795	2771
5-9	865	1160	1380	1639	1850	2094	2349	2557	2706	2756
10-14	741	870	1146	1366	1625	1835	2079	2333	2541	2691
15-19	620	754	859	1132	1352	1609	1818	2061	2315	2524
20-24	486	677	740	844	1114	1331	1586	1795	2037	2291
25-29	384	573	662	724	827	1093	1309	1562	1770	2011
30-34	190	461	559	646	708	810	1073	1286	1537	1745
35-39	137	249	447	543	629	691	792	1051	1263	1512
40-44	146	174	240	432	525	610	672	772	1026	1235
45-49	145	162	166	229	413	504	587	648	747	996
50-54	142	146	151	155	215	390	478	558	618	714
55-59	127	134	133	138	142	198	360	443	520	579
60-64	100	112	117	116	122	126	176	323	399	471
65-69	74	83	92	96	97	102	106	149	276	343
70-74	47	56	62	69	73	74	78	83	117	219
75+	38	46	55	63	71	79	83	90	97	126
TOTAL	5422	7090	8501	10092	11908	13946	16153	18462	20765	22984
FEMALES										
0-4	1149	1394	1642	1839	2074	2318	2514	2651	2691	2664
5-9	842	1132	1345	1595	1797	2031	2275	2473	2613	2658
10-14	722	847	1118	1331	1581	1783	2017	2260	2459	2600
15-19	606	724	834	1103	1315	1564	1766	1999	2243	2443
20-24	492	618	708	817	1083	1294	1541	1743	1976	2221
25-29	417	509	601	689	798	1061	1269	1515	1717	1950
30-34	295	427	493	583	671	779	1038	1245	1489	1691
35-39	258	300	412	476	566	653	760	1014	1220	1463
40-44	243	256	288	397	460	548	634	740	991	1194
45-49	208	236	245	276	381	443	529	614	718	965
50-54	181	198	222	231	261	362	423	507	591	693
55-59	149	167	182	206	215	244	340	399	480	562
60-64	111	133	149	163	185	195	222	311	368	446
65-69	83	93	112	126	139	159	169	195	275	328
70-74	55	64	72	87	99	110	128	137	160	229
75+	47	56	66	77	92	110	128	151	171	201
TOTAL	5860	7154	8488	9995	11718	13654	15752	17954	20161	22306
BIRTH RATE		50.0	48.1	44.7	42.1	39.9	37.0	33.8	30.1	26.6
DEATH RATE		14.5	12.9	11.2	9.7	8.9	8.1	7.4	6.8	6.3
RATE OF NAT. INC.		3.55	3.52	3.35	3.24	3.11	2.90	2.64	2.33	2.03
NET MIGRATION RATE		11.0	.0	.0	.0	.0	.0	.0	.0	.0
GROWTH RATE		4.66	3.52	3.35	3.25	3.11	2.90	2.65	2.34	2.03
TOTAL FERTILITY		7.600	7.300	6.700	6.100	5.500	4.900	4.300	3.700	3.160
NRR		2.818	2.793	2.652	2.499	2.292	2.072	1.847	1.613	1.399
e(0) - BOTH SEXES		52.63	54.26	56.15	58.21	59.52	60.88	62.29	63.75	65.25
e(15) - BOTH SEXES		48.55	49.13	49.80	50.60	51.42	52.27	53.15	54.06	55.00
IMR - BOTH SEXES		106.0	95.7	84.0	72.0	66.4	60.7	55.0	49.4	43.7
q(5) - BOTH SEXES		.1533	.1370	.1185	.0997	.0917	.0837	.0757	.0676	.0595
DEP. RATIO	107.5	103.2	107.1	102.9	97.2	90.3	83.6	76.9	70.4	63.5

YEMEN, REP. OF

Summary Projection for 25-Year Periods

AGE GROUP	1990	2000	2025	2050	2075	2100	2125	2150
TOTAL M+F	11282	16988	36416	56653	72625	81221	84914	86701
MALES								
0-4	1180	1693	2751	2578	2618	2640	2646	2645
5-9	865	1380	2557	2521	2626	2647	2647	2643
10-14	741	1146	2333	2648	2662	2654	2645	2641
15-19	620	859	2061	2714	2675	2643	2637	2637
20-24	486	740	1795	2708	2639	2612	2626	2633
25-29	384	662	1562	2630	2526	2585	2619	2628
30-34	190	559	1286	2453	2469	2587	2620	2623
35-39	137	447	1051	2216	2580	2611	2616	2612
40-44	146	240	772	1932	2626	2610	2593	2594
45-49	145	166	648	1653	2593	2555	2548	2570
50-54	142	151	558	1398	2469	2411	2495	2540
55-59	127	133	443	1098	2223	2298	2452	2502
60-64	100	117	323	830	1895	2309	2408	2440
65-69	74	92	149	540	1505	2207	2305	2330
70-74	47	62	83	375	1109	1968	2105	2155
75+	38	55	90	380	1232	3087	4113	4662
TOTAL	5422	8501	18462	28675	36449	40423	42072	42855
FEMALES								
0-4	1149	1642	2651	2470	2500	2517	2522	2521
5-9	842	1345	2473	2421	2511	2526	2523	2519
10-14	722	1118	2260	2549	2548	2534	2521	2518
15-19	606	834	1999	2618	2564	2526	2515	2516
20-24	492	708	1743	2620	2539	2503	2509	2515
25-29	417	601	1515	2550	2441	2485	2509	2516
30-34	295	493	1245	2381	2395	2494	2516	2516
35-39	258	412	1014	2152	2511	2524	2520	2512
40-44	243	288	740	1877	2565	2532	2506	2501
45-49	208	245	614	1611	2545	2494	2476	2489
50-54	181	222	507	1372	2442	2377	2445	2480
55-59	149	182	399	1093	2230	2299	2434	2473
60-64	111	149	311	847	1948	2362	2435	2456
65-69	83	112	195	568	1606	2334	2401	2412
70-74	55	72	137	409	1249	2189	2297	2334
75+	47	66	151	440	1583	4102	5712	6569
TOTAL	5860	8488	17954	27978	36176	40798	42842	43846
BIRTH RATE		49.0	38.7	23.3	16.2	13.5	12.4	12.1
DEATH RATE		13.6	8.8	6.1	6.4	9.0	10.7	11.2
NET MIGRATION RATE		4.9	.0	.0	.0	.0	.0	.0
GROWTH RATE		4.09	3.05	1.77	.99	.45	.18	.08
TOTAL FERTILITY		7.438	5.284	2.720	2.106	2.081	2.064	2.061
e(0) - BOTH SEXES		53.53	59.86	67.15	74.29	78.53	82.45	83.92
IMR - BOTH SEXES		100.4	66.5	38.4	15.0	8.0	3.2	2.5

YUGOSLAVIA, FED. REP.

Projection (thousands) with NRR=1 by 2030

AGE GROUP	1990	1995	2000	2005	2010	2015	2020	2025	2030	2035
TOTAL M+F	10431	10821	11212	11546	11834	12073	12286	12495	12667	12791
MALES										
0-4	416	417	420	421	420	418	417	418	419	420
5-9	420	413	414	418	420	419	417	416	417	418
10-14	435	419	412	414	417	419	418	416	415	416
15-19	423	433	417	411	412	416	418	417	415	414
20-24	416	421	431	415	409	411	415	416	416	414
25-29	423	414	418	428	413	407	409	412	414	414
30-34	414	420	411	416	426	411	405	406	410	412
35-39	428	411	417	409	413	423	408	402	404	408
40-44	345	424	407	413	405	410	420	405	399	401
45-49	251	339	417	401	407	399	404	414	400	394
50-54	307	243	330	406	391	398	390	395	406	392
55-59	306	293	232	316	390	376	384	377	383	393
60-64	250	282	272	217	297	368	356	364	358	365
65-69	167	220	251	244	197	270	336	327	336	333
70-74	54	137	183	211	208	169	234	294	288	298
75+	142	108	154	214	272	303	294	344	423	467
TOTAL	5196	5393	5586	5754	5897	6016	6123	6223	6303	6361
FEMALES										
0-4	392	393	396	397	395	393	392	392	394	394
5-9	394	390	392	395	396	394	392	391	392	393
10-14	411	393	390	391	394	395	394	392	391	391
15-19	399	410	392	389	391	394	395	394	391	391
20-24	393	398	409	392	388	390	393	394	391	390
25-29	403	392	397	408	391	388	389	392	393	391
30-34	399	401	391	396	407	390	387	388	392	392
35-39	408	397	400	389	395	406	389	386	387	393
40-44	334	405	394	397	387	393	404	387	384	391
45-49	257	330	401	390	394	384	390	401	384	386
50-54	318	252	325	396	386	389	380	386	397	381
55-59	321	309	246	318	388	378	383	374	380	391
60-64	283	307	298	238	309	377	369	373	365	372
65-69	240	264	289	281	227	295	361	354	360	353
70-74	74	213	236	262	259	209	274	338	333	340
75+	210	173	270	353	432	481	473	530	627	690
TOTAL	5235	5428	5626	5793	5938	6057	6164	6272	6363	6431
BIRTH RATE		15.7	15.2	14.7	14.2	13.8	13.5	13.3	13.1	12.9
DEATH RATE		8.4	8.1	8.8	9.3	9.8	10.0	9.9	10.4	11.0
RATE OF NAT. INC.		.74	.71	.59	.49	.40	.35	.34	.27	.20
NET MIGRATION RATE		.0	.0	.0	.0	.0	.0	.0	.0	.0
GROWTH RATE		.73	.71	.59	.49	.40	.35	.34	.27	.20
TOTAL FERTILITY		2.100	2.100	2.100	2.100	2.101	2.101	2.102	2.102	2.102
NRR		.976	.981	.986	.990	.992	.994	.996	.998	1.000
e(0) - BOTH SEXES	72.21	73.37	74.58	75.79	76.40	77.03	77.67	78.34	79.01	
e(15) - BOTH SEXES	60.05	60.86	61.71	62.59	63.07	63.56	64.07	64.59	65.12	
IMR - BOTH SEXES	28.0	24.4	20.4	16.8	15.4	14.0	12.6	11.2	9.9	
q(5) - BOTH SEXES	.0336	.0292	.0245	.0203	.0187	.0171	.0155	.0138	.0122	
DEP. RATIO	47.4	48.6	51.4	53.0	51.8	52.7	55.8	58.5	60.9	62.4

Summary Projection for 25-Year Periods

YUGOSLAVIA, FED. REP.

AGE GROUP	1990	2000	2025	2050	2075	2100	2125	2150
TOTAL M+F	10431	11212	12495	13070	13439	13677	13853	13937
MALES								
0-4	416	420	418	419	419	419	419	419
5-9	420	414	416	418	419	419	419	419
10-14	435	412	416	419	419	419	419	419
15-19	423	417	417	419	419	419	419	419
20-24	416	431	416	416	417	418	418	418
25-29	423	418	412	413	415	417	417	417
30-34	414	411	406	410	414	415	416	416
35-39	428	417	402	408	413	414	415	415
40-44	345	407	405	407	411	412	413	413
45-49	251	417	414	403	406	409	410	411
50-54	307	330	395	394	398	403	406	407
55-59	306	232	377	380	388	395	399	400
60-64	250	272	364	362	376	385	390	392
65-69	167	251	327	344	360	369	376	378
70-74	54	183	294	320	332	344	353	357
75+	142	154	344	562	672	742	798	827
TOTAL	5196	5586	6223	6494	6679	6800	6886	6927
FEMALES								
0-4	392	396	392	392	392	392	392	392
5-9	394	392	391	392	392	392	392	392
10-14	411	390	392	393	392	392	392	392
15-19	399	392	394	393	392	392	392	392
20-24	393	409	394	392	392	392	392	392
25-29	403	397	392	390	391	392	392	392
30-34	399	391	388	389	391	391	392	392
35-39	408	400	386	389	391	391	391	391
40-44	334	394	387	390	391	390	391	391
45-49	257	401	401	389	388	389	390	390
50-54	318	325	386	384	385	387	389	389
55-59	321	246	374	376	381	385	387	388
60-64	283	298	373	368	377	382	385	386
65-69	240	289	354	360	372	378	381	383
70-74	74	236	338	358	362	369	375	377
75+	210	270	530	821	970	1063	1135	1172
TOTAL	5235	5626	6272	6577	6759	6877	6966	7010
BIRTH RATE		15.5	13.9	12.8	12.3	12.0	11.8	11.7
DEATH RATE		8.2	9.6	11.0	11.2	11.3	11.3	11.5
NET MIGRATION RATE		.0	.0	.0	.0	.0	.0	.0
GROWTH RATE		.72	.43	.18	.11	.07	.05	.02
TOTAL FERTILITY		2.100	2.101	2.098	2.083	2.080	2.078	2.077
e(0) - BOTH SEXES		72.80	76.33	79.74	82.83	84.20	85.29	85.71
IMR - BOTH SEXES		26.2	15.9	8.5	3.1	2.4	2.1	2.0

ZAIRE

Projection (thousands) with NRR=1 by 2040

AGE GROUP	1990	1995	2000	2005	2010	2015	2020	2025	2030	2035
TOTAL M+F	37391	43436	50613	58856	67930	77371	87007	96568	106071	115088
MALES										
0-4	3689	3991	4736	5417	5877	6157	6353	6411	6473	6317
5-9	2913	3483	3796	4547	5261	5723	6011	6217	6290	6367
10-14	2301	2851	3415	3731	4486	5197	5659	5951	6162	6240
15-19	1900	2255	2792	3347	3665	4414	5121	5584	5881	6098
20-24	1573	1845	2184	2704	3249	3567	4306	5008	5475	5781
25-29	1282	1516	1771	2095	2601	3136	3454	4184	4883	5356
30-34	1051	1233	1452	1695	2011	2505	3031	3351	4074	4771
35-39	864	1007	1176	1383	1620	1929	2413	2931	3253	3969
40-44	721	822	953	1111	1312	1543	1846	2318	2828	3152
45-49	600	678	769	890	1042	1237	1462	1757	2217	2717
50-54	486	556	624	706	821	967	1154	1371	1657	2101
55-59	380	440	500	559	637	745	883	1059	1266	1538
60-64	287	332	381	431	486	557	656	783	946	1138
65-69	203	236	270	308	352	401	463	551	662	807
70-74	131	151	173	197	227	263	303	355	427	519
75+	114	132	148	166	192	227	270	320	383	467
TOTAL	18495	21529	25138	29284	33840	38568	43385	48152	52876	57341
FEMALES										
0-4	3616	3945	4674	5336	5774	6049	6240	6295	6355	6201
5-9	2880	3432	3770	4509	5204	5645	5927	6128	6196	6270
10-14	2293	2822	3368	3711	4455	5147	5589	5875	6081	6155
15-19	1894	2249	2766	3304	3650	4388	5078	5522	5814	6026
20-24	1576	1849	2190	2691	3223	3569	4301	4988	5437	5736
25-29	1294	1530	1788	2114	2607	3132	3477	4203	4888	5344
30-34	1070	1251	1472	1716	2038	2521	3039	3386	4106	4792
35-39	888	1029	1196	1404	1645	1960	2435	2946	3295	4011
40-44	763	849	978	1134	1338	1574	1884	2349	2854	3206
45-49	655	726	803	923	1075	1274	1505	1809	2266	2764
50-54	548	617	680	750	866	1014	1208	1433	1730	2177
55-59	446	507	566	622	690	802	945	1131	1350	1639
60-64	352	400	449	499	554	619	725	860	1038	1248
65-69	262	298	333	372	419	470	531	629	754	920
70-74	180	203	225	250	284	325	370	425	511	622
75+	177	200	217	236	268	312	369	437	520	636
TOTAL	18896	21907	25475	29571	34090	38802	43622	48416	53195	57748
BIRTH RATE		44.3	44.6	43.1	39.5	35.9	32.6	29.3	26.6	23.7
DEATH RATE		14.4	14.1	12.9	10.8	9.9	9.1	8.4	7.8	7.4
RATE OF NAT. INC.		3.00	3.06	3.02	2.87	2.60	2.35	2.09	1.88	1.63
NET MIGRATION RATE		.0	.0	.0	.0	.0	.0	.0	.0	.0
GROWTH RATE		3.00	3.06	3.02	2.87	2.60	2.35	2.09	1.88	1.63
TOTAL FERTILITY		6.220	6.213	5.907	5.307	4.707	4.107	3.507	3.049	2.650
NRR		2.352	2.375	2.316	2.174	1.959	1.737	1.510	1.335	1.179
e(0) - BOTH SEXES		51.57	51.43	52.54	55.42	56.90	58.45	60.07	61.76	63.53
e(15) - BOTH SEXES		47.60	46.20	45.79	46.91	48.01	49.16	50.36	51.62	52.93
IMR - BOTH SEXES		90.8	82.8	71.1	56.3	52.3	48.4	44.4	40.5	36.5
q(5) - BOTH SEXES		.1471	.1324	.1115	.0853	.0789	.0725	.0660	.0596	.0531
DEP. RATIO	100.7	100.3	98.6	95.7	93.4	86.6	77.8	69.5	62.5	56.4

ZAIRE

Summary Projection for 25-Year Periods

AGE GROUP	1990	2000	2025	2050	2075	2100	2125	2150
TOTAL M+F	37391	50613	96568	139508	173803	191267	199563	203614
MALES								
0-4	3689	4736	6411	6158	6093	6121	6140	6141
5-9	2913	3796	6217	5950	6048	6113	6140	6138
10-14	2301	3415	5951	5885	6060	6122	6143	6137
15-19	1900	2792	5584	6157	6091	6121	6135	6130
20-24	1573	2184	5008	6216	6122	6082	6107	6116
25-29	1282	1771	4184	6037	6027	6012	6071	6098
30-34	1051	1452	3351	5844	5825	5956	6047	6083
35-39	864	1176	2931	5502	5734	5944	6033	6066
40-44	721	953	2318	5061	5953	5941	6002	6033
45-49	600	769	1757	4444	5943	5927	5929	5975
50-54	486	624	1371	3607	5655	5749	5798	5886
55-59	380	500	1059	2753	5280	5415	5637	5770
60-64	287	381	783	2229	4685	5118	5467	5619
65-69	203	270	551	1564	3920	4982	5228	5381
70-74	131	173	355	980	2958	4483	4855	4998
75+	114	148	320	918	3216	7432	9627	10743
TOTAL	18495	25138	48152	69303	85611	93518	97358	99313
FEMALES								
0-4	3616	4674	6295	6041	5960	5959	5966	5968
5-9	2880	3770	6128	5853	5930	5960	5968	5966
10-14	2293	3368	5875	5798	5953	5978	5971	5965
15-19	1894	2766	5522	6078	5999	5988	5966	5962
20-24	1576	2190	4988	6158	6047	5969	5955	5957
25-29	1294	1788	4203	6005	5973	5925	5941	5953
30-34	1070	1472	3386	5834	5790	5892	5939	5952
35-39	888	1196	2946	5513	5715	5902	5947	5949
40-44	763	978	2349	5095	5956	5927	5944	5934
45-49	655	803	1809	4520	5984	5945	5907	5910
50-54	548	680	1433	3727	5758	5824	5835	5875
55-59	446	566	1131	2912	5479	5571	5757	5840
60-64	352	449	860	2416	5012	5393	5703	5801
65-69	262	333	629	1779	4394	5449	5635	5729
70-74	180	225	425	1191	3555	5193	5498	5581
75+	177	217	437	1287	4687	10873	14273	15959
TOTAL	18896	25475	48416	70205	88192	97748	102205	104301
BIRTH RATE		44.5	35.2	21.5	15.6	13.3	12.4	12.0
DEATH RATE		14.2	9.9	7.0	6.9	9.5	10.7	11.2
NET MIGRATION RATE		.0	.0	.0	.0	.0	.0	.0
GROWTH RATE		3.03	2.58	1.47	.88	.38	.17	.08
TOTAL FERTILITY		6.216	4.512	2.430	2.081	2.058	2.044	2.041
e(0) - BOTH SEXES		51.49	57.14	65.74	74.30	78.61	82.52	83.98
IMR - BOTH SEXES		86.5	54.1	32.7	15.9	8.5	3.2	2.5

ZAMBIA

Projection (thousands) with NRR=1 by 2040

AGE GROUP	1990	1995	2000	2005	2010	2015	2020	2025	2030	2035
TOTAL M+F	7784	9072	10327	11569	12984	14427	15834	17145	18469	19758
MALES										
0-4	779	865	948	1007	1082	1109	1106	1070	1087	1077
5-9	620	724	798	886	964	1039	1070	1071	1040	1060
10-14	500	604	703	776	868	946	1022	1054	1056	1028
15-19	416	488	586	681	755	846	925	1001	1035	1040
20-24	345	402	467	558	650	724	815	894	972	1009
25-29	268	330	380	437	524	615	688	779	859	939
30-34	208	256	311	354	409	494	583	656	747	829
35-39	165	198	239	288	329	383	466	553	626	717
40-44	129	156	183	218	264	305	357	437	523	596
45-49	101	120	142	164	197	241	280	331	408	492
50-54	84	93	107	124	145	176	217	254	303	377
55-59	70	75	80	91	106	125	153	191	226	273
60-64	55	60	62	64	73	87	104	129	163	195
65-69	41	45	46	45	48	56	67	82	103	132
70-74	28	30	30	29	29	32	38	47	58	75
75+	26	27	25	22	22	23	26	31	40	52
TOTAL	3834	4471	5106	5742	6466	7201	7916	8579	9246	9891
FEMALES										
0-4	763	858	941	998	1066	1093	1090	1054	1071	1061
5-9	610	713	794	884	959	1029	1059	1060	1029	1049
10-14	493	595	692	772	866	942	1012	1044	1046	1018
15-19	430	482	576	668	749	843	919	991	1025	1030
20-24	362	418	462	547	638	719	812	889	963	1000
25-29	295	350	396	432	515	604	685	778	857	933
30-34	236	283	328	367	403	484	570	651	745	826
35-39	186	225	263	300	338	374	453	538	619	713
40-44	146	176	207	239	274	311	347	424	508	589
45-49	118	137	162	186	216	251	287	323	398	481
50-54	95	110	124	143	167	195	229	264	300	373
55-59	76	87	97	107	124	146	173	205	240	275
60-64	53	67	72	78	87	103	124	149	179	212
65-69	38	44	51	53	58	67	81	99	121	149
70-74	26	29	29	32	34	39	46	57	72	91
75+	25	27	25	21	23	26	31	39	51	68
TOTAL	3950	4601	5221	5827	6519	7226	7918	8565	9223	9867
BIRTH RATE		47.3	45.7	42.0	38.6	35.2	31.5	27.8	26.0	23.8
DEATH RATE		16.7	19.8	19.3	15.5	14.1	12.9	11.9	11.1	10.3
RATE OF NAT. INC.		3.06	2.59	2.27	2.31	2.11	1.86	1.59	1.49	1.35
NET MIGRATION RATE		.0	.0	.0	.0	.0	.0	.0	.0	.0
GROWTH RATE		3.06	2.59	2.27	2.31	2.11	1.86	1.59	1.49	1.35
TOTAL FERTILITY		6.500	6.200	5.600	5.000	4.400	3.800	3.200	2.893	2.616
NRR		2.299	2.031	1.857	1.816	1.647	1.462	1.268	1.178	1.093
e(0) - BOTH SEXES	47.75	42.52	41.93	46.09	47.86	49.75	51.77	53.94	56.27	
e(15) - BOTH SEXES	45.58	40.40	37.71	39.01	40.39	41.87	43.46	45.16	46.98	
IMR - BOTH SEXES	107.2	116.0	102.5	75.0	70.0	65.1	60.1	55.1	50.2	
q(5) - BOTH SEXES	.1775	.1943	.1687	.1184	.1098	.1011	.0924	.0837	.0749	
DEP. RATIO	102.9	101.0	96.9	91.4	86.4	79.8	72.4	64.3	57.9	53.2

Summary Projection for 25-Year Periods

ZAMBIA

AGE GROUP	1990	2000	2025	2050	2075	2100	2125	2150
TOTAL M+F	7784	10327	17145	23397	28816	31711	33372	34230
MALES								
0-4	779	948	1070	1041	1035	1039	1041	1040
5-9	620	798	1071	1026	1029	1035	1040	1039
10-14	500	703	1054	1015	1023	1033	1039	1039
15-19	416	586	1001	1037	1015	1030	1038	1039
20-24	345	467	894	1024	1018	1025	1035	1036
25-29	268	380	779	978	1011	1018	1029	1033
30-34	208	311	656	975	997	1010	1023	1029
35-39	165	239	553	935	980	999	1016	1025
40-44	129	183	437	862	990	984	1008	1020
45-49	101	142	331	746	964	979	997	1011
50-54	84	107	254	625	899	956	978	995
55-59	70	80	191	494	859	915	950	973
60-64	55	62	129	378	769	858	911	941
65-69	41	46	82	257	635	805	853	896
70-74	28	30	47	154	461	696	783	829
75+	26	25	31	124	491	1093	1513	1739
TOTAL	3834	5106	8579	11670	14178	15474	16254	16686
FEMALES								
0-4	763	941	1054	1026	1016	1012	1011	1011
5-9	610	794	1060	1014	1013	1011	1010	1010
10-14	493	692	1044	1005	1010	1010	1010	1010
15-19	430	576	991	1028	1005	1010	1010	1010
20-24	362	462	889	1017	1012	1010	1010	1010
25-29	295	396	778	974	1010	1008	1008	1009
30-34	236	328	651	972	999	1004	1006	1007
35-39	186	263	538	932	985	999	1004	1006
40-44	146	207	424	858	999	990	1002	1004
45-49	118	162	323	748	979	991	998	1001
50-54	95	124	264	634	922	979	990	996
55-59	76	97	205	508	897	954	978	987
60-64	53	72	149	393	826	918	960	976
65-69	38	51	99	278	713	897	932	960
70-74	26	29	57	175	555	823	903	935
75+	25	25	39	165	698	1621	2285	2611
TOTAL	3950	5221	8565	11727	14638	16236	17118	17544
BIRTH RATE		46.4	34.3	21.8	16.0	13.7	12.6	12.2
DEATH RATE		18.3	14.4	9.5	7.7	9.9	10.6	11.2
NET MIGRATION RATE		.0	.0	.0	.0	.0	.0	.0
GROWTH RATE		2.83	2.03	1.24	.83	.38	.20	.10
TOTAL FERTILITY		6.338	4.240	2.453	2.106	2.068	2.046	2.042
e(0) - BOTH SEXES		44.95	47.95	59.30	71.56	76.82	81.55	83.35
IMR - BOTH SEXES		111.8	74.4	45.4	23.7	12.2	3.8	2.8

ZIMBABWE

Projection (thousands) with NRR=1 by 2020

AGE GROUP	1990	1995	2000	2005	2010	2015	2020	2025	2030	2035
TOTAL M+F	9747	11105	12286	13324	14473	15576	16567	17506	18432	19345
MALES										
0-4	830	854	843	821	879	873	833	824	834	844
5-9	823	819	840	832	815	874	868	829	820	830
10-14	575	818	813	833	828	811	870	865	826	817
15-19	550	568	806	801	823	819	803	862	858	820
20-24	458	539	554	784	782	806	803	789	849	846
25-29	369	446	520	533	758	758	784	783	772	833
30-34	309	358	429	498	513	733	735	762	764	756
35-39	245	299	342	408	477	493	707	712	741	745
40-44	180	234	282	321	386	454	471	679	687	718
45-49	142	170	218	262	301	363	429	448	649	661
50-54	114	132	156	198	240	278	338	402	422	616
55-59	89	103	117	137	177	216	251	309	370	392
60-64	67	78	88	98	117	152	188	222	275	333
65-69	49	54	61	68	78	94	125	156	187	236
70-74	33	36	39	43	49	57	71	95	122	149
75+	35	35	35	36	40	47	57	72	97	131
TOTAL	4867	5545	6142	6674	7264	7828	8333	8808	9273	9727
FEMALES										
0-4	815	839	830	807	862	855	815	805	814	823
5-9	816	807	827	821	803	858	851	812	802	812
10-14	575	812	800	821	817	799	854	848	809	800
15-19	550	569	799	787	810	806	790	845	841	803
20-24	459	540	552	773	765	789	788	774	831	828
25-29	373	448	519	528	743	738	764	766	756	814
30-34	312	362	428	493	505	714	712	741	745	738
35-39	246	302	345	405	469	483	686	687	718	726
40-44	183	237	286	324	383	446	462	659	664	697
45-49	145	175	222	267	304	362	424	441	633	641
50-54	118	137	162	204	247	284	340	401	420	606
55-59	92	110	124	145	185	225	261	315	375	396
60-64	72	83	95	106	126	162	200	235	287	345
65-69	51	61	67	76	86	104	137	171	204	254
70-74	33	39	45	49	56	65	81	108	139	170
75+	41	40	41	43	48	56	69	88	121	165
TOTAL	4880	5560	6144	6650	7209	7748	8234	8698	9159	9619
BIRTH RATE		34.3	30.5	26.8	25.9	23.7	21.1	19.6	18.8	18.0
DEATH RATE		8.2	10.3	10.6	9.4	9.0	8.8	8.6	8.4	8.3
RATE OF NAT. INC.		2.61	2.02	1.62	1.65	1.47	1.23	1.10	1.03	.97
NET MIGRATION RATE		.0	.0	.0	.0	.0	.0	.0	.0	.0
GROWTH RATE		2.61	2.02	1.62	1.65	1.47	1.23	1.10	1.03	.97
TOTAL FERTILITY		4.550	3.875	3.200	2.877	2.586	2.325	2.228	2.203	2.178
NRR		1.970	1.599	1.323	1.248	1.134	1.032	1.000	1.000	1.000
e(0) - BOTH SEXES		59.83	55.23	54.73	57.92	59.38	60.93	62.59	64.36	66.26
e(15) - BOTH SEXES		49.26	45.21	44.00	45.64	46.94	48.32	49.80	51.39	53.09
IMR - BOTH SEXES		46.4	53.5	47.2	30.1	27.7	25.2	22.7	20.3	17.8
q(5) - BOTH SEXES		.0596	.0707	.0608	.0365	.0336	.0307	.0278	.0248	.0219
DEP. RATIO	92.1	88.5	74.4	65.0	58.8	54.5	51.5	48.0	45.6	45.3

ZIMBABWE

Summary Projection for 25-Year Periods

AGE GROUP	1990	2000	2025	2050	2075	2100	2125	2150
TOTAL M+F	9747	12286	17506	21907	25173	26680	27520	27887
MALES								
0-4	830	843	824	831	835	833	832	832
5-9	823	840	829	836	836	832	831	831
10-14	575	813	865	842	834	831	830	831
15-19	550	806	862	836	826	829	830	831
20-24	458	554	789	818	821	828	829	829
25-29	369	520	783	796	820	827	827	827
30-34	309	429	762	791	823	826	825	824
35-39	245	342	712	810	824	821	820	821
40-44	180	282	679	790	813	809	815	818
45-49	142	218	448	708	788	800	810	813
50-54	114	156	402	682	756	789	802	805
55-59	89	117	309	635	731	777	789	791
60-64	67	88	222	553	717	754	765	770
65-69	49	61	156	475	654	707	726	740
70-74	33	39	95	266	524	633	676	696
75+	35	35	72	296	829	1196	1455	1562
TOTAL	4867	6142	8808	10963	12432	13091	13464	13620
FEMALES								
0-4	815	830	805	808	811	810	809	808
5-9	816	827	812	815	812	809	808	808
10-14	575	800	848	821	810	807	807	808
15-19	550	799	845	816	803	806	807	808
20-24	459	552	774	800	801	806	808	808
25-29	373	519	766	780	803	808	808	807
30-34	312	428	741	775	809	809	807	806
35-39	246	345	687	793	813	805	804	805
40-44	183	286	659	774	804	796	801	804
45-49	145	222	441	696	783	792	800	803
50-54	118	162	401	676	757	789	799	801
55-59	92	124	315	635	742	788	795	796
60-64	72	95	235	564	743	781	785	789
65-69	51	67	171	505	702	757	767	779
70-74	33	45	108	300	596	713	748	765
75+	41	41	88	385	1150	1713	2104	2273
TOTAL	4880	6144	8698	10944	12741	13589	14056	14267
BIRTH RATE		32.3	23.2	17.0	13.9	12.7	12.1	11.9
DEATH RATE		9.3	9.2	8.1	8.4	10.4	10.9	11.3
NET MIGRATION RATE		.0	.0	.0	.0	.0	.0	.0
GROWTH RATE		2.32	1.42	.90	.56	.23	.12	.05
TOTAL FERTILITY		4.185	2.599	2.153	2.059	2.047	2.041	2.039
e(0) - BOTH SEXES		57.40	59.38	68.64	78.35	81.51	84.01	84.92
IMR - BOTH SEXES		50.0	30.6	15.4	5.6	3.7	2.5	2.2

Distributors of World Bank Publications

ARGENTINA
Carlos Hirsch, SRL
Galeria Guemes
Florida 165, 4th Floor-Ofc. 453/465
1333 Buenos Aires

Oficina del Libro Internacional
Alberti 40
1082 Buenos Aires

**AUSTRALIA, PAPUA NEW GUINEA,
FIJI, SOLOMON ISLANDS,
VANUATU, AND WESTERN SAMOA**
D.A. Information Services
648 Whitehorse Road
Mitcham 3132
Victoria

AUSTRIA
Gerold and Co.
Graben 31
A-1011 Wien

BANGLADESH
Micro Industries Development
 Assistance Society (MIDAS)
House 5, Road 16
Dhanmondi R/Area
Dhaka 1209

BELGIUM
Jean De Lannoy
Av. du Roi 202
1060 Brussels

BRAZIL
Publicacoes Tecnicas Internacionais Ltda.
Rua Peixoto Gomide, 209
01409 Sao Paulo, SP

CANADA
Le Diffuseur
151A Boul. de Mortagne
Boucherville, Québec
J4B 5E6

Renouf Publishing Co.
1294 Algoma Road
Ottawa, Ontario
K1B 3W8

CHINA
China Financial & Economic
 Publishing House
8, Da Fo Si Dong Jie
Beijing

COLOMBIA
Infoenlace Ltda.
Apartado Aereo 34270
Bogota D.E.

COTE D'IVOIRE
Centre d'Edition et de Diffusion
 Africaines (CEDA)
04 B.P. 541
Abidjan 04 Plateau

CYPRUS
Center of Applied Research
Cyprus College
6, Diogenes Street, Engomi
P.O. Box 2006
Nicosia

DENMARK
SamfundsLitteratur
Rosenoerns Allé 11
DK-1970 Frederiksberg C

DOMINICAN REPUBLIC
Editora Taller, C. por A.
Restauración e Isabel la Católica 309
Apartado de Correos 2190 Z-1
Santo Domingo

EGYPT, ARAB REPUBLIC OF
Al Ahram
Al Galaa Street
Cairo

The Middle East Observer
41, Sherif Street
Cairo

FINLAND
Akateeminen Kirjakauppa
P.O. Box 128
SF-00101 Helsinki 10

FRANCE
World Bank Publications
66, avenue d'Iéna
75116 Paris

GERMANY
UNO-Verlag
Poppelsdorfer Allee 55
53115 Bonn

GREECE
Papasotiriou S.A.
35, Stournara Str.
106 82 Athens

HONG KONG, MACAO
Asia 2000 Ltd.
46-48 Wyndham Street
Winning Centre
7th Floor
Central Hong Kong

HUNGARY
Foundation for Market Economy
Dombovari Ut 17-19
H-1117 Budapest

INDIA
Allied Publishers Private Ltd.
751 Mount Road
Madras - 600 002

INDONESIA
Pt. Indira Limited
Jalan Borobudur 20
P.O. Box 181
Jakarta 10320

IRAN
Kowkab Publishers
P.O. Box 19575-511
Tehran

IRELAND
Government Supplies Agency
4-5 Harcourt Road
Dublin 2

ISRAEL
Yozmot Literature Ltd.
P.O. Box 56055
Tel Aviv 61560

ITALY
Licosa Commissionaria Sansoni SPA
Via Duca Di Calabria, 1/1
Casella Postale 552
50125 Firenze

JAMAICA
Ian Randle Publishers Ltd.
206 Old Hope Road
Kingston 6

JAPAN
Eastern Book Service
Hongo 3-Chome, Bunkyo-ku 113
Tokyo

KENYA
Africa Book Service (E.A.) Ltd.
Quaran House, Mfangano Street
P.O. Box 45245
Nairobi

KOREA, REPUBLIC OF
Pan Korea Book Corporation
P.O. Box 101, Kwangwhamun
Seoul

Korean Stock Book Centre
P.O. Box 34
Yeoeido
Seoul

MALAYSIA
University of Malaya Cooperative
 Bookshop, Limited
P.O. Box 1127, Jalan Pantai Baru
59700 Kuala Lumpur

MEXICO
INFOTEC
Apartado Postal 22-860
14060 Tlalpan, Mexico D.F.

NETHERLANDS
De Lindeboom/InOr-Publikaties
P.O. Box 202
7480 AE Haaksbergen

NEW ZEALAND
EBSCO NZ Ltd.
Private Mail Bag 99914
New Market
Auckland

NIGERIA
University Press Limited
Three Crowns Building Jericho
Private Mail Bag 5095
Ibadan

NORWAY
Narvesen Information Center
Book Department
P.O. Box 6125 Etterstad
N-0602 Oslo 6

PAKISTAN
Mirza Book Agency
65, Shahrah-e-Quaid-e-Azam
P.O. Box No. 729
Lahore 54000

PERU
Editorial Desarrollo SA
Apartado 3824
Lima 1

PHILIPPINES
International Book Center
Suite 1703, Cityland 10
Condominium Tower 1
Ayala Avenue, H.V. dela
 Costa Extension
Makati, Metro Manila

POLAND
International Publishing Service
Ul. Piekna 31/37
00-677 Warszawa

For subscription orders:
IPS Journals
Ul. Okrezna 3
02-916 Warszawa

PORTUGAL
Livraria Portugal
Rua Do Carmo 70-74
1200 Lisbon

SAUDI ARABIA, QATAR
Jarir Book Store
P.O. Box 3196
Riyadh 11471

**SINGAPORE, TAIWAN,
MYANMAR, BRUNEI**
Gower Asia Pacific Pte Ltd.
Golden Wheel Building
41, Kallang Pudding, #04-03
Singapore 1334

SOUTH AFRICA, BOTSWANA
For single titles:
Oxford University Press
 Southern Africa
P.O. Box 1141
Cape Town 8000

For subscription orders:
International Subscription Service
P.O. Box 41095
Craighall
Johannesburg 2024

SPAIN
Mundi-Prensa Libros, S.A.
Castello 37
28001 Madrid

Librería Internacional AEDOS
Consell de Cent, 391
08009 Barcelona

SRI LANKA AND THE MALDIVES
Lake House Bookshop
P.O. Box 244
100, Sir Chittampalam A.
 Gardiner Mawatha
Colombo 2

SWEDEN
For single titles:
Fritzes Fackboksforetaget
Regeringsgatan 12, Box 16356
S-103 27 Stockholm

For subscription orders:
Wennergren-Williams AB
P. O. Box 1305
S-171 25 Solna

SWITZERLAND
For single titles:
Librairie Payot
Case postale 3212
CH 1002 Lausanne

For subscription orders:
Librairie Payot
Service des Abonnements
Case postale 3312
CH 1002 Lausanne

THAILAND
Central Department Store
306 Silom Road
Bangkok

TRINIDAD & TOBAGO
Systematics Studies Unit
#9 Watts Street
Curepe
Trinidad, West Indies

UNITED KINGDOM
Microinfo Ltd.
P.O. Box 3
Alton, Hampshire GU34 2PG
England

ZIMBABWE
Longman Zimbabwe (Pvt.) Ltd.
Tourle Road, Ardbennie
P.O. Box ST 125
Southerton
Harare